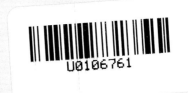

故宮

博物院藏文物珍品全集

故宮博物院藏文物珍品全集

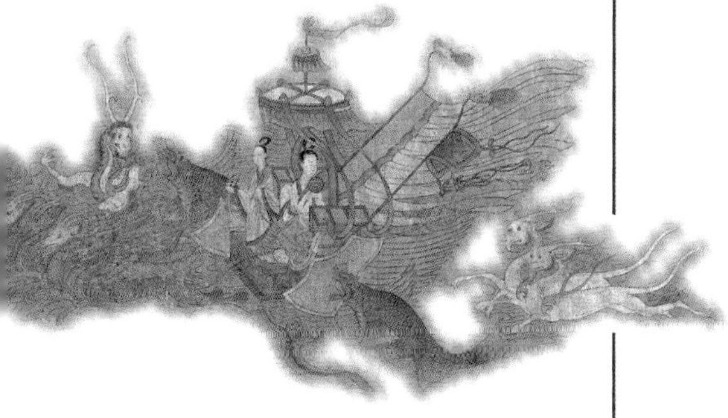

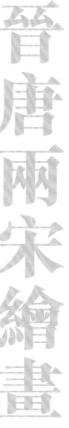

晉唐兩宋繪畫・人物風俗

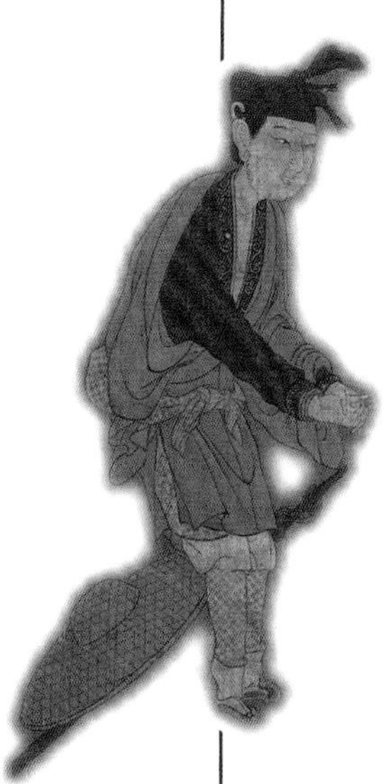

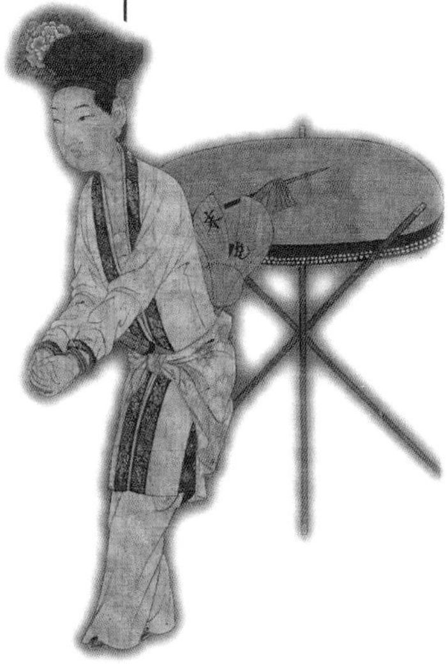

主編：余　輝

商務印書館

晉唐兩宋繪畫・人物風俗

Figure and Genre Paintings of the Jin, Tang and Song Dynasties

故宮博物院藏文物珍品全集

The Complete Collection of Treasures of the Palace Museum

主　編 ………………… 余　輝
副主編 ………………… 楊麗麗
編　委 ………………… 傅東光　聶　卉　孟嗣徽　孔　晨　李　湜
攝　影 ………………… 馮　輝　馬曉璇

出版人 ………………… 陳萬雄
編輯顧問 ………………… 吳　空
責任編輯 ………………… 田　村
設　計 ………………… 張婉儀
出　版 ………………… 商務印書館（香港）有限公司
香港筲箕灣耀興道 3 號東滙廣場 8 樓
http: // www.commercialpress.com.hk
製　版 ………………… 深圳中華商務聯合印刷有限公司
深圳市龍崗區平湖鎮春湖工業區中華商務印刷大廈
印　刷 ………………… 深圳中華商務聯合印刷有限公司
深圳市龍崗區平湖鎮春湖工業區中華商務印刷大廈
版　次 ………………… 2005 年 5 月第 1 版第 1 次印刷

ISBN 962 07 5327 5

All inquiries should be directed to:
The Commercial Press (Hong Kong) Ltd.
8/F., Eastern Central Plaza, 3 Yiu Hing Road, Shau Kei Wan, Hong Kong.

故宮博物院藏文物珍品全集

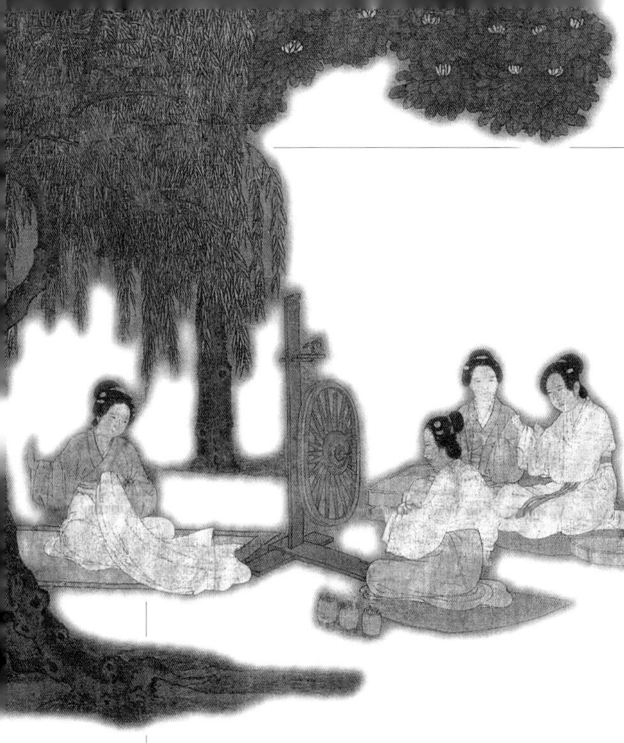

總序

楊新

故宮博物院是在明、清兩代皇宮的基礎上建立起來的國家博物館，位於北京市中心，佔地72萬平方米，收藏文物近百萬件。

公元1406年，明代永樂皇帝朱棣下詔將北平升為北京，翌年即在元代舊宮的基址上，開始大規模營造新的宮殿。公元1420年宮殿落成，稱紫禁城，正式遷都北京。公元1644年，清王朝取代明帝國統治，仍建都北京，居住在紫禁城內。按古老的禮制，紫禁城內分前朝、後寢兩大部分。前朝包括太和、中和、保和三大殿，輔以文華、武英兩殿。後寢包括乾清、交泰、坤寧三宮及東、西六宮等，總稱內廷。明、清兩代，從永樂皇帝朱棣至末代皇帝溥儀，共有24位皇帝及其后妃都居住在這裏。1911年孫中山領導的“辛亥革命”，推翻了清王朝統治，結束了兩千餘年的封建帝制。1914年，北洋政府將瀋陽故宮和承德避暑山莊的部分文物移來，在紫禁城內前朝部分成立古物陳列所。1924年，溥儀被逐出內廷，紫禁城後半部分於1925年建成故宮博物院。

歷代以來，皇帝們都自稱為“天子”。“普天之下，莫非王土；率土之濱，莫非王臣”（《詩經．小雅．北山》），他們把全國的土地和人民視作自己的財產。因此在宮廷內，不但匯集了從全國各地進貢來的各種歷史文化藝術精品和奇珍異寶，而且也集中了全國最優秀的藝術家和匠師，創造新的文化藝術品。中間雖屢經改朝換代，宮廷中的收藏損失無法估計，但是，由於中國的國土遼闊，歷史悠久，人民富於創造，文物散而復聚。清代繼承明代宮廷遺產，到乾隆時期，宮廷中收藏之富，超過了以往任何時代。到清代末年，英法聯軍、八國聯軍兩度侵入北京，橫燒劫掠，文物損失散佚殆不少。溥儀居內廷時，以賞賜、送禮等名義將文物盜出宮外，手下人亦效其尤，至1923年中正殿大火，清宮文物再次遭到嚴重損失。儘管如此，清宮的收藏仍然可觀。在故宮博物院籌備建立時，由“辦理清室善後委員會”對其所藏進行了清點，事竣後整理刊印出《故宮物品點查報告》共六編28

冊，計有文物117萬餘件（套）。1947年底，古物陳列所併入故宮博物院，其文物同時亦歸故宮博物院收藏管理。

二次大戰期間，為了保護故宮文物不至遭到日本侵略者的掠奪和戰火的毀滅，故宮博物院從大量的藏品中檢選出器物、書畫、圖書、檔案共計13427箱又64包，分五批運至上海和南京，後又輾轉流散到川、黔各地。抗日戰爭勝利以後，文物復又運回南京。隨着國內政治形勢的變化，在南京的文物又有2972箱於1948年底至1949年被運往台灣，50年代南京文物大部分運返北京，尚有2211箱至今仍存放在故宮博物院於南京建造的庫房中。

中華人民共和國成立以後，故宮博物院的體制有所變化，根據當時上級的有關指令，原宮廷中收藏圖書中的一部分，被調撥到北京圖書館，而檔案文獻，則另成立了“中國第一歷史檔案館”負責收藏保管。

50至60年代，故宮博物院對北京本院的文物重新進行了清理核對，按新的觀念，把過去劃分“器物”和書畫類的才被編入文物的範疇，凡屬於清宮舊藏的，均給予“故”字編號，計有711338件，其中從過去未被登記的“物品”堆中發現1200餘件。作為國家最大博物館，故宮博物院肩負有蒐藏保護流散在社會上珍貴文物的責任。1949年以後，通過收購、調撥、交換和接受捐贈等渠道以豐富館藏。凡屬新入藏的，均給予“新”字編號，截至1994年底，計有222920件。

這近百萬件文物，蘊藏着中華民族文化藝術極其豐富的史料。其遠自原始社會、商、周、秦、漢，經魏、晉、南北朝、隋、唐，歷五代兩宋、元、明，而至於清代和近世。歷朝歷代，均有佳品，從未有間斷。其文物品類，一應俱有，有青銅、玉器、陶瓷、碑刻造像、法書名畫、印璽、漆器、琺瑯、絲織刺繡、竹木牙骨雕刻、金銀器皿、文房珍玩、鐘錶、珠翠首飾、家具以及其他歷史文物等等。每一品種，又自成歷史系列。可以説這是一座巨大的東方文化藝術寶庫，不但集中反映了中華民族數千年文化藝術的歷史發展，凝聚着中國人民巨大的精神力量，同時它也是人類文明進步不可缺少的組成元素。

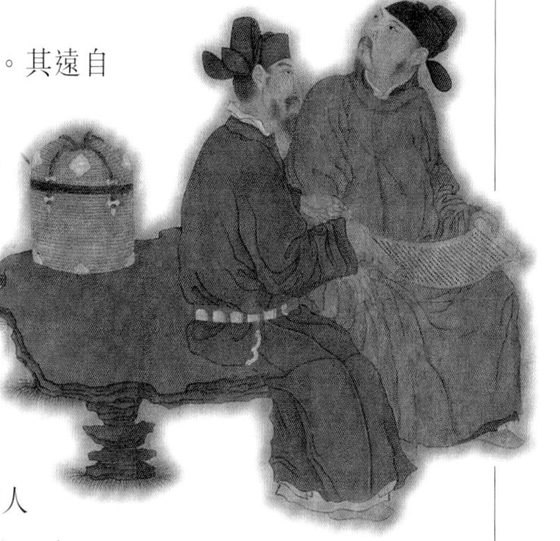

開發這座寶庫，弘揚民族文化傳統，為社會提供了解和研究這一傳統的可信史料，是故宮博物院的重要任務之一。過去我院曾經通過編輯出版各種圖書、畫冊、刊物，為提供這方

面資料作了不少工作，在社會上產生了廣泛的影響，對於推動各科學術的深入研究起到了良好的作用。但是，一種全面而系統地介紹故宮文物以一窺全豹的出版物，由於種種原因，尚未來得及進行。今天，隨着社會的物質生活的提高，和中外文化交流的頻繁往來，無論是中國還是西方，人們越來越多地注意到故宮。學者專家們，無論是專門研究中國的文化歷史，還是從事於東、西方文化的對比研究，也都希望從故宮的藏品中發掘資料，以探索人類文明發展的奧秘。因此，我們決定與香港商務印書館共同努力，合作出版一套全面系統地反映故宮文物收藏的大型圖冊。

要想無一遺漏將近百萬件文物全都出版，我想在近數十年內是不可能的。因此我們在考慮到社會需要的同時，不能不採取精選的辦法，百裏挑一，將那些最具典型和代表性的文物集中起來，約有一萬二千餘件，分成六十卷出版，故名《故宮博物院藏文物珍品全集》。這需要八至十年時間才能完成，可以說是一項跨世紀的工程。六十卷的體例，我們採取按文物分類的方法進行編排，但是不囿於這一方法。例如其中一些與宮廷歷史、典章制度及日常生活有直接關係的文物，則採用特定主題的編輯方法。這部分是最具有宮廷特色的文物，以往常被人們所忽視，而在學術研究深入發展的今天，卻越來越顯示出其重要歷史價值。另外，對某一類數量較多的文物，例如繪畫和陶瓷，則採用每一卷或幾卷具有相對獨立和完整的編排方法，以便於讀者的需要和選購。

如此浩大的工程，其任務是艱巨的。為此我們動員了全院的文物研究者一道工作。由院內老一輩專家和聘請院外若干著名學者為顧問作指導，使這套大型圖冊的科學性、資料性和觀賞性相結合得盡可能地完善完美。但是，由於我們的力量有限，主要任務由中、青年人承擔，其中的錯誤和不足在所難免，因此當我們剛剛開始進行這一工作時，誠懇地希望得到各方面的批評指正和建設性意見，使以後的各卷，能達到更理想之目的。

感謝香港商務印書館的忠誠合作！感謝所有支持和鼓勵我們進行這一事業的人們！

1995年8月30日於燈下

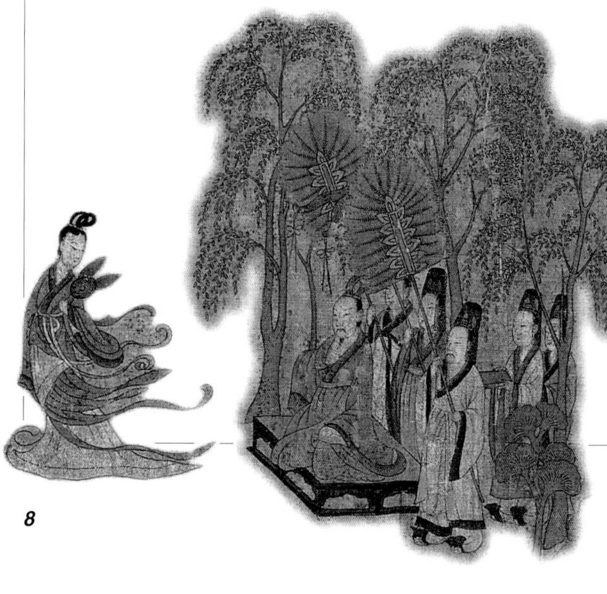

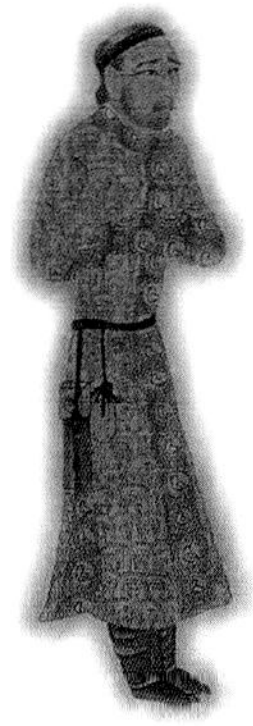

目錄

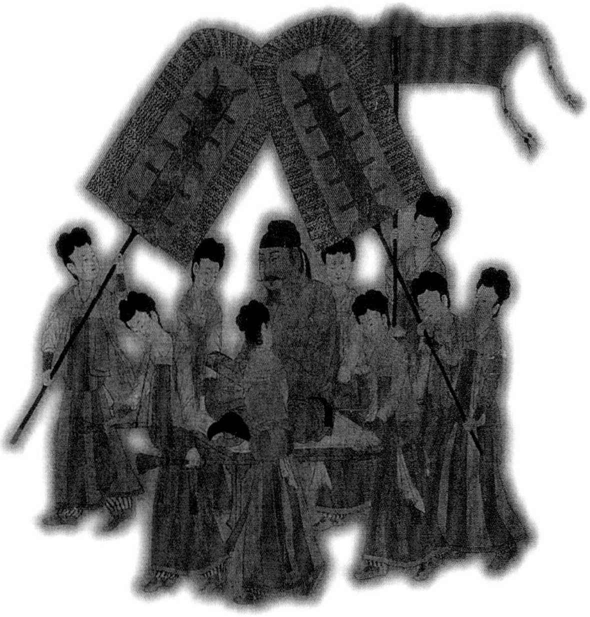

文物目錄

東晉顧愷之摹本

唐五代人物畫

兩宋人物風俗畫

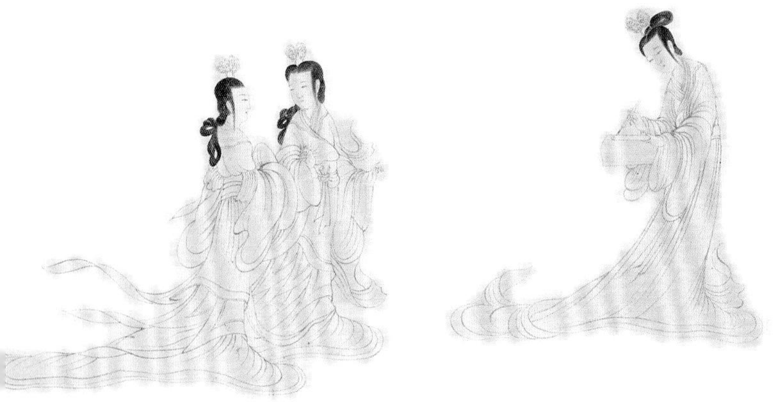

出土紙絹畫及壁畫

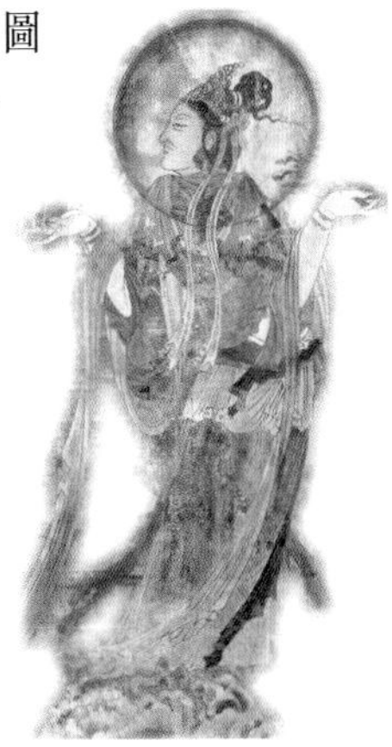

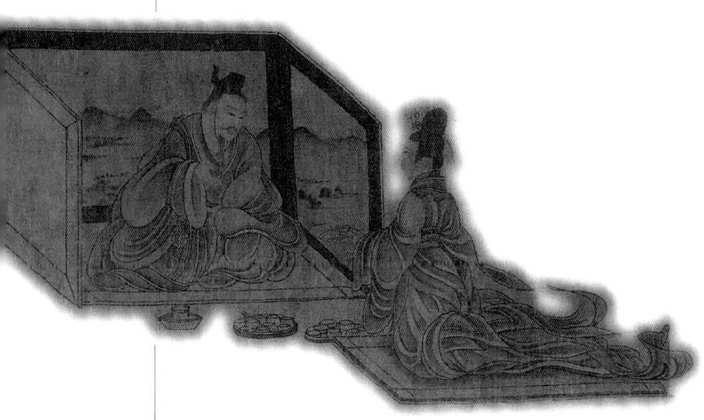

從晉唐風韻到兩宋世情

導言

余輝

中國人物畫通過對人物寫形、傳神，去發現人的個性及其審美價值，題材涉及歷史典故、經典圖解、吉祥祈福、市井風俗等。早期人物畫負有較重的社會作用，傳播道德觀念、寓意勸戒、敍事紀實，至宋代時表現世俗百姓活動的繪畫主題日益鮮明，從而賦予了人物畫更強的生命力。

北京故宮博物院珍藏的宋人摹晉唐人物畫傑作、五代宋金時期的人物畫精品，加上唐五代壁畫，使本卷得以展示這一歷史時期的藝術成就，以及晉唐宋人物畫近千年的發展軌跡。

中國早期繪畫大多以人物為主體，山水、花卉與動物只作為背景出現，花鳥則大多作為裝飾紋樣。人物畫自東晉起開始成為有完整審美意義的獨立畫科，將禮教經典、文學故事圖像化，形成了晉人特有的藝術風韻。唐五代時期，漢地寺觀壁畫已完全中國化並進入盛期，其內容不僅表現世俗化的尊像，而且填充了大量市井人物和風俗。五代時期，人物畫技法日漸成熟，並走向程式化。唐五代朝廷對人物畫的紀實要求，增強了畫家的寫實技巧和敍事能力。北宋時期商業經濟繁榮，城市裏開啟了夜市貿易，百姓社會生活更加豐富。在朝廷倡導下，畫壇空前興盛，繪畫題材日趨世俗化，並為社會所關注，使中國人物畫進入成熟階段。南宋雖是半壁江山，江河日下，但畫壇仍是高手輩出，構圖及筆墨都不因循陳規。

故宮博物院庋藏的晉唐五代兩宋人物畫，在傳世的紙絹畫中屬於早期畫作。由於歲月的磨滅，東晉原件幾乎無存，唐代原件亦存世無幾。所幸宋朝內廷深知先朝人物畫的教化作用和藝術價值，並熱衷於臨摹六朝和唐代人物畫，現珍藏在故宮的晉唐畫的摹本達十數本之多，使今人得以認識晉唐紙絹繪畫的基本面貌。這些摹本以往多被誤作真跡，經過鑑定家的努力，大體明確其均屬宋摹本。本卷人物畫的年代始於東晉顧愷之（宋摹本）、止於南宋諸家，其中不少是稀世孤本，在中國繪畫史的地位無可代替。

本卷所彙集的早期人物畫精品中，有許多是曾因戰亂而散軼宮外的清宮舊藏，後經捐贈或國家收購，重新回歸故宮博物院。早期畫作多沒有作者的款印，只有歷代鑑定家的佐證，這類數代相傳的珍本雖有舊時題簽，但斷定時代和作者歸屬，是按畫風分析，相近者定為“傳本”，有差異者定為“佚名”。

一、魏晉風骨與顧愷之摹本

對魏晉繪畫，史論家常以“風骨”二字來概括其藝術特點。南朝《文心雕龍》説：“若豐藻克贍，風骨不飛，則振採失鮮，負聲無力。”這雖然是講文學，但亦可知魏晉人的審美認識是：過於修飾而不表現繪畫作品的內在風采，就會軟弱無力。

卷軸畫成熟於魏晉南北朝，認識卷軸人物畫無不從東晉顧愷之開始。故宮博物院珍藏四件顧愷之的兩宋摹本，一直為世珍視，正是這些珍貴的摹本，使東晉卷軸畫雖沒有傳世，這段繪畫史仍能生動起來。

三件宋人摹《洛神賦圖》卷中，最接近顧愷之造型、用綫和敷色的是北宋摹本（圖2），與唐代張彥遠在《歷代名畫記》中論述的顧愷之游絲描大相一致：“緊勁聯綿，循環超忽，調格逸易，風趨電疾，意在筆先，畫盡意在，所以全神氣也。”這是魏晉士人所追求的審美理想。該卷是文學與繪畫的美滿聯姻，畫家以“相遇”、“相思”、“離別”三個情節生動地展現了三國曹植《洛神賦》中人神相遇的纏綿之情，畫中兩次出現炷光，展開了三晝兩夜的時空跨度，特別是宓妃那具有時代特色的秀骨清像和婀娜之姿、曹植悽婉動人的情感與持重的舉止，都通過眉目傳神達到了高度統一。

《洛神賦圖》卷的南宋摹本（圖3）與顧愷之的畫風有一定距離，山石、林木皆係南宋畫家的表現手法，與大英博物館的《洛神賦圖》卷（南宋摹本）係同種摹本。相同的南宋摹本還分別藏於遼寧省博物館和美國華盛頓弗利爾美術館，南宋畫家對這一題材的興趣，反映他們對顧氏畫風的追求，及借陳王失去權力和愛情表達了自己處於半壁江山之中的惆悵和失意的心情。

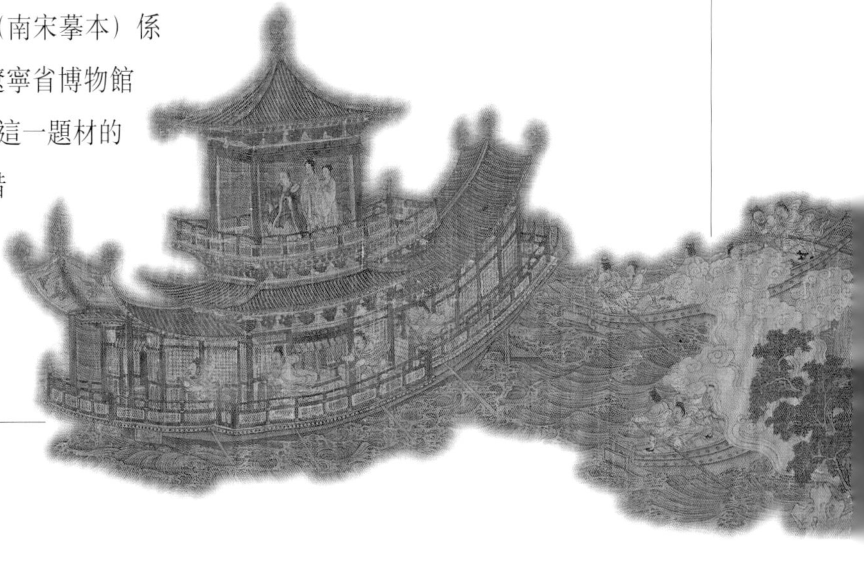

顧愷之在《列女圖》卷（圖1）中展示的是女性的道德美，此圖取材於漢代《列女傳》，以十個歷史典故頌揚善良女性居安思危、教養功德、遠見卓識和輔佐國政的精神。這件歷史故事畫凝重質樸的用綫和淡墨渲染出的凹凸感，與《洛神賦圖》卷的畫風頗有差異，是否源自顧氏之本，尚有疑問。畫中各類器用和造型風格保留了南朝以前的時代特徵，呈現質樸而精微的繪畫技巧。最新的研究認為，其母本應該更早，甚至早到東漢[1]。

大英博物館的唐摹本《女史箴圖》卷是當今最早的顧愷之摹本，但故宮所藏宋代摹本（圖5）則較大英藏本完整，如第一段“樊姬不食先禽”和第二段“衛女坐時奏鐘磬”正是大英藏本所缺的。故宮藏本僅為白描，勾綫舒展流暢、輕鬆隨意，但小楷榜題卻無晉人風韻，盡是南宋筆意，根據畫中題文的避諱和山水配景的畫風，極可能是南宋初年宮廷畫家馬和之的手筆。故宮藏本有助於研究大英博物館藏《女史箴圖》卷在南宋時期的保存狀況。

二、展示盛世與現實的唐五代人物畫

唐朝是中國歷史上的全盛時期，國家強大，百姓富足。大量的敦煌石窟壁畫和西安墓葬壁畫都記錄了當時的繁盛景象，但除敦煌藏經洞所出外，唐代傳世卷軸畫真本絕少，即使宋代摹本也無多。由於宋畫與唐畫有較為直接的淵源，因而宋人的唐畫摹本較東晉顧愷之摹本更為真實可信。

《洛神賦圖》卷和《列女圖》卷雖為敘事性繪畫，但前者為神話，後者為據歷史典故想象而成，都不是紀實性歷史畫。只有在人物畫家成為歷史見證人的條件下，所繪紀實性歷史畫，稱歷史故實畫，而經過文學加工的，則稱為歷史故事畫。初唐右相閻立本，把唐太宗召見為吐蕃贊普松贊干布求親的使臣這一事件繪成《步輦圖》卷（圖7），現存為宋摹本。畫中出現宦官，無須任何景物就表明這重大史事發生在後宮，唐太宗威嚴而不失誠善，使臣祿東贊幹練而忠誠，飽經滄桑的臉上顯出迫切。抬輦侍女容貌潤澤，體態瘦弱，可以看出六朝以來的秀骨清像的造型風格一直延續至初唐，尚未轉為盛唐的豐腴肥碩。鐵綫描遒勁堅實，為唐宋的基本技法。本幅餘紙有北宋章友直的跋文，追述文成公主與松贊干布成親之事，讀來意味深長。此圖是研究唐王朝與吐蕃關係的重要史料。

中唐時期的周昉，傳有《揮扇仕女圖》卷（圖8），此圖是否係周昉真本，並無實證，

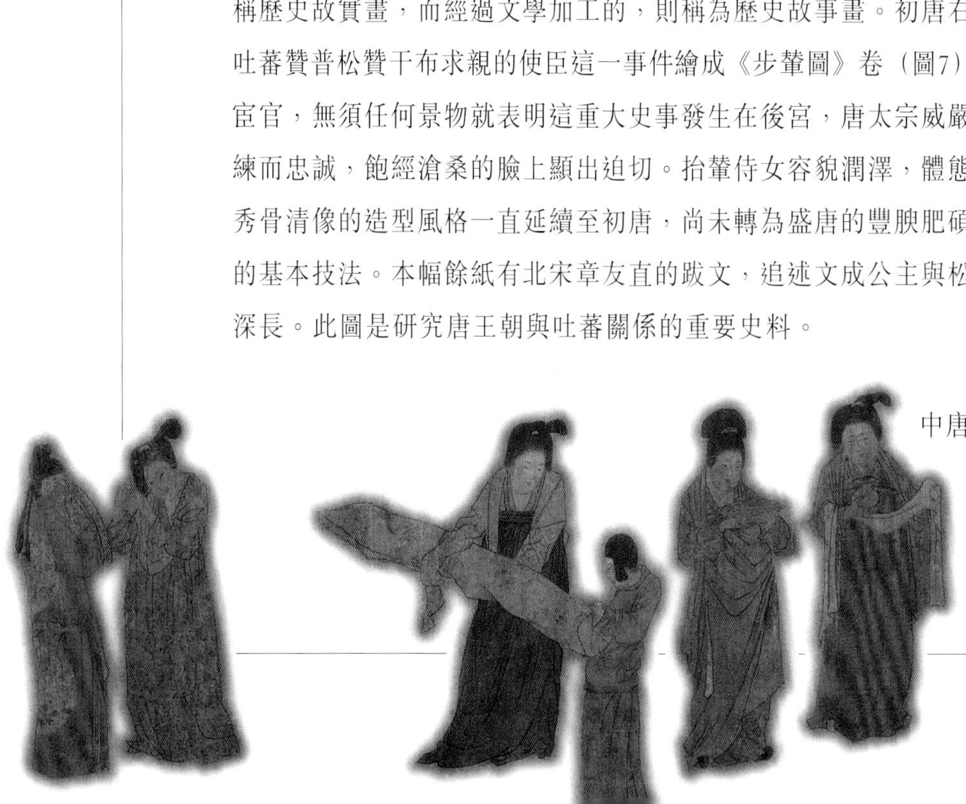

但作為"周家樣"的標準已為世人公認，是研究唐代仕女形象和服飾的依據。畫中的宮女體態肥碩、曲眉豐頰，衣裳用筆簡勁、色彩柔麗，承襲了初唐閻立本鐵綫描的遺韻和盛唐張萱的仕女畫風。更重要的是，畫家表現了年過韶華的仕女心態，她們被幽禁在深宮裏，面對將成棄婦的前景，流露出憂鬱、感傷、悲嘆、失落、惆悵和怨情。圖中的梧桐樹寓示秋涼在即，她們猶如畫中的紈扇，將被主人遺棄。此情此景，再現了唐代詩人王昌齡的詩意："金井梧桐秋葉黃，珠簾不卷夜來霜。熏籠玉枕無顏色，臥聽南宮清漏長。"

傳為唐代陸曜的《六逸圖》卷（圖9）描繪了漢晉六位名士，畫風古拙而有意趣，大約為宋代民間畫家所繪。

故宮博物院所藏最早的人物卷軸畫真跡是五代名作，共有四幅，反映了五代時江南宮廷人物畫的基本面貌：從唐代奢華富麗的風韻過渡到樸實、精到的格調，其內容上承唐代展現宮廷人物和文士的行樂活動，下開宋代注重現實生活的先河。

五代人物畫用綫的演變，在故宮收藏的南唐繪畫中尤為突出。南唐翰林待詔周文矩取用唐代周昉纖麗華貴之體，將李後主的戰筆法用於表現衣紋，行筆瘦硬而微顫，繪成《重屏會棋圖》卷（圖13），此卷為宋摹本，圖中李煜與其弟景遂、景達、景逖三人對弈的情景，彰顯李家孝悌之風。

北宋誤定為唐代韓滉之作的《文苑圖》卷（圖12），畫法與周文矩的《重屏會棋圖》卷如出一轍，《文苑圖》卷幅上有南唐"集賢殿御書印"，經考定，此圖係周氏真本[2]。進而可擴大到對海外相近藏品的研究，美國大都會博物館藏周文矩《琉璃堂人物圖》卷，為宋摹本，恰好與本件前後相接，那末，美國藏本顯然是在分割後被摹。兩圖之合描繪了盛唐詩人王昌齡在江寧（今江蘇南京）琉璃堂與詩友唱和的情景。此圖是鑑定五代人物畫的標尺之作。

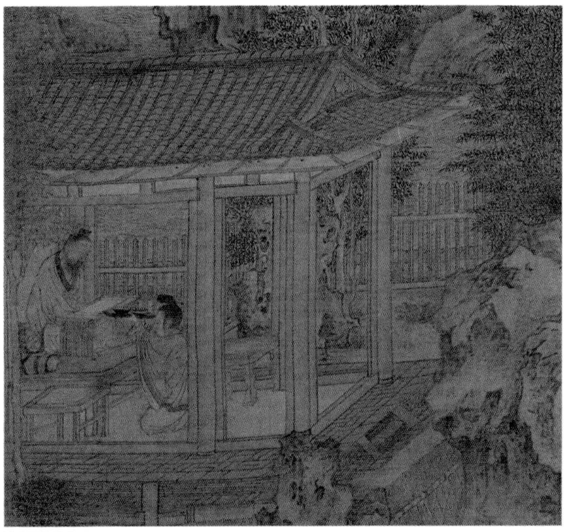
附圖1 《高士圖》(局部)

《高士圖》卷繪漢代梁鴻、孟光相敬如賓的故事（此圖收在全集的《晉唐兩宋繪畫·山水樓閣》卷）。因有宋徽宗的瘦金書題

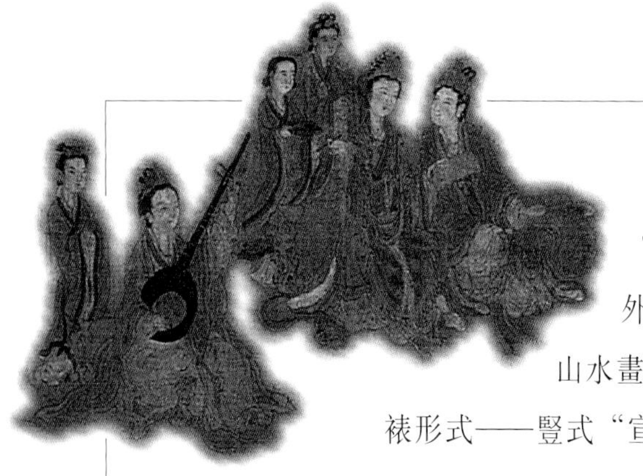

“衛賢高士圖”，成為當今唯一可信的南唐衛賢真跡，為海內外衛賢的傳世之作找到標定性參照，畫中的背景也是認識五代山水畫的重要依據。北宋宣和年間（1119—1125），宮中獨有的裝裱形式——豎式“宣和裝”留存於今者，僅此一例。（附圖1）

另一幅入藏北宋宣和內府的《閬苑女仙圖》卷（圖11）不僅是阮郜的孤本，而且是極為罕見的五代吳越人物畫真品。阮郜曾官太廟齋郎，執掌宮中祭祀之事。所繪閬苑是仙人所居之境，畫家把天上的瑤池繪成皇家的後花園，畫中的雲水樹石和出沒的龍風神化了閬苑的環境。此卷顯示出五代仕女畫的新變，修長舒展的女仙形象越出了盛唐豐滿圓厚的仕女畫造型模式。

自元代以來，《韓熙載夜宴圖》卷（圖14）一直傳為是南唐翰林圖畫院待詔顧閎中的畫跡。其實畫中人物的衣冠服飾、家具器物和表現技巧均具宋代特徵，難與南唐人物畫質樸、簡約的繪畫風格相聯繫。如果將此圖的畫風、人物造型、衣冠服飾與南宋佚名《女孝經圖》卷（圖31）比較，不難得出較為客觀的年代結論。與南唐有關的只是畫作的內容，畫中繪南唐重臣韓熙載為逃脱李後主委相之職，宴請賓客享樂通宵，以示遠離朝政。全圖為平列構圖，共有五個場面，結構嚴謹，節奏鮮明。據北宋《宣和畫譜》記載，南唐畫院待詔顧閎中曾奉李後主命夜潛韓宅，默畫成圖，後人以此傳説為據，將此圖斷為顧作。無論是斷為五代還是南宋，都無損於它在中國繪畫史上的傑出地位。

舊傳五代或遼代胡瓌的《卓歇圖》卷（圖59），是一件極具研究價值的民族題材繪畫。圖中大多數人的髡髮樣式和衣冠服飾及樂舞屬於金初女真人的時代，這是生活在9世紀的契丹人胡瓌難以見到的。故此圖可推斷為金初漢族畫家的手筆，畫南宋使臣訪金時隨主人遊獵小憩的情景。另一件傳為胡瓌之子胡虔所畫的《番騎圖》卷（圖60），因圖中繪有婦女戴姑姑冠，被專家指為元代蒙古族之服飾[3]。元代以降，鑑定家限於民族學的知識，見繪有髡髮或少數民族形象的古畫，大都斷為五代專擅畫此類題材的胡瓌或李贊華之作，因此，借鑑民族學的研究成果重新認知這類古畫，可揭開百年之謎。

寺觀壁畫在唐五代進入繁盛期，但這一時期中原地區的寺觀被破壞殆盡，只有敦煌石窟尚保存豐富的壁畫、遺畫。故宮藏唐五代壁畫雖數量不多，但反映了從西北到華北的畫風。其豐富的內容和不同的地域特色，有補於今人對這一時期繪畫的認識。其中唐代李爽墓的《侍女圖》（圖61）與敦煌初唐第329窟女供養人的服飾基本一致。而出土於新疆吐魯番的阿斯塔那墓室壁畫《伏羲女媧像》（圖62），則完全是西域高昌的繪畫風格，在繪畫用綫上有鮮明對比，可以看出從都城長安（今陝西西安）到西域的藝術鏈條上，中原的繪畫技藝漸次演變為胡風。四件敦煌遺畫，皆從莫高窟藏經洞散佚出，與同期敦煌壁畫的藝術風格相近。其中《白衣觀音像》（圖63）畫風十分嚴謹，凝練的鐵綫描和簡潔的色彩把觀音刻畫得莊重而平和。

故宮收藏的另一批五代壁畫，來自山西的寺廟，它們竟然能與流散在國外的壁畫連成一體，可見1949年以前山西壁畫的盜賣規模是成牆連壁的，後被分割出賣。這些壁畫殘塊如《觀音菩薩坐像》（圖67）、《供養菩薩立像》（圖68、69）等繼承了唐代佛教壁畫華貴典雅的特色，造型端莊、綫條剛挺、色澤鮮亮，畫師對佛像的諸多配飾亦刻畫得十分精微。它們雖然已成殘片，但是，五代壁畫今天在山西遺存極少，它們仍代表五代山西壁畫最高的藝術水平，其藝術價值無容置疑。

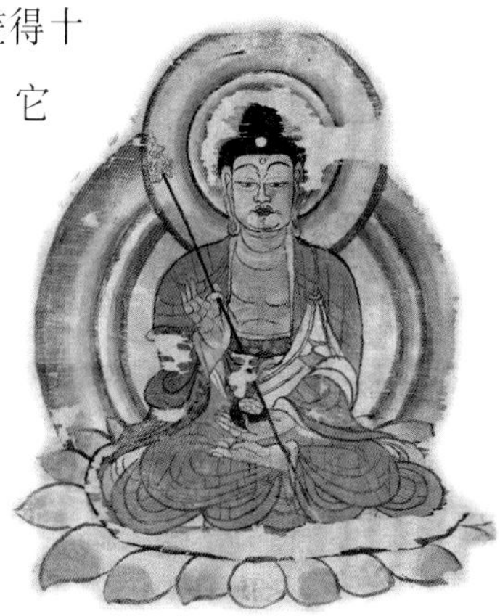

《藥師如來像》頁（圖65）和《菩薩像長幡》（圖66）是從敦煌藏經洞流散出來的五代紙本遺畫，精熟放達的綫條和豐腴飽滿的造型，彰顯出五代宗教繪畫另一路藝術風格：輕鬆飄逸而不失威嚴。

三、面向世俗的北宋人物畫

五代人物畫家多着意於描繪貴胄王室的遊樂生活，至北宋時期，手工業和商業經濟的發展使都市日益繁華，促進了世俗文化的興起。許多朝野畫家將視綫轉向世俗社會的風俗上，形成了北宋特有的質樸、精到的工筆人物畫風，與精巧工麗的宮廷畫院畫風並立，體現了朝野畫壇同趨向於寫實繪畫，這是故宮藏宋代人物畫中數量最多、影響最大的一類，恰到好處地表現了這一與歷史發展密切相關的藝術轉機。北宋人物畫的題材廣泛，涉及風俗、宗教、禮教諸多領域；取材包括歷史故事、人馬、肖像、仕女、點景人物等；在技法上完善了白描、設色及寫實的技巧，到南宋發展了兼工帶寫、寫意等筆墨方法，形成了宋人繪畫的嚴謹而又生活化的矩度。北宋宮廷對人物畫近似苛刻的要求，推動了繪畫的寫實技藝，文人畫家李公麟等也得以展示其感人的藝術氣韻。

就風俗畫而言，民間畫家的寫實手法要淳樸得多。傳為王居正的《紡車圖》卷（圖38）是北宋早期風俗畫的代表作，這位師法周昉仕女畫的民間畫家十分關注村婦的紡織生涯，畫中出現的三代女性，暗寓這種循環往復無盡、艱辛苦澀交加的勞役將耗盡她們的生命，畫中清晰的布紋質感和細膩的人物表情不禁使觀者動容。

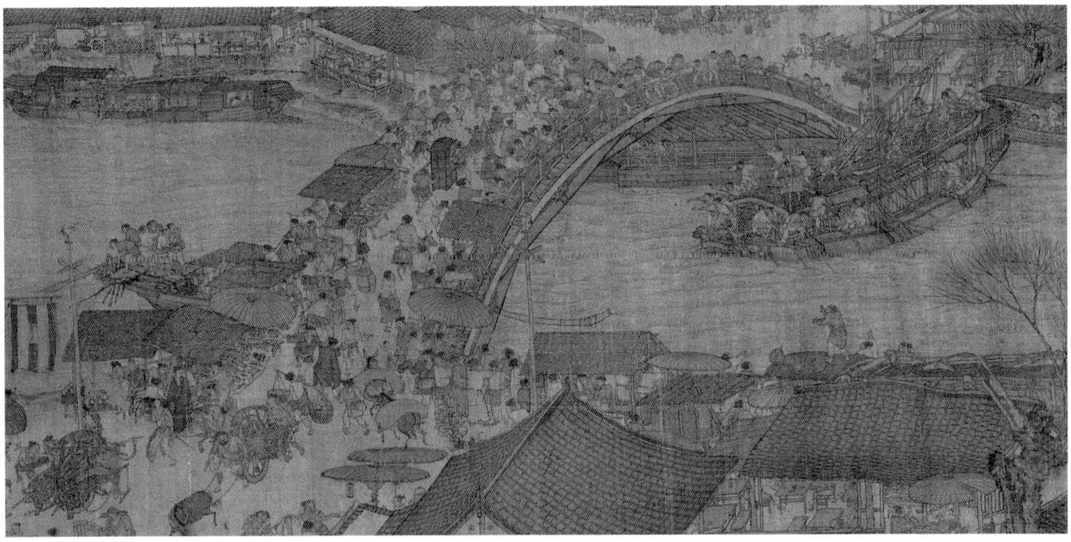
附圖2 《清明上河圖》(局部)

在傳世的繪畫中，最引人矚目的巨製當首推北宋翰林圖畫院張擇端所繪的《清明上河圖》卷（收在全集《晉唐兩宋繪畫．山水樓閣》卷），該圖的精絕之處不僅在於真實展現了北宋汴京城內外的壯闊生活全景，而且與南宋初《東京夢華錄》的記載吻合。畫家的過人之處更在於組合畫中五百餘人、五十餘頭牲畜、二十餘艘（輛）舟車，共同營造熱鬧進城，逐級形成高潮的整體佈局，引人入勝。關於該圖所繪的具體地點，學術界一直頗感興趣，認為畫中不是舊說的虹橋而是上土橋的觀點已成一說[4]。（附圖2）

描繪宮廷生活的畫作，其精微程度遠遠超過風俗畫，特別是色彩的運用，更顯突出。傳為宋徽宗趙佶的《聽琴圖》軸（圖15）中，體現出內廷的道家生活意境。據考，畫中着道裝操琴者可能是宋徽宗本人[5]，清代《西清札記》說著紅衣的聽琴者是蔡京，可備一說。目前，鑑定家趨於否定此圖係趙佶親筆，應為御題畫。確切地說，該圖體現了宋徽宗大力推崇的人物畫寫實風格：造型準確如生，用綫精細有力，色彩柔麗沉穩，傳神生動入微。有意味的是，20世紀30年代的鑑定家懷疑北宋人物畫的寫實能力，將它論作明代繪畫，故1933年戰亂故宮文物南遷時，此圖被打入另冊，留在北京故宮。

文人畫家李公麟的人物畫，追求清新淡雅、簡澹淳樸的格調。他的《臨韋偃牧放圖》卷（收在《晉唐兩宋繪畫．花鳥走獸》卷），可說是與唐代韋偃畫風關係最近的人馬畫，也是世上唯一公認的李公麟真跡。而今傳為李公麟的白描之作不下千餘種，其中最為人稱道的是舊題李公麟《維摩演教圖》卷（圖16），其精到的白描綫條、人物傳神的目光，使一些鑑定家將它論作李公麟的真跡。20世紀80年代，美國學者方聞提出該卷係金代馬雲卿之作，其依據是美國大都會博物館收藏的元代王振朋《臨馬雲卿維摩不二圖》卷尾王振朋的跋文説他是臨摹金代馬雲卿的繭紙本，而故宮這件《維摩演教圖》卷恰恰就是繭紙本。若屬實，故宮少了一件有爭議的李公麟之作，多了一件可知作者的金代作品。

比較而言，北宋的道釋題材，還是以道教居多。《崆峒問道圖》卷（圖17）的作者是陪蘇軾夜遊赤壁時吹簫的道士楊世昌，這是他唯一存世的畫跡。取材《莊子・在宥》的典故，畫道教始祖黃帝來崆峒山求道於上古仙人廣成子的情形。宛若遊絲的墨綫使我們得知唐末盧楞伽帶到西蜀的畫風，在北宋川（四川）、鄂（湖北）一帶仍有較強的藝術生命力。

四、眾彩紛呈的南宋人物畫

北宋被金所亡後，畫壇的倡導者宋徽宗被女真人囚死在五國城（今黑龍江伊蘭）。宋高宗遷都臨安（今浙江杭州），南宋朝廷藉助江南的富庶，依然維持繁榮，風俗畫依然是突出的畫題，只是氣勢大不如前，存世之作大多是卷軸畫和冊頁。失去半壁江山的苦痛，激發一批忠於宋室的畫家，其中以馬和之、李唐等最為著名。南宋人物畫關注時政，朝中主戰和主和兩派的尖銳對立，在當時畫家的內心多少也會激起一些漪漣，隱現在畫中。畫家關注時政的匹夫有責精神，增加了人物畫的思想內涵，並深化了主題。

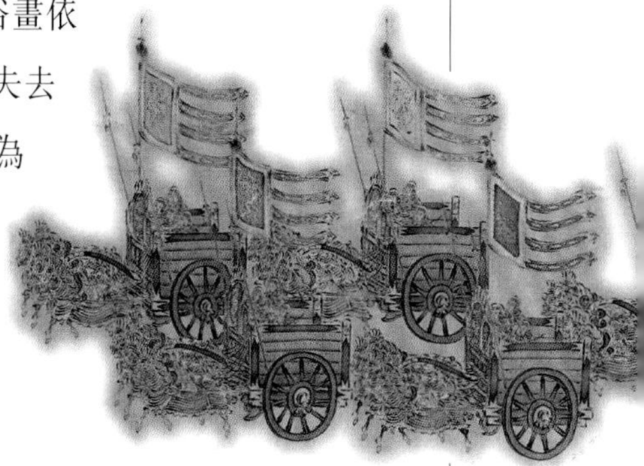

馬和之的歷史畫大多以《詩經》為內容，以此寓意收復失地、中興宋室。其《豳風圖》卷（圖18）中的《鴟梟》描寫周公輔成王的故事，《破斧》畫周公統帥眾將士東征的情景等，又如《小雅鹿鳴之什圖》卷（圖20）中的《出車》一段，描繪了中原軍隊抗擊北方獫狁告捷返還的壯觀場景。馬和之的造型風格十分鮮明，他的用綫技法取自唐代吳道子的"蘭葉描"並加以誇張，行筆短促、運轉自如。馬和之舒如水流、飄似雲展的綫描風格，自成一格。

馬和之為宋高宗恢復畫院前的御用畫家，他作畫幾乎不署名款，當時學其畫風者頗多，給今人鑑定諸多傳為馬和之畫跡的真偽帶來一定難度。由於馬和之得寵於高宗，可以認為，大凡他畫的《詩經》，高宗往往先題寫詩經。[6] 一些畫藝遲鈍且沒有高宗題字風格的畫作，不妨列作馬和之的宋畫傳本。比較而言，故宮所藏最佳之作莫過於《豳風圖》卷和《小雅鹿鳴之什圖》卷，可作為鑑定諸多馬和之傳本的標尺。

南宋歷史故事畫，首推李唐的《採薇圖》卷（圖23）。李唐是“宋四大家”之首，忠宋不二是繪製該圖卷的原動力。畫殷商遺民伯夷、叔齊義不食周粟餓死在首陽山的故事。人物表情剛毅深沉，用山水畫中的樹石皴法，十分自然地轉化到人物畫的衣紋描法上。衣紋簡勁鋒利，與筆墨雄闊的大斧劈皴，表現了伯夷、叔齊剛直不阿的個性，恰到好處。畫家在人物畫中寄寓了深厚的民族情感、愛國之志。南宋的一些冊頁，也表達了畫家的愛國思想，如佚名的《蘇武牧羊圖》頁（收在《晉唐兩宋繪畫·花鳥走獸》卷）等。

朝政腐敗黑暗，貪官污吏橫行的現實，激起多少人的憤懣，正如抗金將領岳飛所說：“文官不愛財，武將不畏死，則天下太平矣！”南宋畫家渴望賢良的心情集中在《八相圖》卷（圖27）裏，畫家在榜題中對歷代名相表達了殷殷之情，面對此類佳作，切不可以清玩視之。

表現唐代文人雅集的盛事是五代形成的繪畫題材，南宋畫家十分熱衷，大多為佚名之作。如《春宴圖》卷（圖26）畫唐代秦府十八學士，《會昌九老圖》卷（圖25）畫白居易等九老在洛陽舉行的尚齒會，還有描繪斲琴和收藏王羲之蘭亭序的軼聞等文人雅士的活動。這類描繪文人雅士的繪畫，雖不屬於文人畫，但畫風多簡樸清雅，不求華貴，體現了文人的審美趣味，與繪畫主題合一。

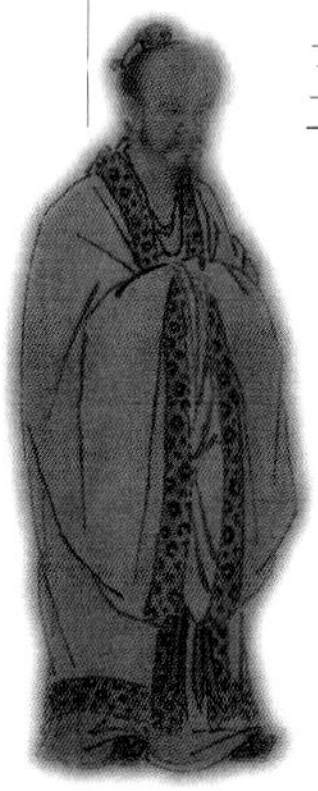

五、崇儒尊佛的南宋諸教人物畫

南宋的程朱理學將儒家的道德觀念更加理念化和行為化，推動了儒家思想的傳播，與此同時，佛教佔據上風，信徒之眾，為元朝江南所不及。由於北宋皇帝乞靈於道教，結果葬送了半壁江山，南宋諸帝對道教的熱情遞減，也許是南宋畫家喪失了對道教救國的信心，故南宋較少道教題材的人物畫。在這樣的歷史文化背景下，南宋畫家多認同儒家和佛教對社會的約束作用，因而出現較多反映儒家思想和佛教尊像的人物畫。“南宋四大家”之一的馬遠所繪《孔子像》圖頁（圖29）、佚名《孔門弟子圖》卷（圖30）就是在這一歷史背景下產生的佳作，馬遠勾勒山石的筆法演化成勾畫孔子的用筆，勁健而又疏朗。《孔門弟子圖》卷的勾綫則工緻圓活、粗細變化自然，刻畫出人物不同的個性。卷後有明代解縉、王紱等文人的跋文，他們不僅表述了對孔門弟子的仰慕之情，而且欽佩該圖作者的畫藝。佚名的《女孝經圖》卷（圖31）舊作唐人之作，其典型的南宋院體畫風表明作者極可能是南宋畫院畫家，且與劉松年等人的畫風相近。該圖是鑑定傳為唐五代而實為宋人仕女畫的標尺。

《蕃王禮佛圖》卷（圖32）是南宋末年的白描佳作，用綫柔和圓轉，韌性不凡。經過兩宋風俗畫的洗禮，南宋末年的佛道人物畫也發生變化，圖中的釋迦牟尼像是家中的慈母，只是身後的光焰表明他的神聖。圖中番王的異族之像頗為概念化，可知南宋時期雖然海路暢通，但都城百姓仍難以得見異域的朝覲者，只能憑藉想象了。

日本大阪市立美術館藏，傳為唐代梁令瓚的《五星二十八宿圖》卷蜚聲於世，該圖是否為唐畫，尚存爭議。故宮也有一幅梁氏的宋代摹本（圖33），外界無人知曉，比較兩圖，難分伯仲，此次出版面世，有益於鑑定家深入研究兩圖的關係。同時，該圖還可作為研究傳為唐代盧楞枷《六尊者像》冊（圖10）的攻玉之石。《六尊者像》冊因其畫風之故，並出現了始見於南宋的"降龍""臥虎"，徐邦達考訂為南宋畫家之作[7]。此套冊頁發現於20世紀50年代，壓在故宮尋沿書屋的墊褥下，推測為太監所盜。十八開中有十二開已經霉爛，餘下的六開經裝裱師的搶救，得以保存。此番經歷令人更珍惜該圖。

道教題材的畫作《搜山圖》（圖35）出現於宋、元前後。這一題材曾有五代黃荃、北宋范寬、高益、南宋夏珪、遼代耶律題子、明代李在等畫家先後畫過，相同題材的畫卷當年曾廣泛流傳，宮廷、民間均有收藏。據劉道醇《聖朝名畫評．高益傳》記載，畫家高益畫《鬼神搜山圖》一本，後被人獻於宋神宗，得到神宗的賞識，高益因而進入畫院晉為"翰林待詔"。

明代作家吳承恩曾有詩描述李在所畫的《搜山圖》：

"……名鷹搏拿犬騰嚙，大劍長刀瑩霜雪，
猴老難延欲斷魂，虎娘空灑嬌啼血，
江翻海攪走六丁，紛紛水怪無留蹤，
青鋒一下斷狂虺，金鎖交纏擒毒龍，
神兵獵妖猶獵獸，探穴搗巢無逸寇……"

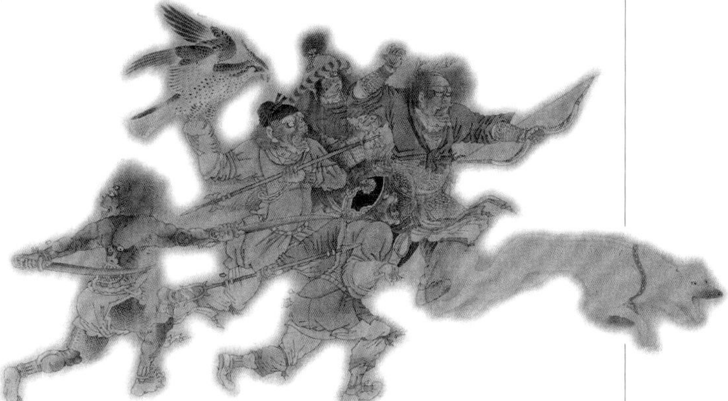

取詩中形象與此圖對照，內容亦十分吻合。

此外，故宮還藏有兩塊北宋道教壁畫的殘片（圖70、71），分別繪文官、判官，屬於北方武宗元傳派的畫風，畫家刻畫人物面部尤為精到，彌補了故宮缺乏道教繪畫的不足。一塊繪有樓閣和人物的壁畫殘片（圖72），其畫風與山西繁峙縣岩山寺金代壁畫中的山水配景同出一轍，應係金代山西佛寺的壁畫殘片。

六、市相百態的南宋小品畫和風俗畫

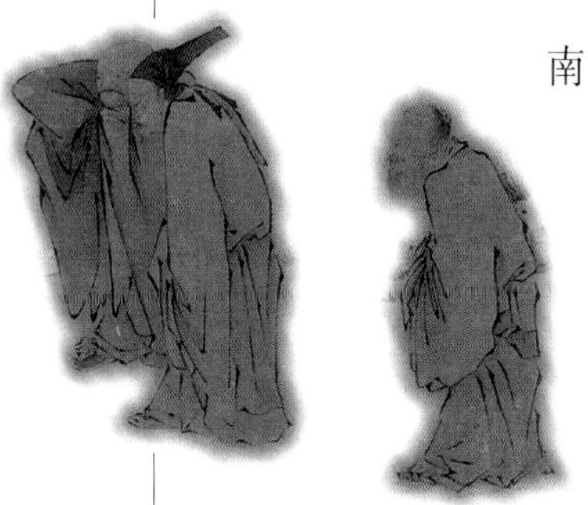

南宋的小品畫和風俗畫密切相關。小品畫大多裝裱成冊頁，這種裝裱形式流行於北宋，但留存無幾，而暢行於南宋的冊頁尚存於世的有千開之多，故宮博物院的收藏達兩百餘開之多，繪畫內容涉及南宋社會各個方面，堪稱是當時的“百科全圖”，其中最富特色的是人物畫，被描繪最多的是城鄉風俗，寫盡了南宋的人間百態。冊頁的作者來自宮內和院外，由於南宋皇室不像北宋徽宗朝那樣嚴格制約畫家的個性和風格，畫家可以較為輕鬆自如地發揮藝術天性，使小品畫和風俗畫的風格呈現多樣化的趨向。

南宋出現大量與社會教化有關的人物畫，但並未根本改變衰陋的社會風習。“直把杭州作汴州”的南宋朝野文人，或放浪於西子湖畔，或痛飲於亭臺樓閣之中，以致於權相史彌遠和理宗飲酒過量，終日昏睡，《宋人軼事彙編》中說：“時人譏之云：‘陰陽眼變理，天地醉經綸。’”南宋畫院畫家真實記錄了官宦的遊宴生活。畫家尤好把文人置於樹蔭下，或為醉後，或為避暑，或為論道；畫風多樣，粗細之筆，各造其極，形成了表現悠閒文人的一種定式，較北宋人物畫風靈動、隨意得多。其中最令人稱道的是梁楷，他開創了南宋的寫意人物畫，以簡率的粗筆見長，《三高遊賞圖》頁（圖36）即是一例，用釘頭鼠尾描，間用折蘆描，簡勁暢快，諸文人的表情略有誇張，頗有意趣。文人玩世不恭的心態與畫家的戲筆和諧一致。戲筆變形人物始興於此，大力影響宋元減筆人物畫的風貌。

以醉酒為樂的社會時尚遍佈城鄉，畫壇出現醉酒題材的數量也是空前的。除馬遠的《踏歌圖》軸畫農夫酒後踏歌之外，《田畯醉歸圖》卷（圖40）表現了村官在農耕時節飲酒過量被送回的醉態，醉漢昏坐在牛背上，憨態可掬。

南宋畫家也積極反映當時社會底層健康向上的風俗，涉及耕織、牧牛、嬰戲、貨郎、雜劇等題材，畫家的感情真摯、構思活潑，極富生活情韻。特別是李嵩《貨郎圖》卷（圖43）把兒童心理刻畫得入情、入理、入微，圖中的貨擔結構和各類木製玩具勾勒得工細如實，這源於李嵩早年木工生涯的藝術積累。李嵩對當時社會有深刻認識，因而他的繪畫深藏思想性。他曾作宋江三十六人像、繪《四迷圖》，鞭撻當時臨安城裏酗酒、嫖娼、賭博、惡霸四種醜行。掌握李嵩繪畫的思想特徵後，再展開他的《骷髏幻戲圖》頁（圖44），就不會把該圖視為一般的嬰戲題材。圖中畫嬰孩在觀看懸絲傀儡戲，大骷髏操縱小骷髏，以此圖解了老子“齊生死”的道家觀念，表達了作者對南宋政權的失望。

另一幅佚名的《柳蔭羣盲圖》軸（圖41），畫鄉村裏的三個爭鬥的盲人被另三個盲人拉勸開，還有一位盲人正在算命。畫史以盲人為題材的風俗畫惟有“盲人説唱”類，盲人打羣架在社會生活中是極其偶然的現象，因而畫家編造出這一鬧劇，意不在作為通常的風俗畫，聯想南宋政朝內部不顧北方強鄰壓境而盲目爭鬥的歷史背景，賞閱此圖，也許會各有領悟。

南宋的戲劇滲透到了風俗畫，代表作是《賣眼藥》冊頁和《打花鼓》冊頁（圖45、46），前者是市井生活的舞臺再現，後者是兩位女扮男裝的伴優，一位是副末（配角）、另一位是副淨（主角），在互致叉手禮。這是研究宋代雜劇的珍貴圖像。佚名的《大儺圖》軸（圖42）繪在南宋歲末之時，百姓戴上面具，執帚簸、擊鼓板，起舞驅邪。清代金廷標繪有此圖的摹本，不同之處是畫中一舞儺者推開面具，露出了孩童的面孔。本圖的舞儺者雖未露臉，但身材稚拙矮小，定是孩童，給新年帶來了新的生機。與這件佚名之作的造型、畫風十分相似的是南宋朱玉[8]的《上元燈戲圖》卷（藏於海外私家），故宮《大儺圖》軸的作者是否亦為朱玉，值得探討。在南宋的人物冊頁裏，嬰戲往往佔據了繪畫的主題，如“百子鬧春”、“嬰戲貨郎”等，畫面其樂融融，眾多的母嬰形象表明了在宋金對峙時期，南宋曾經有一個較為平安的社會局面。

山水畫與點景人物筆法保持協調的藝術風貌，給南宋風俗畫帶來新的生機。佚名《盤車圖》軸（圖39）的絕妙之處，是用短勁有力的釘頭鼠尾描頓挫有致地把着棉衣的車夫疾步推車的拼搏姿態勾畫得扣人心弦。山水畫中的點景人物以馬遠的《踏歌圖》軸為最佳，畫中農夫剛勁有力的綫條與富有節奏的踏歌動作彷彿打擊出動人的節拍。（附圖3）

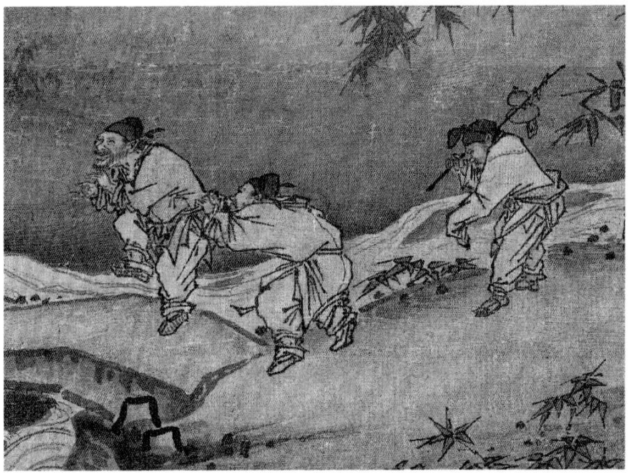

附圖3 《踏歌圖》(局部)

故宮博物院藏晉唐宋人物畫，較完整地反映出這一時期的藝術歷程，成為中國藝術史不可或缺的圖證，對研究服飾史、宗教史、民族史、民俗史亦有重要意義。作為繪畫史研究，在諸多歷史因素構成的立體空間中探尋早期人物畫，才會理解其藝術內涵。作為社會審美研究，畫中的人物是典型形象、心理活動和表現技巧的統一體，折射出當時社會的審美取向和畫家的個性。作為繪畫技法研究，寫實人物畫的水平，反映出畫家認識、觀察人體結構的方法和能力；而寫意人物畫則展示出畫家對形象總體的把握和概括，以及駕馭筆墨技巧的能力。同時人物畫所反映的政治、軍事、經濟，文化氣氛也為社會學研究提供了形象的資料，是留給後人的珍貴遺產，並給後人以啟迪。

（本書關於傳本和摹本的結論，參考徐邦達《中國古代繪畫史圖錄》及《古書畫偽訛考辨》等書的研究成果。）

註釋：

（1） 楊新：《對〈列女仁智圖〉的新認識》，故宮博物院院刊2003年第2期。

（2） 徐邦達：《古書畫偽訛考辯》，江蘇古籍出版社。

（3） 同上。

（4） 《楊新美術論文集》，紫禁城出版社、商務印書館（香港）有限公司。

（5） 同（2）。

（6） 清．厲鶚《南宋院畫錄》。

（7） 同（2）。

（8） 南宋朱玉，世稱柳林朱，錢塘（今浙江杭州）人，寶祐年間（1253—1258）任畫院待詔，善畫天神雷部兵將。

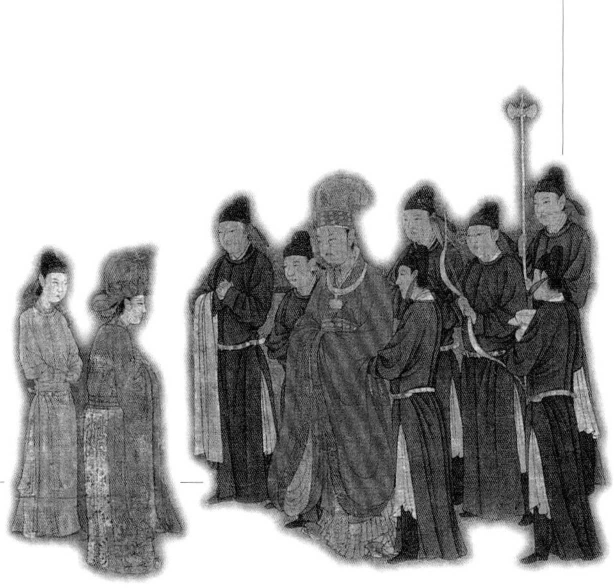

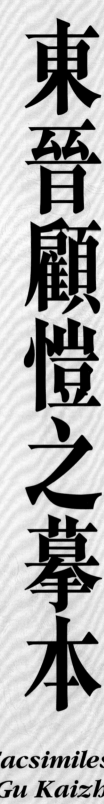

東晉顧愷之摹本

Facsimiles of Gu Kaizhi's Paintings of the Easten Jin Dynasty

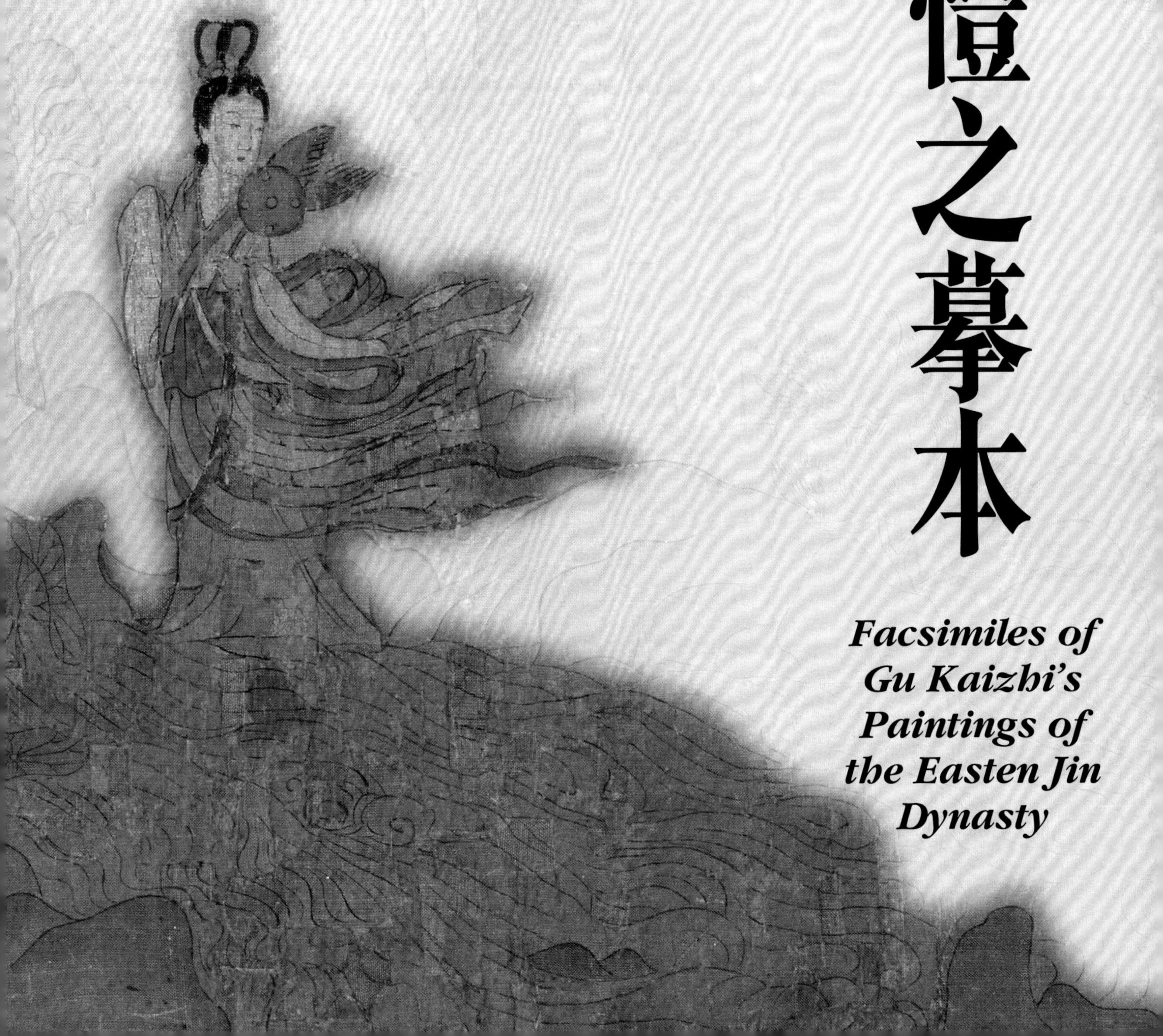

1

顧愷之　列女圖卷（宋摹）
東晉
絹本　設色　縱25.8厘米　橫470.3厘米
清宮舊藏

The Court Ladies (Song Dynasty facsimile)
By Gu Kaizhi (345 ~ 406)
Eastern Jin Dynasty
Handscroll, Colour on silk
H. 25.8cm　L. 470.3cm
Qing Court collection

顧愷之（345—406年），字長康，小字虎頭，晉陵無錫（今江蘇無錫）人，出身士族，曾任通直散騎常侍。善於丹青，筆下如春蠶吐絲，形神兼備。

《列女圖》一名《列女仁智圖》。圖中描繪歷史典故中的傑出女性，頌揚她們的憂國意識和遠見卓識，以及輔佐國政的精神。共分十段，每段均書有榜題並節錄漢《列女傳》一則（釋文見附錄）。衣紋的陰處用墨筆渲染，頗有凹凸感，構圖及人物形態較古樸。

一、"鄧曼"故事。鄧曼是楚武王的夫人。楚王令伐隋，鄧曼勸說："日中必移，盈則蕩，天之道也。"圖中好戰的楚王執劍欲行，掀動的衣袖折射出他不平靜的內心。

二、"許穆夫人"故事。許穆夫人是衛懿公的女兒。許、齊兩國同時遣使向衛國求親，圖中兩國使節持節怒目相視，衛公揮手拒絕其妻和女兒的意見，執意要將女兒許配給國力虛弱的許國，而未和強大的鄰邦齊國聯姻。衛國後被翟人擊敗，衛懿公逃亡，在齊桓公的幫助下才得以安居。

三、"曹僖負羈妻"故事。曹僖負羈是曹國大臣。晉國公子重耳因國亂逃到曹國，受曹恭公的鄙視。圖中曹僖負羈聽從其妻的勸導，托着食盤和玉璧，善待重耳。當重耳復國後，大舉進攻曹國，在戰亂中，曹僖負羈的宅第、家人和前來避亂的百姓均得到晉軍的保護。

四、"孫叔敖母"故事。孫叔敖是楚國宰相。在少年時，他聽說見到雙頭蛇者必死。所以當他看到一條雙頭蛇，怕再有他人遭到厄運，便殺而埋之。圖中是他回家後向母親哭訴告別，母親說，能為他人着想，不但不會死，日後定能成為國家棟梁。

五、"伯宗妻"故事。伯宗是晉國大夫孫伯糾之子，為人好直言。圖中其妻抱着幼子暗暗擔憂，畢羊受伯宗妻之託，懇切地勸誡他改過。伯宗年輕氣盛，昂首握劍，毫無顧忌之意，秉性耿直的形象十分鮮明。最終，伯宗因得罪了權貴而被誅殺。

六、"衛靈公夫人識賢"故事。一天深夜，衛靈公聽到宮外遠處傳來馬車聲，停息一會後又隱起。衛靈公夫人認定是蘧伯玉從門前經過，她說伯玉是賢臣，惟有他能自覺地在夜行中恪守禮制，在途經宮門時，會下車輕聲緩行。衛靈公出去查詢，果真是伯玉。圖中衛公坐屏風內發問，夫人對坐回答，宮外畫乘車和步行的伯玉，表現伯玉經過宮門前後的連續性動作。

七、"齊靈仲子"故事，此段不全，只存一人。齊靈仲子是齊靈公的夫人。起初，靈公娶聲姬，生子光，被立為太子，後娶仲子生子名牙，靈公欲廢子光而立牙為太子，仲子辭說不可。圖中太子光揮手而去，疾步中還回首一顧。

八、"魯漆室女"故事，此段殘損，僅存二人。魯國漆室邑之女，大齡未嫁，整日憂傷，鄰里都以為她是為自己的不幸而感傷。其實她是擔心魯穆公年老體弱、太子年幼無知，會喪失國家。三年後，齊楚果然合攻魯國，魯國大亂。圖中漆室女正向一男士講述她的憂慮，男士肅然起敬。

九、"晉羊叔姬"故事。圖中羊叔姬在教誨幼小的叔向和叔魚禮讓為國，不可貪淫。叔向年長後博學多聞，能以禮讓為國，而叔魚為晉大夫，因貪淫而被邢侯所殺。

十、"晉范氏母"故事，已殘，僅存二人，即長子和中子。原繪晉范氏母正在訓誡兒子，晉范氏母的圖像在清代以前已損毀。

本幅題字漫漶，唯"凱"字可辨。鈐清內府藏印"乾隆御覽之寶"（朱文），前隔水鈐藏印"宣統鑑賞"、"蕉林書屋"（朱文）、"無逸齋精鑑璽"（朱文）。後隔水鈐清乾隆藏印二方。尾紙有汪注、葉隆禮、王鐸等題跋四則，鈐鑑藏印二十一方。

曾經《石渠寶笈初編》、《庚子銷夏記》著錄。

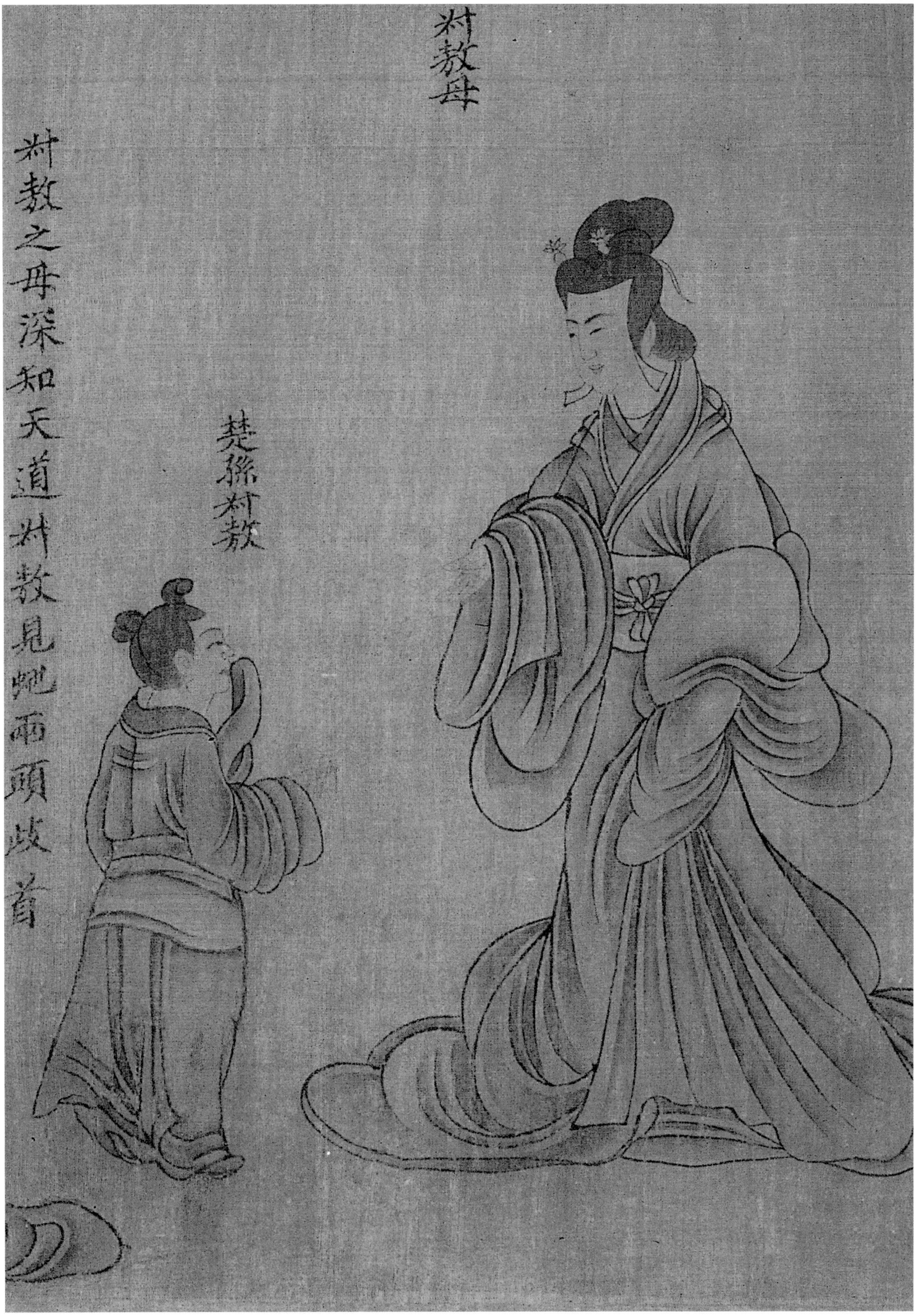
叔敖母
叔敖之母深知天道叔敖見蛇兩頭歧首
楚孫叔敖

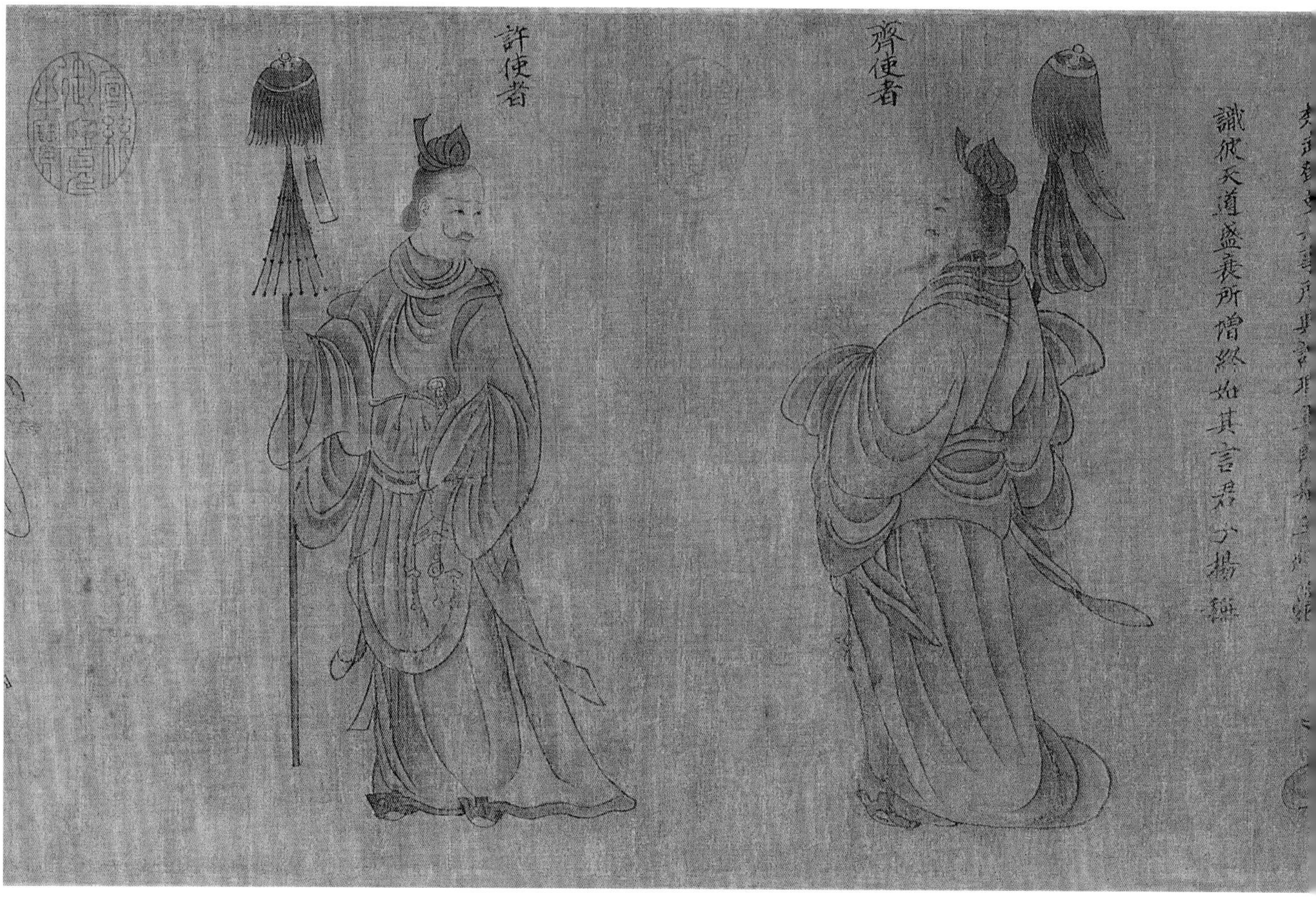
許使者
齊使者
識彼天道盛衰所增終始其言君子揚譏

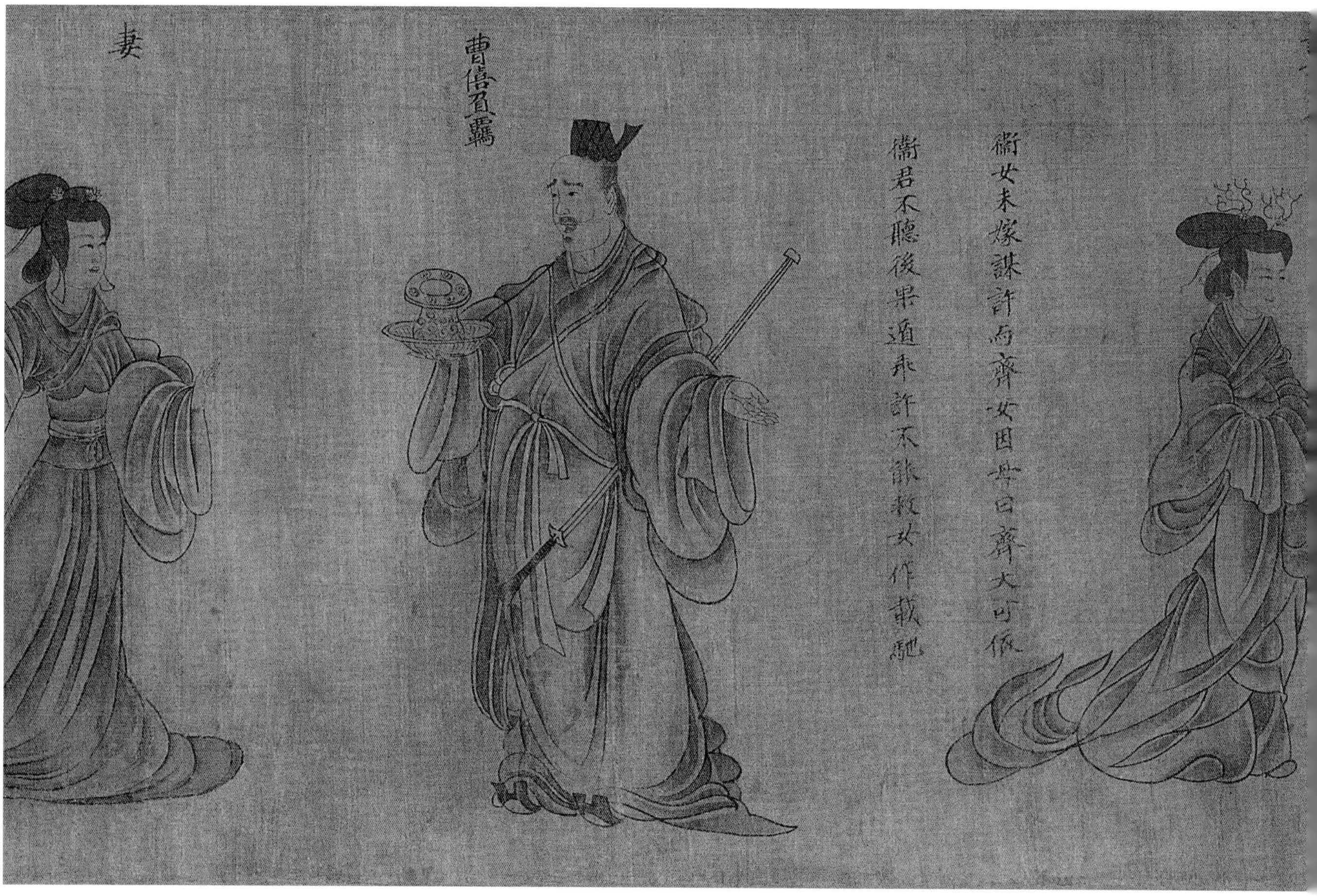
妻
曹僖負羈
衛女未嫁謀許與齊女因母曰齊大可依
衛君不聽後果遁來許不能救女作載馳

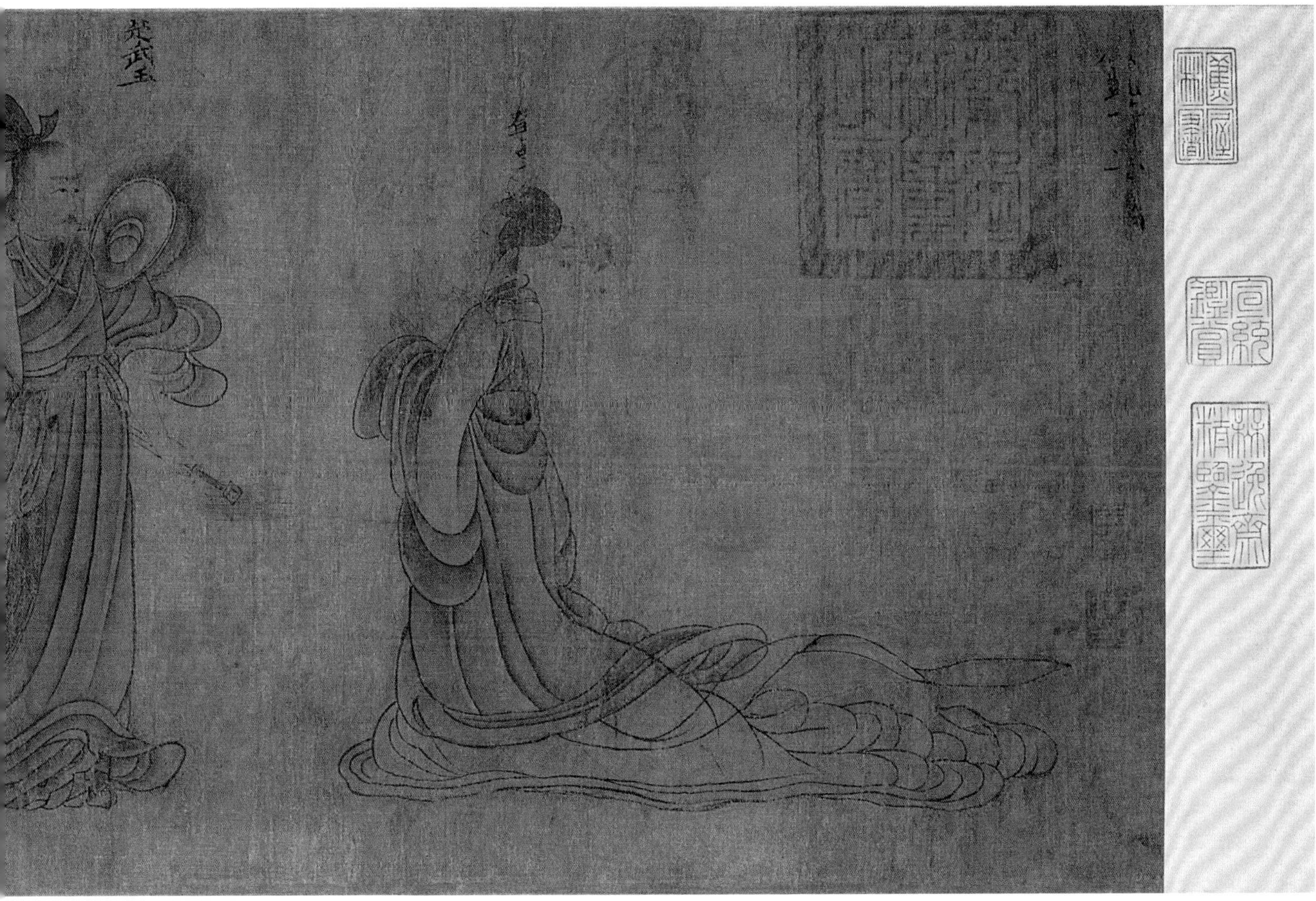
楚武王

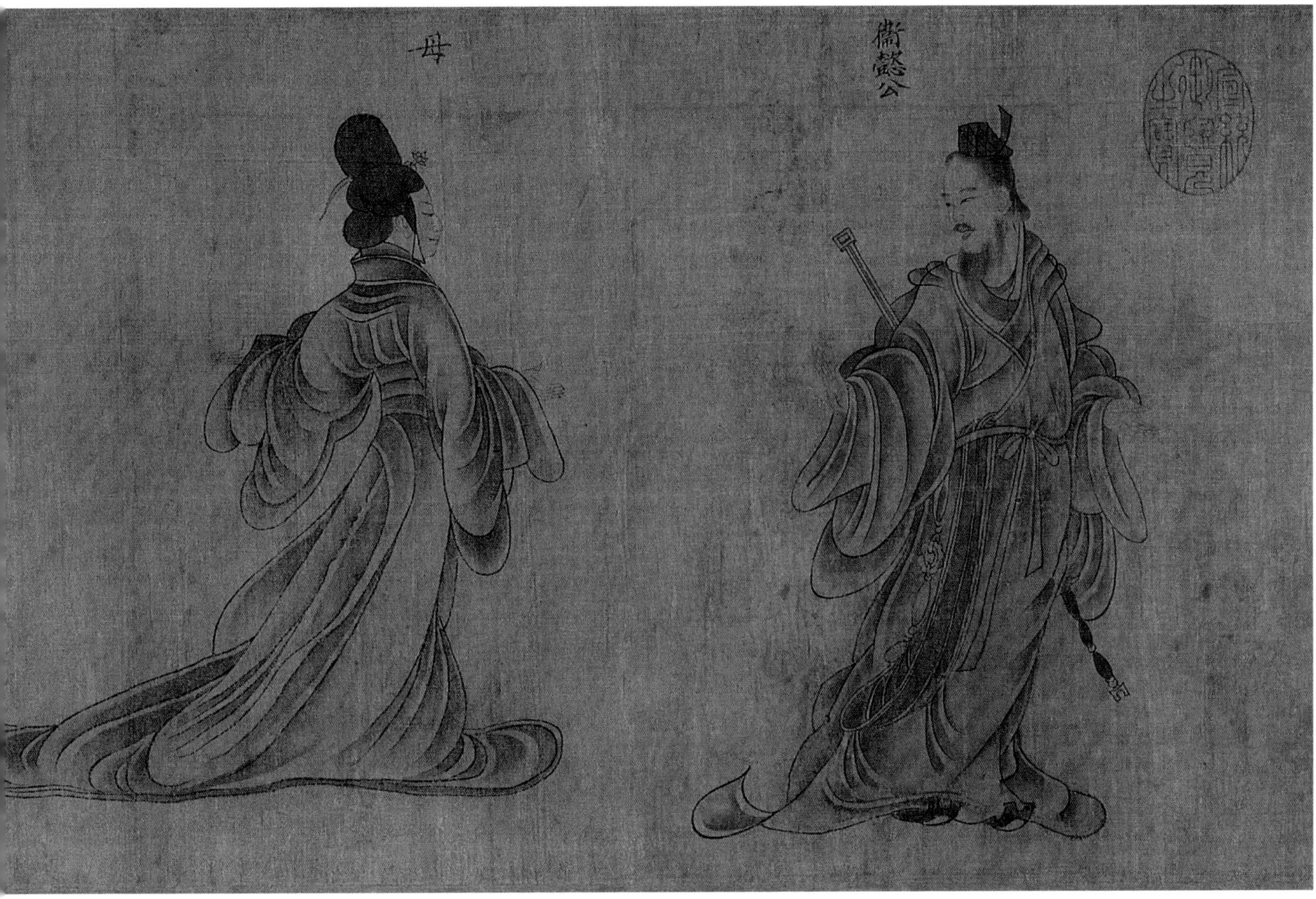
母
衞懿公

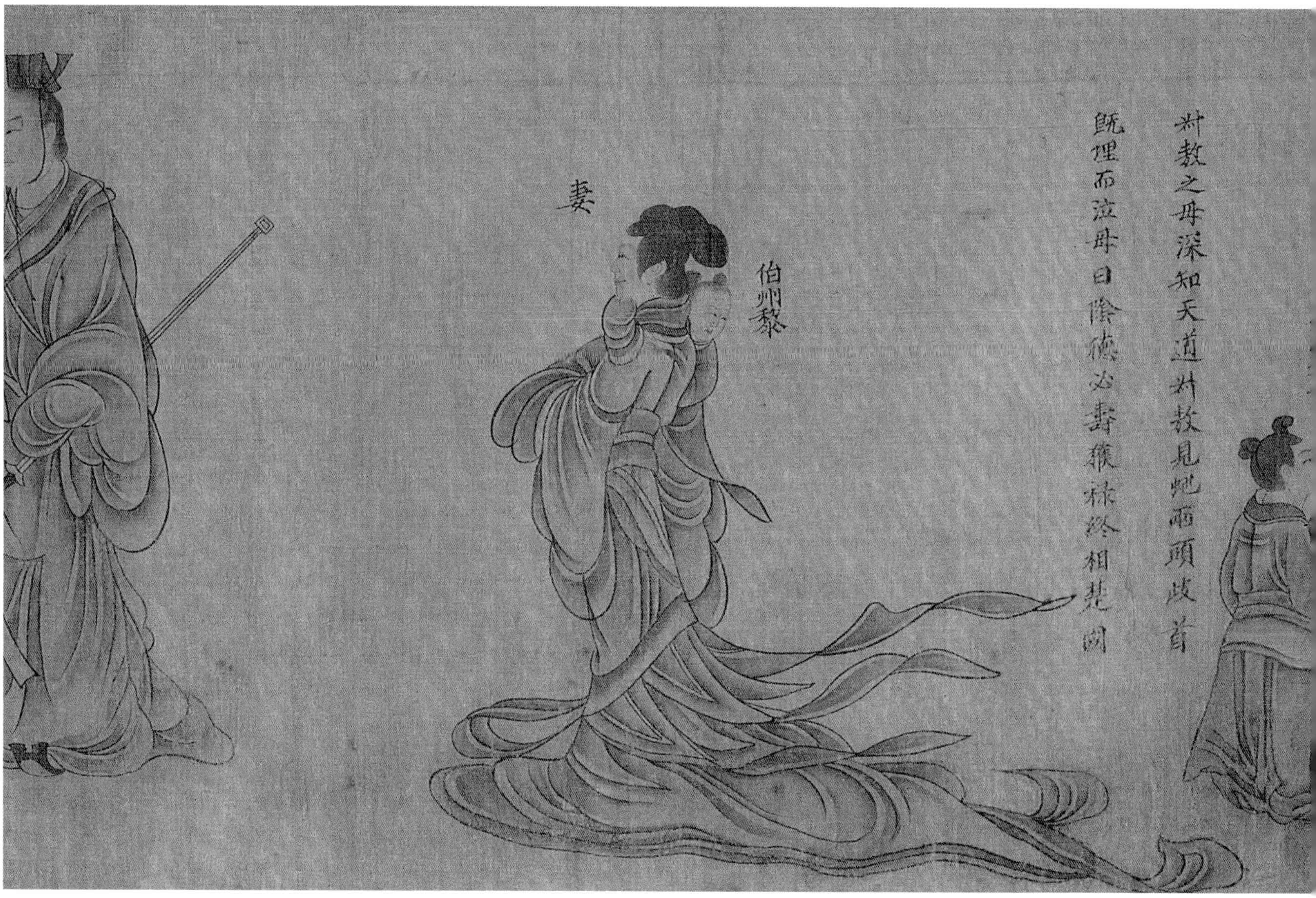
叔敖之母深知天道叔敖見蛇兩頭歧首
既埋而泣母曰陰德必壽獲祿終相楚國
妻
伯州黎

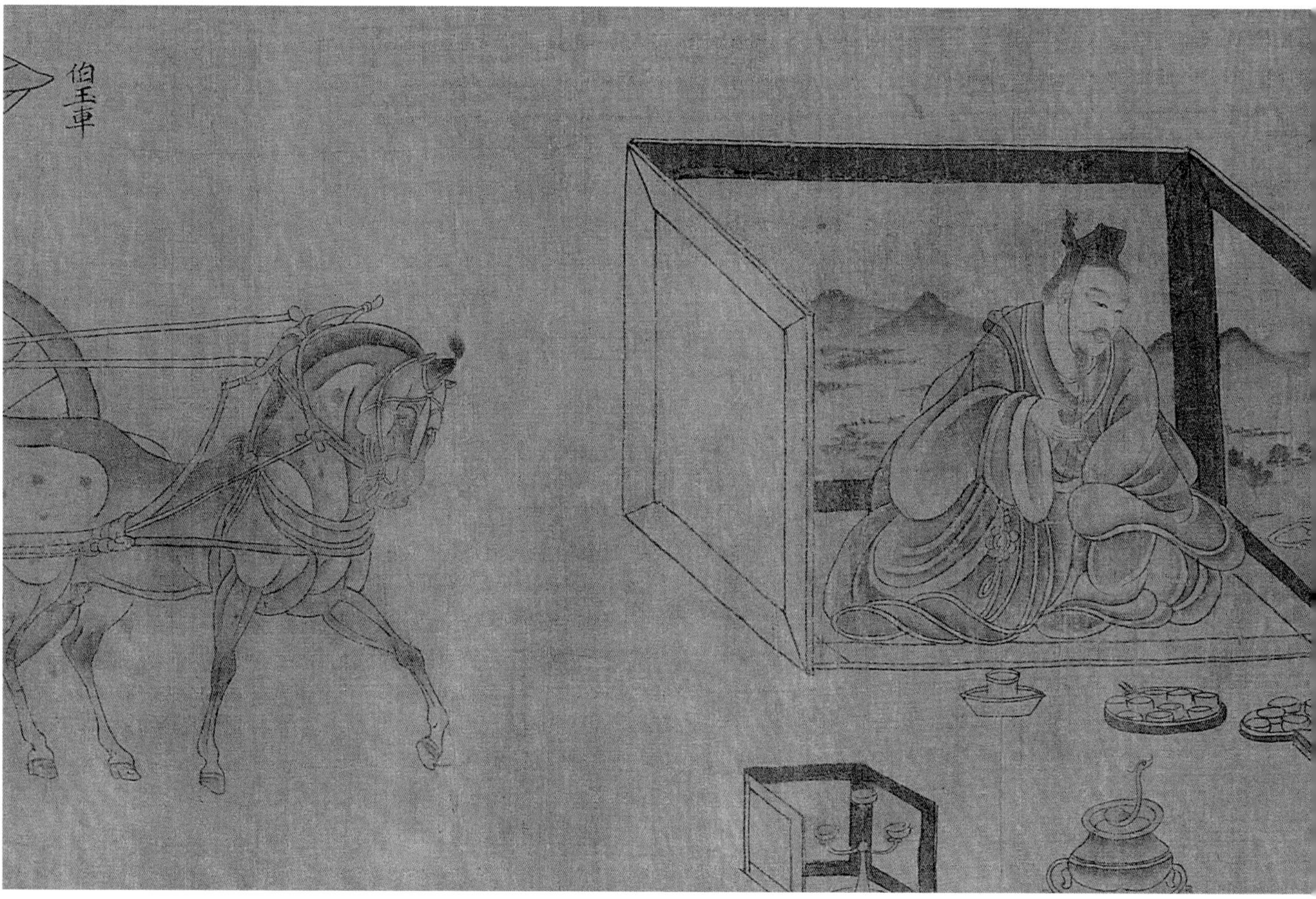
伯玉車

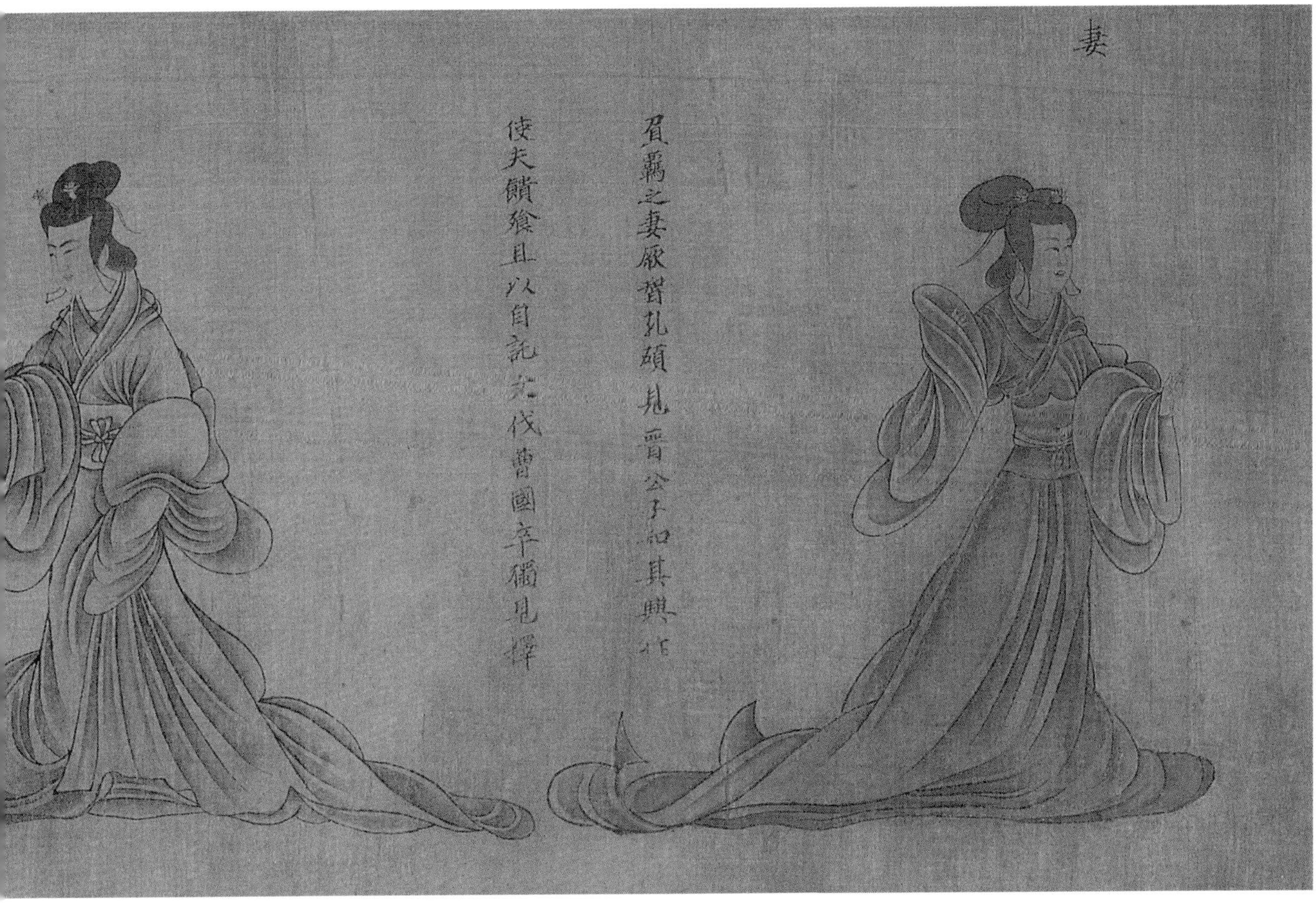
妻
負羈之妻厥智孔碩見晉公子知其興作
使夫饋飧且以自託文伐曹國卒獨見釋

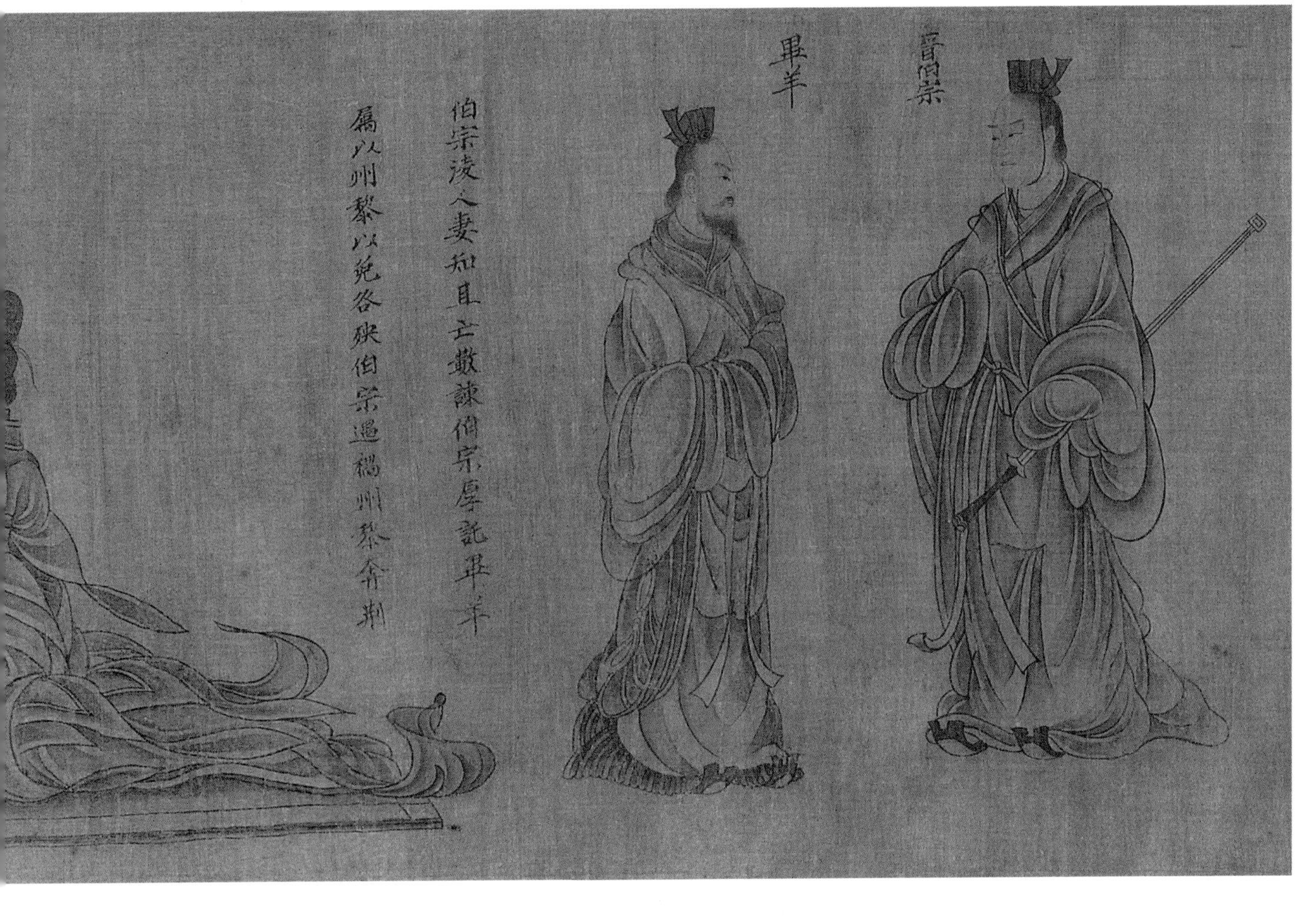
晉伯宗
畢羊
伯宗凌人妻知且亡數諫伯宗厚託畢羊
屬以州黎以免咎殃伯宗遇禍州黎奔荊

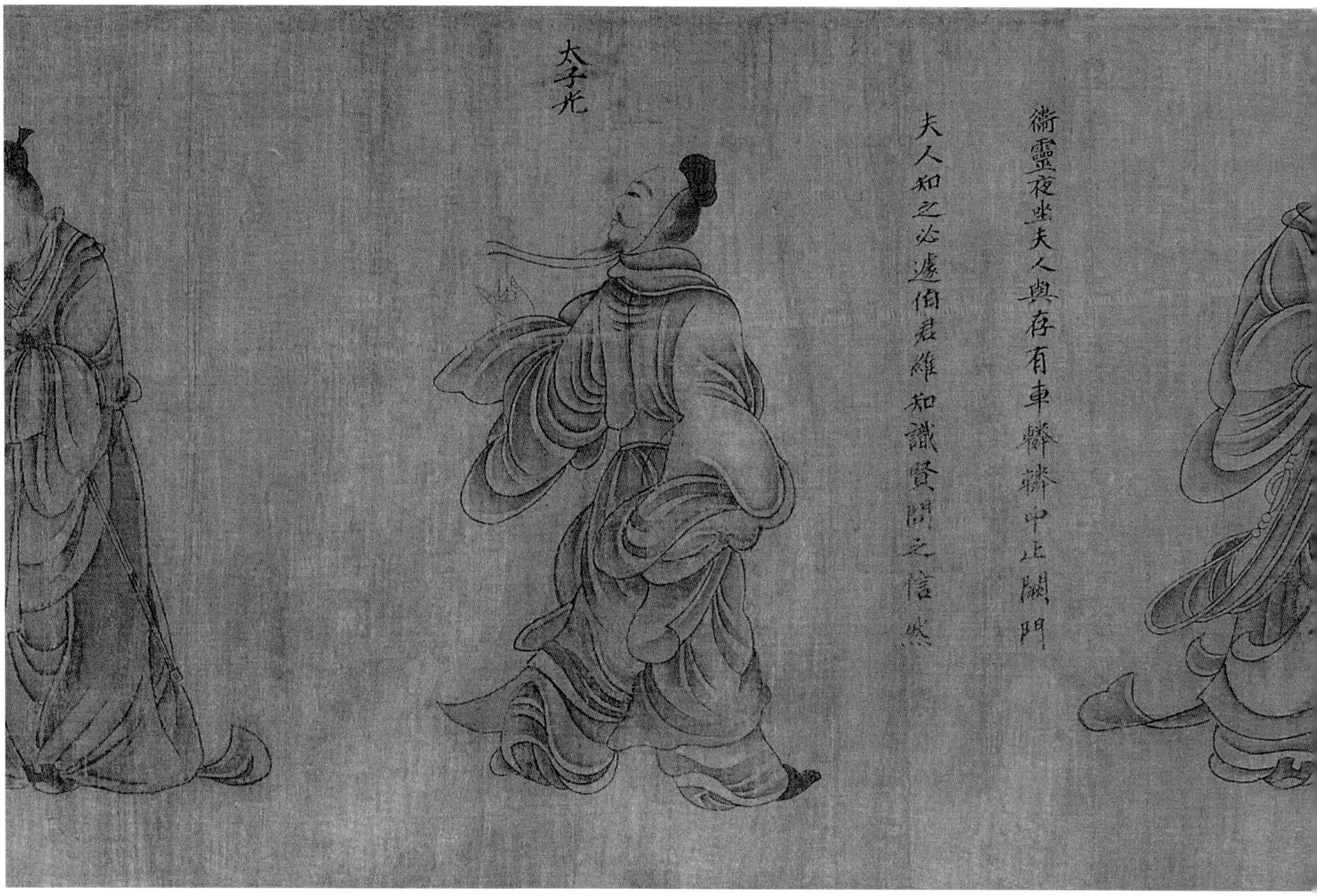
太子光
衛靈夜坐夫人與存有車轔轔中止闕門
夫人知之必遽伯君維知識賢聞之信然

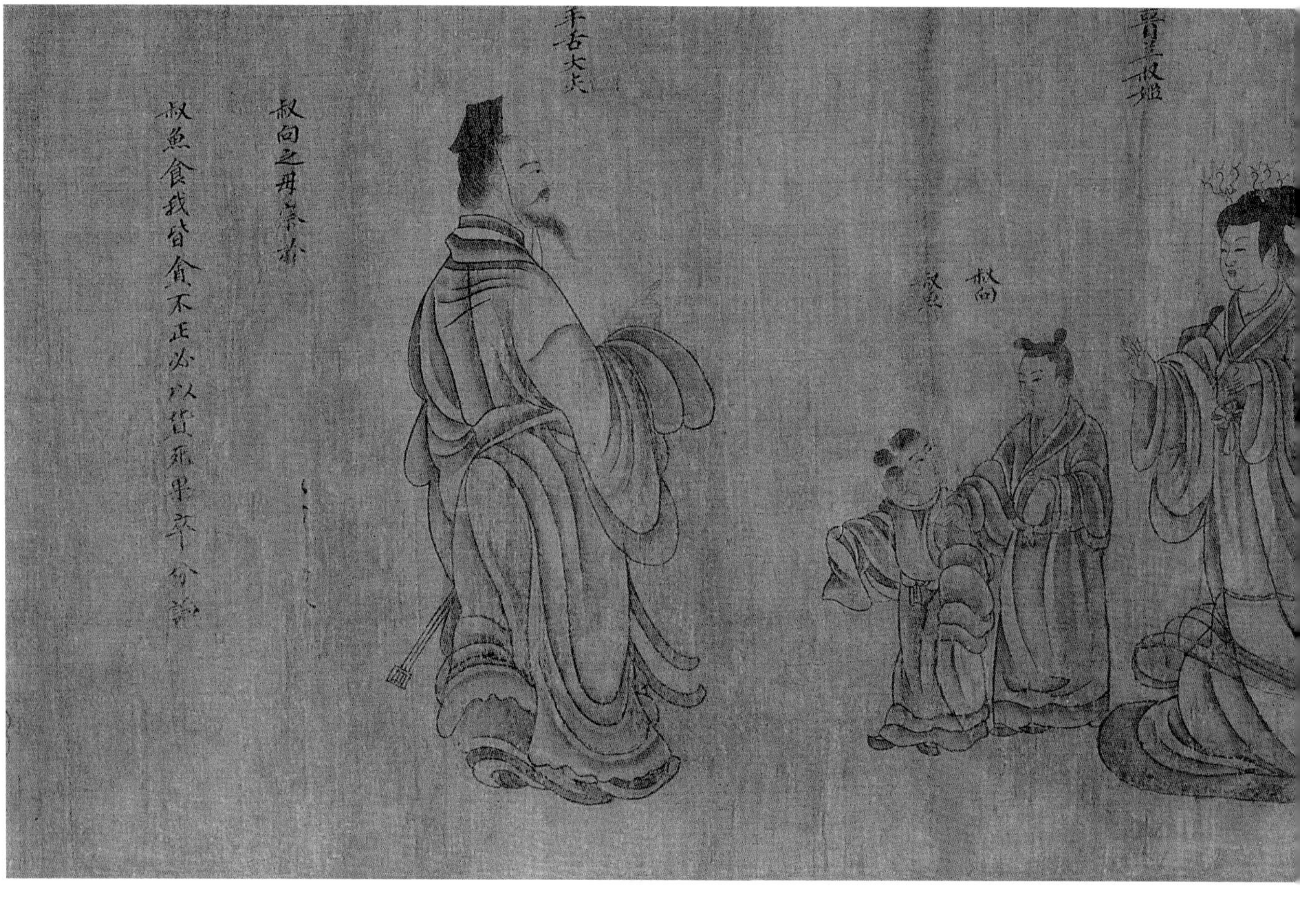
羊舌大夫
叔姬
叔向之毋
叔魚食我皆貪不正必以貨死果卒分誅
叔向
叔魚

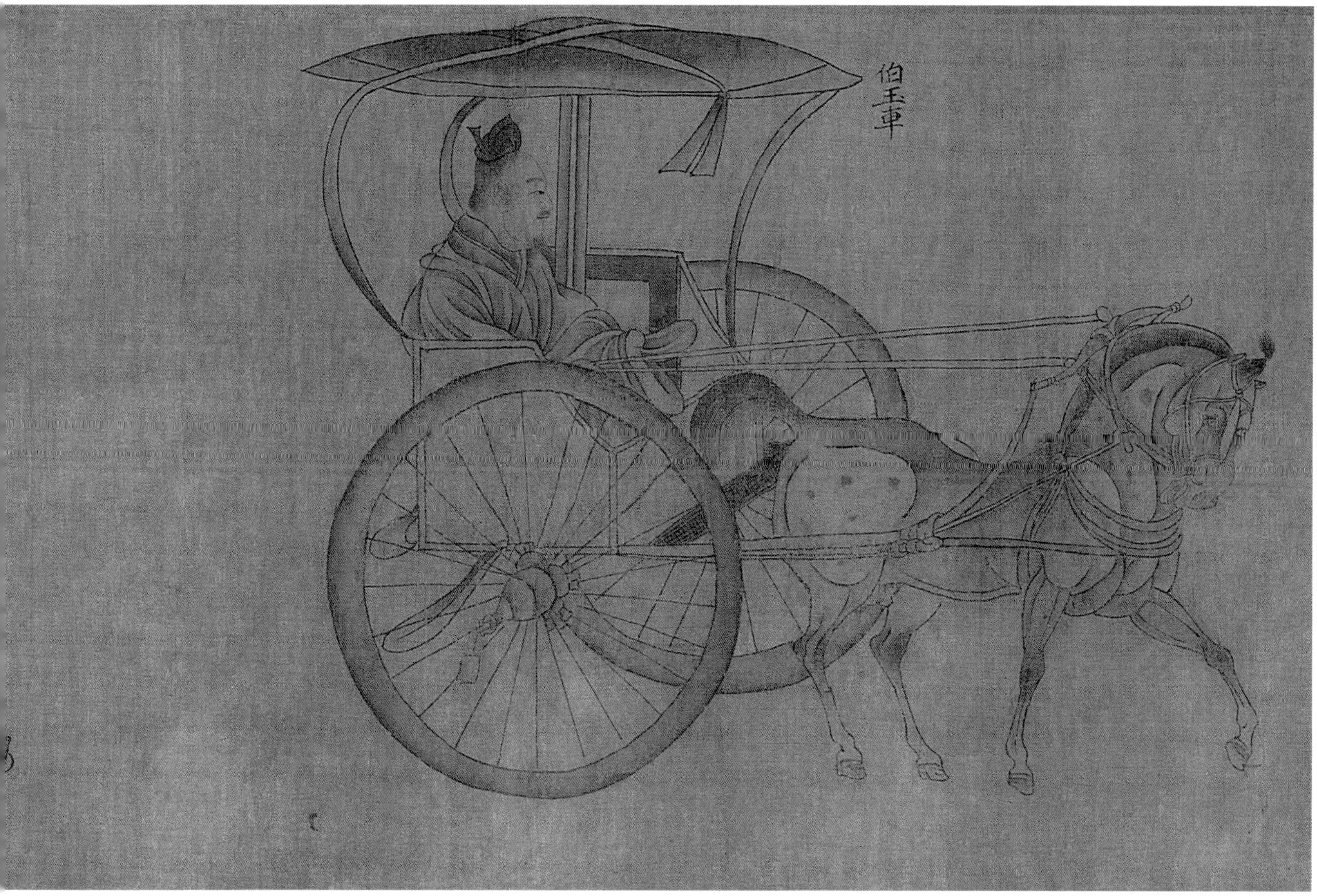
伯玉車

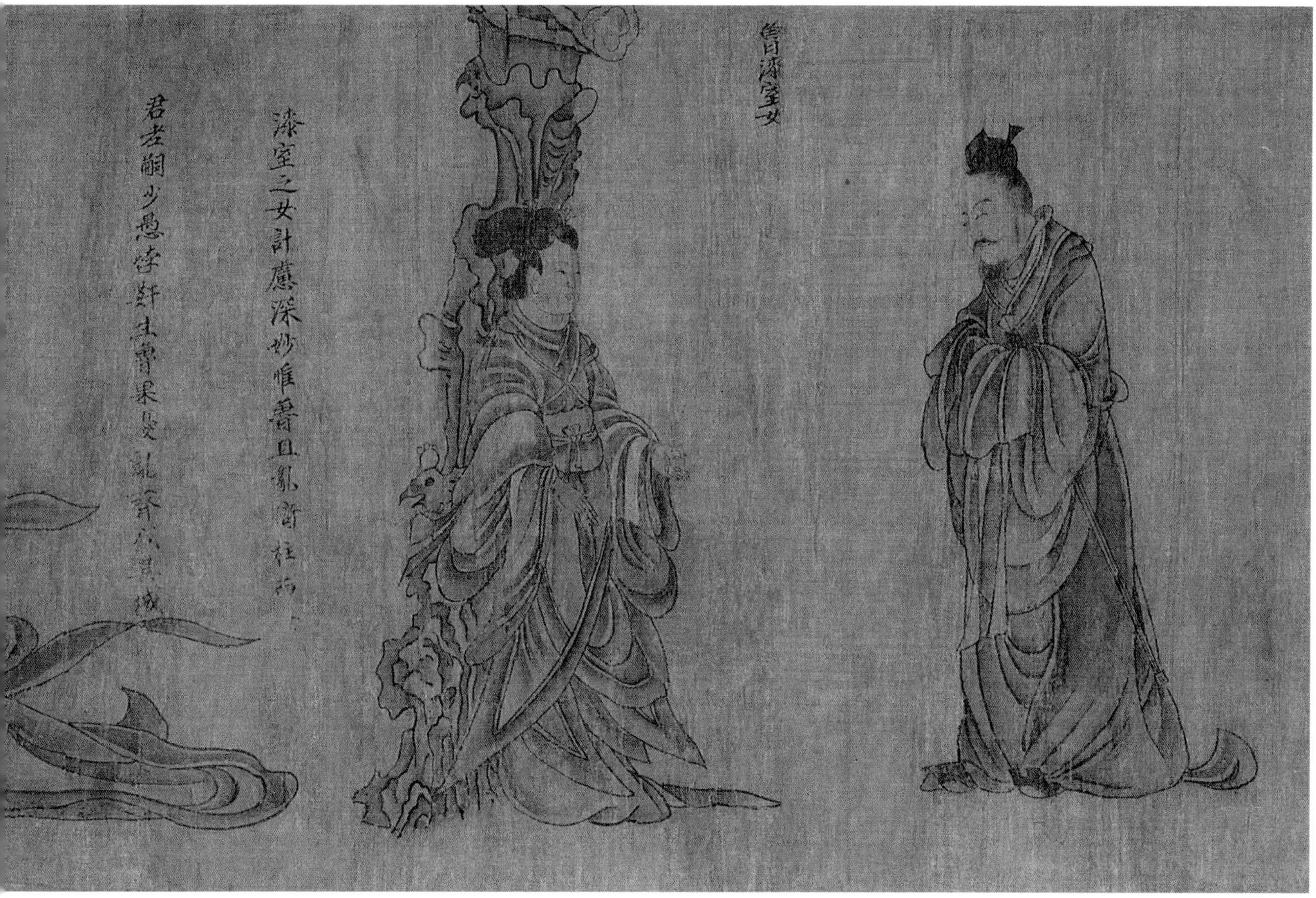
魯漆室女
漆室之女計慮深妙惟魯且亂倚柱而
君老嗣少愚悖姧生魯果亂齊伐其城

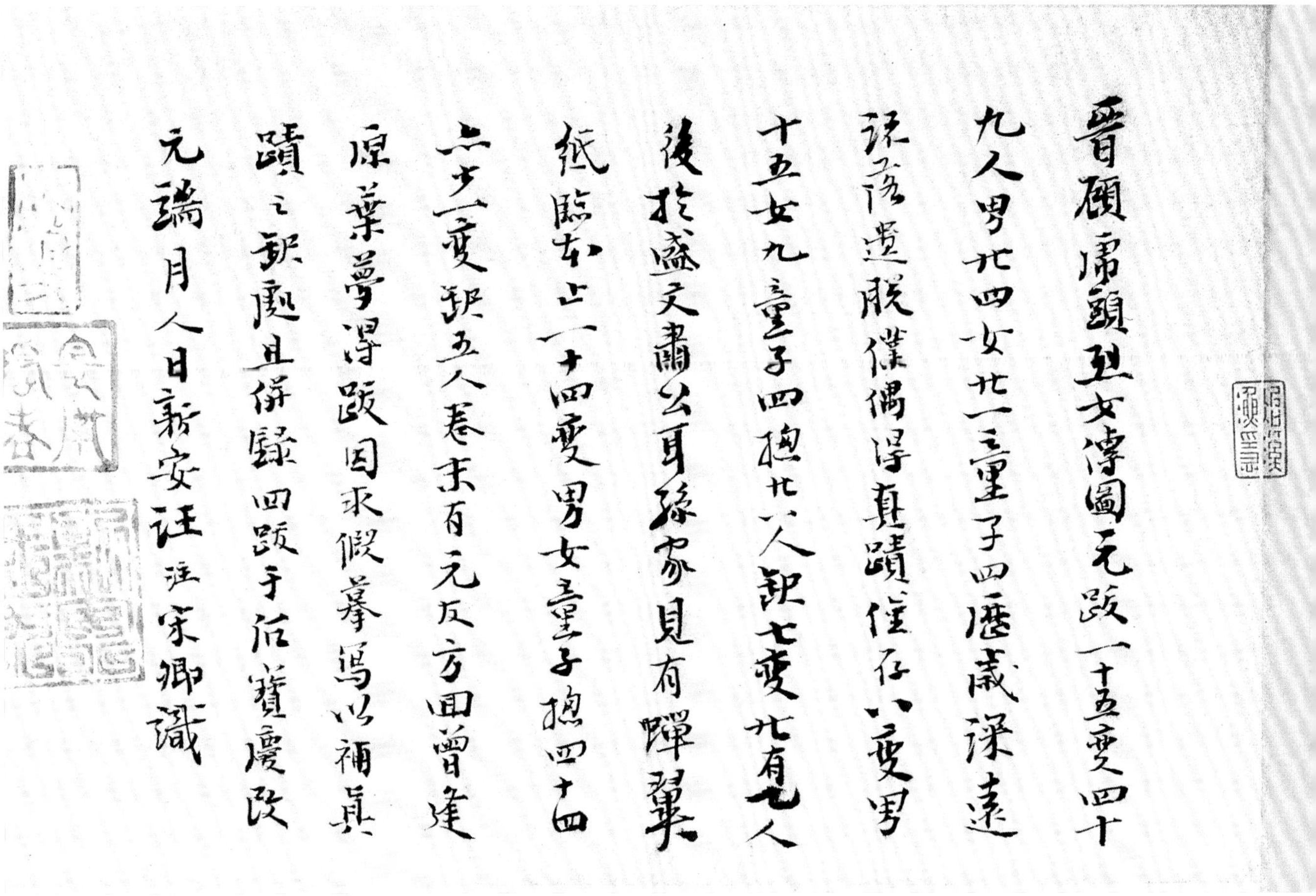
晉顧虎頭列女傳圖凡跋一十五叚四十
九人男廿四女廿一童子四歷歲深遠
殘落遺脫僅偶得真蹟僅存八叚男
十五女九童子四總廿八人缺七叚廿有七人
後於盛文肅公耳孫家見有蟬翼
紙臨本上一十四叚男女童子總四十四
六十一叚缺五人卷末有元友方回曾逢
原葉夢得跋因求假摹寫以補真
蹟之缺題且併録四跋于后寶慶改
元端月人日新安汪宋卿識

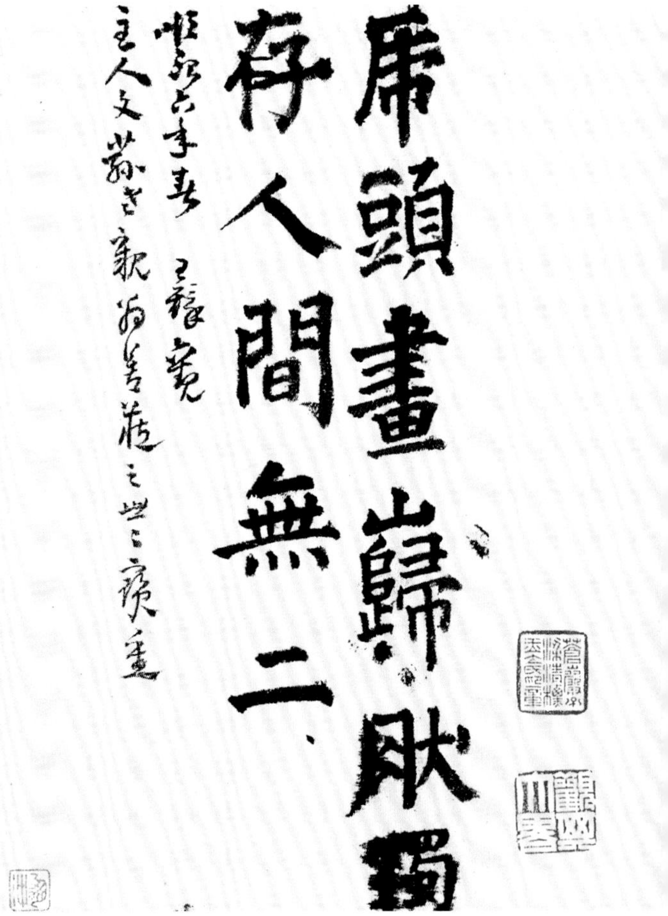
虎頭畫歸耿獨
存人間無二
惟我有米芾　王鐸題
主人文蔚老親翁吾蒼之出之屬題　鐸

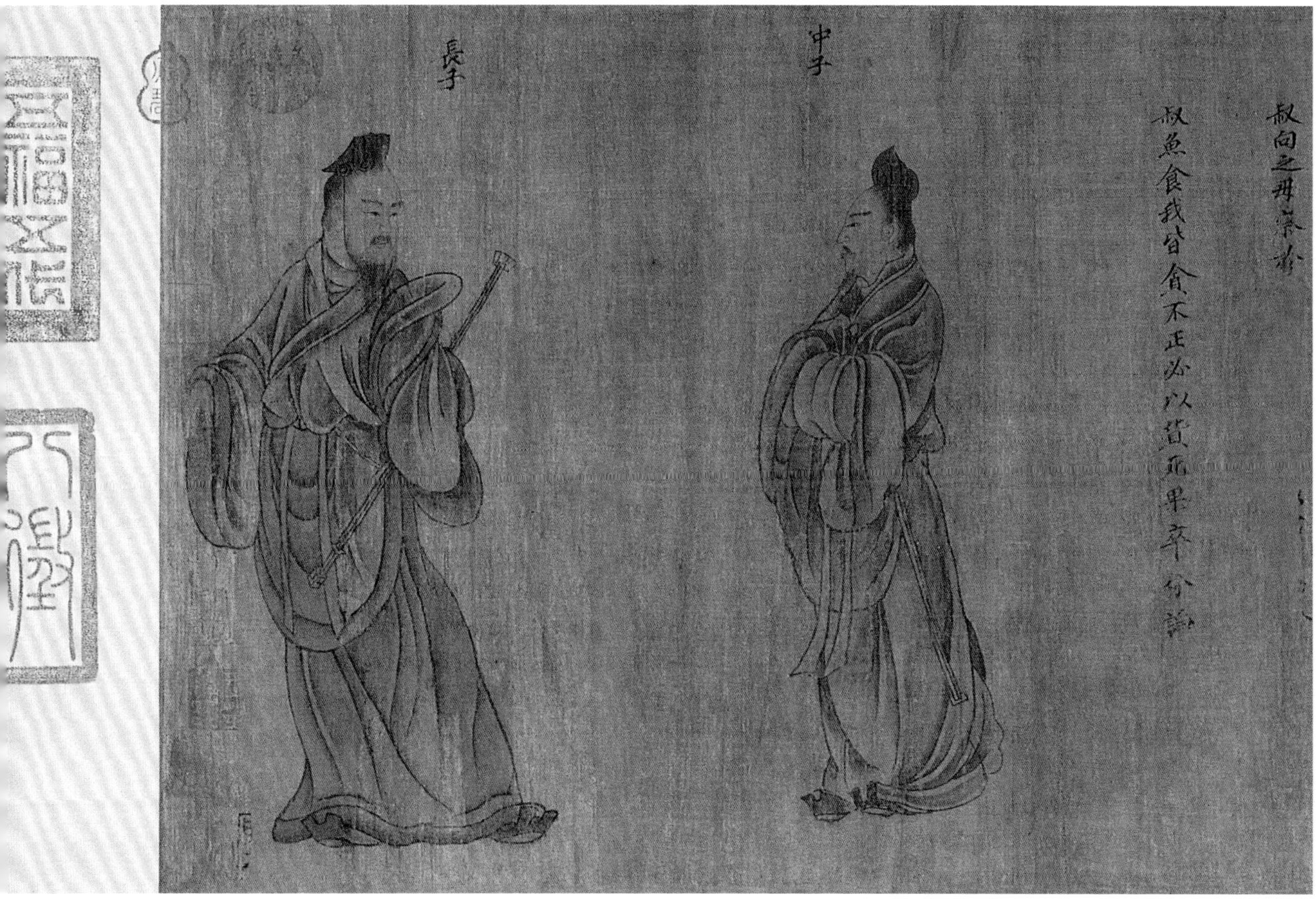

元端月人日新安汪汪宗卿識
以續摹補真蹟之闕使
後人有貂不足之誚乃撤
去而重裝之殘縑斷璧夫
豈以多為貴哉　允禮　題

葉士則近世好事之家宜其流
傳有緒古畫眼中絕少聊以慰目
余家所藏惟金鄉武梁石室畫

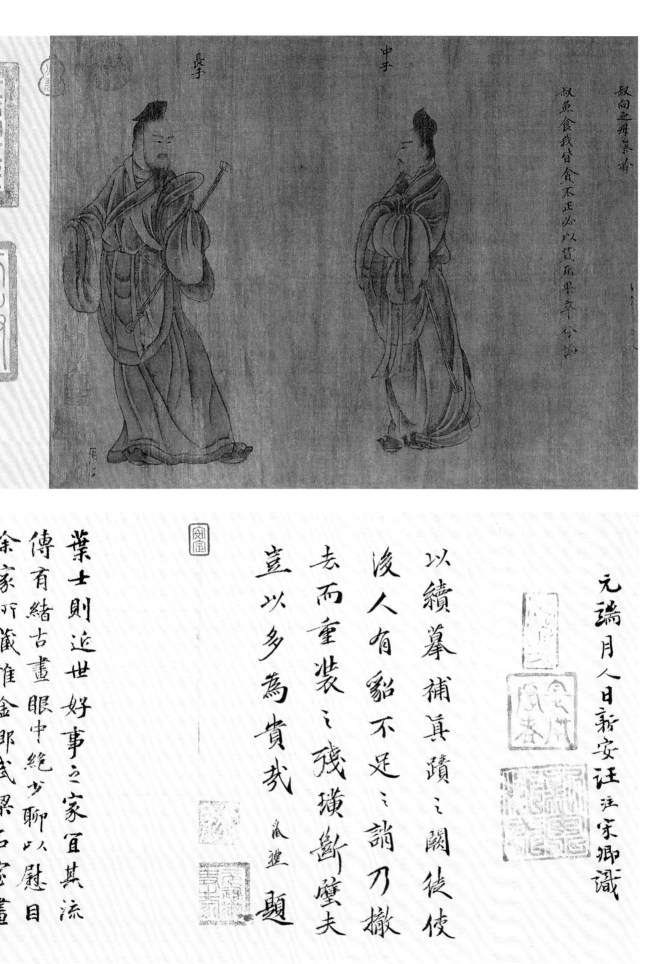

2

顧愷之　洛神賦圖卷（北宋摹）

東晉
絹本　設色　縱27.1厘米　橫527.8厘米
清宮舊藏

The Nymph of the Luo River (Northern Song Dynasty facsimile)
By Gu Kaizhi
Eastern Jin Dynasty
Handscroll, Colour on silk
H. 27.1cm　L. 527.8cm
Qing Court collection

《洛神賦》是三國時期曹植的名篇，賦中描寫陳王曹植離開魏都洛陽，在洛水之濱歇息，夢見洛水之神宓妃，抒發內心的愛意，文辭情意綿綿，真摯感人。

《洛神賦圖》是根據賦文段落繪製的連續性故事畫長卷，圖中繪曹植一行在洛水之濱解馬歇息；恍惚間看到洛神出現，如游龍、如驚鴻、如旭日；但人神間不能相約，洛神與眾神徘徊飛翔；洛神乘雲車離去，依依不捨；曹植想駕舟與洛神再會；第二天曹植登車啟程。眾多情節平列鋪陳，背景相連，人物反覆出現，體現出早期故事畫的特點。服飾色彩鮮明，巾帶飄動，山水背景呈現“人大於山，水不容泛”的特點，皆為魏晉畫風。

本幅有清乾隆題“洛神賦圖第一卷”。鈐藏印“古稀天子之寶”（朱文）。另有清內府藏印共十五方。

引首有清乾隆題“妙入毫顛”。鈐藏印“乾隆定翰”（朱文）。後隔水有清乾隆題記三篇，藏印十六方。

尾紙有元代趙孟頫書《洛神賦》（摹），又有元代李衎（偽）、虞集（偽）、明代沈度（偽）、吳寬（偽）、清代和珅、梁國治、董誥七家題記，鈐鑑藏印三十六方。

曾經《石渠寶笈》、《石渠隨筆》著錄。

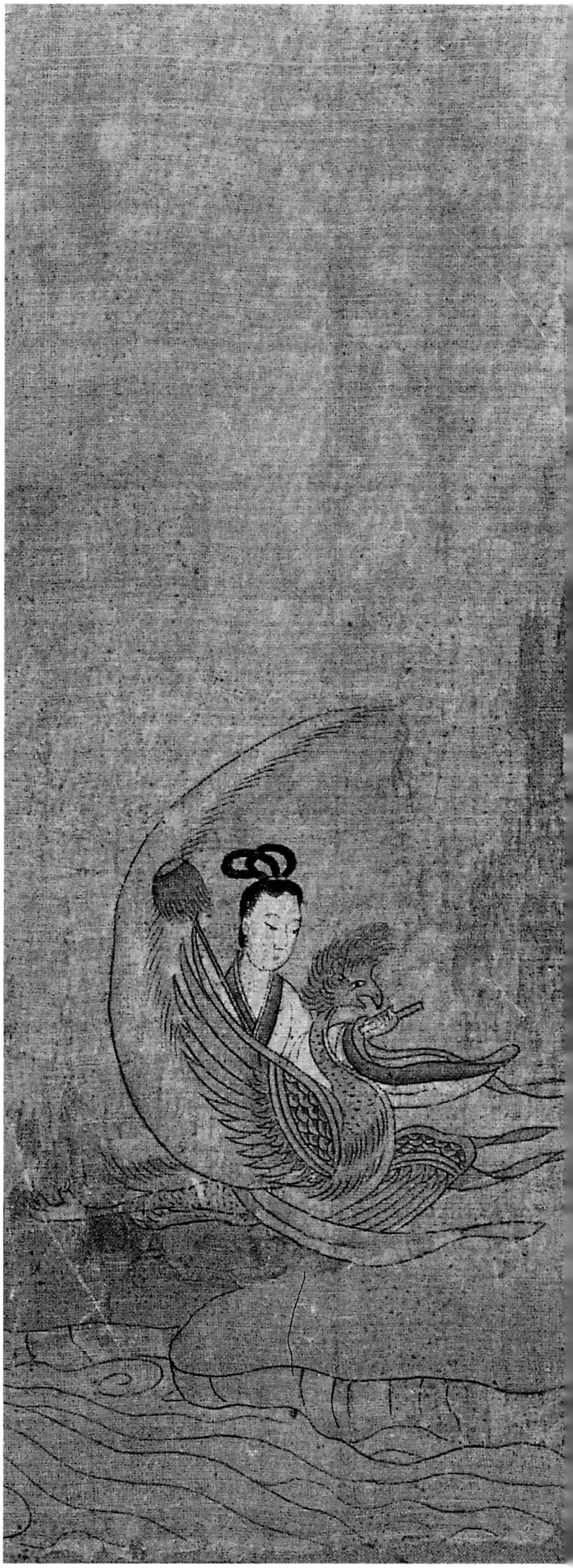

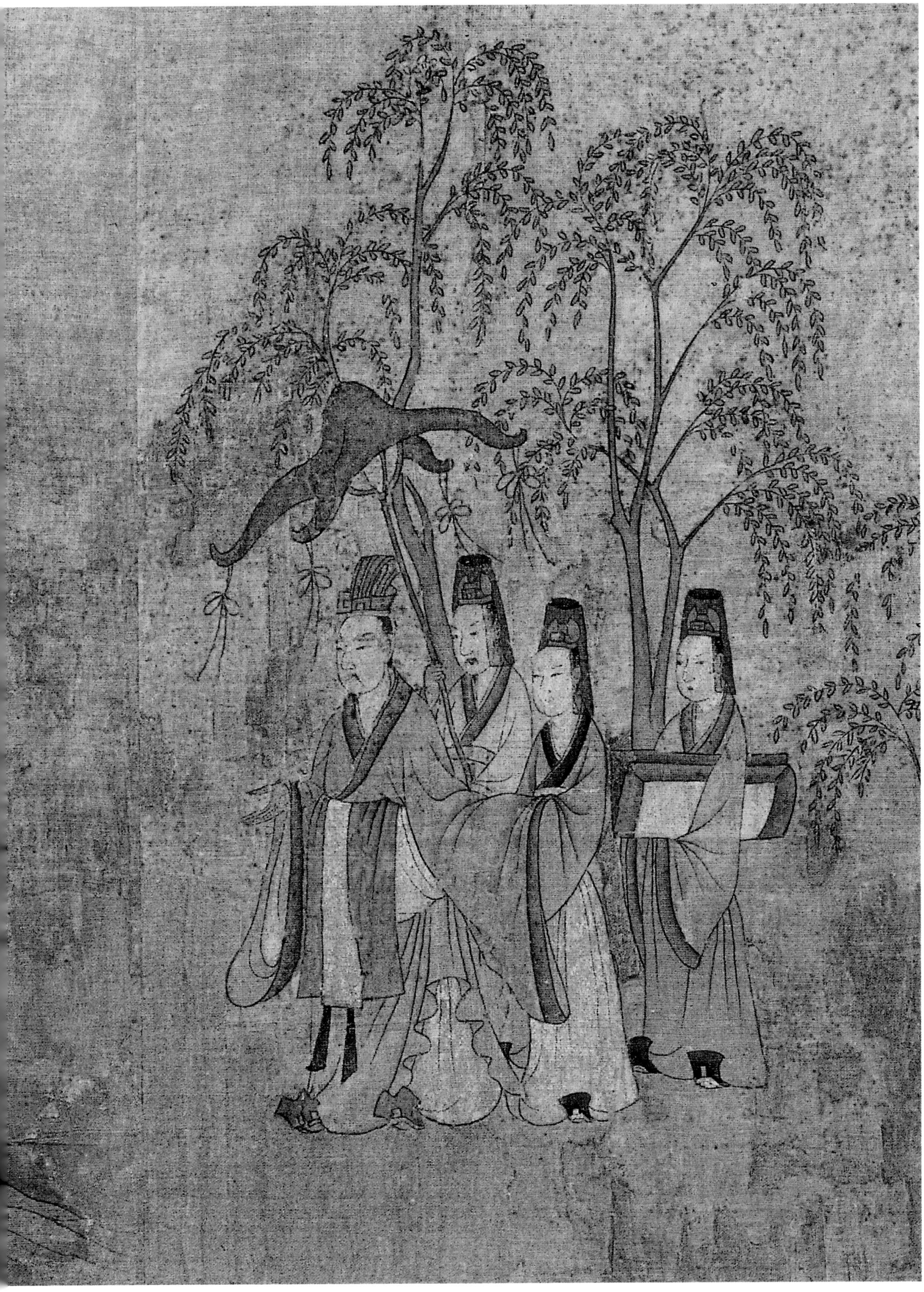

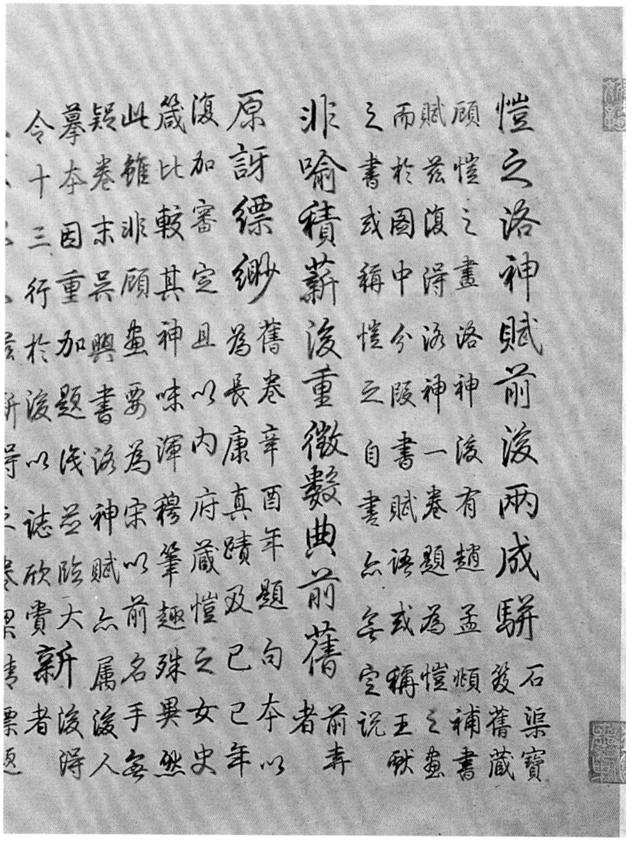
愷之洛神賦前後兩成駢
石渠寶笈舊藏
顧愷之畫洛神後有趙孟頫補書
賦茲復得洛神一卷題為愷之畫
而於圖中分段書賦語或稱王獻
之書或稱愷之自書亦無定說
非喻積薪後重徵數典前舊
前弆者
原評縹緲
舊卷辛酉年題句本以
為長康真蹟及己巳年
復加審定且以內府藏愷之女史
箴比較其神味渾穆筆趣殊異然
此雖非顧畫要為宋以前名手無
疑卷末吳興書洛神賦亦屬後人
摹本因重加題識並臨大
新
令十三行於後以誌欣賞者

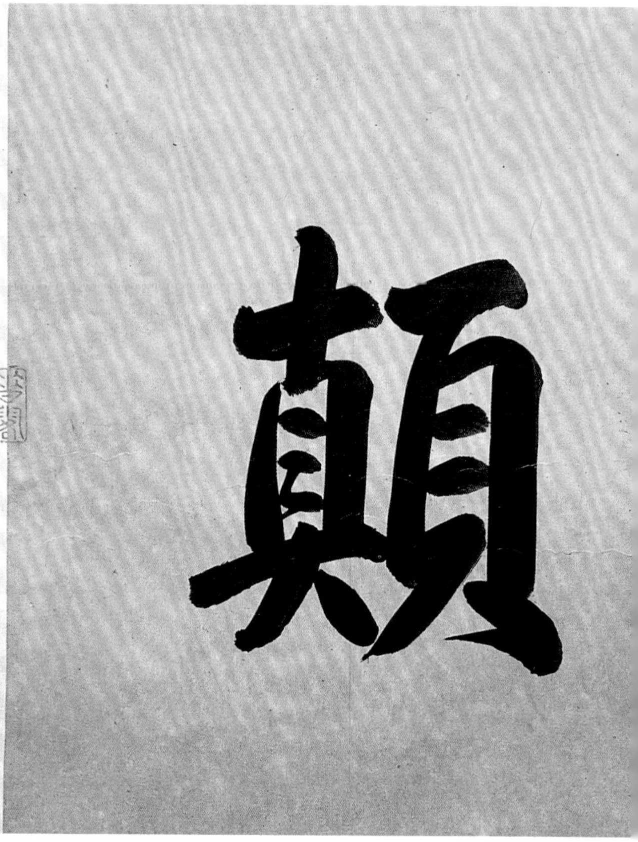
顛

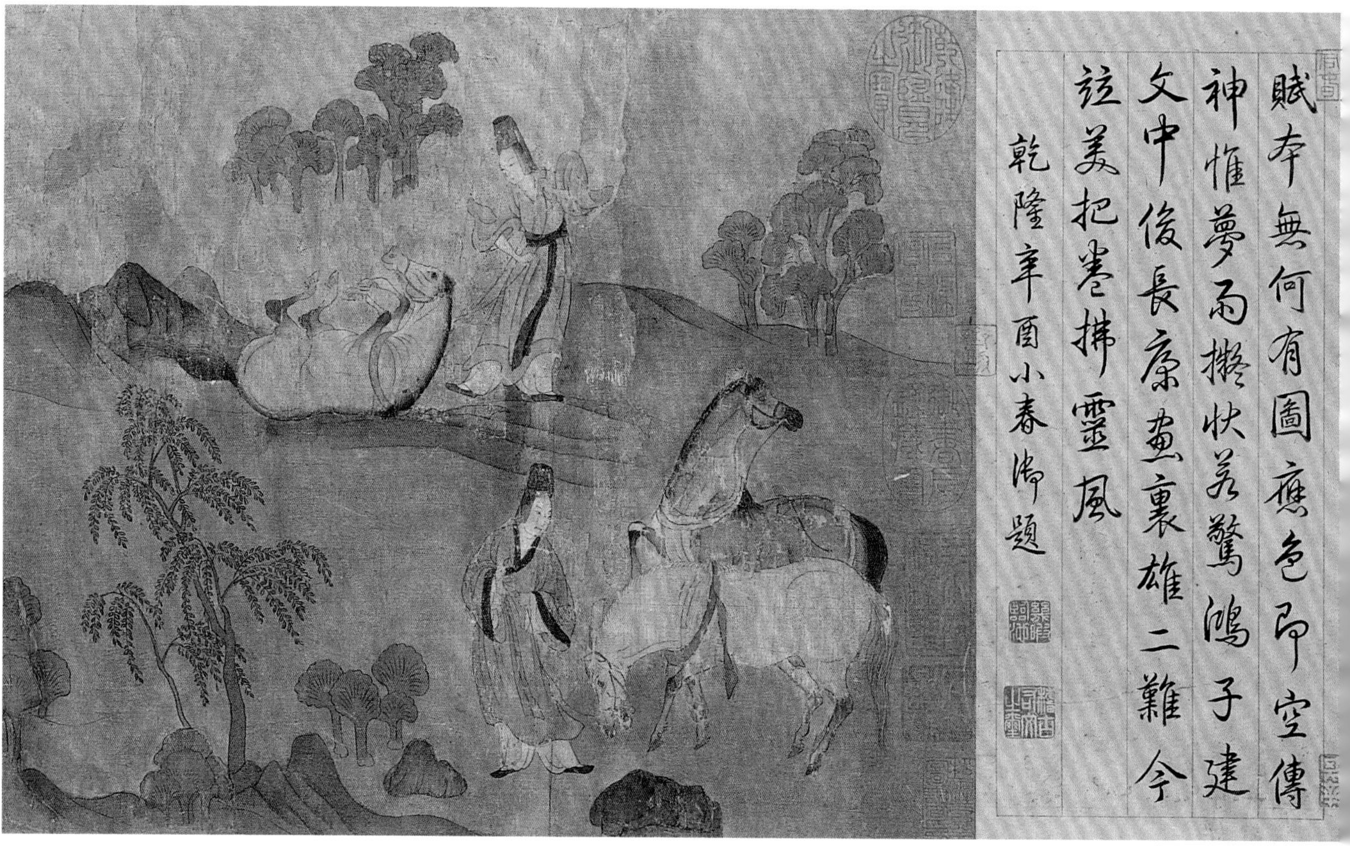
賦本無何有圖應色即空傳
神惟夢爾擬狀若驚鴻子建
文中後長康畫裏雄二難今
並美把卷拂靈風
乾隆辛酉小春御題

妙入毫

原訏緗縹爲舊卷辛酉年真蹟及題句本已己史年以

復加審定且以内府藏懷殊之異名手跡浹得入安

此箴加審其神味渾爲神宗賦以前名殊異手跡浹得

令摹本因重景顧畫要爲神翰書渧以誌吕昄大二句後段題

疑十三行於後渧以誌吕昄賁其卷首一段題

更發疑然爲箴脫之畫之卷欣賁大六句後段

與相舊本而不合爲懷新浮有補緻痕二句後段題

亾宗元舊不畧遺脫本兩眠明珠翠羽

補緝不畧舊本完本兩眠好莪也有別卷李家

蹟何標陳代年神石渠一卷有白描洛

西卷大署仿佛王澍汪士銘跋中眠爲舊洛

李公麟摹本無其公麟僅伯時龍寒爲舊

乃署朱徐僧權印及天嘉二年月日陳

時人安浮於公麟人權等六皆名梁

白描允非也粉本竟誠焉公此卷與他

畫筆法不頗或顧懷之原有是圖此脫筆堪

浚楷素末可宝越長康真面浚此脫

墨脂布求深秀古雅回代近代朶堪

孫賁詩困俏存爲訂正弄

書此詩困俏爲各總出隋唐上

堪珠元宗傳雜非常傳體可擬步

兵肩緣几瓷餘鑒石渠佳話詮底

須求刻劍堪以玩浮川中語用賦一合

函三相神傳會道鑒

乾隆丙午新正澣筆

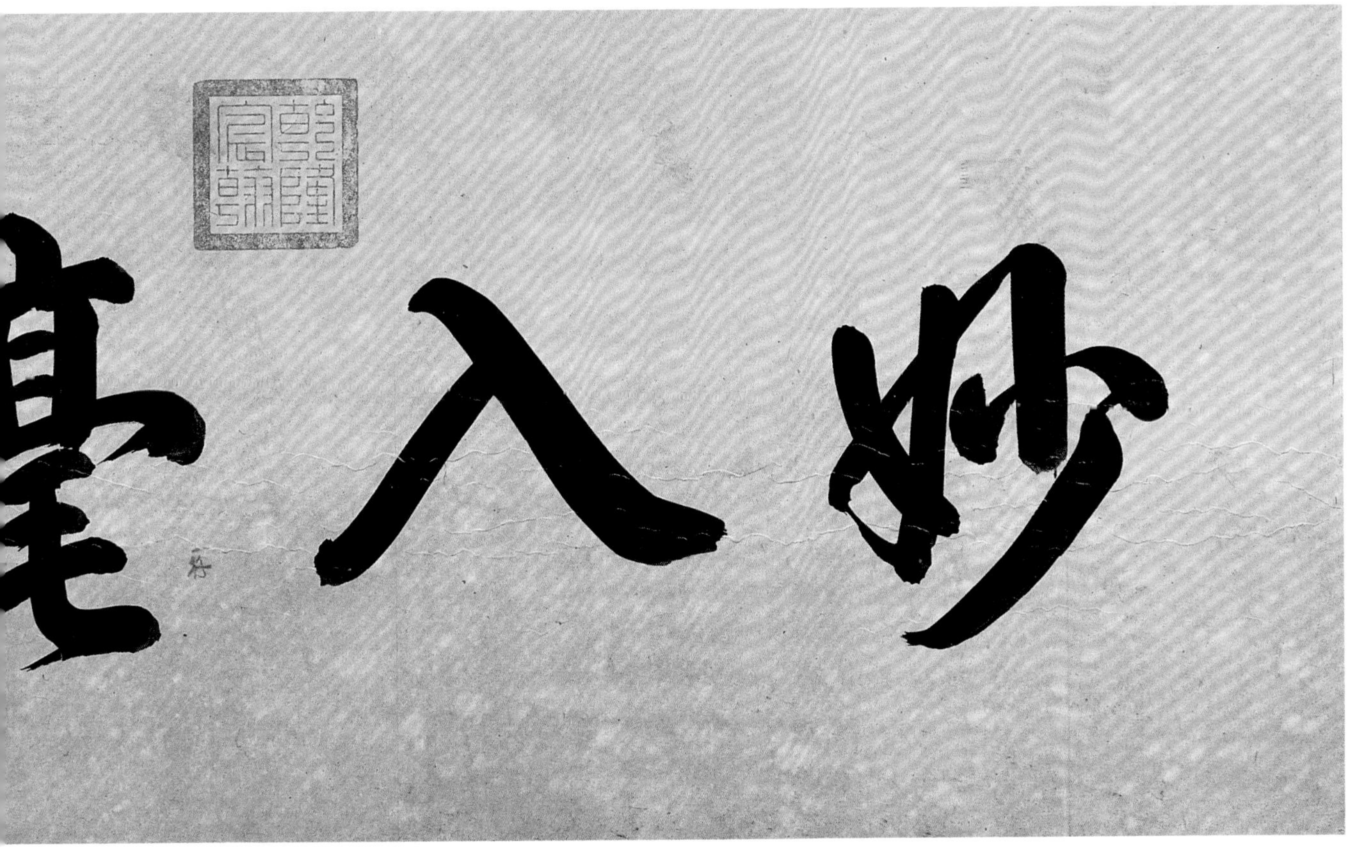

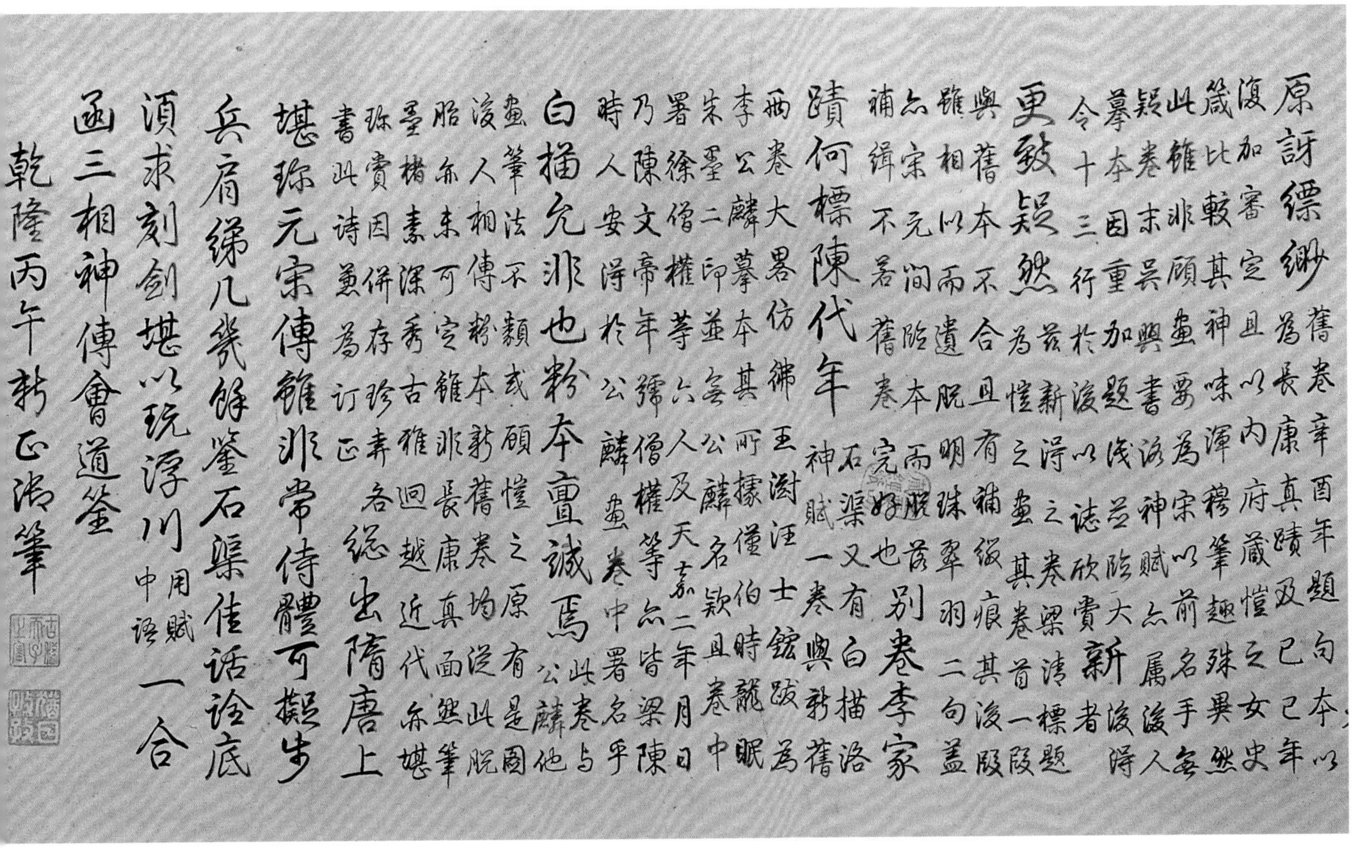

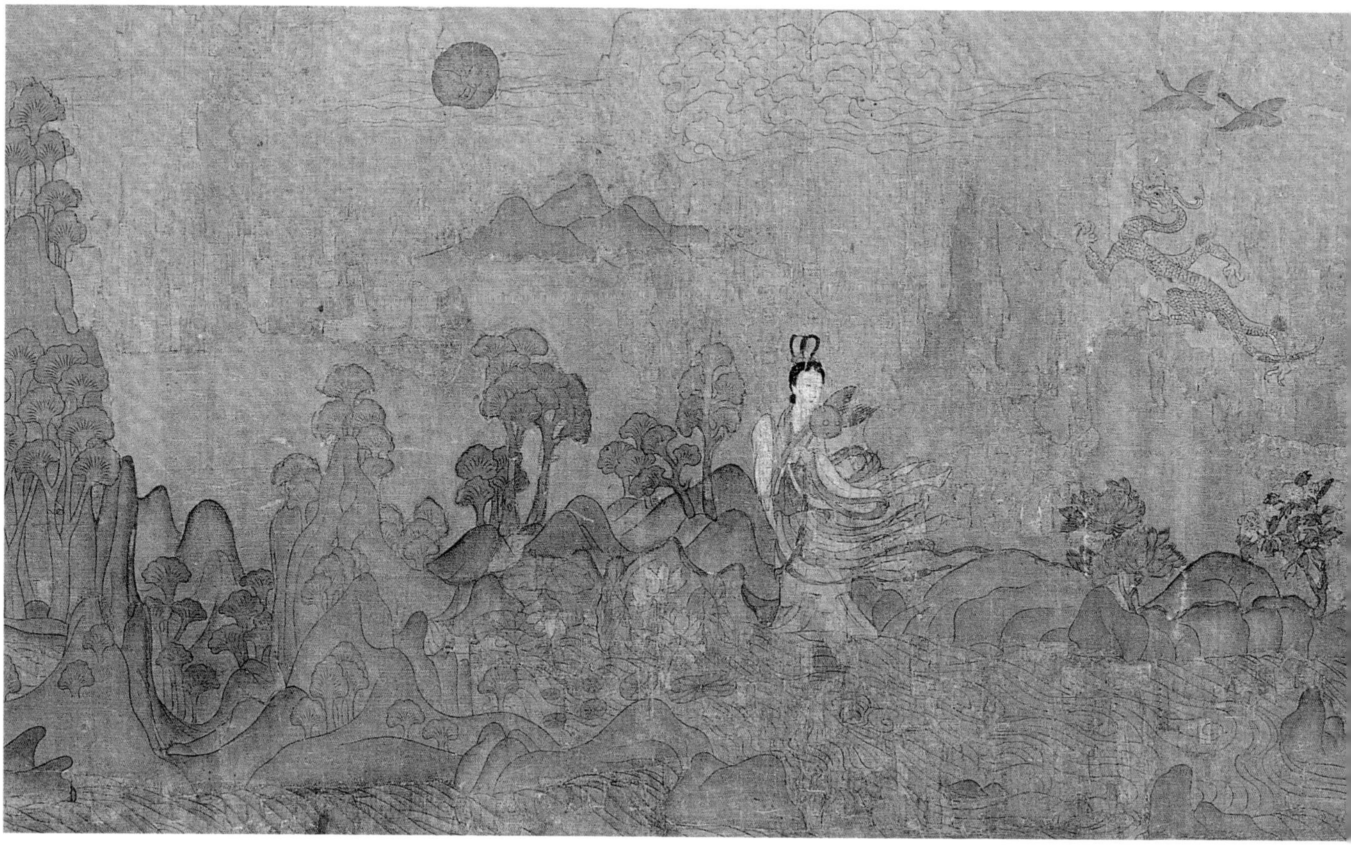

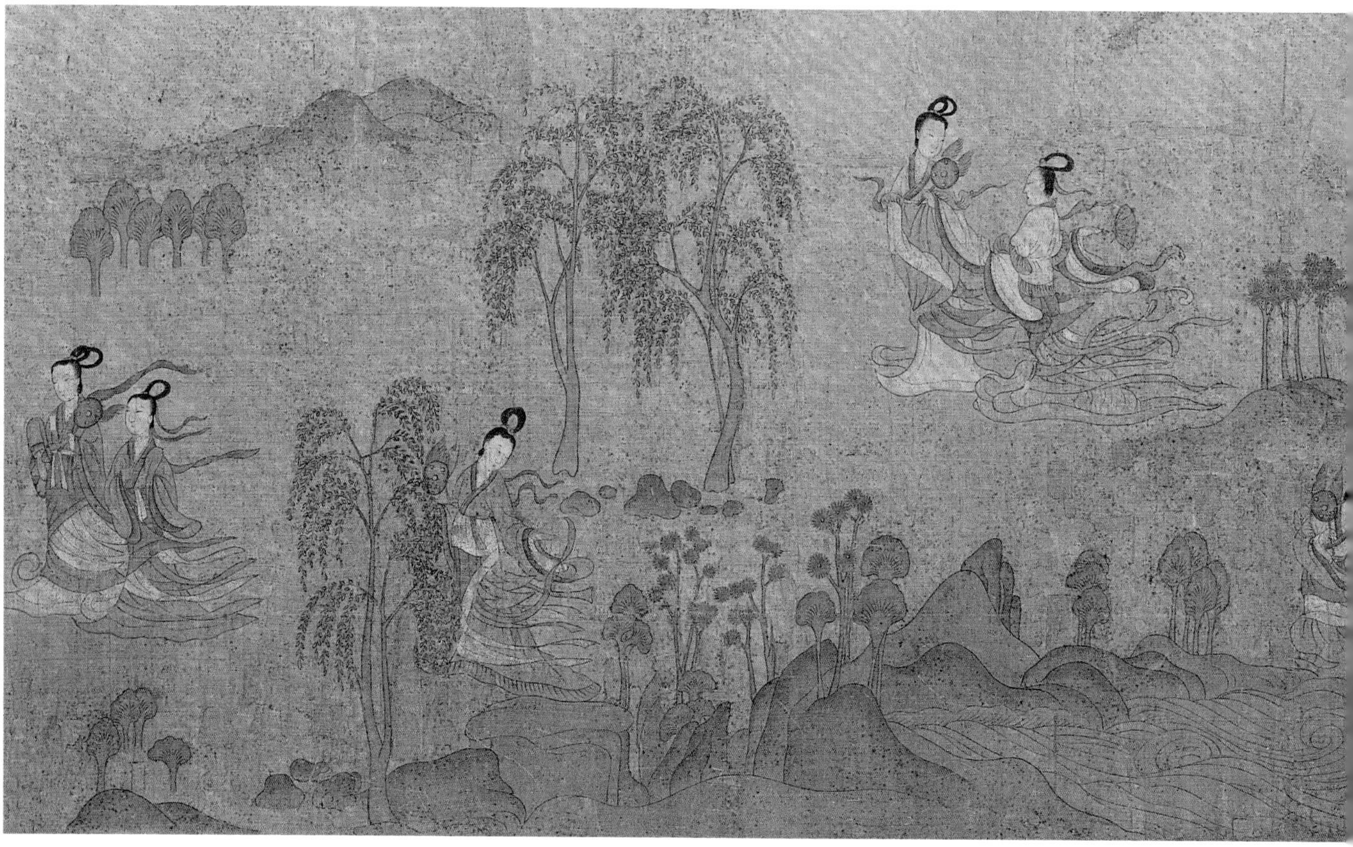

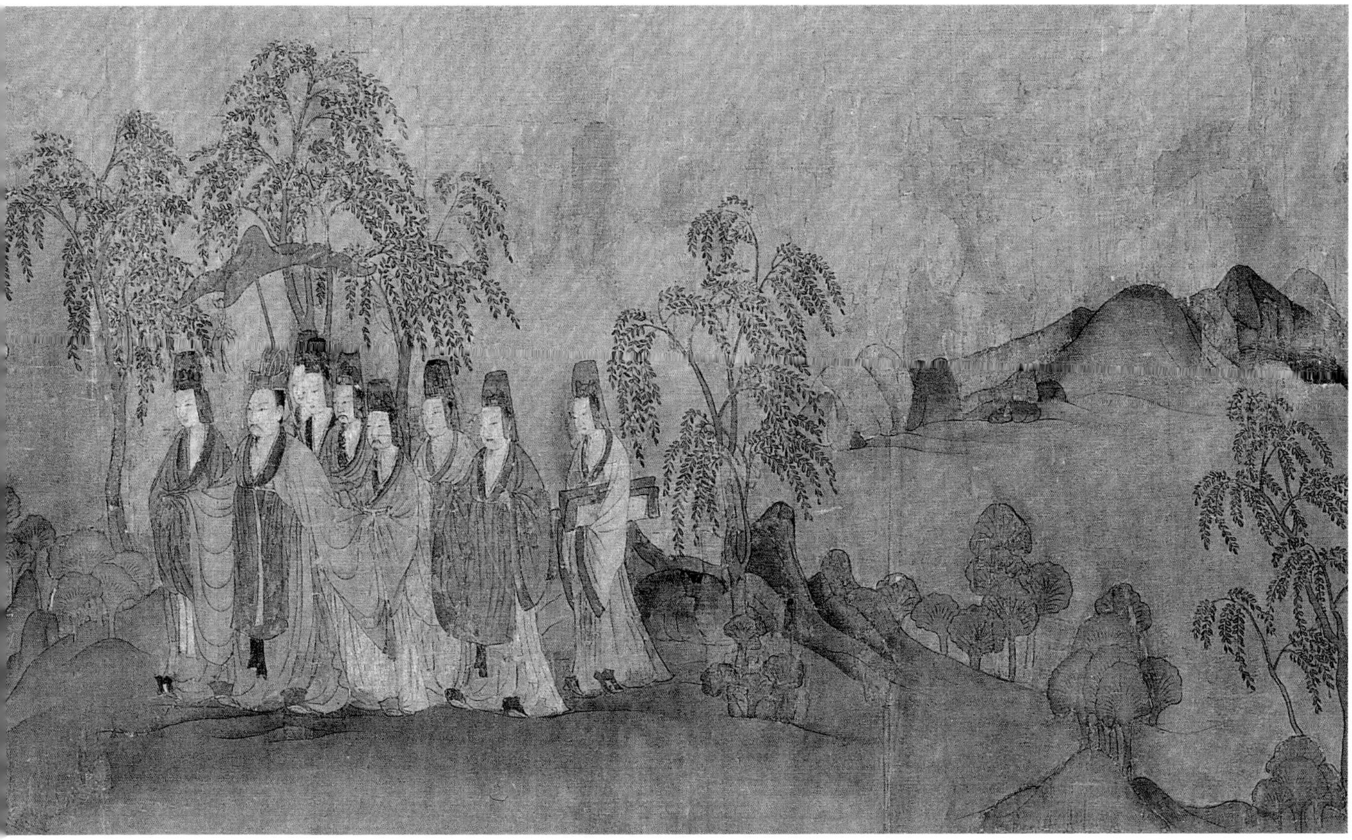

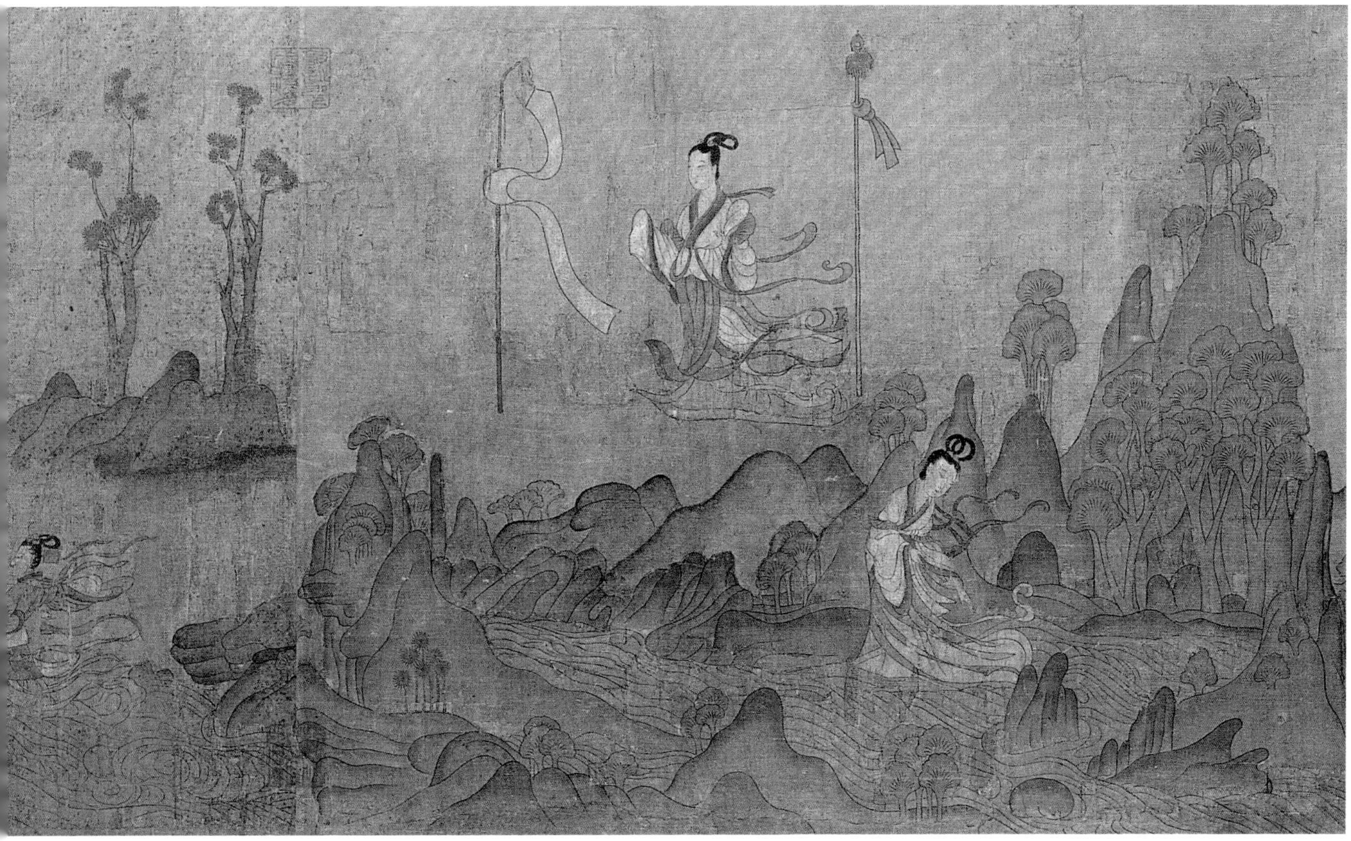

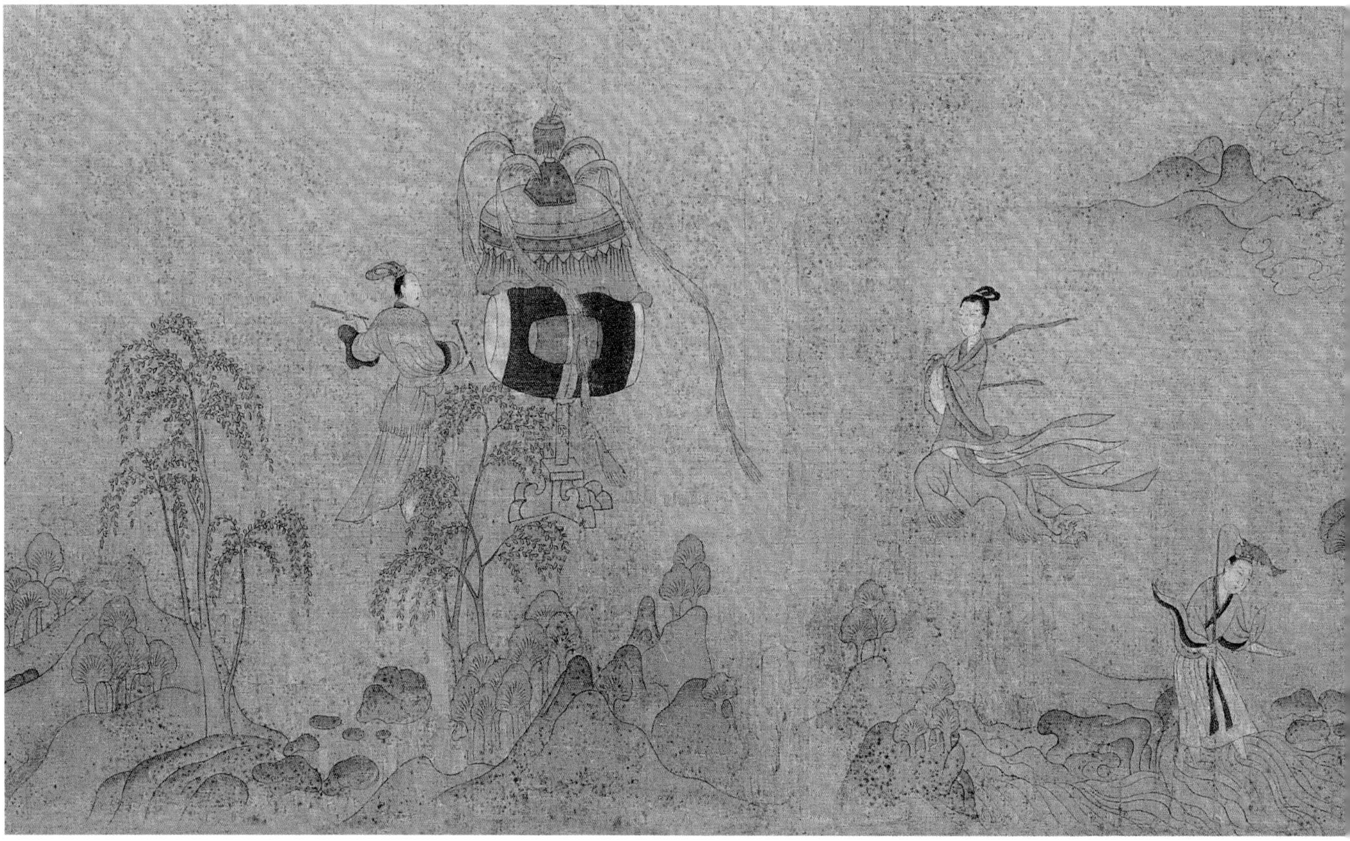

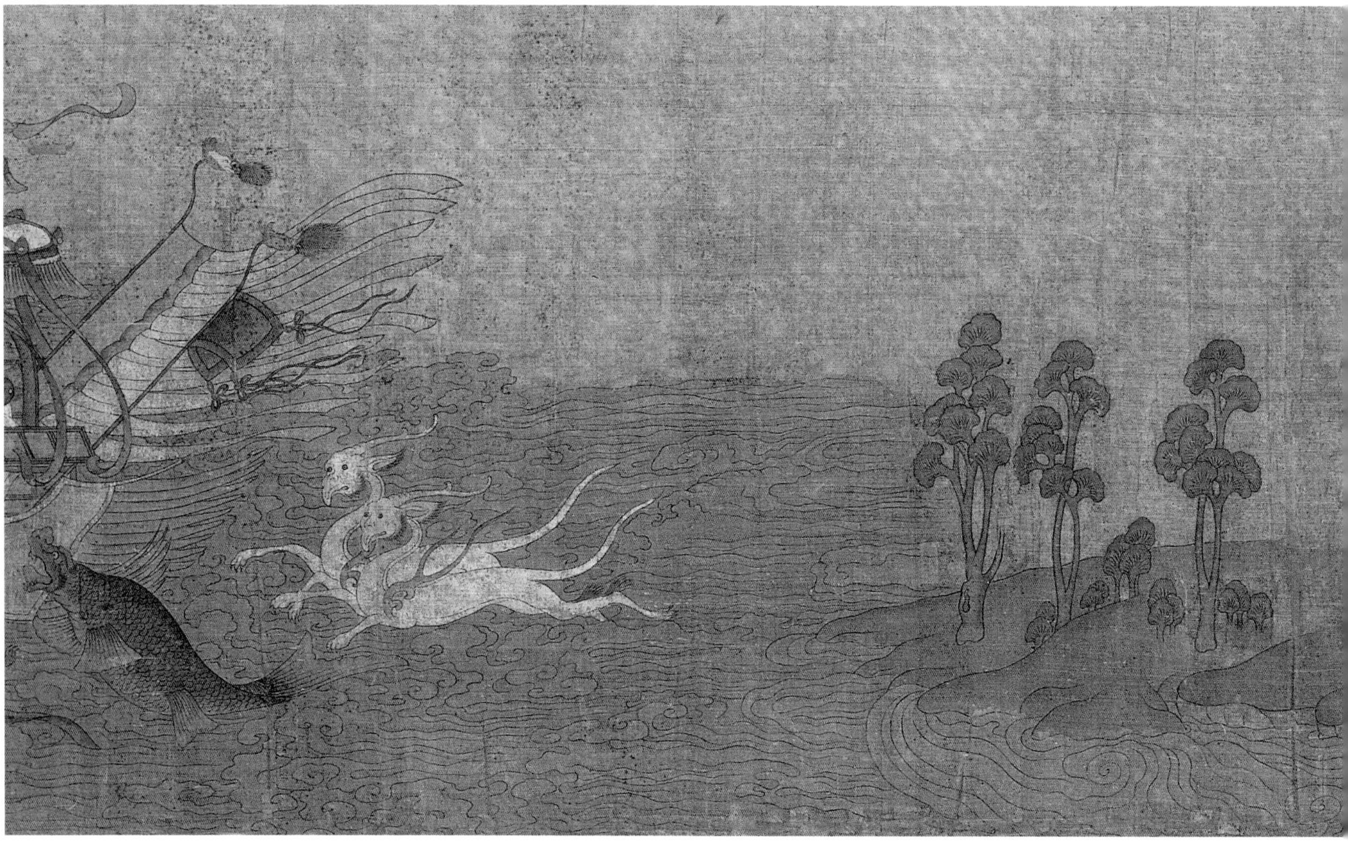

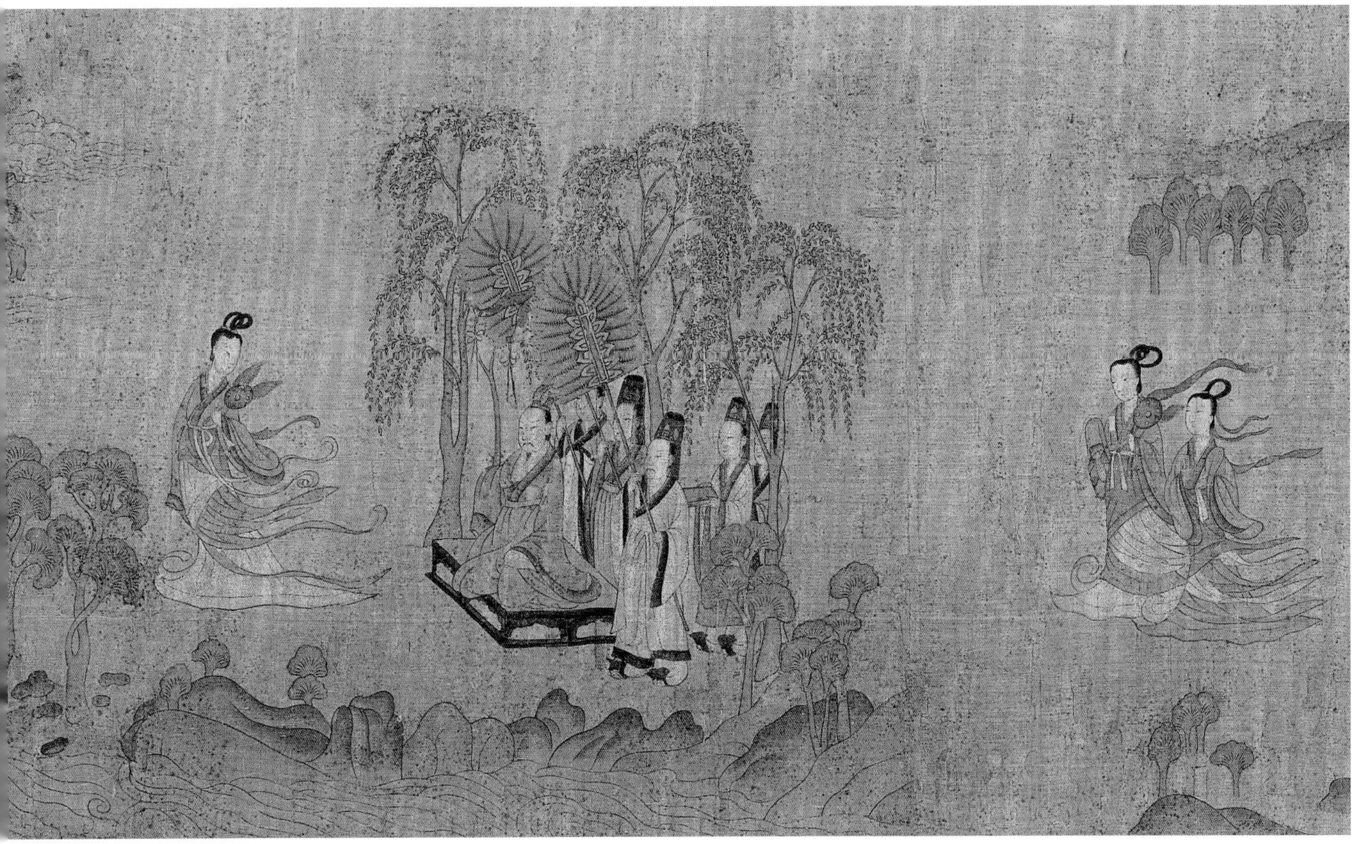

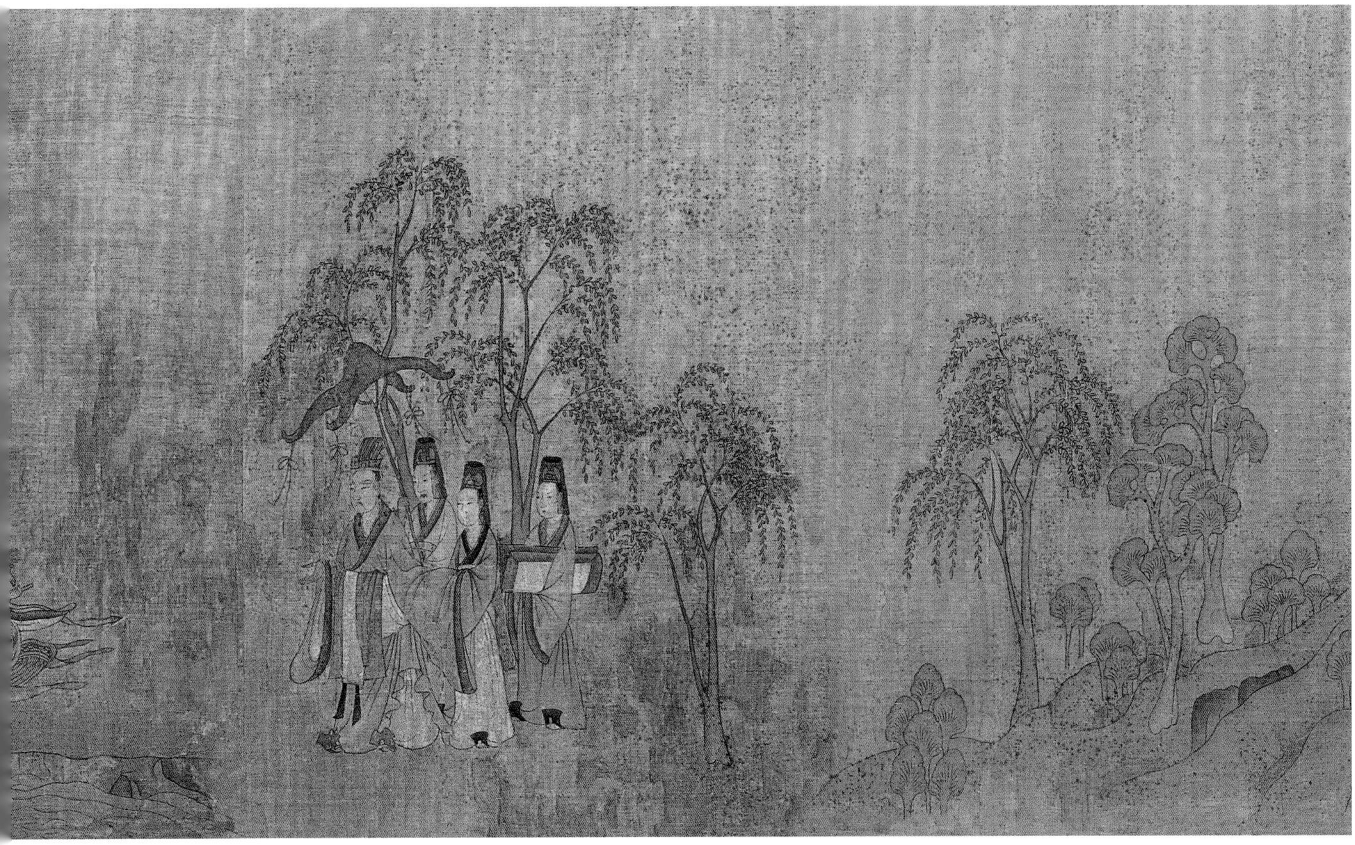

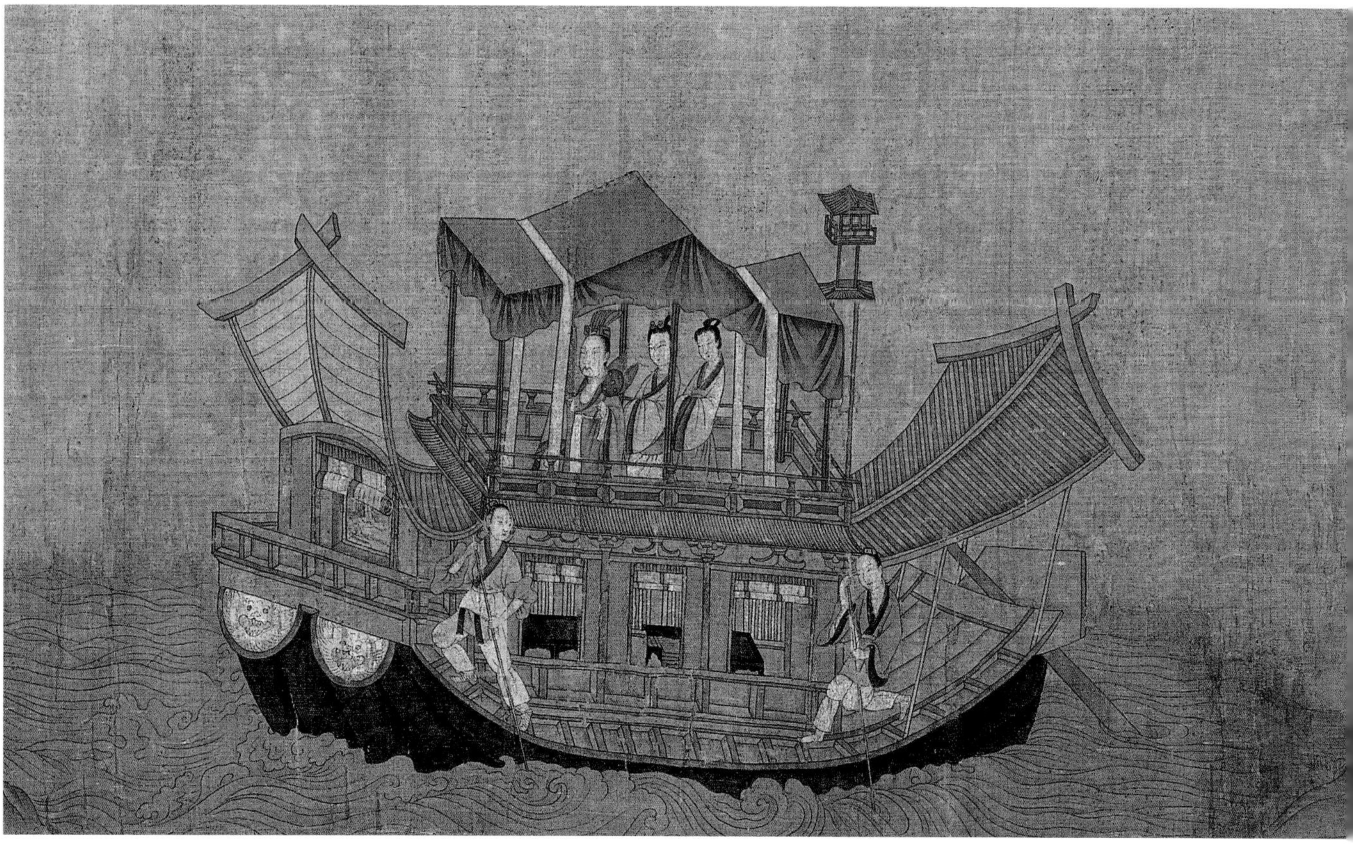

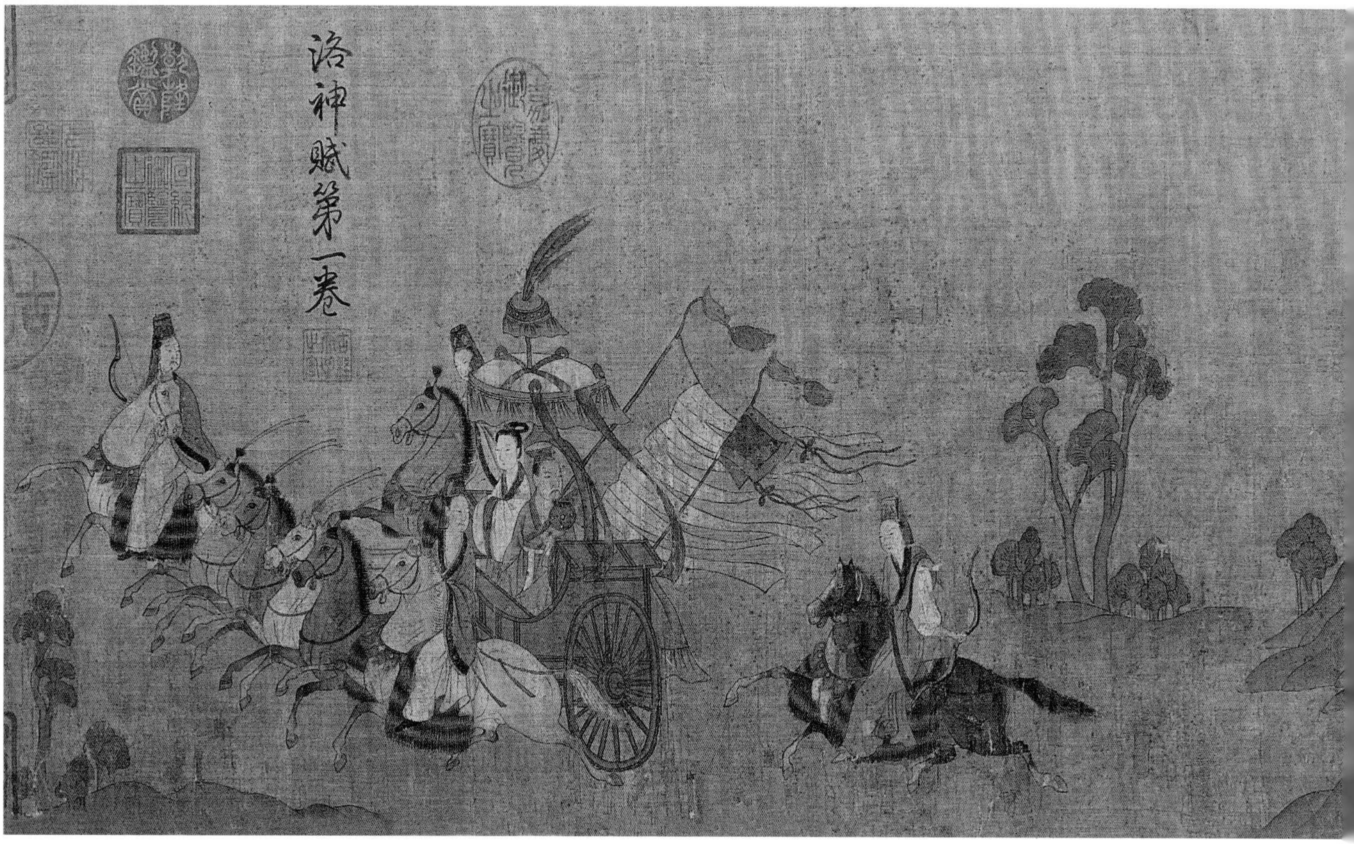
洛神賦第一卷

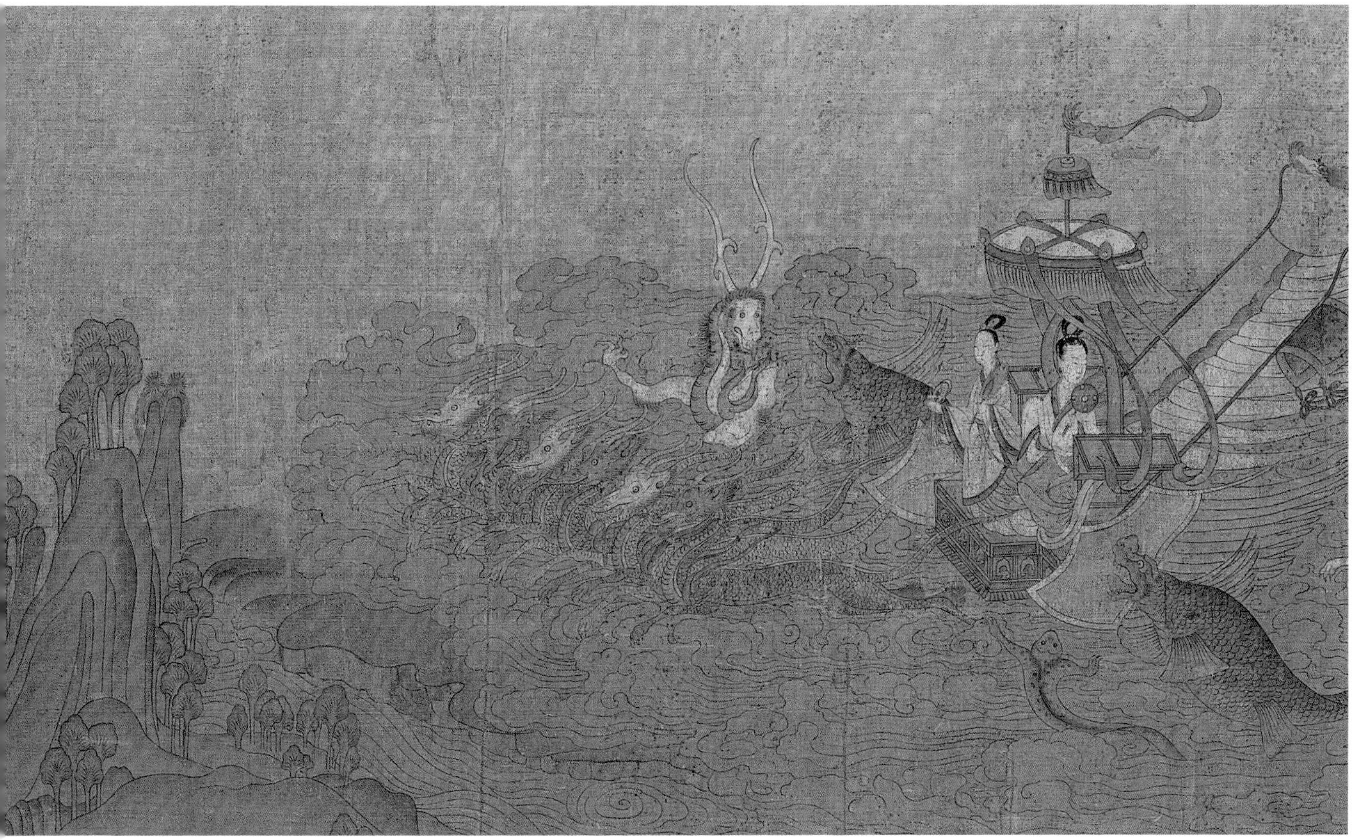

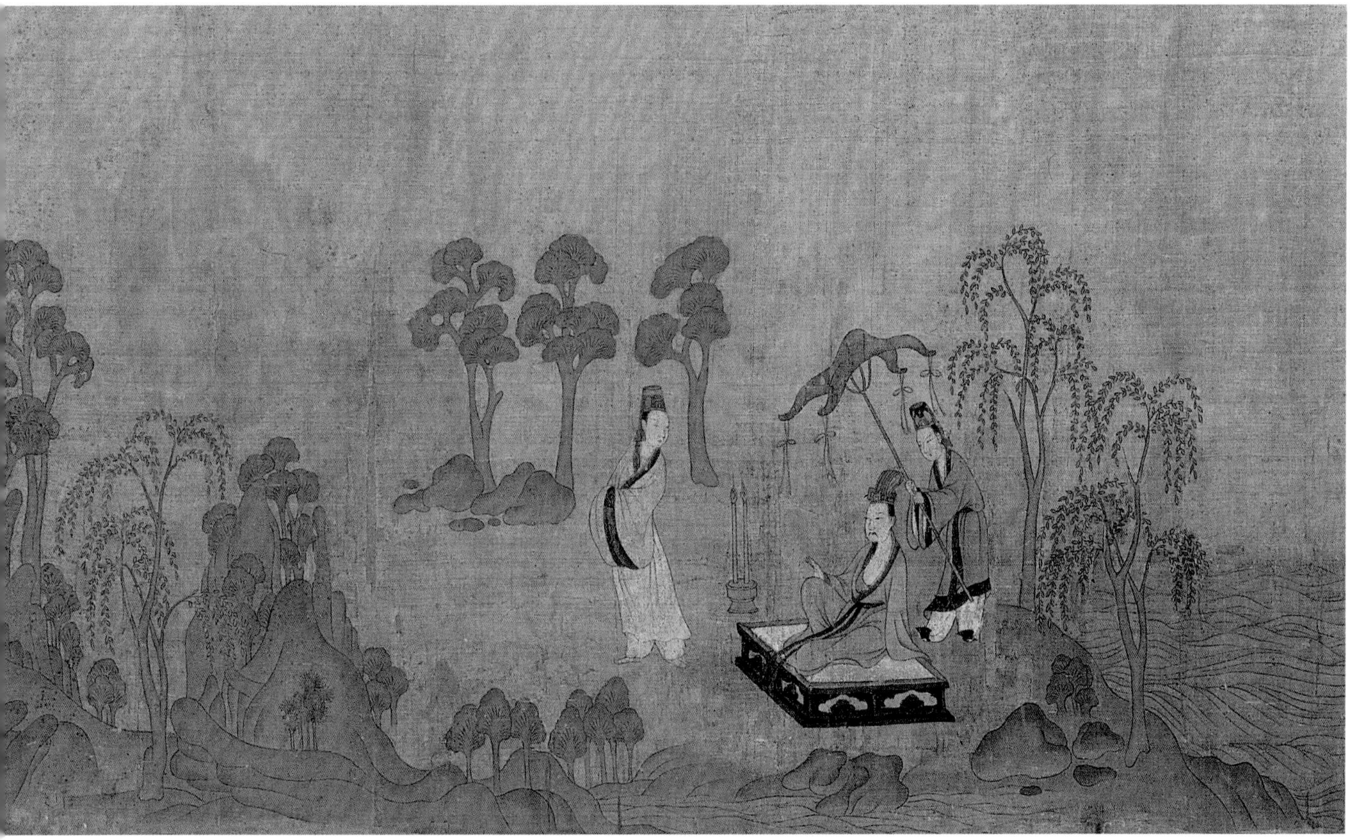

洛神賦 并序

黄初三年余朝京師還濟洛川古人有言斯水之神名曰宓妃感宋玉對楚王神女之事遂作斯賦其詞曰

余從京域言歸東藩背伊闕越轘轅經通谷陵景山日既西傾車殆馬煩尔乃稅駕乎蘅皋秣駟乎芝田容與乎陽林流眄乎洛川於是精移神駭忽焉思散俯則未察仰以殊觀睹一麗人于巖之畔乃援御者而告之曰尔有覿於彼者乎彼何人斯若斯之艷也御者對曰臣聞河洛之神名曰宓妃則君王之所見無乃是乎其狀若何臣願聞之余告之曰其形也翩若驚鴻婉若游龍榮曜秋菊華茂春松髣髴兮若輕雲之蔽月飄飄兮若流風之迴雪遠而望之皎若太陽升朝霞迫而察之灼若芙蕖出渌波穠纖得衷

飄忽若神陵波微步羅韈生塵動無常則若危若安進止難期若往若還轉眄流精光潤玉顏含辭未吐氣若幽蘭華容婀娜令我忘飡於是屏翳收風川后靜波馮夷鳴鼓女媧清歌騰文魚以警乘鳴玉鸞以偕逝六龍儼其齊首載雲車之容裔鯨鯢踊而夾轂水禽翔而為衛於是越北沚過南岡紆素領迴清陽動朱脣以徐言陳交接之大綱恨人神之道殊怨盛年之莫當抗羅袂以掩涕兮淚流襟之浪浪無微情以效愛兮獻江南之明璫雖潛處於太陰長寄心於君王忽不悟其所舍悵神宵而蔽光於是背下陵高足往神留遺情想像顧望懷愁冀靈體之復形御輕舟而上遡浮長川而忘返思綿綿而增慕夜耿耿而不寐霑繁霜而至曙命僕夫而就駕吾將歸乎東路攬騑轡以抗策悵盤桓而不能去

頃長康畫流傳世間者落落如星鳳矣今日乃得見洛神圖真蹟喜不自勝謹以逸少法書陳思王賦於後以誌敬仰云大德三年 子昂

石奇古人物秀麗實開六法之祖譜稱天材獨步妙造精微雖荀衛曹張未足方駕洵不虛也永樂十五年脩禊日雲間沈度謹識

儷妃子兮即洛水邊相望手持青芙蓉遊戲水中央金翠耀容綃衣雖寂明璫飄飄白雲裾蕩漾青霓裳人神本殊道倏忽登北堂嫣然啓玉齒氣若幽蘭香馮夷與海若左右更擊觴洛水深不測人壽安能量雲軿期吾來少隔三千霜

成化庚寅春三月長洲吳寬

石渠洛神藏二圖長康繪事公麟仿茲復得一仍愷之題詞鑒跋相標榜舊弆非真見

睿題新圖一手如出兩白描亦非顧所長梁陳時日多霄壤筆墨古雅楮素佳臨摹應在隋唐上採珠拾翠或模糊春松秋菊堪神注三而一焉合貯宜分題屬賦欣

宸賞

臣和珅敬題

霏頭妙筆陳思賦遺蹟千年尚艷稱一自

石渠留煥爛更披新卷見騰淩

天題宸有傳神賞粉本從矜絕代能幾度仿偟證離合欲因風御碧

霄層

臣梁國治敬題

長康寫洛神新舊卷聚訟別撰龍眠圖證之超益貢豈和世戴前

披玆鑒早洞藍本有流傳

精審片言中真面識丹青贋鼎辨唐宗

翰藻三復題聲價千秋重

驪珠綴十三行行光燭棣爾波既凡庸大令亦駭恫霏頭三絶傳瞠乎仰

天縱甫三兹權與後來洵季仲

臣董誥敬題

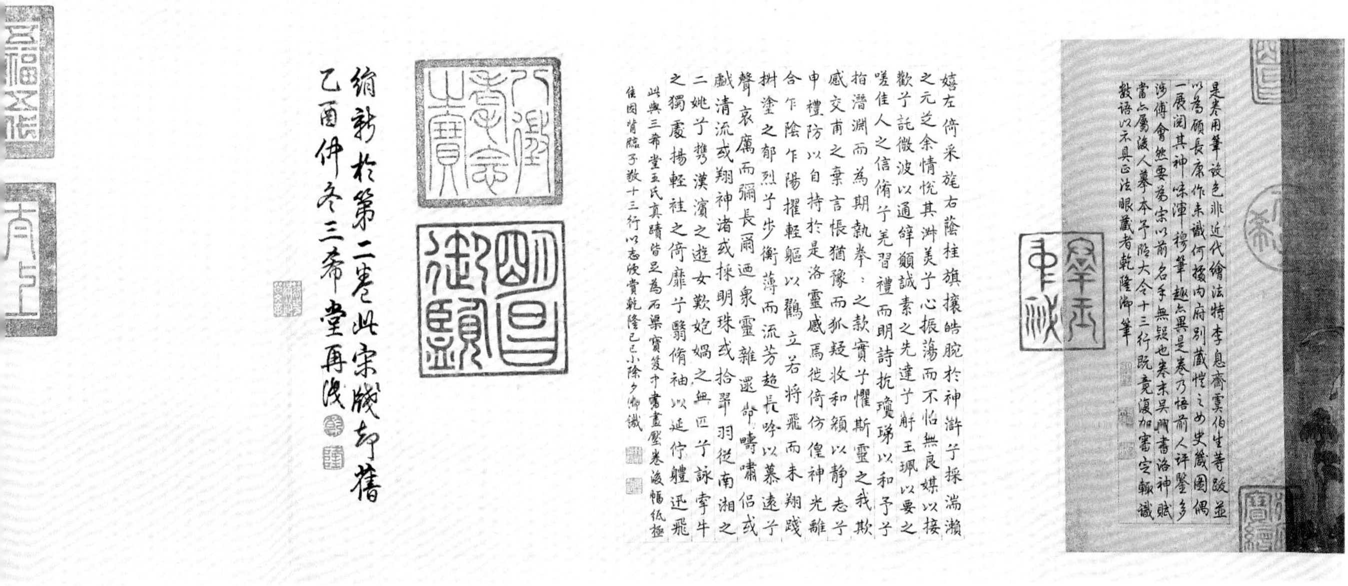

是卷用筆設色非近代繪法特李息齋雲伯生等跋並以為顧長康作未識何據內府別藏愷之女史箴圖偶一展閱其神味渾穆筆趣亦異是卷乃悟前人評鑒多涉傅會然要為宋以前名手無疑也卷末吳興書洛神賦書亦屬後人摹本予臨大令十三行既竟復加審定輒識數語以示具正法眼藏者乾隆御筆

嬉左倚采旄右蔭桂旗攘皓腕於神滸兮採湍瀨之玄芝余情悅其淑美兮心振蕩而不怡無良媒以接歡兮託微波以通辭願誠素之先達兮解玉珮以要之嗟佳人之信修兮羌習禮而明詩抗瓊珶以和予兮指潛淵而為期執眷眷之款實兮懼斯靈之我欺感交甫之棄言兮悵猶豫而狐疑收和顏以靜志兮申禮防以自持於是洛靈感焉徙倚彷徨神光離合乍陰乍陽擢輕軀以鶴立若將飛而未翔踐椒塗之郁烈兮步蘅薄而流芳超長吟以永慕兮聲哀厲而彌長爾迺眾靈雜遝命儔嘯侶或戲清流或翔神渚或採明珠或拾翠羽從南湘之二妃兮攜漢濱之游女歎匏瓜之無匹兮詠牽牛之獨處揚輕袿之猗靡兮翳脩袖以延佇體迅飛

此與三希堂王氏真蹟皆足為石渠寶笈中書畫鑒卷後幅紙極佳因背臨予數十三行以志欣賞乾隆己巳小除夕御識

縮新於第二卷此宋牋卻舊
乙酉仲冬三希堂再識

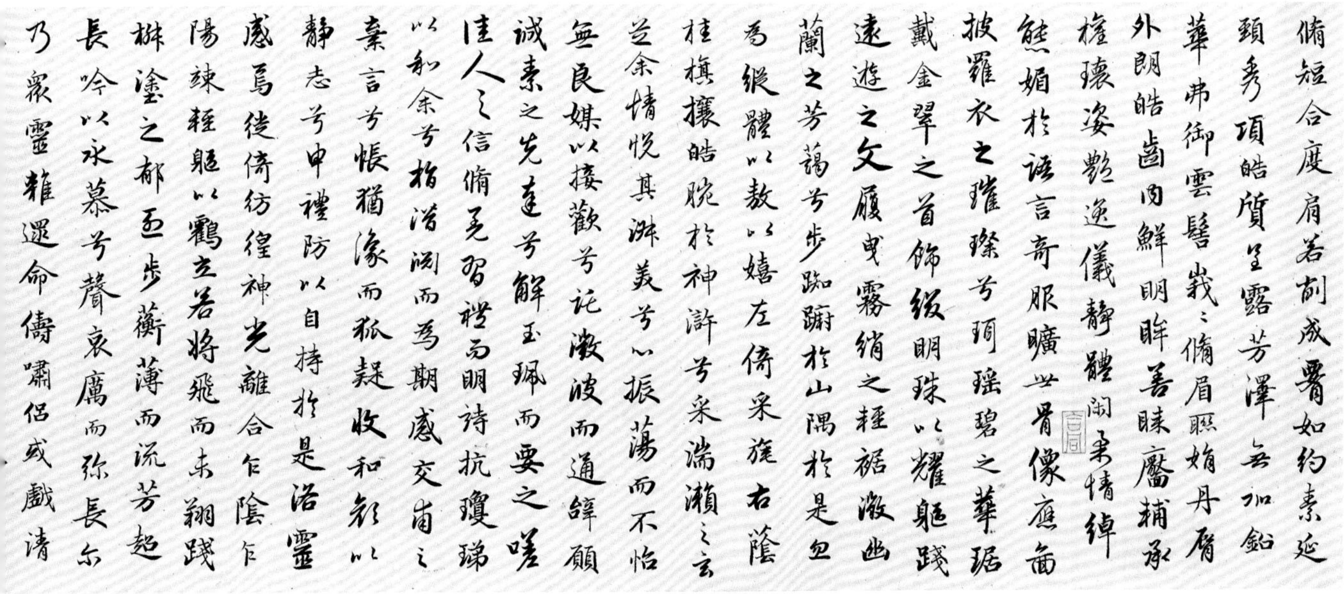

脩短合度肩若削成腰如約素延頸秀項皓質呈露芳澤無加鉛華弗御雲髻峨峨脩眉聯娟丹脣外朗皓齒內鮮明眸善睞靨輔承權瓌姿豔逸儀靜體閑柔情綽態媚於語言奇服曠世骨像應圖披羅衣之璀粲兮珥瑤碧之華琚戴金翠之首飾綴明珠以耀軀踐遠遊之文履曳霧綃之輕裾微幽蘭之芳藹兮步踟躕於山隅於是忽焉縱體以遨以嬉左倚采旄右蔭桂旗攘皓腕於神滸兮采湍瀨之玄芝余情悅其淑美兮心振蕩而不怡無良媒以接歡兮託微波而通辭願誠素之先達兮解玉珮而要之嗟佳人之信脩兮羌習禮而明詩抗瓊珶以和余兮指潛淵而為期感交甫之棄言兮悵猶豫而狐疑收和顏以靜志兮申禮防以自持於是洛靈感焉徙倚彷徨神光離合乍陰乍陽竦輕軀以鶴立若將飛而未翔踐椒塗之郁烈步蘅薄而流芳超長吟以永慕兮聲哀厲而彌長爾乃眾靈雜遝命儔嘯侶或戲清

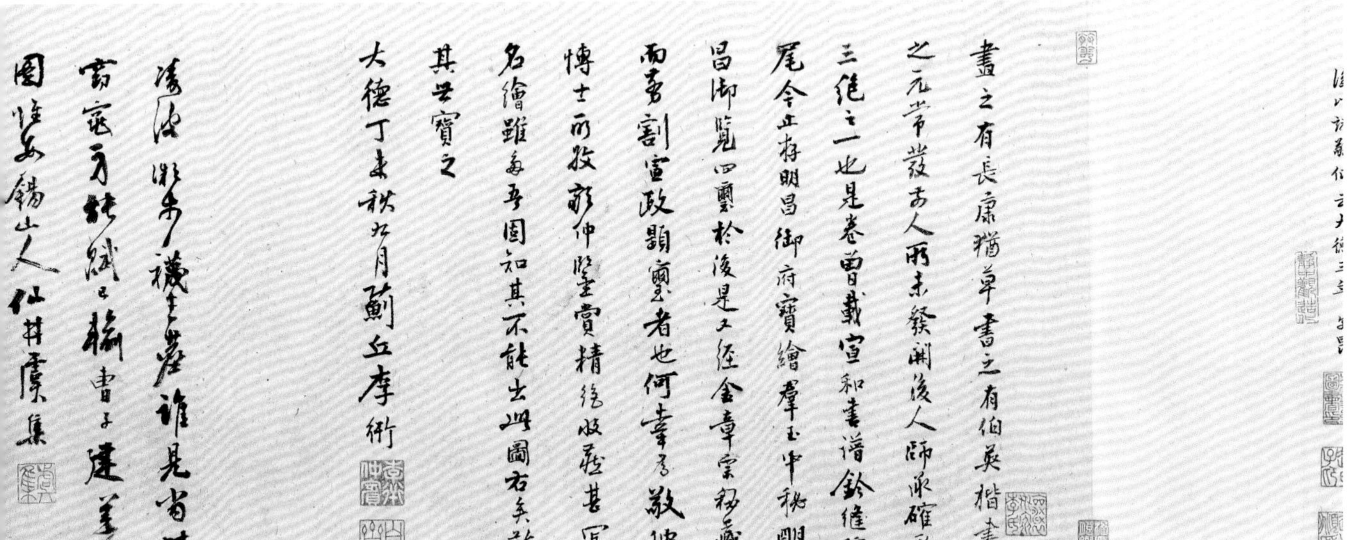

畫之有長康猶草書之有伯英楷書之元常皆古人所未發闡後人師承確乎三絕之一也是卷曾載宣和書譜鈐縫璽尾今止存明昌御府寶繪群玉中秘明昌御覽四璽於後是又經金章宗秘藏而易割宣政璽竄者也何幸予敬仲博士所收彰仲鑒賞精絕收蓄甚富名繪雖多吾固知其不能出此圖右矣敬仲其世寶之

大德丁未秋九月薊丘李衎

仙井虞集

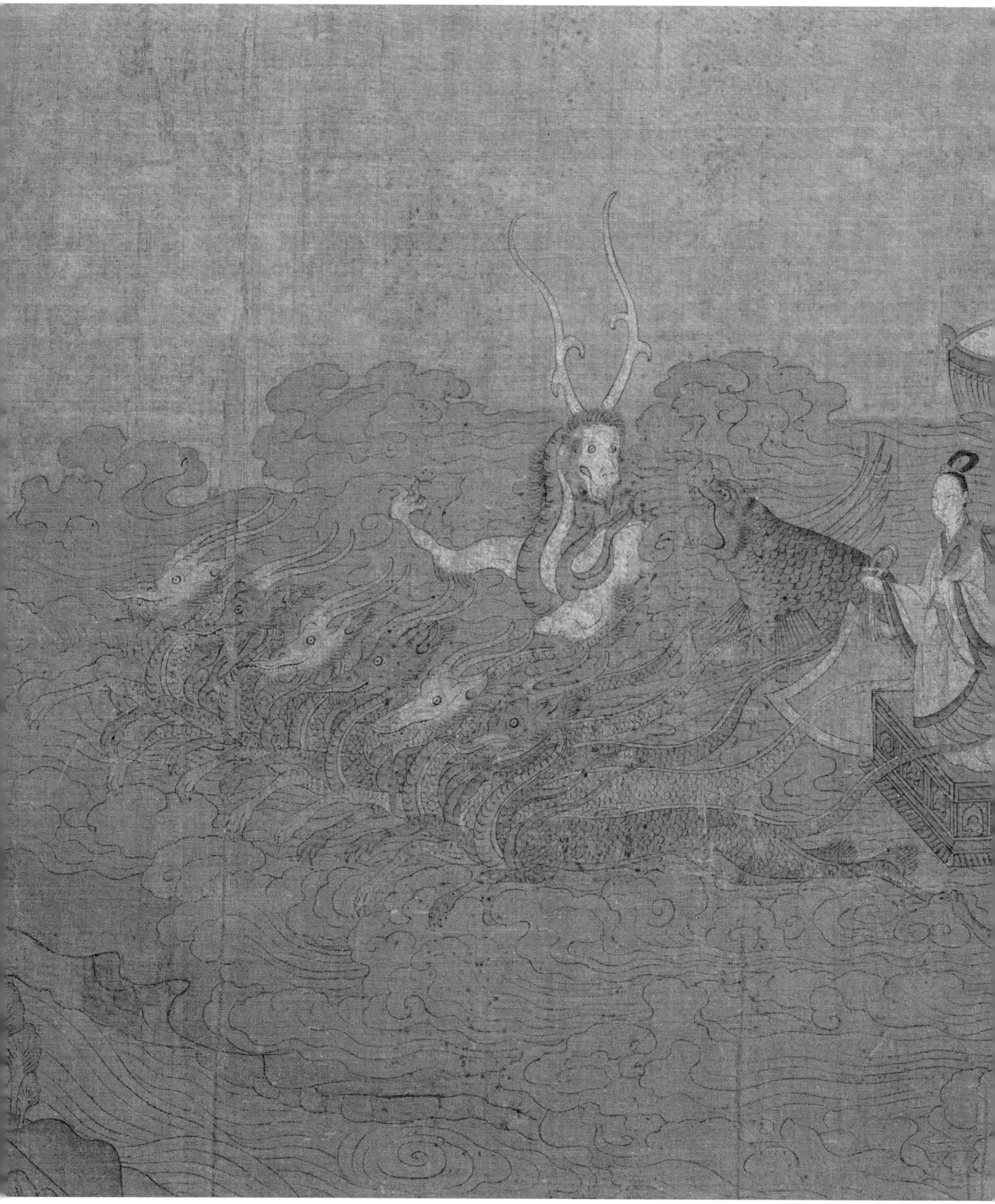

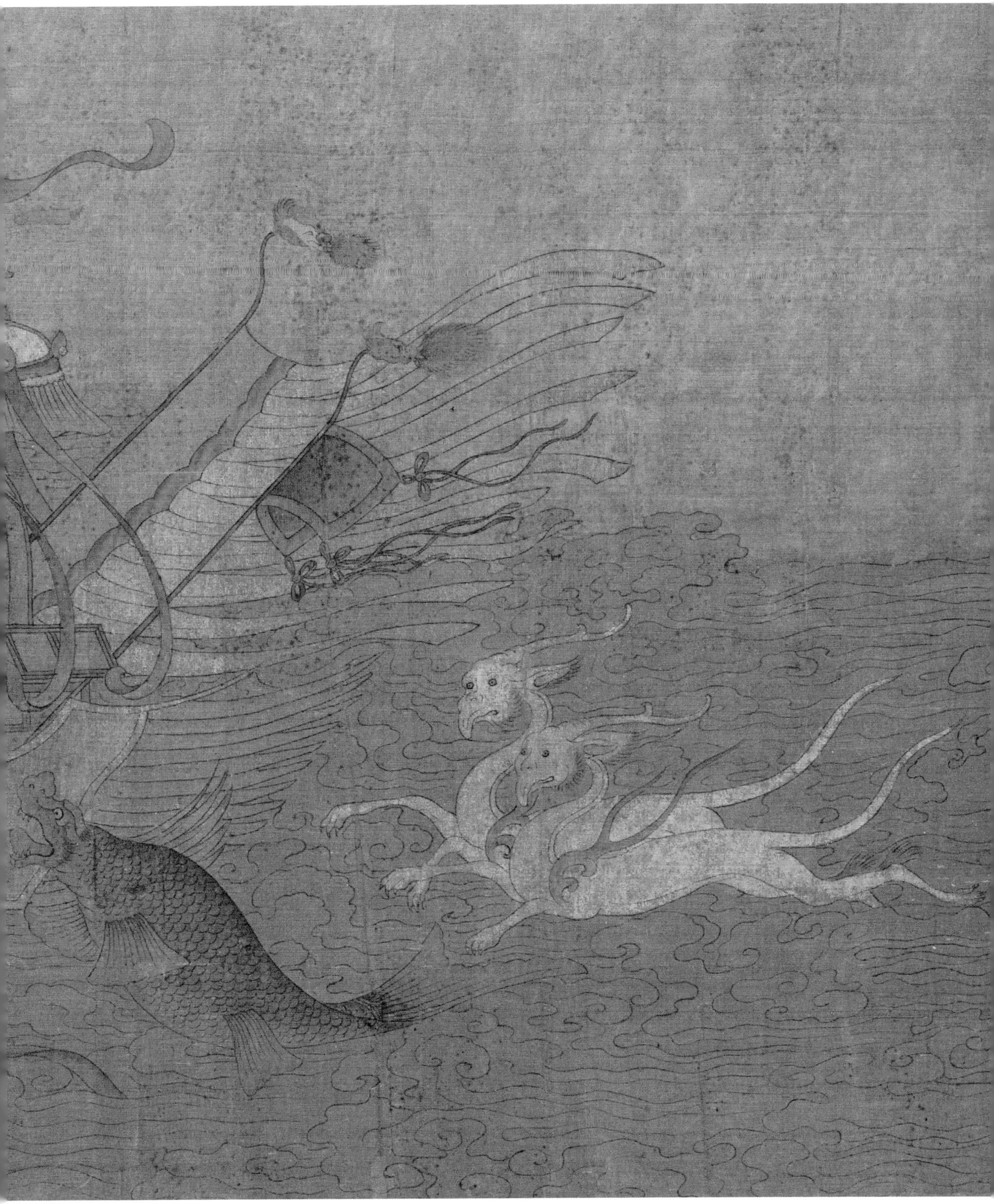

3

顧愷之　洛神賦圖卷（南宋摹）

東晉
絹本　設色　縱51.2厘米　橫115.7厘米
清宮舊藏

The Nymph of the Luo River (Southern Song Dynasty facsimile)
By Gu Kaizhi
Eastern Jin Dynasty
Handscroll, Colour on silk
H. 51.2cm　L. 115.7cm
Qing Court collection

此摹本以《洛神賦》文句題書榜題，計十四段：一、曹植東歸；二、背闕越轅；三、停歇洛川；四、耳聞洛神；五、洛神出水；六、洛神採芝；七、曹植獻珮；八、洛神淩波；九、曹植忘餐；十、馮夷鳴鼓；十一、龍車蕩波；十二、曹植渡河；十三、夜不能寐；十四、駕歸東路。

筆法簡練，設色雅麗而沉穩，佈局張弛有度，情調哀婉而氣度恢弘。此圖的構思與原文一致，技法上揉進了宋代山水的寫實風格，改變了魏晉時期的造型特點和人與景物的比例關係。由此圖可推知北宋摹本（前圖）的缺損情況，此圖與大英博物館的藏本較為接近，對研究該題材的發展和變化有重要意義。

本幅及前後隔水鈐有清乾隆等藏印十七方。

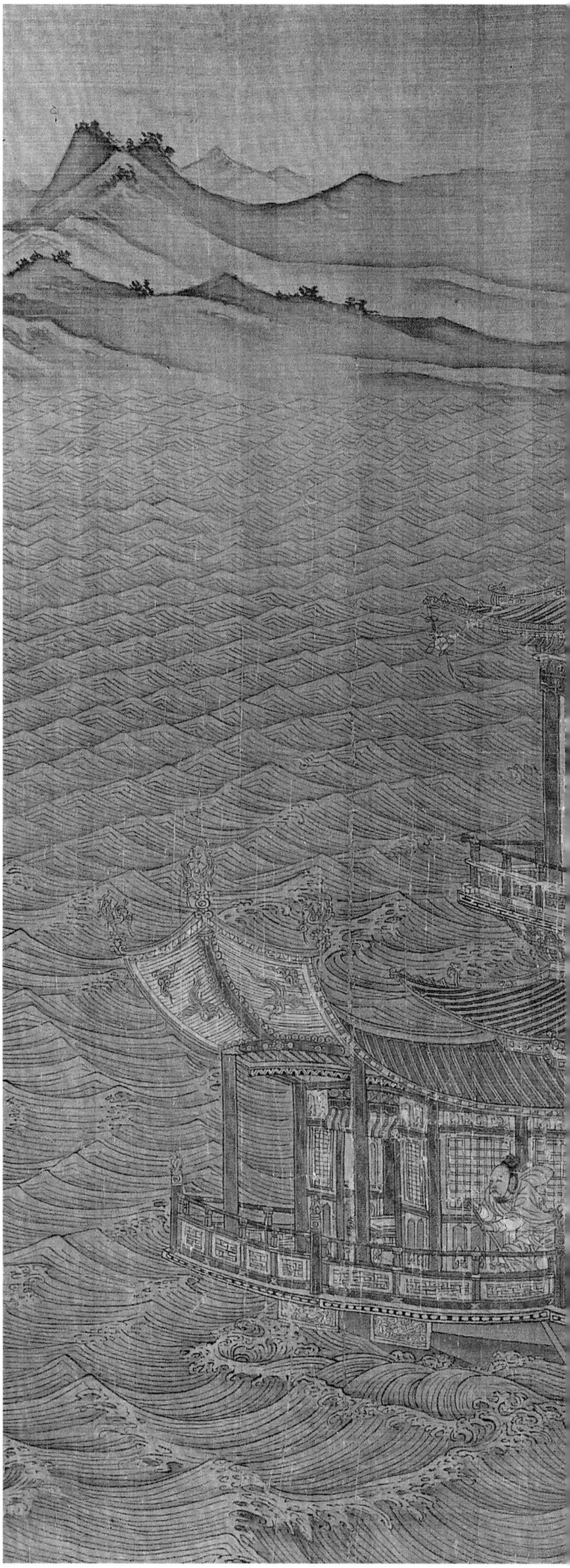

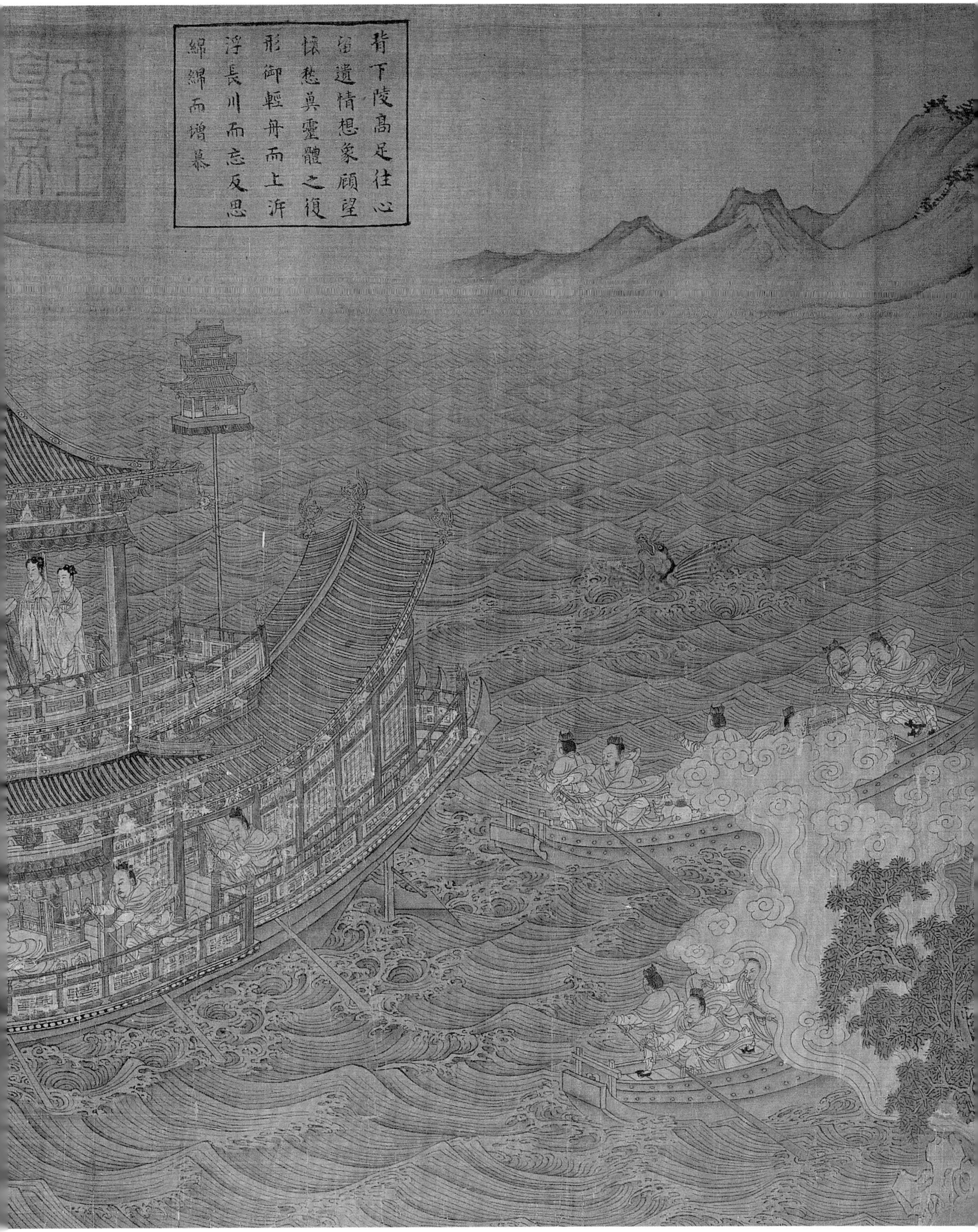
背下陵高足往心
留遺情想象顧望
懷愁冀靈體之復
形御輕舟而上泝
浮長川而忘反思
綿綿而增慕

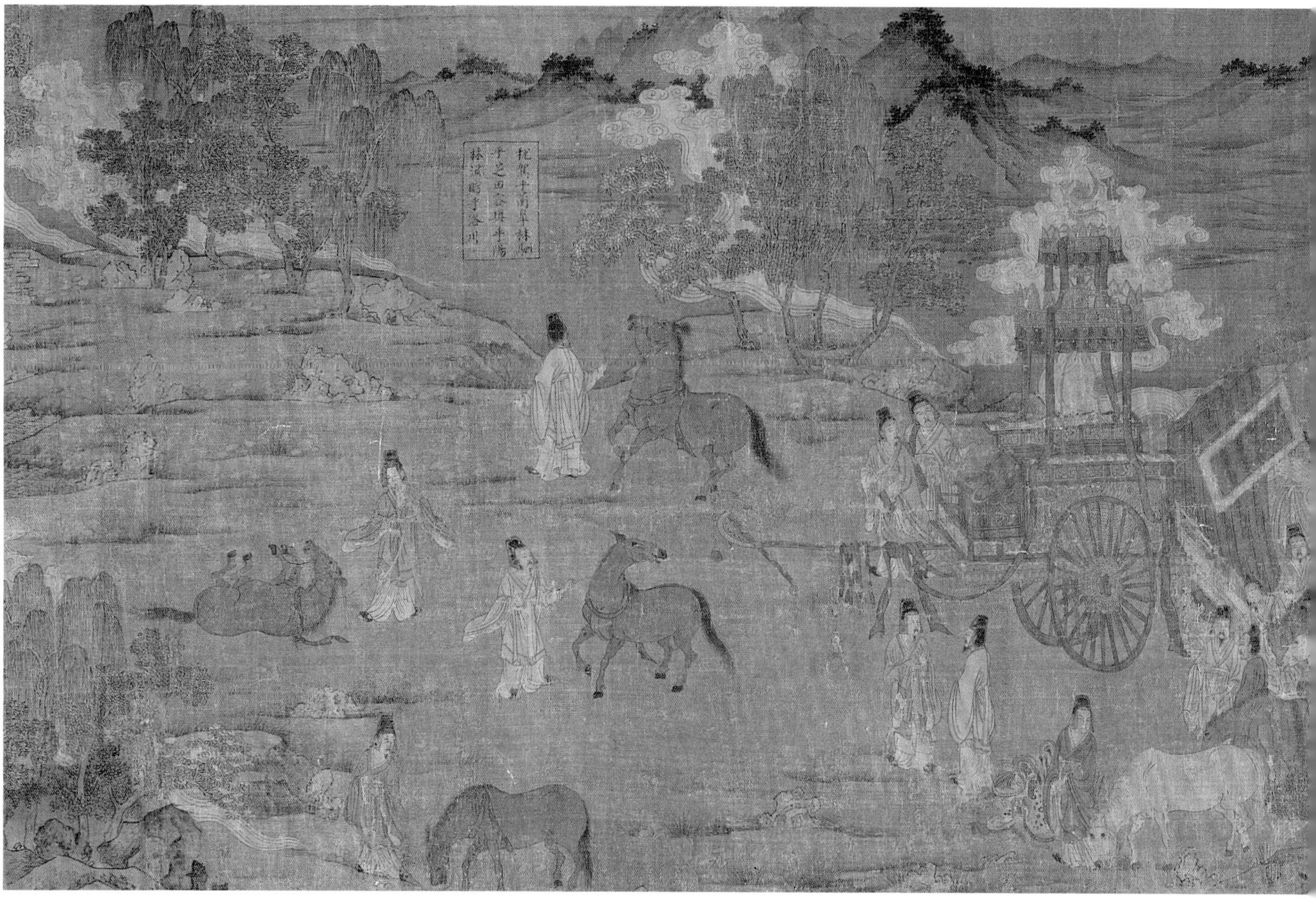

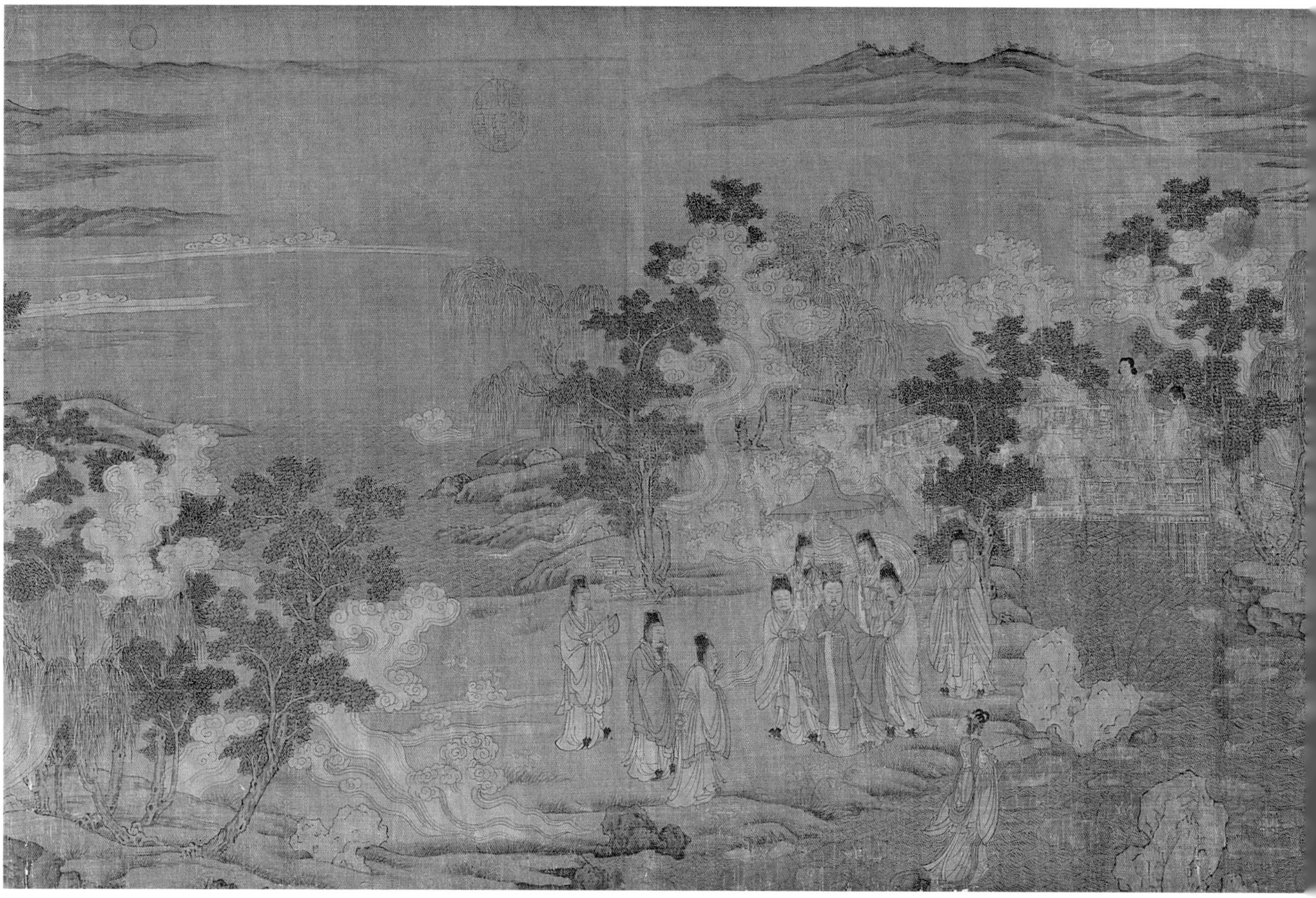

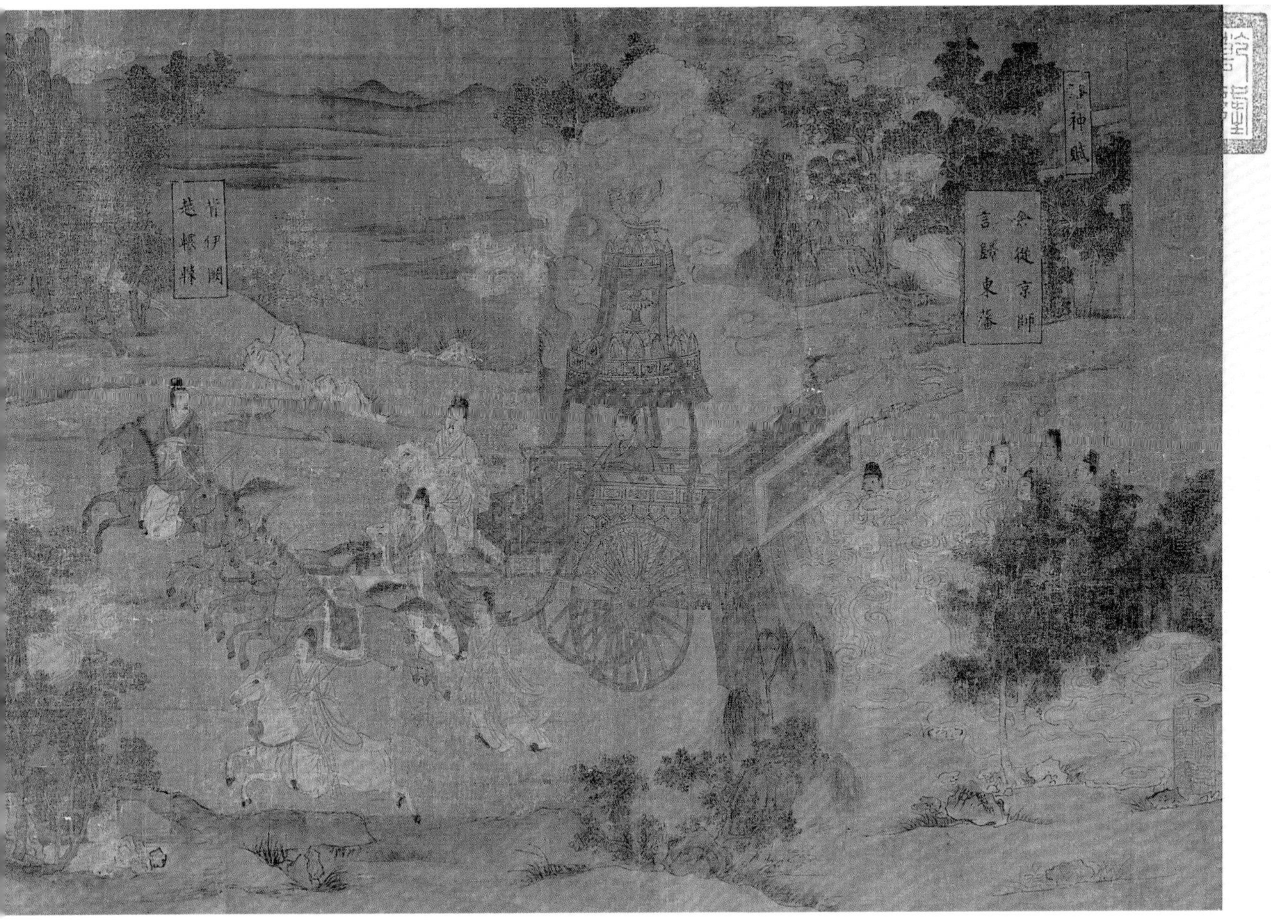
神賦
余從京師
言歸東藩
背伊闕
越轘轅

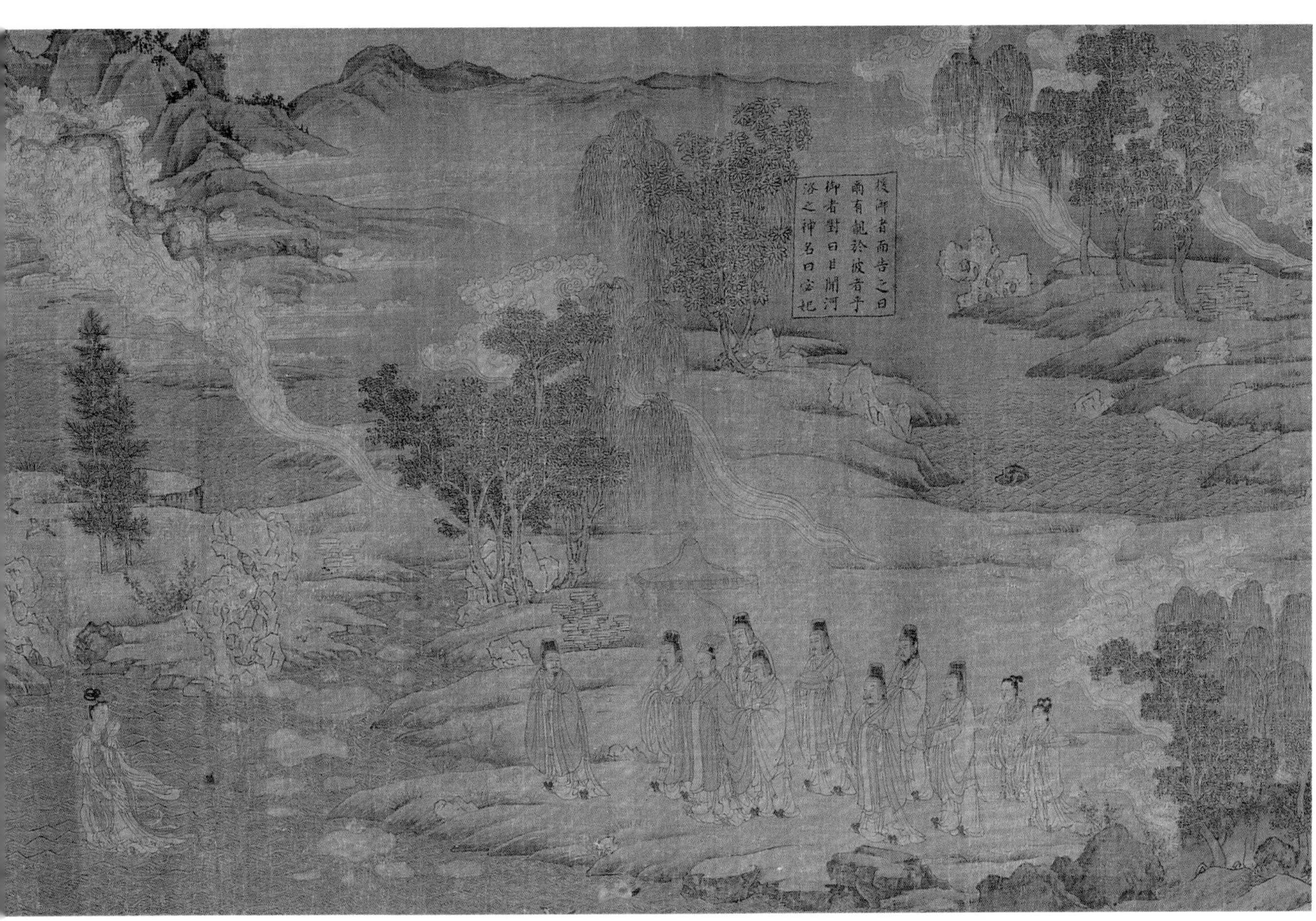
從御者而告之曰
爾有覿於彼者乎
御者對曰臣聞河
洛之神名曰宓妃

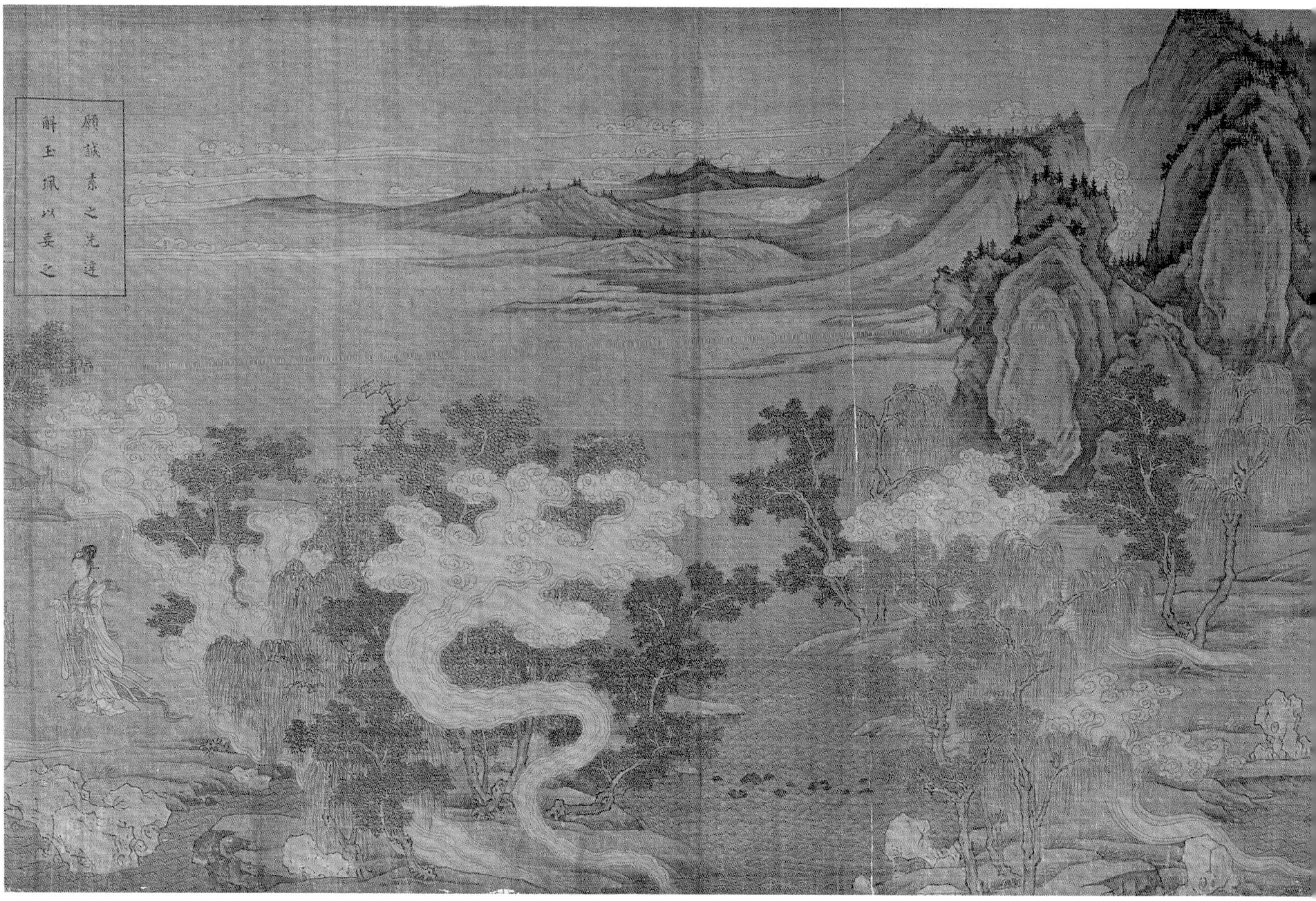
願誠素之先達
解玉珮以要之

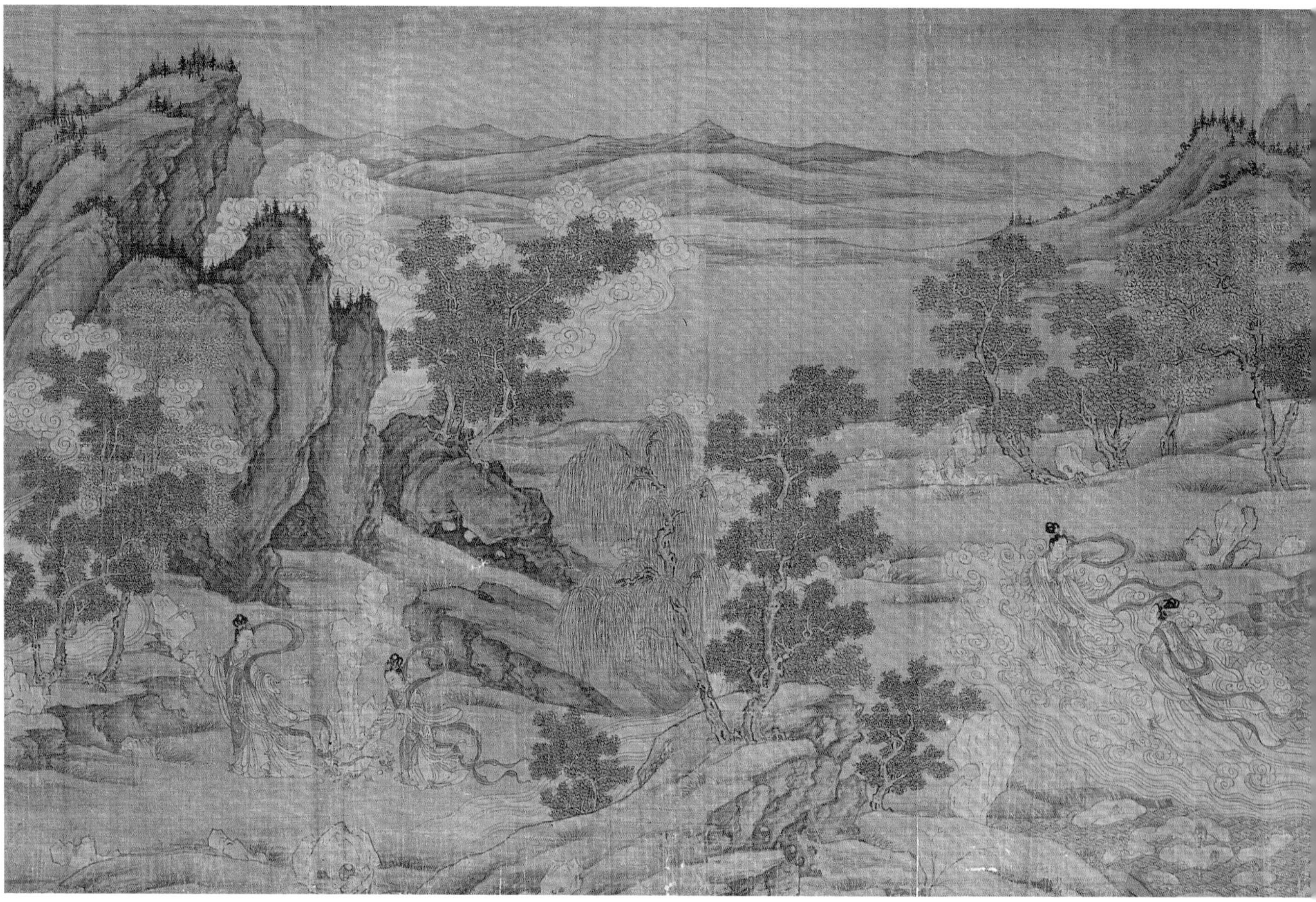

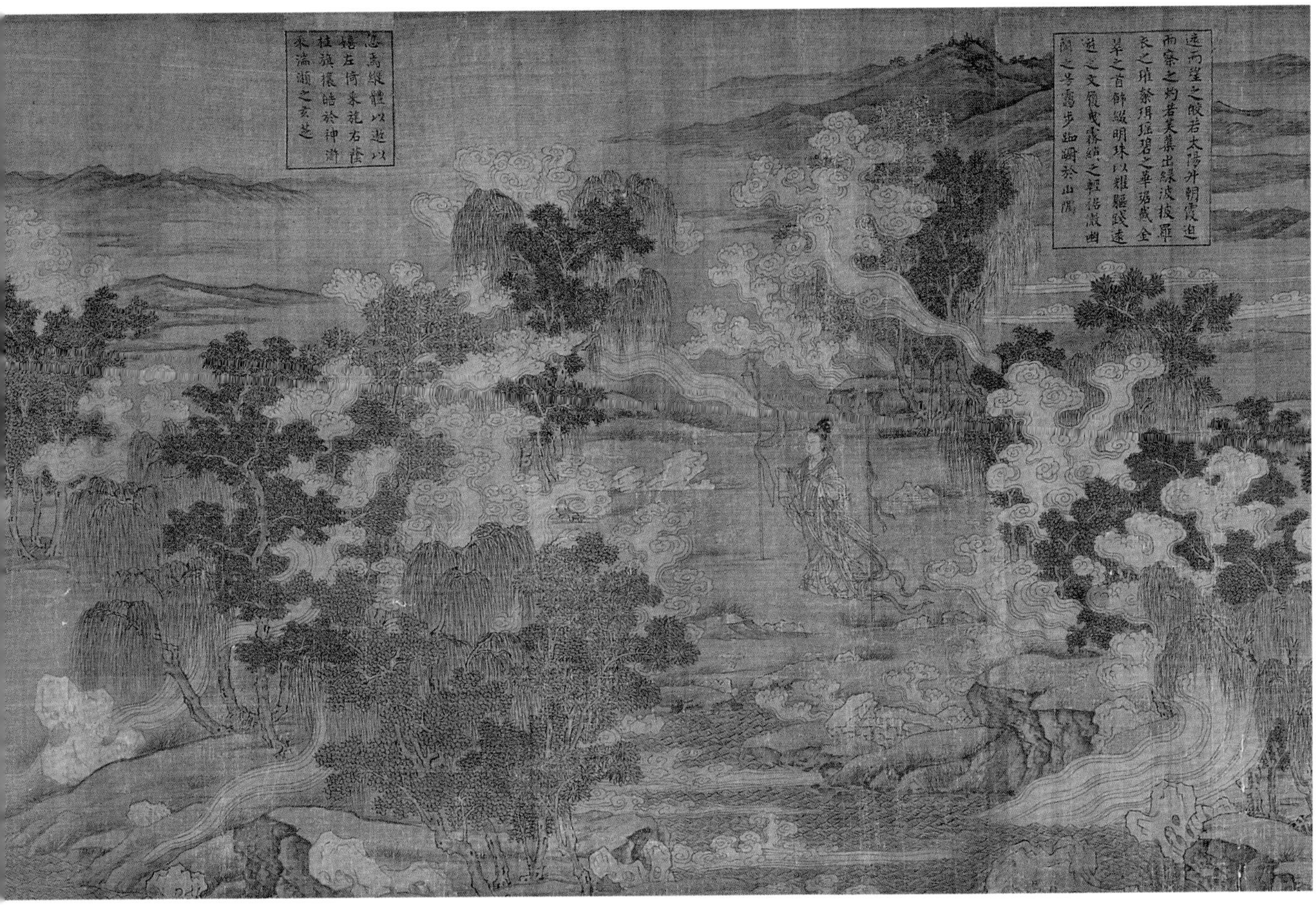
遠而望之皎若太陽升朝霞迫
而察之灼若芙蕖出綠波披羅
衣之璀粲珥瑤碧之華琚戴金
翠之首飾綴明珠以耀軀踐遠
遊之文履曳霧綃之輕裾微幽
蘭之芳藹步踟躕於山隅
忽焉縱體以遨以
嬉左倚采旄右蔭
桂旗攘皓於神滸
采湍瀨之玄芝

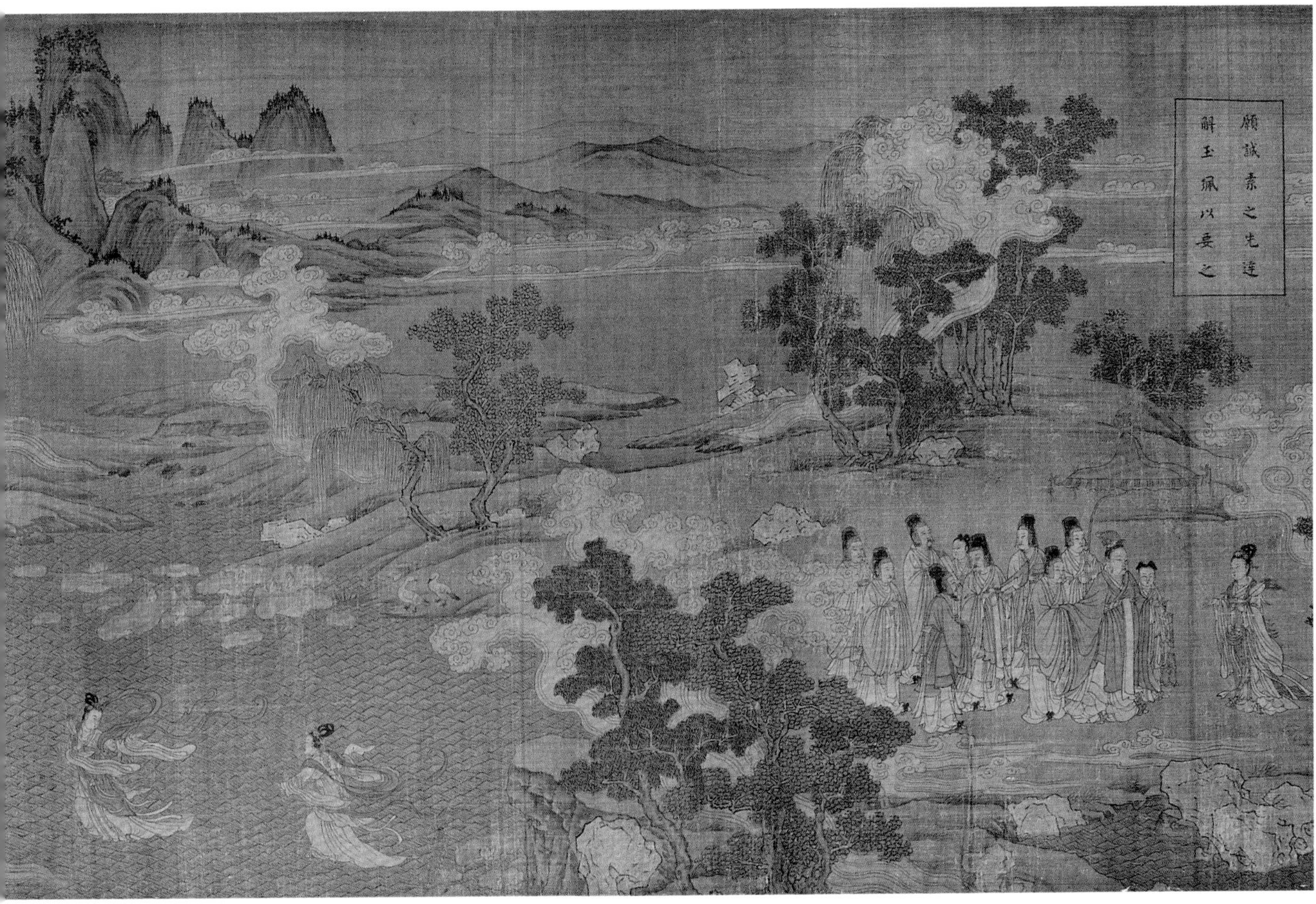
願誠素之先達
解玉珮以要之

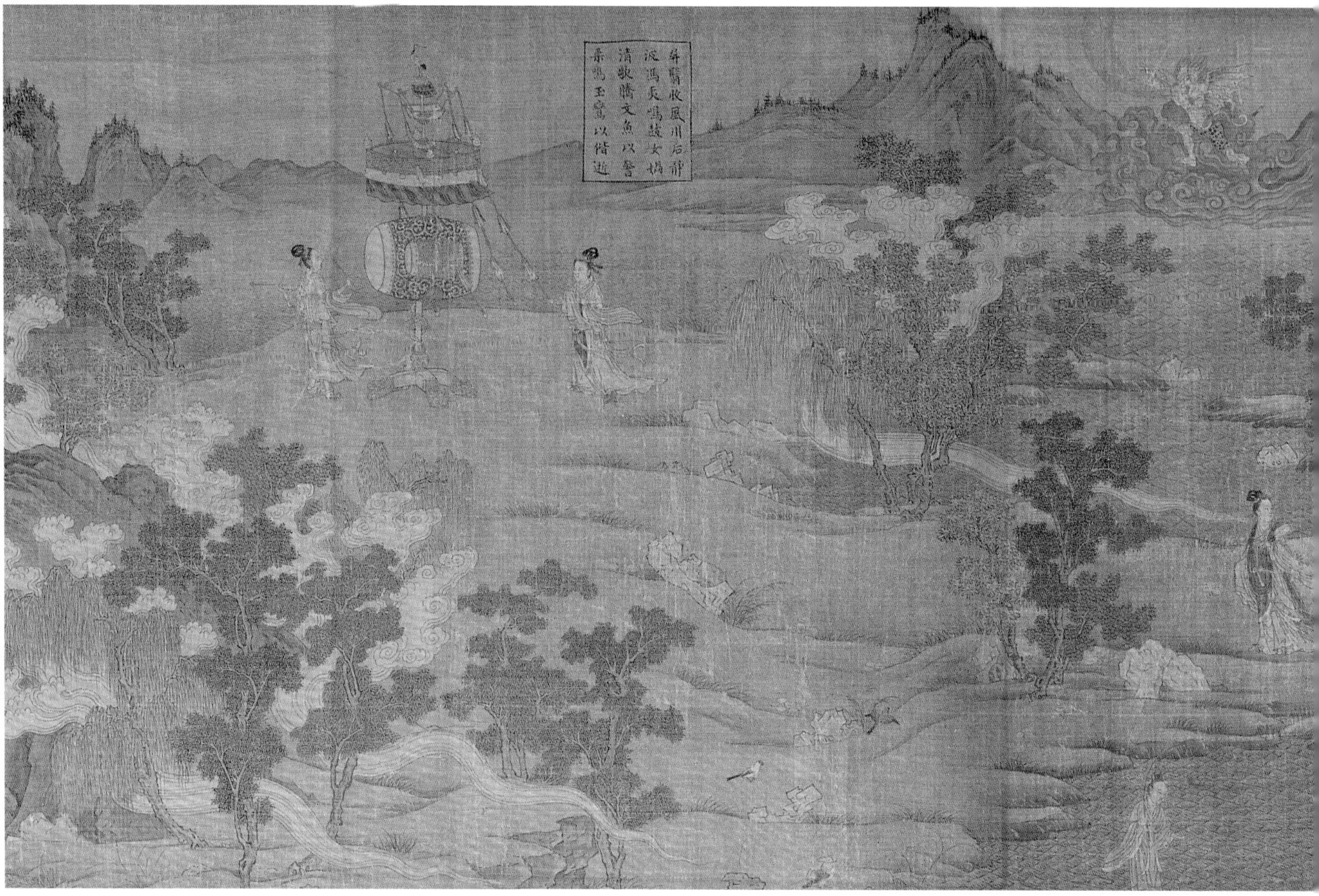
屏翳收風川后靜
波馮夷鳴鼓女媧
清歌騰文魚以警
乘鳴玉鸞以偕逝

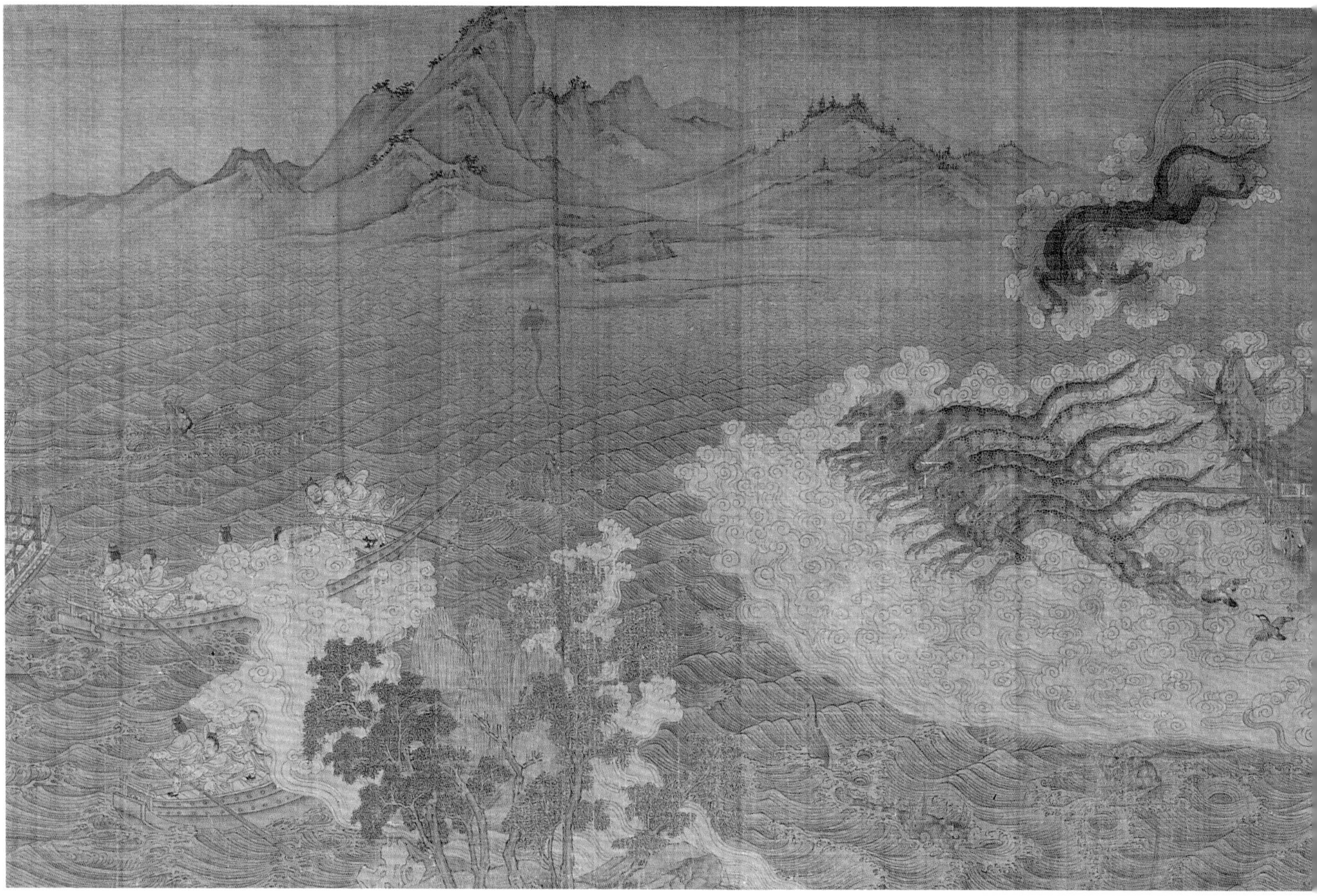

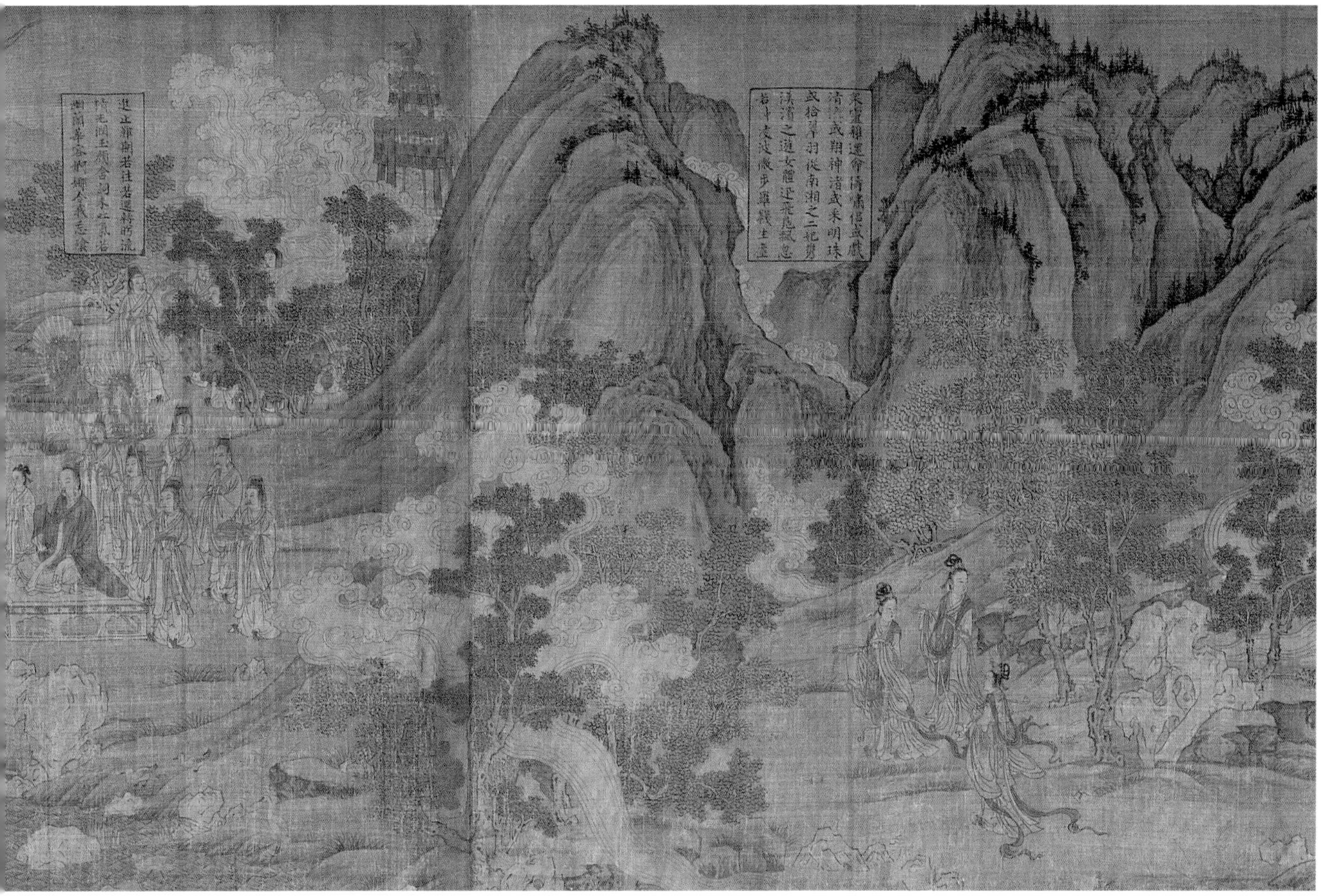
衆靈雜遝命儔嘯侶或戲
清流或翔神渚或采明珠
或拾翠羽從南湘之二妃攜
漢濱之遊女體迅飛鳧飄忽
若神凌波微步羅襪生塵
進止難期若往若還轉眄流
精光潤玉顏含辭未吐氣若
幽蘭華容婀娜令我忘餐

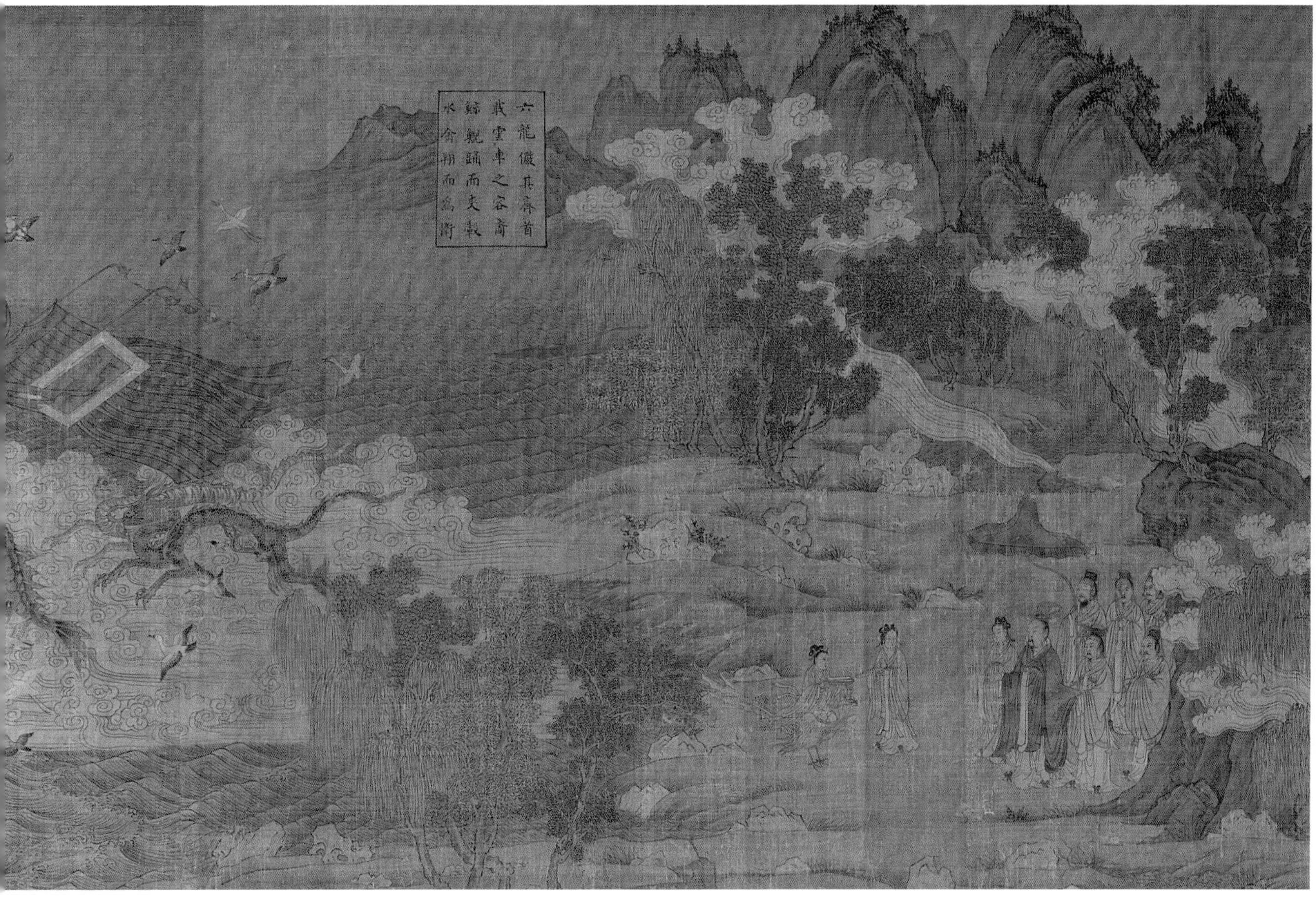
六龍儼其齊首
載雲車之容裔
鯨鯢踊而夾轂
水禽翔而為衛

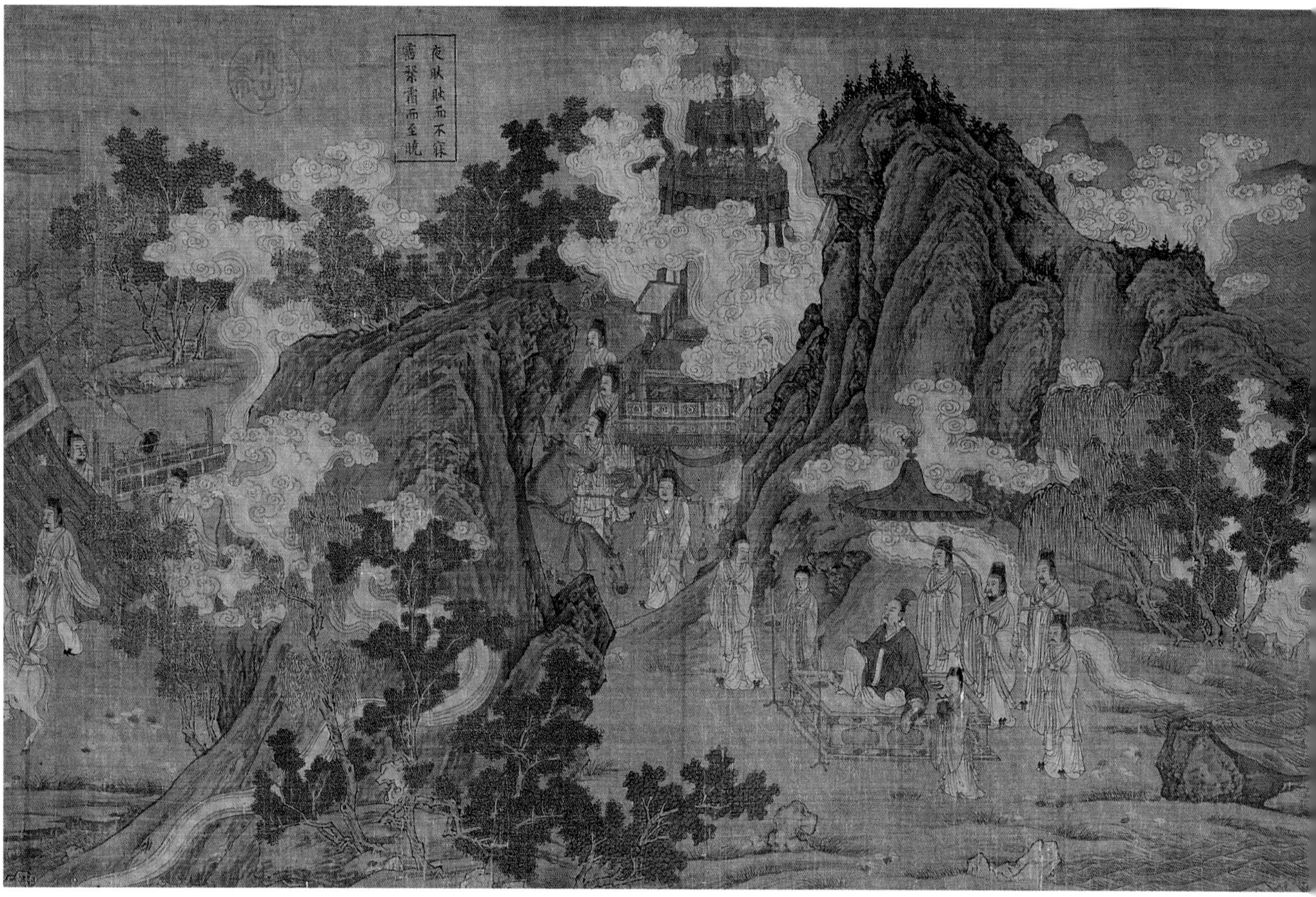
夜耿耿而不寐
霑繁霜而至曉

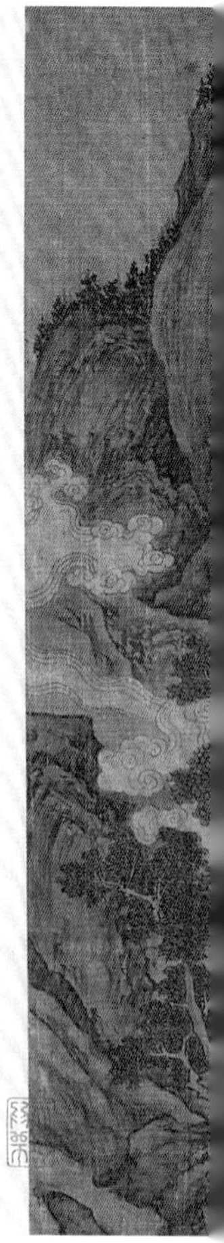

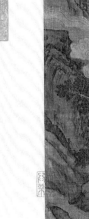

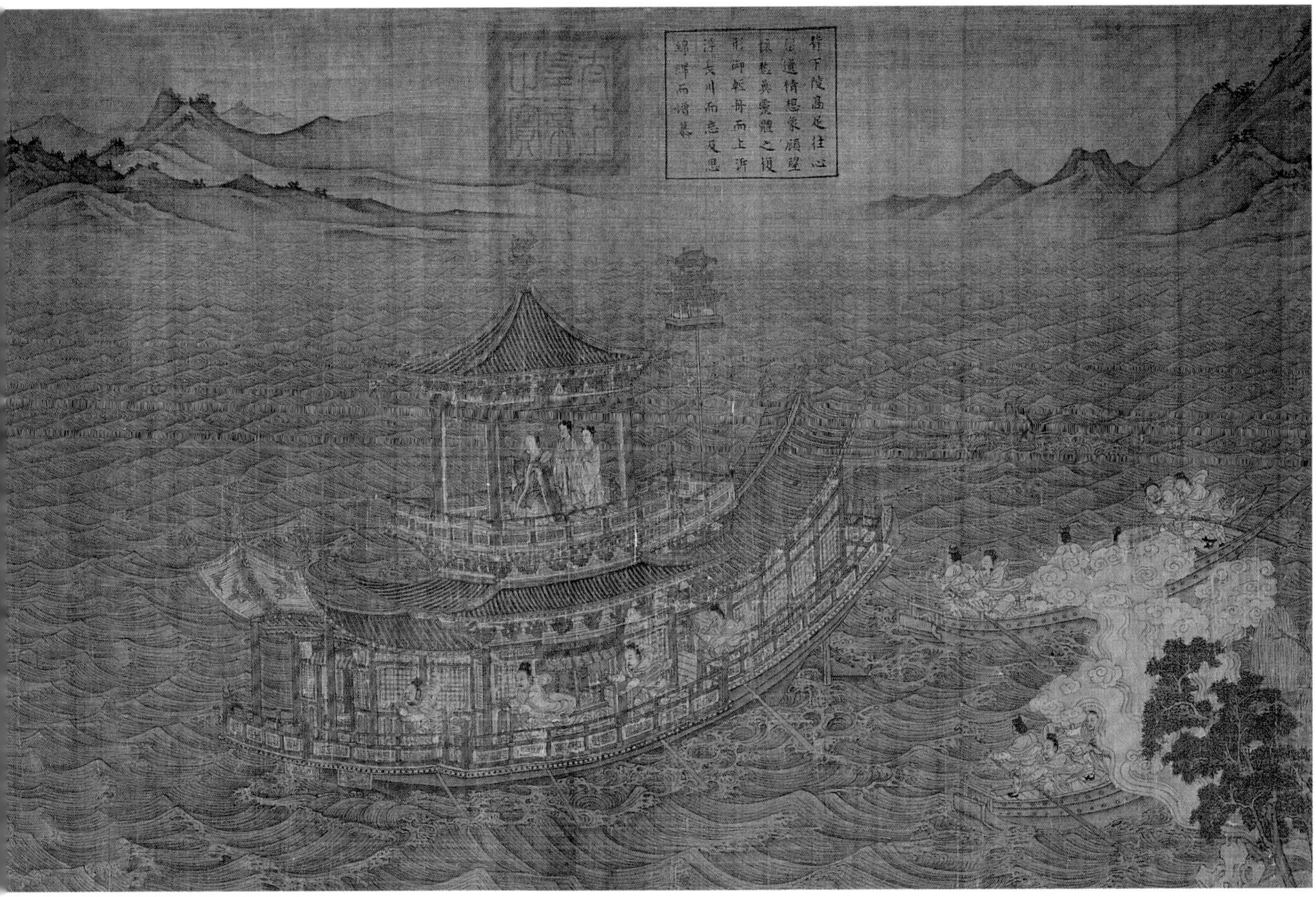
背下陵高足往心
留遺情想象顧望
懷愁冀靈體之復
形御輕舟而上泝
浮長川而忘反思
綿綿而增慕

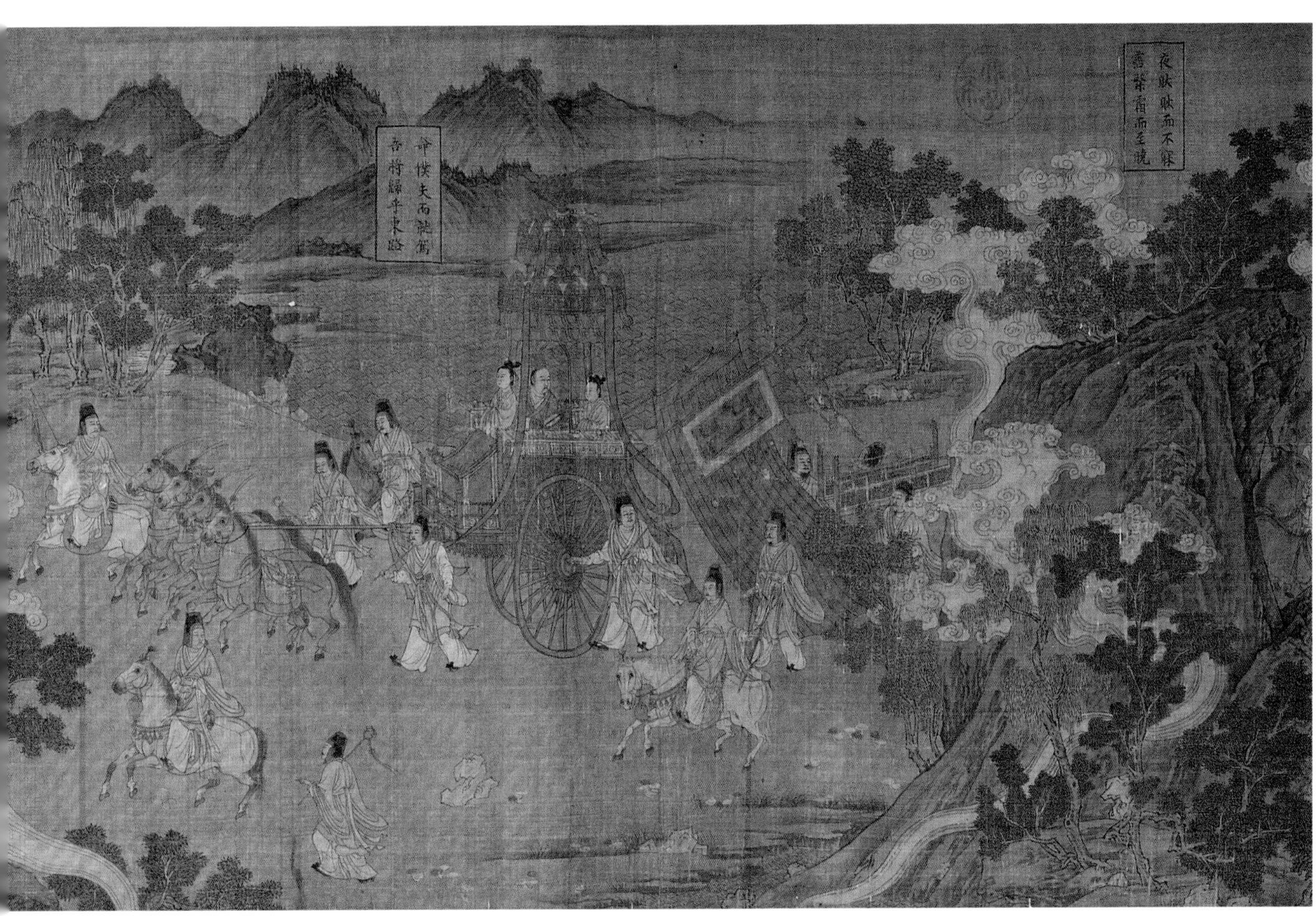
命僕夫而就駕
吾將歸乎東路
夜耿耿而不寐
霑繁霜而至曙

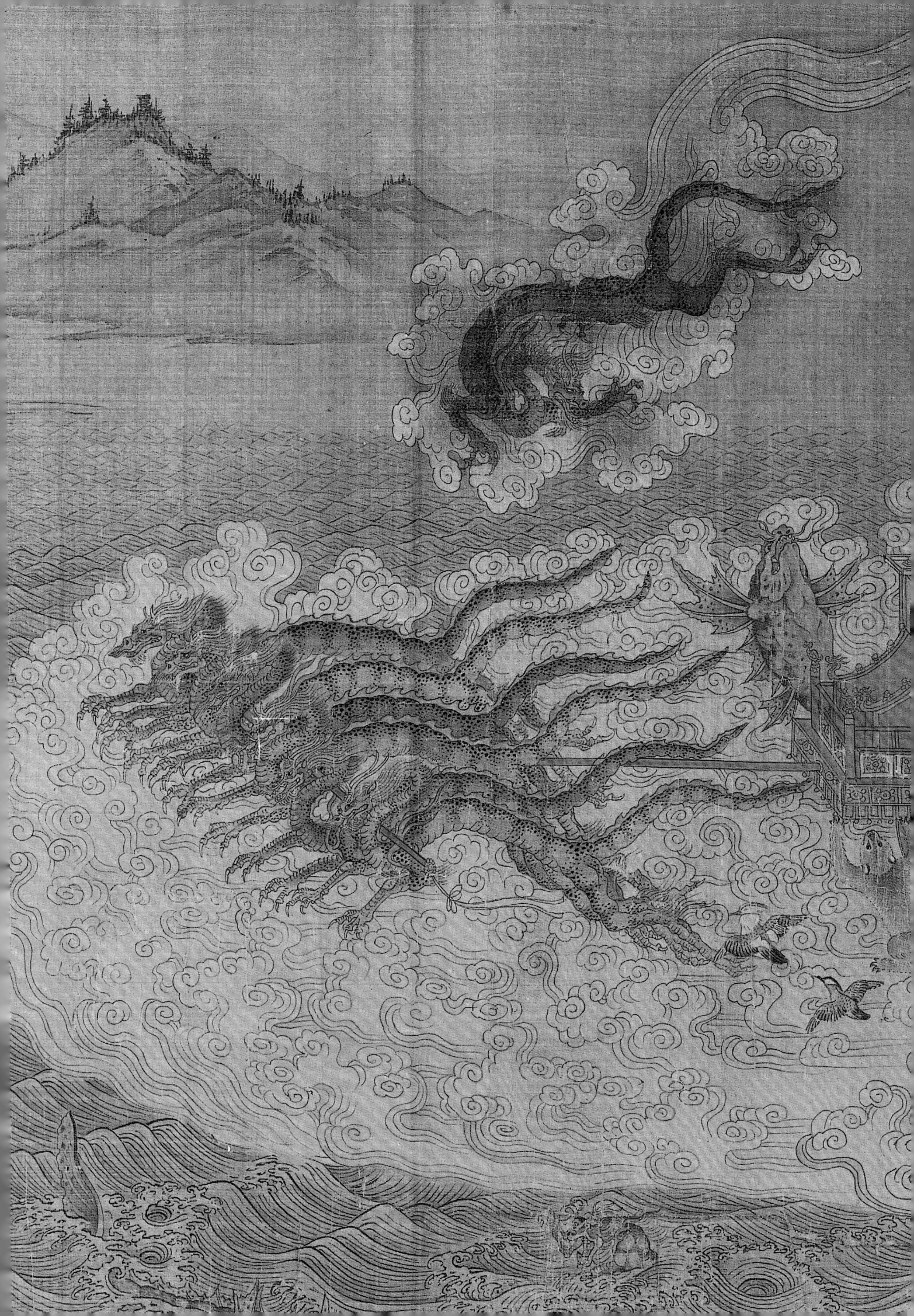

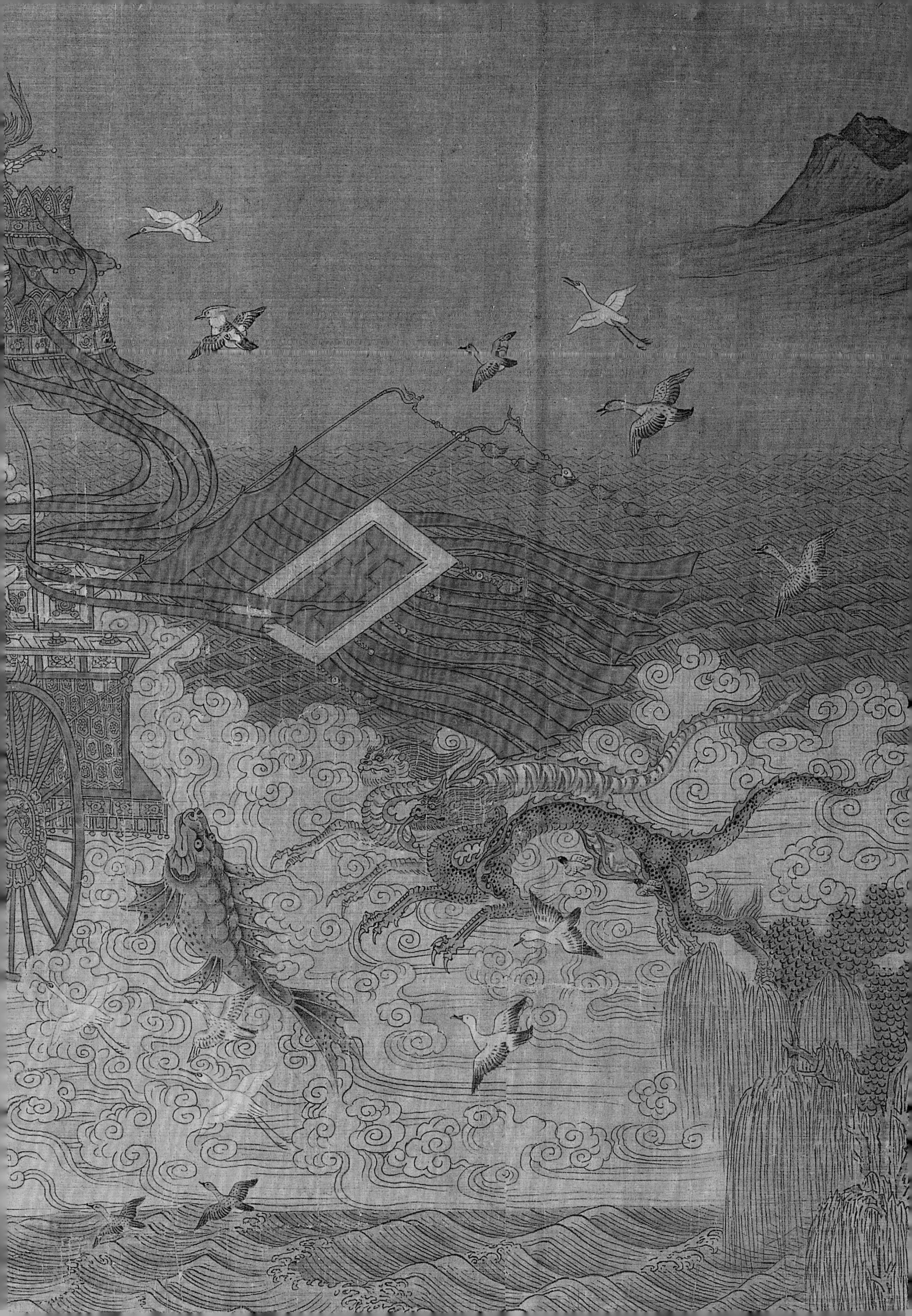

4

佚名　洛神賦圖卷（南宋傳本）

南宋
絹本　設色　縱26.3厘米　橫159厘米

The Nymph of the Luo River (attributed to the Southern Song Dynasty)
Anonymous
Southern Song Dynasty
Handscroll, Colour on silk
H. 26.3cm　L. 159cm

內容與前卷顧愷之摹本的第一段相同，僅有曹植初見洛神的一段，疑缺以後的內容。構思受到顧愷之傳本的影響，但筆墨、造型則屬於南宋院體的風格，樹石已不是人大於山，空間比例合度，皴法近南宋馬遠、夏圭一派，水墨蒼勁。人物綫描以中鋒為主，簡約勁健。

本幅鈐收藏印“錢□珍藏”（朱文）、“馮公度家珍藏”（朱文）、“公度所藏宋元名跡”（朱文）。卷中鈐收藏印七方。

尾紙題詩：“淩波仙子白霓裳，七步才人錦繡腸；傳得畫圖千載後，雄詞艷質兩爭光。朱升”。另有：“昔年畫像高唐館，猶有傳書到洞庭；七步詩成何事業，空餘洛水望娉婷。

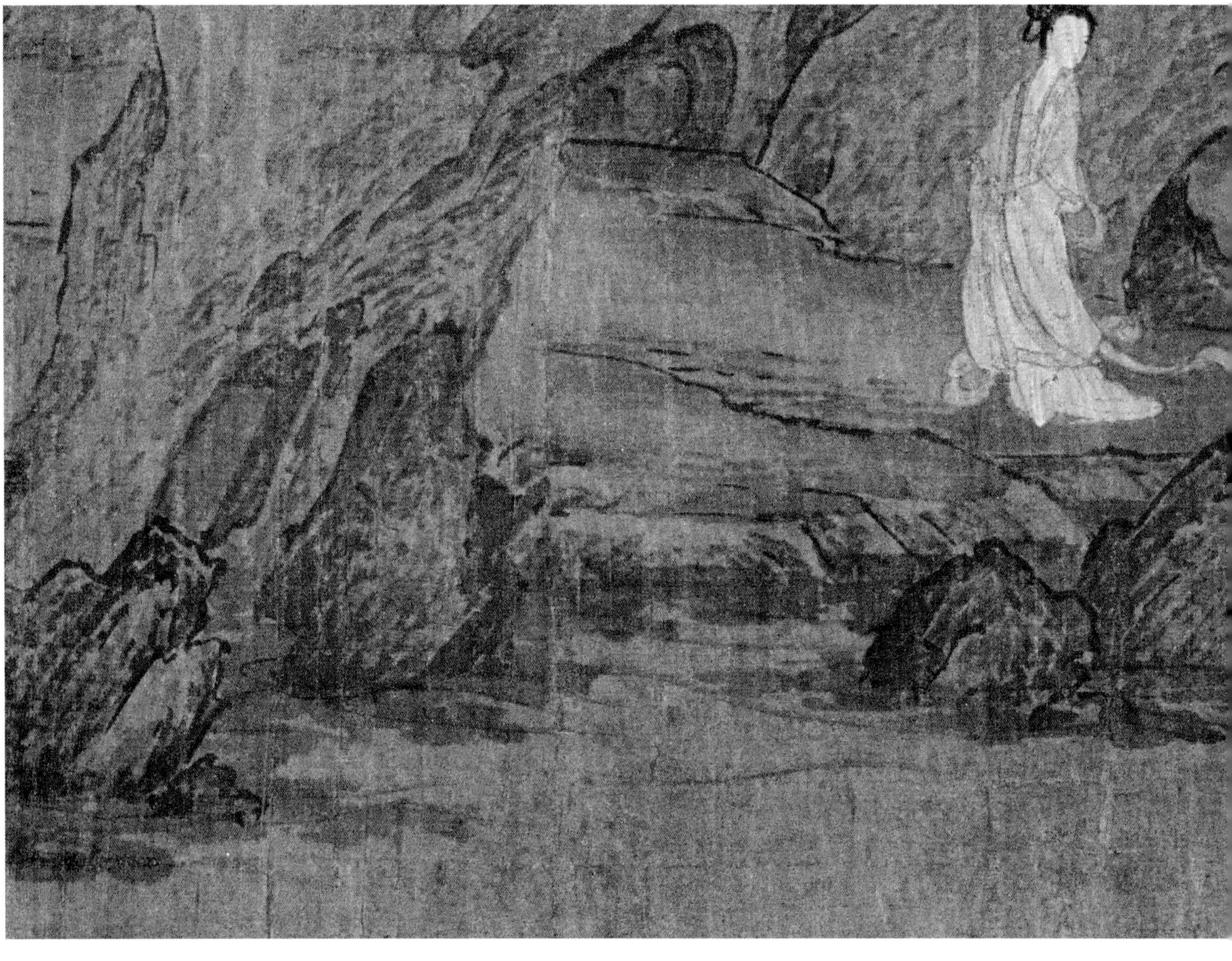

古閩三山牧吏　林士奇"。觀款："賜歸老人章復翁拜觀於邑宰朱氏逸民村舍"。鈐印"雙口堂"（朱文）、"兩郡方伯章父"（白文）、"七十三歲翁"（白文）。另鈐藏印"馮公度鑑藏印"（朱文）。

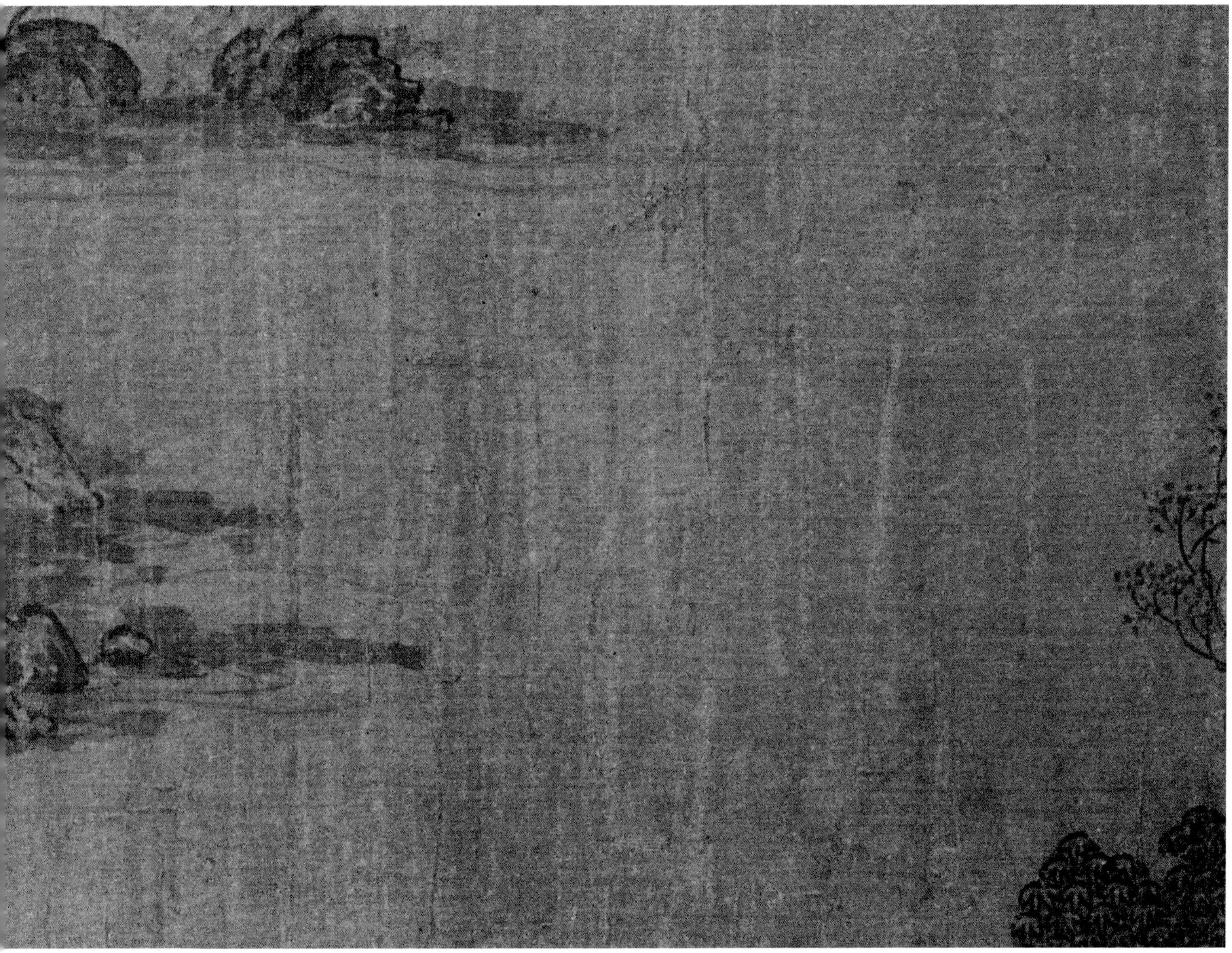

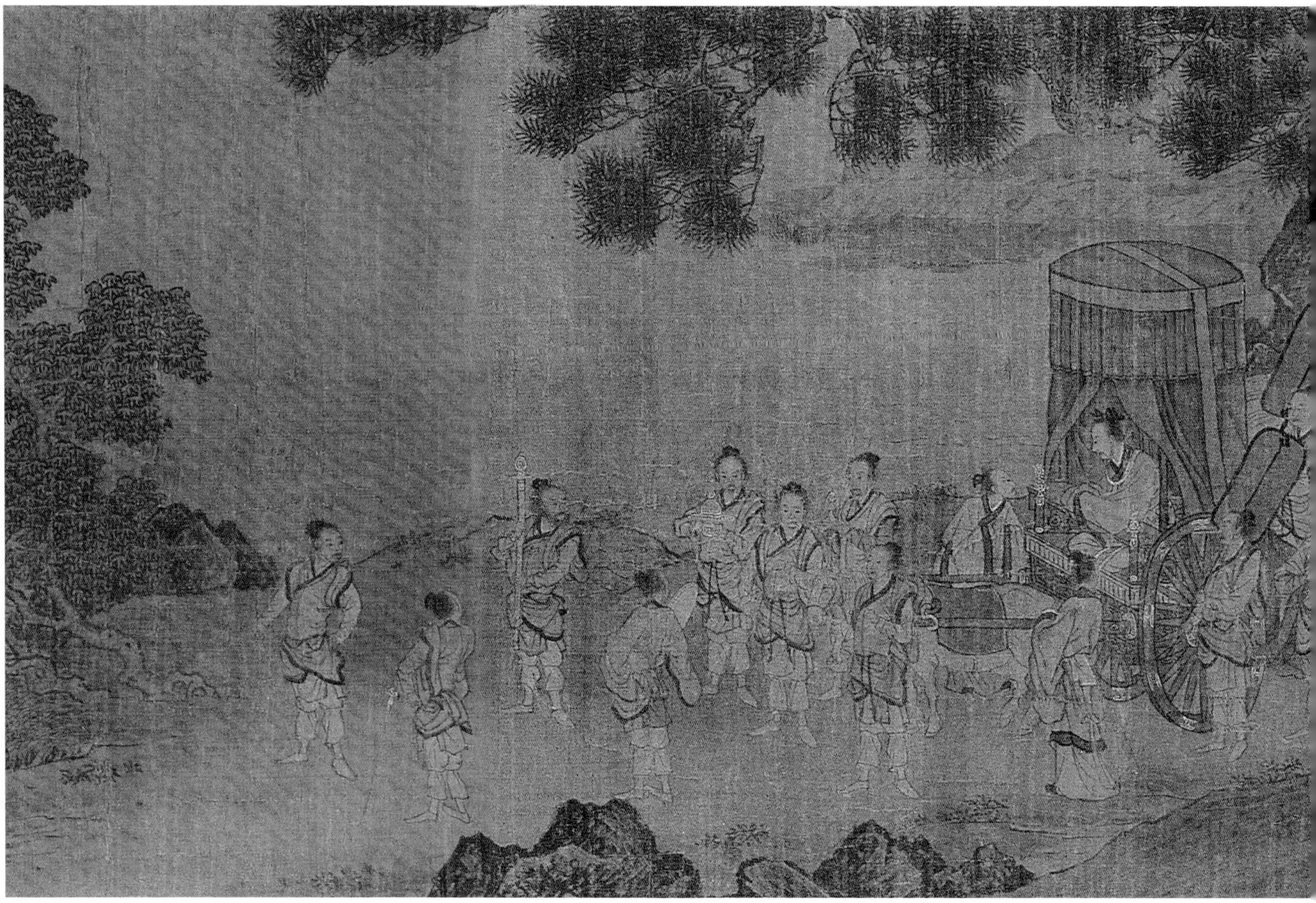

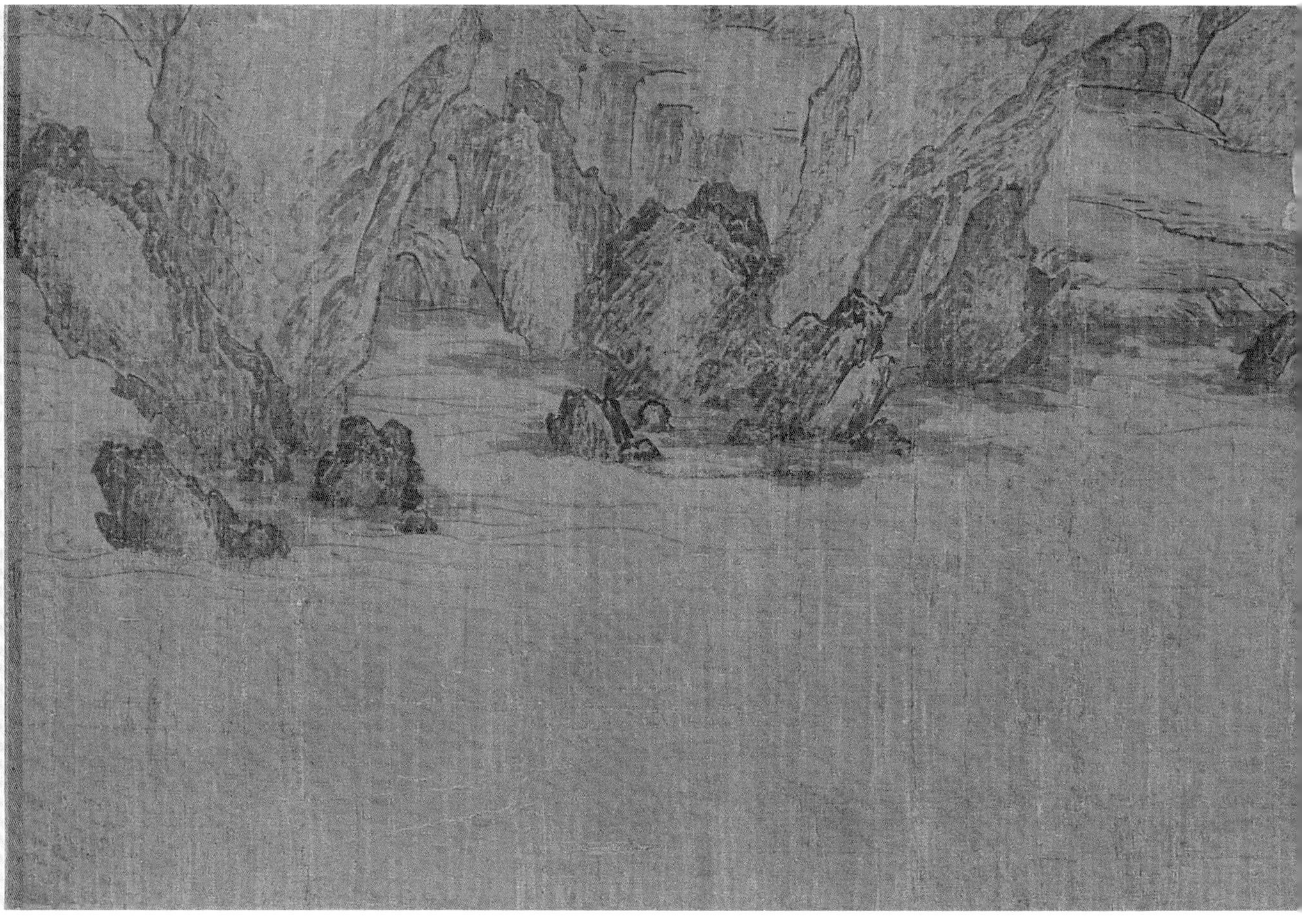

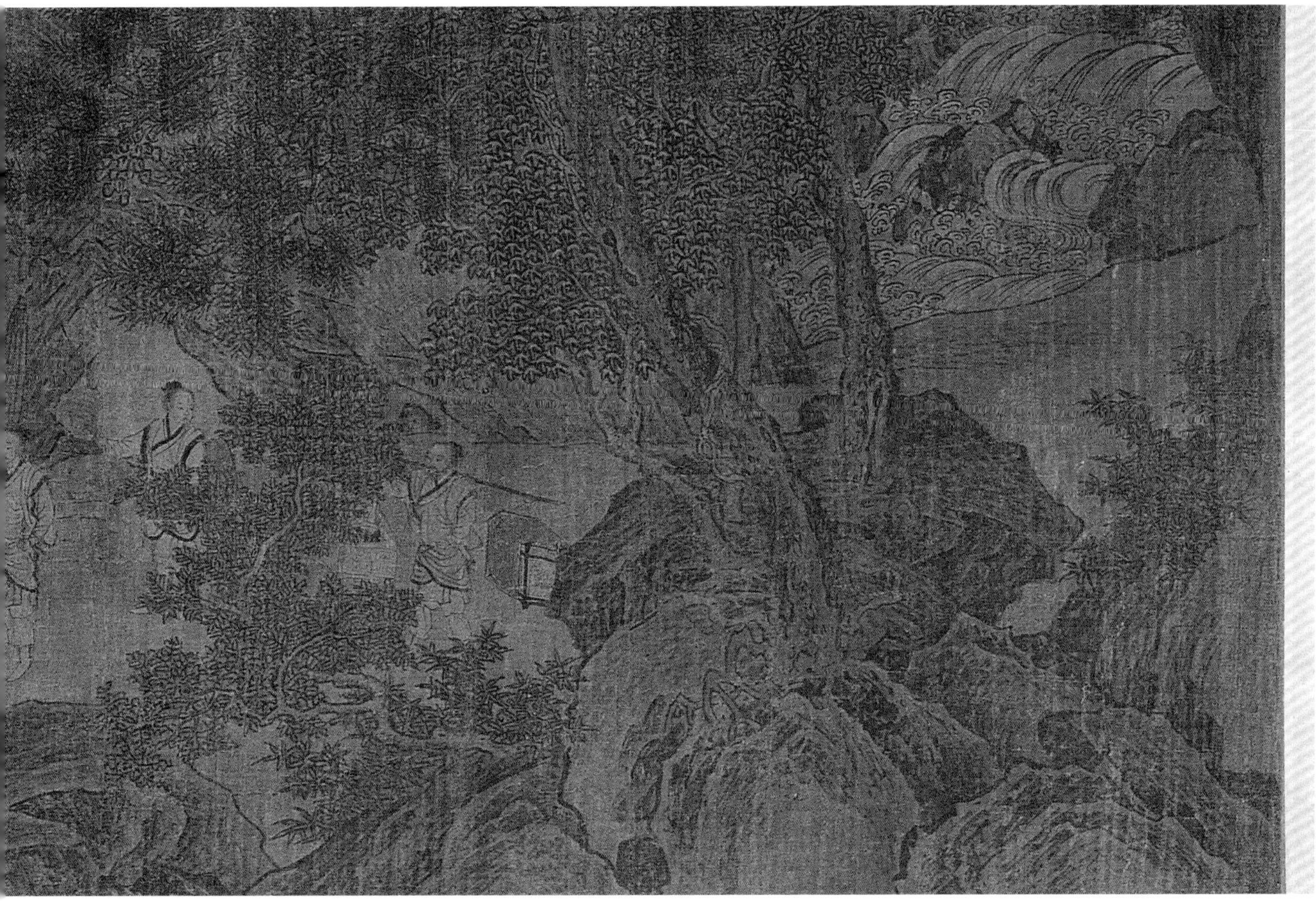

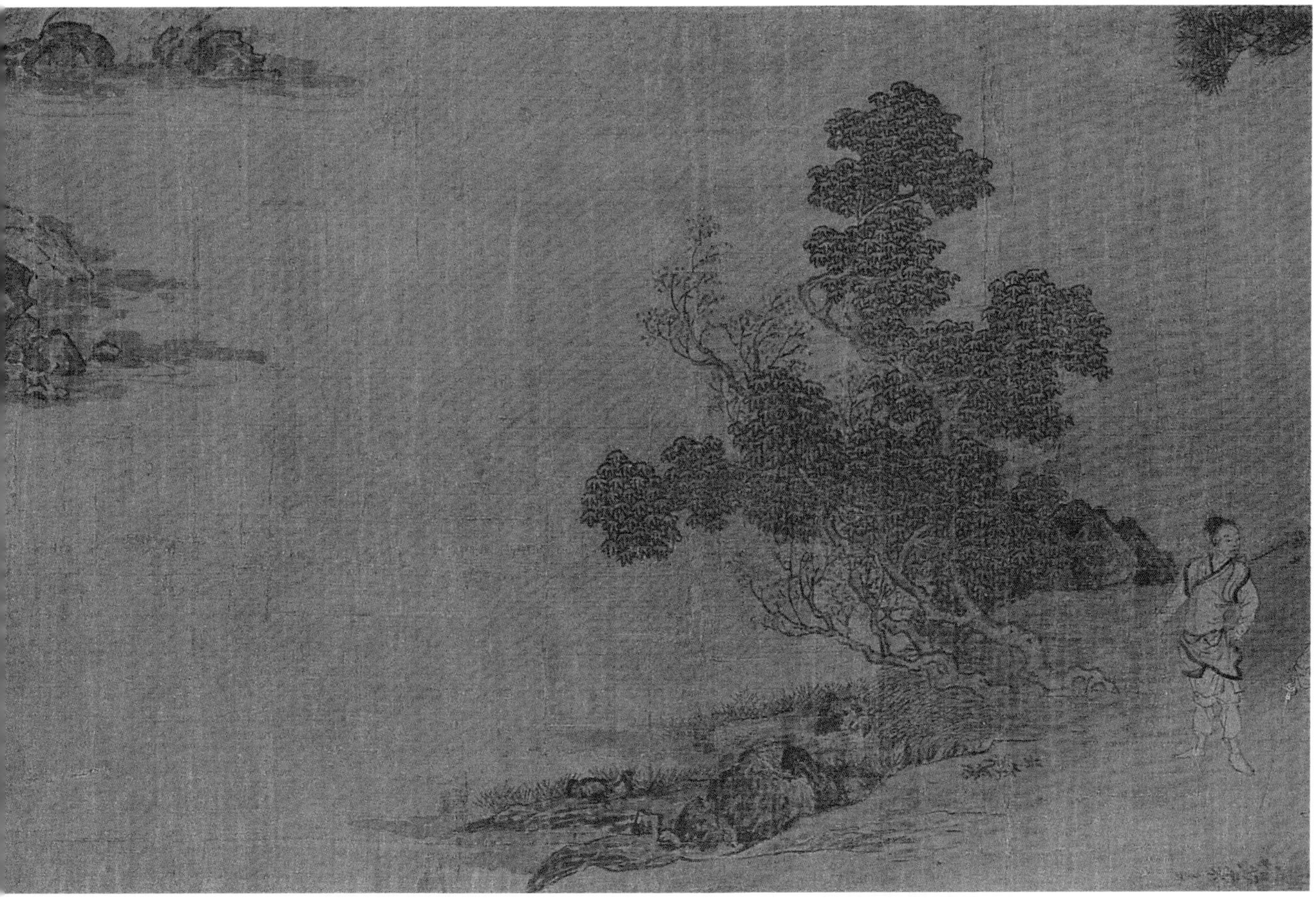

5

顧愷之　女史箴圖卷（南宋摹）

東晉

繭紙本　墨筆　縱27.9厘米　橫600.5厘米

清宮舊藏

The Admonitions of An Instructress (Southern Song Dynasty facsimile)

By Gu Kaizhi

Eastern Jin Dynasty

Handscroll, Ink on paper

H. 27.9cm　L. 600.5cm

Qing Court collection

以西晉張華《女史箴》文為題材繪製的《女史箴圖》，唐宋時期摹本存世者僅有兩卷，此卷共十二段。

一、抄錄《女史箴》文之首，表現婦德尚柔，庖犧氏定夫婦、君臣之制。畫一君王與一婦人相對，意思是婦對夫如同臣事君。

二、樊姬感莊：楚莊王的夫人樊姬絕食活禽，故畫三件青銅盛器上空空如也。

三、衛女矯桓：齊桓公夫人衛姬跽坐於地，靜聽鐘磬之聲，不使齊桓公陷入鄭衛的靡靡之音。

四、馮婕擋熊：馮婕妤為漢元帝護駕，挺身擋住衝出圍欄的黑熊。

五、班婕辭輦：班婕妤為顧及漢成帝的聲譽，不與他同車出行。

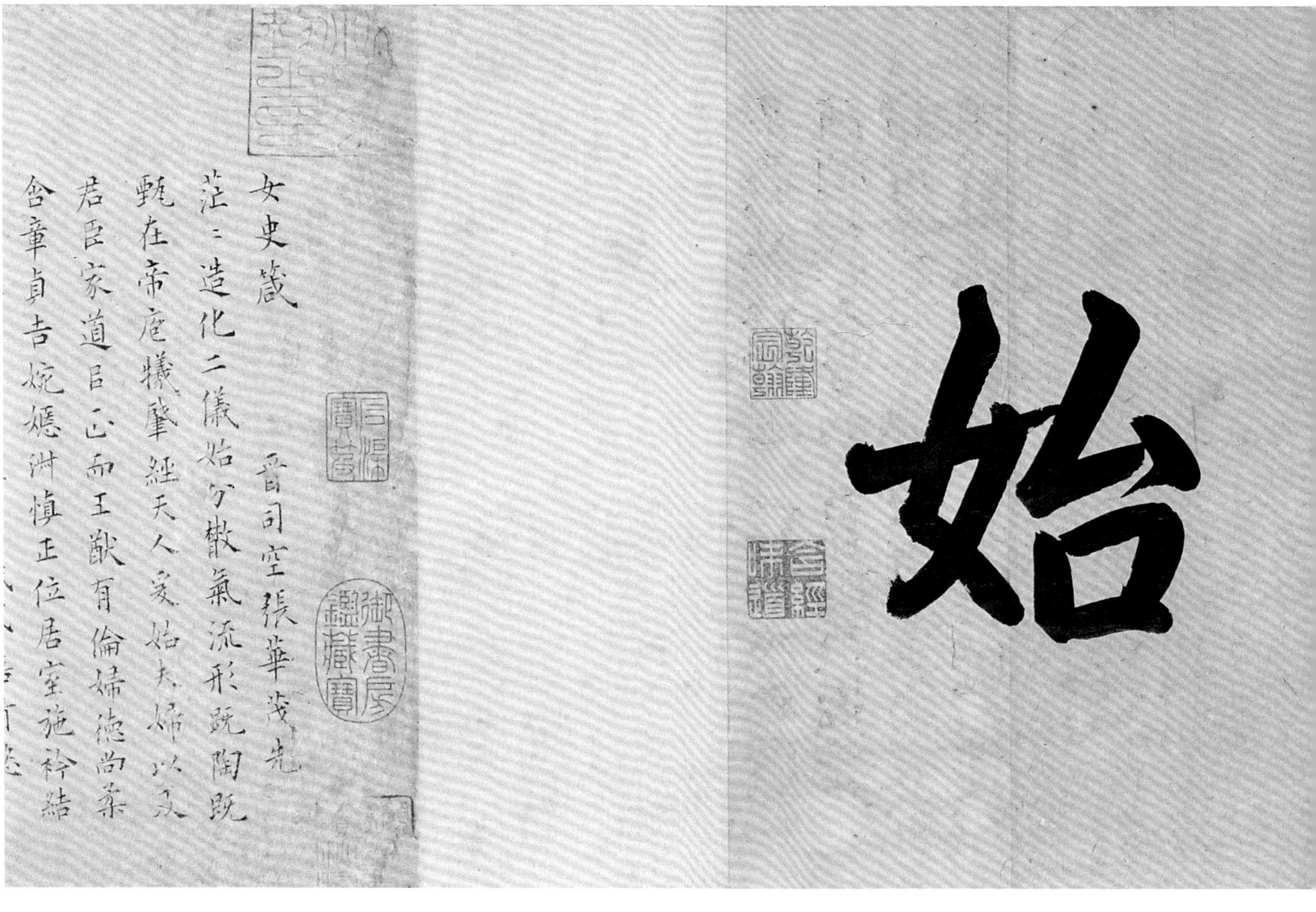

六、世事盛衰：畫積土成山，又畫一人持弩待發，意即行善積少成多，施惡卻一觸即發。

七、修容飾性：畫三女對鏡梳妝，意指她們還應該知道如何修身養性。

八、同寢以疑：一對夫妻坐於牀頭對語，意為即便是夫妻，出言不善，也是同牀異夢。

九、榮辱於言：一羣女子和幼兒坐地而論，一位象徵“靈鑑”的男子跽坐在她們身後，竊聽其言。

十、不可黷專：畫一君子婉拒前來尋歡的女子。

十一、靖恭自思：畫一女靜坐思過。

十二、女史司箴：畫一宮廷女官執筆記事。

本卷後九段係以顧愷之《女史箴圖》的唐摹本（大英博物館藏）為母本臨繪，前三段係臨者依照《女史箴》文自創。箴文的書寫風格屬於宋高宗一路，摹者顯露出南宋馬和之的筆法，畫中的題文避真宗、欽宗、高宗等宋代皇帝的名諱或嫌名諱，故臨繪的時間是在唐摹本入金明昌內府之前。南宋宮廷摹寫的目的不僅是為了留下古畫的副本，而且是為了宮闈教化。

引首有清乾隆書“王化之始”，鈐藏印“乾隆宸翰”（朱文）、“含經味道”（白文）。卷尾有清乾隆題記：“乾隆甲子（1744）秋八月撫臨一周”。鈐藏印“內府圖書之寶”（白文）。尾紙有元包希魯、元末明初謝詢、張美和、趙謙四人題跋文（釋文見附錄）。另鈐有清代梁清標、乾隆、嘉慶、宣統藏印。

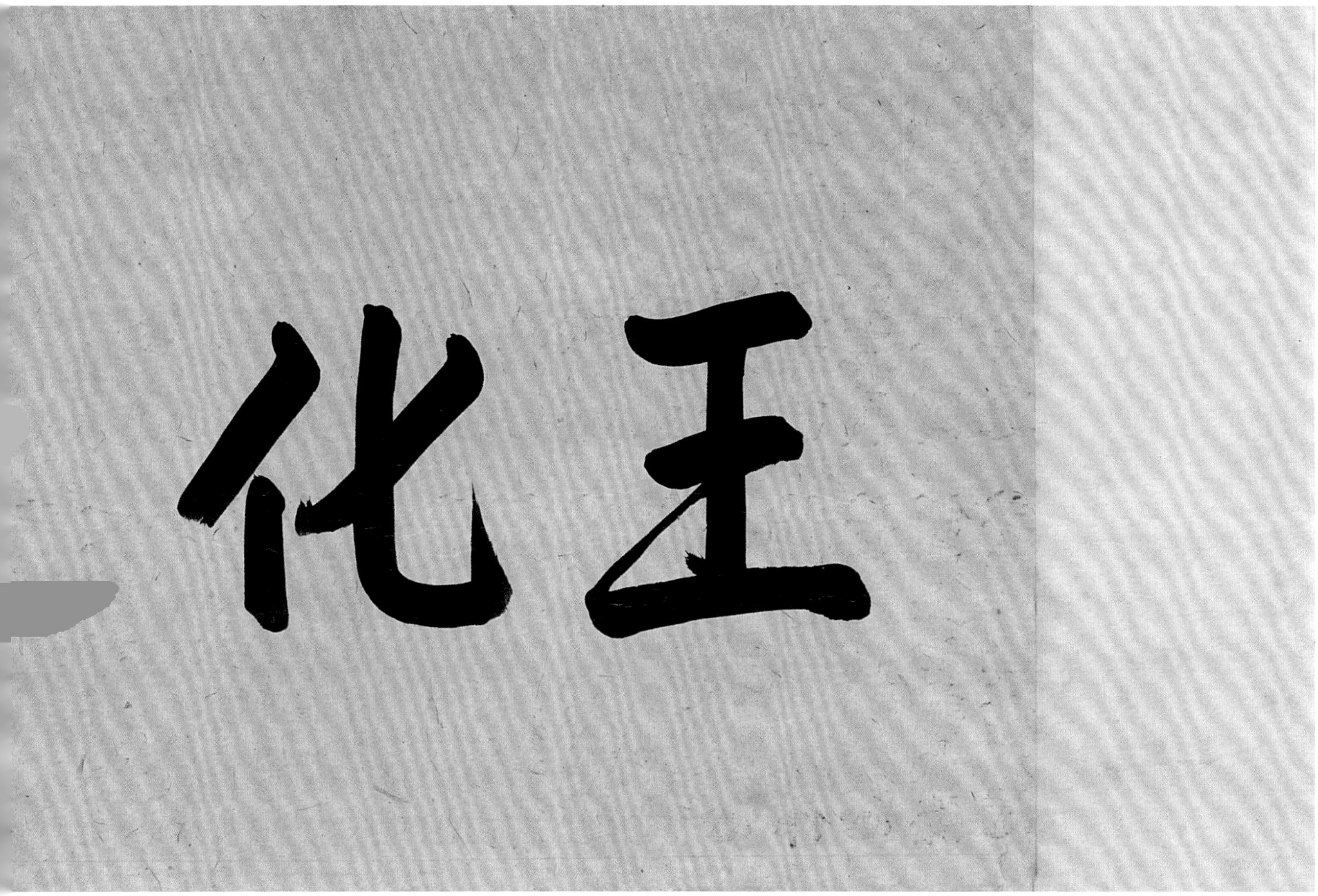

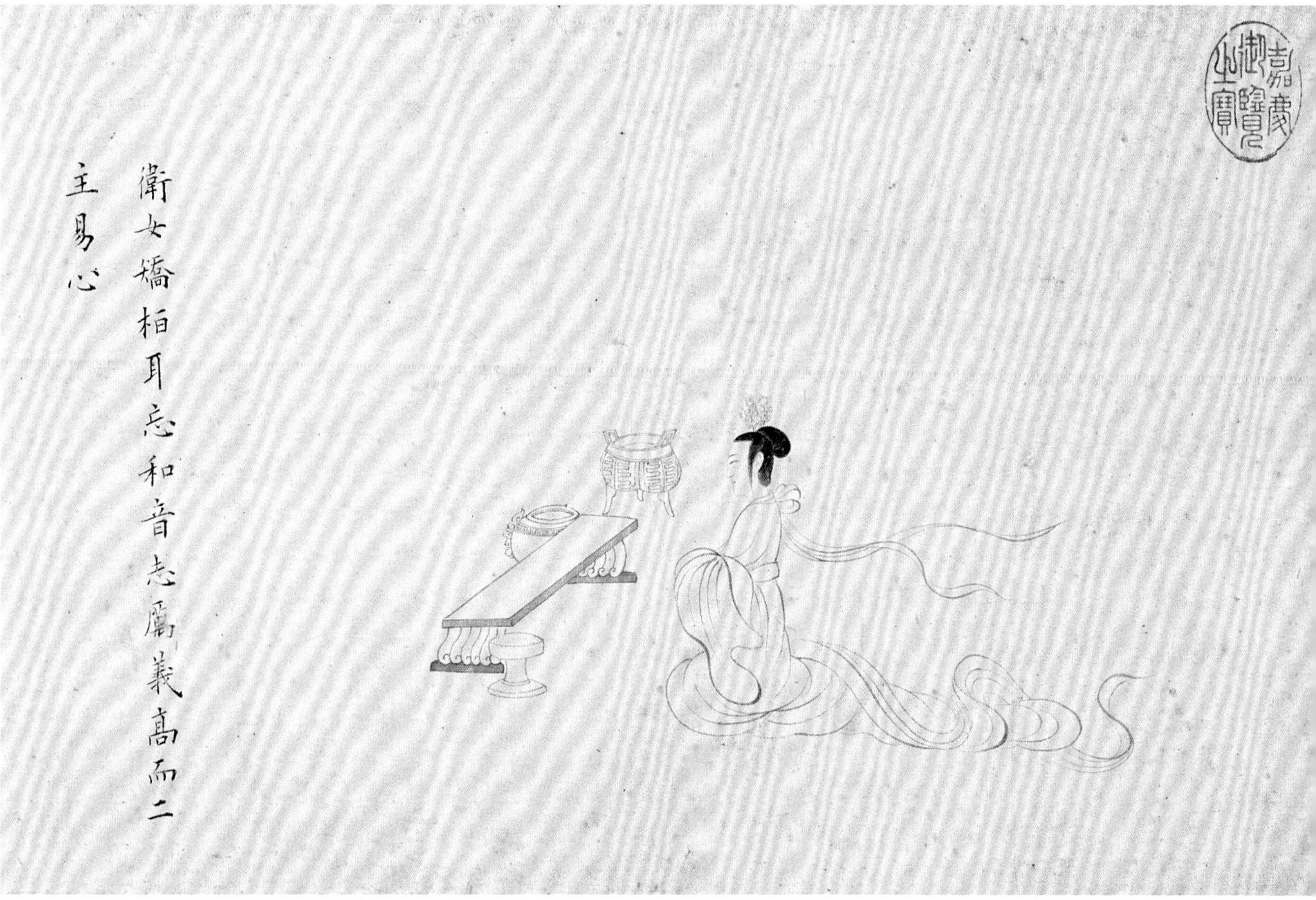
嘉慶御覽之寶
衛女矯桓耳忘和音志厲義高而二
主易心

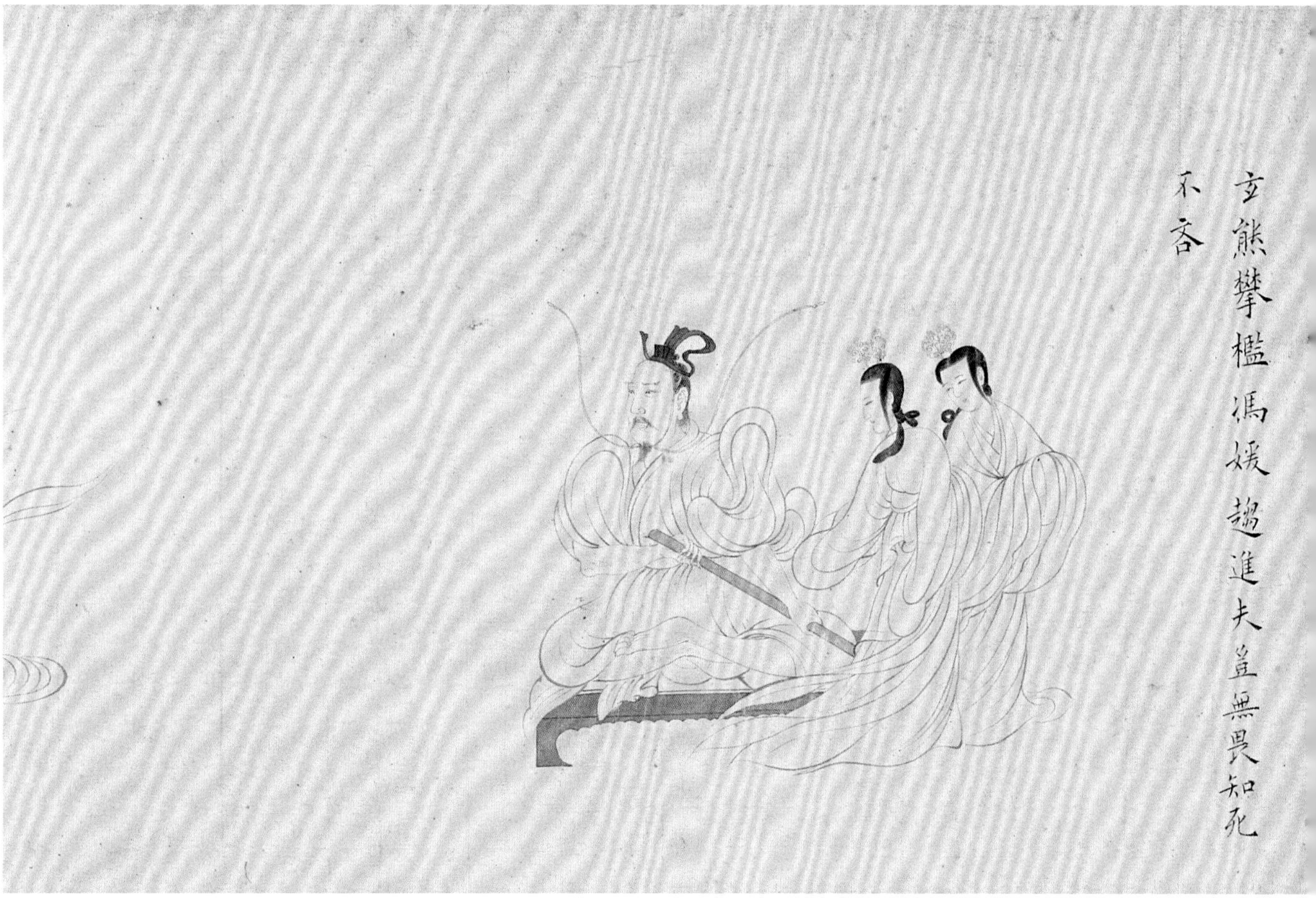
玄熊攀檻馮媛趨進夫豈無畏知死
不吝

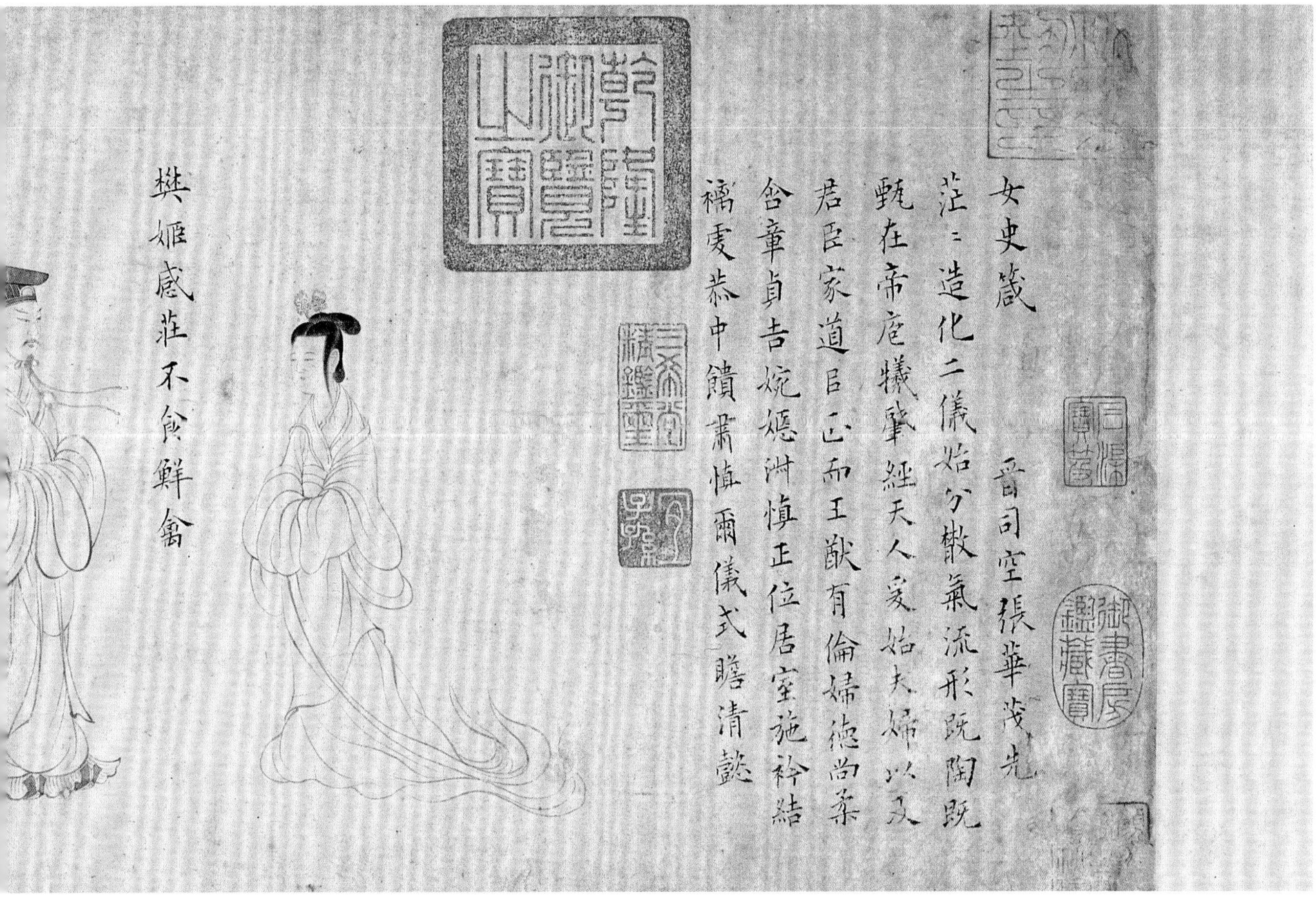
女史箴
晉司空張華茂先
茫茫造化二儀始分散氣流形既陶既
甄在帝庖犧肇經天人爰始夫婦以及
君臣家道以正王猷有倫婦德尚柔
含章貞吉婉嫕淑慎正位居室施衿結
褵虔恭中饋肅慎爾儀式瞻清懿
樊姬感莊不食鮮禽

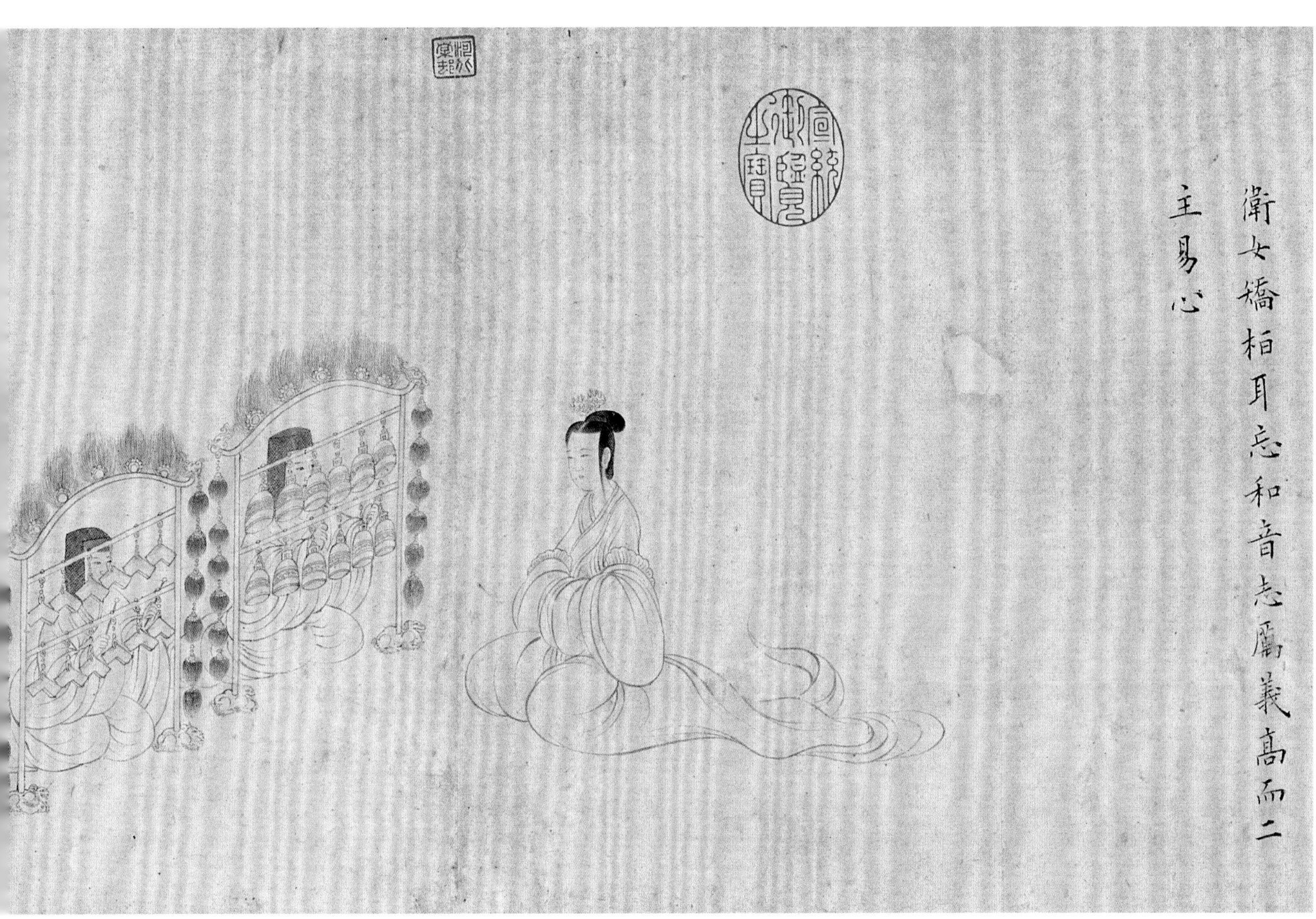
衛女矯桓耳忘和音志厲義高而二
主易心

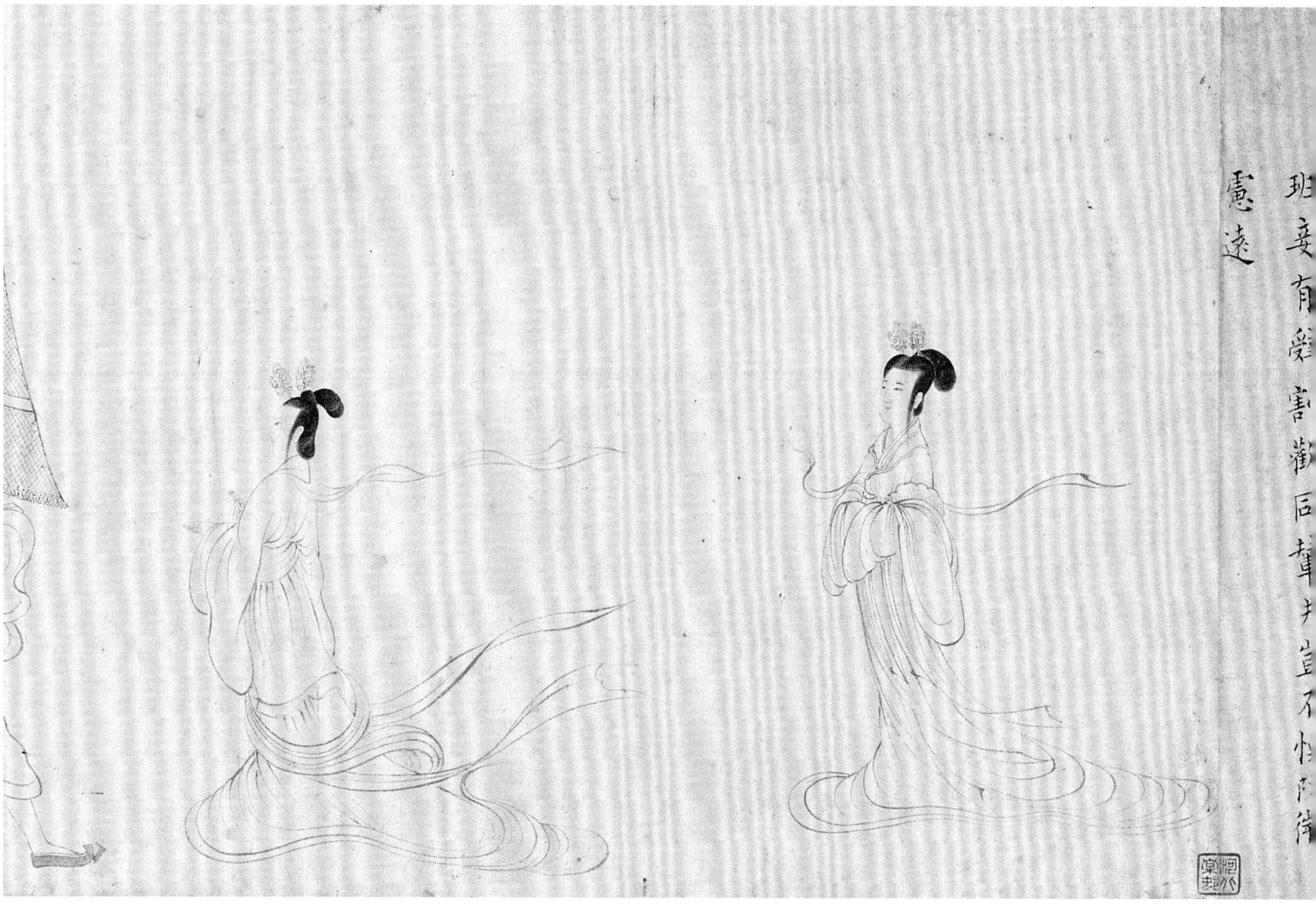
班妾有辭割驩同輦夫豈不懷防微
慮遠

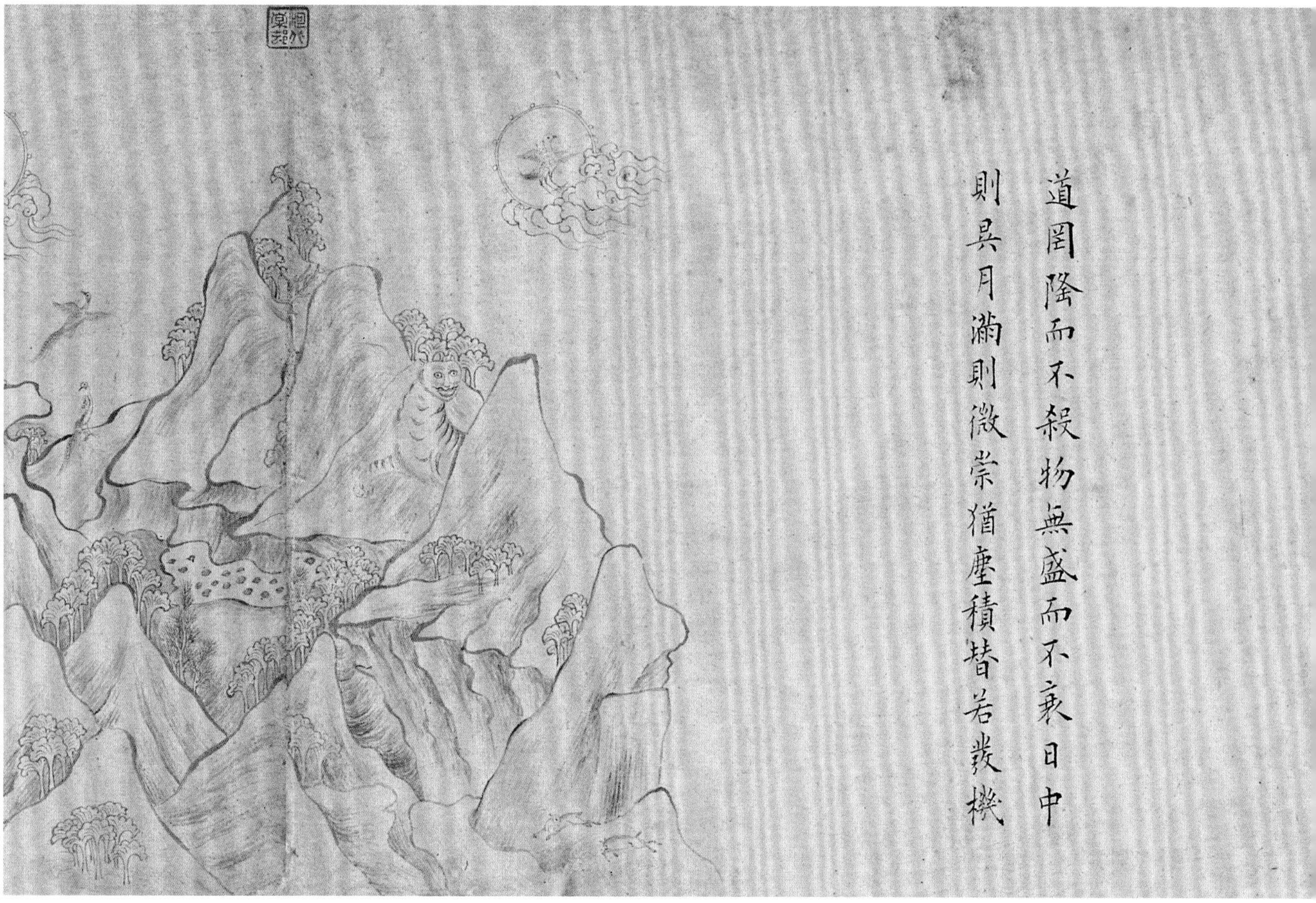
道罔隆而不殺物無盛而不衰日中
則昃月滿則微崇猶塵積替若駭機

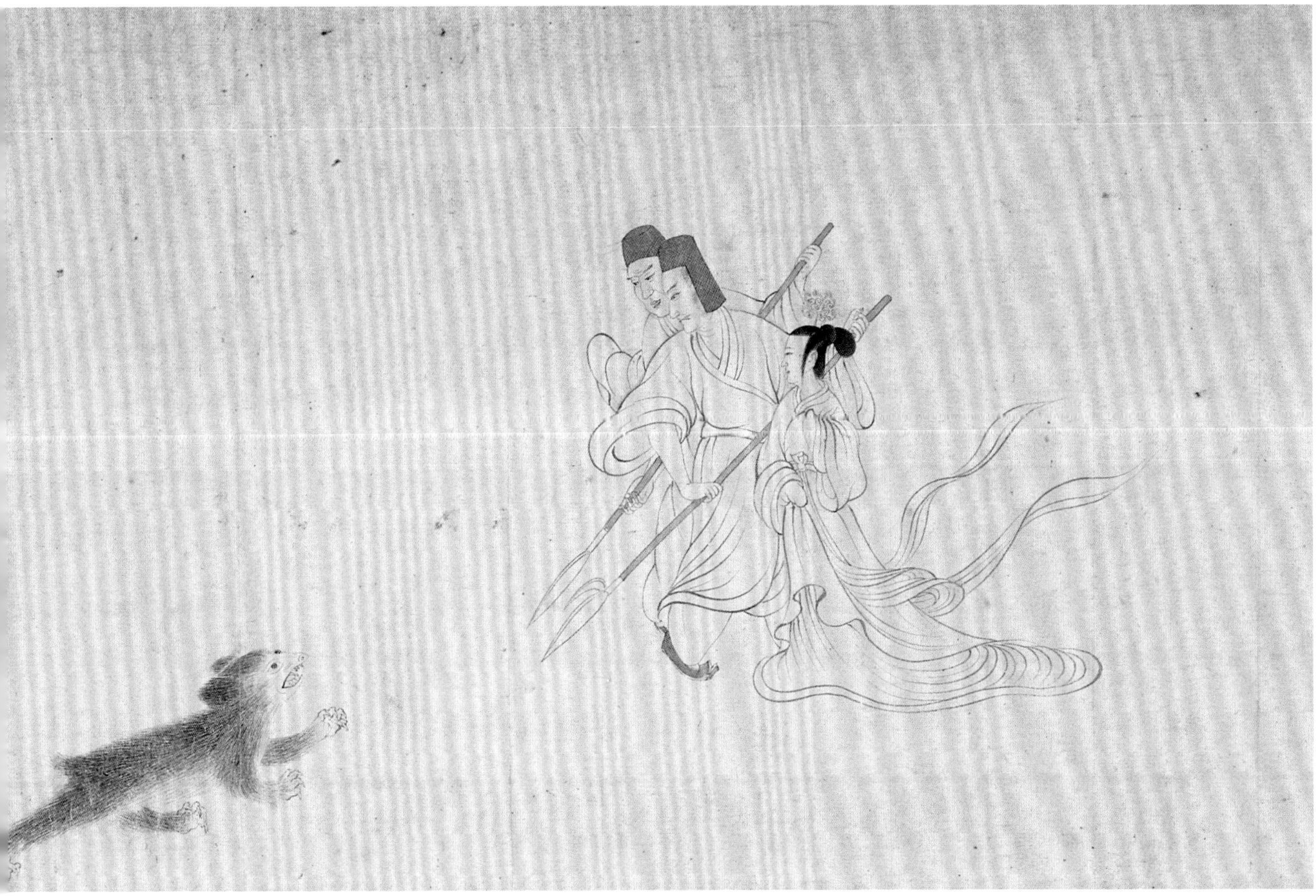

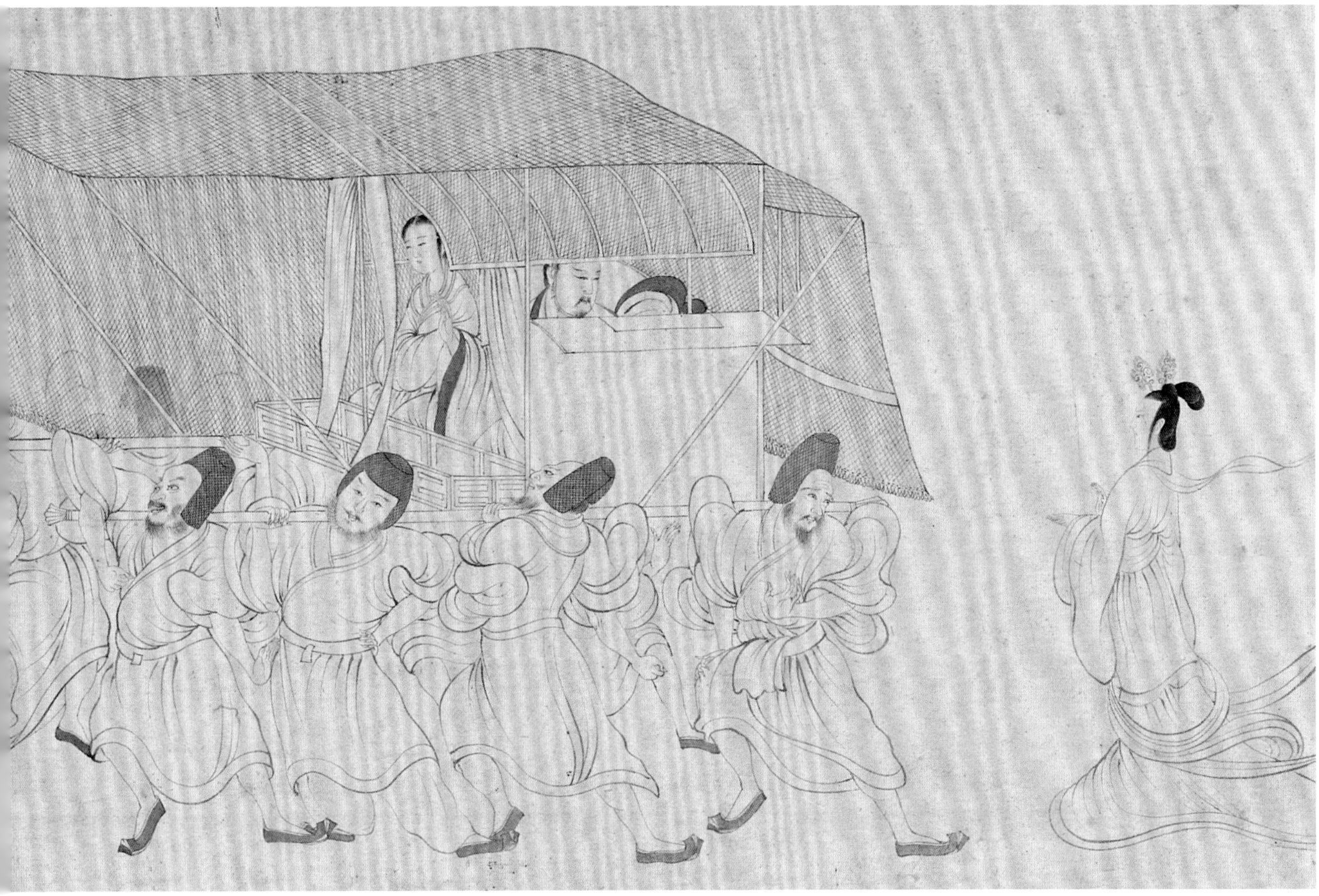

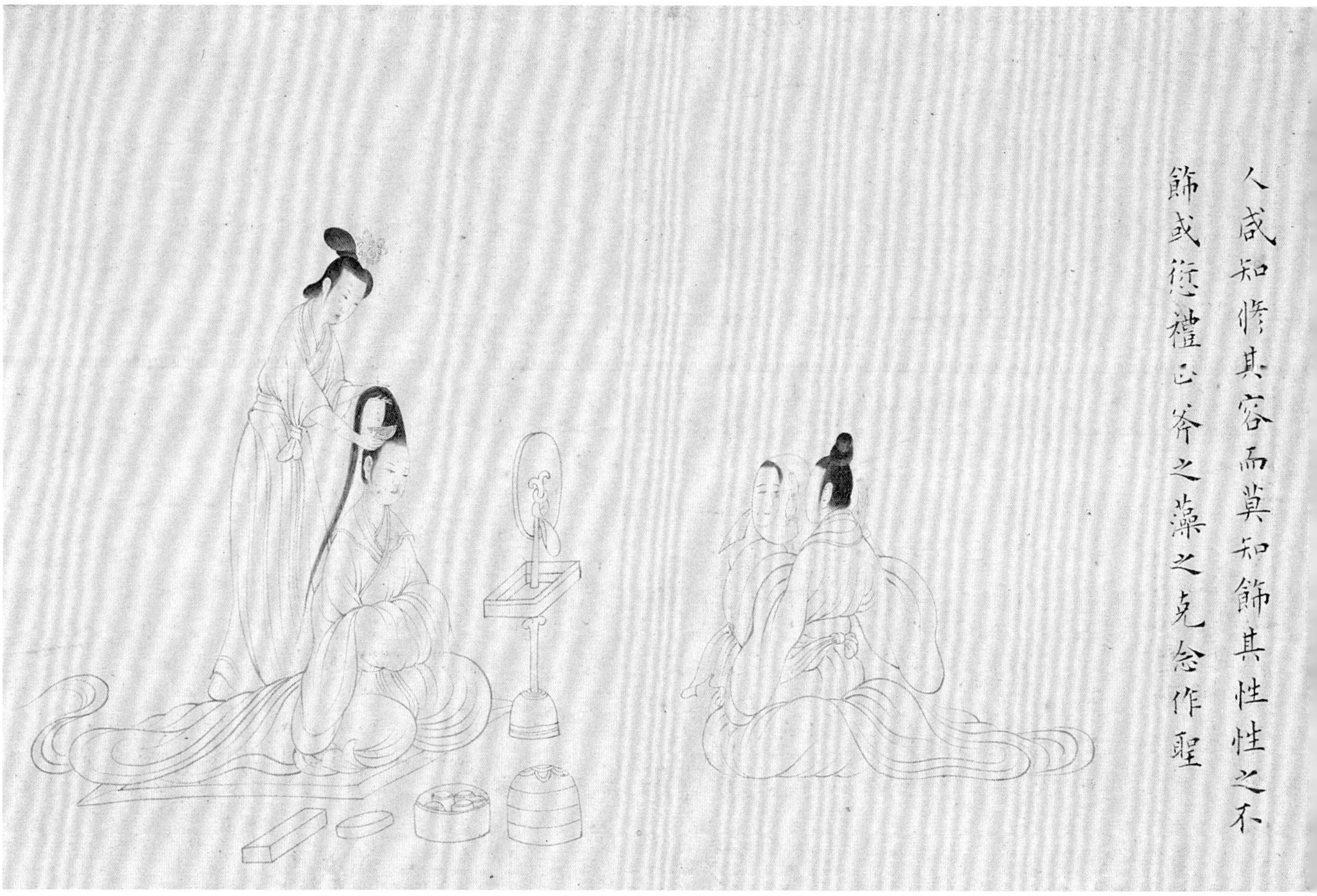
人咸知修其容而莫知飾其性性之不
飾或愆禮正斧之藻之克念作聖

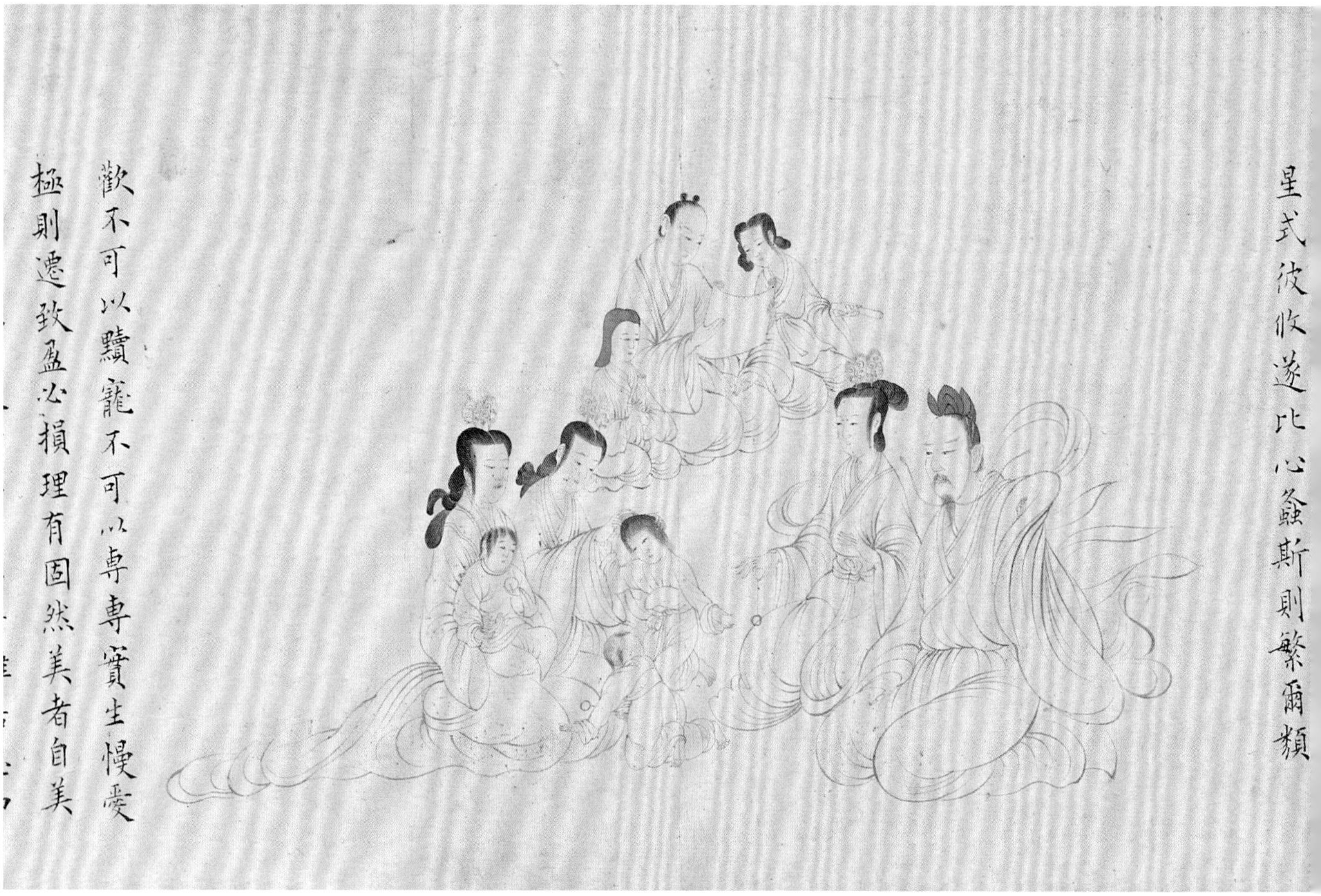
星式彼攸遂比心螽斯則繁爾類
歡不可以黷寵不可以專專實生慢愛
極則遷致盈必損理有固然美者自美

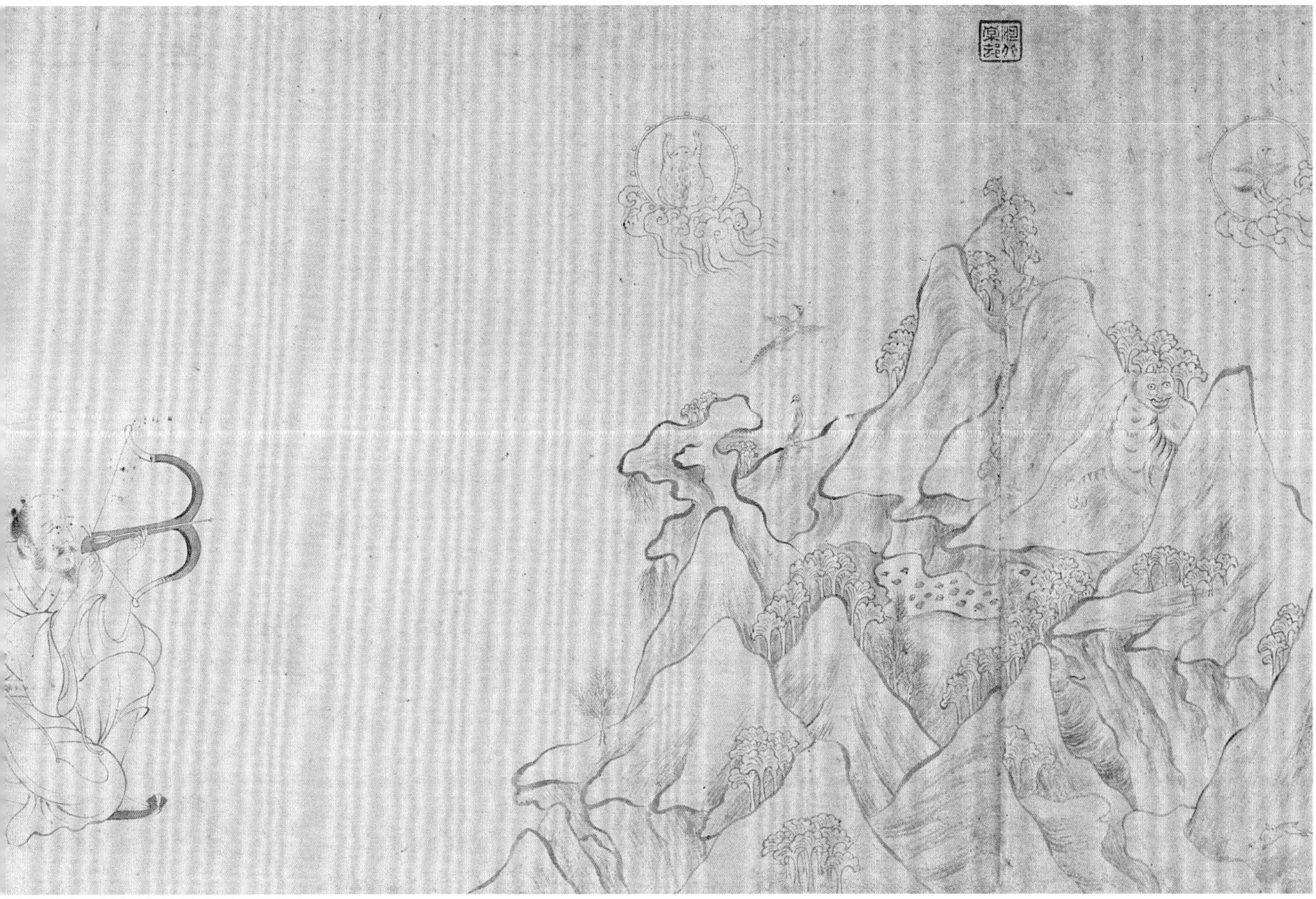

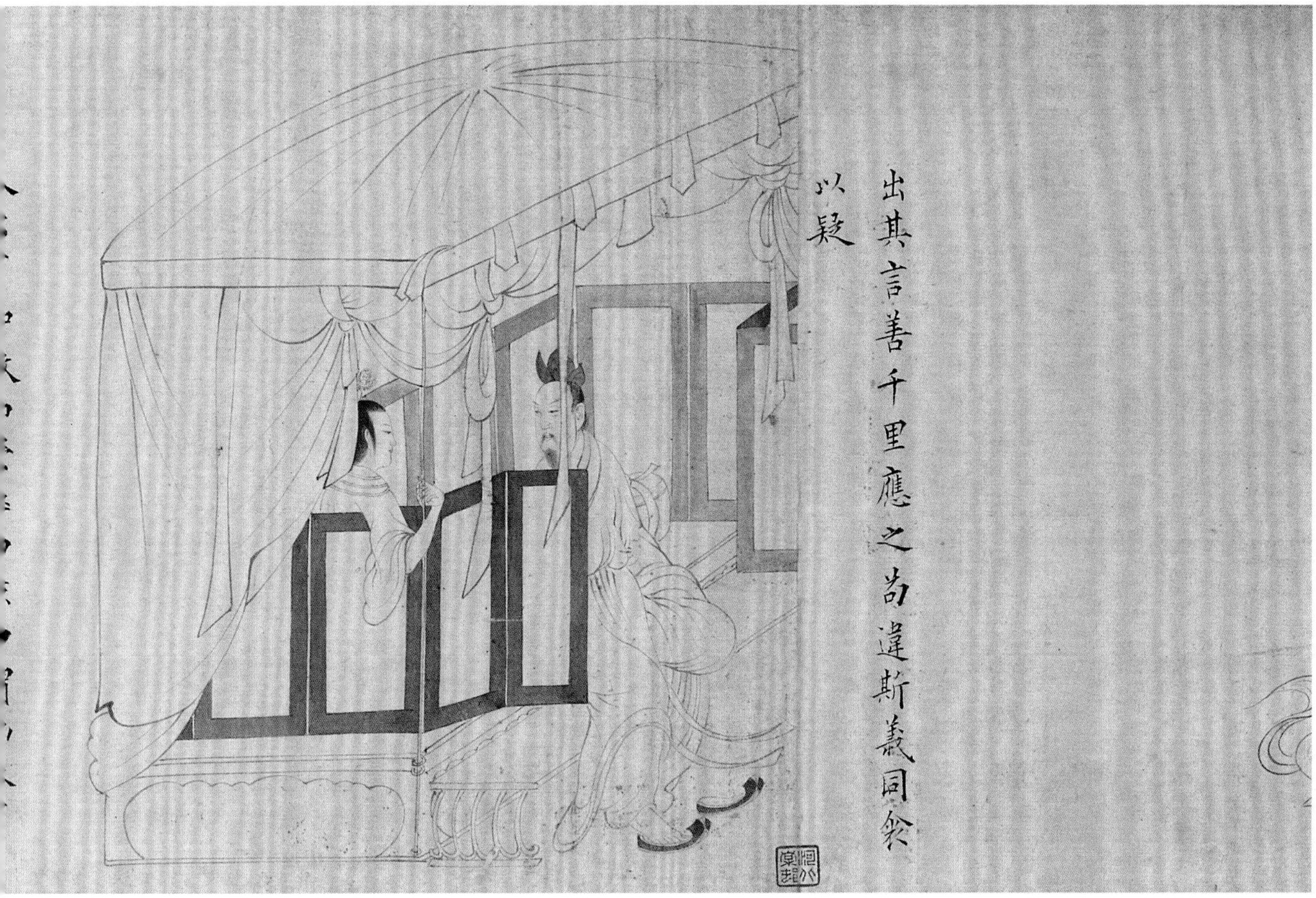
出其言善千里應之苟違斯義同衾
以疑

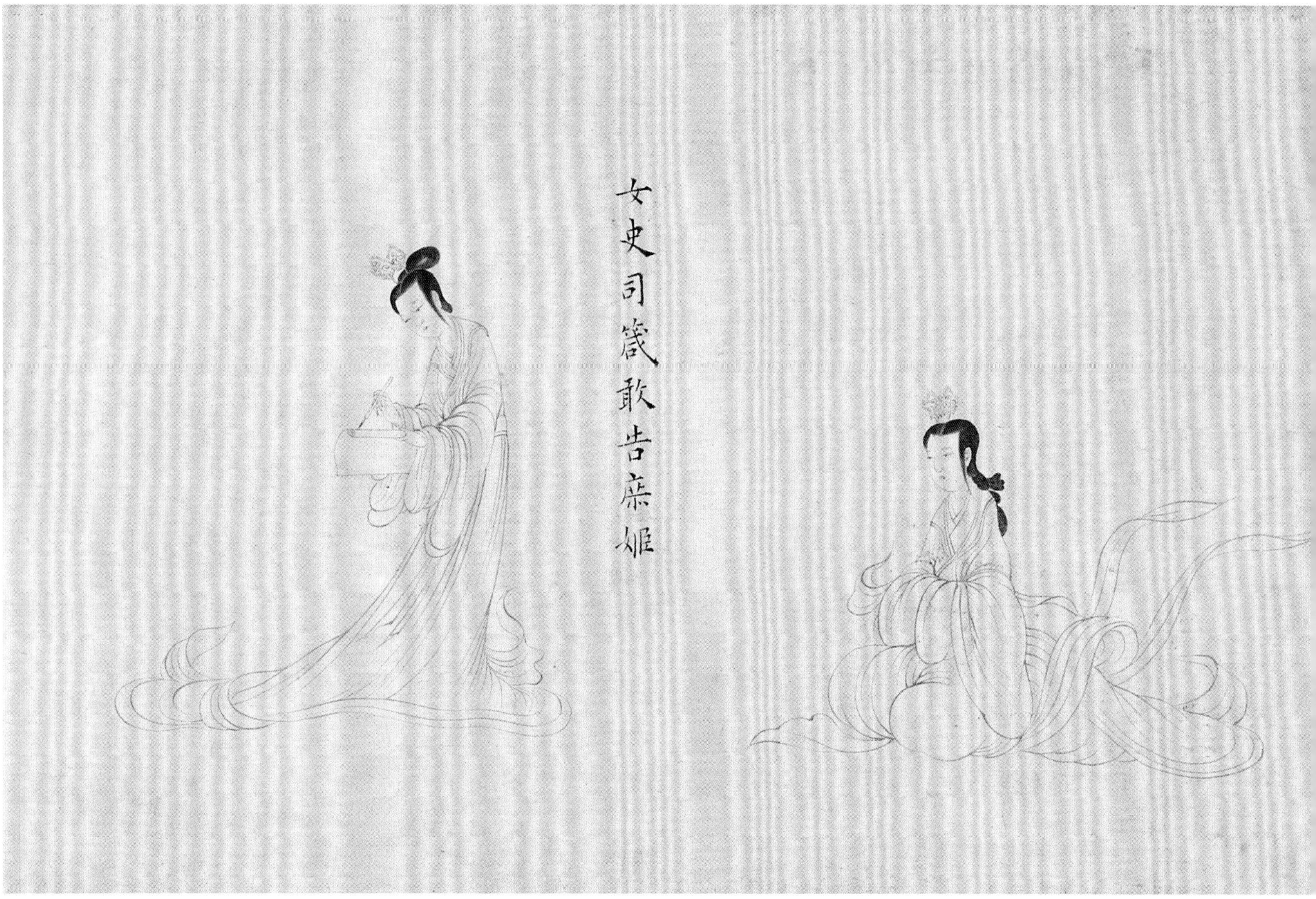

右晉張茂先女史箴李伯時以繭紙為圖器服簡古筆蹟渾成非畫史刻意布置者所為也高安伍氏伯澄得之豐城此齋蔣氏〻得之〻河東圓嶠李氏李蔣皆博古君子而伯澄蔣甥也夫箴而為之圖者以圖著形指事則古人之懿德淑行得於追思遐想為易也蓋接於目則觸於心其於感發之幾有深於言之載諸文者焉漢班倢伃之辭輦以其觀古圖畫而得之是其微矣家道始於婦人凡有國有天下者皆然〻則此圖之蓄也豈徒充玩而已哉因題小詩于後以識嘗觀　紅簾繡戶日遲〻花落東風倦綉時試展畫圖詢往事興觀應比二南詩　上黨包希魯

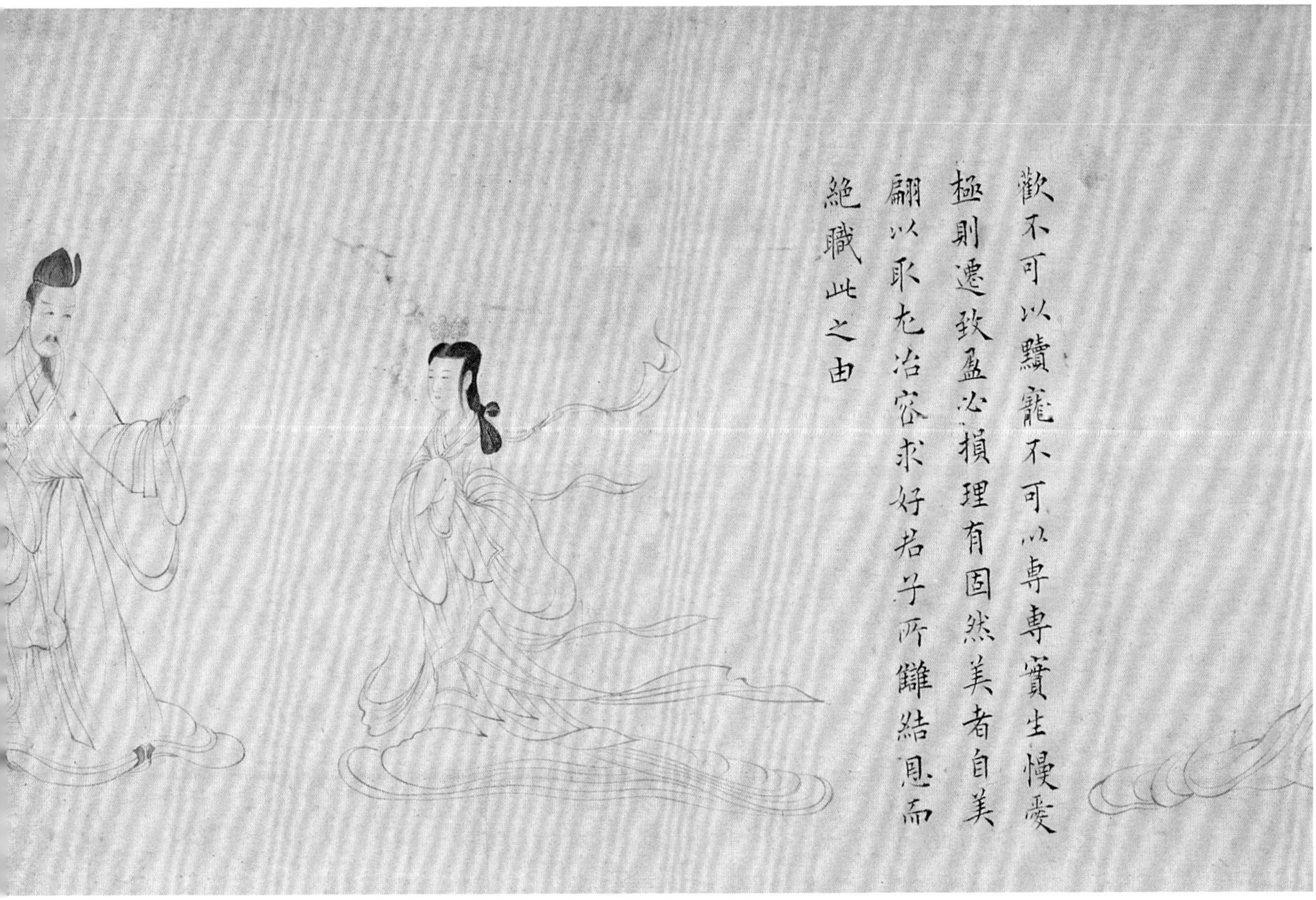
歡不可以黷寵不可以專專實生慢愛
極則遷致盈必損理有固然美者自美
翩以取尤冶容求好君子所讎結恩而
絕職此之由

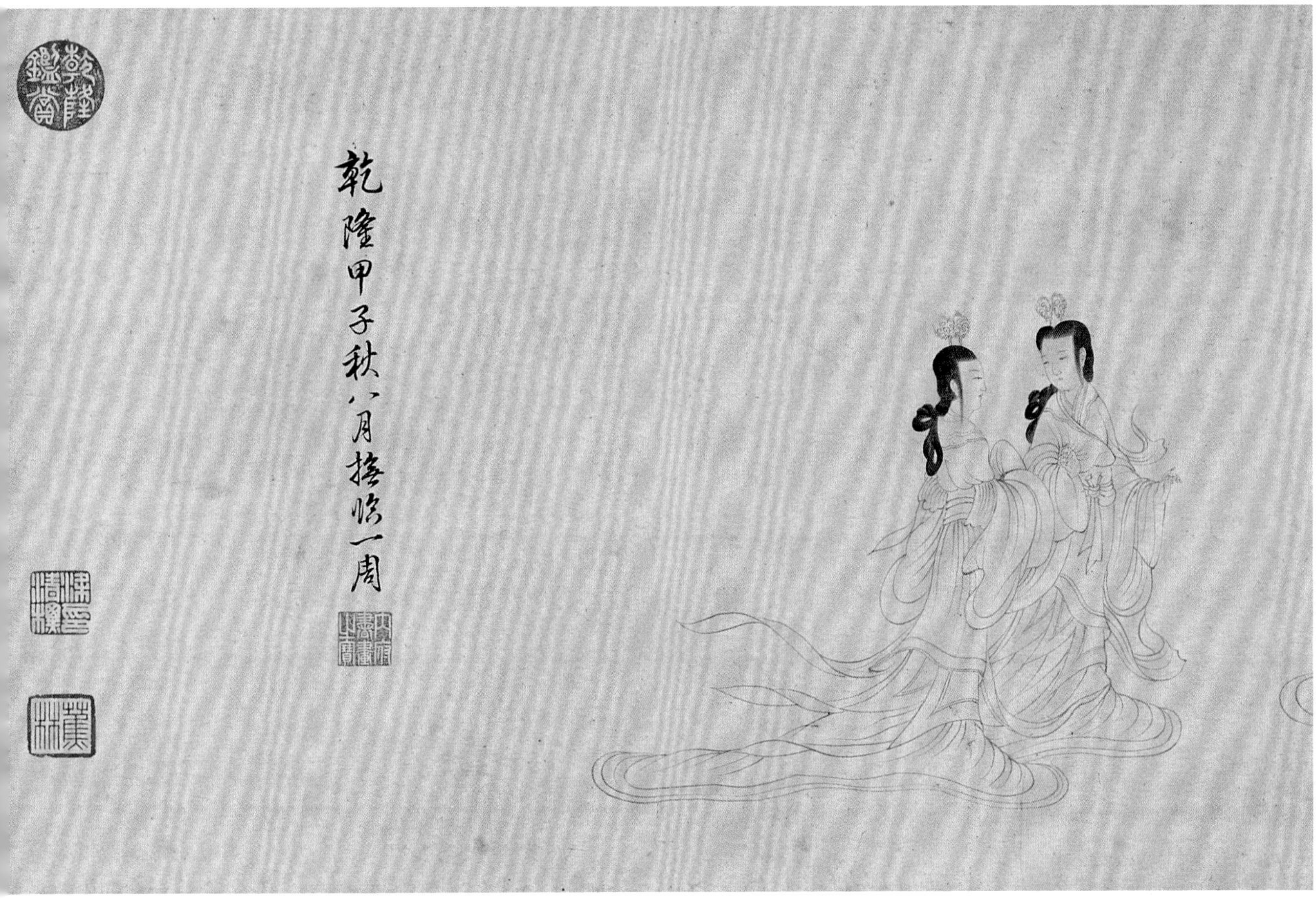
乾隆甲子秋八月撫臨一周

夫犯顏進諫捨生取義斯二者有志
之士或皆能之未之女子柔順之質
則有其人又羡然閒氣所鍾伐代亦
有可以悉訓後在御圖之史苟一言一行可以
藏之良工者鍾一言代之史書之文臣
下俾自天子達於庶人惟淳修飭禮行
愚謂觀此圖者可以興吾夫子謂
者魯伯父之高義世篤尚儒雅不忘其初
意既諫內輔實為王化基言行既卓
求意錄寫嚴義或遺浪冒啟梁順思
爛雎謹寫殷義遺浪冒啟梁順思龍眠
絕史錄寫殷義或隱冒啟梁順思龍眠
規妙融筆一圖寫之目擊意已會況更
奮妙筆一圖寫之固其節操哥脈令毛髮豎
清燭熒爛亁此徒淛宮臺叀閒精頓銷靜相於
凜若霜眣閒精頓銷其宜珠藏勿
持傳在遇君子寶之固其宜珠藏勿
輕棄庶足敦民

東魯謝仲
書
時庚戌詞冬

龍眠居士以善畫名一時嘗以張茂
先所作女史箴繪而為圖以傳好事
者迄今三百餘年流落人間不知經
幾手矣而高安伍伯澄得而寶之人
有求觀者輒靳之以題其畫之美非畫之美不
足以重購得之蓋非重
其歸于蕭氏也以重購得之非輕
于蕭民世英也蓋天地之間物各有主
購不足以題其畫之美非畫之美不
足以傳之華皆足以傳之千載宜世英之
靈購得之也其慎寶之哉
足以當夫識鑒之精此茂先之交龍
眠之筆皆足以傳之千載宜世英之
洪武庚午朧月望日前翰林
國史院編修官晤江張羨和題

二女在輦後若與輦中者言昇輦而
以羨渦使行也一人隔蓬而伺其旁坐
者五人一人手兒而工裊下二女
足亏下一人手兒亏一

二女在輦後若與輦中者言昇輦而可見
者五人一人隔蓬而伺其旁見其背一女坐
以羨渦使行也一人手兒亏杠歲以美班使行也
有蔗喜味香者也一女對一兒者若與
可戲無盡蓋之數一女一女列坐豆鼎各六
畫古成妃而書者張茂先女史箴亏上首每段
一人坐戟若而皶所詶一人坐戟上下各六
所詶樊喜飾以羽一人執起坐于几若將屬一女
有誅一女跪豆鼎各列一女一女晚亏其具若一女
吉狀一女跪亏地肯列一女對一具若與
言狀一女跪亏地肯列一女對其具若與
當熊貧立二壺士持戟突出欲趨避而仿彿一少
以羨渦使行一兒人隔蓬而仿彿見其背一
者五人一人手兒而工裊下一人露

瓊臺攻古
記於是乎書
中庸遂相一失罷去翼洪武壬申元夕
回記以紀其實如實但紀其數如一浙東趙謙書
稛為畫之始而道刺余竟爾而失
神化寫之始而道刺余竟爾而失
伯生畫記以紀其始而辦竟爾而失
皇任茂先之意非伯時之畫
能任茂先之意非伯時之畫
之狀何其主哀憶女史之工緻
事紀舊如相顧指言蓋以為順之態
也皆曲極其妙婉娩柔順之態
一女端坐傴然顯靖恭自息
如拱立聽一人語者一記女史
而視立聽一人語者一記女史
卷居童左若廣以坐以看兩旁各
兒以與一童坐以看兩旁各
照鐘中露亁而詔一姬持楊枝鑑以見
楊櫛懷黛飾之意一人與一女語惟中閒同套
晚妝鏡中露亁面而詔一姬方櫛惟中閒同套
象月山乌多珍奇寄絕怪山兒日免春山右以
一山屼屼起乌飛山左以一女語惟中閒同
二女在輦後若與輦中者言昇輦而
者五人一人手兒亏杠歲以美班使行也
足亏下一人手兒亏杠歲以美班使行也

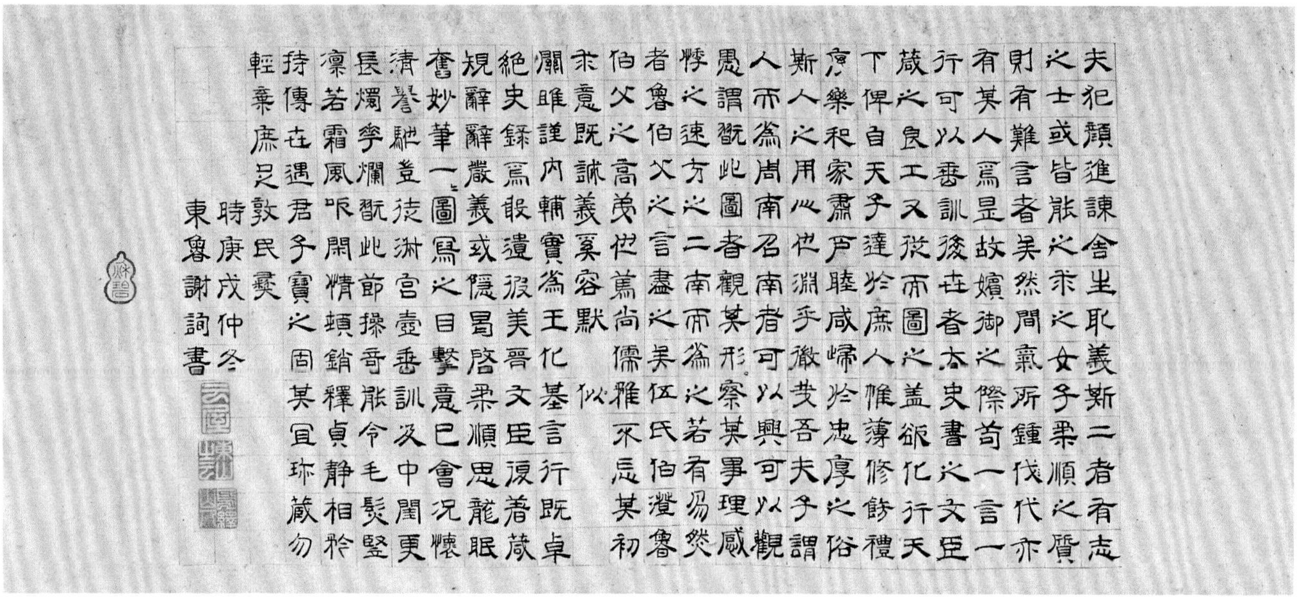

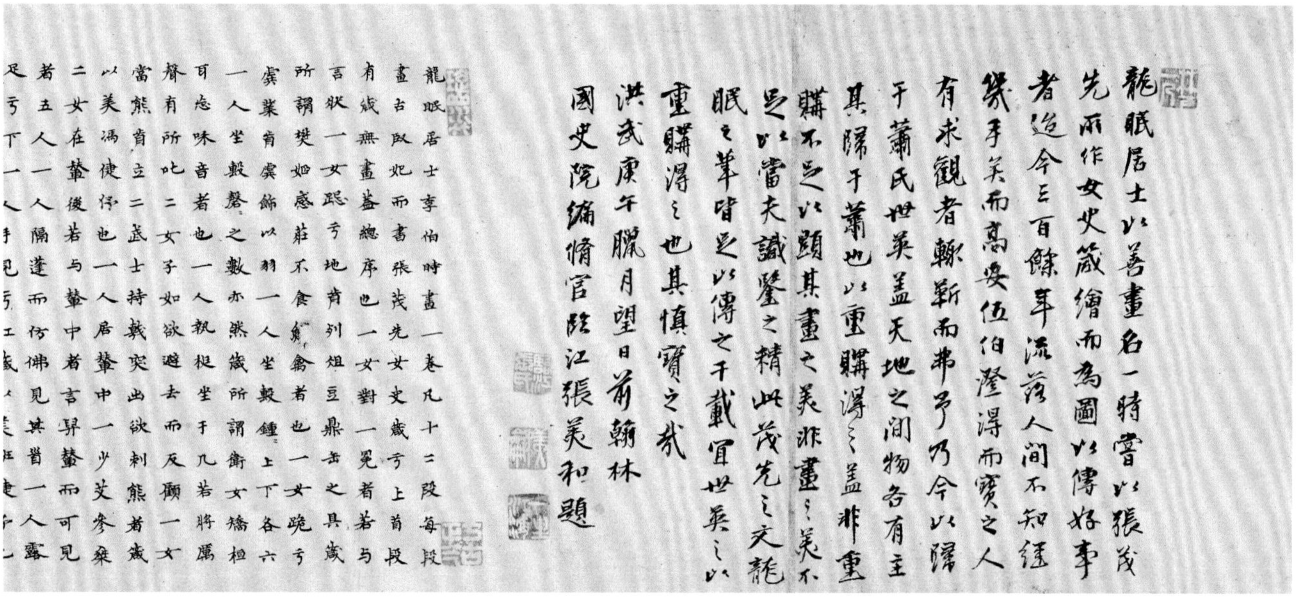

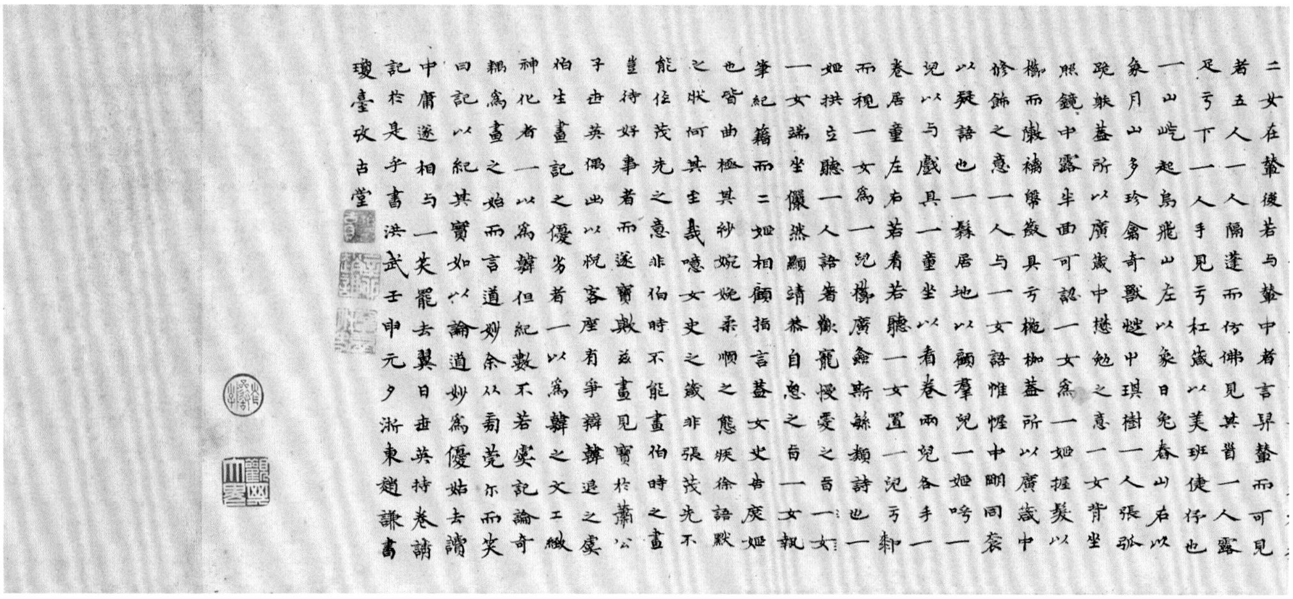

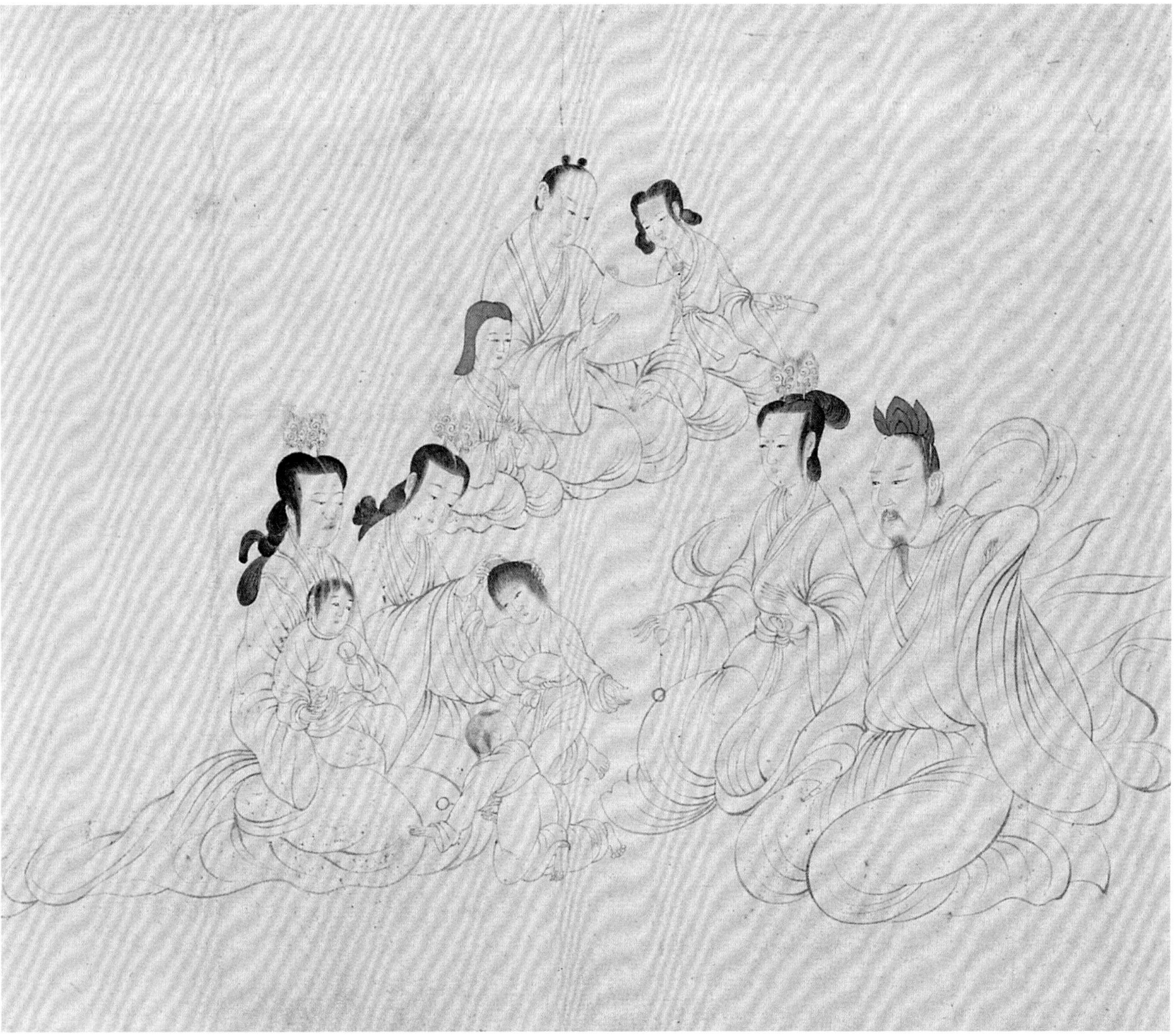

6

佚名　斲琴圖卷（南宋傳本）

晉
絹本　設色　縱29.4厘米　橫130厘米
清宮舊藏

Making Traditional Chinese Music Instruments, Jin (attributed to the Southern Song Dynasty)

Anonymous
Jin Dynasty
Handscroll, Colour on silk
H. 29.4cm　L. 130cm
Qing Court collection

舊作顧愷之摹本。圖中繪六位匠師斲琴，製作工序包括：斲木、打磨、選材、畫型、配件、製弦。一位尊貴者持杖巡視，其後有小童把扇，另有一士人臨場指導。人物佈局疏朗，以斲琴的過程聯繫起來。人物用游絲描，間有變化，少量施色，唯用深藍色染衣袖、領邊，淡赭色平塗暈染衣紋。此卷人物、服飾、用筆皆有晉風，粉本當源自魏晉，是研究早期畫法的重要資料。

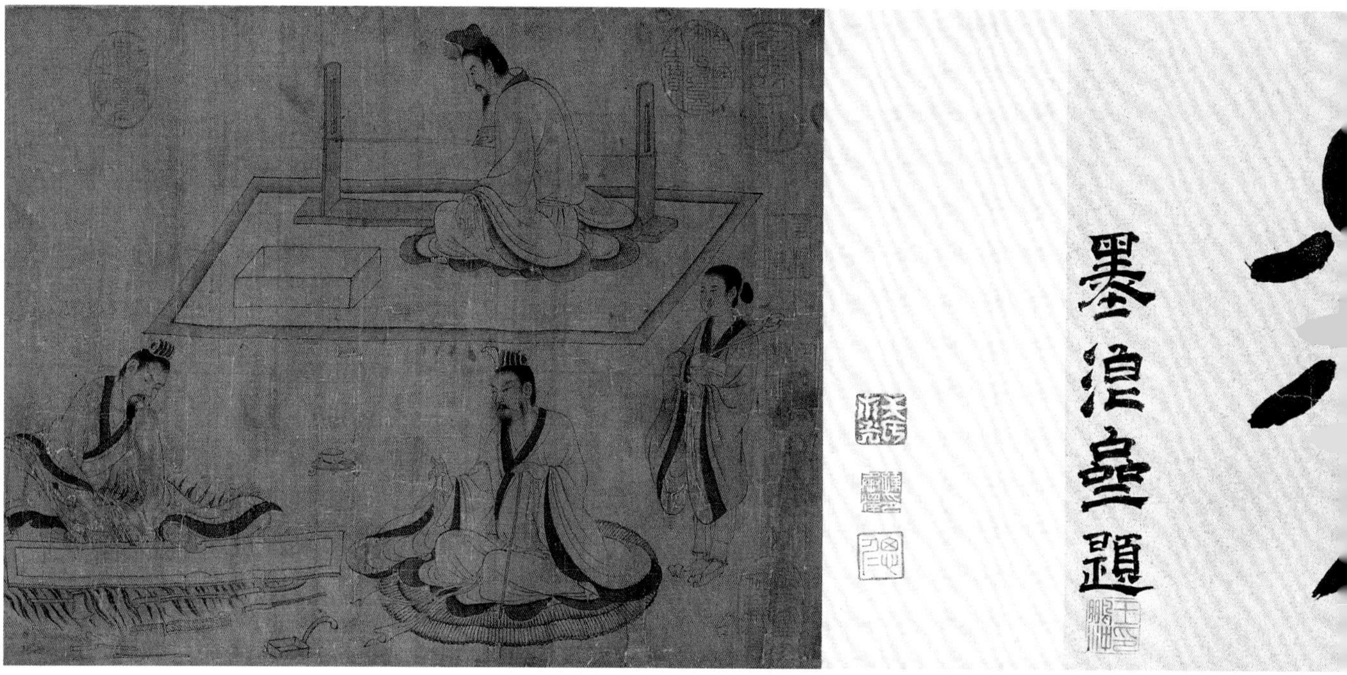

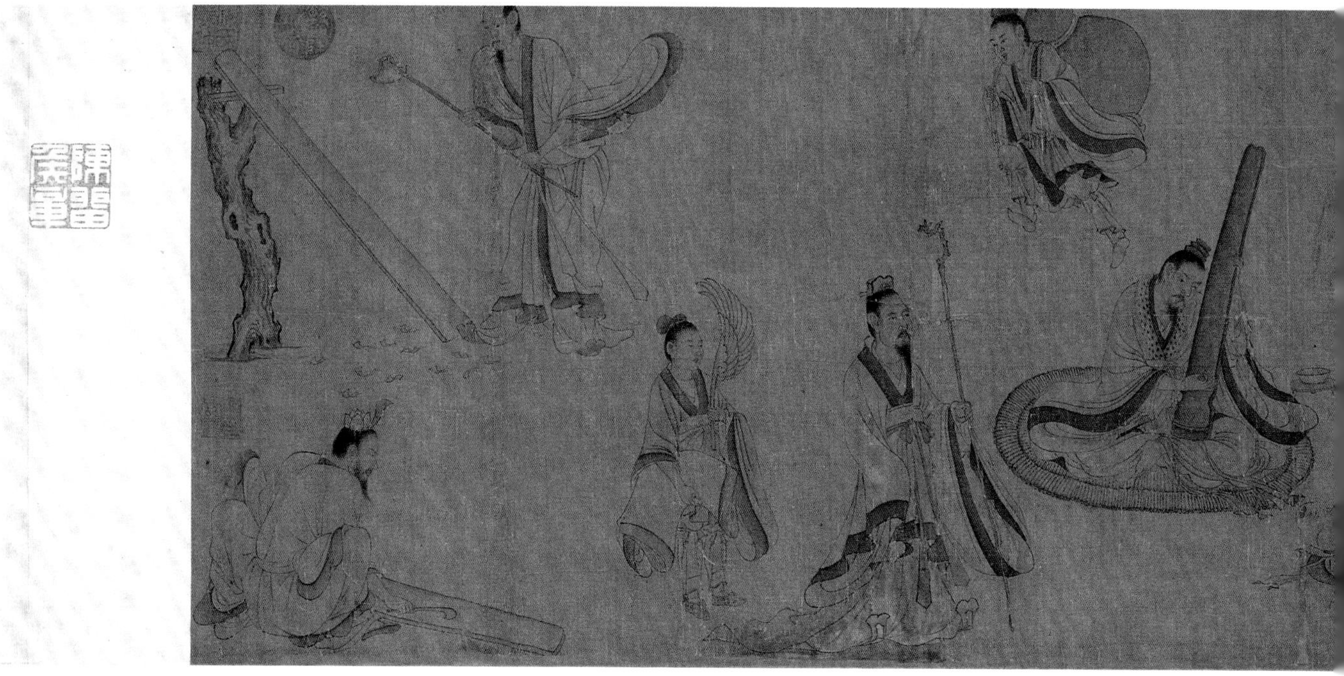

本幅鈐宋內府收藏印“宣和中秘”(朱文)及“柯氏敬仲”(朱文)、“孫承澤印”(白文),清內府藏印“乾隆御覽之寶”(朱文圓)、“石渠寶笈”(朱文)、“御書房鑑藏寶”(朱文圓)等七璽及嘉慶藏印計十一方。

引首有王鵬衝篆書“斲琴圖”。前隔水鈐收藏印“王氏承光”(白文)、“孫承澤印”(白文)、“思仁”(朱文)。後隔水鈐收藏印“陳留侯章”(白文)。

曾經《石渠寶笈初編》著錄。

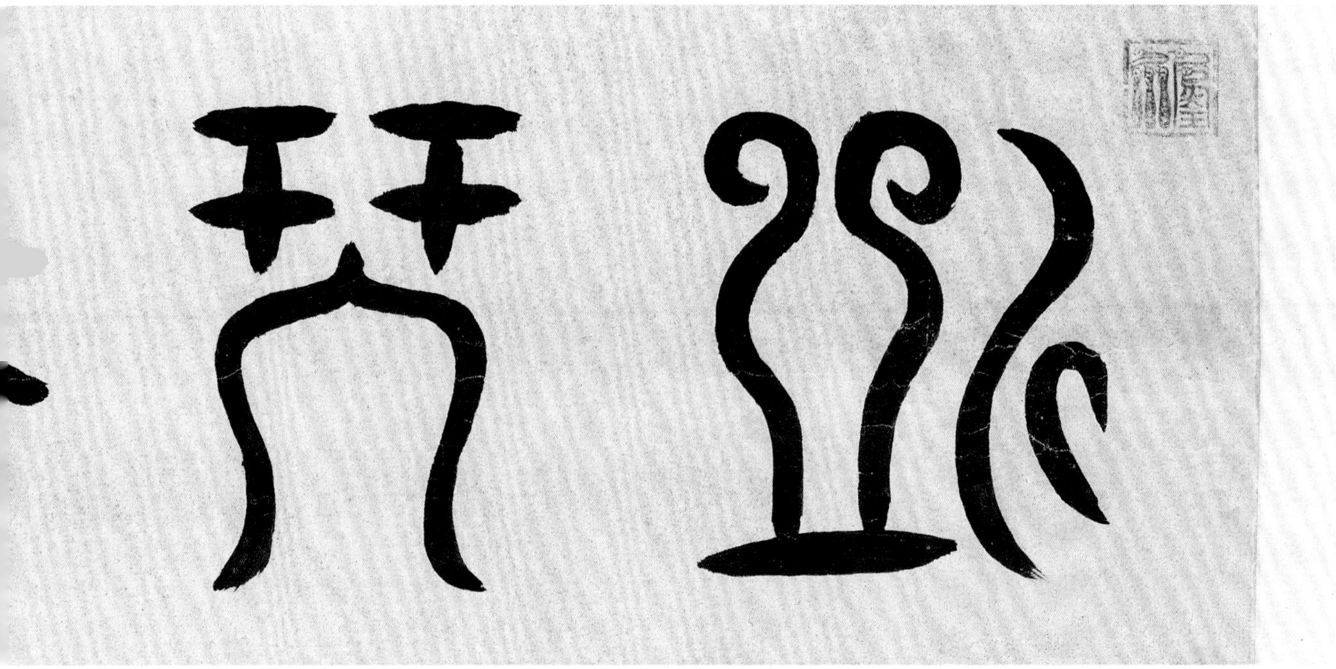

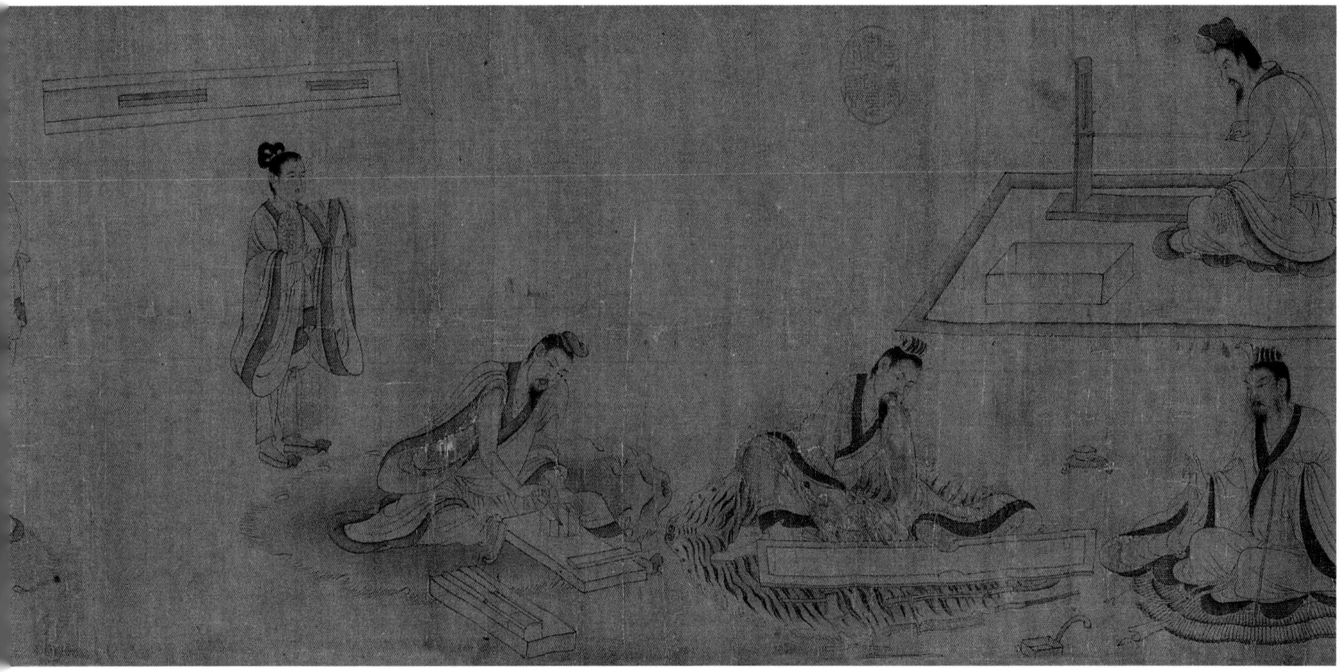

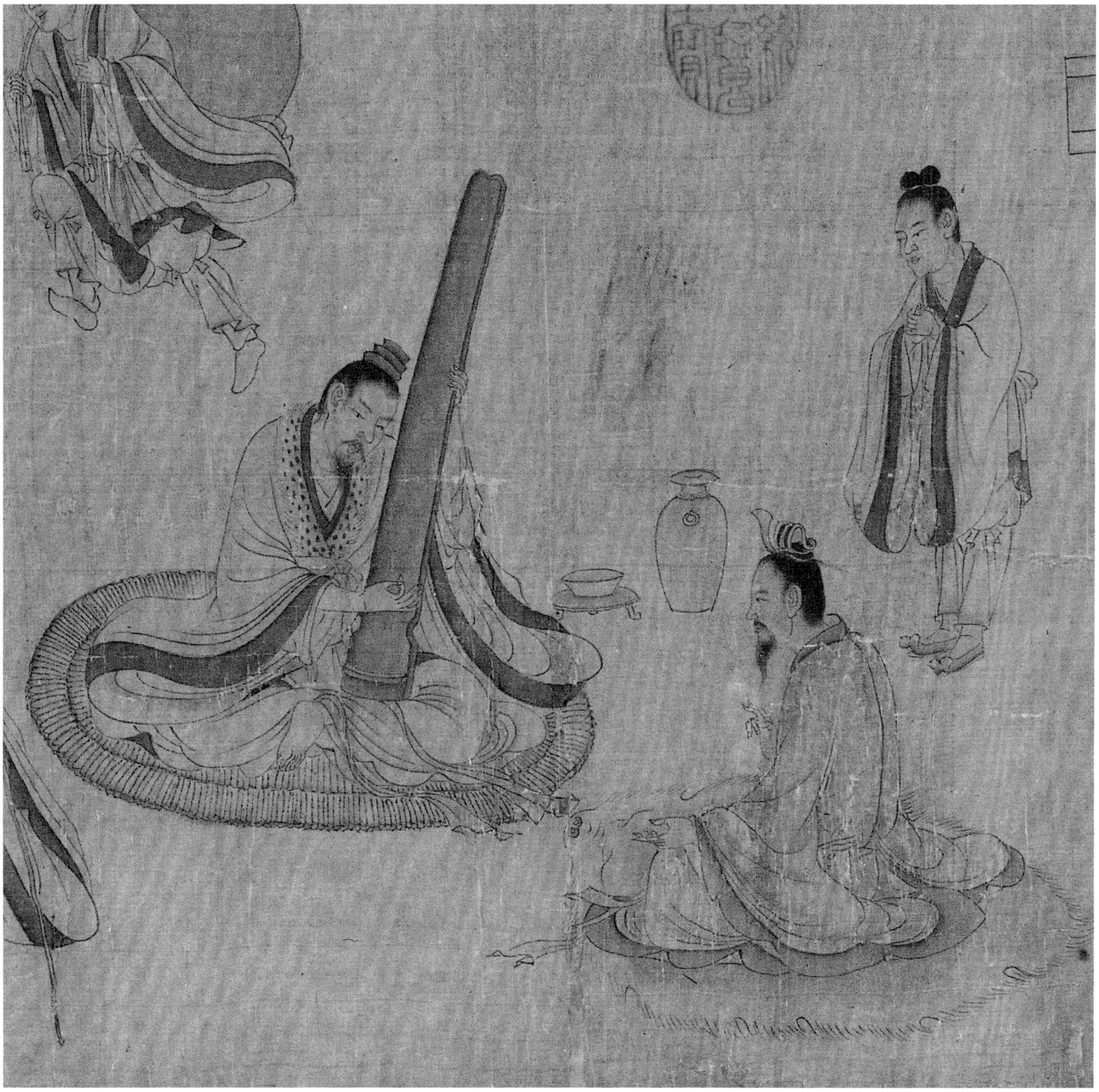

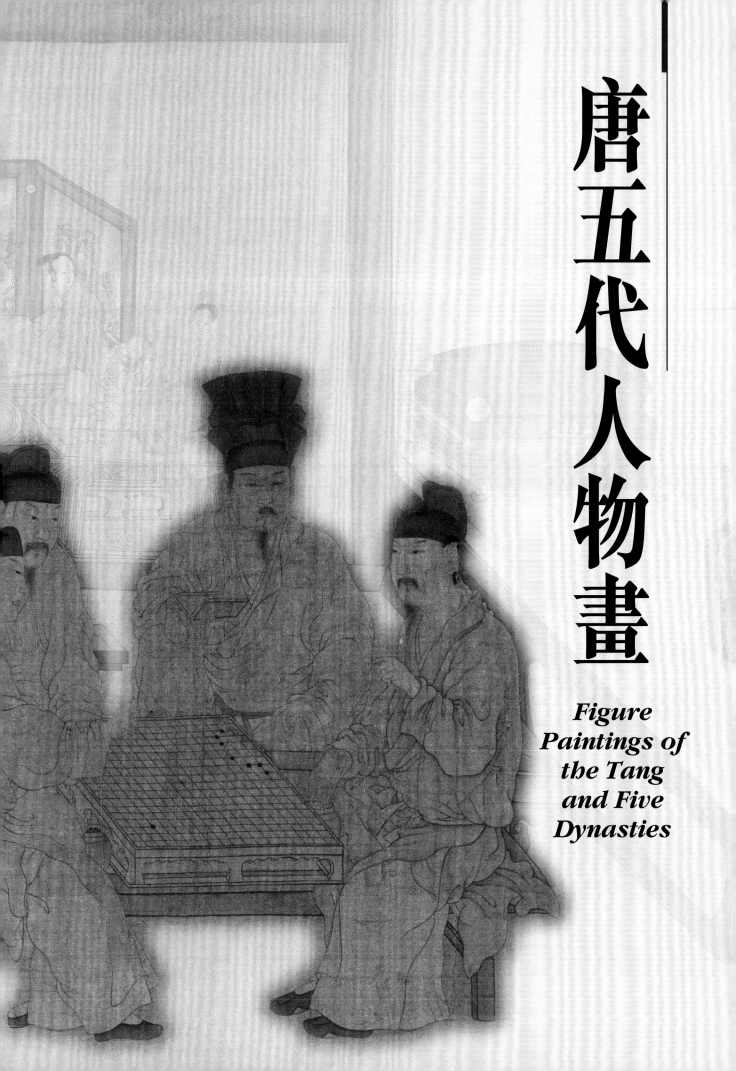

唐五代人物畫

Figure Paintings of the Tang and Five Dynasties

7

閻立本　步輦圖卷

唐
絹本　設色　縱38.5厘米　橫129.6厘米
清宮舊藏

Emperor Taizong Receiving The Tibetan Envoy
By Yan Liben (? ~ 673AD)
Tang Dynasty
Handscroll, Colour on silk
H. 38.5cm　L. 129.6cm
Qing Court collection

閻立本（？—673年），萬年（今陝西西安）人，其父閻毗是隋朝畫家。閻立本曾代兄立德任工部尚書，官至右相。他師法南梁張僧繇，擅畫人物，尤其長於以繪畫記述歷史，素有“馳譽丹青”之名。

《步輦圖》繪唐貞觀十五年（641年），吐蕃贊普松贊干布遣使臣祿東贊來唐拜見唐太宗，迎接文成公主與松贊干布成婚。李世民端坐輦上，宮女抬輦、持扇、打傘，前方著紅衣者是內廷譯官，他手持笏板，引見身後的祿東贊入朝。祿東贊一身吐蕃朝服，正向太宗行禮，穿白衫者是內侍太監，表明此事發生在唐朝后宮。人物的精神氣質刻畫得體，唐太宗目光炯炯而不失誠善，祿東贊飽經風霜的瘦臉上顯現出迫切的良願和幹練的辦事能力。鐵綫描遒勁堅實，設色濃重簡約、和諧自然，保留初唐時期的人物畫風格。

本幅題有“步輦圖”，圖後有北宋章伯益篆書，詳述畫中典故，指此係“唐相閻立本筆”。尾紙有北宋至明代二十二家題記（釋文見附錄）。本幅及前、後隔水共鈐有金章宗“秘府”（朱文葫蘆）、明代郭衢階“郭氏亨父”（白方）、吳新宇“吳新宇珍藏印”（朱長方）、清代梁清標“焦林秘玩”（朱方）、納蘭成德“成德容若”（白方）和乾隆、嘉慶、宣統諸帝等人一百二十一方收藏印。此卷有考證係唐代真跡，亦有認為是北宋摹本。

曾經《宣和畫譜》、《石渠寶笈初編》、《佩文齋書畫譜》著錄。

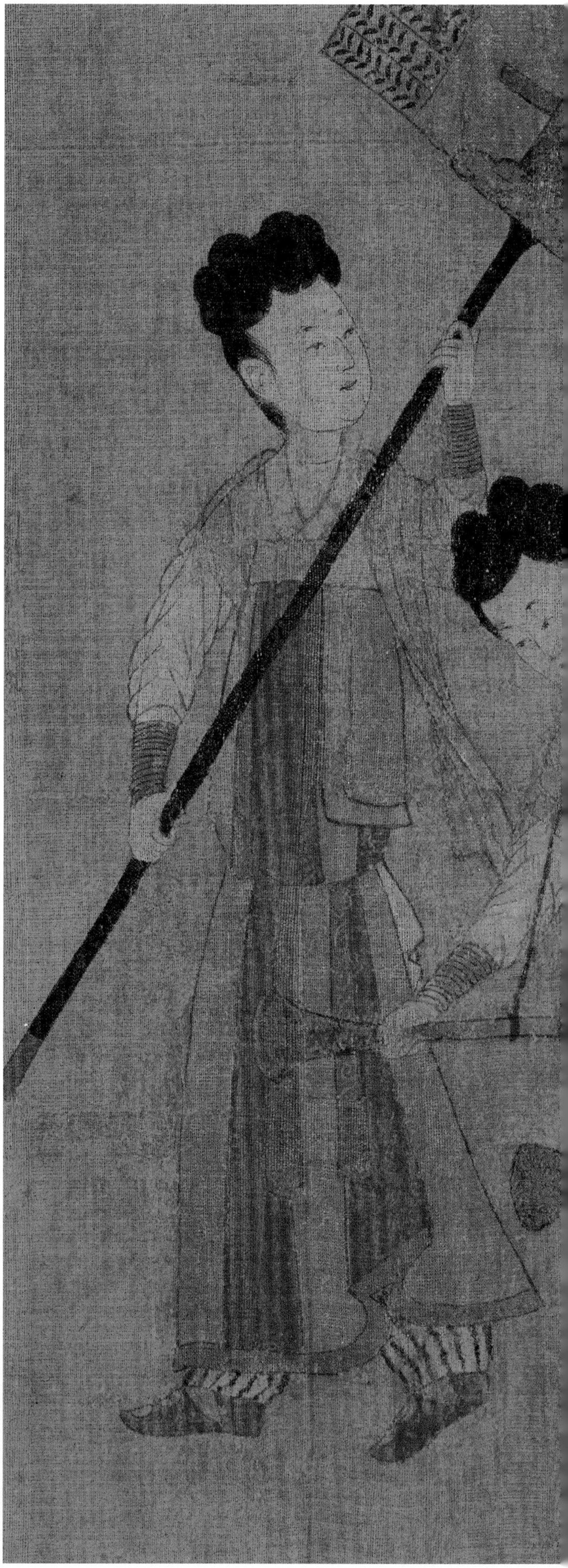

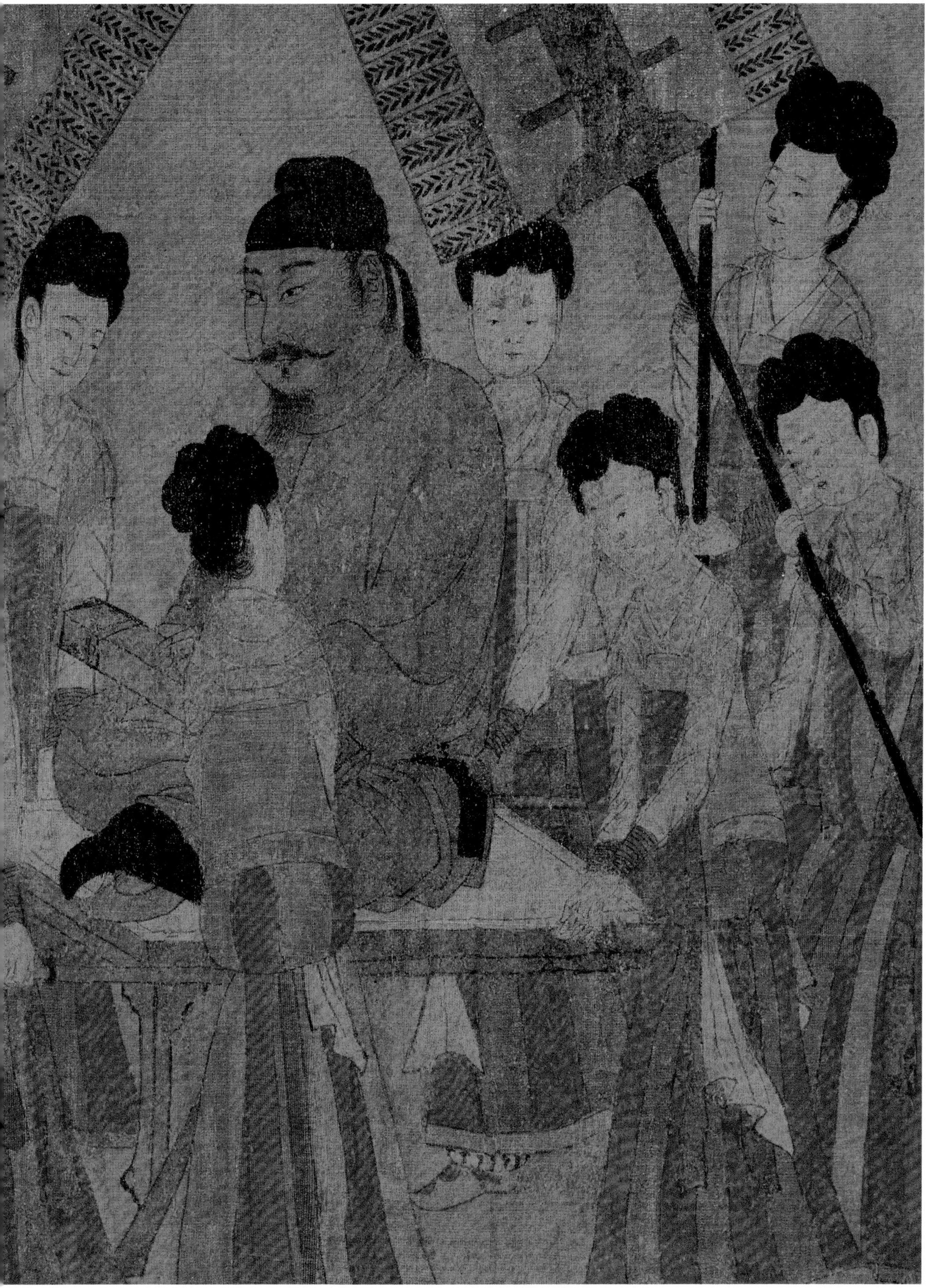

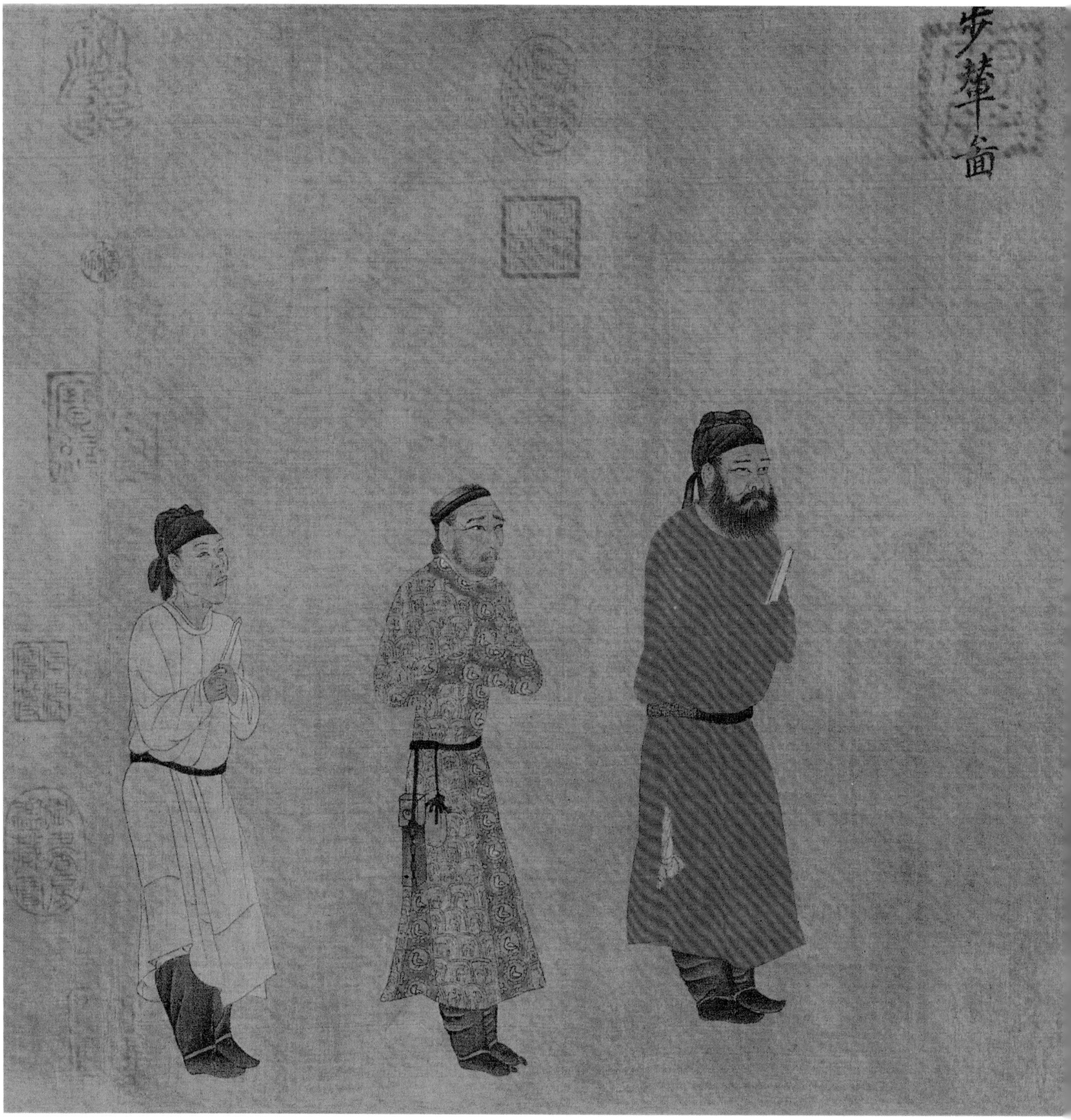
步輦圖

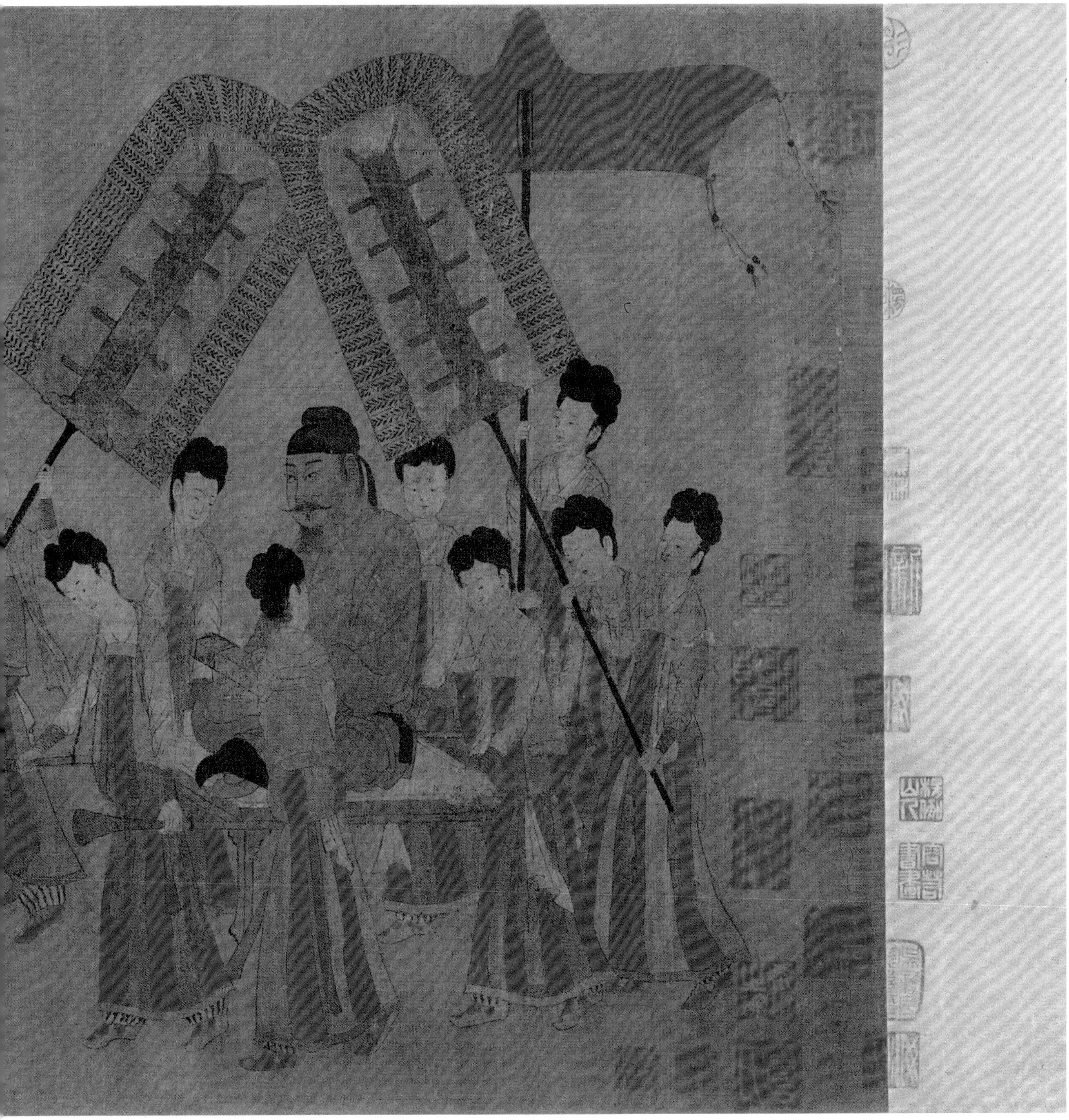

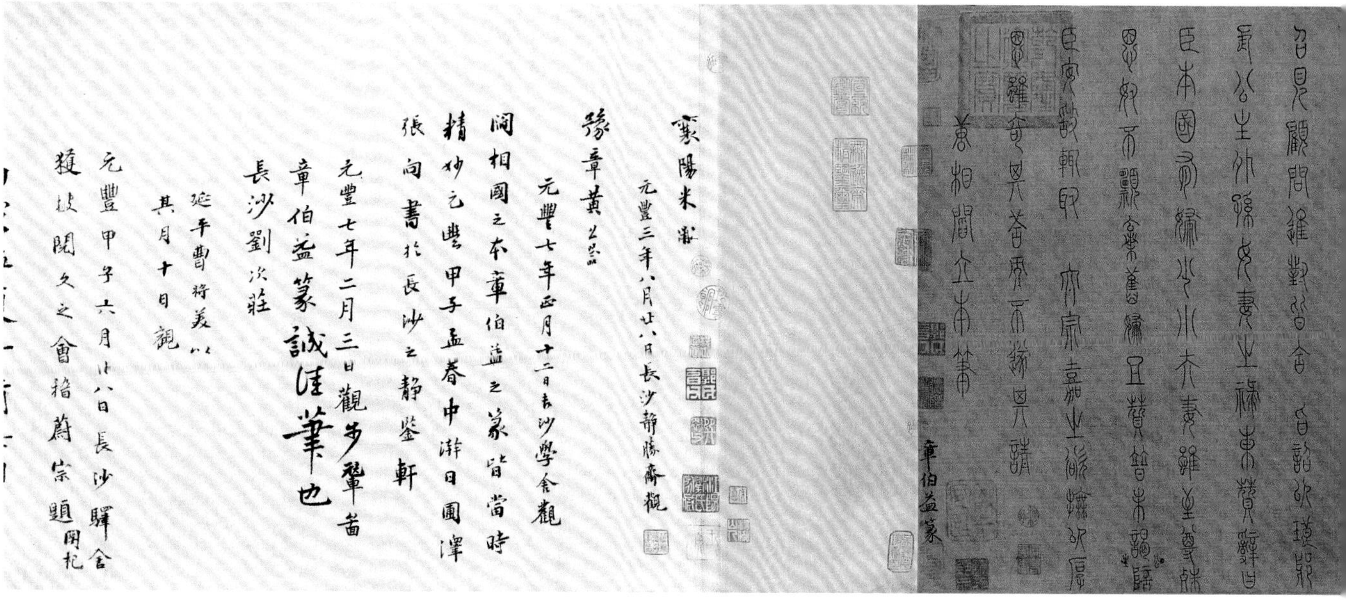
章伯益篆

襄陽米黻
元豐三年八月廿八日長沙静勝齋觀

豫章黄

元豐七年正月十二日長沙學舍觀
閻相國之本章伯益之篆皆當時
精妙元豐甲子孟春中澣日圍澤
張向書於長沙之静鑒軒

元豐七年二月三日觀步輦畵
章伯益篆誠佳筆也
長沙劉次莊

延平曹將美以
其月十日觀

元豐甲子六月廿八日長沙驛舍
獲披閲久之會稽蔚宗題

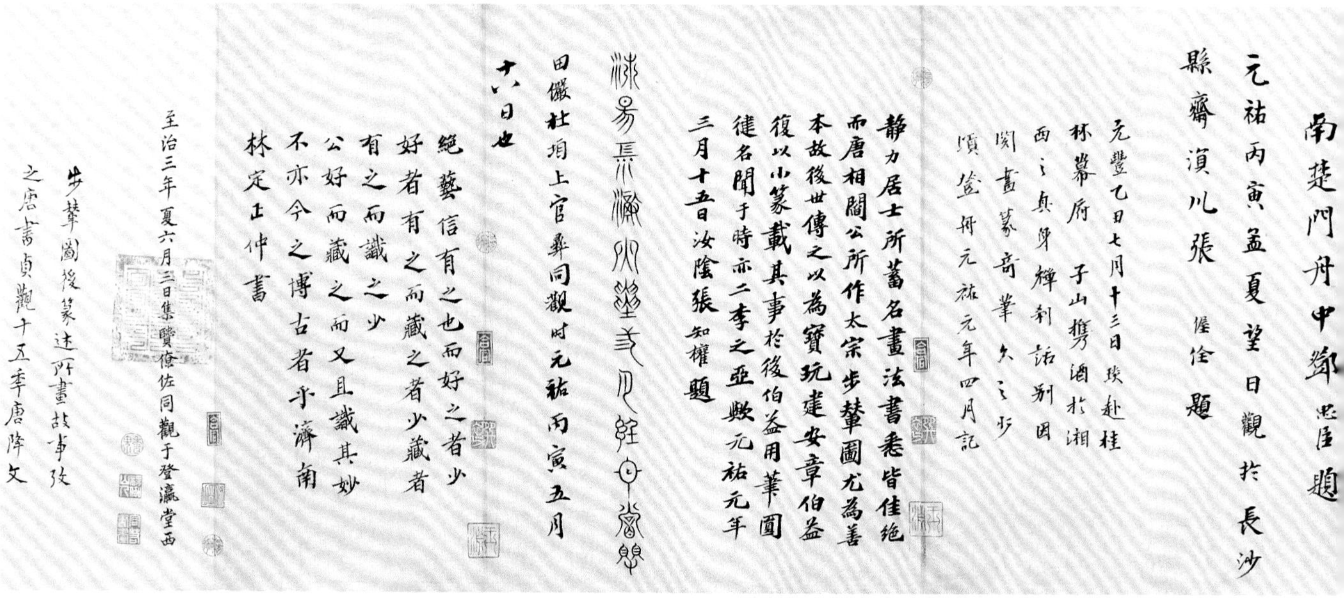
南楚門舟中鄭忠臣題

元祐丙寅孟夏望日觀於長沙
縣齋滇川張偓佺題

元豐乙丑七月十三日㺯赴桂
林幕府子山携酒於湘
西之真身禪刹話別因
閲畵篆奇筆久之步
頃登舟元祐元年四月記

静力居士所蓄名畫法書悉皆佳絶
而唐相閻公所作太宗步輦圖尤為善
本故後世傳之以為寶玩建安章伯益
復以小篆載其事於後伯益用筆圓
徤名聞于時亦二李之亞歟元祐元年
三月十五日汝陰張知權題

田儼杜埴上官彝同觀時元祐丙寅五月
十六日也

絶藝信有之也而好之者少
好者有之而藏之者少藏者
有之而識之少
公好而藏之而又且識其妙
不亦今之博古者乎濟南
林定正仲書

至治三年夏六月三日集賢僚佐同觀于登瀛堂西

步輦圖後篆述所畫故事攷
之唐書貞觀十五年李唐降文

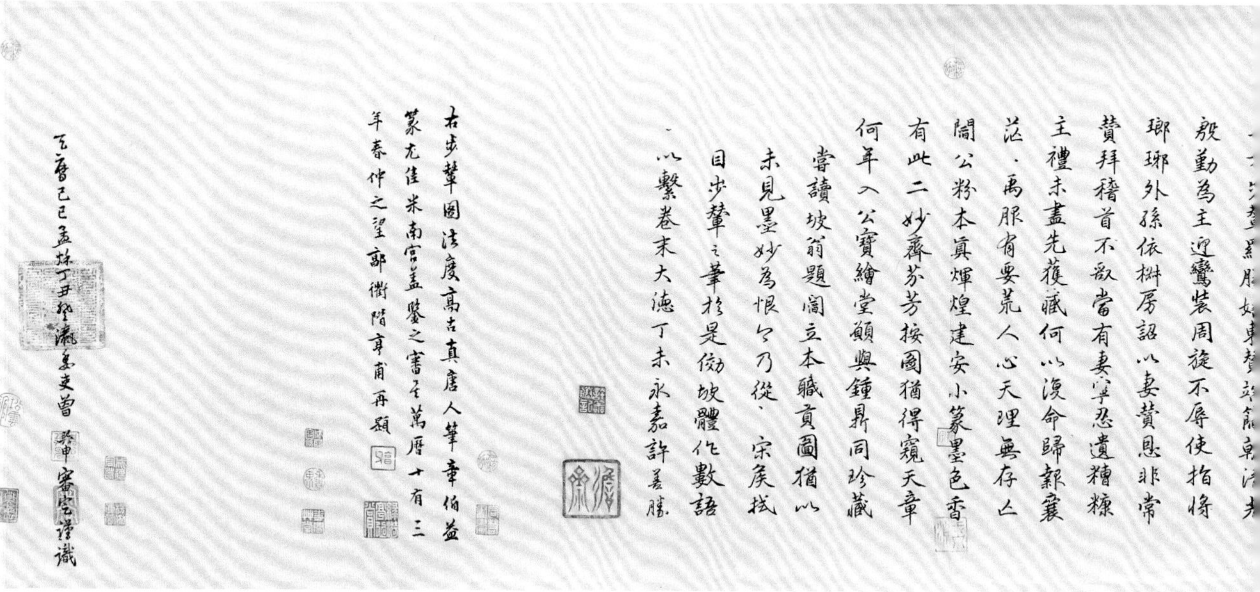
殷勤為主迎鑾裝周旋不辱使指將
瑯琊外孫依樹房詔以妻贊恩非常
贊拜稽首不敢當有妻寧恐遺糟糠
主禮未盡先獲藏何以復命歸穹廬
沱、禹服有要荒人心天理無存亡
閻公粉本真煇煌建安小篆墨色香
有此二妙齊芬芳按圖猶得窺天章
何年入公寶繪堂顧與鍾鼎同珍藏
嘗讀坡翁題閻立本職貢圖猶以
未見墨妙為恨今乃從、宋侯拭
目步輦之華於是倣坡體作數語
以繫卷末大德丁未永嘉許善勝

右步輦圖法度高古真唐人筆章伯益
篆尤佳米南宫蓋鑒之審至萬曆十有三
年春仲之望郁衛階亨甫再題

天曆己巳孟秋丁丑登瀛東吏曾巽申審定謹識

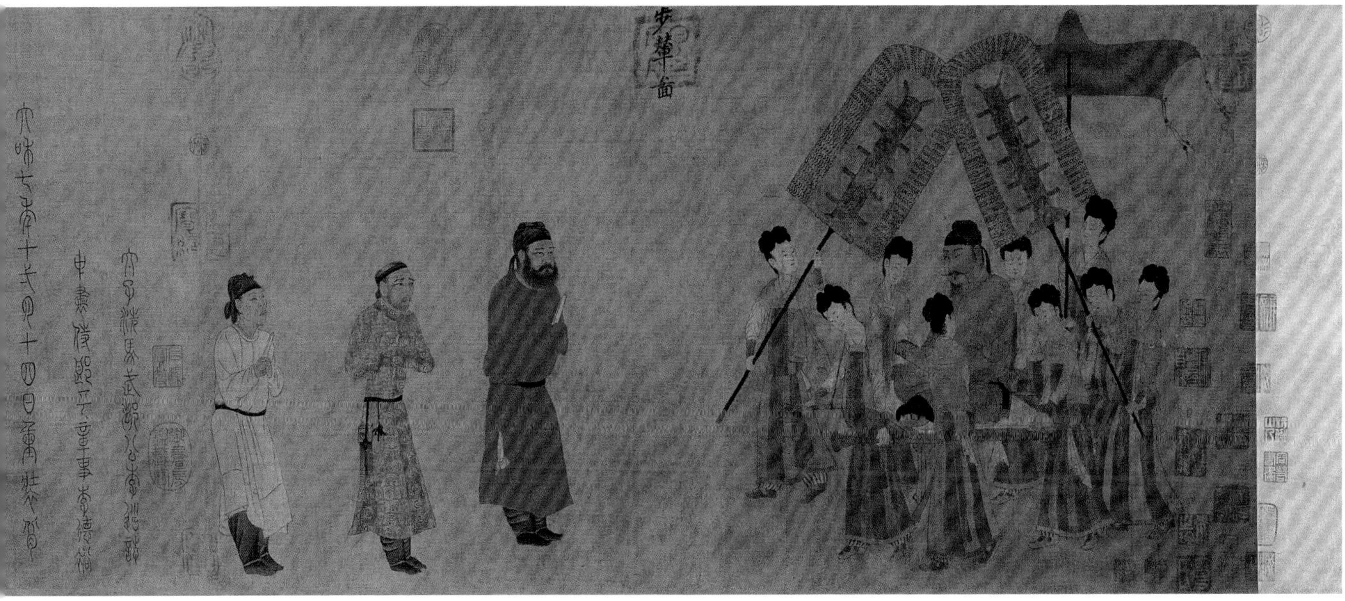
步輦圖
中書侍郎平章事李德裕
大和七年十一月十四日重裝背

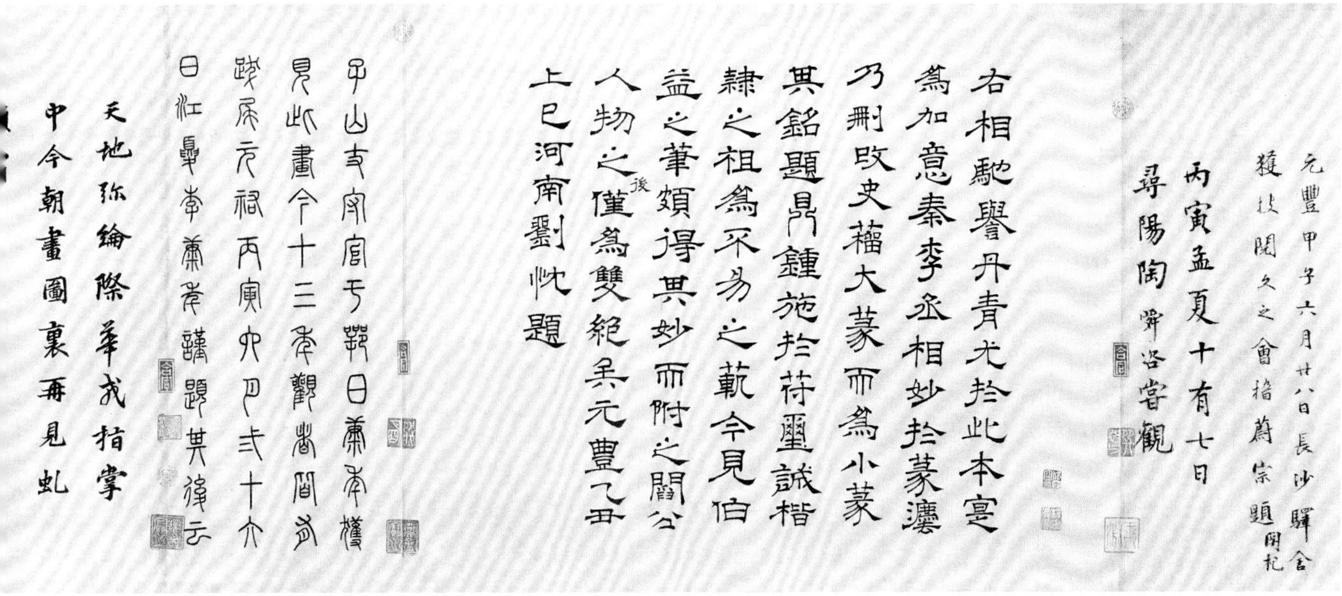
元豐甲子六月廿八日長沙驛舍
獲披閱久之會稽蔚宗題
丙寅孟夏十有七日
尋陽陶舜咨嘗觀
右相馳譽丹青尤於此本寔
為加意秦李丞相妙於篆灋
乃刪改史籀大篆而為小篆
其銘題鼎鐘施於符璽誠楷
隸之祖為不易之軌今見伯
益之筆頗得其妙而附之閻公
人物之後僅為雙絕矣元豐乙丑
上巳河南劉忱題
天地弥綸際華戎指掌
中今朝畫圖裏再見虬

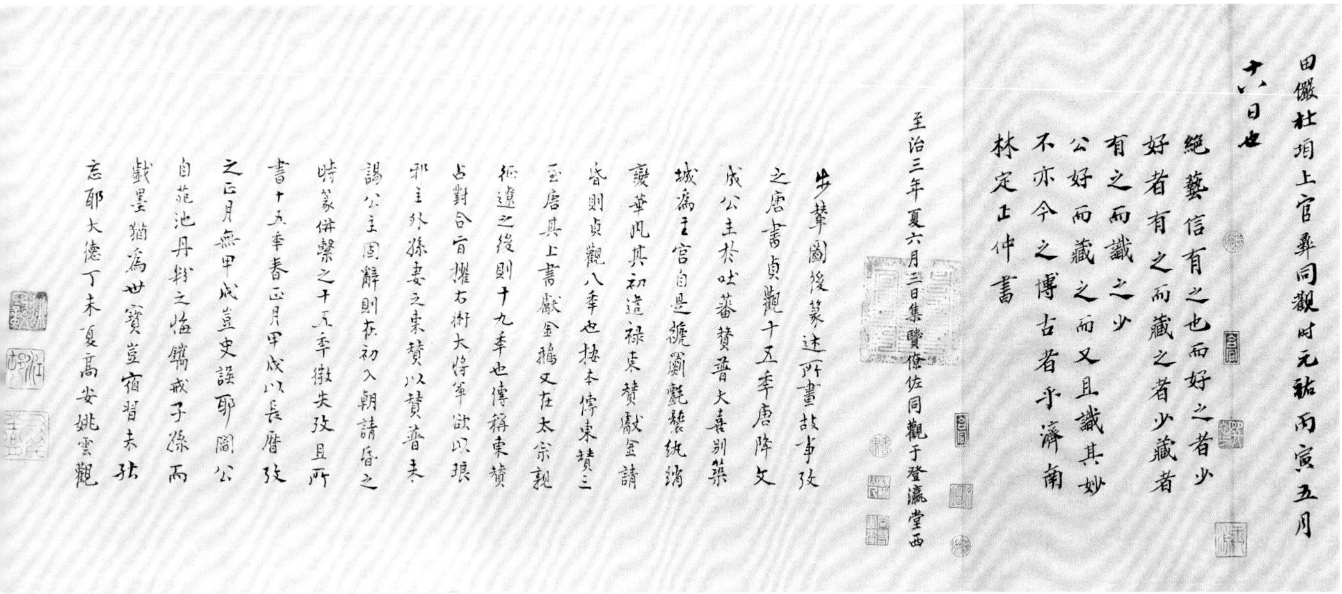
田儼杜垍上官彝同觀時元祐丙寅五月
十六日也
絕藝信有之也而好之者少
好者有之而藏之者少藏者
有之而識之少
公好而藏之而又且識其妙
不亦今之博古者乎濟南
林定正仲書
至治三年夏六月三日集賢僚佐同觀于登瀛堂西
步輦圖後篆述所畫故事攷
之唐書貞觀十五年唐降文
成公主於吐蕃贊普大喜別築
城爲主宮自是褫氈罽襲紈綃
變華風其初遣祿東贊獻金請
昏則貞觀八年也按本傳東贊三
至唐其上書獻金鵝又在太宗親
征遼之後則十九年也傳稱東贊
占對合旨擢右衛大將軍欲以琅
邪主外孫妻之東贊以贊普未
謁公主固辭則在初入朝請昏之
時篆併繫之十五年微失攷且所
書十五年春正月甲戌以長曆攷
之正月無甲戌豈史誤耶閻公
自苑池丹粉之臨鶴戒子孫而
戲墨猶爲世寶豈宿習未
忘耶大德丁未夏高安姚雲觀

8

周昉（傳） 揮扇仕女圖卷

唐
絹本　設色　縱33.7厘米　橫204.8厘米
清宮舊藏

Ladies Fanning Themselves
By Zhou Fang
Tang Dynasty
Handscroll, Colour on silk
H. 33.7cm　L. 204.8cm
Qing Court collection

周昉，字仲朗（一作景玄），京兆（今陝西西安）人。出身官宦，官至越州長史、宣州長史別駕。他的仕女畫和佛像畫被後人尊稱為“周家樣”，尤其是仕女畫，代表了中唐的主導風格，在當時即被譽為“畫女子為古今之冠”。

《揮扇仕女圖》繪唐宮仕女，體態豐滿，面龐圓潤，細眉修目，櫻唇一點，衣飾華麗，分作持扇、捧器、抱琴、對鏡、刺繡、獨坐、倚樹，神情落寞，悠閒而慵懶，透露出隨着歲月流逝而增長的宮怨。此圖用綫細挺，略作頓挫，衣紋轉折處稍有些方硬。因年代久遠，畫幅破損嚴重，惟獨畫面上朱紅色礦物顏料，依然鮮麗如新。

本幅鈐有清內府藏印十九方。

引首有清乾隆題“猗蘭清畫”。

曾經《清河書畫舫》、《石渠寶笈續編》、《石渠隨筆》著錄。

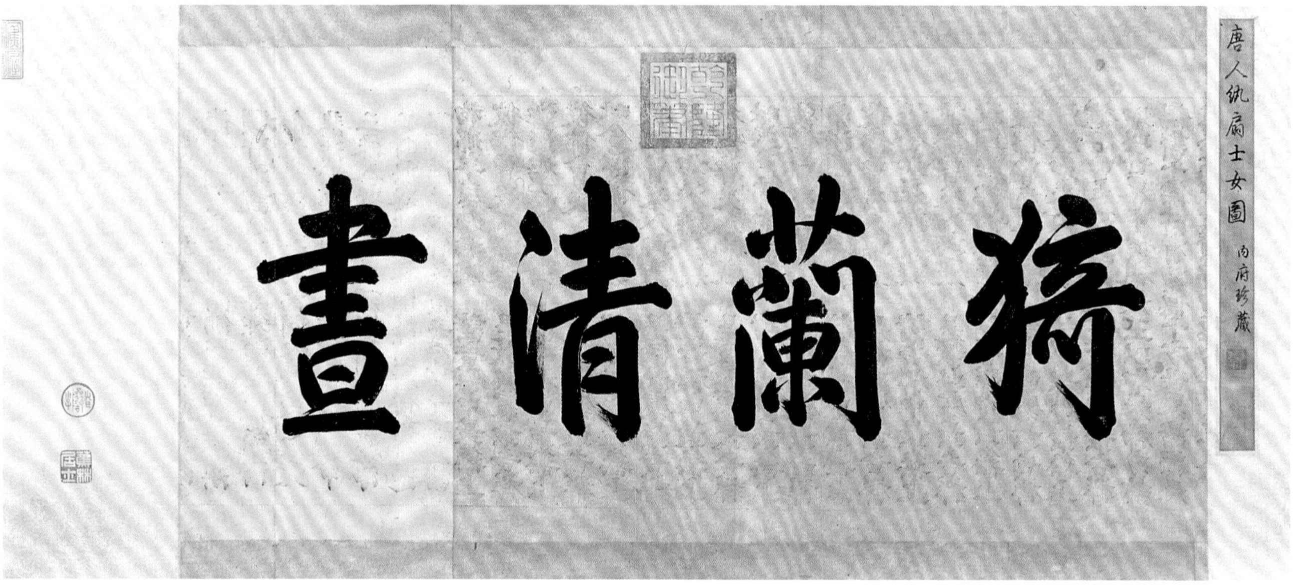

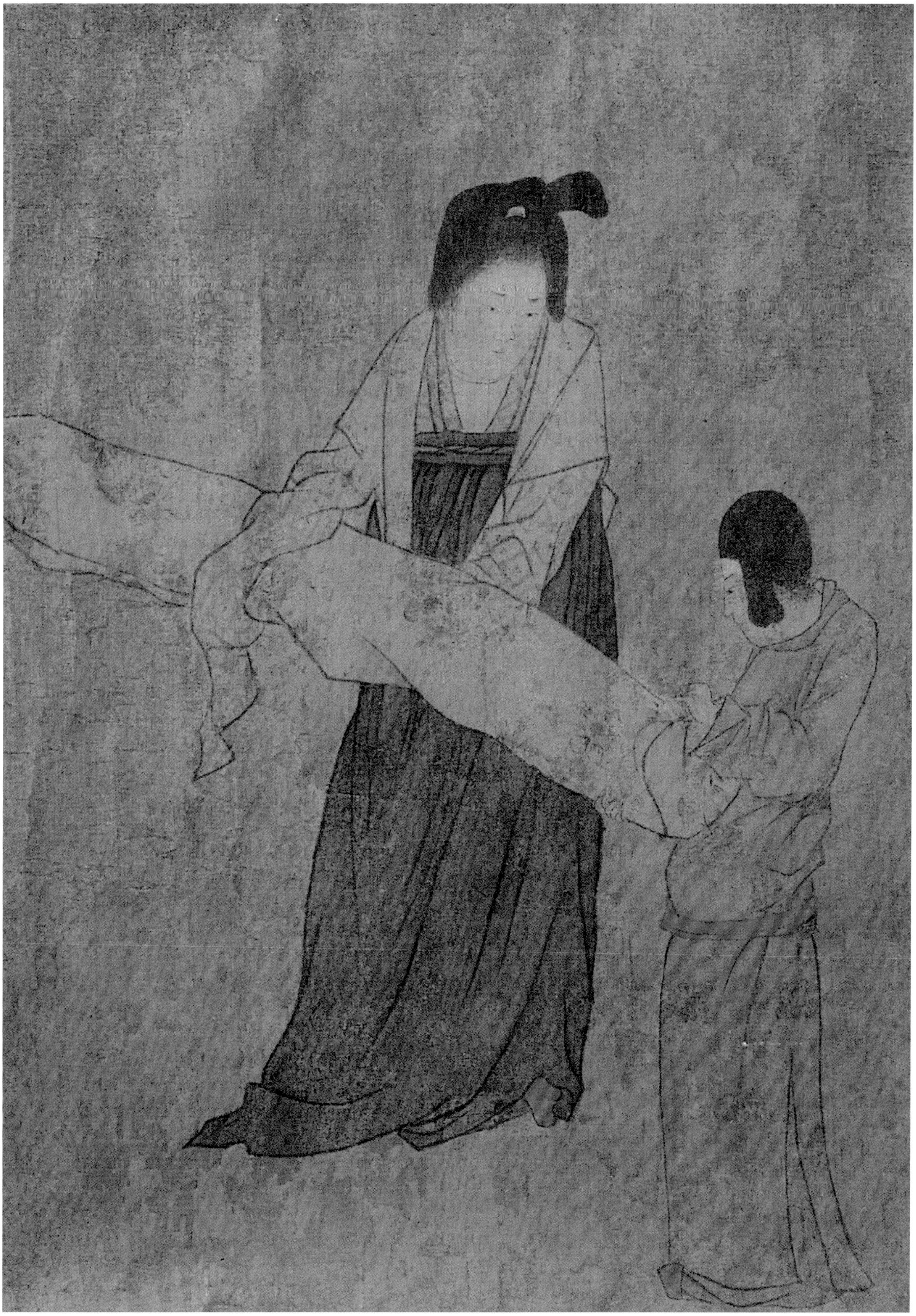

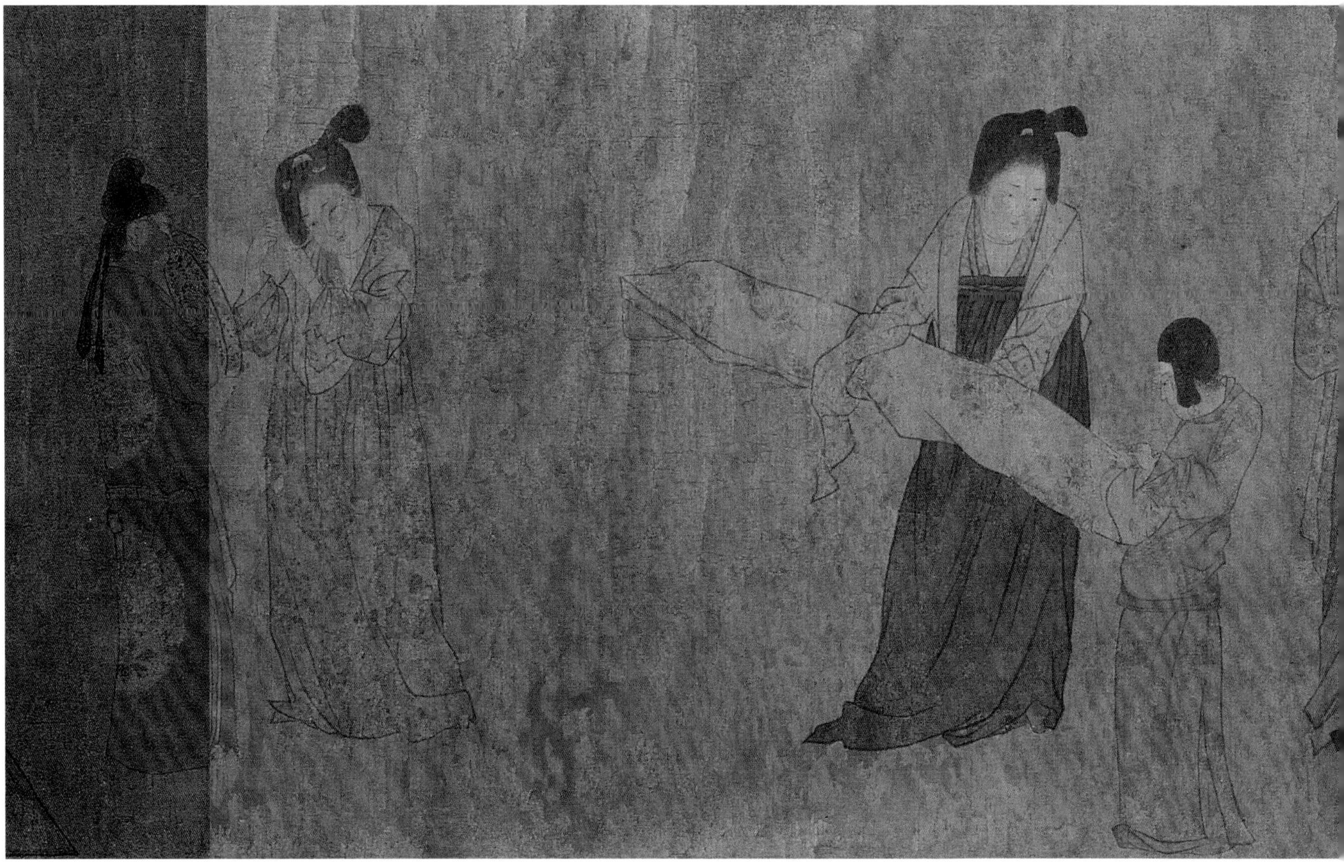

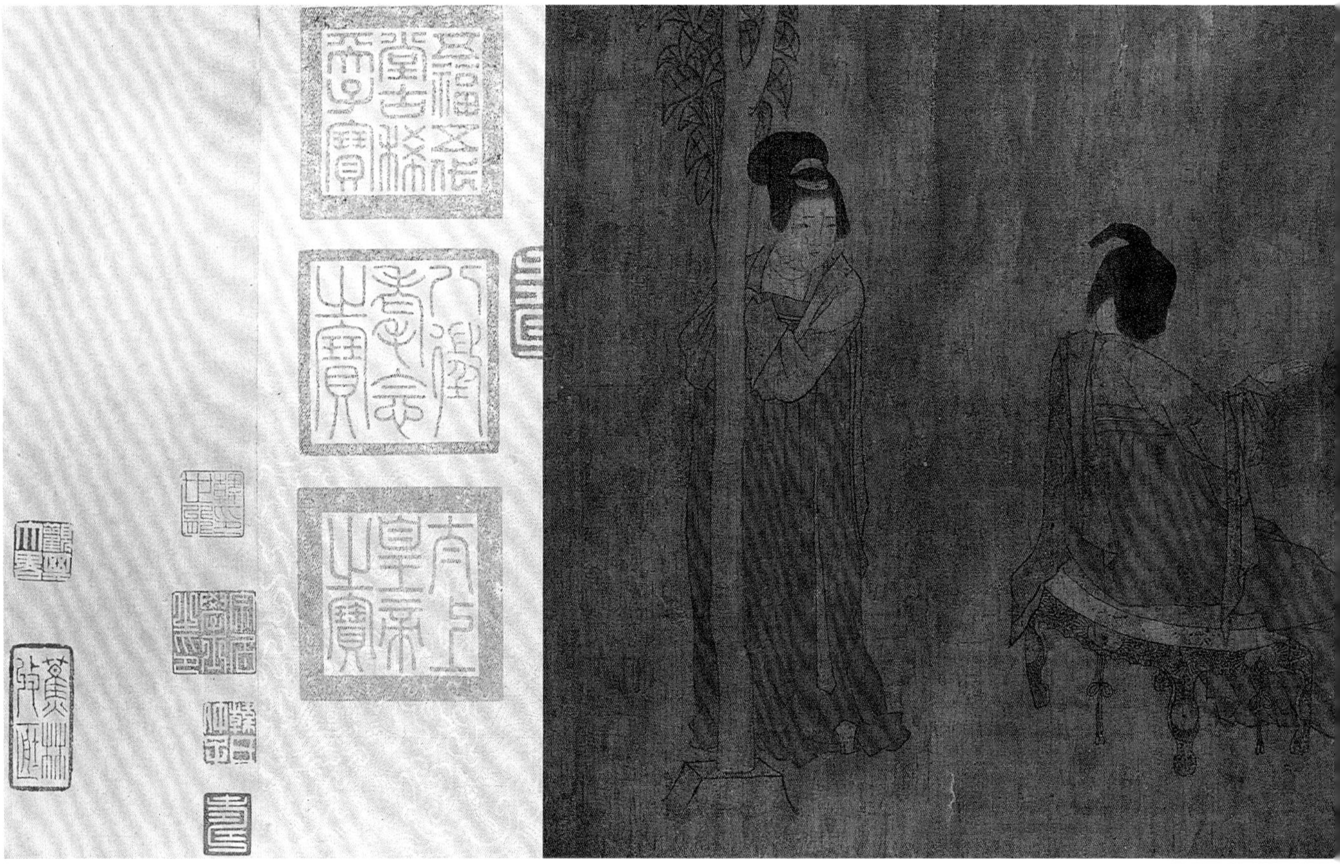

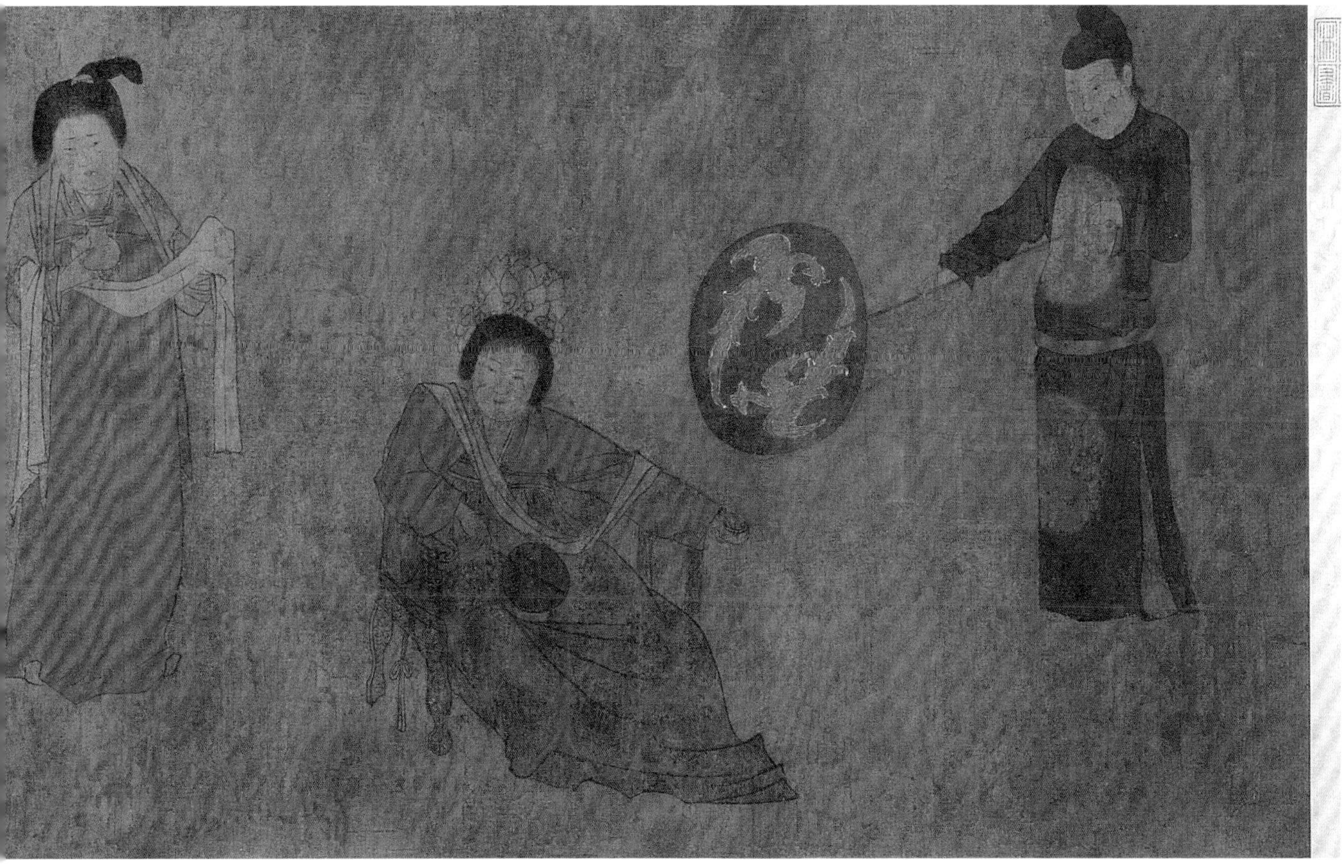

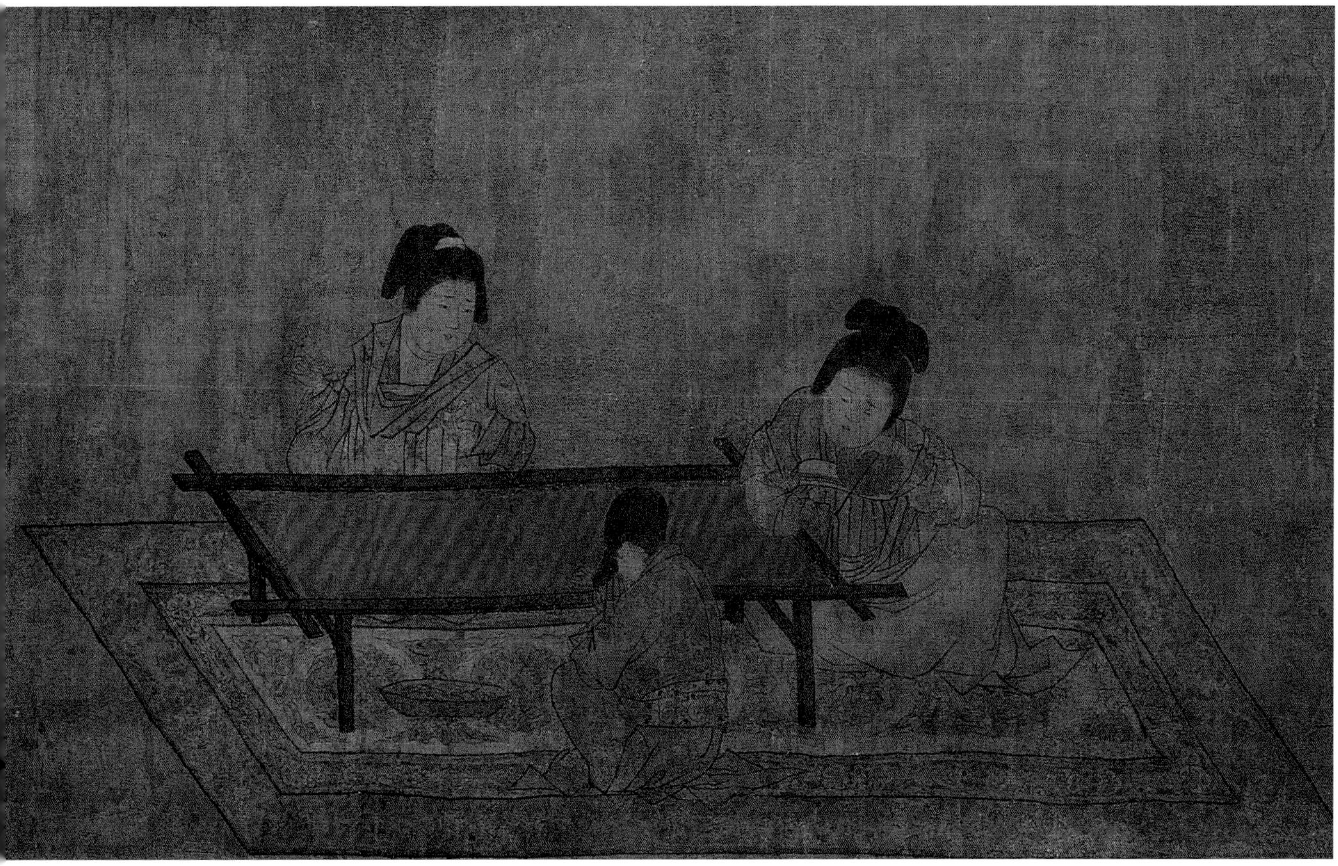

9

陸曜（傳）　六逸圖卷

唐

絹本　設色　縱28.4厘米　橫247.6厘米

清宮舊藏

Six Hermits

By Lu Yao

Tang Dynasty

Handscroll, Colour on silk

H. 28.4cm　L. 247.6cm

Qing Court collection

陸曜，畫史無載。

圖卷繪漢晉逸士馬融、阮孚、邊韶、陶潛、韓康、畢卓，另畫侍者四人。逸士旁均有篆書題名。六逸士赤露胸背，衣著隨意，身姿閒散，坐臥不拘。人物形貌生動，表情傳神，反映了漢晉時期逸士放浪形骸、超凡脫俗的情懷。用綫勻細，略施暈染，設色清淡。從筆法、用綫看，較唐代其他人物畫更為古拙，應摹自唐代以前的粉本。

本幅卷首題有"陸曜畫逸人圖　李太尉舊物"。卷末題記："會昌四年（844年）十一月冬至後三日　和景晏溫於後園高亭披閱　太尉平章事"。另有清乾隆御題詩二首。鈐鑑藏印"乾隆御覽之寶"（朱文）、"石渠寶笈"（朱文）、"嘉慶御覽之寶"（朱文）、"宣統御覽之寶"（朱文）等二十九方。又半印一方，字跡不清。

尾紙有跋文二則，另有題詩七首（釋文見附錄）。

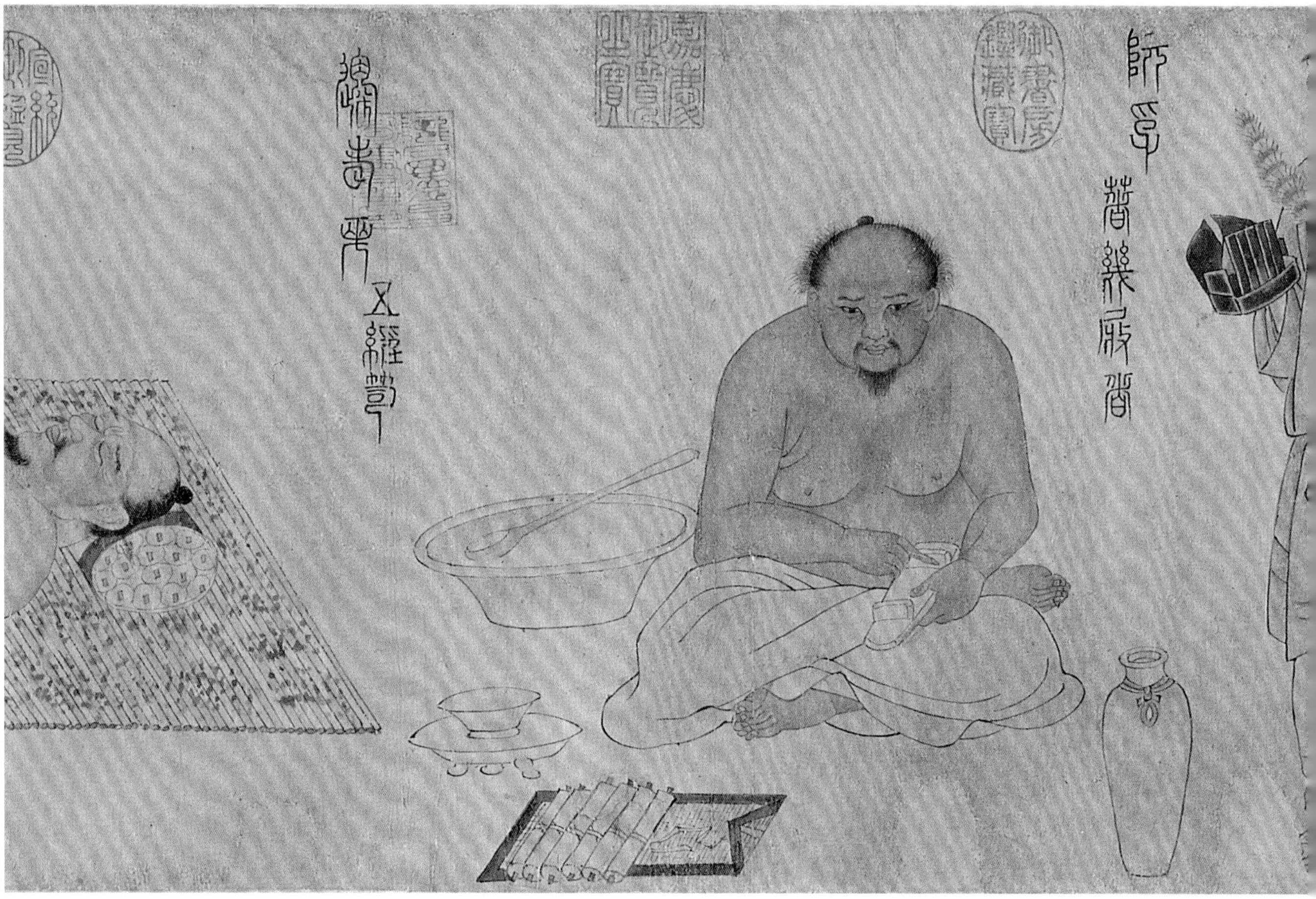

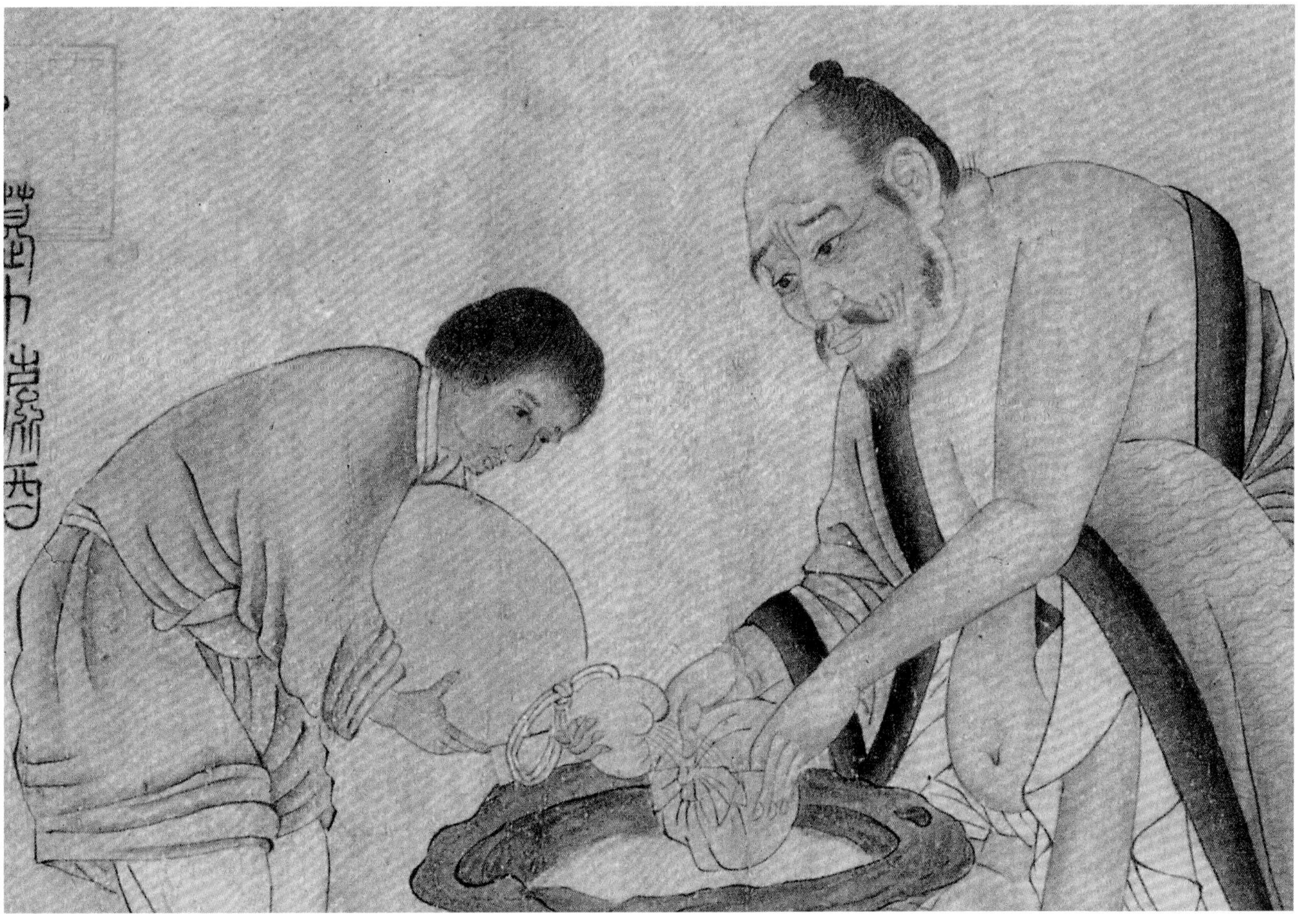

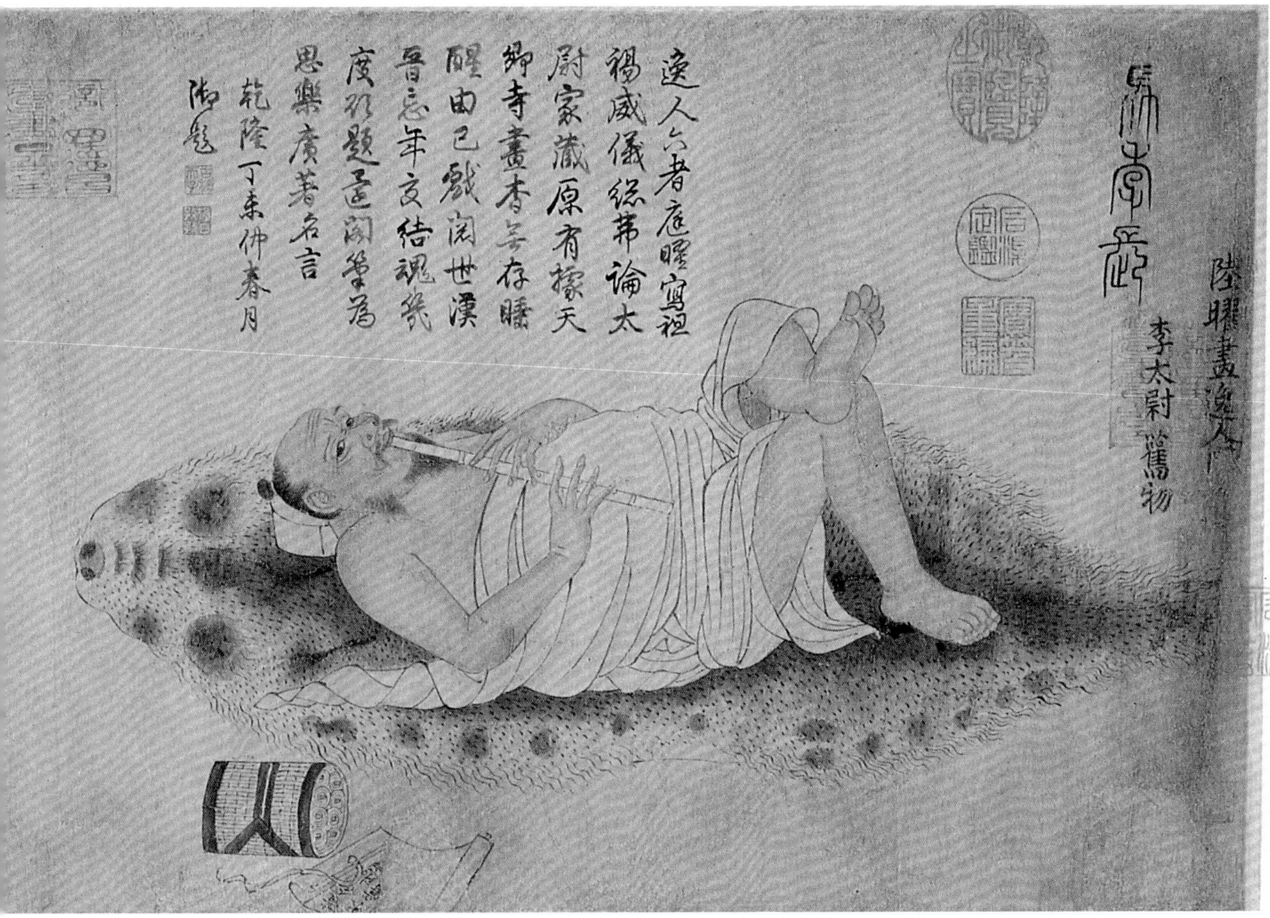
陸曜畫逸人
李太尉舊物
逸人六者陸曜寫袒
裼威儀總弗論太
尉家藏原有據天
錫寺畫本無存睡
醒由己戲閒世漢
晉忘年交結魂幾
度那題逕閒筆爲
思樂廣著名言
乾隆丁未仲春月
御題

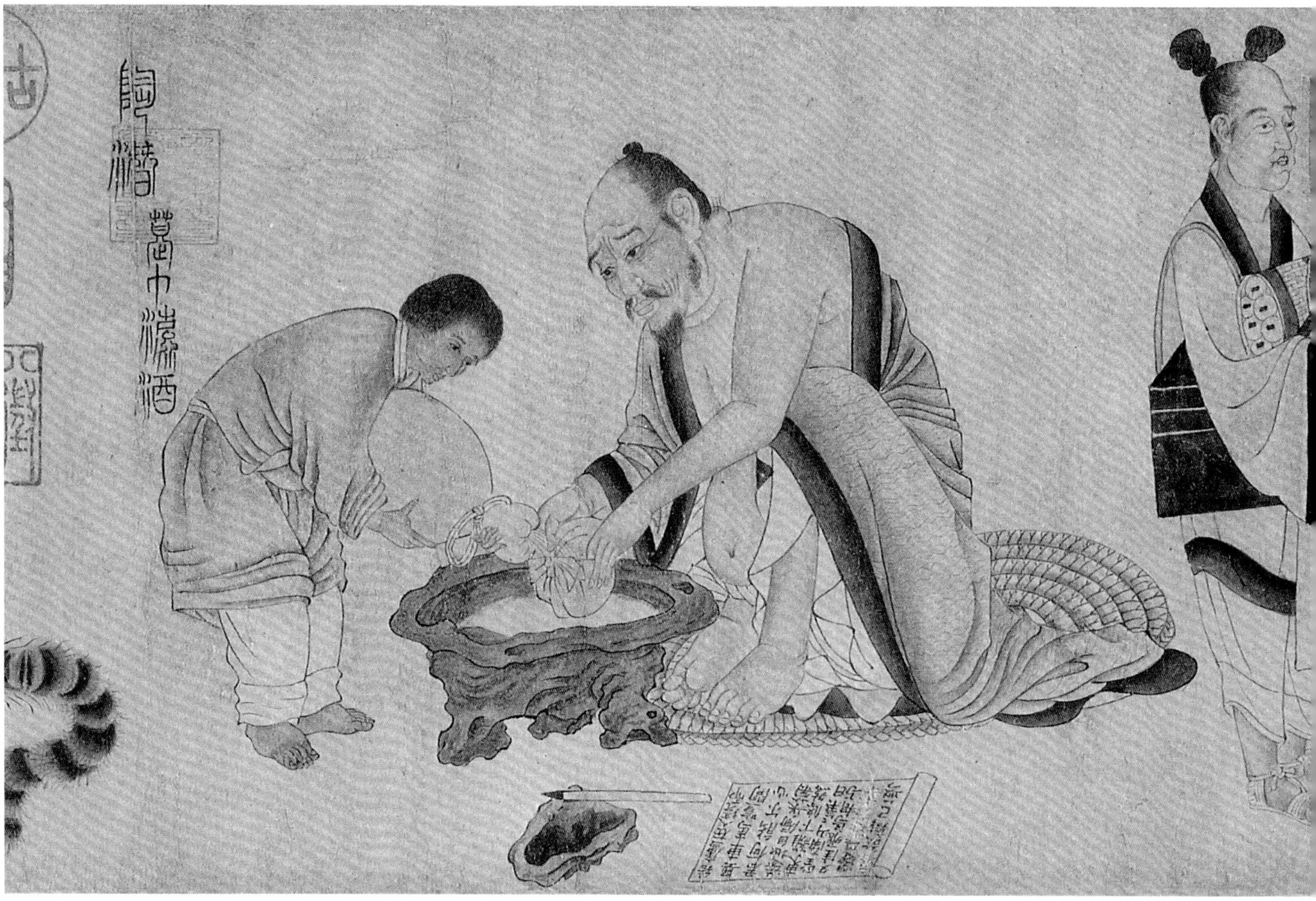
陶潛葛巾漉酒

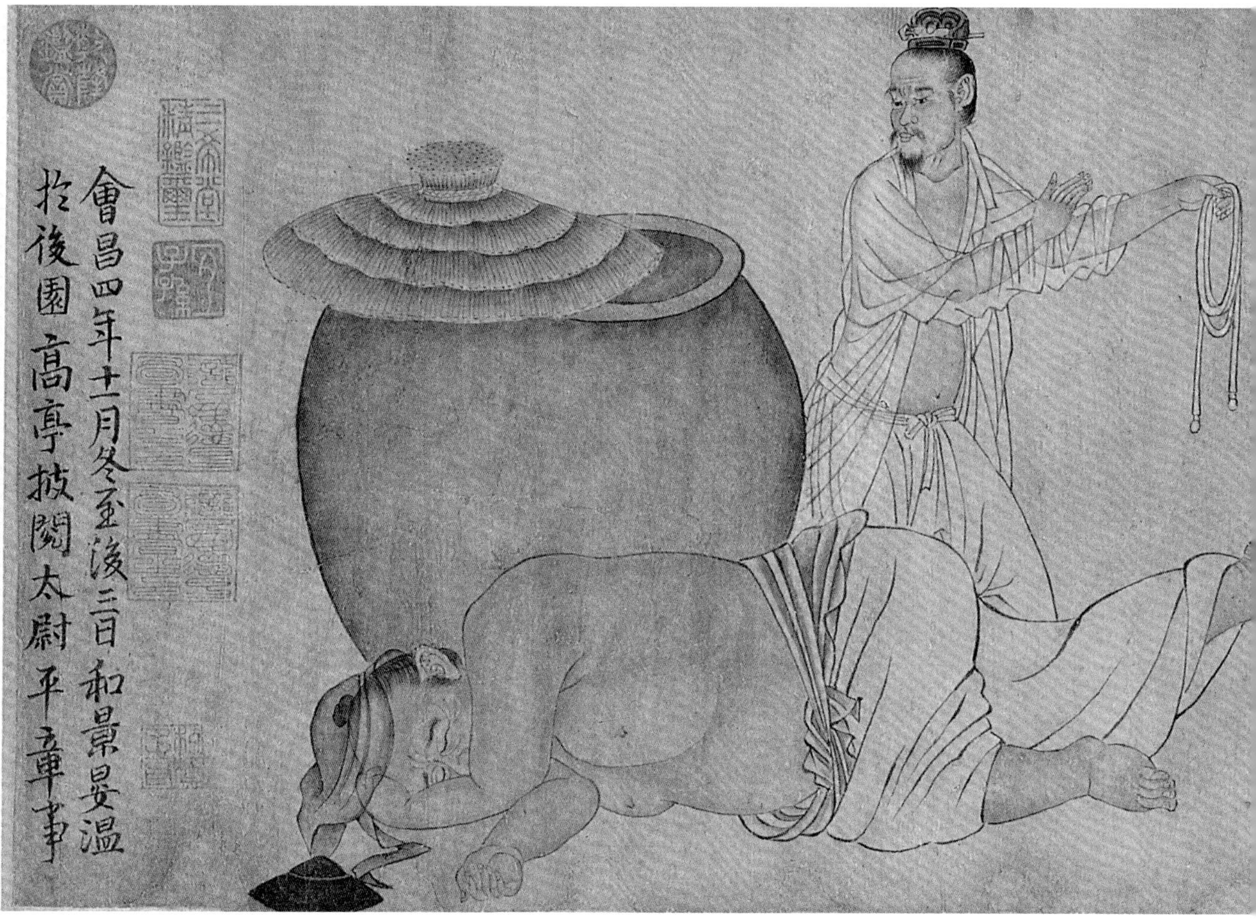
會昌四年十一月冬至後三日和景晏溫
於後園高亭披閱太尉平章事

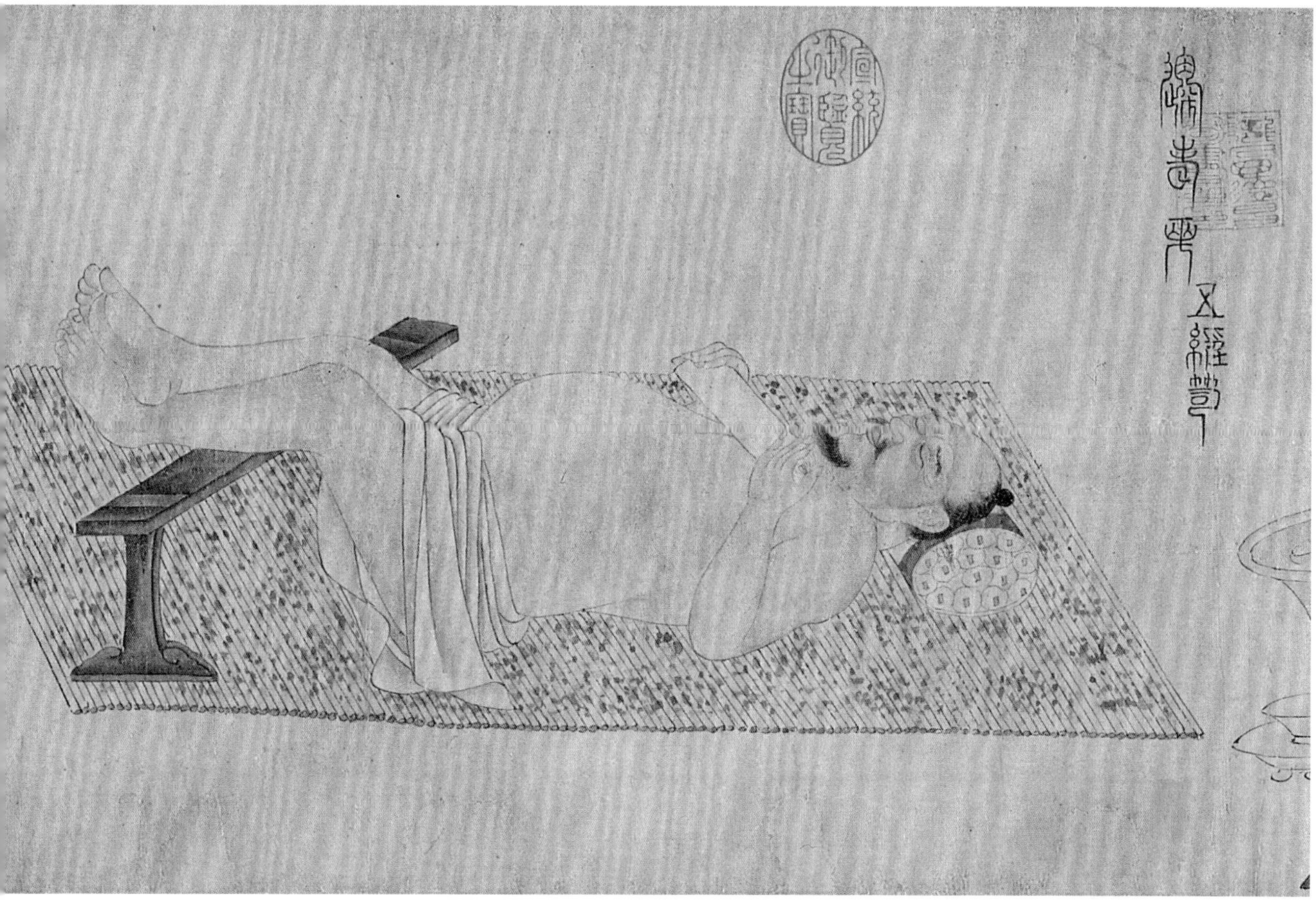
邊孝先五經笥

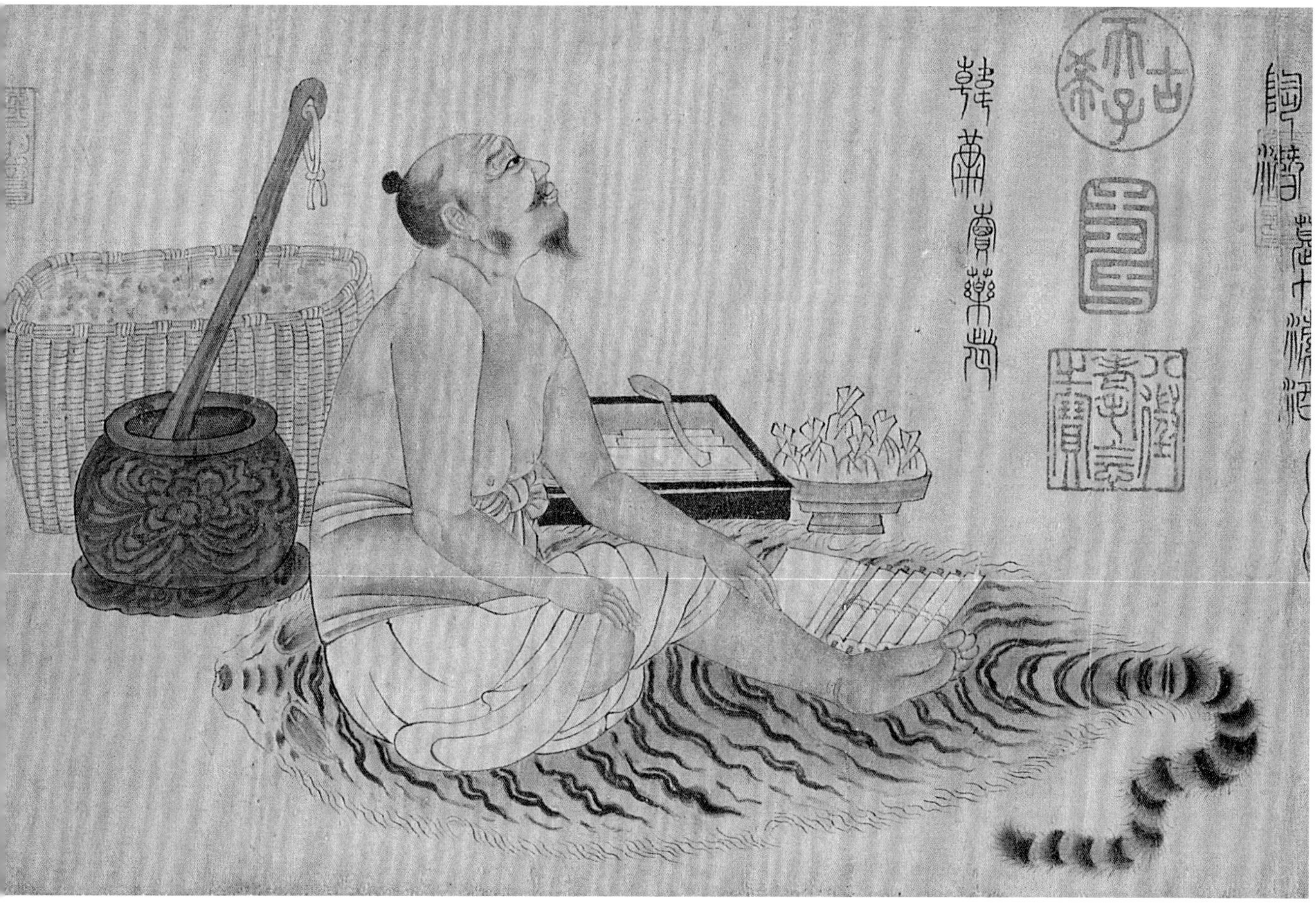
韓康賣藥圖

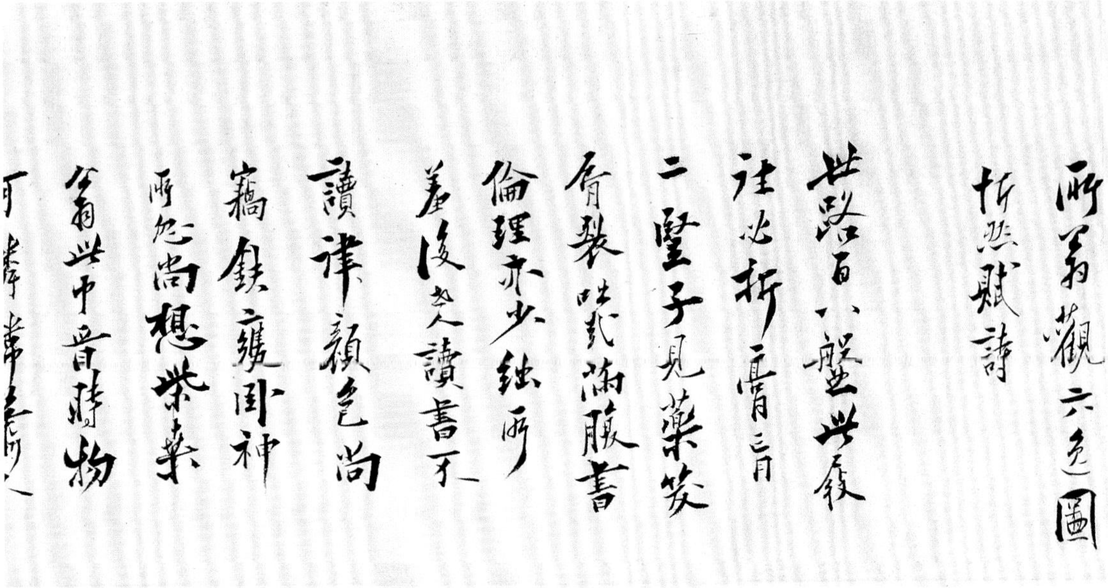
所蒲觀六逸圖
忻然賦詩
世路百八盤世最
往必折肩三月
二豎子見藥笈
脅裂咄咄滿腹書
倫理亦少蚀所
羞後人讀書不
讀律顏色尚
竊鉄癭斟神
所他尚想紫桑
翁世中晉時物

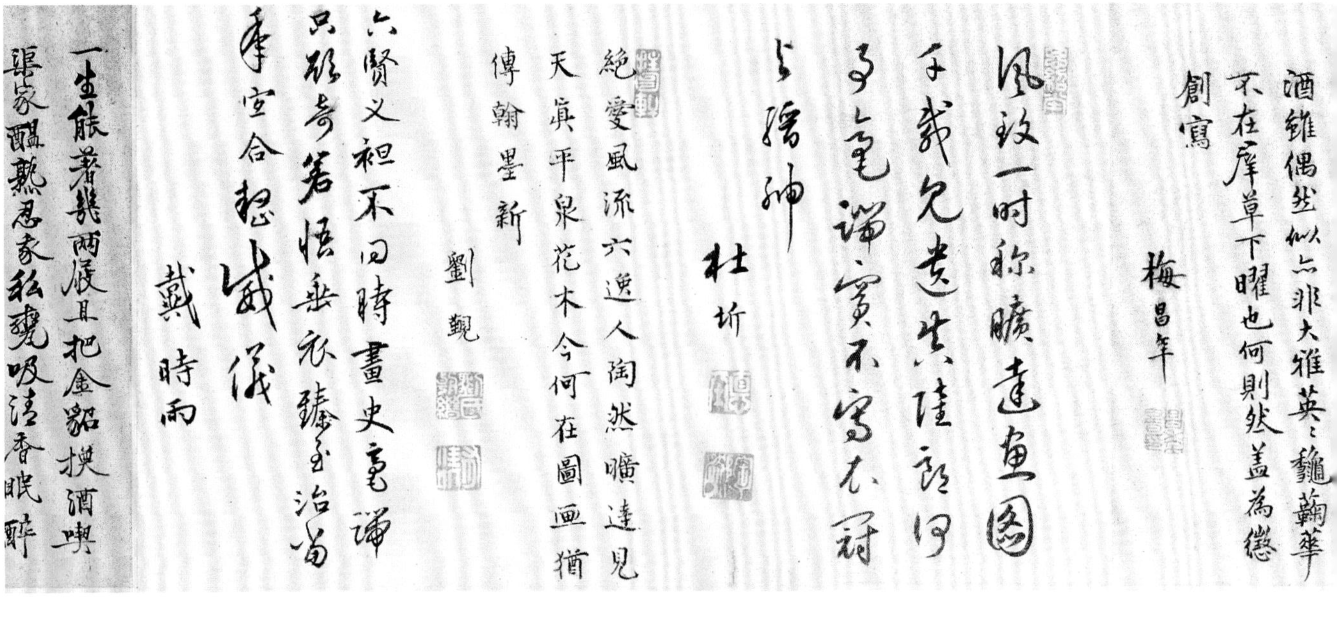
酒雖偶然似亦非大雅英英麯糵華
不在摩草下曜也何則然蓋為徵
創寫
梅昌年
風致一时称曠達画圖
千載見遺芳佳話何
多亀鑑實不窮太祠
上錯神
杜圻
絶愛風流六逸人陶然曠達見
天眞平泉花木今何在圖画猶
傳翰墨新
劉覲
六賢义袒不同時畫史毫端
只組奇笞悟無衣臻丞治酱
季空合想殊儀
戴時雨
一生能著幾兩屐且把金貂換酒喫
過家醞熟忍家私甕吸清香眠醉

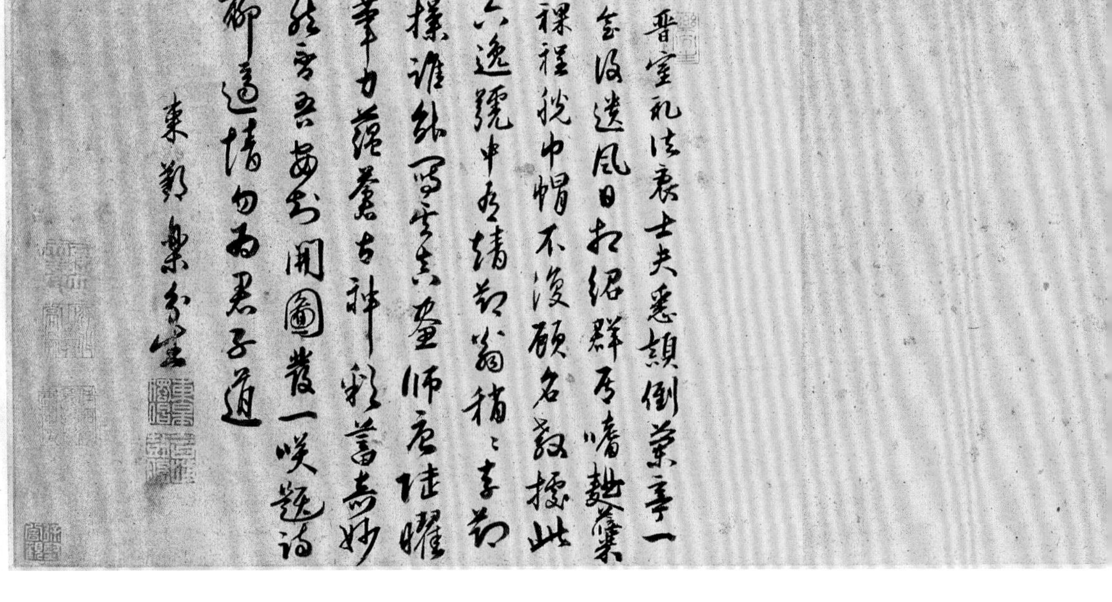
晉室風流衰士夫悉顛倒崇奉一
金谷遂風日扇紹群子嗜麯糵
裸程脱巾帽不復顧名教摽此
六逸號中有精韵翁稍稍李杜
振誰能寫出之畫師唐佳曜
筆力蒼古神彩尚奇妙
披雲無事展圖發一咲題詩
聊遠情句為君子道
東鄞桑

會昌四年十一月冬至後三日和景旻溫於後園高亭披閱太尉平章事

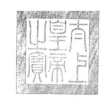

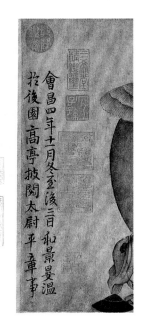

張彥遠古今畫記云陸曜開元末時人善鬼神人物有氣韻而人莫得而傳見之大歷家藏數世乃李衛公舊物也

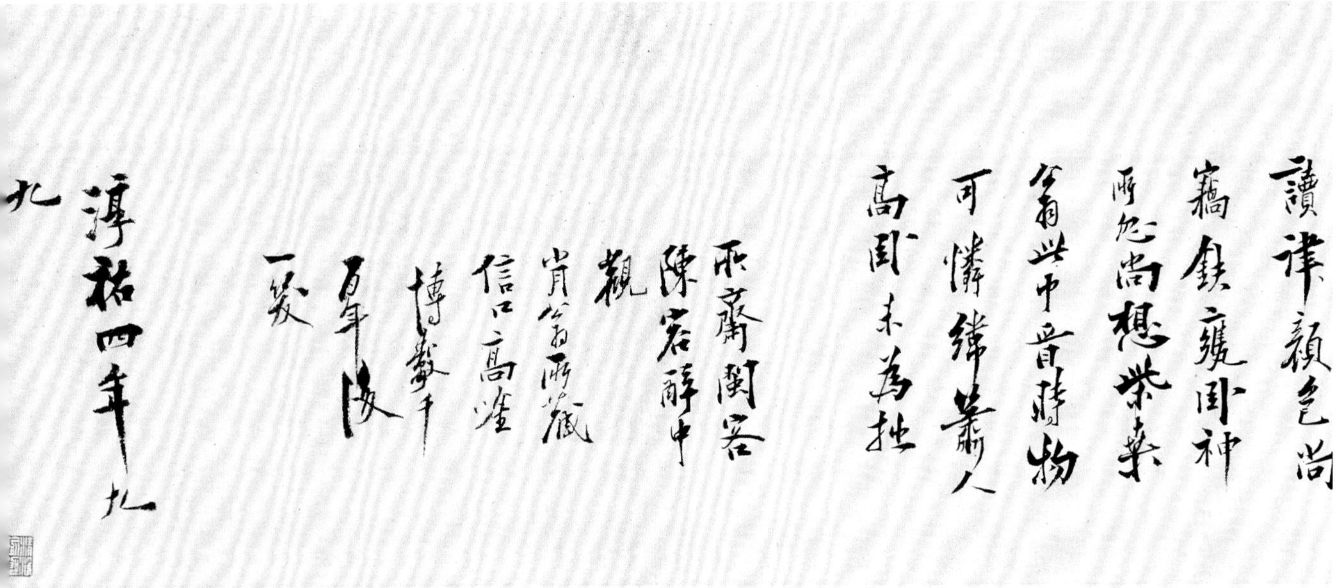

讀律顏色尚竊鈇襄甲神所怨尚想柴桑翁世中晉時物可憐緯蕭人高卧未為拙

雨齋閱容陳君辭中觀肖公所藏信之高逢博敎千年後一笑

淳祐四年十一月九日

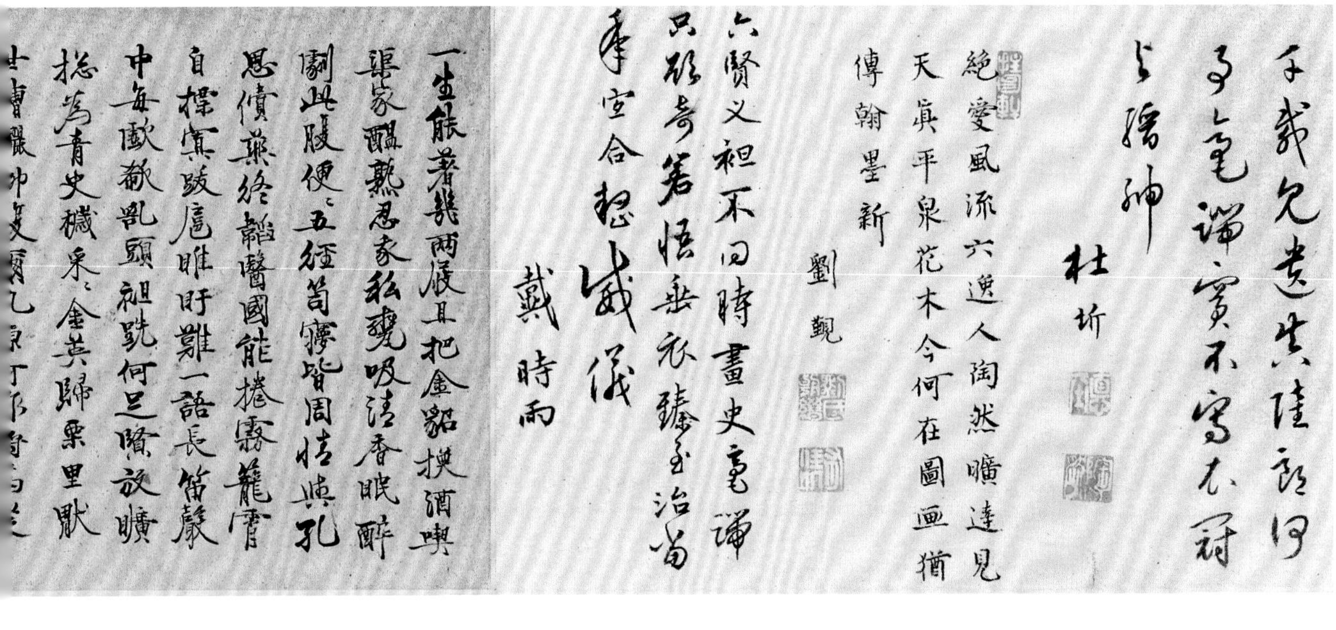

千載允逵生陸郎何多竟瑞實不寫衣冠只傳神 杜圻

絕變風流六逸人陶然曠達見天眞平泉花木今何在圖畫猶傳翰墨新 劉覲

六賢又袓不同時畫史毫端只雅奇若悟垂衣臻至治當年宜合想威儀 戴時雨

一生能著幾兩屐且把金貂換酒喫張家醽醁君家秘魂吸清香眠醉劉此腹便便五經笥寤皆周孔思償藥終韜醫國能捲霧龍霄自揮其跋扈睢盱難一語長笛聲中每歐鉞亂頭祖跣何足嗟放曠摠為青史織爲金英歸栗里獸

10

盧楞伽（傳） 六尊者像冊

唐
絹本　設色　六開　每開約縱30厘米　橫53厘米
清宮舊藏

Portraits of Six Aryas

By Lu Lengjia
Tang Dynasty
Album of six leaves, Colour on silk
Each leaf: H. 30cm L. 53cm
Qing Court collection

盧楞伽，京兆人，為吳道子的弟子。唐玄宗（712—756年）時自汴入蜀。善畫經變佛事，尤以細筆畫取勝。乾元（758年）初年於大聖慈寺殿東西廊下畫行道高僧數堵，顏真卿題字，時稱寺、字、畫三絕。

羅漢全稱為阿羅漢，是小乘佛教的修行的最高果位。本冊人物均為游絲描，設色以淺絳、青綠為主，極精細。每開均有款署"盧楞伽進"，似後添。唐人畫羅漢之名依《大阿羅漢難題密多羅所說法住記》，為十六羅漢。此冊六尊者中已繪有降龍、伏虎，排至十八羅漢，顯然時代較晚。因歷代相傳，仍依原題收錄。

一、第三拔納拔西尊者。尊者結跏趺坐於竹製寶座上，胡人捧匣，漢人把扇，侍立左右。案前一僧擊缽，"聲徹大千"，弟子伏地禮拜。

二、第八嘎納嘎哈喇鍐雜尊者。尊者柱杖翹足坐於榻上，後方漢官胡僧侍立左右，前有胡人"獻寶於前"。

三、第十一租查巴納塔嘎尊者。尊者執卷坐於寶座上，後側立一弟子及侍童，前方有胡人捧匣和僧人拜爐，"薰習法華"。

四、第十五鍋巴嘎尊者。尊者持法器結跏趺坐於寶座上，一侍者執幡，一僧人捧寶而立。

五、第十七嘎沙鴉巴尊者。尊者執杖坐於磐石上，怒視水中游龍，左側西域僧跪坐舉瓶"倒則瀉水"，右側一僧徒捧缽回首微笑。

六、第十八納納答密答喇尊者。尊者執杖坐於磐石上，俯視臥虎，猛虎"入禪則伏"，侍童手捧經卷，漢官手持香爐供養。

本幅每開均有清乾隆書尊者名，對幅題贊詞。

扉頁有清乾隆御題"六通證果"。另有乾隆御書《般若波羅蜜多心經》，並題"盧楞伽畫六尊者像真跡神品"，下鈐印"畫禪室"（朱文橢圓）。

題跋頁有丙戌（1766）仲春月二月朔清乾隆及大臣于敏中題跋二頁。

鈐鑑藏印有宋內府"宣和"、"紹興"（朱文），疑為後人偽加，元代魯國大長公主"皇姊圖書"（朱文），以及明代項元汴、清乾隆內府"秘殿珠林"和耿嘉祚、安儀周等諸家藏印。

曾經《吳氏書畫記》、《墨緣彙觀續錄》著錄。

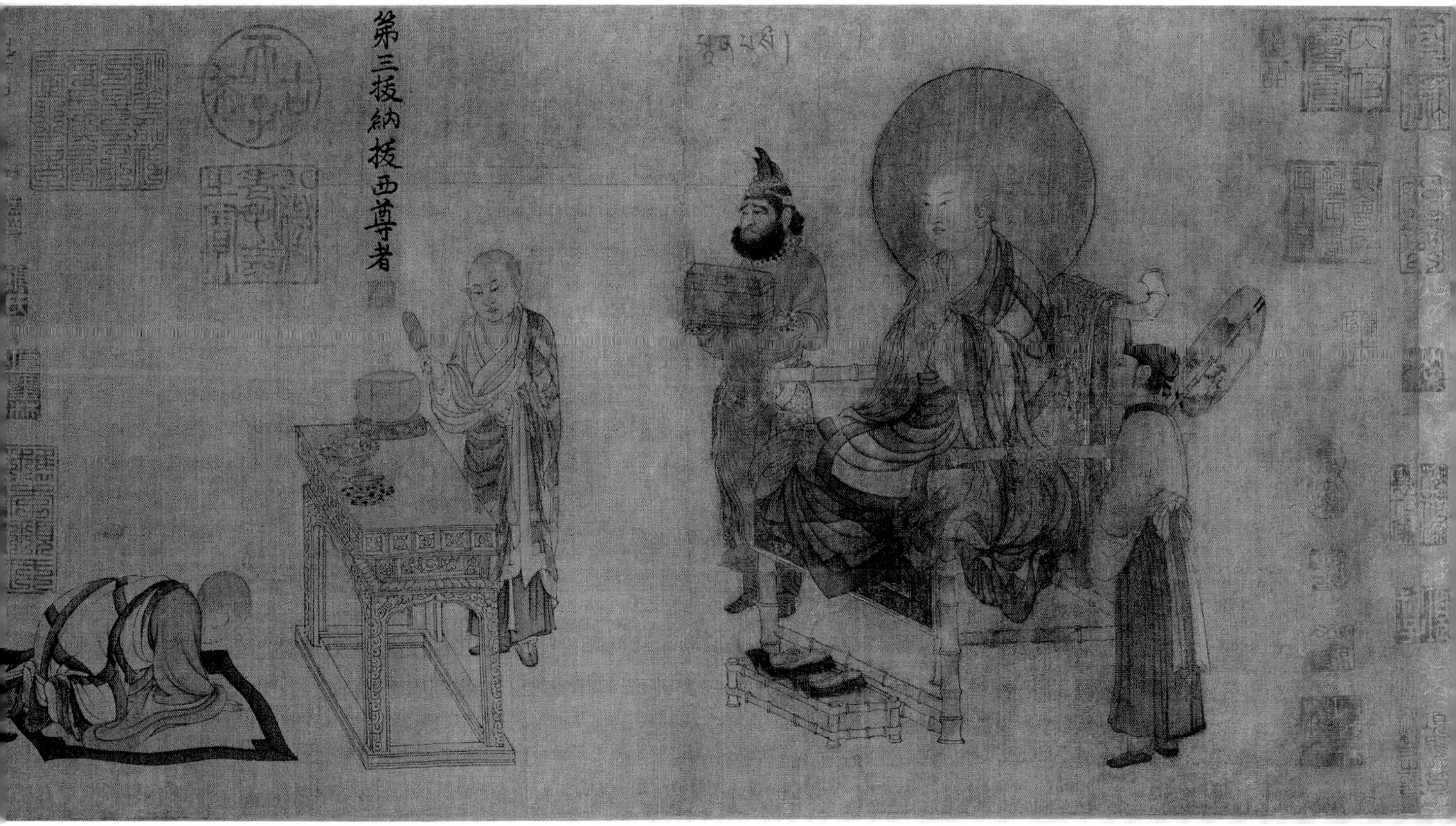
第三拔納拔西尊者

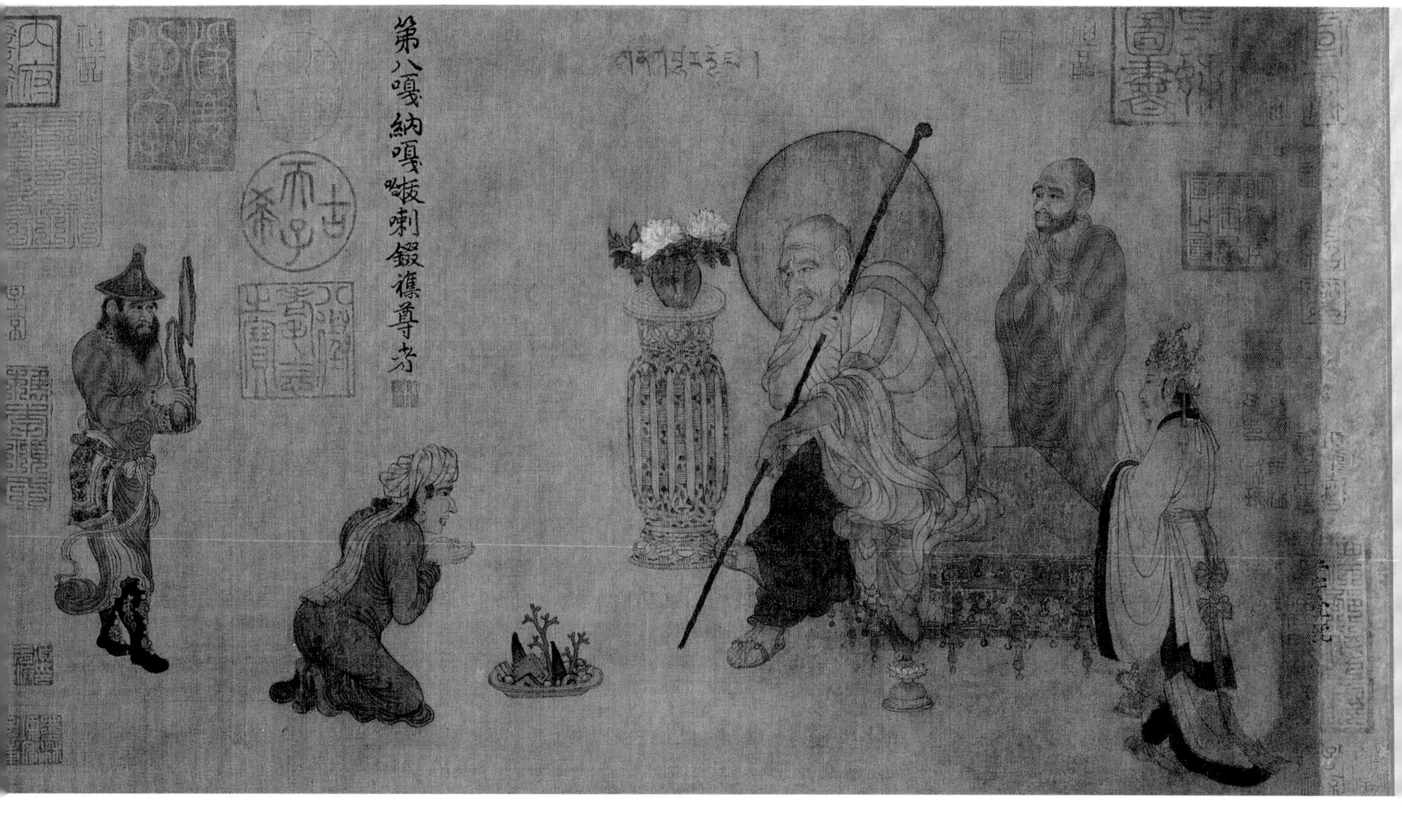
第八嘎納嘎哈拔喇鍛礁尊者

第十一祖查巴納塔嘎尊者

第十五錫巴嘎尊者

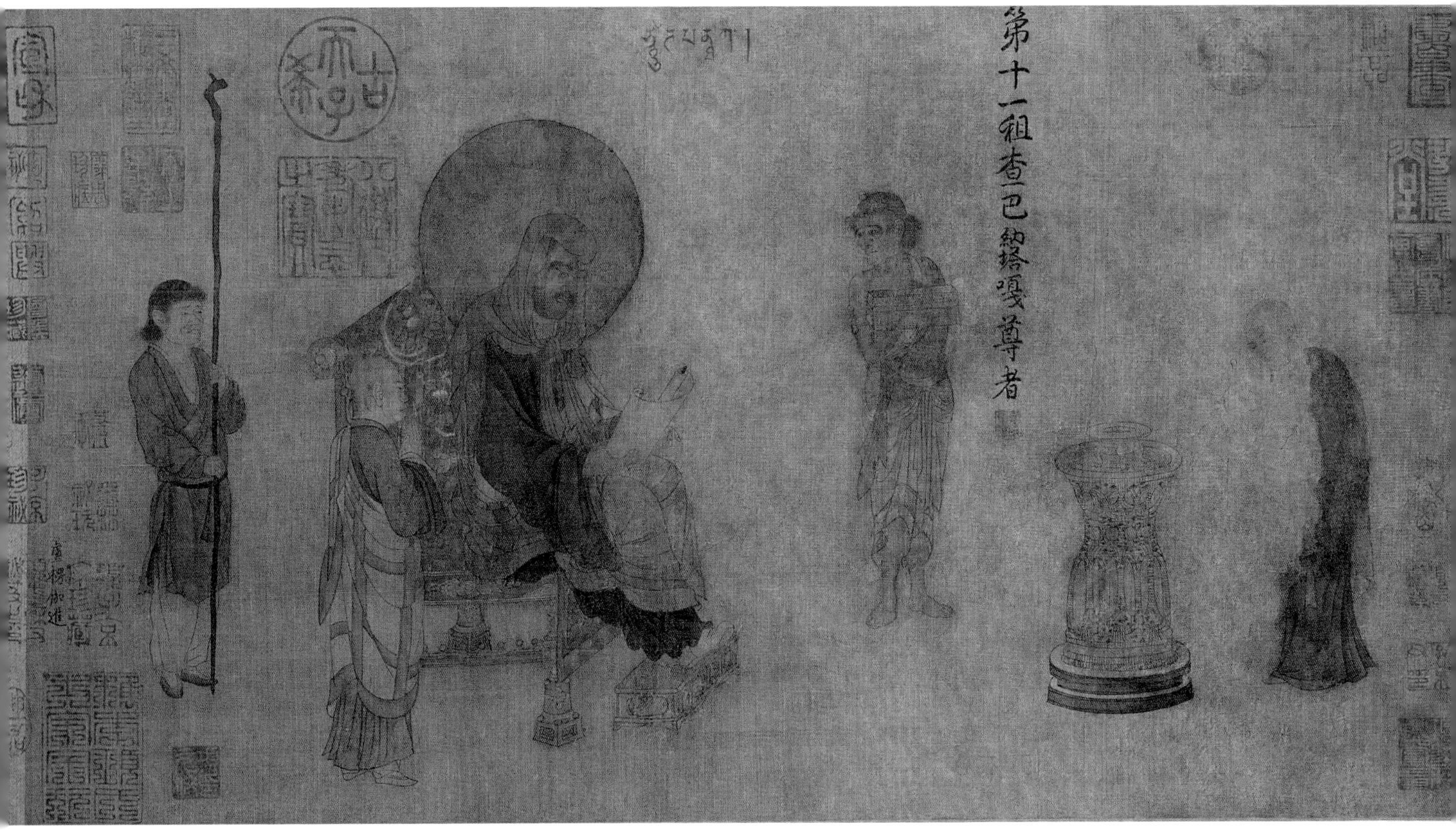

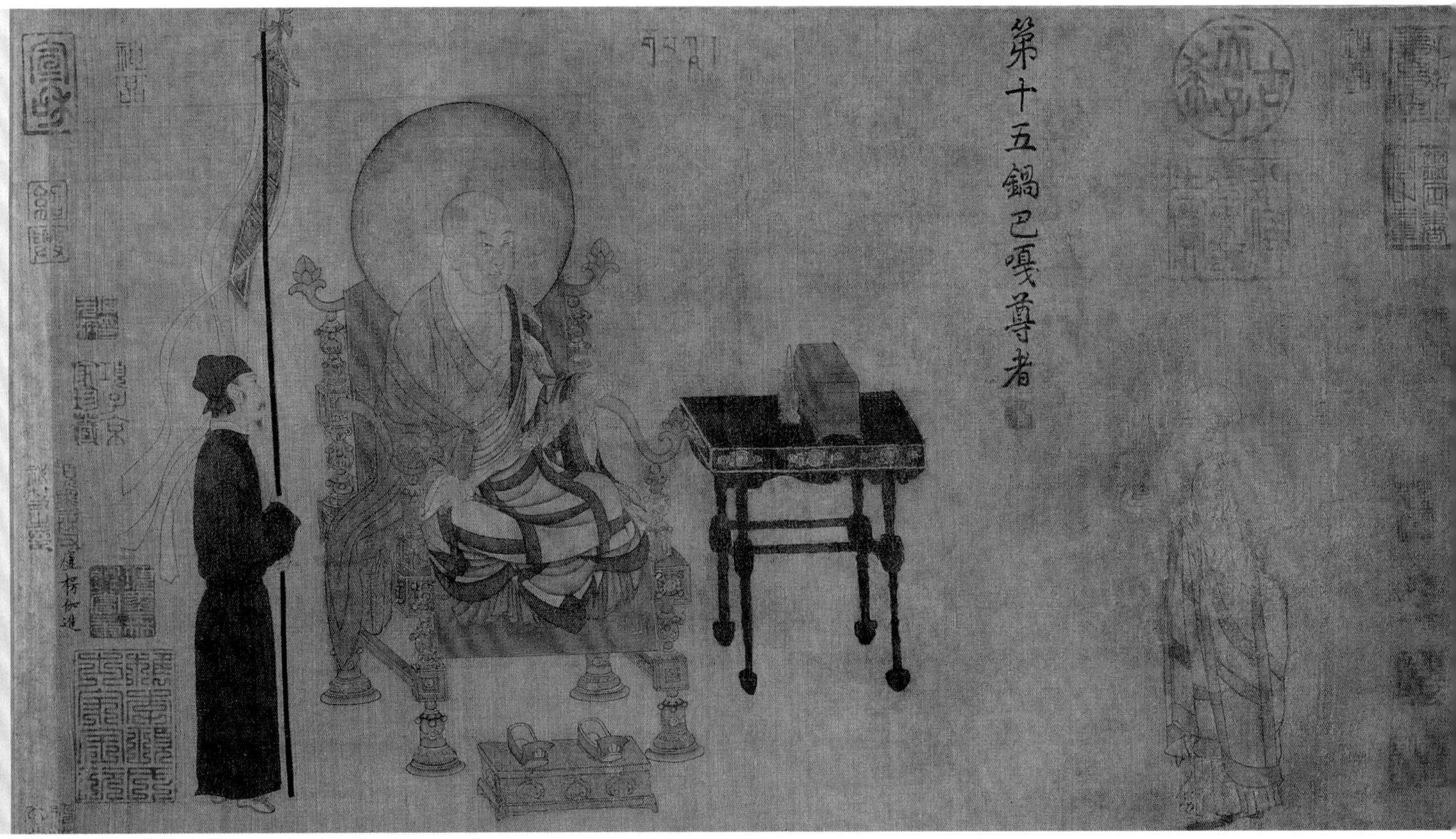

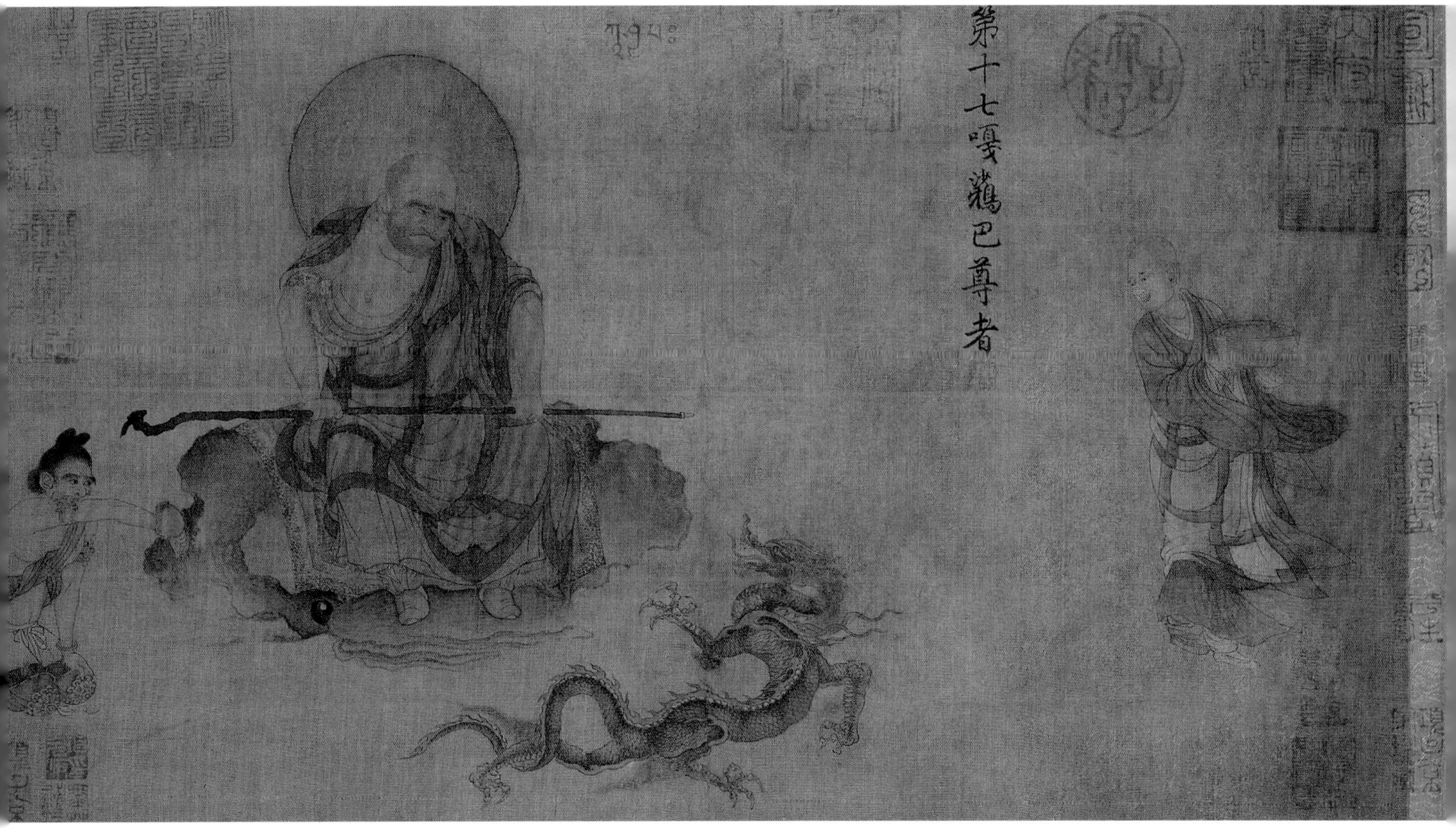
第十七嘎鵶巴尊者

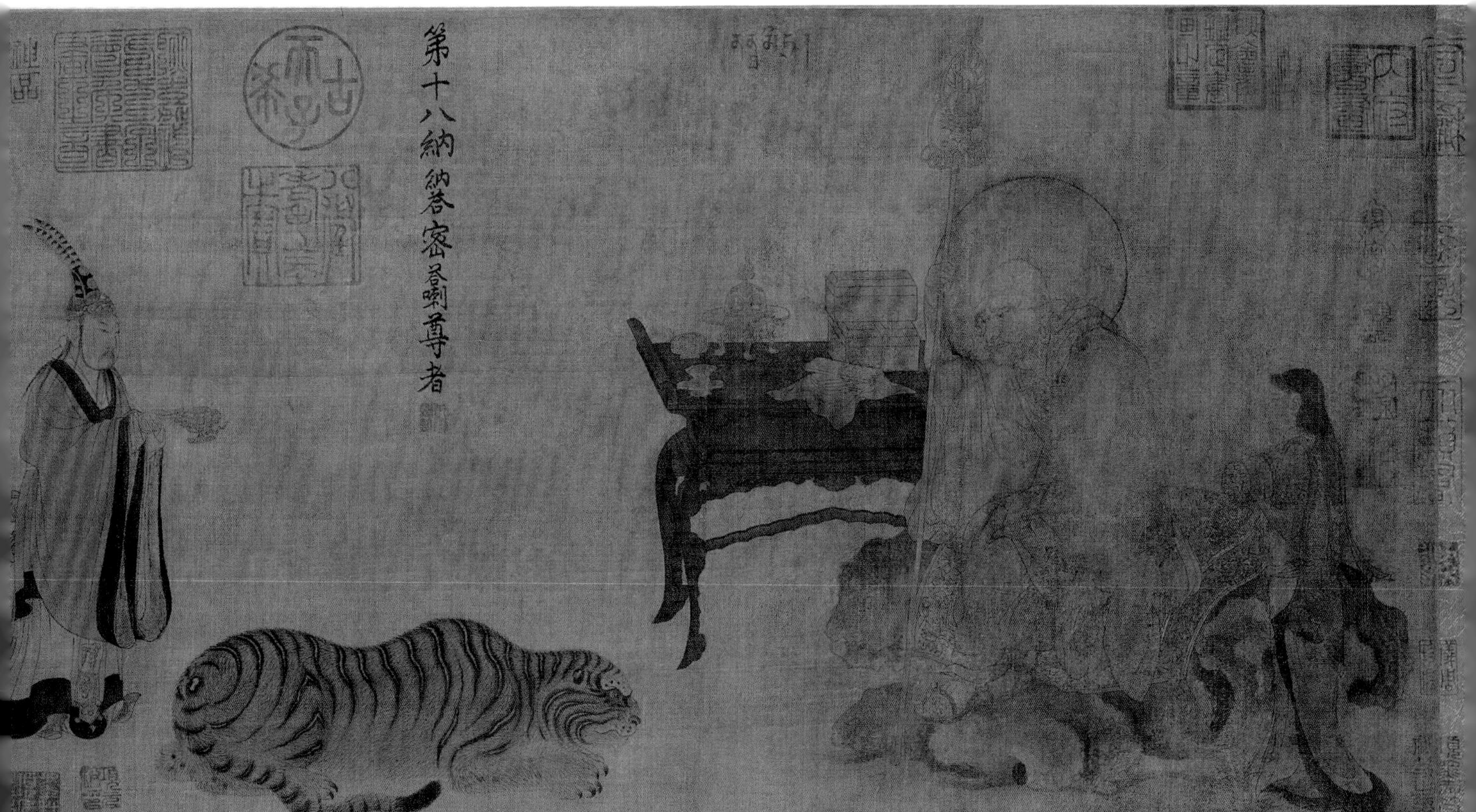
第十八納納答密答喇尊者

11

阮郜　閬苑女仙圖卷

五代
絹本　設色　縱42.7厘米　橫177.2厘米
清宮舊藏

Fairies in Fairyland
By Ruan Gao
Five Dynasties
Handscroll, Colour on silk
H. 42.7cm　L. 177.2cm
Qing Court collection

阮郜，吳越畫家。畫史中說他“入仕為太廟齋郎”，“凡纖穠淑婉之態，萃於毫端，作女仙圖，有瑤池、閬苑風景之趣”。

《閬苑女仙圖》繪瑤池閬苑中，蒼松翠竹間，諸女仙在眾多侍女環簇下或執筆欲書，或展卷凝視，或撥弄三弦。四周海水環繞，雲氣迷濛，又有乘鸞女仙、乘龍女仙、駕雲女仙、淩波女仙、緩行女仙從海面、山間、空中而來，與正在雅會的羣仙互為呼應，人物組織複雜，畫風精巧工緻。背景水紋繁複生動，山石以墨綫勾勒，填染青綠為主。此卷為阮郜傳世孤品。

本幅有清乾隆御題詩。本幅及前後隔水鈐有清代高士奇以及乾隆、嘉慶、宣統諸內府收藏印共二十二方，殘印六方。

尾紙有清代高士奇題跋（釋文見附錄），另有元代商挺、鄧宇題跋，均偽。前後紙共鈐印十二方。

曾經《宣和畫譜》、《江村銷夏錄》、《江村書畫目》、《式古堂書畫彙考》、《大觀錄》、《石渠寶笈初編》著錄。

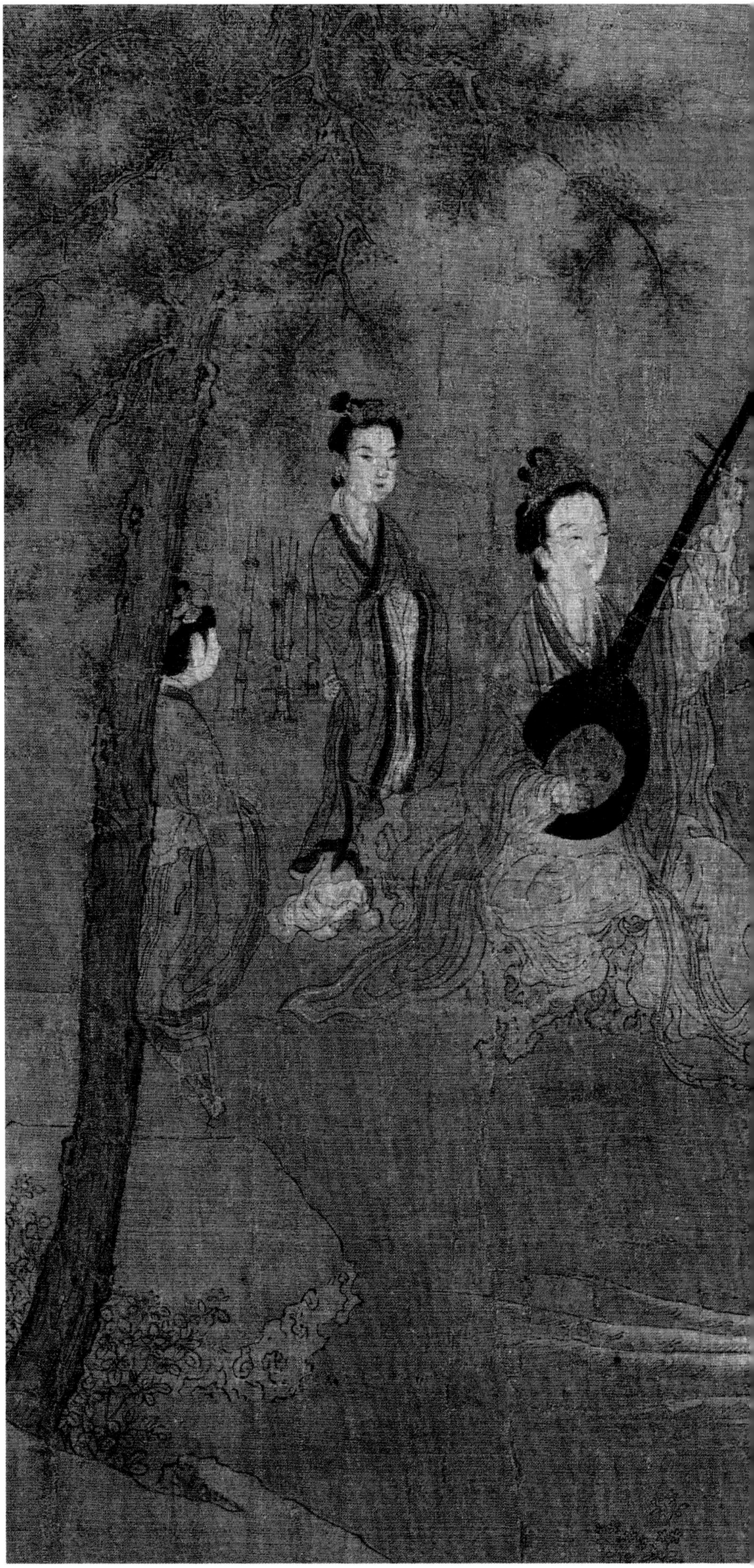

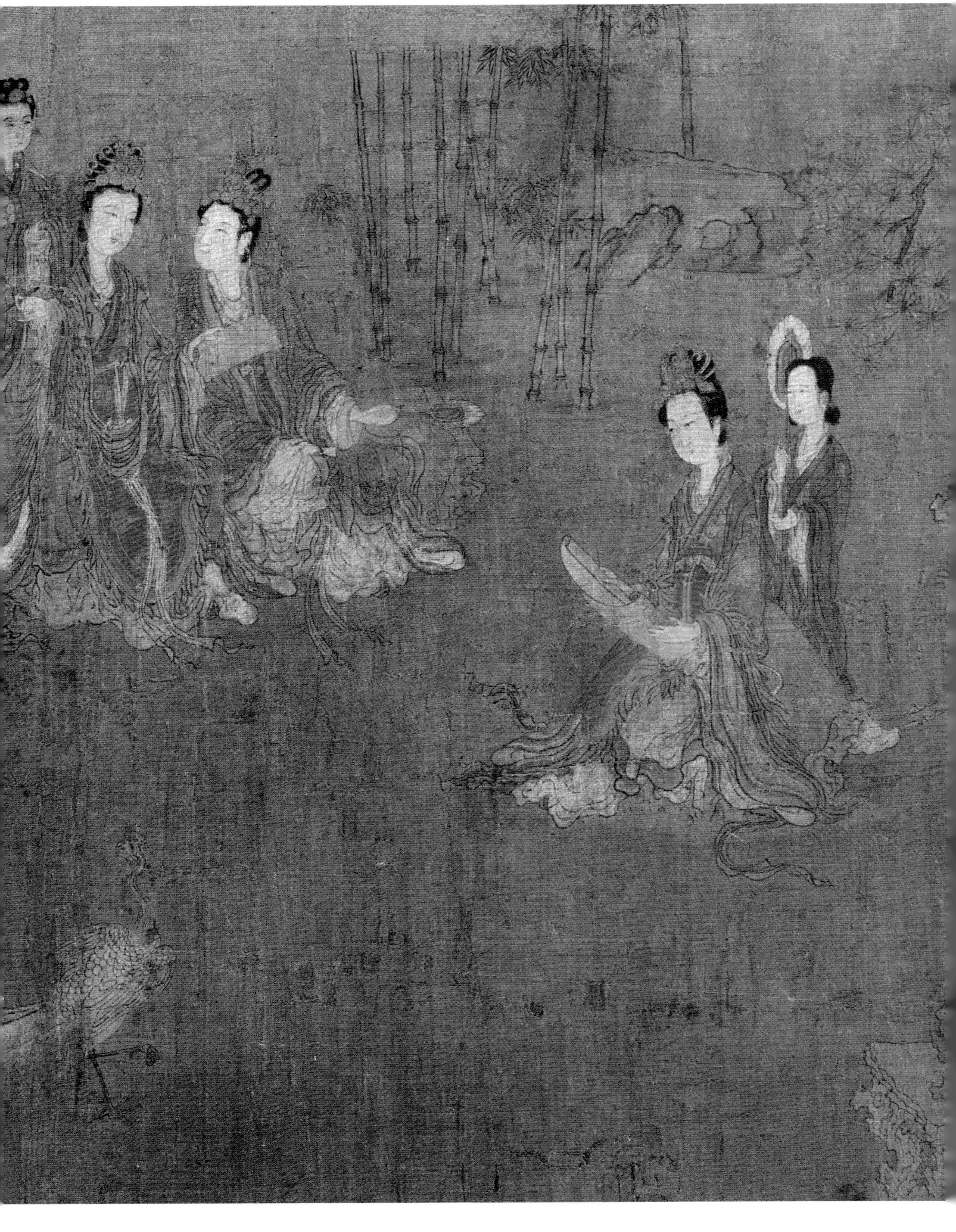

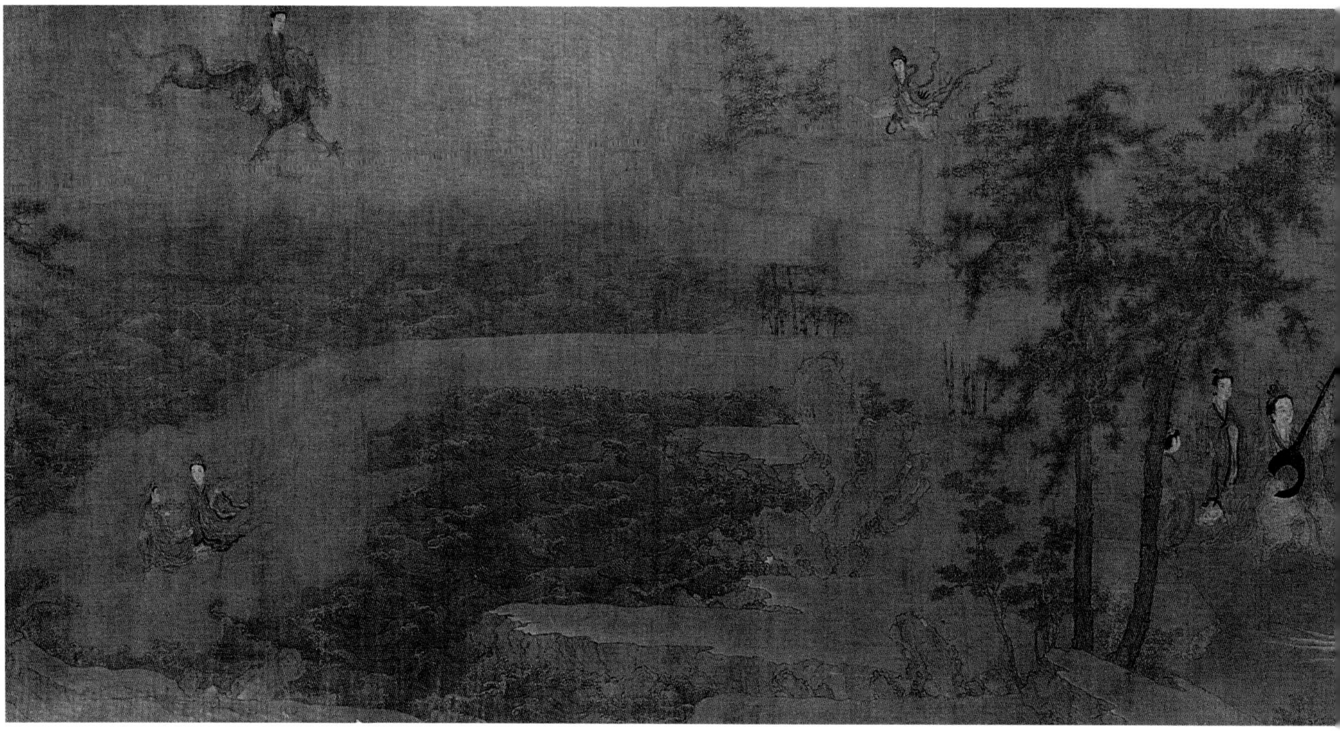

婀娜忽見龍鶴来天衢翩然復有一僊玉乗
飈御氣三從俱我疑擬仙天帝女帝傍暫
别遊清都俯視塵网中濁何紛如人間
光景疾如箭壷中日月無居諸舞白鳳歌且謡
有耳只解聞雲韶永超刼外何逍遥紫陽真
人持勿驕訴當来迎共食瑶海桃 徵。響。
上清鄭宇題于神樂方丈

交光雪月射層臺霧縠冰綃費翦
裁認得玉真游戲處畫師可是碧
城来 剩水残山五季頻閬風不受
海東塵羊權漫乞金跳脫争似雙鬟
卷裏人
五代阮郜畫世不多見閬苑仙女圖曾入宣
和御府筆墨深厚非陳居中蘓漢臣輩所
可比擬余得之都下尚是北宋原裝恐斷就
零落重為裝潢喜有商鄭二公之跋足相
印證真足寶也因題二詩於後
康熙辛未長至後二日江村高士奇并書

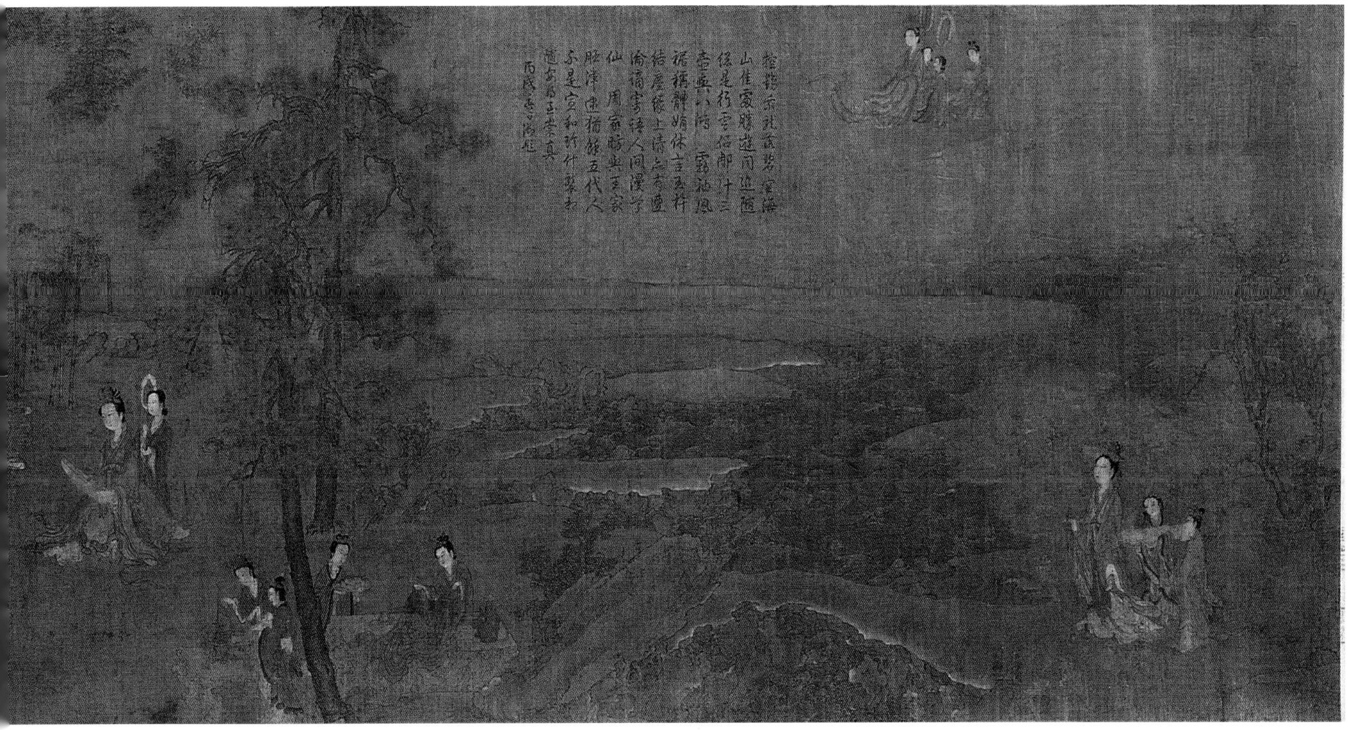

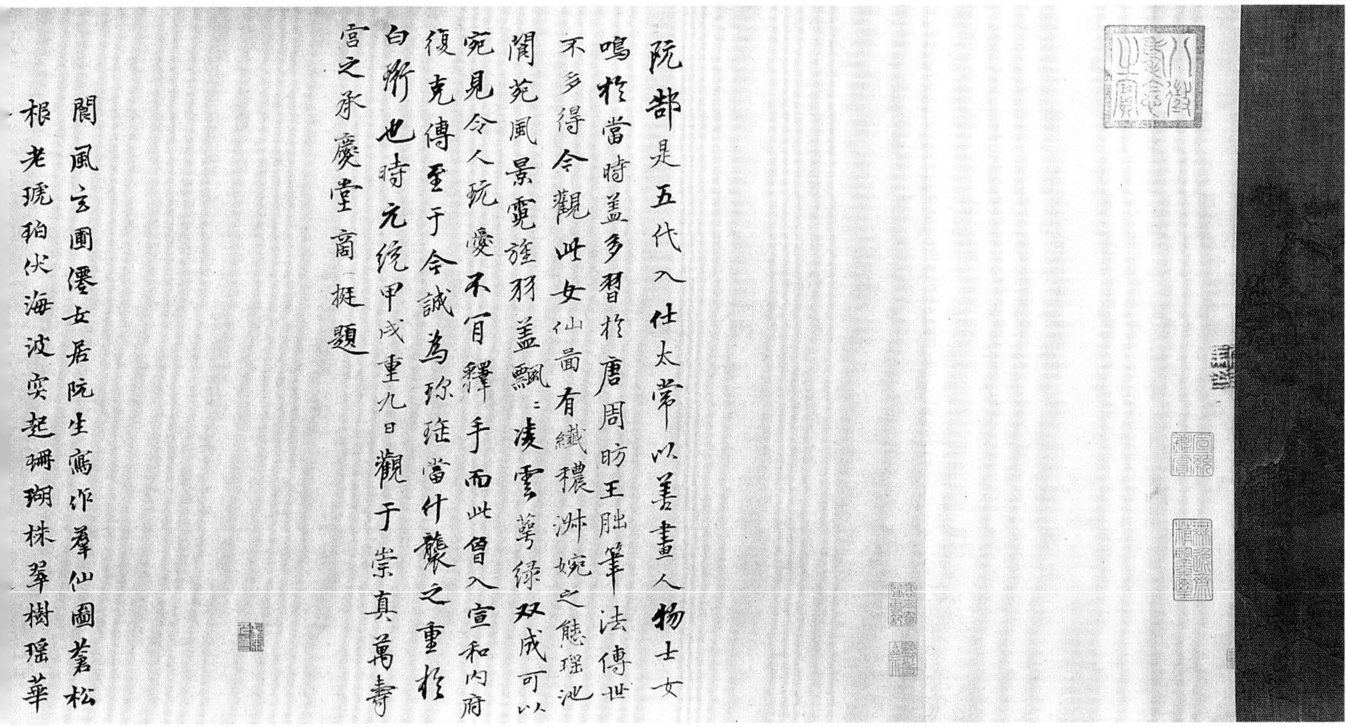

阮郜是五代入仕太常以善畫人物士女
鳴於當時蓋多習於唐周昉王朏筆法傳世
不多得今觀此女仙圖有纖穠淋婉之態瑶池
閬苑風景霓旌羽蓋飄飄淩雲萼綠双成可以
宛見令人玩愛不肯釋手而此曾入宣和內府
復克傳至于今誠為珍玩當什襲之重於
白璧也時元統甲戌重九日觀于崇真萬壽
宮之承慶堂商挺題

閬風玄圃僊女居阮生寫作羣仙圖蒼松
根老琥珀伏海波突起珊瑚株翠樹瑶華

12

周文矩　文苑圖卷（宋摹）
五代
絹本　設色　縱37.4厘米　橫58.5厘米
清宮舊藏

A Literary Gathering (Song Dynasty facsimile)
By Zhou Wenju
Five Dynasties
Handscroll, Colour on silk
H. 37.4cm　L. 58.5cm
Qing Court collection

周文矩，句容（今屬江蘇）人。南唐畫院畫家，官任翰林待詔。據《圖繪寶鑑》記載：“其行筆瘦硬戰掣，蓋學其主李重光畫法。至仕女畫，則無顫筆，大約近周昉，而纖麗過之。”

《文苑圖》繪唐代詩人王昌齡，在任江寧（今江蘇南京）縣丞期間，於縣衙門旁建琉璃堂，以詩會友的場面，應邀者有其詩友岑參兄弟、劉昚虛等人。刻畫詩人斟酌詩句的情態逼真，再現了唐代文人雅集的情景。衣紋勾綫瘦挺顫掣，曲轉

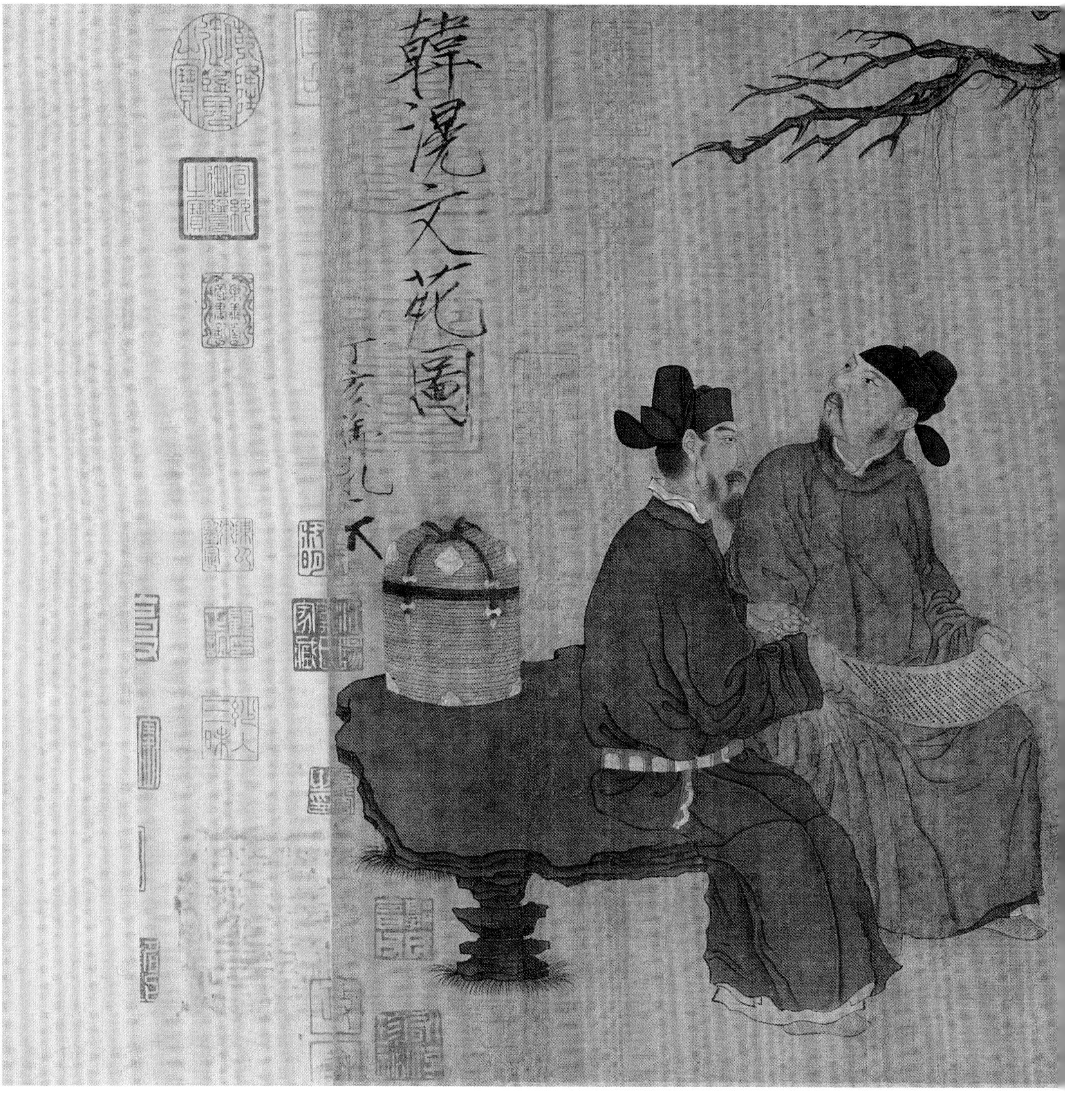

頓挫，富於動感，為周文矩所擅長的戰筆描，即行筆微微顫動，表現出衣料的質感。

此圖由於有宋徽宗題“韓滉文苑圖”，因此，長期被認定是唐代韓滉的畫作，經核對是周文矩《琉璃堂人物圖》卷（宋摹）（美國紐約大都會博物館藏）的後半部分。

本幅有宋徽宗題：“韓滉文苑圖　丁亥（1107）御扎　天下一人”。

本幅及隔水鈐宋內府藏印“宣和”、“政和”、“御書”、南唐後主“集賢院御書印”、明代“妙入三昧”、“希世之珍”、清代“王長安父”等印共三十九方，又鈐有半印七方。

曾經《石渠寶笈初編》著錄。

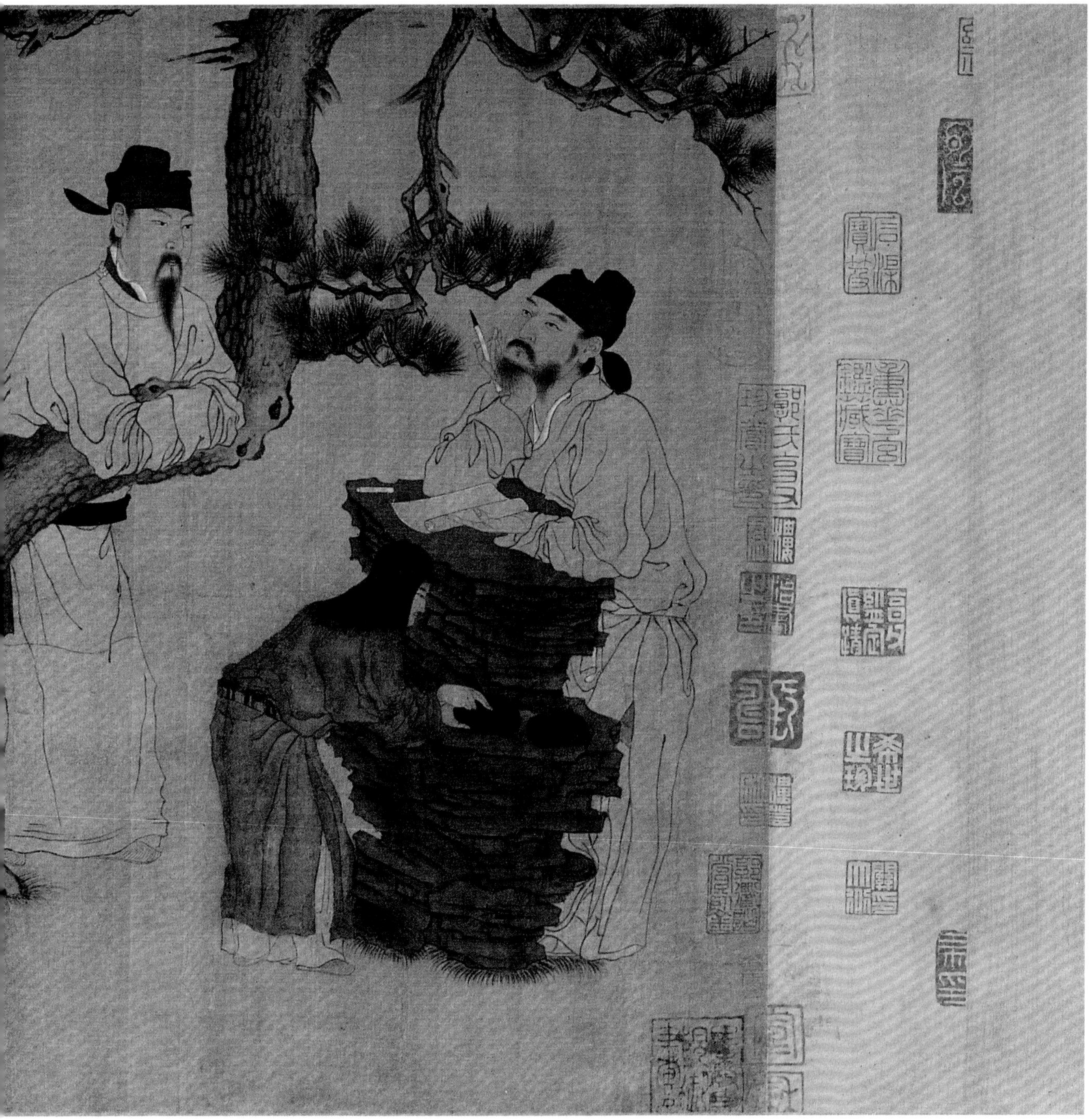

13

周文矩　重屏會棋圖卷（宋摹）

五代
絹本　設色　縱40.3厘米　橫70.5厘米
清宮舊藏

Playing Chess by a Folding Screen (Song Dynasty facsimile)

By Zhou Wenju
Five Dynasties
Handscroll, Colour on silk
H. 40.3cm　L. 70.5cm
Qing Court collection

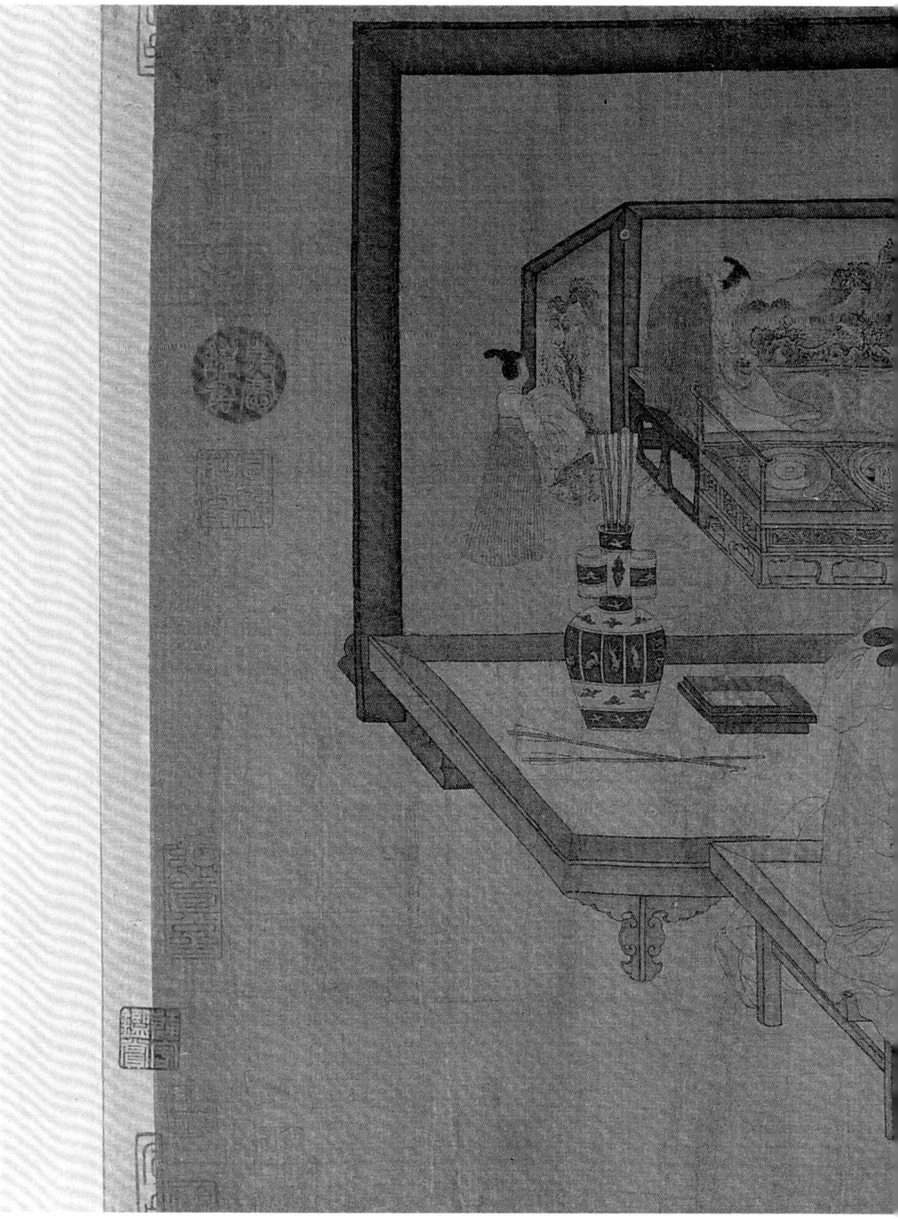

《重屏會棋圖》繪南唐中主李璟與弟景遂、景達、景逿對弈的情景，氣氛融洽，兄弟手足之情躍然紙上。棋局之後設一屏風，上畫唐代詩人白居易《偶眠》詩意，屏風畫中又畫一山水屏風，故此圖名為“重屏”。圖中的侍僕身形矮小，這種為突出主要人物而將次要人物畫得小於正常比例的手法，常見於早期的人物羣像。衣紋勾綫纖細流暢，彎曲多轉折，為周文矩擅長的戰筆畫法。牀、榻、案等家具繪製工整細緻，且帶有一定的空間感。

本幅鈐宋內府藏印“宣和”（白文）。尾紙有明沈度、文徵明等題跋三則。首尾騎縫各半，鈐藏印“緼真齋”（朱文），鈐清內府藏印十一方以及安儀周等人藏印。

曾經《石渠寶笈初編》著錄。

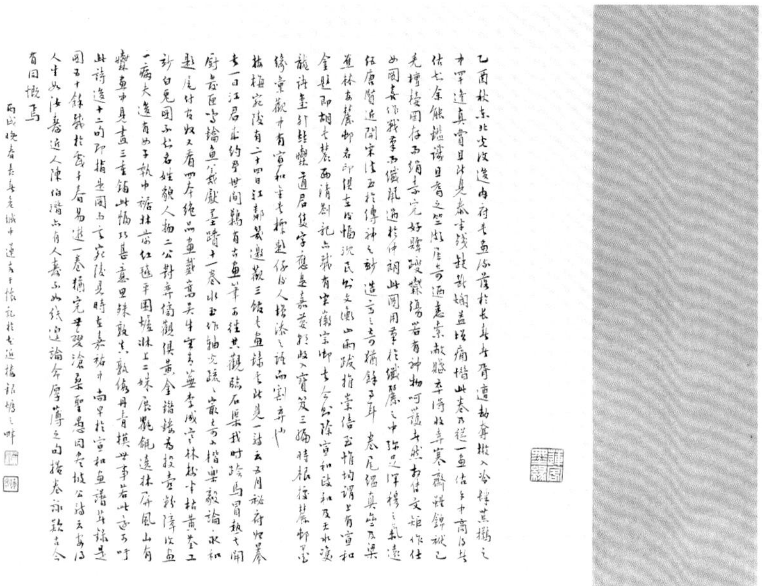

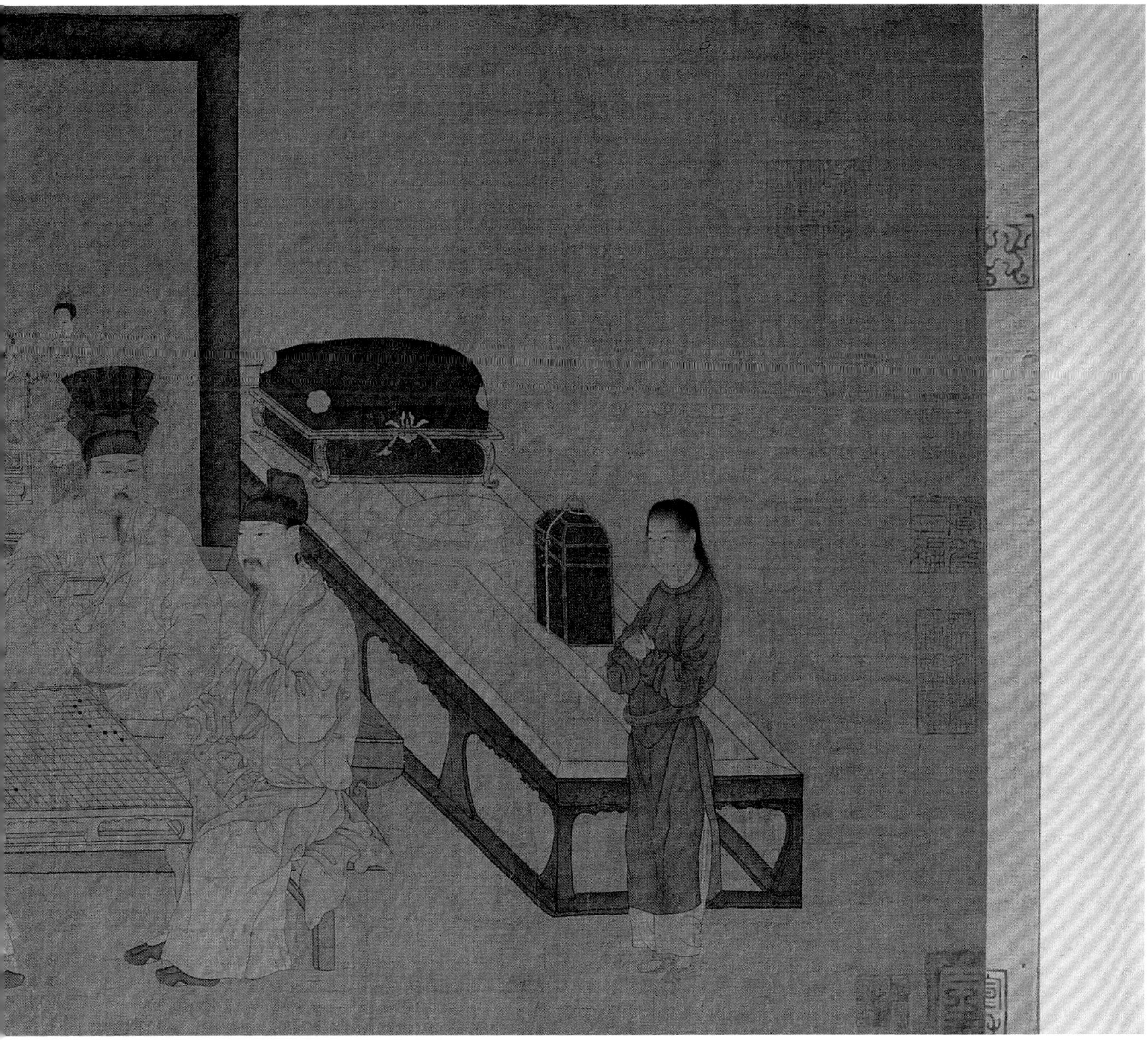

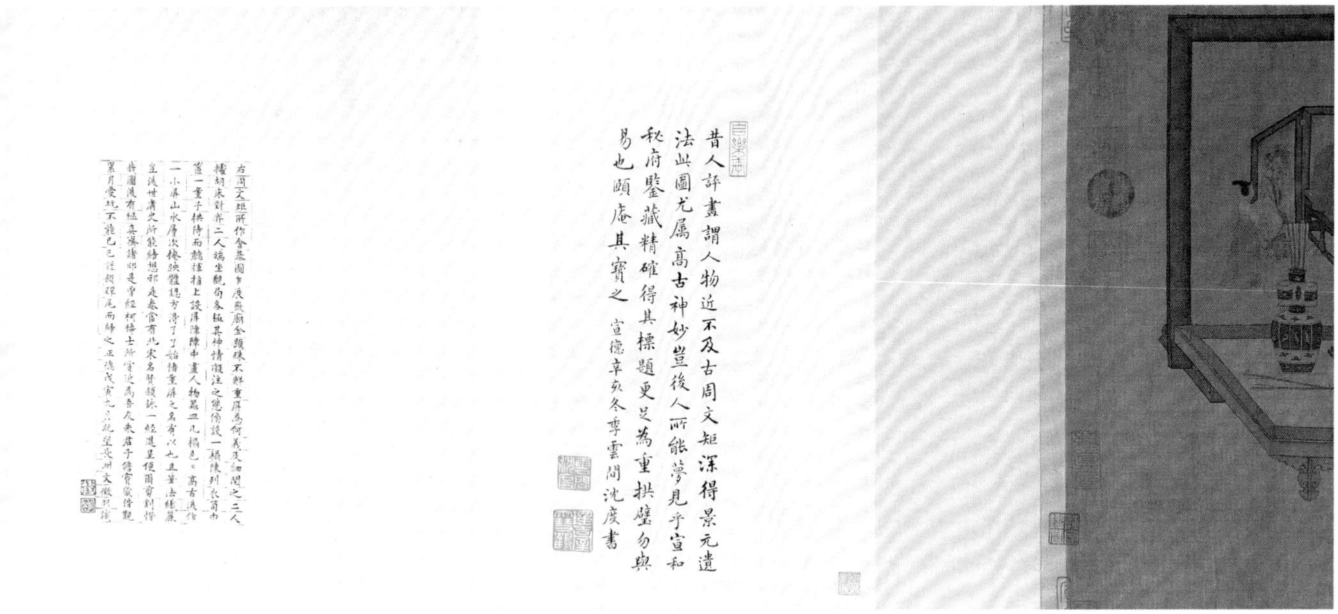
昔人許畫謂人物近不及古周文矩深得景元遺
法此圖尤屬高古神妙豈後人所能夢見乎宣和
秘府鑒藏精確得其標題更足為重拱璧勿與
易也頤庵其寶之 宣德辛亥冬季雲間沈度書
右司文祖所作會應圖卜度其蕭蕭不群若顧周圍之三人
榻對床對茅二人議堂廟而客坐臨注之德情注之情深神氣甚
當一畫一佛傳而能擅指上設漳漳陰中畫人物迎几几桐悉之為古遂
一小峯山水屏次候輕體賜方濟乃丁佩情童屏之為有之立童古樓屏
宣披博唐之所獨待照祁處春當有几未名替題統一般是星候唐前情
狀瀾後有稱喜蹤指如是畢纓士所宣沈為為人失舍于信曾賞傾觀
寫月彙凡不雅色法潤提名而時之正德戊寅九古乞起望夫州文徵明誌

14

顧閎中（傳） 韓熙載夜宴圖卷

五代
絹本 設色 縱28.7厘米 橫335.5厘米
清宮舊藏

Evening Banquet given by Han Xizai
By Gu Hongzhong
Five Dynasties
Handscroll, Colour on silk
H. 28.7cm L. 335.5cm
Qing Court collection

顧閎中，南唐畫院待詔，以善畫人物侍奉於李後主，曾奉旨潛入韓熙載的宅第，窺其放浪的夜生活，憑藉默記，繪成《韓熙載夜宴圖》卷。

圖中表現南唐中書舍人韓熙載好聲色、放浪於夜宴的情景，他滿腹心事，想藉此推脱李後主的重用。全圖分五個場景，依次為聽樂、觀舞、歇息、清吹和送客。平列佈局，每一段均以家具巧妙地隔開，人物反覆出現，組合成起伏跌宕的整體。家具用黑色，人物的衣色以白、紅、黑相間，使畫面色彩濃烈而不失沉穩，各主要人物的形象首尾一致，可見畫家有深厚的造型功底。此圖堪稱故宮藏早期人物畫精品。舊傳為顧閎中原作，今定為後世摹本，似出自宋人之筆。

引首有明人篆書“夜宴圖 太常卿兼經筵侍書 程南雲題”。前隔水依次有清乾隆御書韓熙載小傳和南宋人題記：“韓熙載風流清□□□□□為天官侍郎，以□□□□□□修為時論所誚。□□□□□旨著此圖。”鈐有自南宋史彌遠“紹勛”（朱文葫蘆）、明代宋犖、清代梁清標、乾隆、嘉慶、宣統到近人張大千的收藏印四十六方。

尾紙有元代無款、班惟志、積玉齋主人、明代王鐸（釋文見附錄）、近人葉恭綽、龐元濟、張大千等人的跋文。

曾經《庚子銷夏記》、《石渠寶笈初編》著錄。

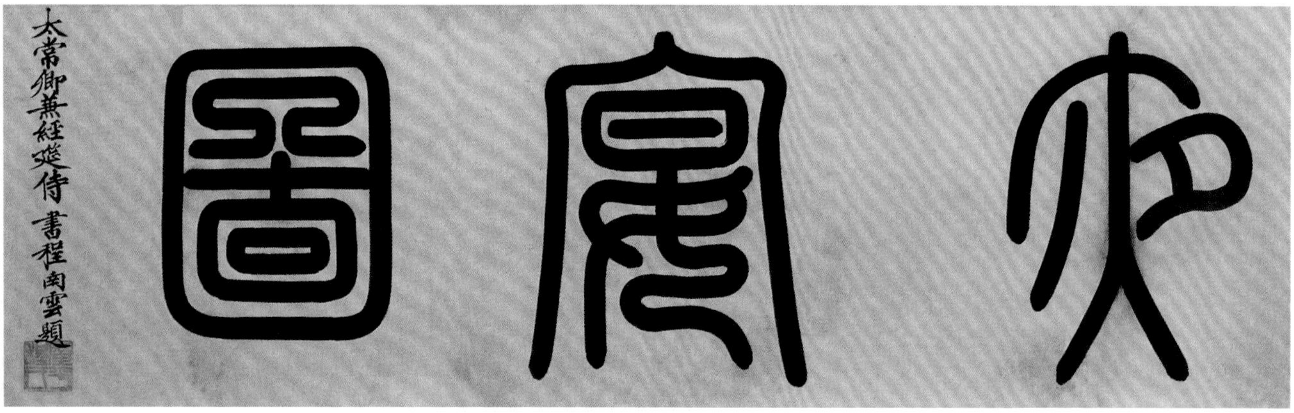

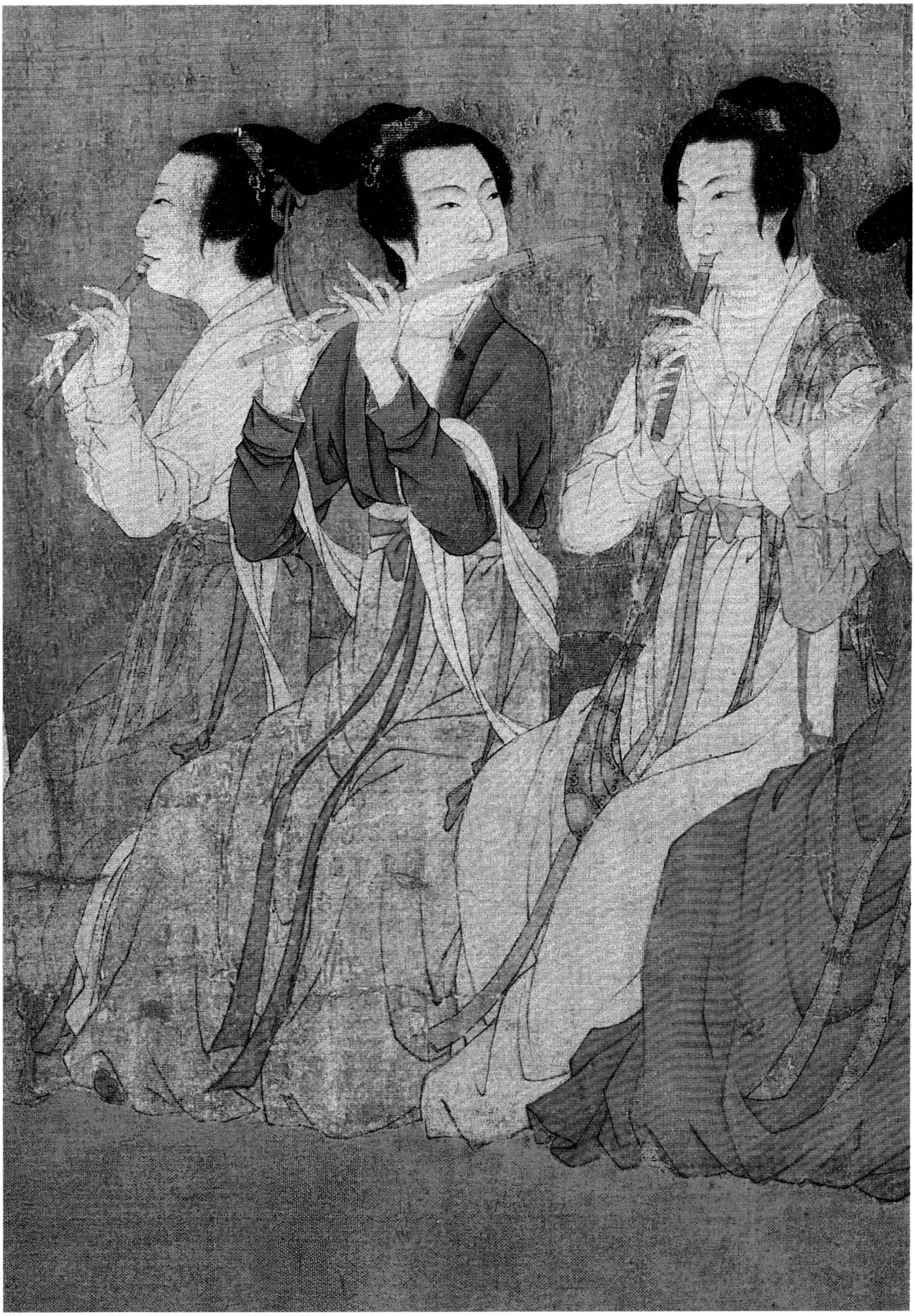

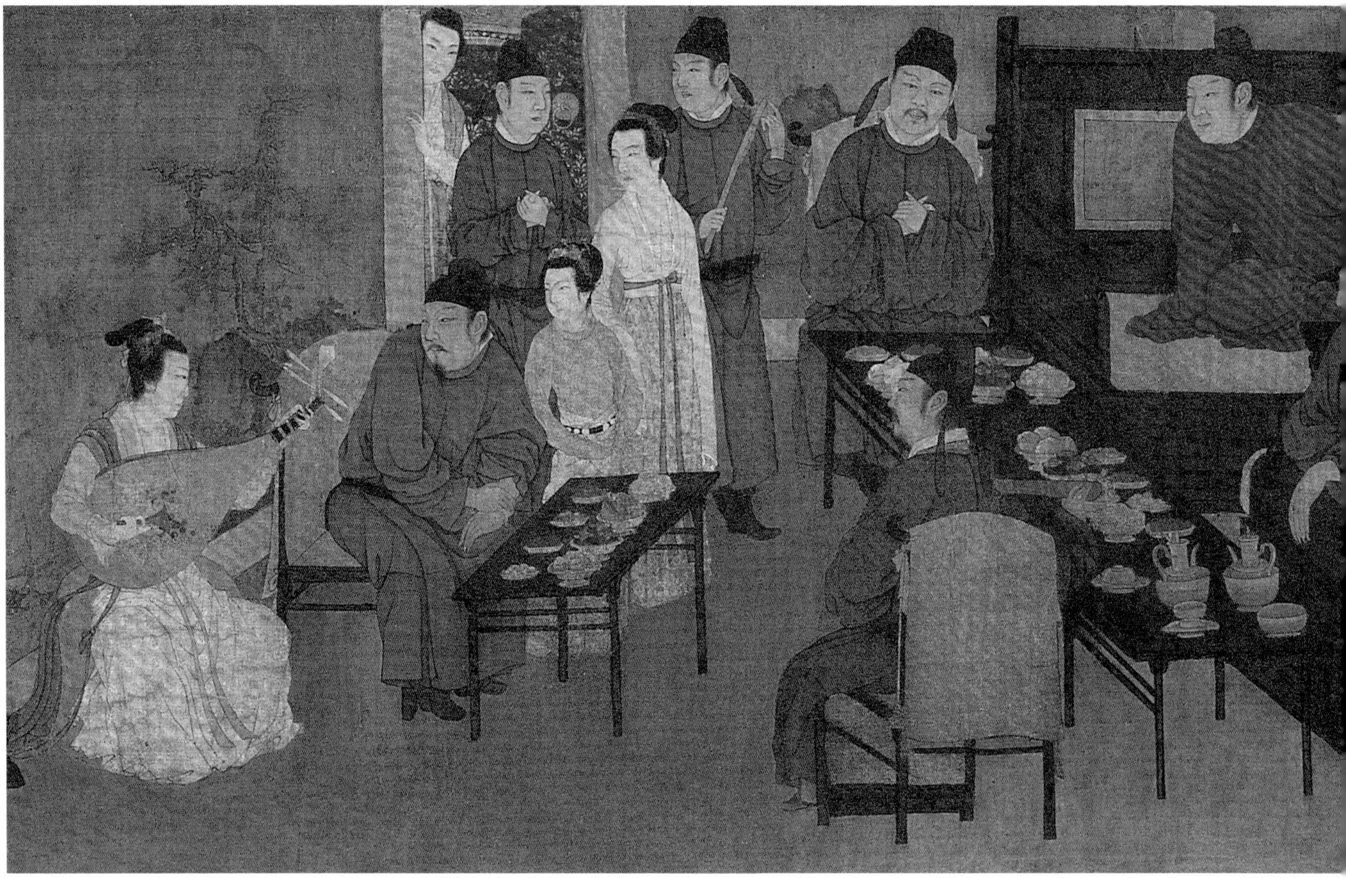

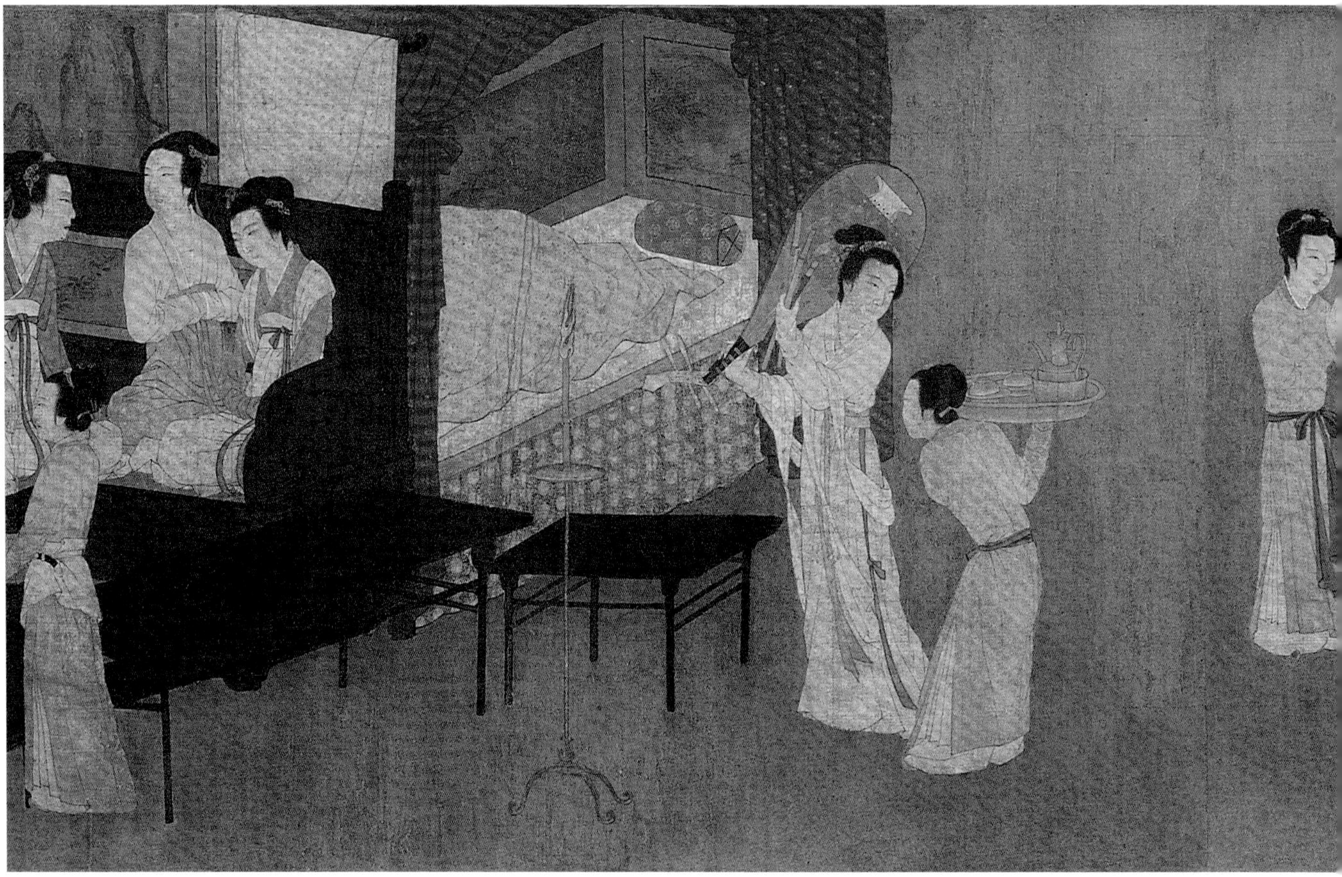

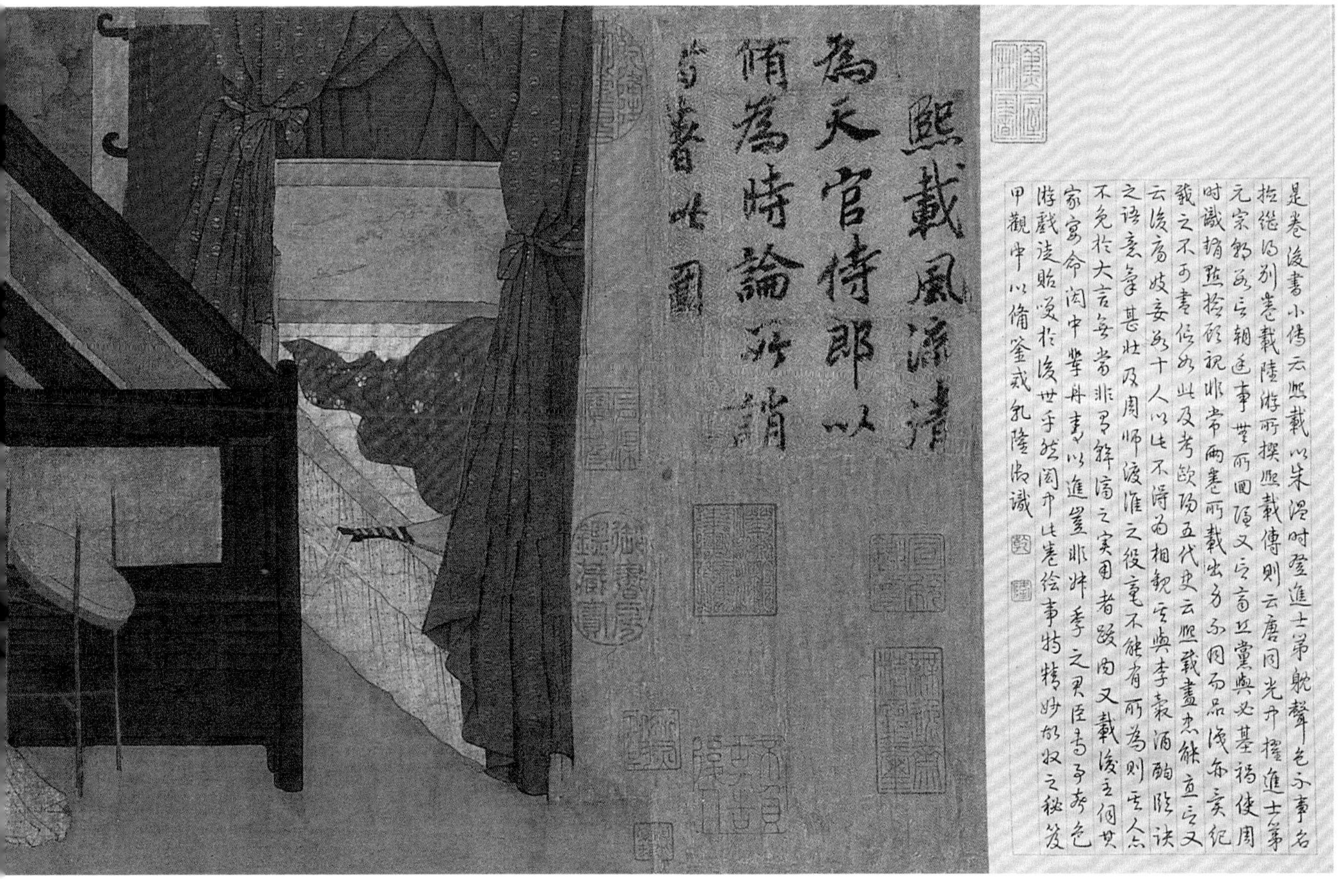
熙載風流清
為天官侍郎以
脩為時論所誚
嘗畫此圖

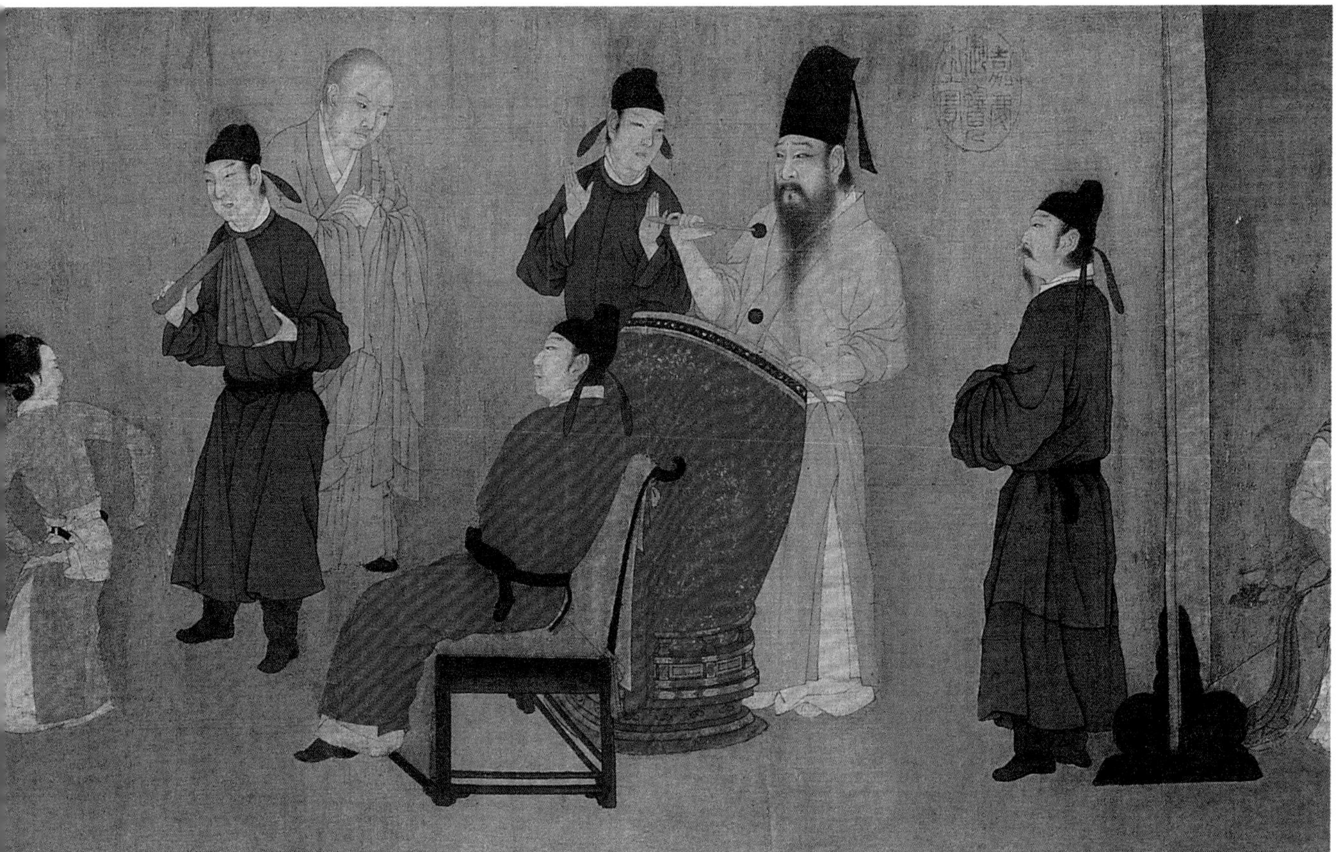

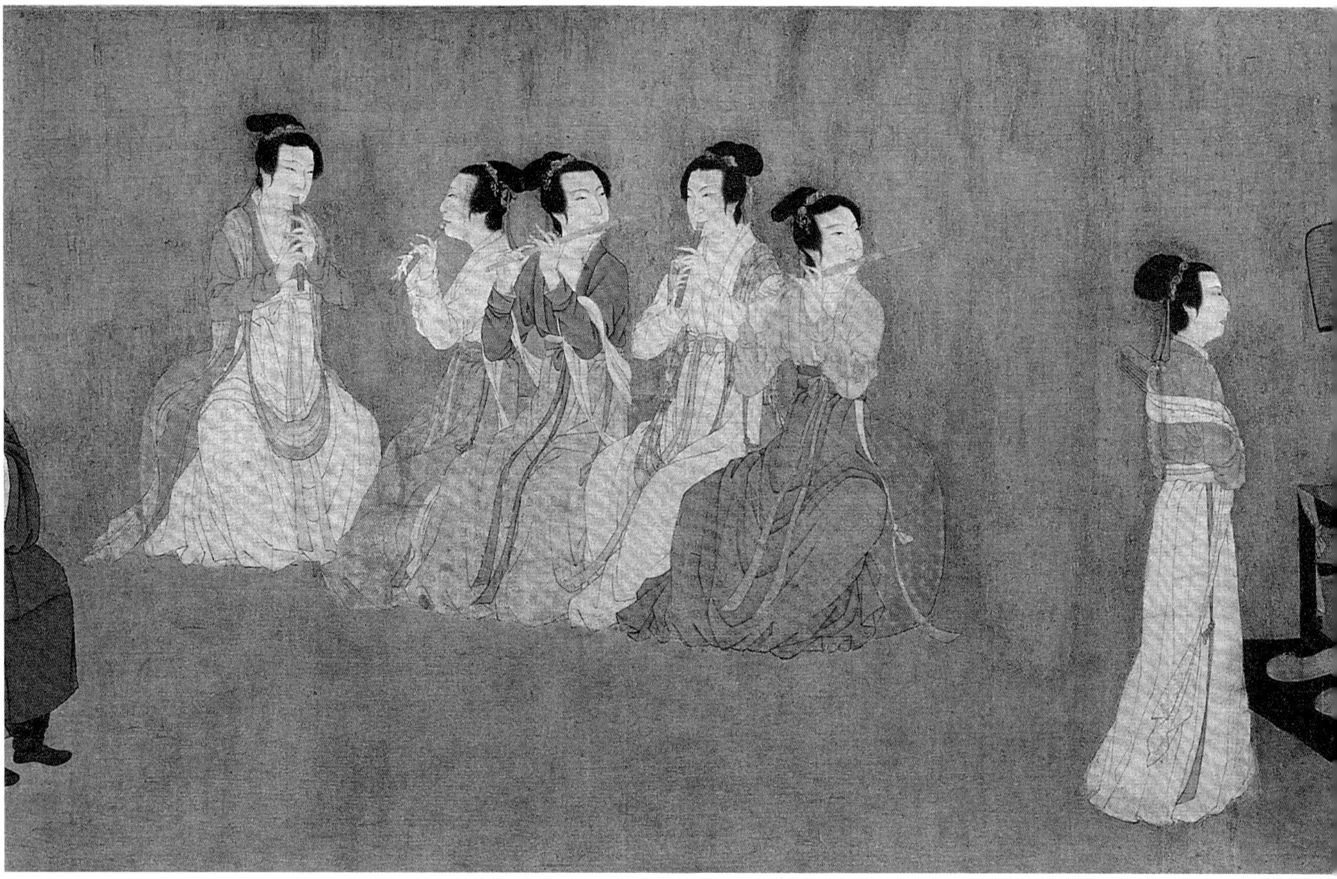

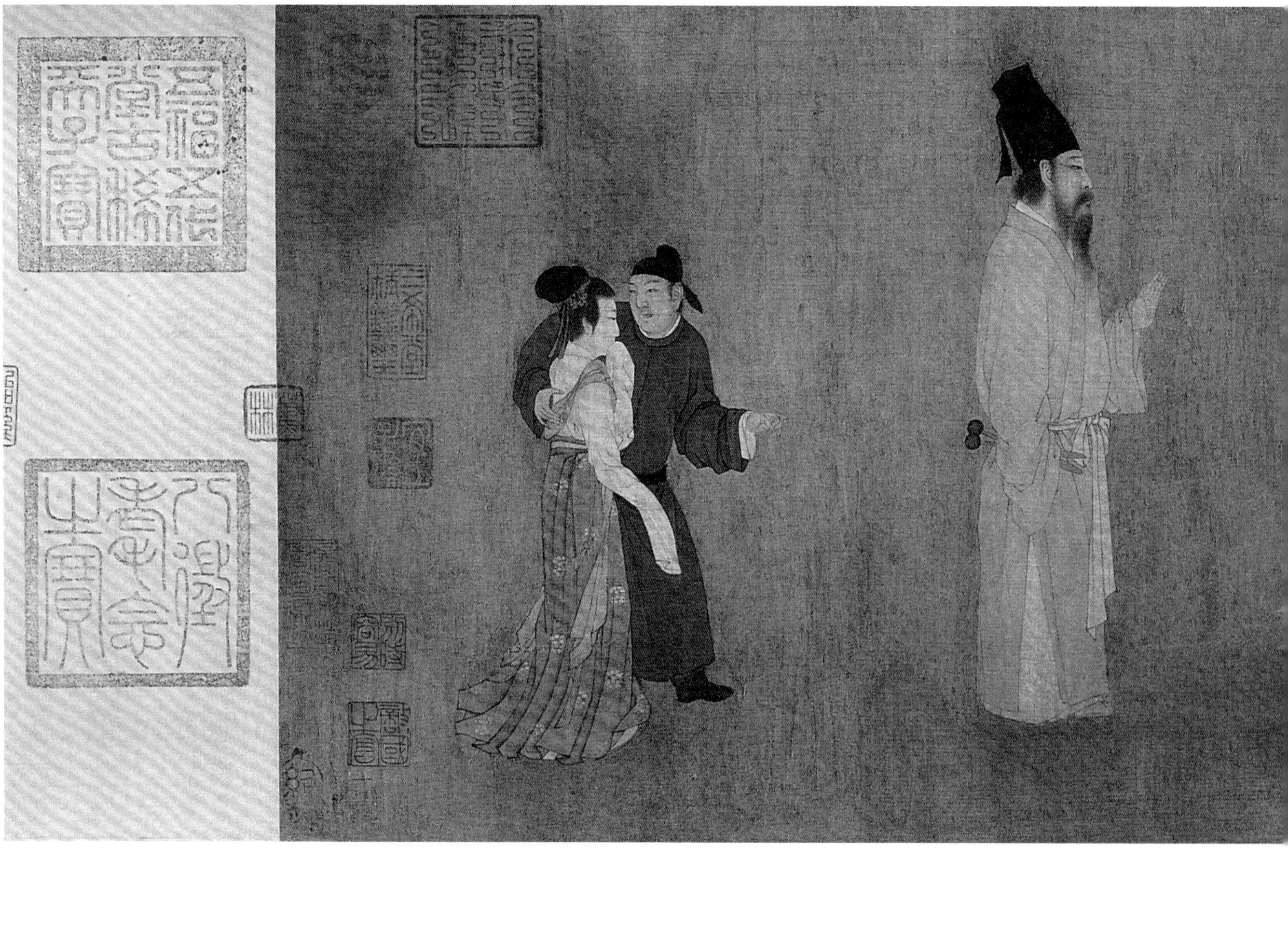

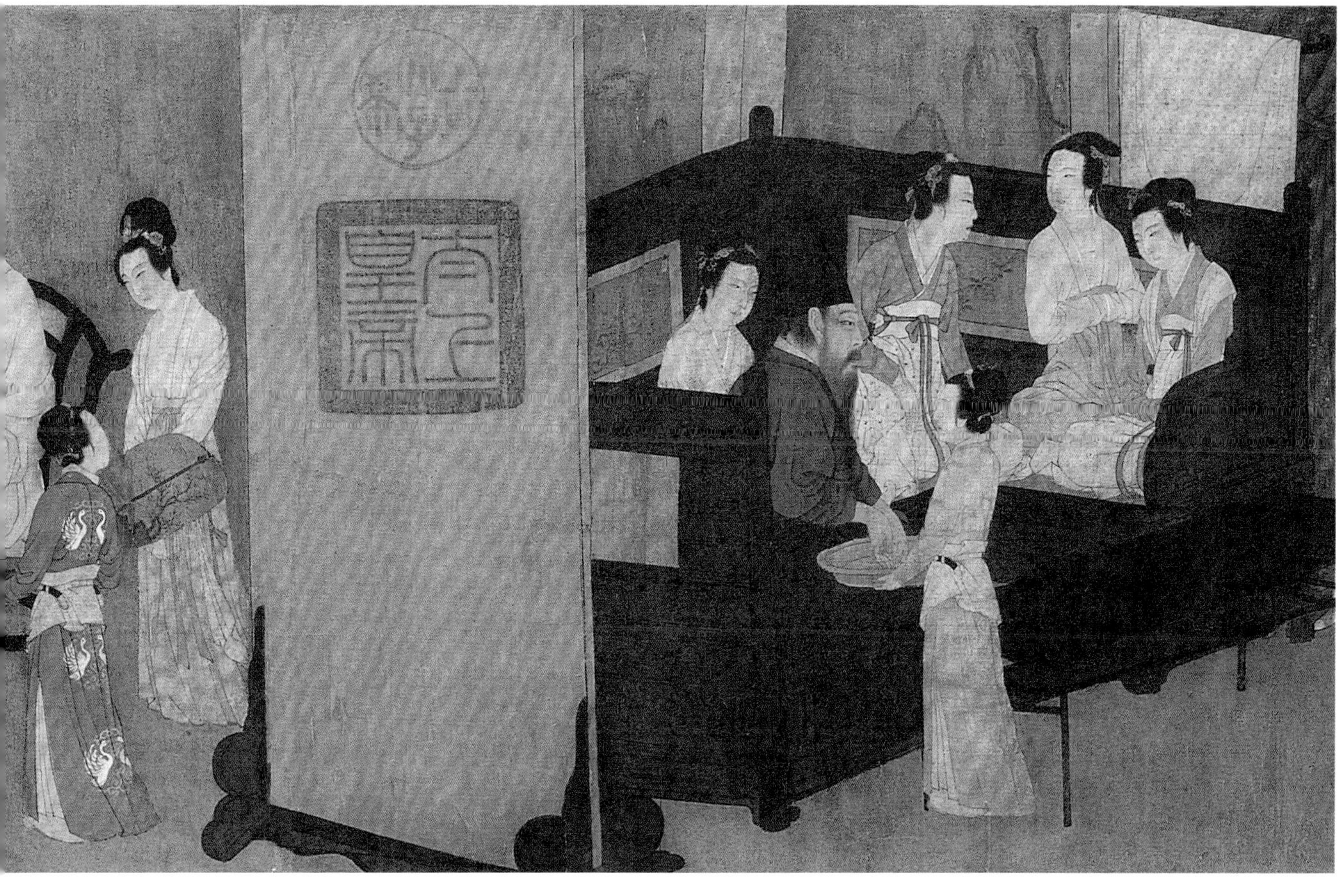

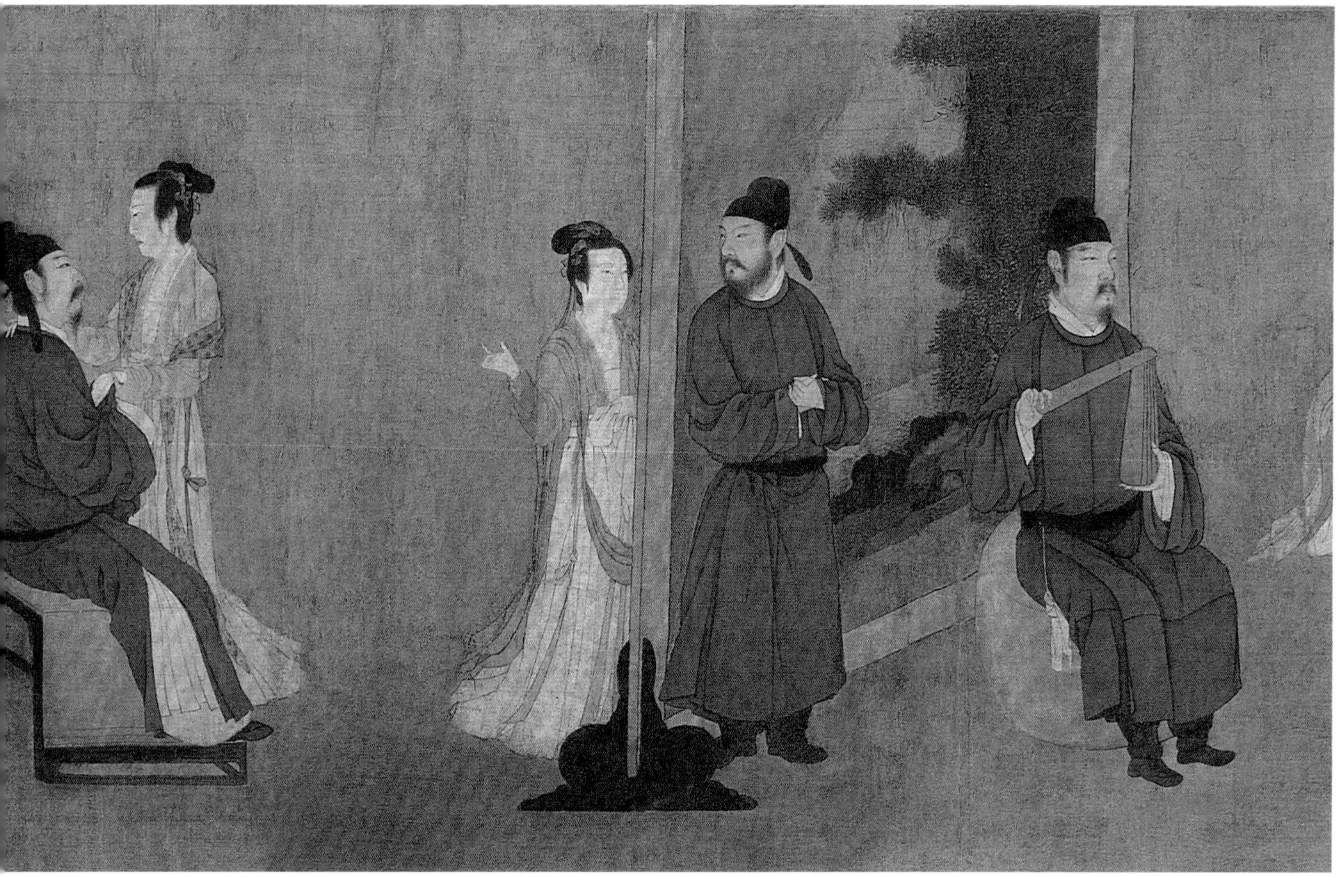

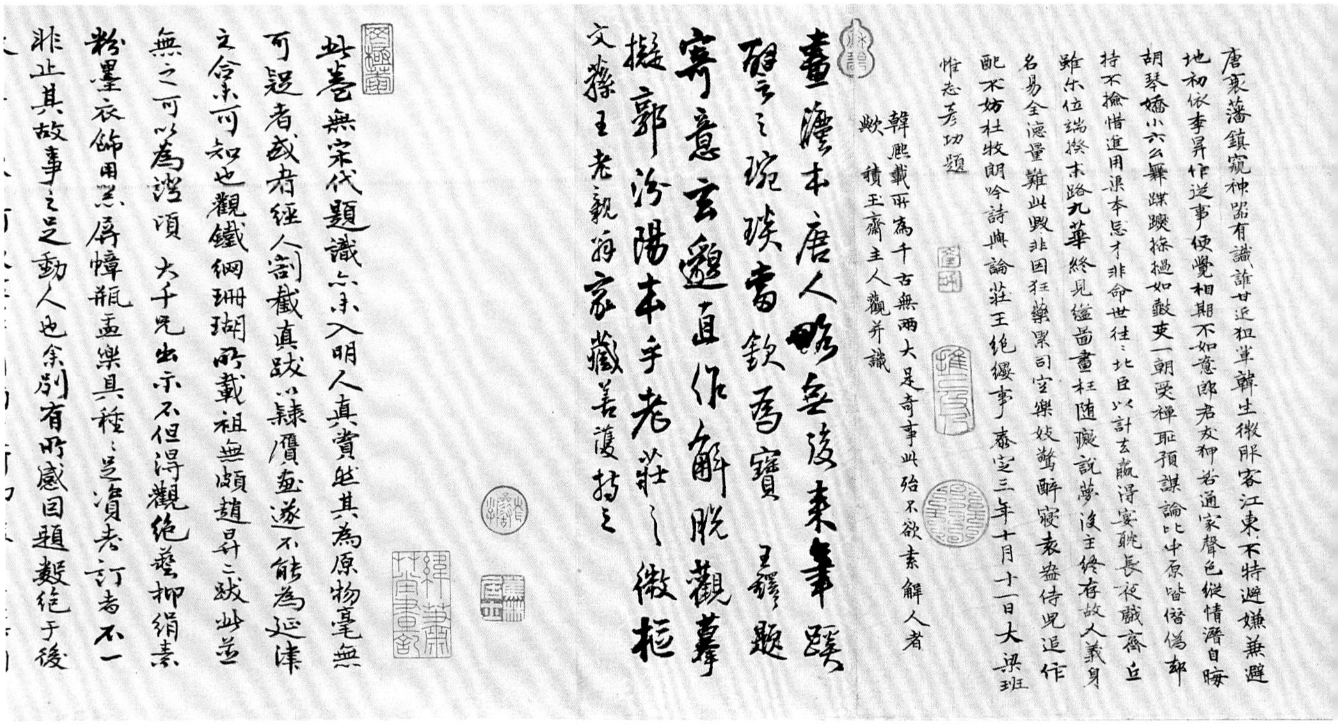
唐衰藩鎮窺神器有識誰甘近狃羣韓生徵辟客江東不特避嫌兼避
地初依李昇作從事便覺相期不如意郎君友柳若通家聲色縱情潛自晦
胡琴嬌小六幺舞蹀躞擒攦如戲吏一朝受禪恥預謀論比中原皆僭偽郁
持不揄惜進用渠本忌才非命世往往北臣以計去廠得寵耽長夜戲齋丘
雖亦位端揆末路九華終見縊畫杜隨癡說夢後主終存故人義身
名易全德量難此毀非因狂藥眾司空樂妓驚醉寢袁盎侍兒追作
配不妨杜牧朗吟詩與論莊王絕纓事　泰定三年十月十一日大梁班
惟志彥功題

韓熙載所為千古無兩大是奇事此殆不欲素解人者
歟　積玉齋主人觀并識

畫瀏本唐人昉無後來筆蹊
徑之琬琰當欽為寶　王鐸題

寄意玄邈直作解脫觀摹
擬郭汾陽本乎老莊之微柜
文孫王老親翁家藏善護持之

此卷無宋代題識亦未入明人真賞然其為原物毫無
可疑者或者經人割截真跋以隸價每遂不能為延津
之合亦可知也觀鐵網珊瑚所載祖無頗趙昇二跋此並
無之可以為證頃　大千兄出示不但得觀絕藝柳絹素
粉墨衣飾用器屏幃瓶盂樂具種種足資考訂者不一
非止其故事之足動人也余別有所感因題數絕于後

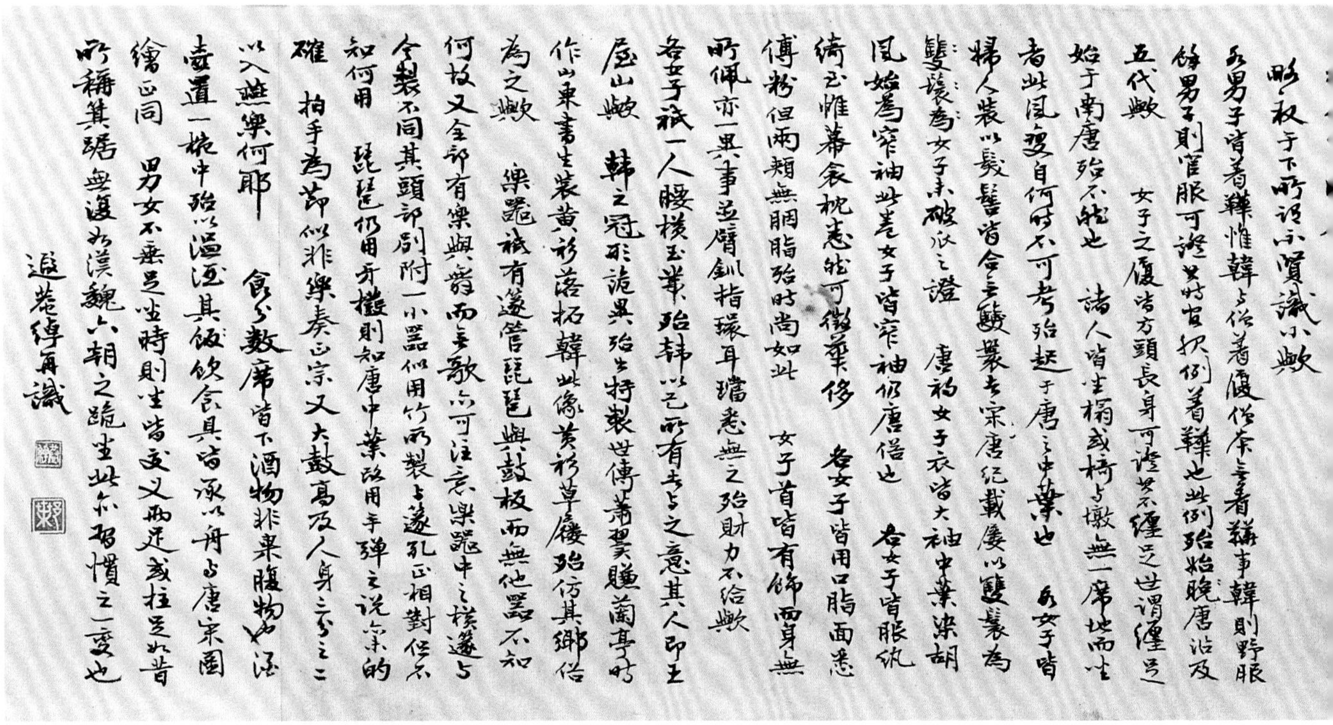
昉耶于下所記亦質識小歟
至男子皆著鞾惟韓與侍茶之著鞋事韓則野服
餘男子則官服可證其時官服例著鞾也此例殆始晚唐沿及
五代歟　女子之履皆方頭長身可證其不纏足世謂纏足
始于南唐殆不然也　諸人皆坐榻或椅與墩無一席地而坐
者此風變自何時不可考殆起于唐之中葉也　至女子皆
婦人裝以髮髻皆合三髮叢考宋唐紀載屢以雙鬟為
雙鬟為女子未破瓜之證　唐初女子衣皆大袖中葉漸胡
風始為窄袖此卷女子皆窄袖仍唐俗也　各女子皆服紈
綺或帷幕衾枕恐能可徵華侈　各女子皆用口脂面悉
傅粉但兩頰無胭脂殆時尚如此　女子首皆有飾而身無
所佩亦一異事並臂釧指環耳璫悉無之殆財力不給歟
各女子祇一人腰橫玉帶殆韓以己所有者與之意其人即王
屋山歟　韓之冠形詭異殆其特製世傳韓製輕紗帽時
作山東書生裝黃衫落拓韓此像黃衫草屨殆仿其鄉俗
為之歟　樂器祇有簫管琵琶與鼓板而無他器不知
何故又全卷有樂與舞而無歌亦可注意樂器中之橫簫與
今製不同其頭部別附一小器似用竹所製與簫孔正相對但不
知何用　琵琶仍用撥則知唐中葉改用手彈之說余的
確　拍手為節似非樂奏正宗又大鼓高及人身之二
以入燕樂何耶　食之數席皆下酒物非果腹物也添
壺置一梔中殆以溫酒其飯飲食具皆承以舟與唐宋圖
繪正同　男女不雜足坐時則坐皆交叉兩足或枉足如昔
所稱箕踞無復於漢魏六朝之跪坐此亦習慣之一變也
遐菴綽再識

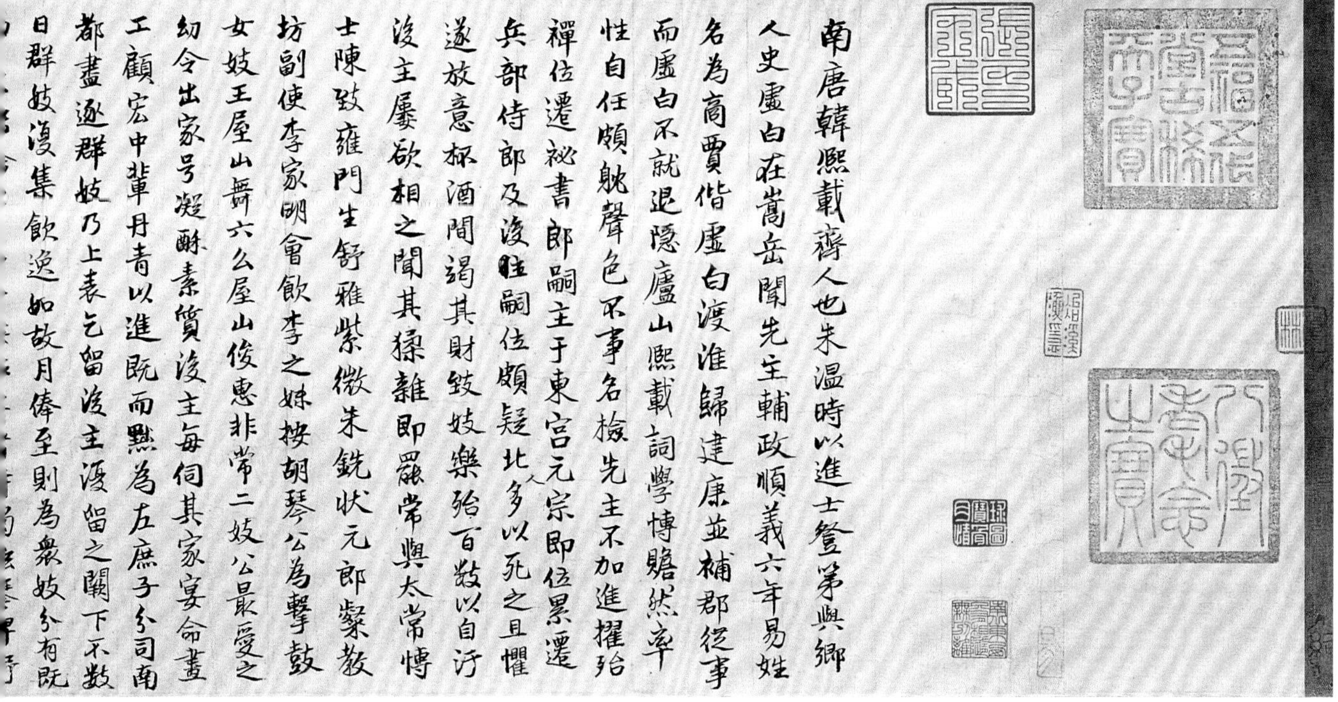

南唐韓熙載齊人也朱温時以進士登第與鄉
人史虛白在嵩岳聞先主輔政順義六年易姓
名為商賈偕虛白渡淮歸建康並補郡從事
而虛白不就退隱廬山熙載詞學博贍然率
性自任頗耽聲色不事名檢先主不加進擢殆
禪位遷祕書郎嗣主于東宮元宗即位累遷
兵部侍郎及後主嗣位頗疑北人多以死之且懼
遂放意杯酒間竭其財致妓樂殆百數以自汙
後主屢欲相之聞其猱雜即罷常與太常博
士陳致雍門生舒雅紫微朱銑狀元郎粲教
坊副使李家明會飲李之妹按胡琴公為擊鼓
女妓王屋山舞六么屋山俊惠非常二妓公最愛之
幼令出家号凝酥素質後主每伺其家宴命畫
工顧宏中輩丹青以進既而黜為左庶子分司南
都盡遂群妓乃上表乞留後主復留之闕下不數
日群妓復集飲逸如故月俸至則為衆妓分有既

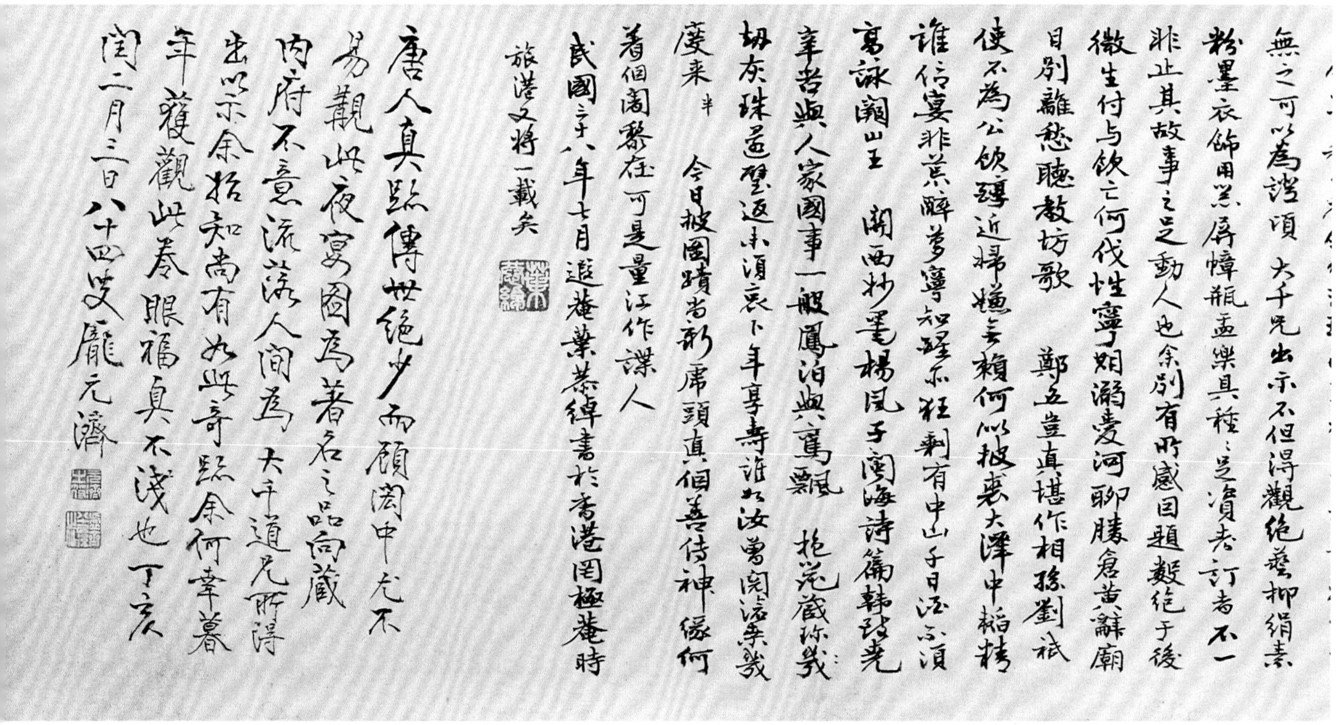

無之可以為證頃 大千兄出示不但得觀絶藝抑絹素
粉墨衣飾用器屏幛瓶盃樂具種種足資考訂者不一
非止其故事之足動人也余別有所感因題數絶于後
徽生付与飲之何伐性寧知溺愛河聊勝倉黃辭廟
日別離愁聽教坊歌 鄭五豈真堪作相孫劉祇
使不為公飲醇近婦嬉無賴何似披裘大澤中稻粱
誰信宴非真醉夢寧知醒不狂剩有中山千日酒不須
高詠閬山王 閬西妙墨楊風子閩海詩篇韓致光
辛苦與人家國事一般風泊與鸞飄 抱兄藏弆幾
劫灰珠還璧返未須哀卜年享壽誰如汝曾閱滄桑幾
度來 半 今日披圖猶尚刱席頭真個善傳神緣何
着個闍黎在可是量江作諜人
民國三十八年七月遐菴葉恭綽書於香港因極菴時
旅港又將一載矣

唐人真跡傳世絶少而顧閎中尤不
易覯此夜宴圖為著名之品向藏
內府不意流落人間為 大千道兄所得
出以示余始知尚有如此奇跡余何幸暮
年獲觀此卷眼福真不淺也丁亥
閏二月三日八十四叟龐元濟

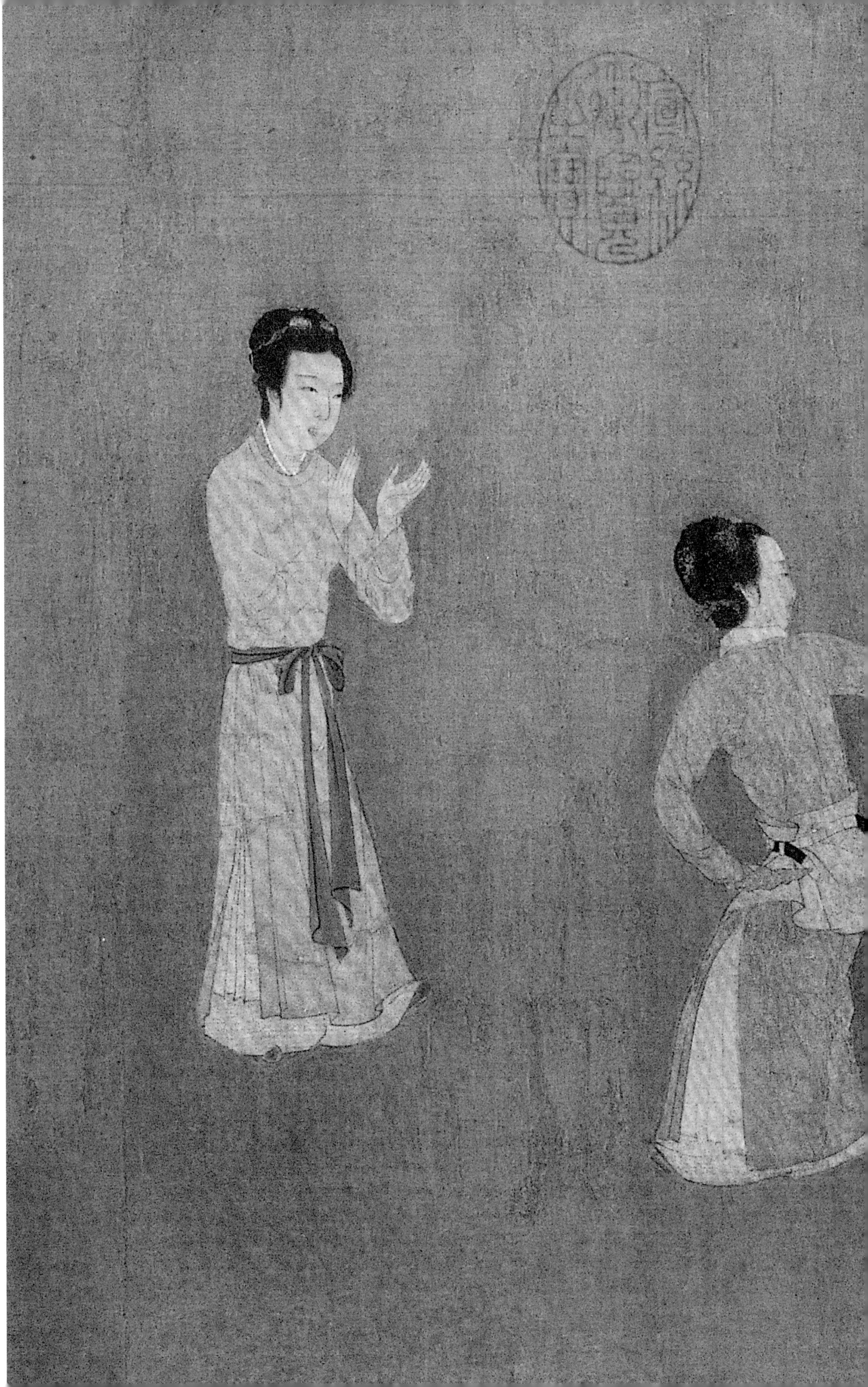

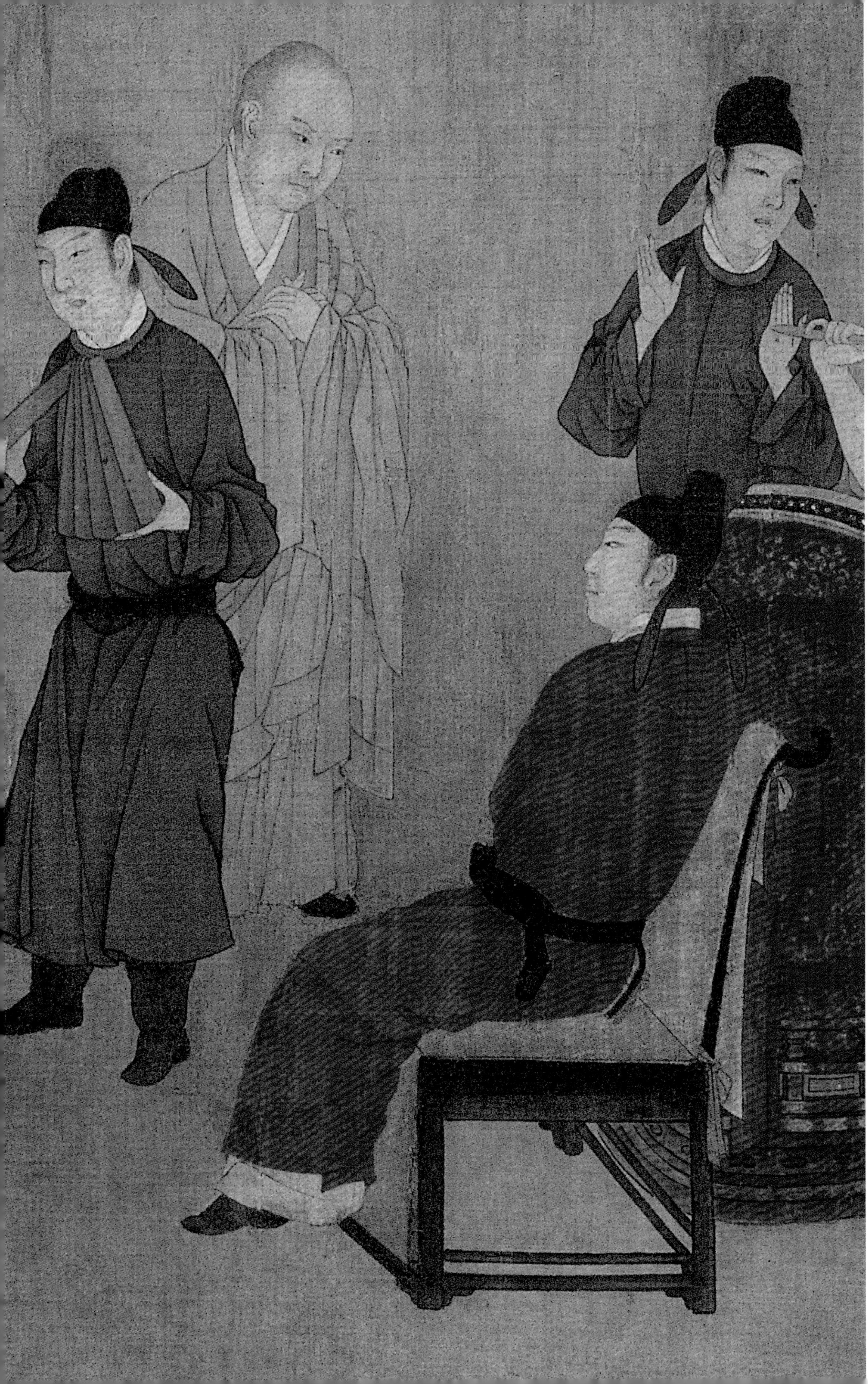

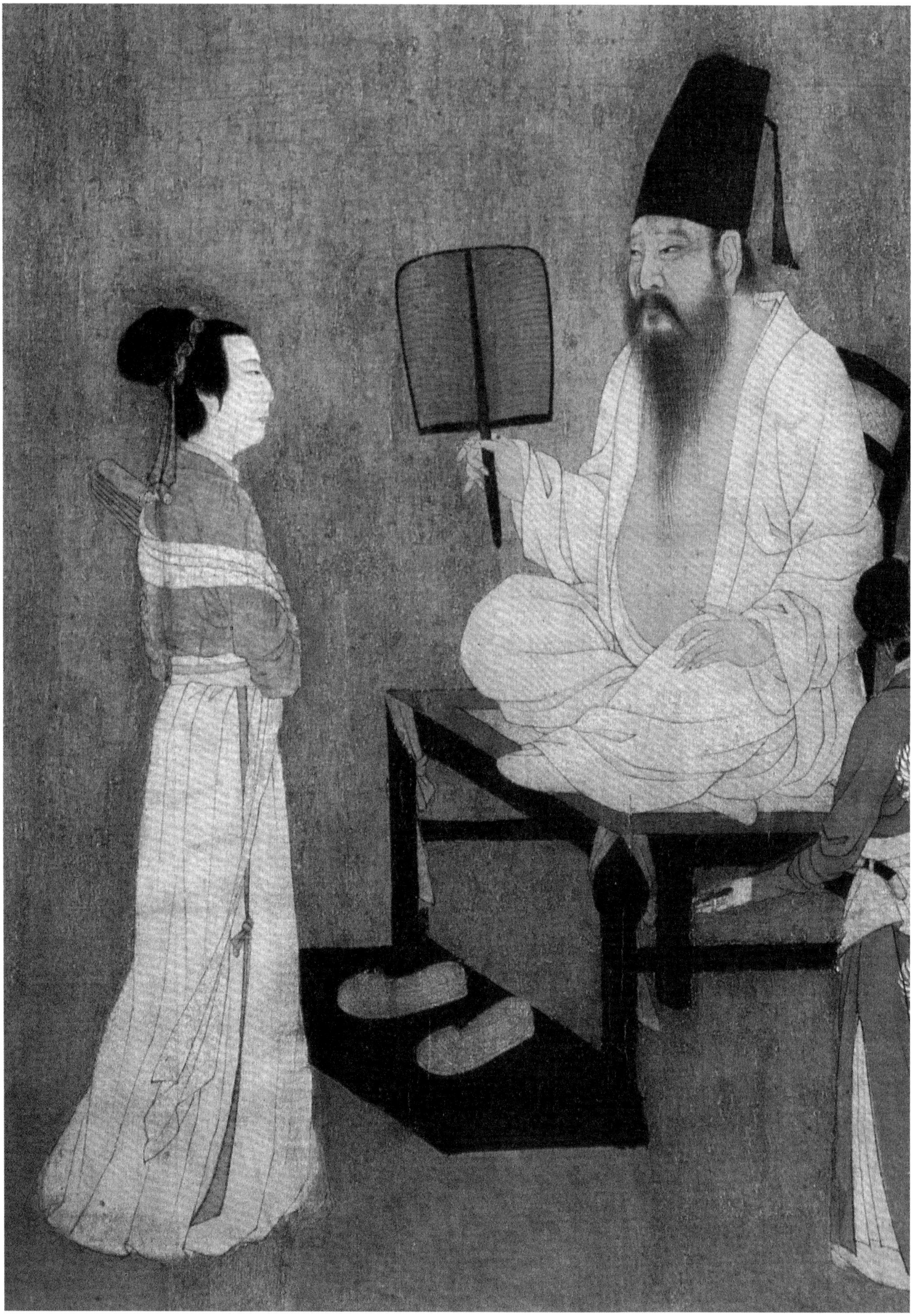

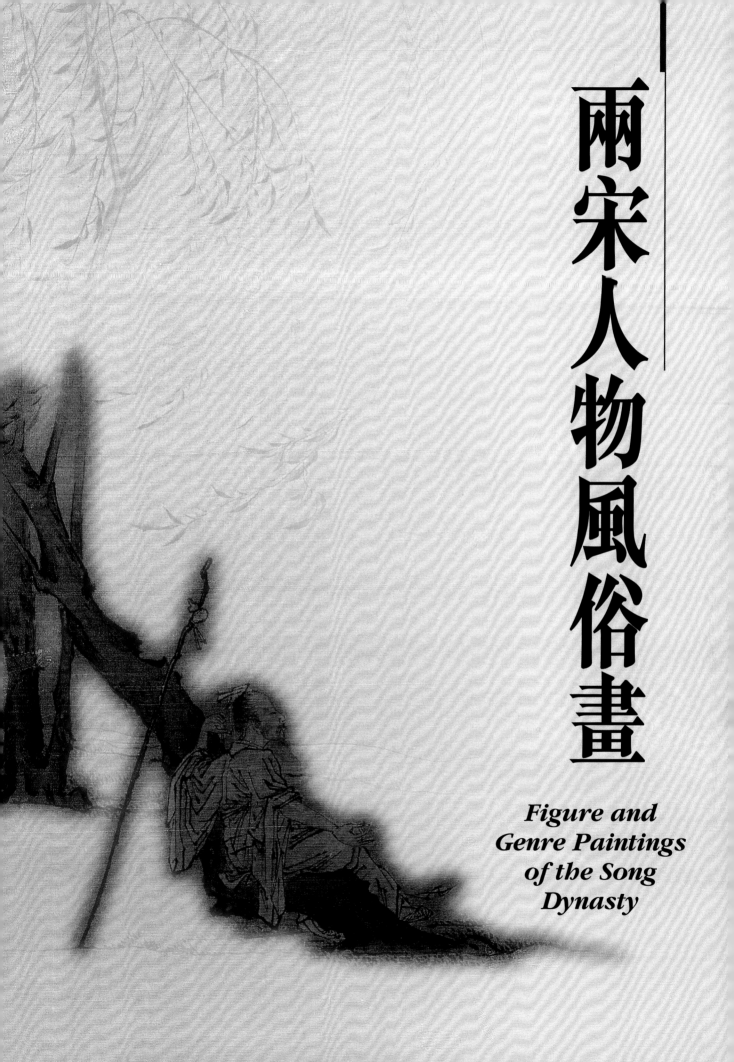

兩宋人物風俗畫

Figure and Genre Paintings of the Song Dynasty

15

趙佶　聽琴圖軸

北宋
絹本　設色　縱147.6厘米　橫51.3厘米
清宮舊藏

Listening to a Lute
By Zhao Ji
Northern Song Dynasty
Hanging scroll, Colour on silk
H. 147.6cm　L. 51.3cm
Qing Court collection

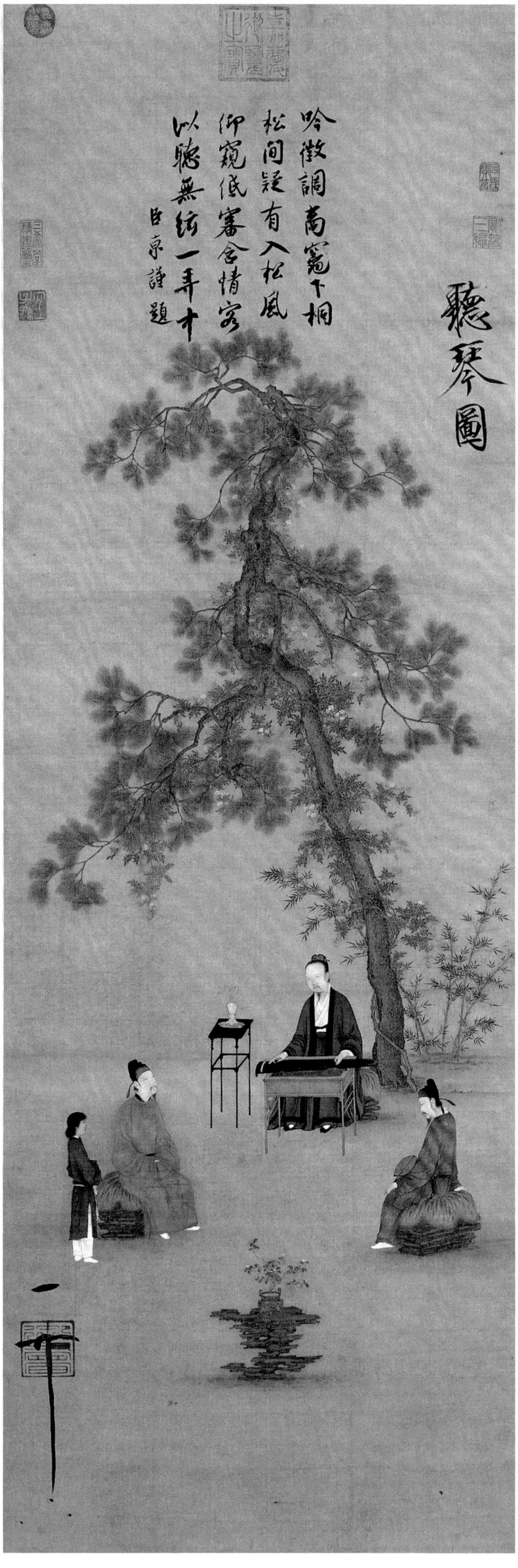

圖中繪宋朝內府聽琴的情景。有說撫琴者是宋徽宗本人，二聽客神思入樂，恭聽出神。衣紋用顫筆和鐵綫描，臉面和手指刻畫得細膩入微，樹石畫法工細規整，氣氛靜謐，人物沉浸在優雅的古曲旋律中，是典型的北宋院體人物畫。

本幅有趙佶御題“聽琴圖”。押“天下一人”，鈐璽“御書”（朱文）。另有太師蔡京的題詩：“吟徵調商灶下桐，松間疑有入松風；仰窺低審含情客，聽似無弦一弄中。臣京謹題”。鈐清宮藏印“石渠寶笈”（朱文）、“乾隆鑑賞”（白文圓）、“三稀堂精鑑璽”（白文）、“子孫永保”（白文）、“嘉慶御覽之寶”（朱文）。

曾經《石渠寶笈三編》、《西清雜記》著錄。

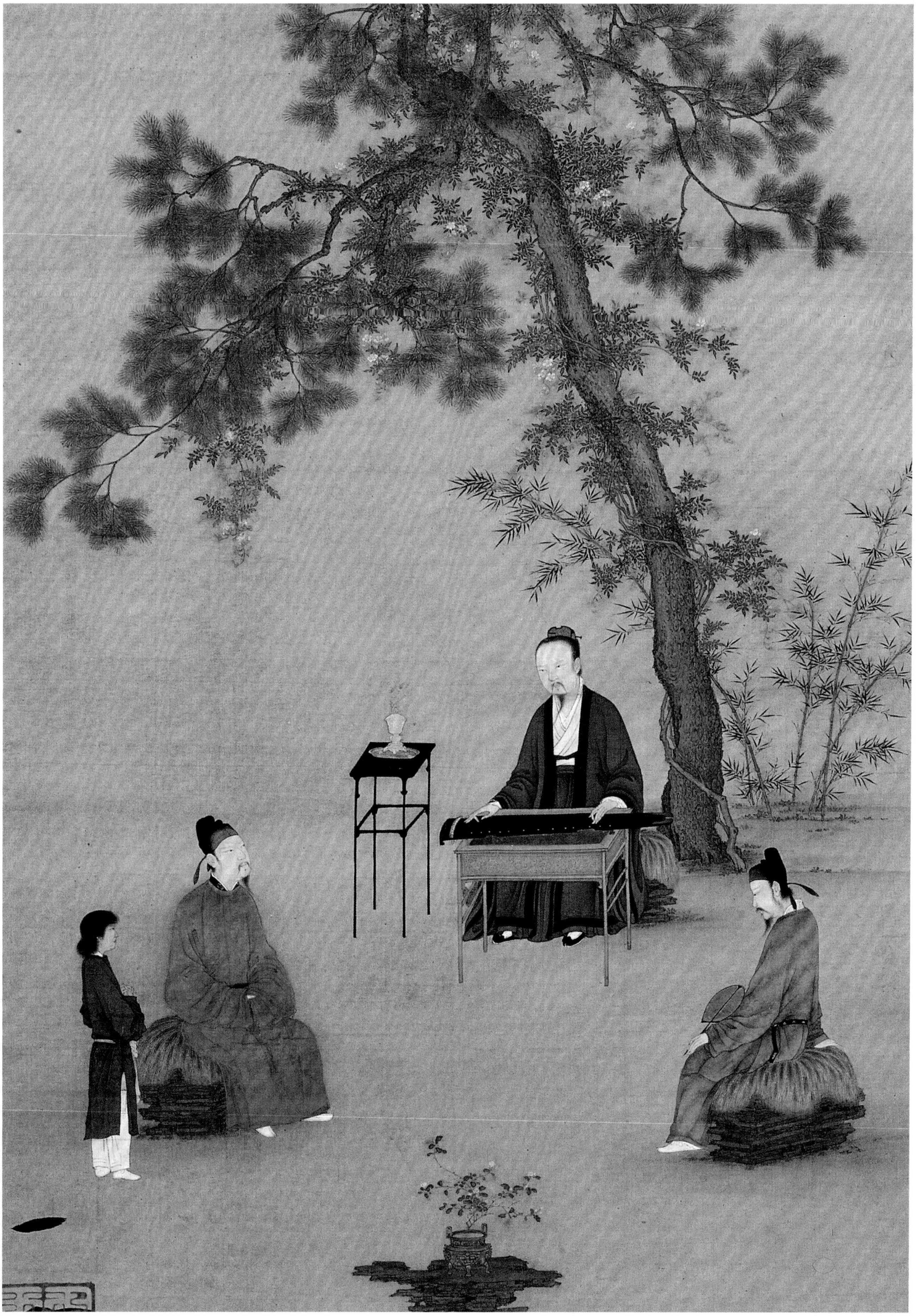

16

李公麟（傳） 維摩演教圖卷

北宋
紙本　墨筆白描　縱34.6厘米　橫207.5厘米
清宮舊藏

Vimalakirti Preaching the Doctrine
By Li Gonglin (1049 ~ 1106)
Northern Song Dynasty
Handscroll, Plain drawing on paper
H. 34.6cm　L. 207.5cm
Qing Court collection

李公麟（1049—1106），字伯時，安徽舒城人。歷任南康長恒尉、泗州錄事參軍、御史檢法至朝奉郎。後隱居龍眠山，自稱龍眠山人。其畫法長於白描，據傳師法吳道子，所謂“掃去粉黛，淡毫輕墨”，這種畫法對後世影響極大。

《維摩演教圖》繪維摩變相的“文殊師利問疾品”。維摩詰是古印度毗耶離城的居士，擅長辯論，佯病在家，待與訪者辯論佛法。文殊菩薩秉承佛陀意旨問疾。圖中文殊合掌坐於束腰台座上，足踏蓮花。獅子坐騎臥於旁。座後有菩薩、頭陀僧及老者，再後立武士裝束的于闐國王。維摩詰坐於牀榻上，面容清癯，右手前指，左手持麈尾扇。榻後跪坐僧人、捧缽侍女，再後立毗沙門天王。中間佛弟子舍利弗與維摩詰所化出的天女相對而立，天女持花欲散，喻以辯經。中央香几上置獅形爐，口吐香煙。全畫以墨筆白描繪就，人物造型優雅細膩，家具式樣真實考究。此圖一說為金代馬雲卿所作。

本幅鈐清內府藏印“宣統御覽之寶”（朱文橢圓）、“宣統鑑賞”（朱文）、“無逸齋精鑑璽”（朱文）等計二十一方。引首鈐藏印二方，前隔水鈐四方，後隔水鈐三方，尾紙鈐三方，半印一方。

尾紙題跋有沈度書《般若波羅蜜多心經》並跋、董其昌跋二則（釋文見附錄）、王穉登跋等。

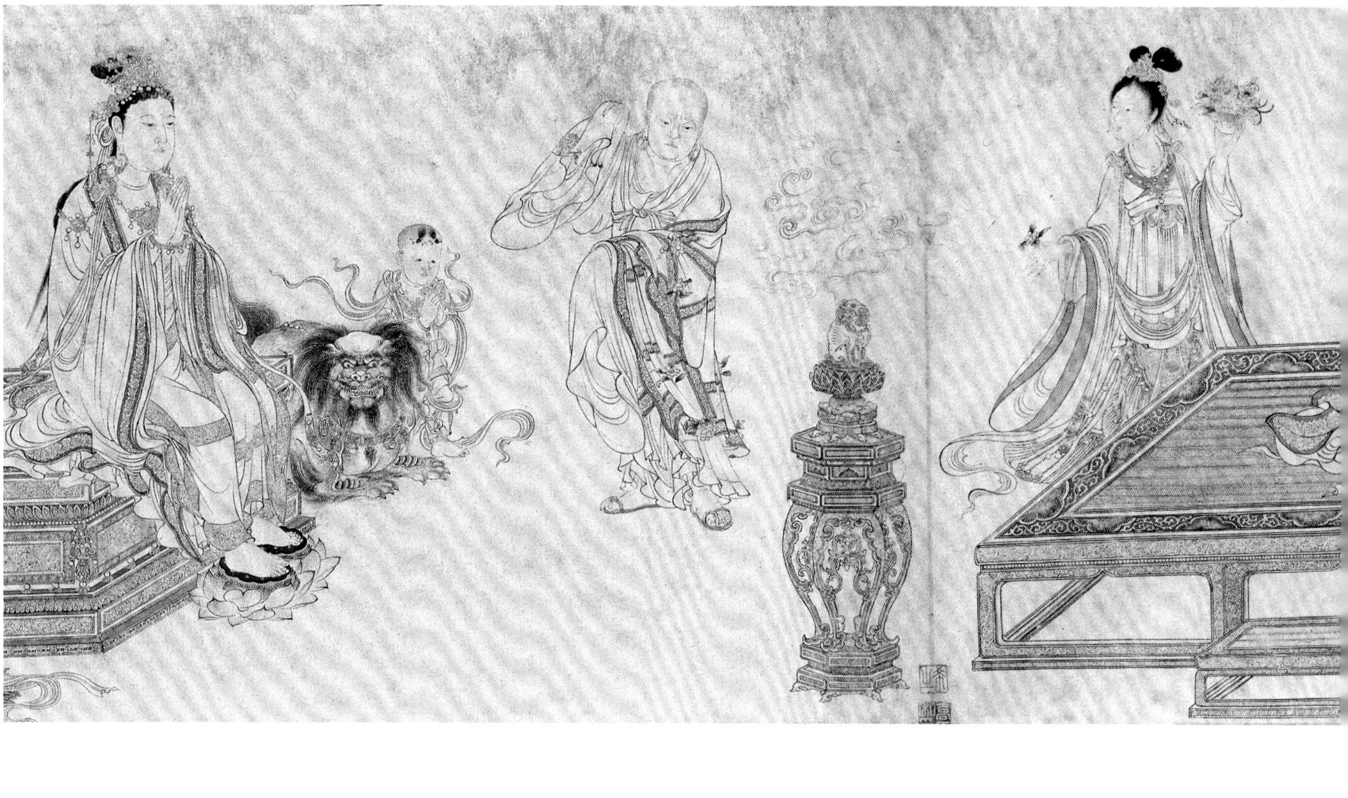

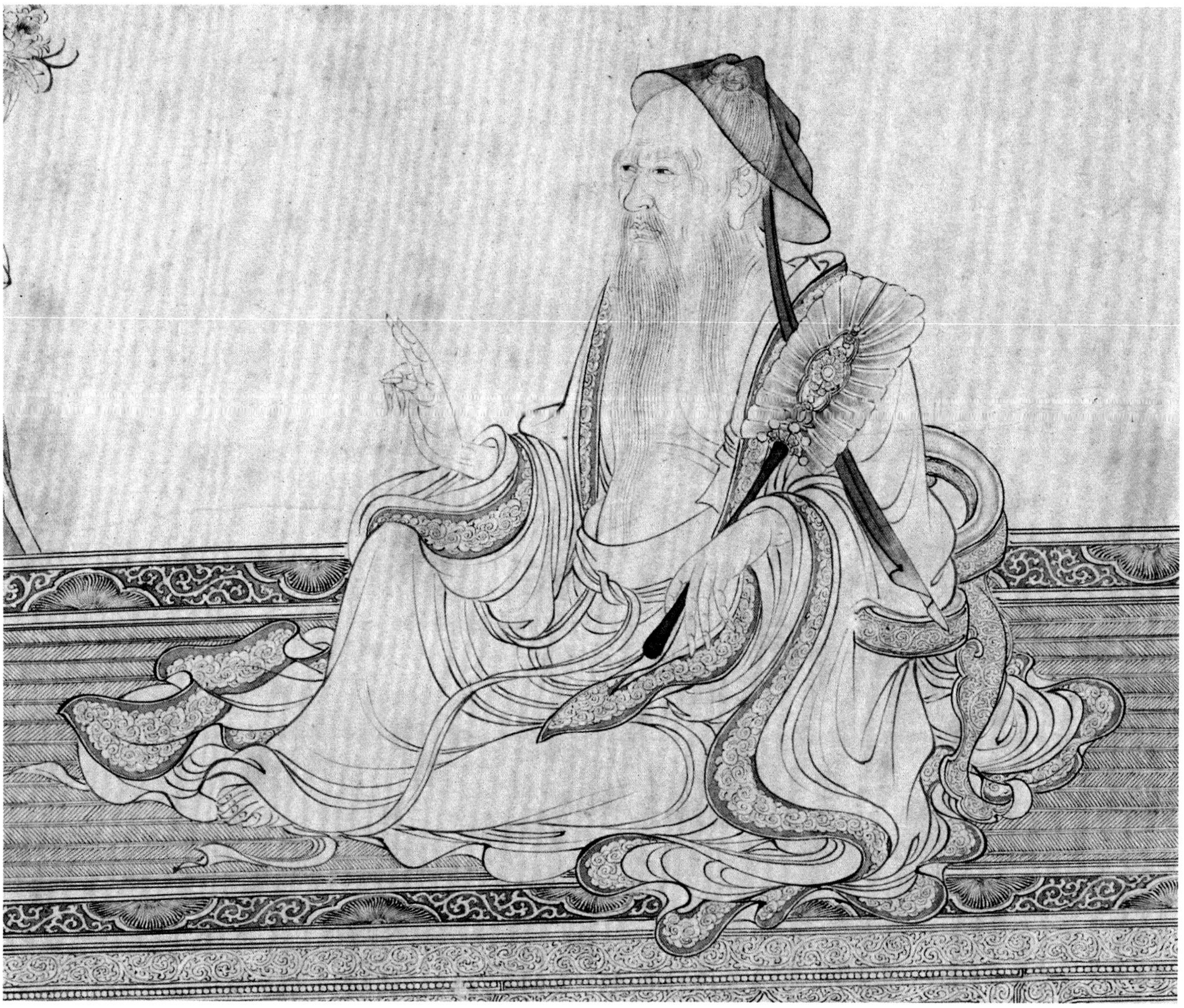

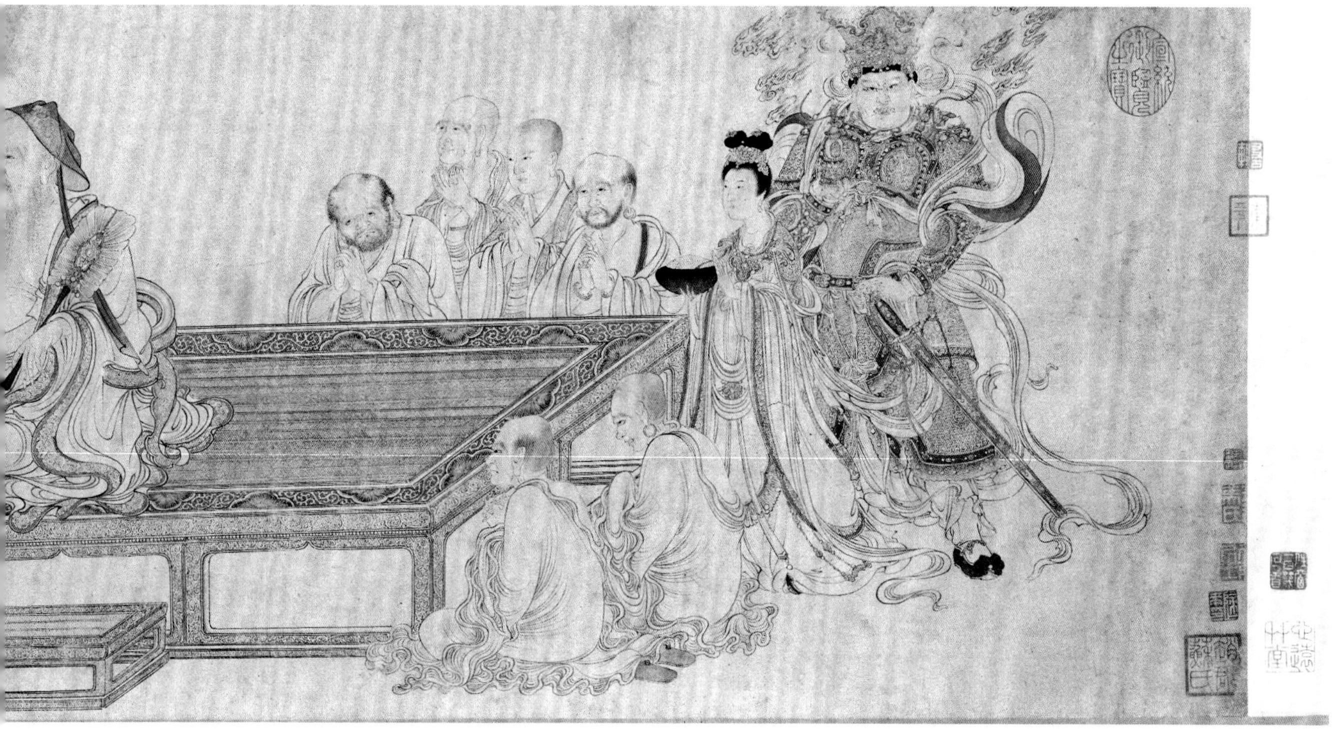

般若波羅蜜多心經

觀自在菩薩行深般若波羅蜜多時照見五蘊皆空度一切苦厄舍利子色不異空空不異色色即是空空即是色受想行識亦復如是舍利子是諸法空相不生不滅不垢不淨不增不減是故空中無色無受想行識無眼耳鼻舌身意無色聲香味觸法無眼界乃至無意識界無無明亦無無明盡乃至無老死亦無老死盡無苦集滅道無智亦無得以無所得故菩提薩埵依般若波羅蜜多故心無罣礙無罣礙故無有恐怖遠離顛倒夢想究竟涅槃三世諸

作佛事者也元時惟吾鄉趙文敏庶幾不愧之 董其昌觀因題

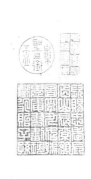

舊識於長安苑西邸中丙寅二月重觀於吳門官舫之紀勝矣 其昌

李伯時人品畫法名重當世故一時效之者衆魚目混光慧眼自辨余所見最多然惟袁氏白蓮社王孫且南草堂王家美伏生授書項子京女孝經朱少傅高士金家維摩長公笠屐像與此卷維摩演教圖乃真蹟其餘贗本亂真殊足笑取觀其所作摩詰文殊二像飄飄有天人相細入微茫而高古超越洮塵凡面目聽經諸侶皆斂心合掌至羣石點頭真神來之筆視後世丹青手直土苴耳白描畫易纖弱柔媚家雖遒勁高逸今觀此圖如屈鐵絲唐有閻今宋有伯時元有趙文敏可稱鼎立矣沈學士書莊嚴整肅如程不識用兵亦一時之傑也

太原王穉登書於快雪亭

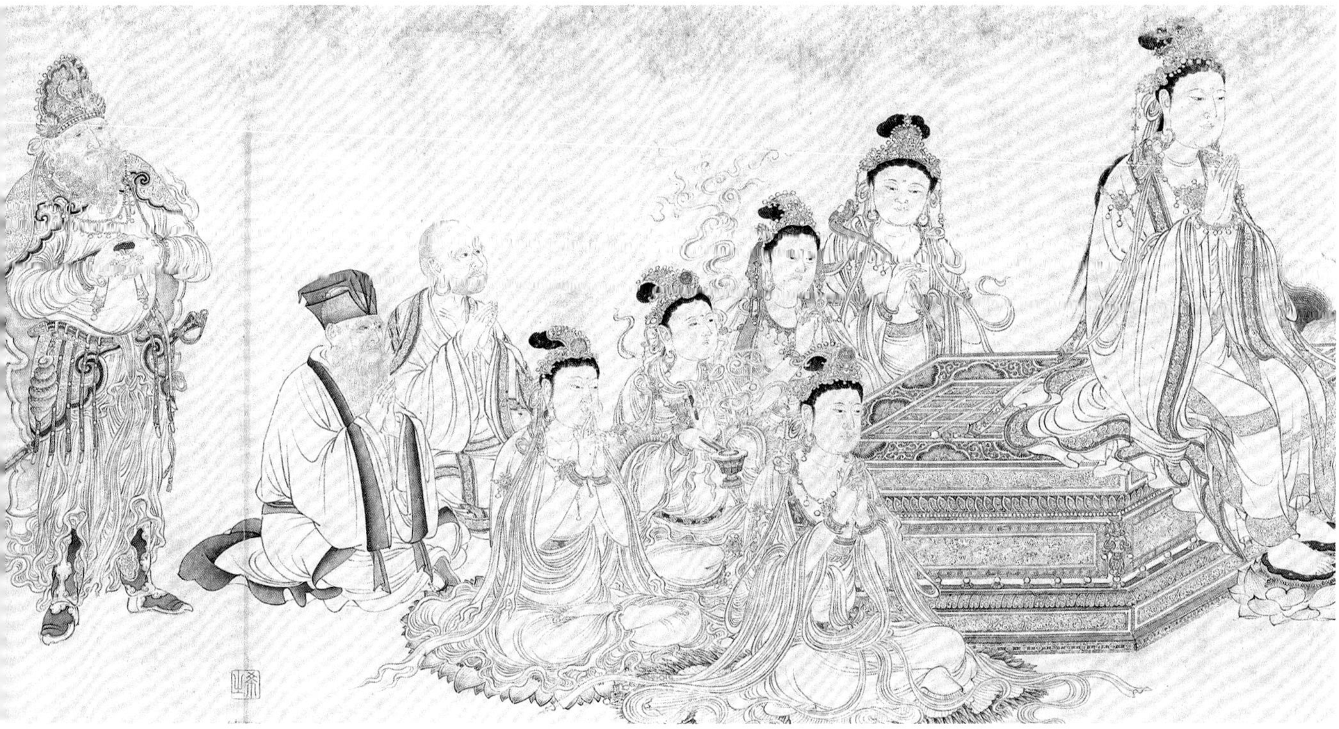

依般若波羅蜜多故心無罣
礙無罣礙故無有恐怖遠離
顛倒夢想究竟涅槃三世諸
佛依般若波羅蜜多故得阿
耨多羅三藐三菩提故知般
若波羅蜜多是大神呪是大
明呪是無上呪是無等等呪
能除一切苦真實不虛故說
般若波羅蜜多呪即說呪曰
揭帝揭帝波羅揭帝波羅
僧揭帝菩提薩婆訶
永樂丙戌歲予客燕臺真如
寺老僧元覺出示李龍眠演
教圖真跡隨索予書心經附
後自愧玉石難並固辭再三
老僧索之甚篤勉强淨手謹
書一通是夕上元日也
雲間沈度

宋李公麟演教圖精工之極菩學陸探微乎
衣閻右相者後為吾鄉沈學士補書心經其
楷法端勁之與畫相抗衡亦為長安古寺常

17

楊世昌　崆峒問道圖卷

北宋

絹本　設色　縱28.2厘米　橫49.5厘米

Asking Doctrine of Taoism in Kongdong Mountain

By Yang Shichang
Northern Song Dynasty
Handscroll, Colour on silk
H. 28.2cm　L. 49.5cm
Qing Court collection

楊世昌，字子京，武都山（今四川綿竹北）人，道士，曾中進士，性好遊歷，與蘇軾同遊赤壁。蘇軾稱他“一葉扁舟任飄起”，“泥行露宿終無疾”。能鼓琴吹簫，通行星曆，善占卦，尤長於山水畫。

《崆峒問道圖》是根據《莊子·在宥》的故事，描繪黃帝求道於上古仙人廣成子的情形。廣成子居於崆峒山（位於今河南臨汝西南）的石室。黃帝穿紅袍，膝行而進，再拜稽首，問求身之道，廣成子半臥於石榻上，蹶然而起，正欲應答。通過這一細節描寫，刻畫兩人不同身分、不同心態，細緻入微，廣成子在昏昏沉沉的神態中閃爍清晰的哲學思辯，而黃帝的神情誠惶誠恐，體現了虔誠的求道精神。人物綫描細勁挺秀，宛若游絲，設色恬淡溫潤。石榻用筆略有頓挫，尤其是石榻墊腳的石塊使用了小斧劈的皴法。

本幅款識“楊世昌”。鈐“畫學世家”（朱文）。

引首題“崆峒問道”。鈐“宋氏□延”（白文）。尾紙有賈郁、鍾啟晦題跋（釋文見附錄），鈐藏印十方。

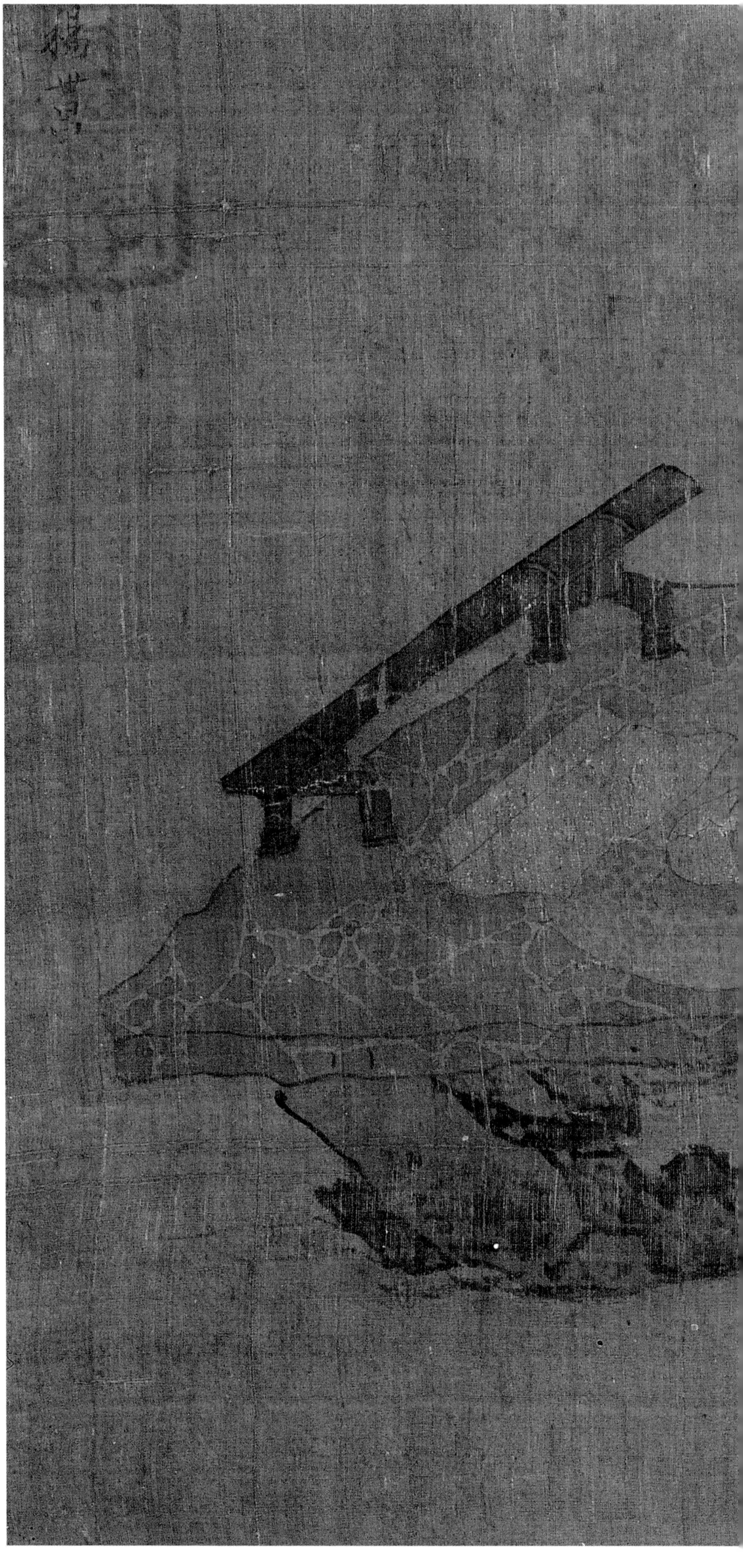

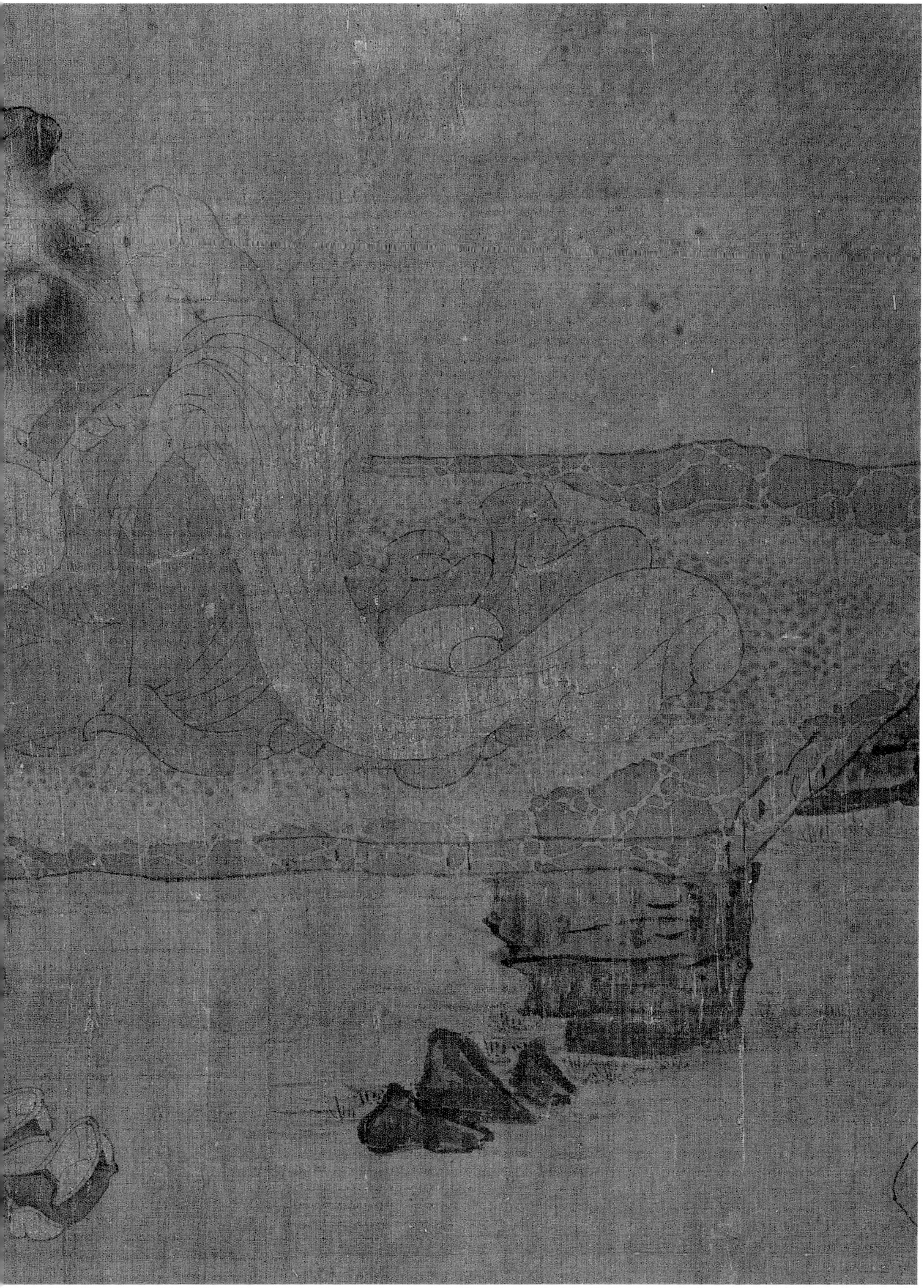

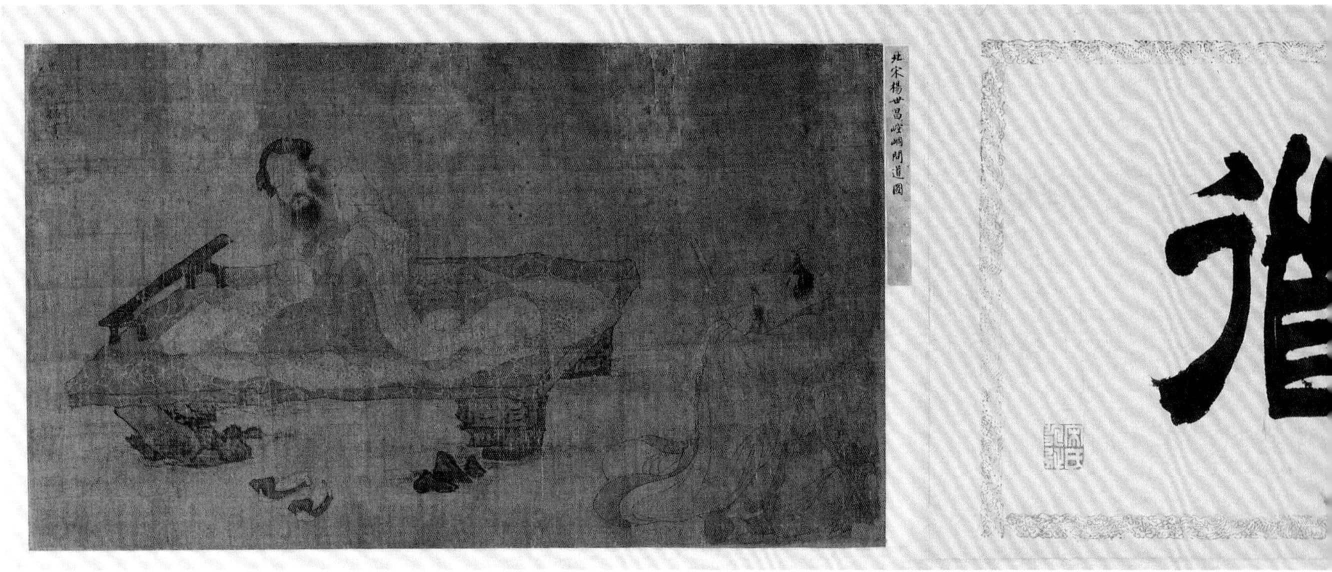

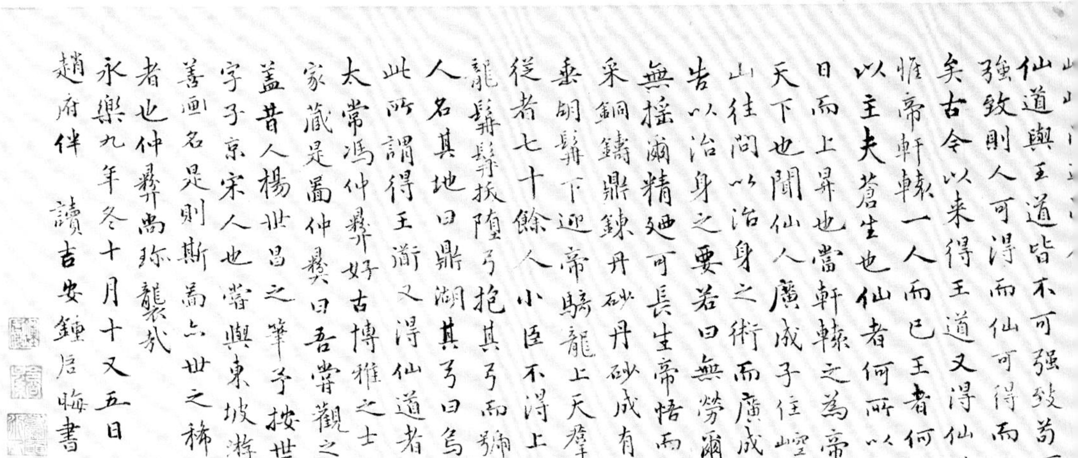

仙道與王道皆不可強致苟可
強致則人可得而仙可得而王
矣古今以来得王道又得仙衜
惟帝軒轅一人而已王者何所
以主夫蒼生也仙者何所以白
日而上昇也當軒轅之為帝於
天下也聞仙人廣成子住崆峒
山往問以治身之術而廣成子
告以治身之要若曰無勞爾形
無搖爾精廼可長生帝悟而歸
采銅鑄鼎鍊丹砂丹砂成有龍
垂胡髯下迎帝騎龍上天羣臣
從者七十餘人小臣不得上持
龍髯髯拔墮弓抱其弓而號後
人名其地曰鼎湖其弓曰烏號
此所謂得王衜又得仙道者也
太常馮仲彝好古博雅之士也
家藏是畫仲彝曰吾嘗觀之是
蓋昔人楊世昌之筆予按世昌
字子京宋人也嘗與東坡游以
善画名是則斯畫亦世之稀有
者也仲彝尚珎襲哉
永樂九年冬十月十又五日
趙府伴讀吉安鍾居晦書

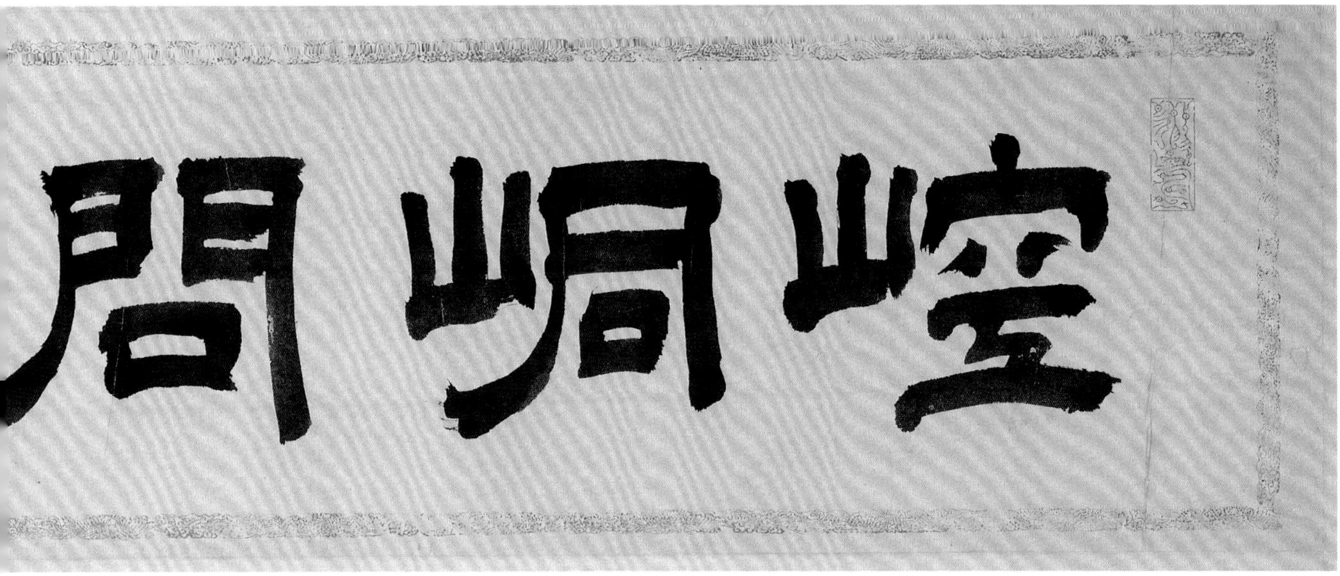

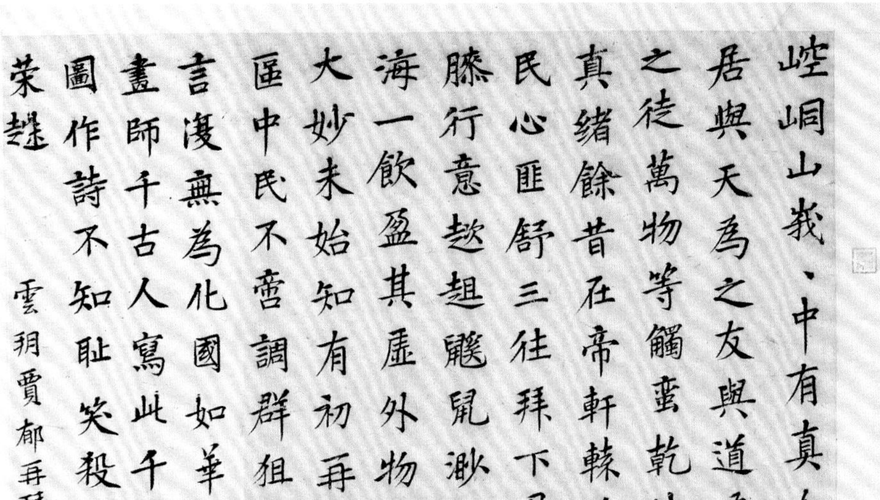

崆峒山峩、中有真人
居與天爲之友與道爲
之徒萬物等觸蛮乾坤
真緒餘昔在帝軒轅治
民心匪舒三往拜下風
膝行意趑趄飃鼠渺江
海一飲盈其虛外物入
大妙未始知有初再視
區中民不啻調群狙無
言復無爲化國如華胥
畫師千古人寫此千古
圖作詩不知耻笑殺南
榮趎 雲翔賈郁再拜題

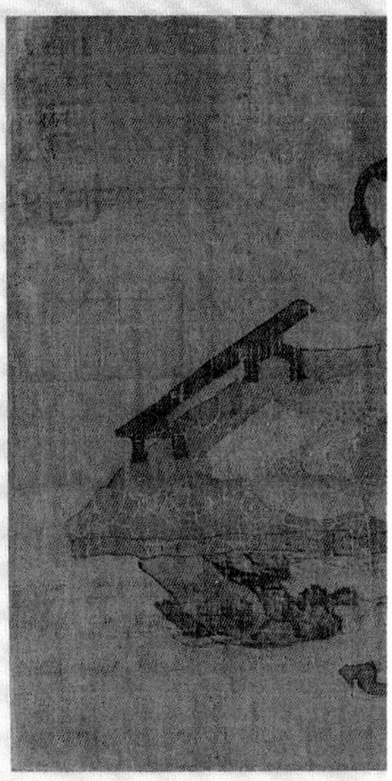

18

馬和之（傳） 豳風圖卷

南宋

絹本 設色 縱25.7厘米 橫557.5厘米

清宮舊藏

Paintings Based on the Airs of Ancient Bin State

By Ma Hezhi

Southern Song Dynasty

Handscroll, Colour on silk

H. 25.7cm L. 557.5cm

Qing Court collection

馬和之，錢塘（今杭州）人，南宋紹興（1131—1162）中登進士第，官至工部侍郎。曾供職於南宋畫院，善畫人物、山水、花鳥。宋高宗和孝宗曾書《詩經》三百篇，命他補圖。故其名下存世《詩經圖》約有十六件之多，但繪畫風格、水平各有不同，據考證，部分是南宋畫院畫家仿作或臨摹。

《詩經》是經孔子刪定的古代詩歌總集，是儒家六經之一。南宋皇帝親自書寫，並命馬和之補圖，使詩歌的內容形象化，藉以宣揚禮教。

此圖卷是依據《詩經》十五國風的《豳風》而作。豳是古都邑名（今陝西旬邑西南）。相傳周代祖先立國於豳，周公攝政時，陳《七月》以戒成王，後人取周公所作附之。全卷分為七段，每段前楷書原詩。

一、《七月》，描繪周的先祖后稷、公劉時，百姓四季耕織生活場景。右側繪二人臨水，仰望天空星辰，即首句“七月流火”句意。中部繪農民耕地、觀耕、送飯、採桑。左側繪年末宗族上下會聚公堂，飲酒食羔，樂舞慶祝。

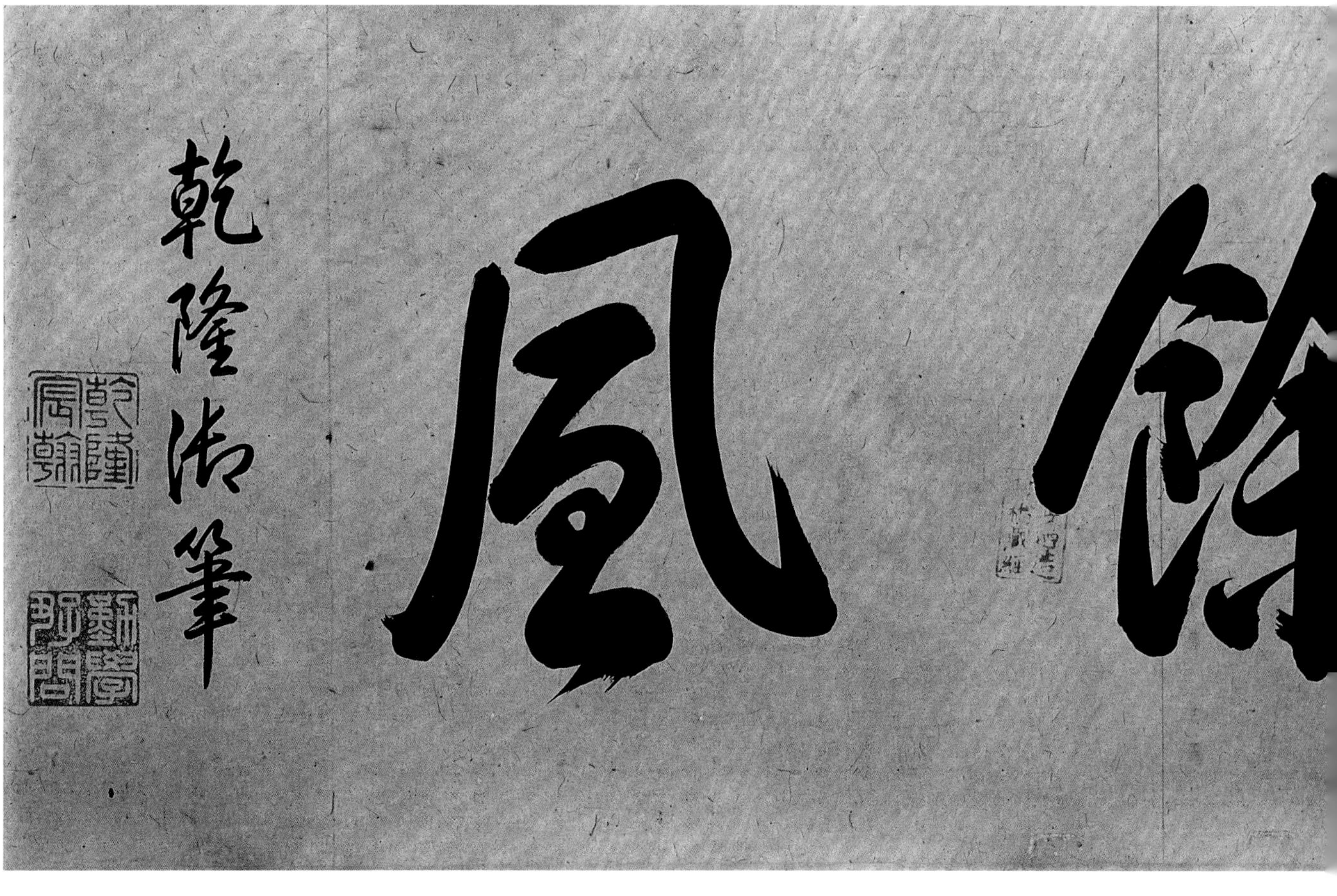

二、《鴟鴞》，繪枯樹巢鳥，氣象蕭索。周公以鳥築巢養雛的艱難為比喻，來勸戒成王。

三、《東山》，描繪隨周公東征三年的戰士歸家途中的場景。山間河水蜿蜒，近處山岡雜樹，一隊戰士荷槍而行，邊走邊談論回鄉的情形。

四、《破斧》，繪周大夫與周公談論東征之事。

五、《伐柯》，繪平岡上有一株大樹，一人執斧欲伐，在旁的周大夫看到，正在議論。藉砍伐樹木，諷刺成王不了解周公。

六、《九罭》，繪河中撒網捕魚，鴻雁飛翔，岸邊周大夫觀看嘆息，借喻挽留周公。

七、《狼跋》，繪樹下有一老狼，進怕踏鬚，退怕踏尾。比喻周公名聲無瑕。

圖中以山石樹木作為間隔，承襲古風，用筆稍板滯，人物面相、衣紋則較為工整，應是當時御畫院畫師仿作。

引首有清乾隆御題“葦籥餘風”。尾紙有明董其昌二跋、清高士其三跋、清乾隆跋（釋文見附錄）。前二跋原只題其中“破斧”一篇（董其昌跋中誤稱此一圖為趙孟頫畫），因而此圖曾割出獨立成卷，至清乾隆時與六篇先後均入內府，遂又復原合裱為一卷。《破斧》篇鈐有“趙孟頫印”、“天水圖書”、“趙子昂印”（似偽）和明項篤壽、項元汴諸收藏印多方、清梁清標、高士其收藏印多方，及各家收藏印。其餘各篇有清內府、乾隆、嘉慶、宣統諸璽。

篇中“筐”、“萑”、“玄”、“完”、“覯”字缺筆，避宋朝皇帝諱。

曾經《清河書畫舫》、《清河見聞表》、《石渠寶笈初篇》、《石渠寶笈續篇》、《石渠隨筆》、《式古堂書畫叢考》、《大觀錄》著錄。學詩堂庋藏之一。

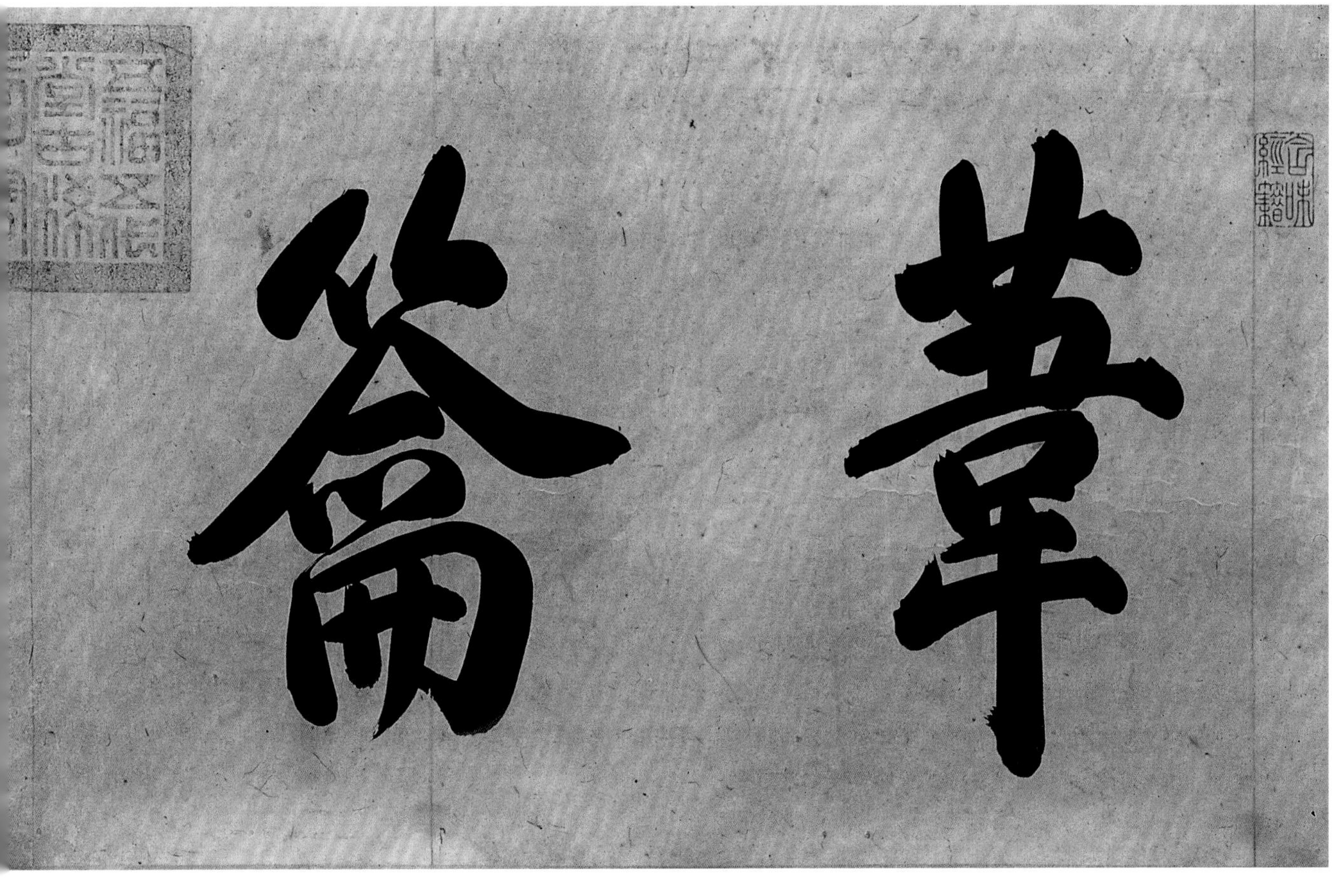

春酒以介眉壽七月食瓜八月斷
壺九月叔苴采荼薪樗食我農夫
九月築場圃十月納禾稼黍稷重
穋禾麻菽麥嗟我農夫我稼既同
上入執宮功晝爾于茅宵爾索綯
亟其乘屋其始播百穀二之日鑿
冰沖沖三之日納于凌陰四之日
其蚤獻羔祭韭九月肅霜十月滌
場朋酒斯饗曰殺羔羊躋彼公堂
稱彼兕觥萬壽無疆

七月

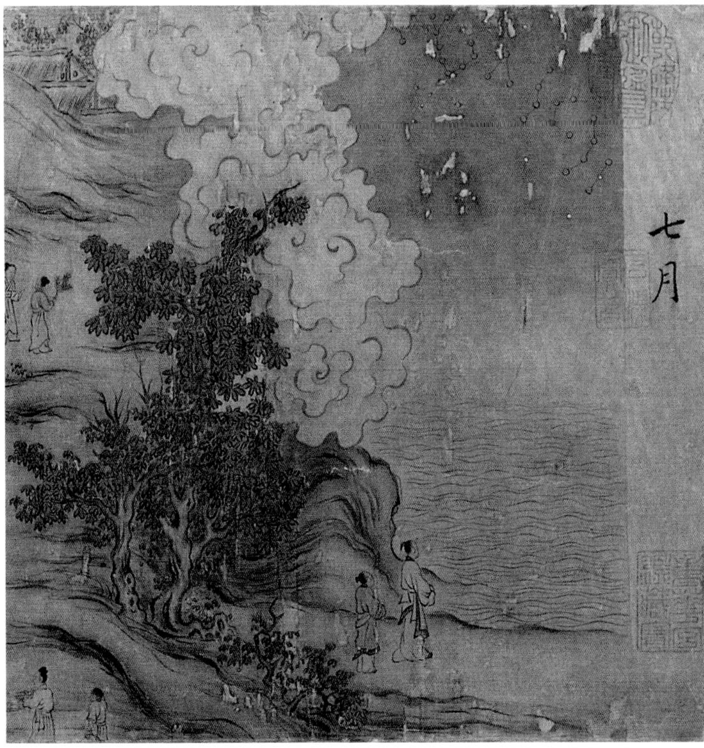

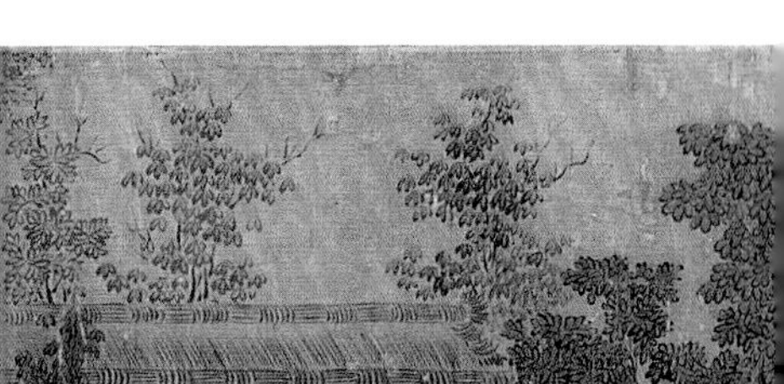

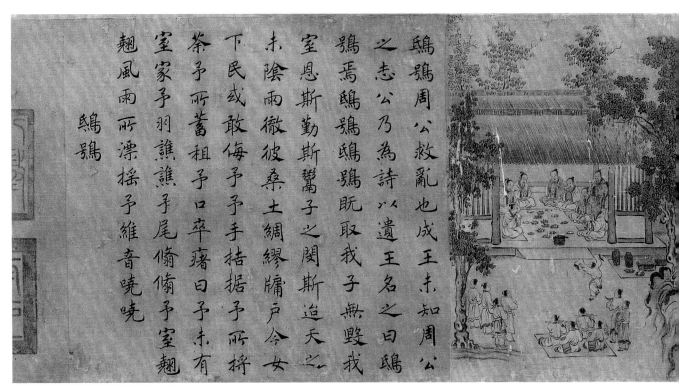

鴟鴞周公救亂也成王未知周公
之志公乃為詩以遺王名之曰鴟
鴞焉鴟鴞鴟鴞既取我子無毀我
室恩斯勤斯鬻子之閔斯迨天之
未陰雨徹彼桑土綢繆牖戶今女
下民或敢侮予予手拮据予所捋
荼予所蓄租予口卒瘏曰予未有
室家予羽譙譙予尾翛翛予室翹
翹風雨所漂搖予維音嘵嘵

鴟鴞

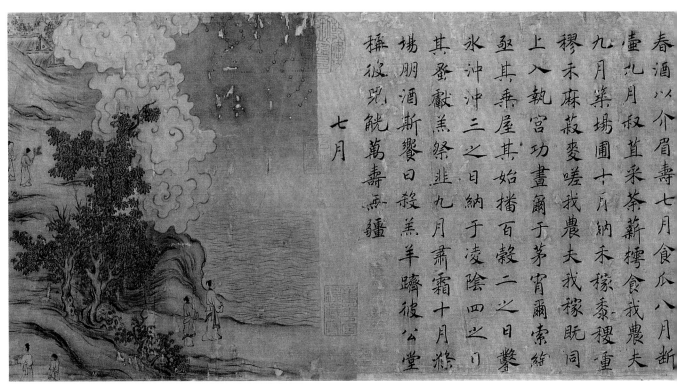

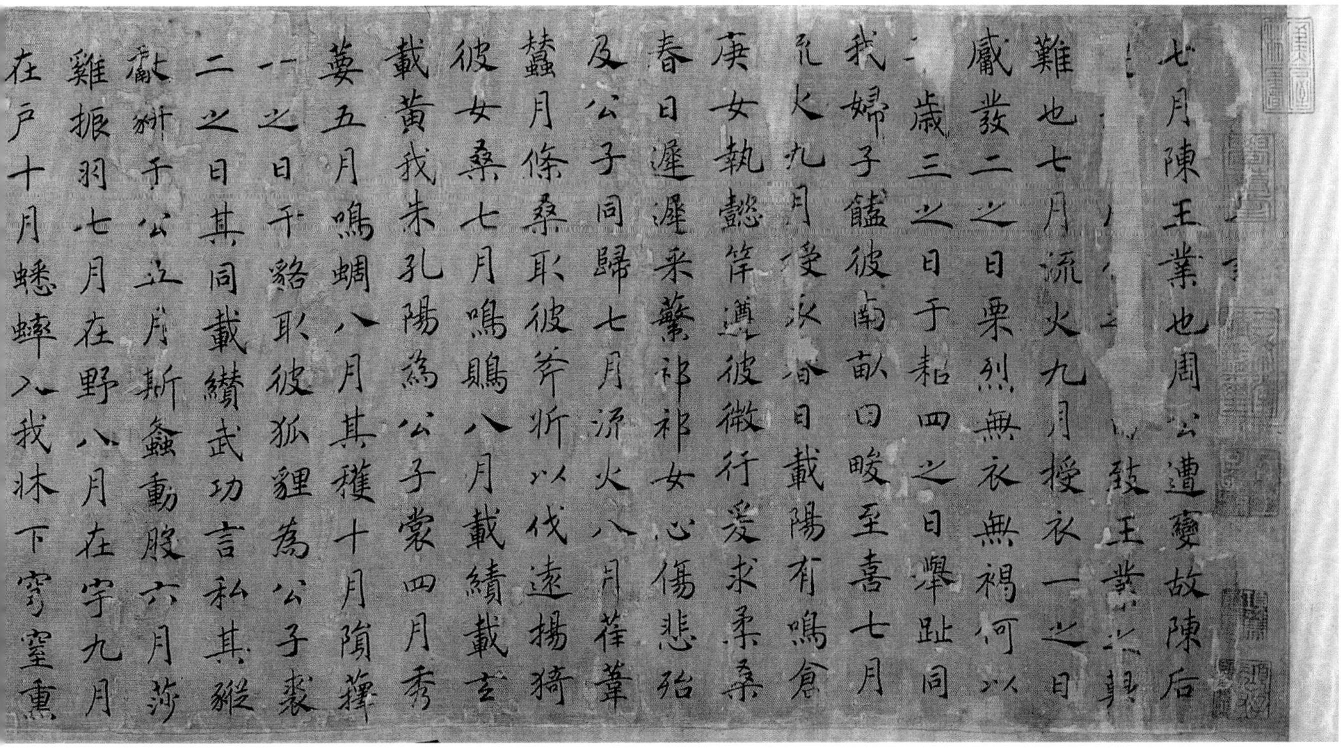
七月陳王業也周公遭變故陳后
致王業之艱
難也七月流火九月授衣一之日
觱發二之日栗烈無衣無褐何以
卒歲三之日于耜四之日舉趾同
我婦子饁彼南畝田畯至喜七月
流火九月授衣春日載陽有鳴倉
庚女執懿筐遵彼微行爰求柔桑
春日遲遲采蘩祁祁女心傷悲殆
及公子同歸七月流火八月萑葦
蠶月條桑取彼斧斨以伐遠揚猗
彼女桑七月鳴鵙八月載績載玄
載黃我朱孔陽為公子裳四月秀
葽五月鳴蜩八月其穫十月隕蘀
一之日于貉取彼狐貍為公子裘
二之日其同載纘武功言私其豵
獻豜于公五月斯螽動股六月莎
雞振羽七月在野八月在宇九月
在戶十月蟋蟀入我牀下穹窒熏

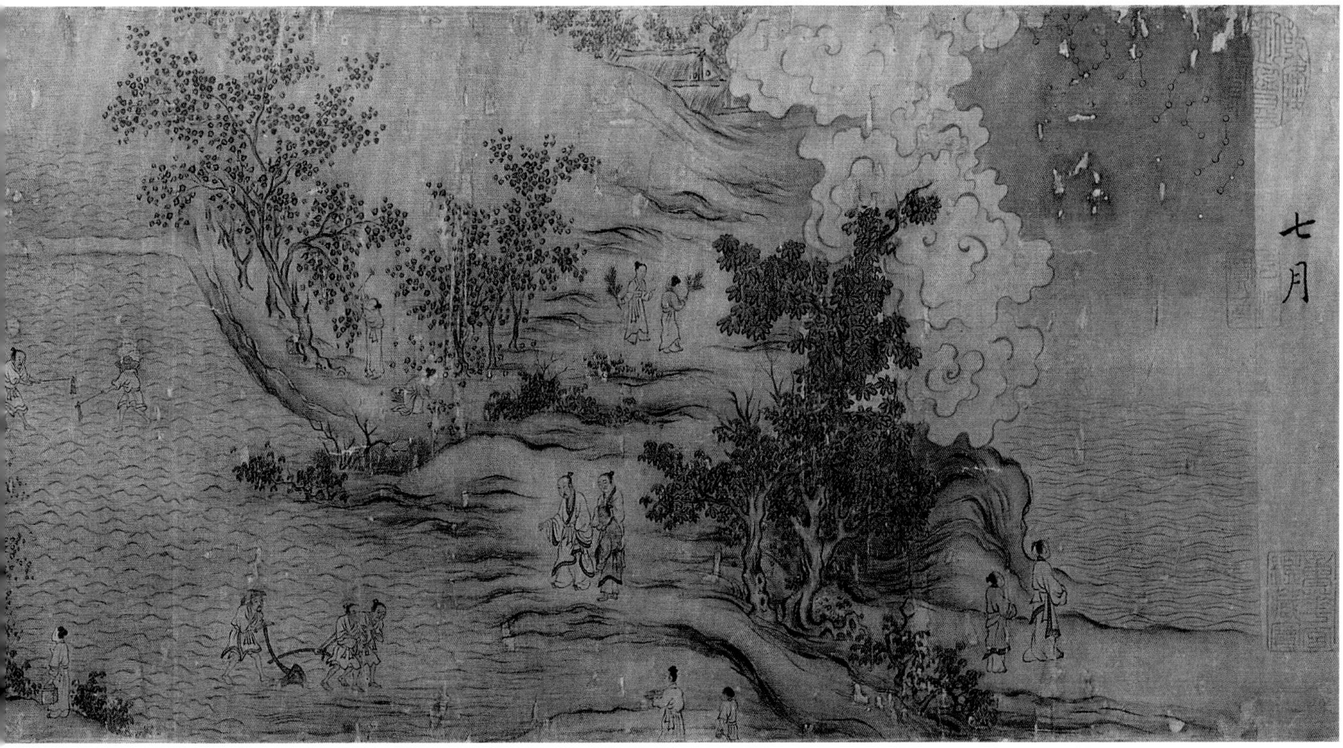
七月

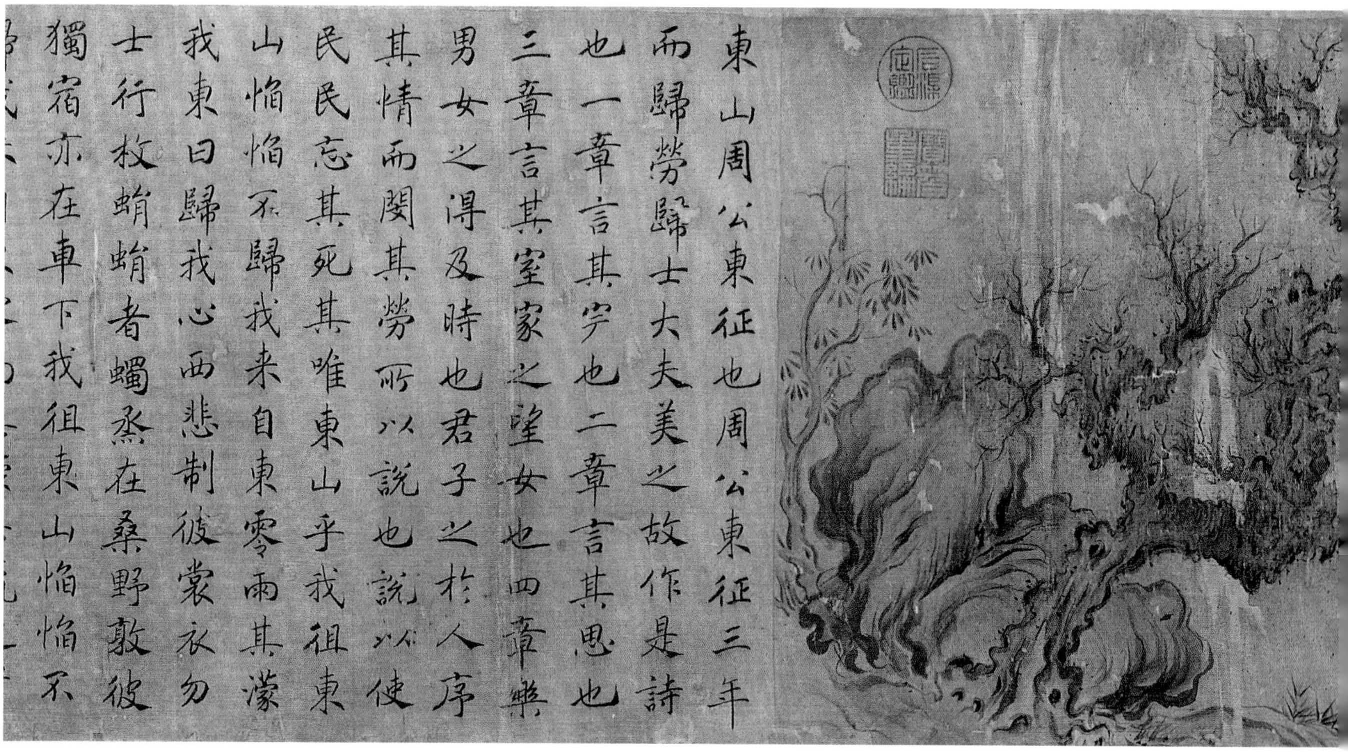
東山周公東征也周公東征三年
而歸勞歸士大夫美之故作是詩
也一章言其完也二章言其思也
三章言其室家之望女也四章樂
男女之得及時也君子之於人序
其情而閔其勞所以說也說以使
民民忘其死其唯東山乎我徂東
山慆慆不歸我來自東零雨其濛
我東曰歸我心西悲制彼裳衣勿
士行枚蜎蜎者蠋烝在桑野敦彼
獨宿亦在車下我徂東山慆慆不

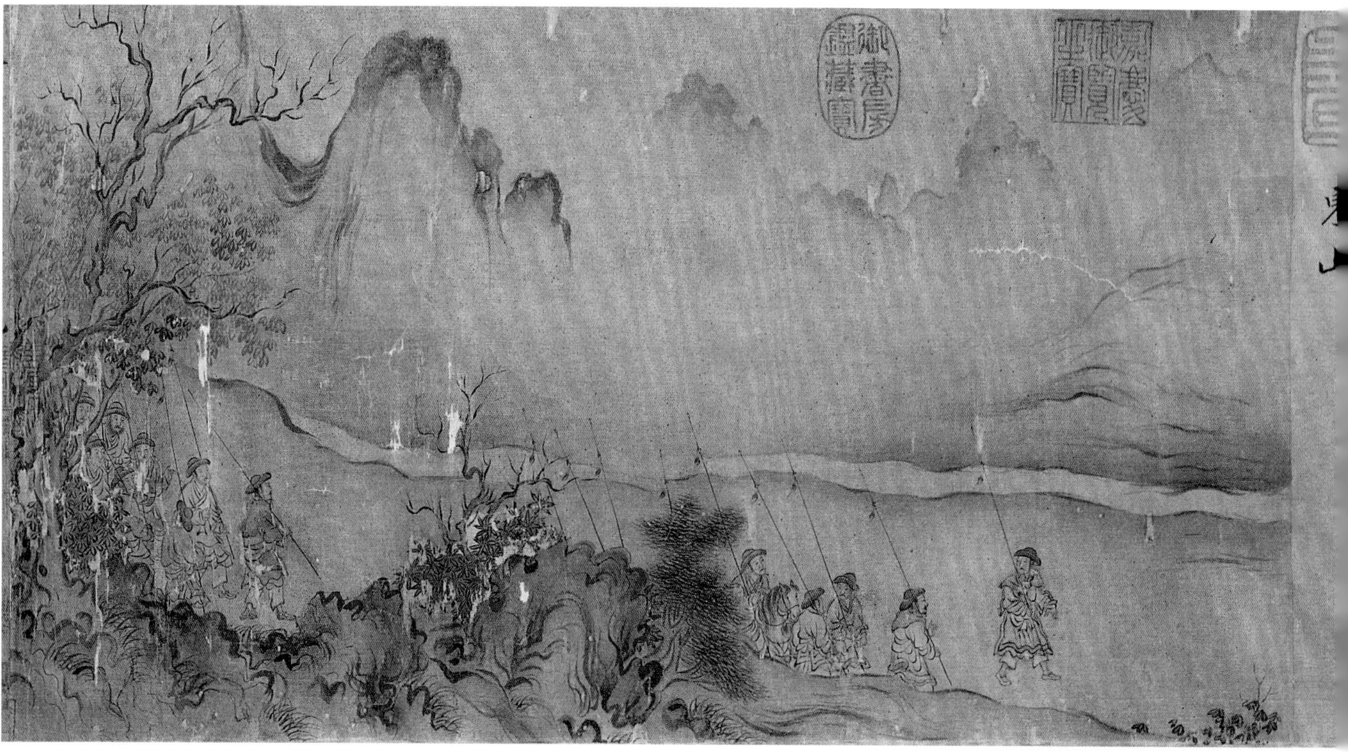

鴟鴞周公救亂也成王未知周公
之志公乃為詩以遺王名之曰鴟
鴞焉鴟鴞鴟鴞既取我子無毀我
室恩斯勤斯鬻子之閔斯迨天之
未陰雨徹彼桑土綢繆牖戶今女
下民或敢侮予予手拮据予所捋
荼予所蓄租予口卒瘏曰予未有
室家予羽譙譙予尾翛翛予室翹
翹風雨所漂搖予維音嘵嘵
鴟鴞

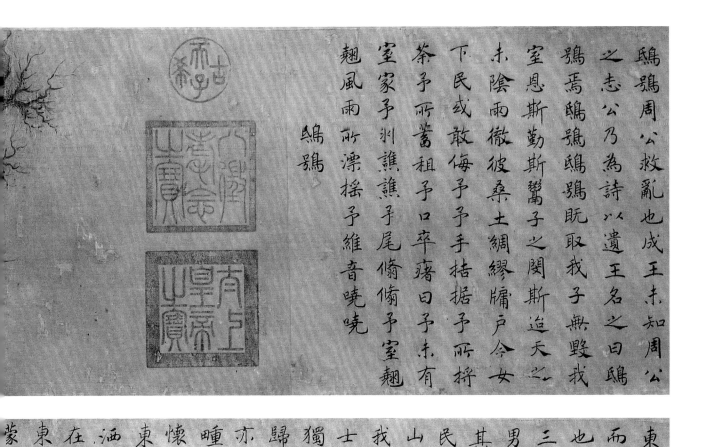

東山周公東征也周公東征三年
而歸勞歸士大夫美之故作是詩
也一章言其完也二章言其思也
三章言其室家之望女也四章樂
男女之得及時也君子之於人序
其情而閔其勞所以說也說以使
民民忘其死其唯東山乎我徂東
山慆慆不歸我來自東零雨其濛
我東曰歸我心西悲制彼裳衣勿
士行枚蜎蜎者蠋烝在桑野敦彼
獨宿亦在車下我徂東山慆慆不
歸我來自東零雨其濛果臝之實
亦施于宇伊威在室蠨蛸在戶町
畽鹿場熠燿宵行不可畏也伊可
懷也我徂東山慆慆不歸我來自
東零雨其濛鸛鳴于垤婦歎于室
洒埽穹窒我征聿至有敦瓜苦烝
在栗薪自我不見于今三年我徂
東山慆慆不歸我來自東零雨其
濛倉庚于飛熠燿其羽之子于歸

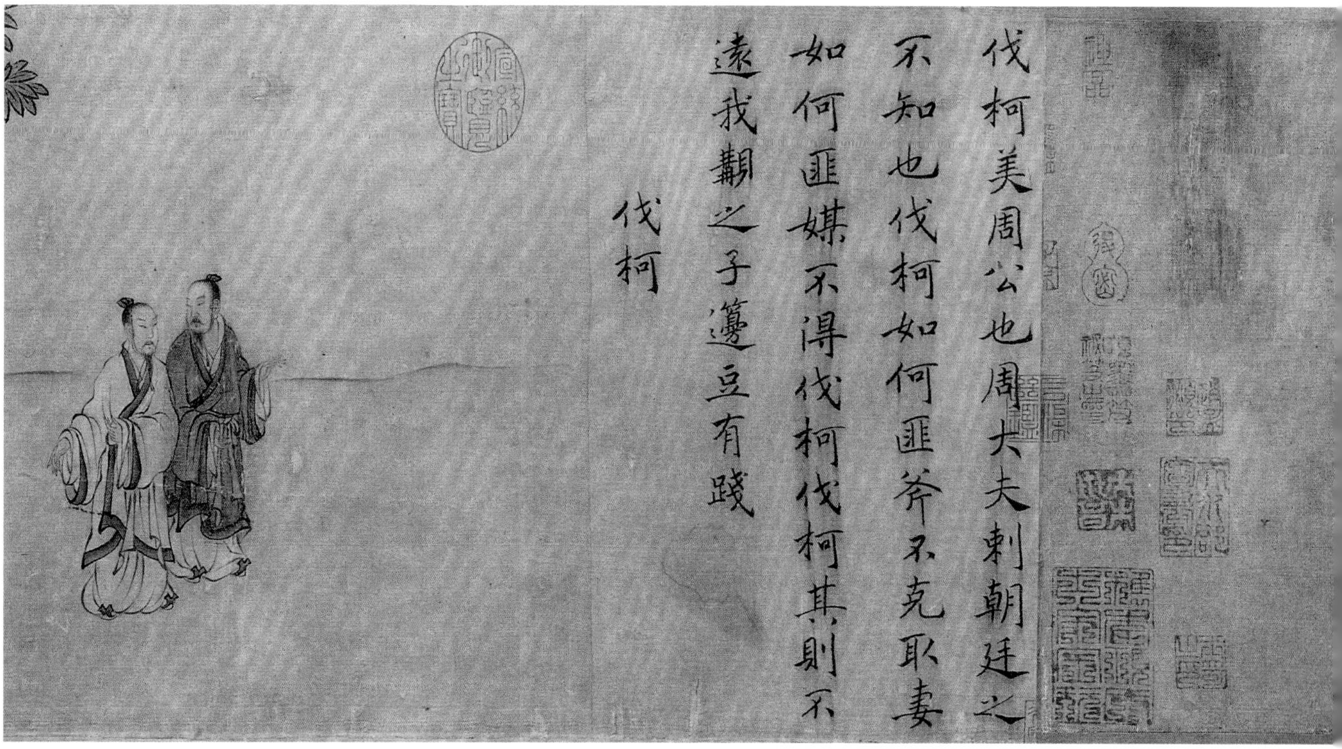
伐柯美周公也周大夫刺朝廷之
不知也伐柯如何匪斧不克取妻
如何匪媒不得伐柯伐柯其則不
遠我覯之子籩豆有踐
伐柯

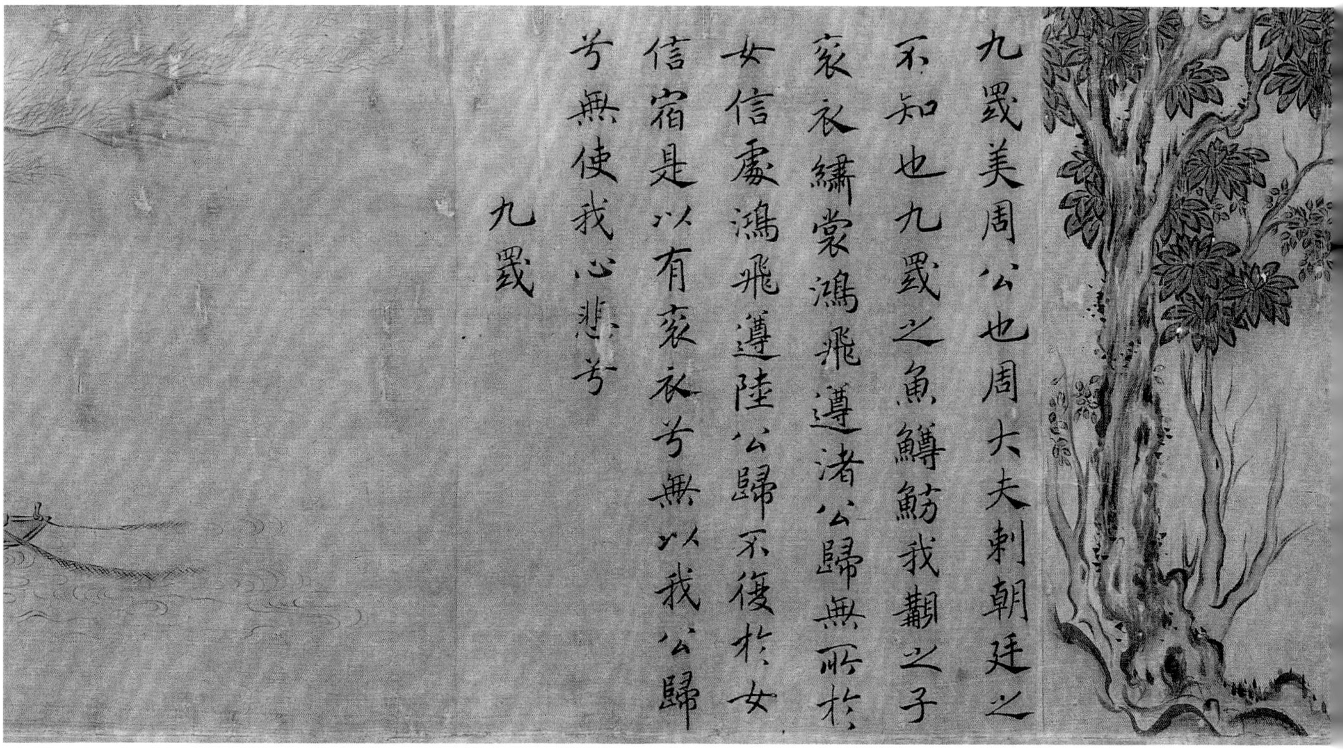
九罭美周公也周大夫刺朝廷之
不知也九罭之魚鱒魴我覯之子
袞衣繡裳鴻飛遵渚公歸無所於
女信處鴻飛遵陸公歸不復於女
信宿是以有袞衣兮無以我公歸
兮無使我心悲兮
九罭

破斧美周公也周大夫以惡四國
焉既破我斧又缺我斨周公東征
四國是皇哀我人斯亦孔之將既
破我斧又缺我錡周公東征四國
是吪哀我人斯亦孔之嘉既破我
斧又缺我銶周公東征四國是遒
哀我人斯亦孔之休

破斧

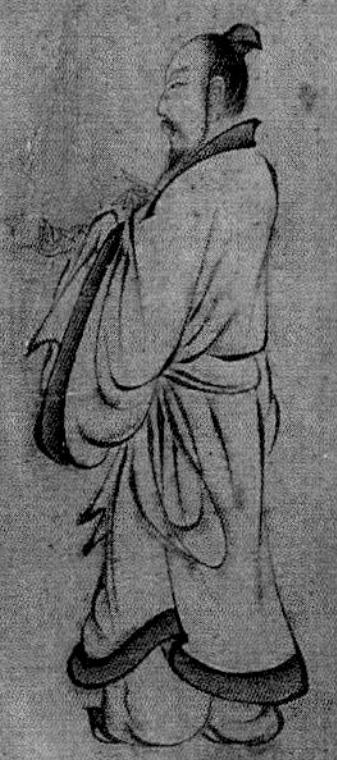

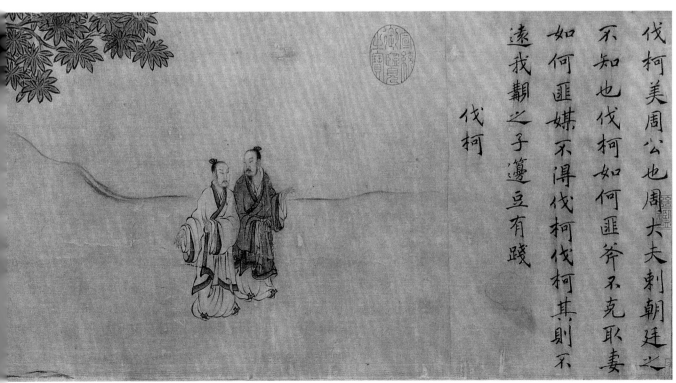

伐柯美周公也周大夫刺朝廷之
不知也伐柯如何匪斧不克取妻
如何匪媒不得伐柯伐柯其則不
遠我覯之子籩豆有踐

伐柯

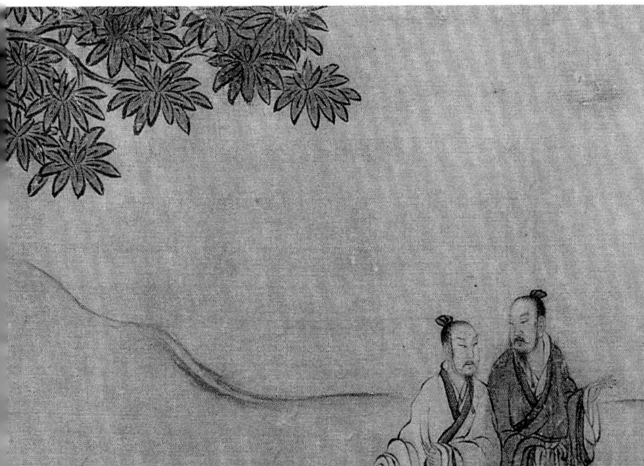

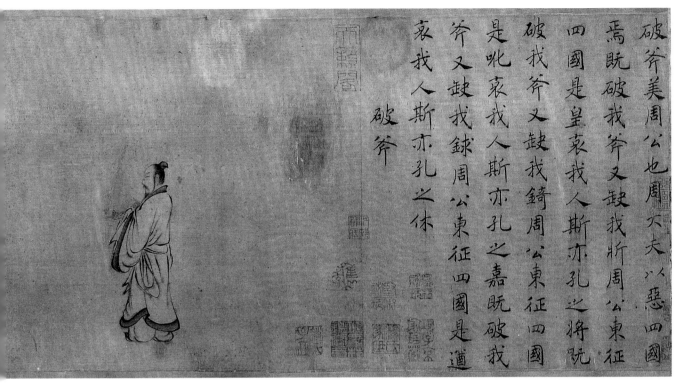

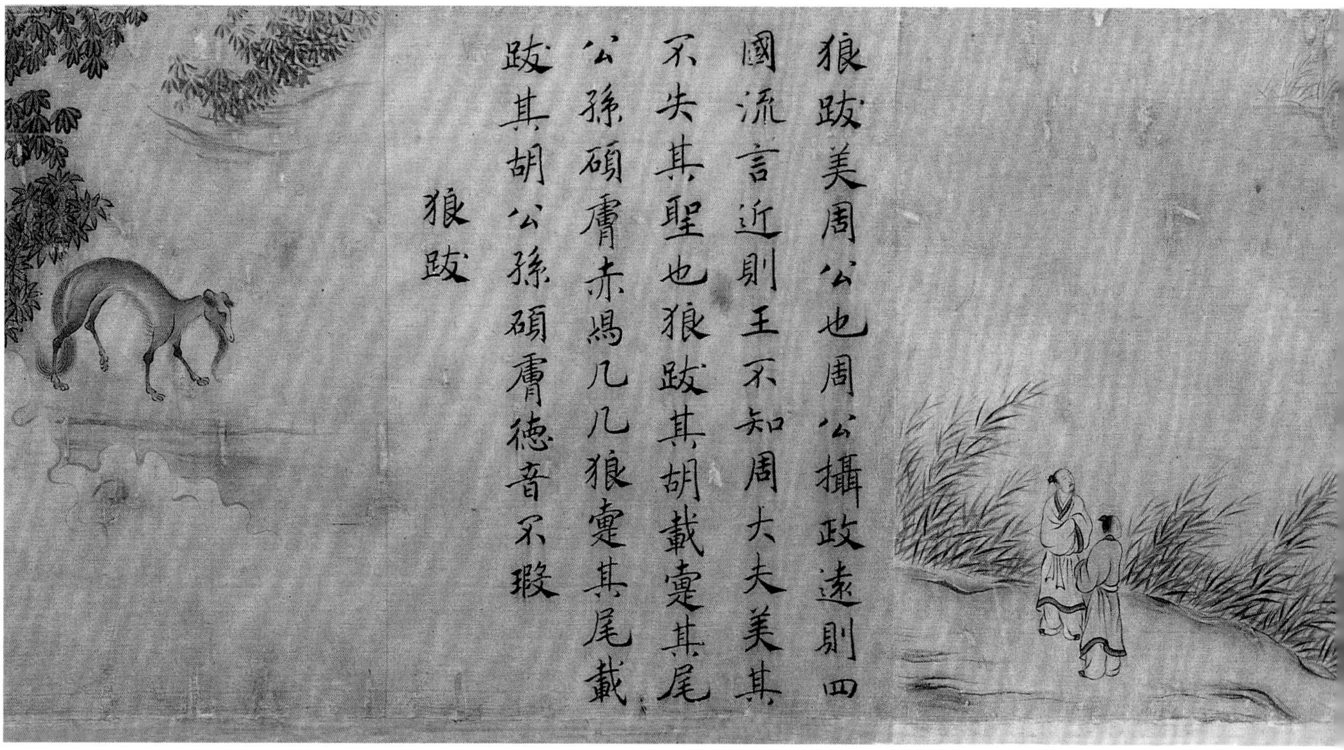
狼跋美周公也周公攝政遠則四
國流言近則王不知周大夫美其
不失其聖也狼跋其胡載疐其尾
公孫碩膚赤舄几几狼疐其尾載
跋其胡公孫碩膚德音不瑕
狼跋

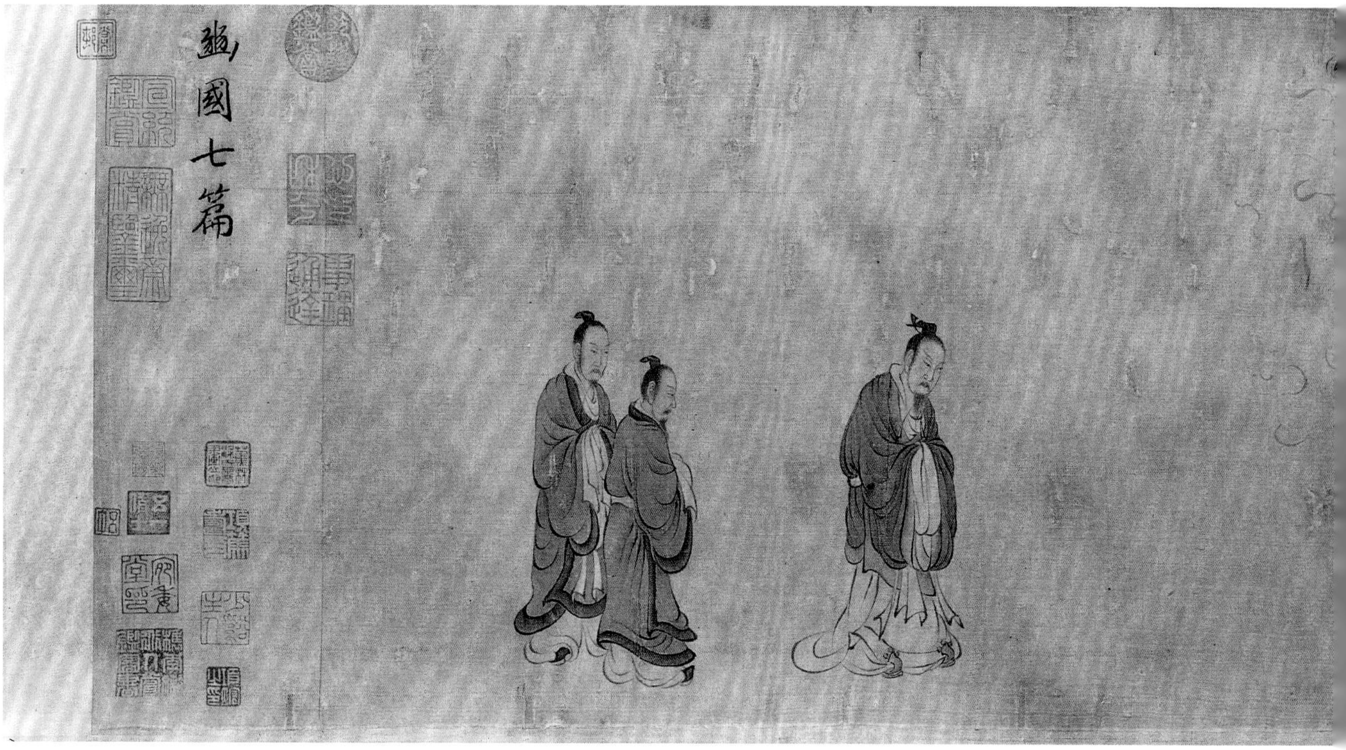
豳國七篇

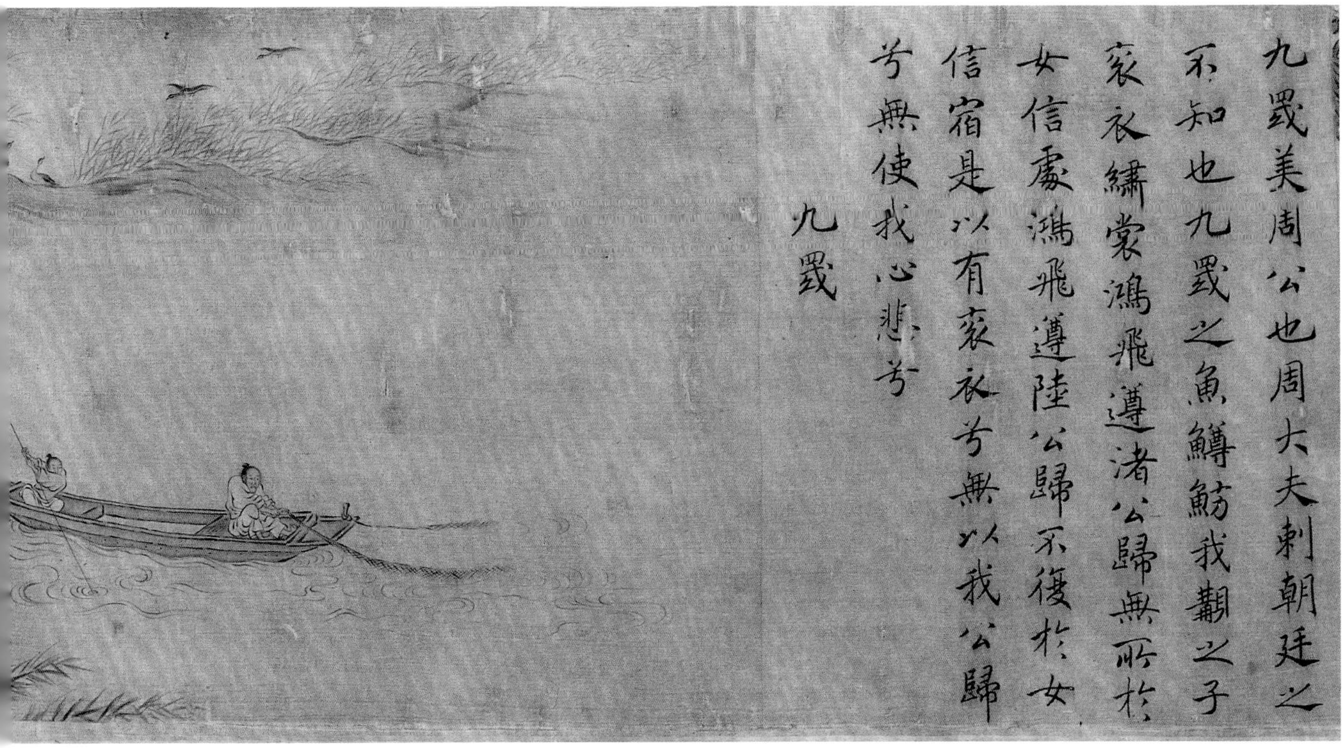
九罭美周公也周大夫刺朝廷之
不知也九罭之魚鱒魴我覯之子
袞衣繡裳鴻飛遵渚公歸無所於
女信處鴻飛遵陸公歸不復於女
信宿是以有袞衣兮無以我公歸
兮無使我心悲兮
九罭

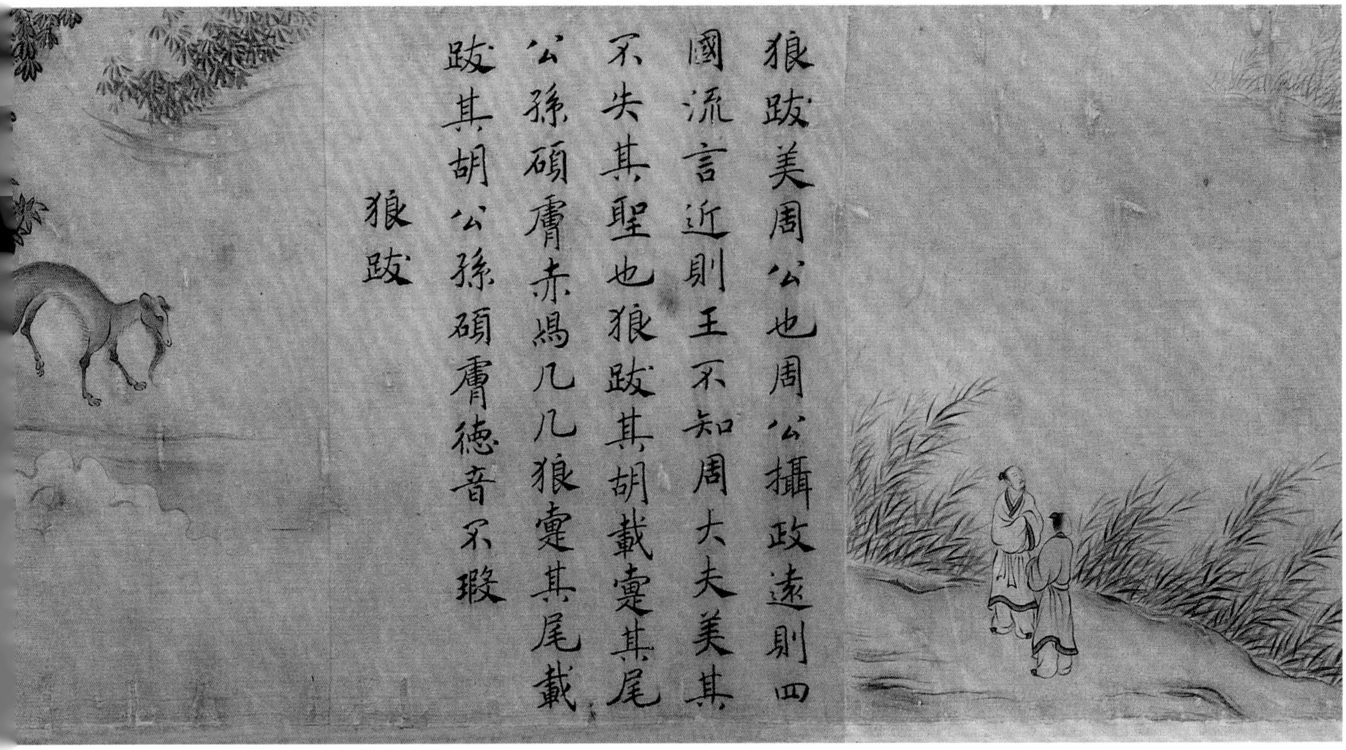
狼跋美周公也周公攝政遠則四
國流言近則王不知周大夫美其
不失其聖也狼跋其胡載疐其尾
公孫碩膚赤舄几几狼疐其尾載
跋其胡公孫碩膚德音不瑕
狼跋

19

馬和之（傳） 唐風圖冊

南宋
絹本 設色 每幅縱27厘米 橫44.7厘米

Paintings Based on the Airs of Ancient Tang State
By Ma Hezhi
Southern Song Dynasty
Album, Colour on silk
H. 27cm L. 44.7cm

此圖冊依據《詩經》十五國風的《唐風》而作，唐，古國名（今山西翼城），周成王時收為封地。原詩二十二首，此圖冊共十二開。

一、《蟋蟀》，繪屋宇前楓葉正紅，落葉歸根，三大夫送行。勸人即時行樂而又不廢政事。

二、《山有樞》，繪山中豪門大院，廳堂內設鐘鼓車馬，二人牽馬而行，有人旁立議論：有車馬而不知用，一旦死去，將為他人享用。

三、《揚之水》，繪一人在水邊徘徊，河中水流舒緩，沖刷亂石，對岸坡石雜樹叢生。表現為國家擔憂的心情。

四、《椒聊》，繪山坡上的花椒果實茂盛，坡下有人指點議論。以椒果茂盛比喻沃之興盛，將擁有晉國。

五、《綢繆》，繪一人蹲在山坡上，束繫柴草，仰望天空星辰。表現"婚姻不得其時"。

六、《杕杜》，繪四人偕行，一人回顧棠梨枝頭，若有所思。枝頭無果。表現孤獨遠行，路人不助。

七、《羔裘》，繪貴族乘坐肥馬華車，著帶貂皮袖的羊羔皮衣飛馳而過，見路人而不顧，行人著單衣瑟縮戰抖，表現晉國當權者"不恤其民"。

八、《鴇羽》，畫面左側，古木茂密，流水潺潺，樹杈上棲息大鴇兩隻，右側空中飛來小鴇兩隻，且飛且鳴，表現"不得養其父母"的哀怨之情。

九、《無衣》，繪二人各佩長劍，相向執禮甚恭，左側為晉武公，其身後侍從執天子所賜節旄；右側為周天子使臣及其隨從。

十、《有杕之杜》，繪山坡叢草中，生長高大的杜樹，樹下周圍有五人往來瞻顧。以獨立的杜樹，諷刺晉武公孤君寡人，"不求賢以自輔"。

十一、《葛生》，繪一女子獨自倚窗而坐，盼望中帶有哀怨。表現閨中婦女盼望從征的丈夫早日歸來。

十二、《採苓》，畫中一老人，提裝滿野菜的籃，兩人向其問訊，老人遙指深山，其身後野菜茂盛。喻勿道聽途說。

後副頁有清人陳代卿跋。

本幅鈐有宋代"御府圖書"（朱文）印，明代"項元汴印"（朱文）、"墨林山人"（白文）、"神品"（朱文）、"秘藏"（朱文）。

此圖冊應是當時畫院畫師仿作。

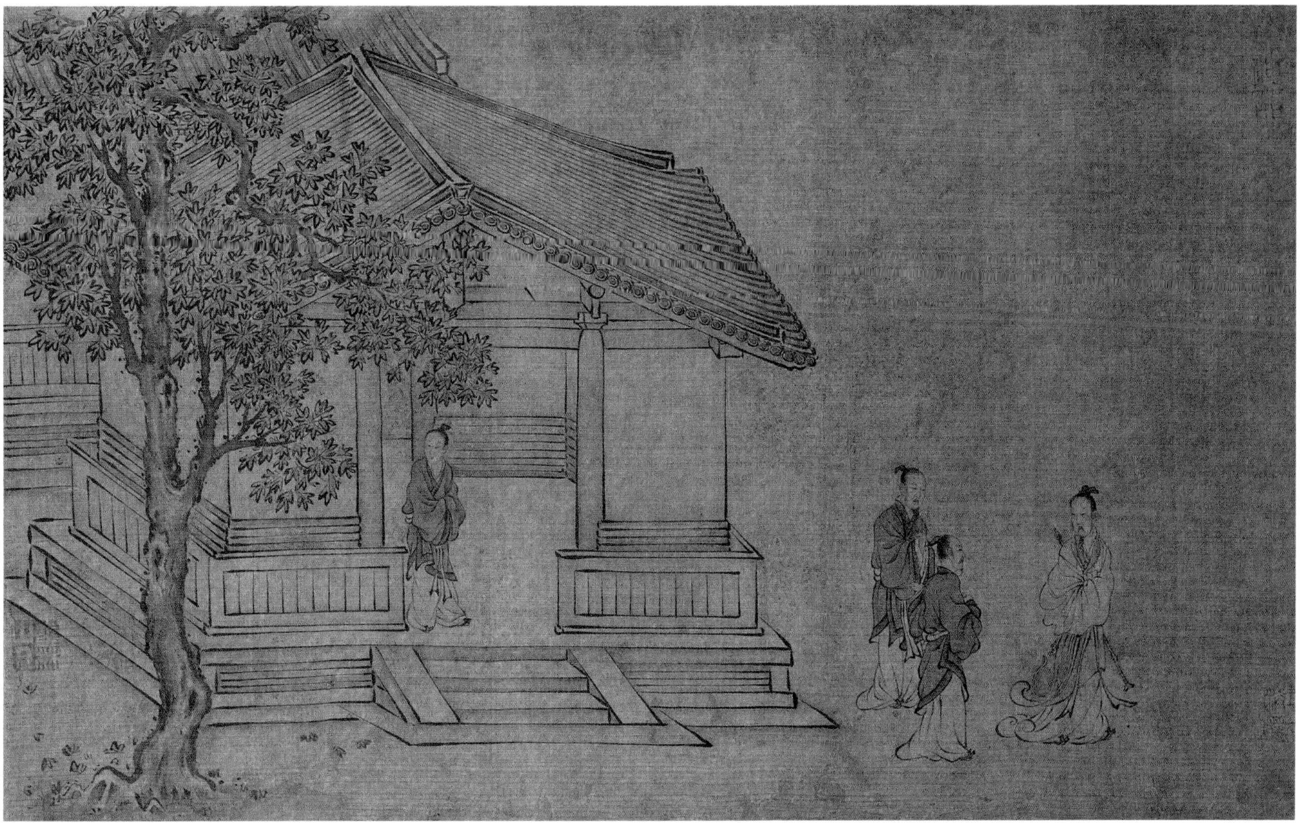

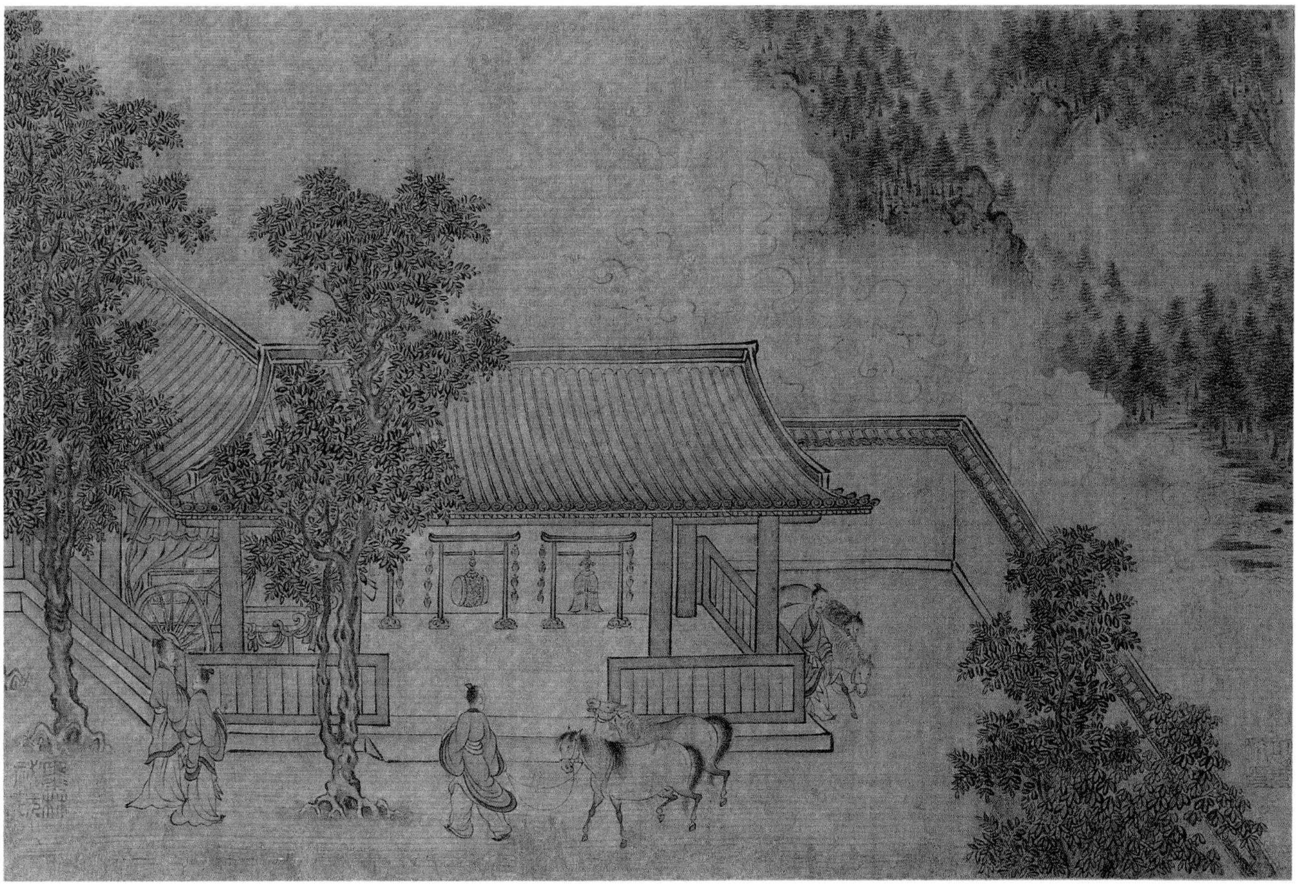

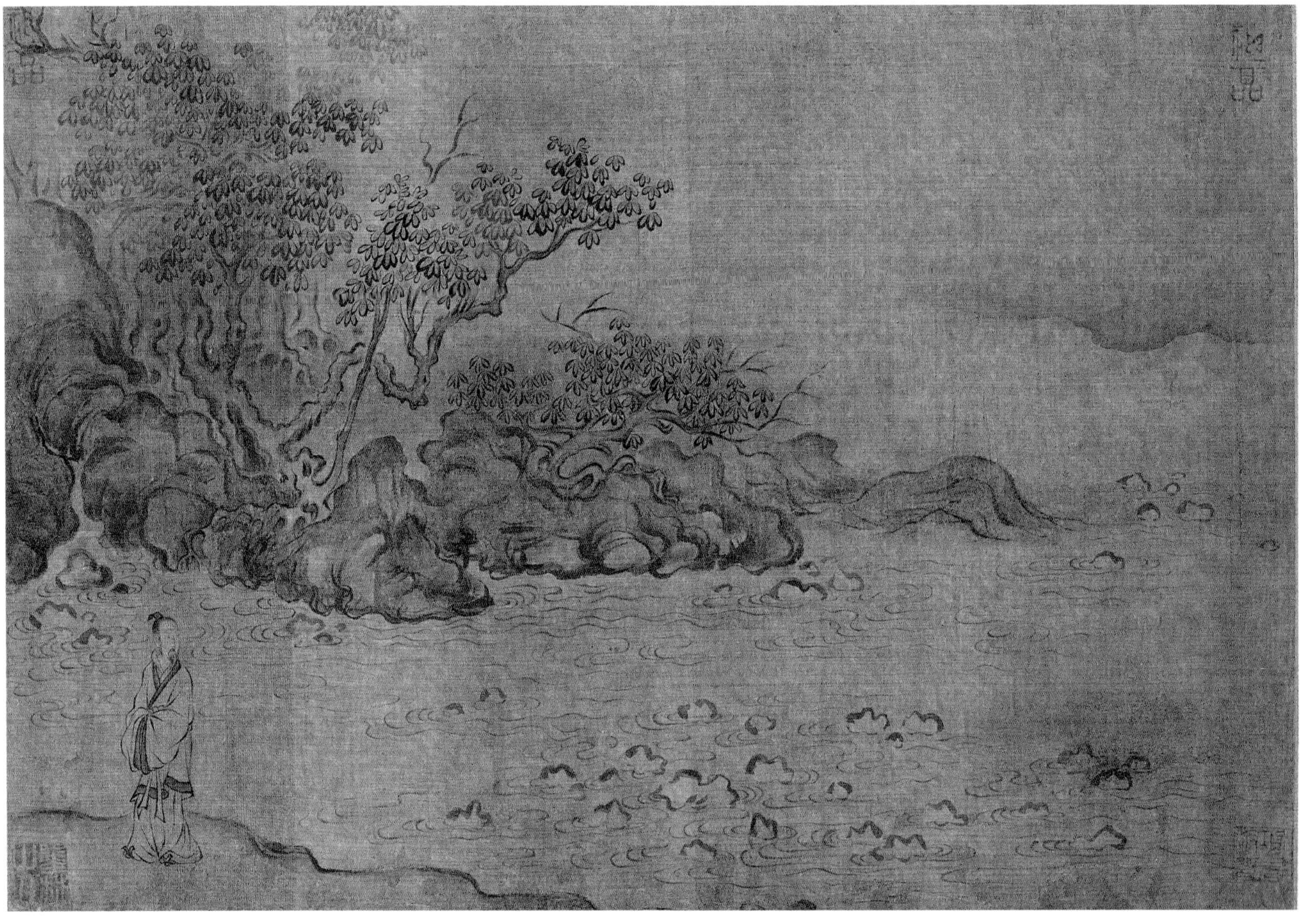

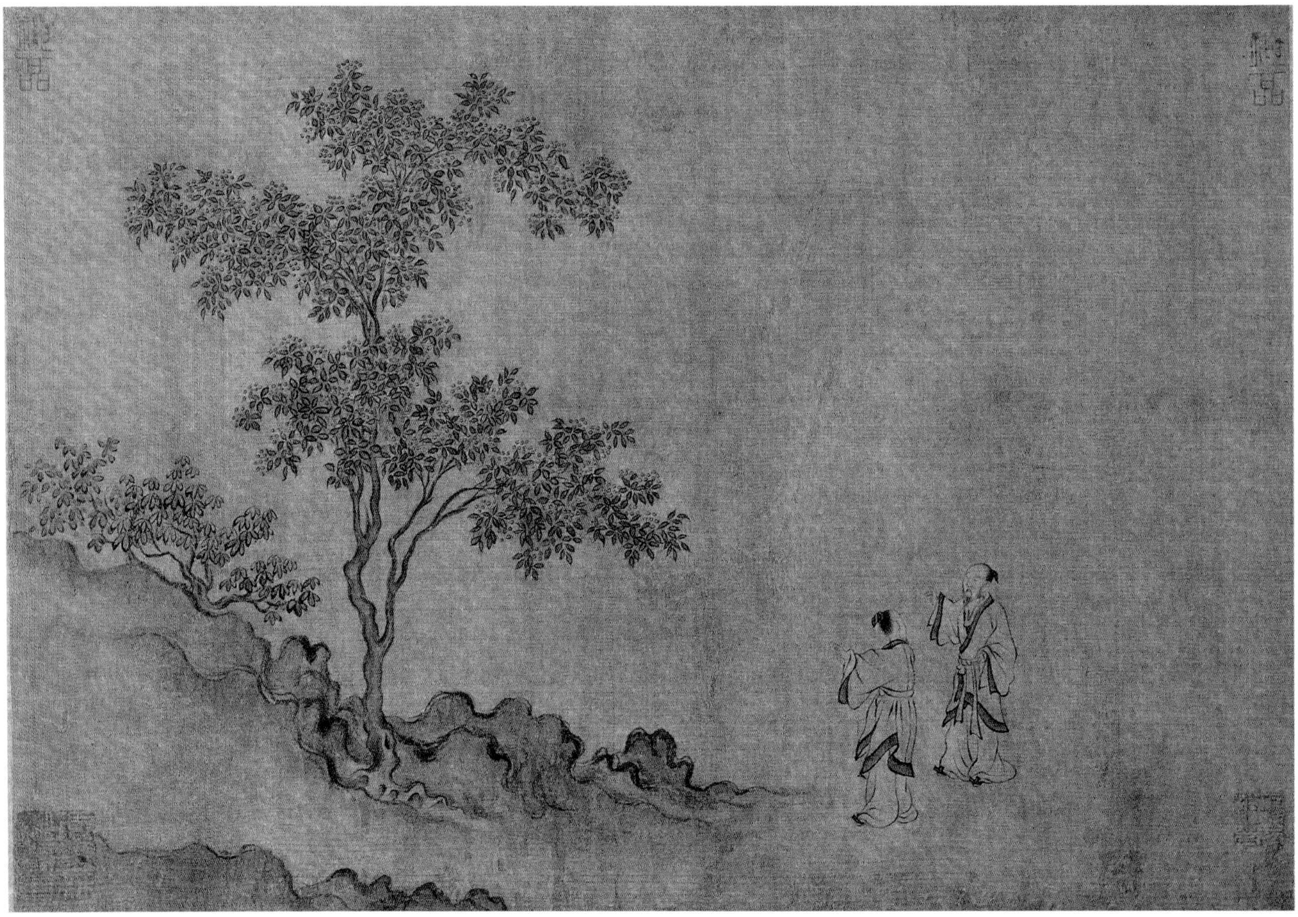

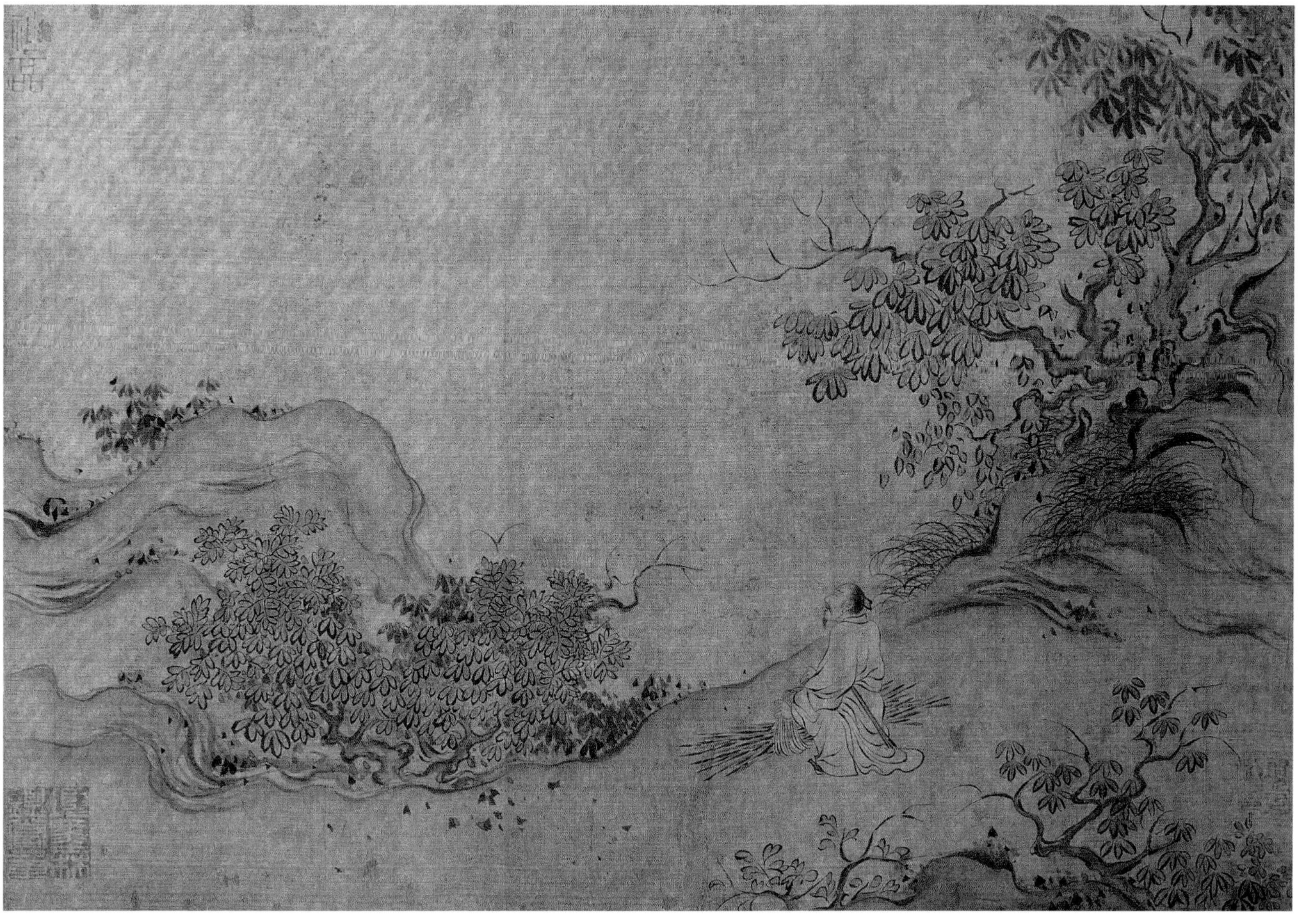

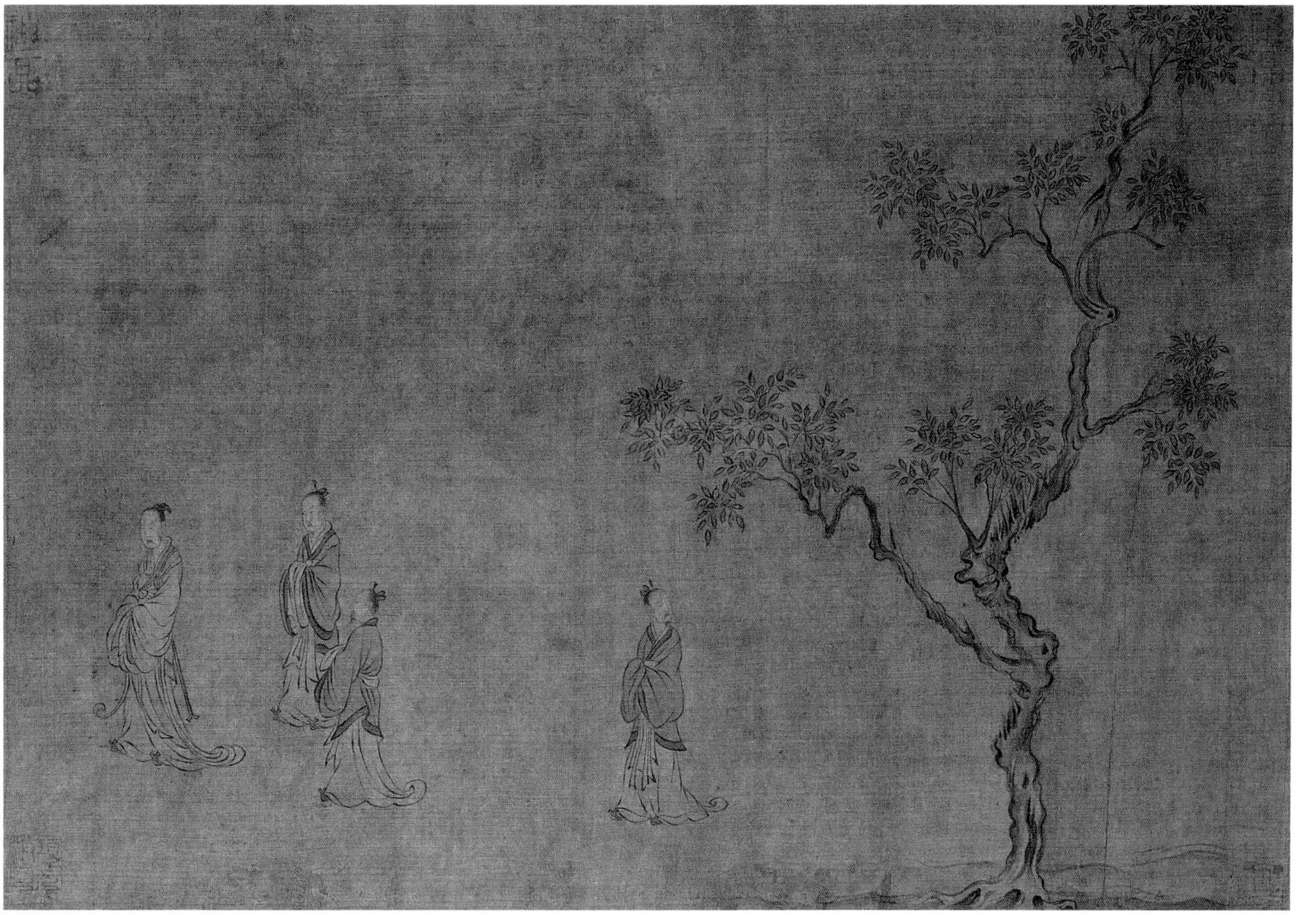

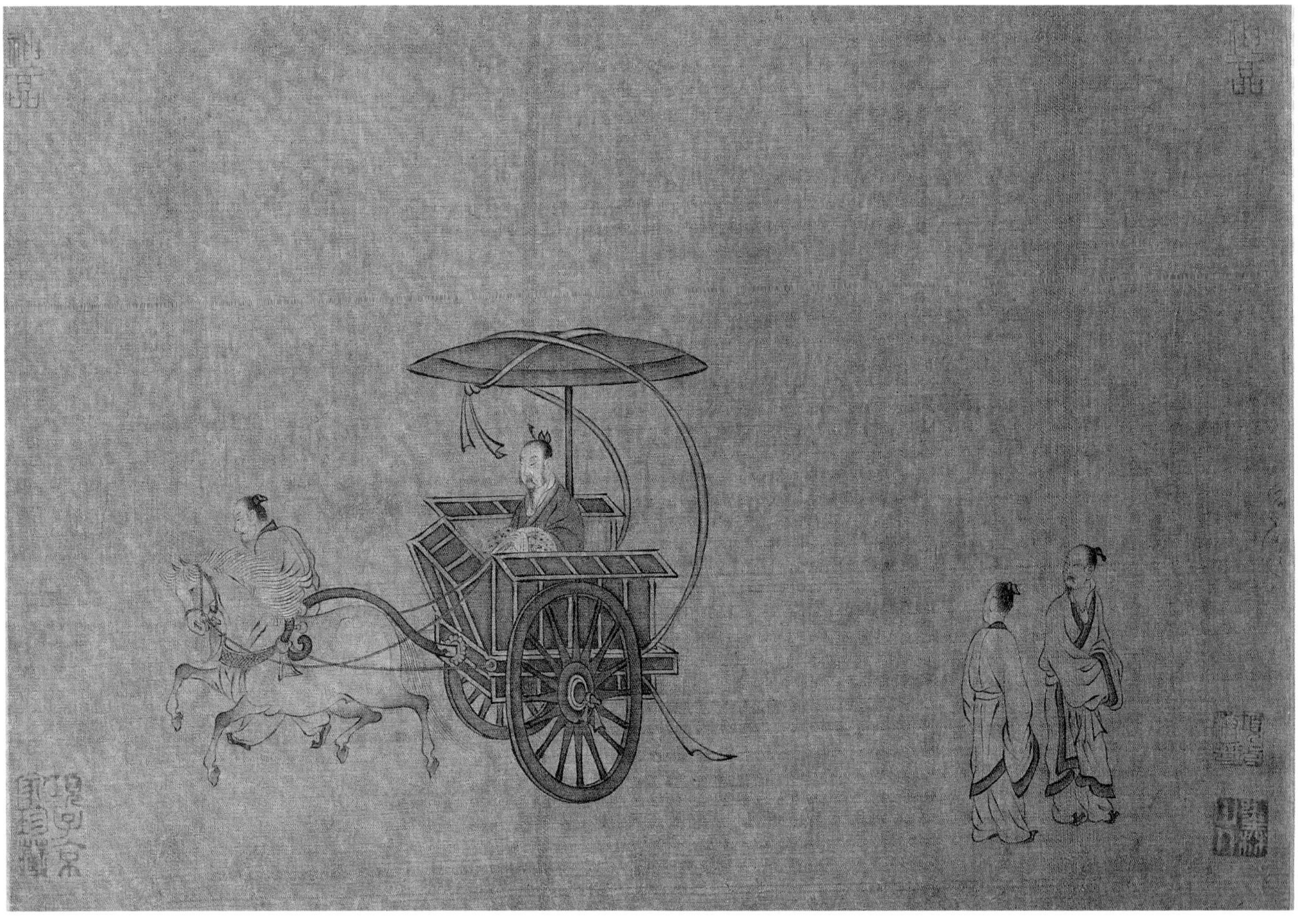

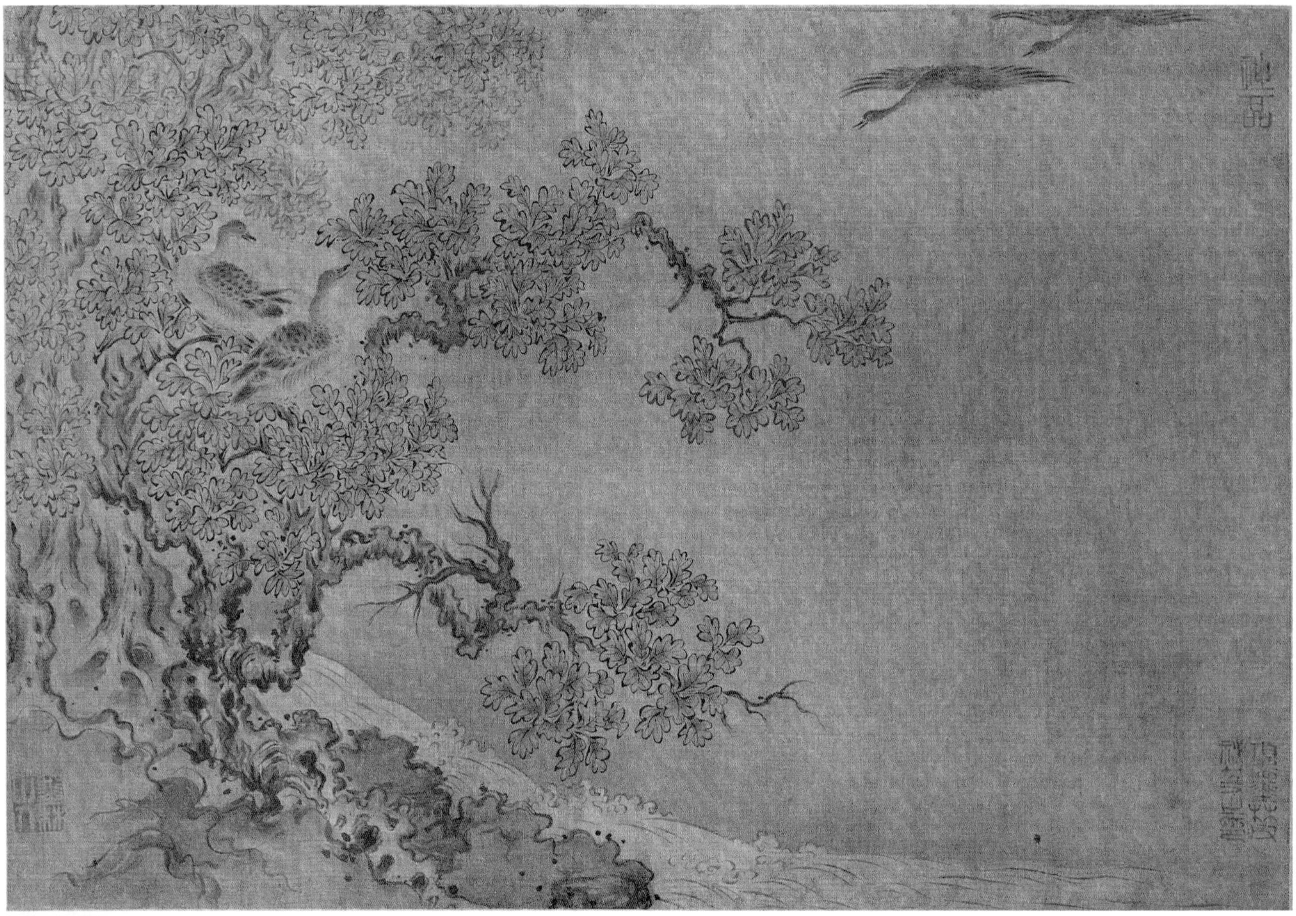

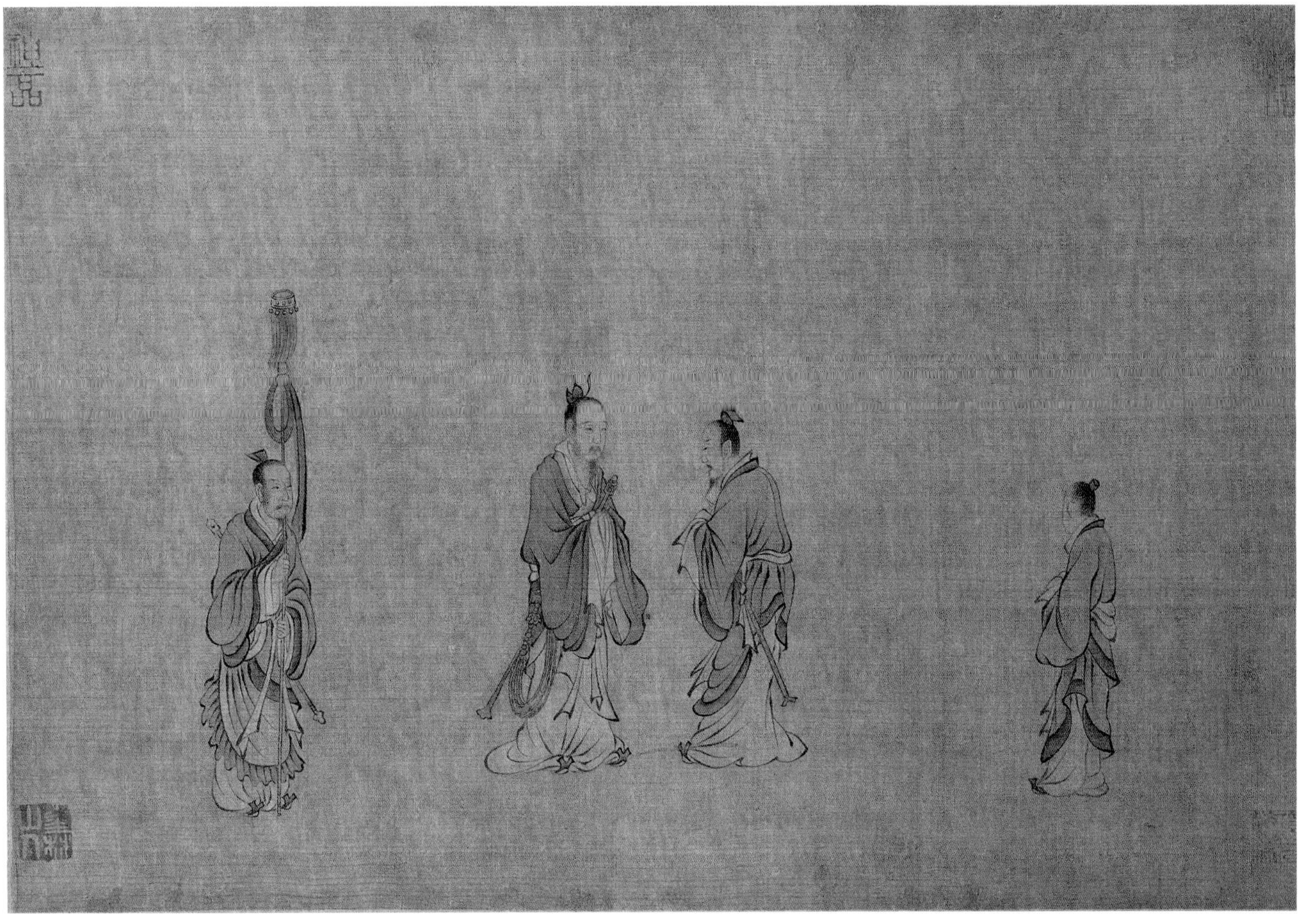

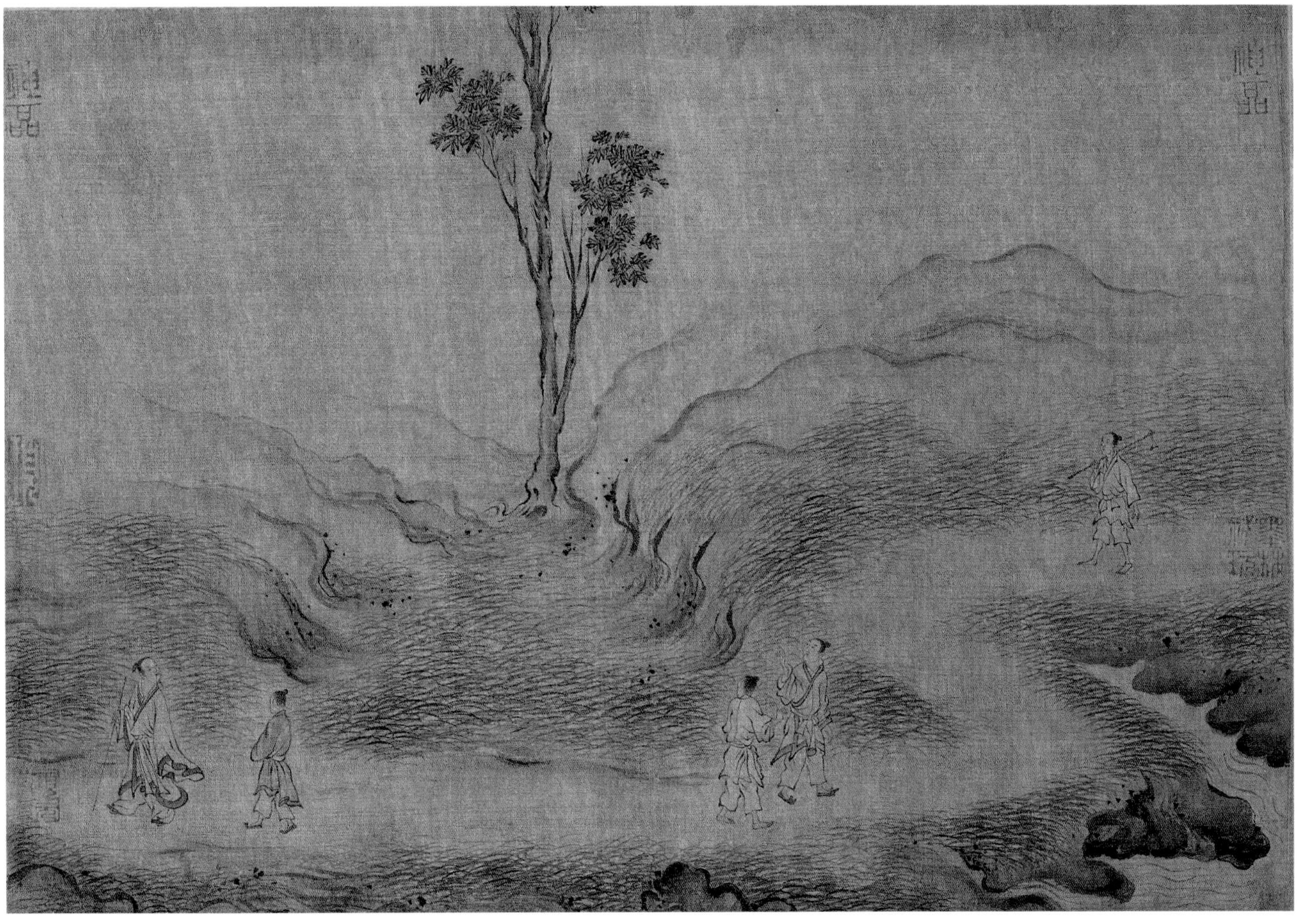

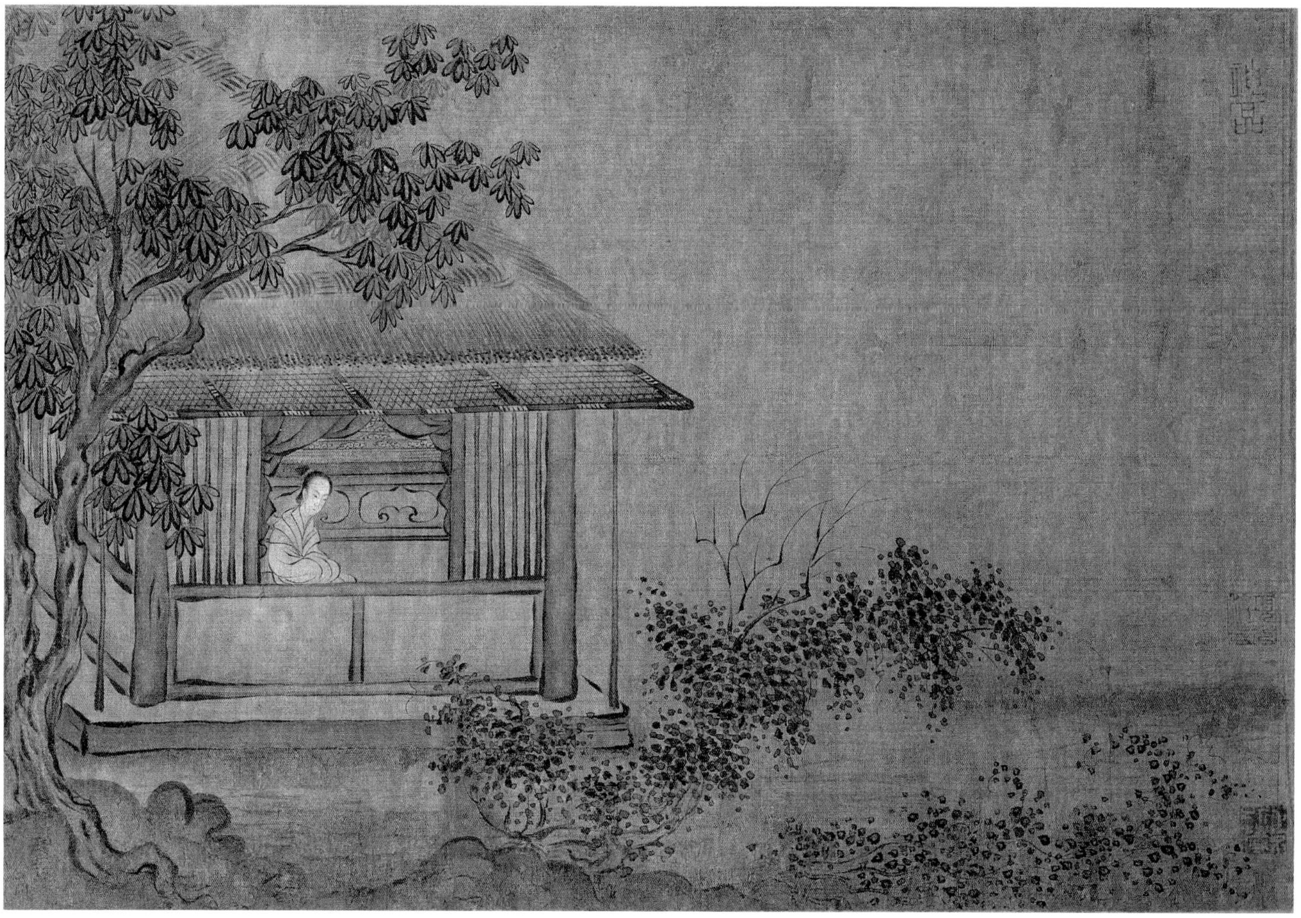

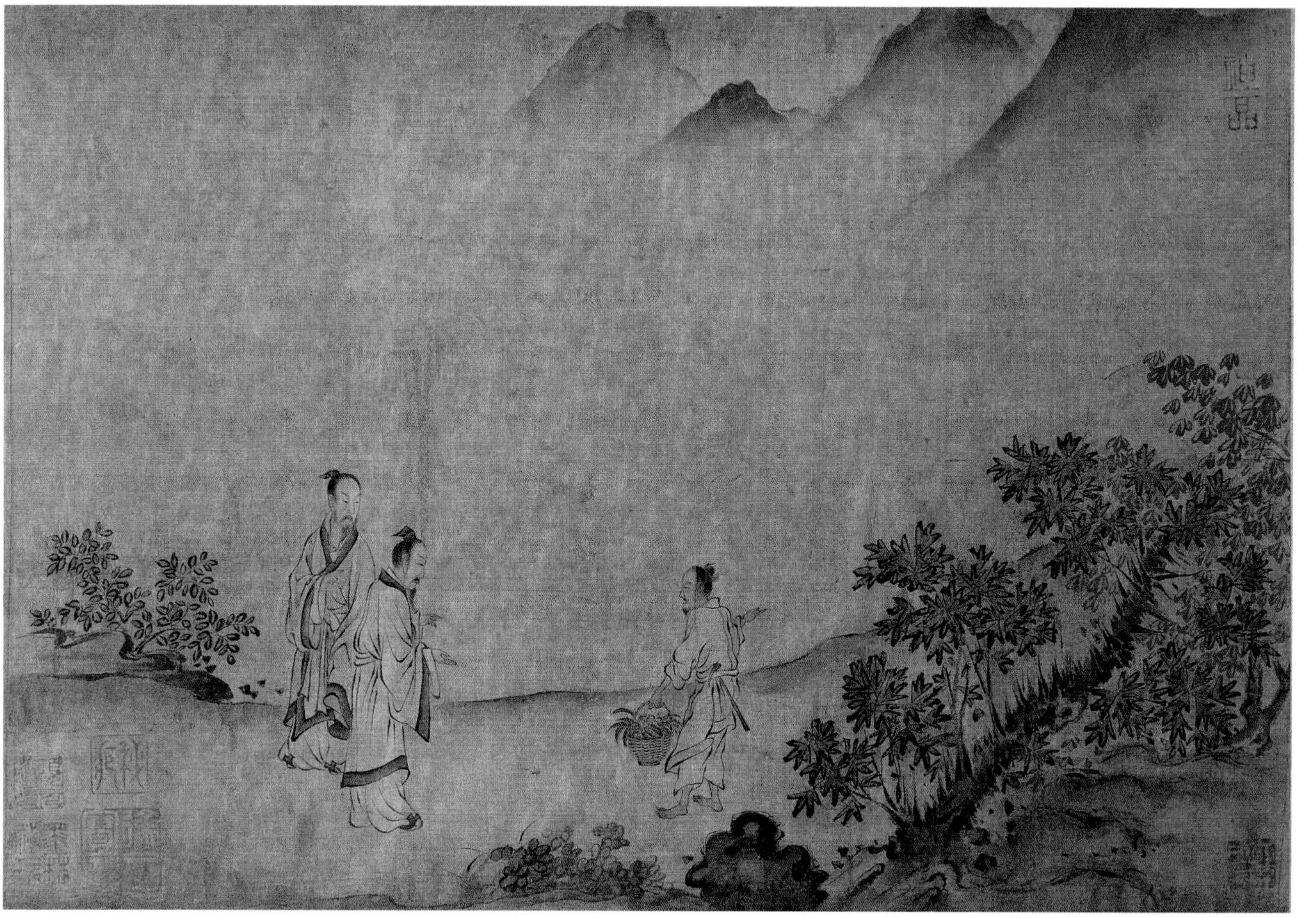

20

馬和之（傳）　小雅鹿鳴之什圖卷

南宋
絹本　設色　縱28厘米　橫864厘米
清宮舊藏

Paintings in the Spirit of "The Deer Cry" in "The Minor Odes" of The Book of Songs
By Ma Hezhi
Southern Song Dynasty
Handscroll, Colour on silk
H. 28cm　L. 864cm
Qing Court collection

此卷依據《詩經．小雅》十首詩意而繪，每段前楷書原詩。

一、《鹿鳴》，先繪一羣梅花鹿，由山谷來到溪畔食草，表現出"呦呦鹿鳴，食野之苹"的場景。祥雲之後為周王"宴羣臣嘉賓"的場景，殿前有樂師"鼓瑟吹笙"、"吹笙鼓簧"。

二、《四牡》，繪周王的使臣乘坐駟馬馬車，奔走於漫長的路途，不免懷念父母。

三、《皇皇者華》，繪周王使臣為周王訪求賢達，乘坐駟馬馬車奔走於山間道路，路旁山花盛開。

四、《常棣》，繪周公及其兄弟在觀看道邊的常棣，盛開的常棣花代表兄弟深厚情誼；左上遠處山坡上，一隻孤獨的鶺鴒在飛翔鳴叫，比喻兄弟之間有急相救。

五、《伐木》，繪山坡上有數株古木，二人持斧砍伐，聽到樹梢有鳥鳴叫相和，仰首上望。以"伐木丁丁，鳥鳴嚶嚶"比喻人不可無友。

六、《天保》，繪險峻秀美的山峯上，挺立茂密的松柏；山下大江奔流；天空有太陽，山峯間有月。以山川、日月，南山、松柏來祝福周王。

七、《採薇》，繪山間大道上軍隊行進，將帥乘坐駟馬戰車，前後有騎兵、步兵。在山坡上，有可供採食的薇菜，勾起將士思鄉之情。

八、《出車》，繪大將站在駟馬戰車中，統率着千軍萬馬，龜蛇鳥隼紋的旌旗迎風招展。歌頌南仲大將征服北方凱旋歸來。

九、《杕杜》，繪鄉間院落，院外及近處山坡上，棠梨掛滿樹梢，遠處山巔隱約可見軍旗。表現棠梨成熟的季節，妻子盼望出征的親人歸來。

十、《魚麗》，繪漁人駕小舟，捕撈起肥美的大魚，準備宴饗賓客。讚美豐盛的美酒佳餚。

末附三篇詩序："《南陔》，孝子相戒以養也。《白華》，孝子之潔白也。《華黍》，時和歲豐，宜黍稷也。有其義而亡其辭。鹿鳴之什十篇"。

尾紙有清乾隆跋，略考什詩核實情況。卷中鈐有鑑藏印"野芳亭清賞"（朱文），"心氣和平"（白文）及明沐璘、黔寧王諸印、錢素軒諸印，清乾隆、嘉慶、宣統內府諸印，"學詩堂"印。曾為學詩堂庋藏。

卷中"筐"、"恆"缺筆，分別避宋太祖、真宗諱。

曾經《庚子銷夏記》、《大觀錄》、《墨緣彙觀續錄》、《石渠寶笈續編》、《石渠隨筆》著錄。

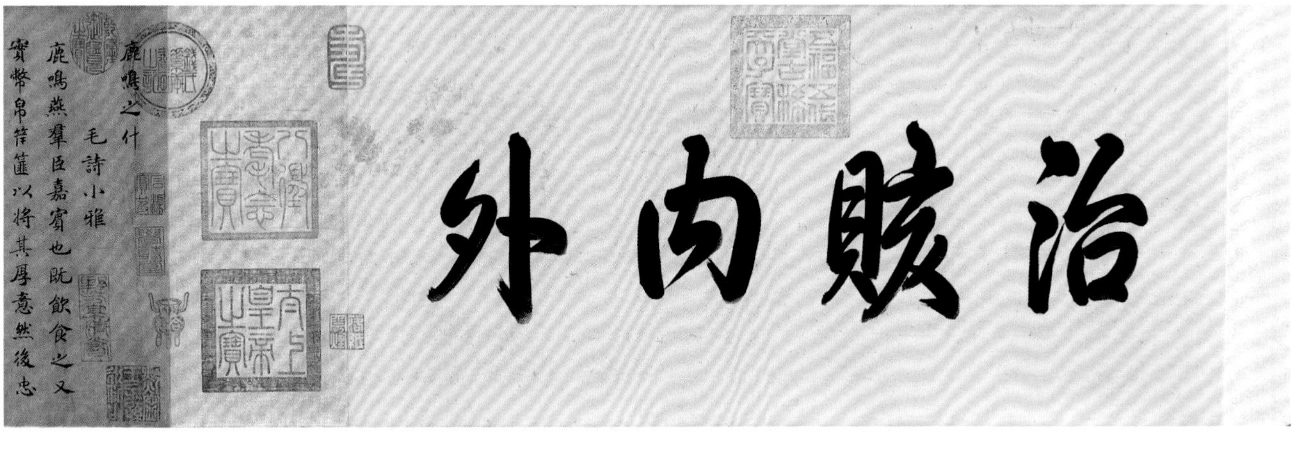

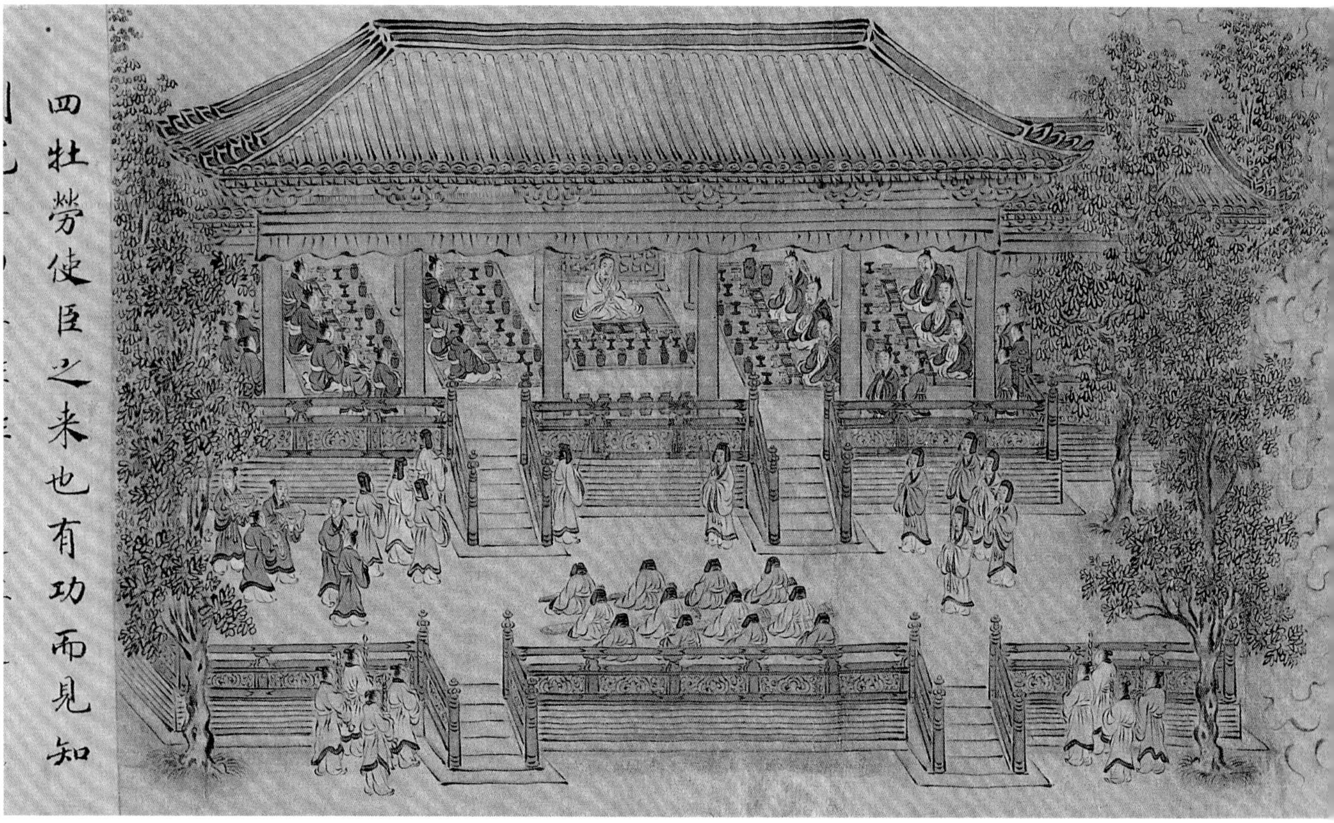
四牡勞使臣之来也有功而見知

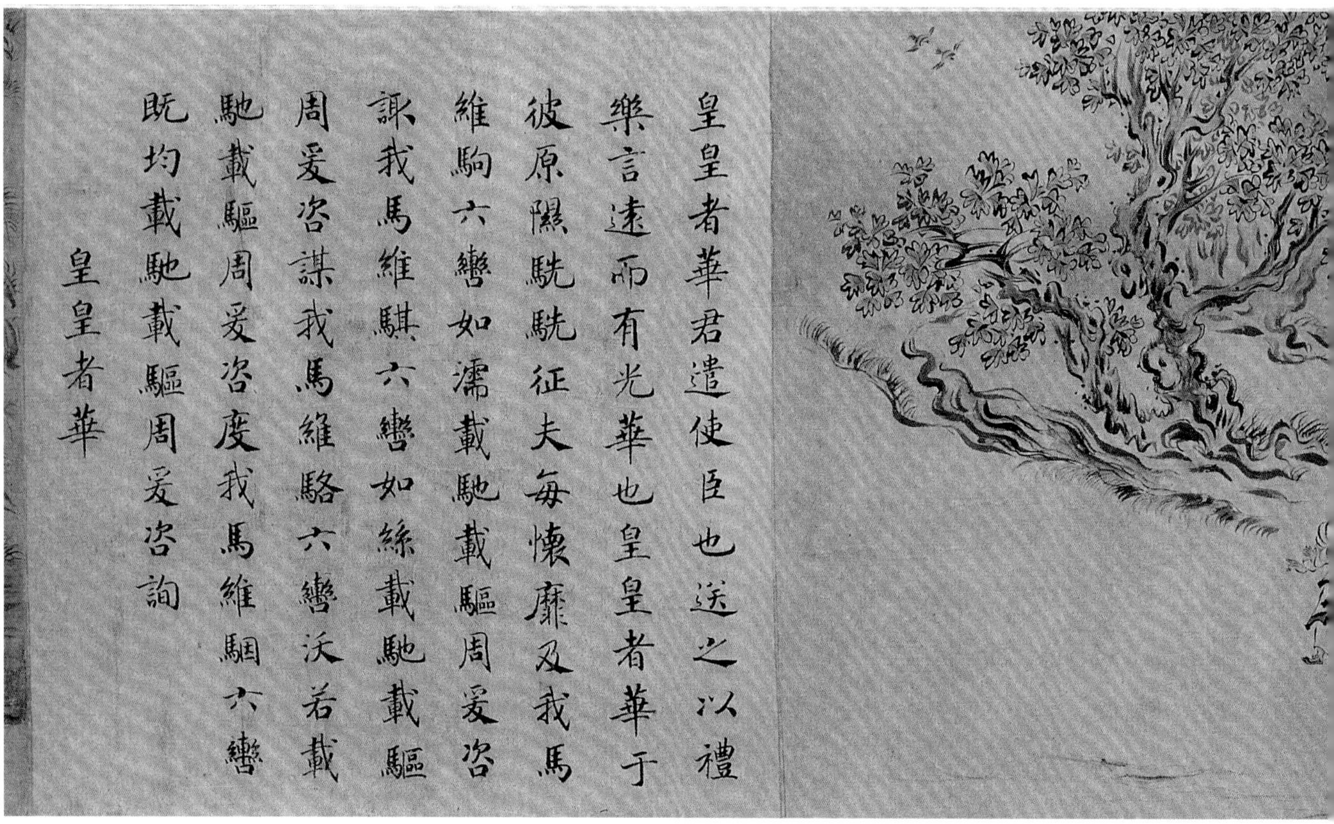
皇皇者華君遣使臣也送之以禮
樂言遠而有光華也皇皇者華于
彼原隰駪駪征夫每懷靡及我馬
維駒六轡如濡載馳載驅周爰咨
諏我馬維騏六轡如絲載馳載驅
周爰咨謀我馬維駱六轡沃若載
馳載驅周爰咨度我馬維駰六轡
既均載馳載驅周爰咨詢
皇皇者華

鹿鳴之什

毛詩小雅

鹿鳴燕羣臣嘉賓也既飲食之又
實幣帛筐篚以将其厚意然後忠
臣嘉賓得盡其心矣呦呦鹿鳴食
野之苹我有嘉賓鼓瑟吹笙吹笙
鼓簧承筐是将人之好我示我周
行呦呦鹿鳴食野之蒿我有嘉賓
德音孔昭視民不恌君子是則是
傚我有旨酒嘉賓式燕以敖呦呦
鹿鳴食野之芩我有嘉賓鼓瑟鼓
琴鼓瑟鼓琴和樂且湛我有旨酒
以燕樂嘉賓之心

鹿鳴

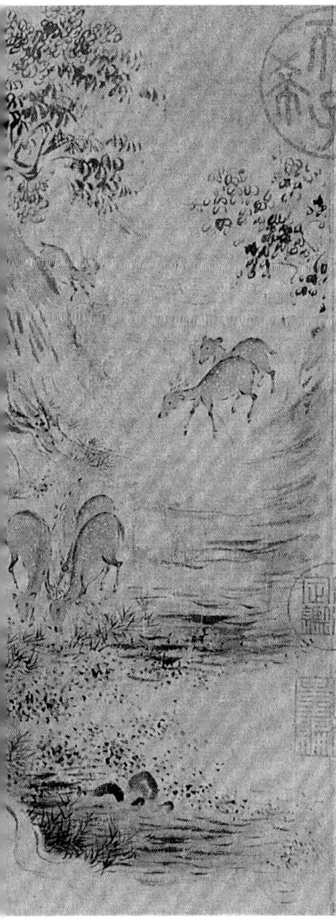

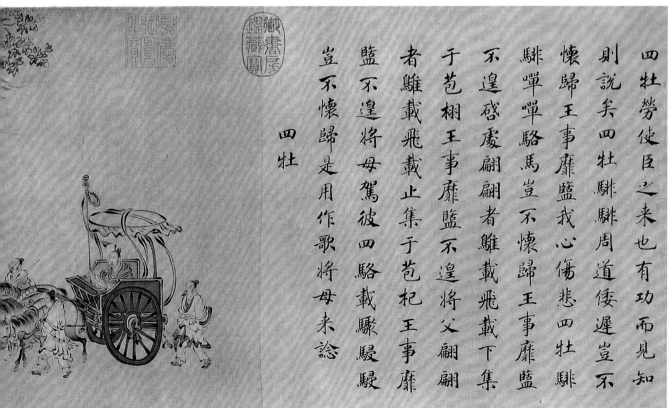

四牡勞使臣之来也有功而見知
則說矣四牡騑騑周道倭遲豈不
懷歸王事靡盬我心傷悲四牡騑
騑嘽嘽駱馬豈不懷歸王事靡盬
不遑啓處翩翩者鵻載飛載下集
于苞栩王事靡盬不遑将父翩翩
者鵻載飛載止集于苞杞王事靡
盬不遑将母駕彼四駱載驟駸駸
豈不懷歸是用作歌将母来諗

四牡

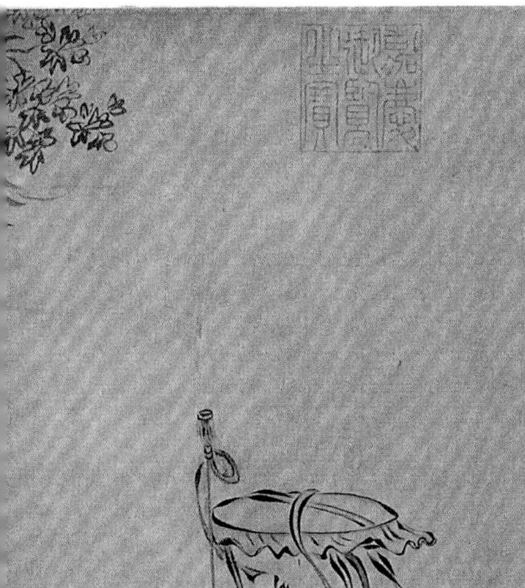

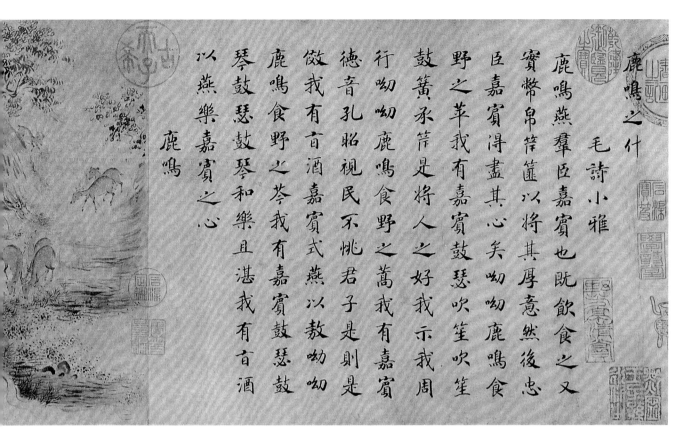

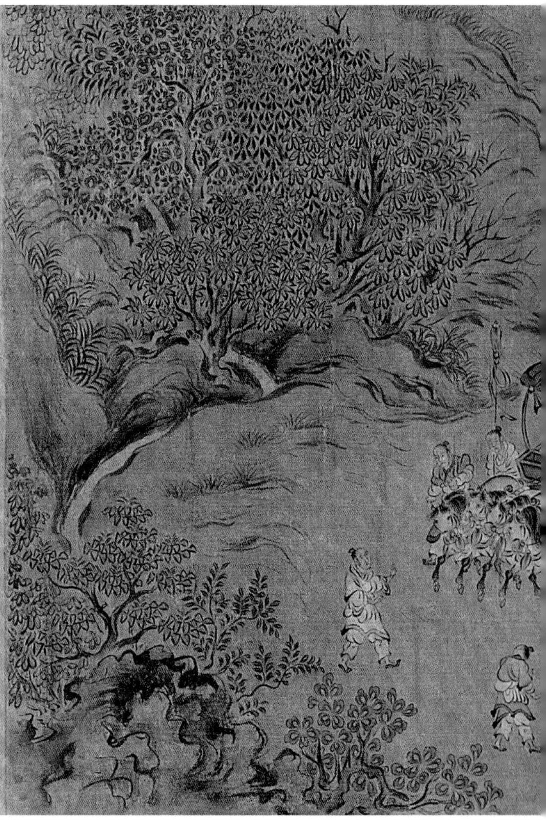

常棣燕兄弟也閔管蔡之失道故
作常棣焉常棣之華鄂不韡韡凡
今之人莫如兄弟死喪之威兄弟
孔懷原隰裒矣兄弟求矣脊令在
原兄弟急難每有良朋況也永嘆
兄弟鬩于牆外禦其務每有良朋
烝也無戎喪亂既平既安且寧雖
有兄弟不如友生儐爾籩豆飲酒
之飫兄弟既具和樂且孺妻子好
合如鼓瑟琴兄弟既翕和樂且湛

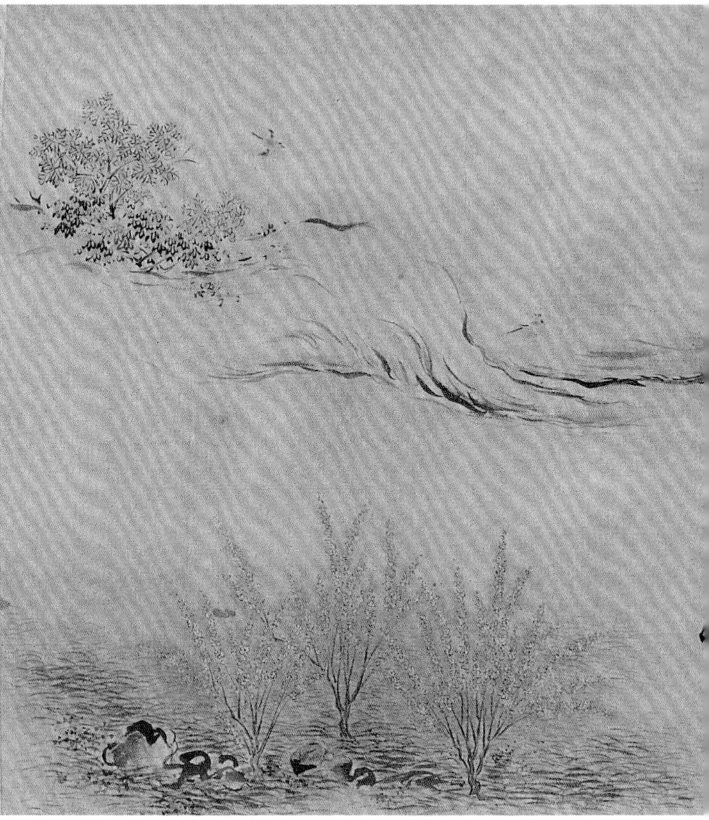

伐木燕朋友故舊也自天子至于
庶人未有不須友以成者親親以
睦友賢不棄不遺故舊則民德歸
厚矣伐木丁丁鳥鳴嚶嚶出自幽
谷遷于高木嚶其鳴矣求其友聲
相彼鳥矣猶求友聲矧伊人矣不
求友生神之聽之終和且平伐木
許許釃酒有藇既有肥羜以速諸

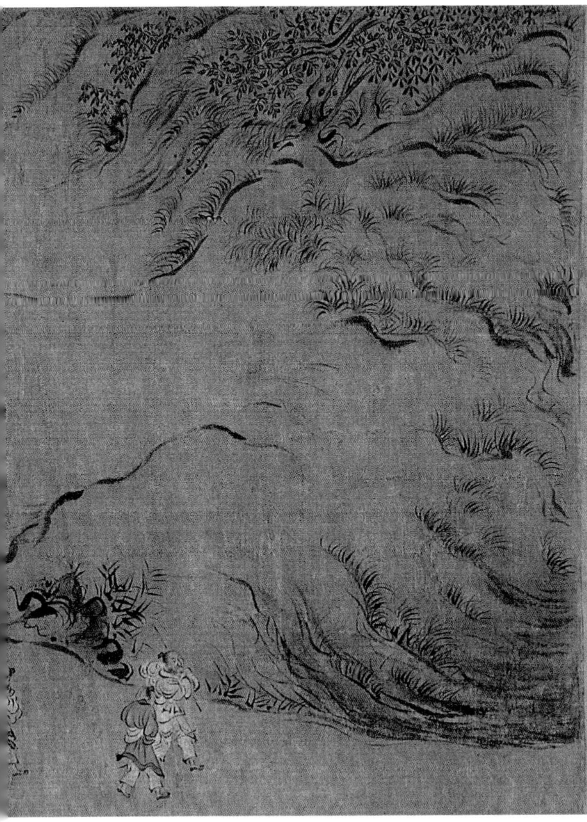

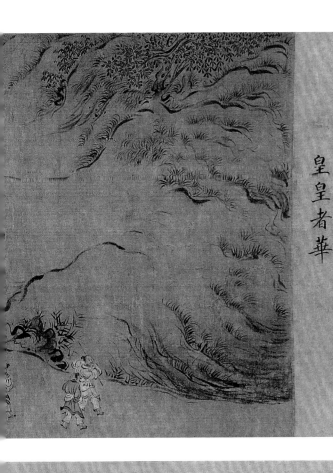

皇皇者華君遣使臣也送之以禮
樂言遠而有光華也皇皇者華于
彼原隰駪駪征夫每懷靡及我馬
維駒六轡如濡載馳載驅周爰咨
諏我馬維騏六轡如絲載馳載驅
周爰咨謀我馬維駱六轡沃若載
馳載驅周爰咨度我馬維駰六轡
既均載馳載驅周爰咨詢

皇皇者華

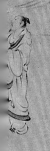

常棣燕兄弟也閔管蔡之失道故
作常棣焉常棣之華鄂不韡韡凡
今之人莫如兄弟死喪之威兄弟
孔懷原隰裒矣兄弟求矣脊令在
原兄弟急難每有良朋況也永嘆
兄弟鬩于牆外禦其務每有良朋
烝也無戎喪亂既平既安且寧雖
有兄弟不如友生儐爾籩豆飲酒
之飫兄弟既具和樂且孺妻子好
合如鼓瑟琴兄弟既翕和樂且湛
宜爾家室樂爾妻帑是究是圖亶
其然乎

常棣

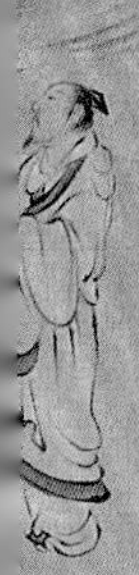

天保下報上也君能下下以成其
政臣能歸美以報其上焉天保定
爾亦孔之固俾爾單厚何福不除
俾爾多益以莫不庶天保定爾俾
爾戩穀罄無不宜受天百祿降爾

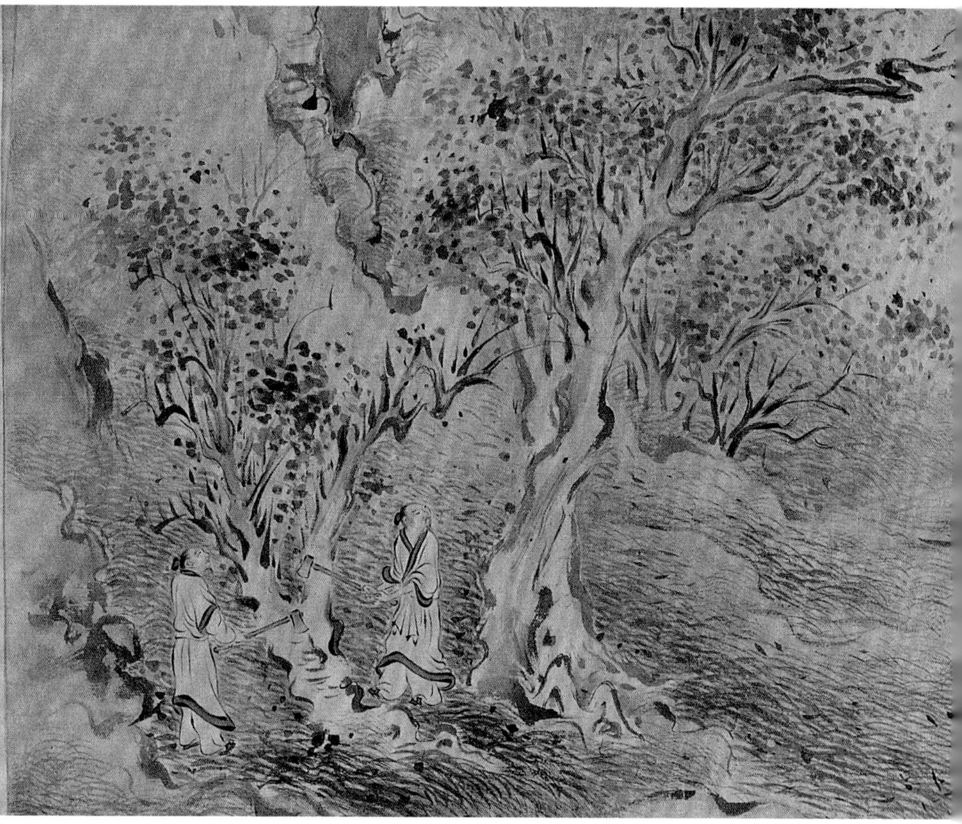

采薇遣戍役也文王之時西有
昆夷之患北有玁狁之難以天
子之命命將率遣戍役以守衛
中國故歌采薇以遣之出車以
勞還杕杜以勤歸也采薇采薇
薇亦作止曰歸曰歸歲亦莫止
靡室靡家玁狁之故不遑啓居

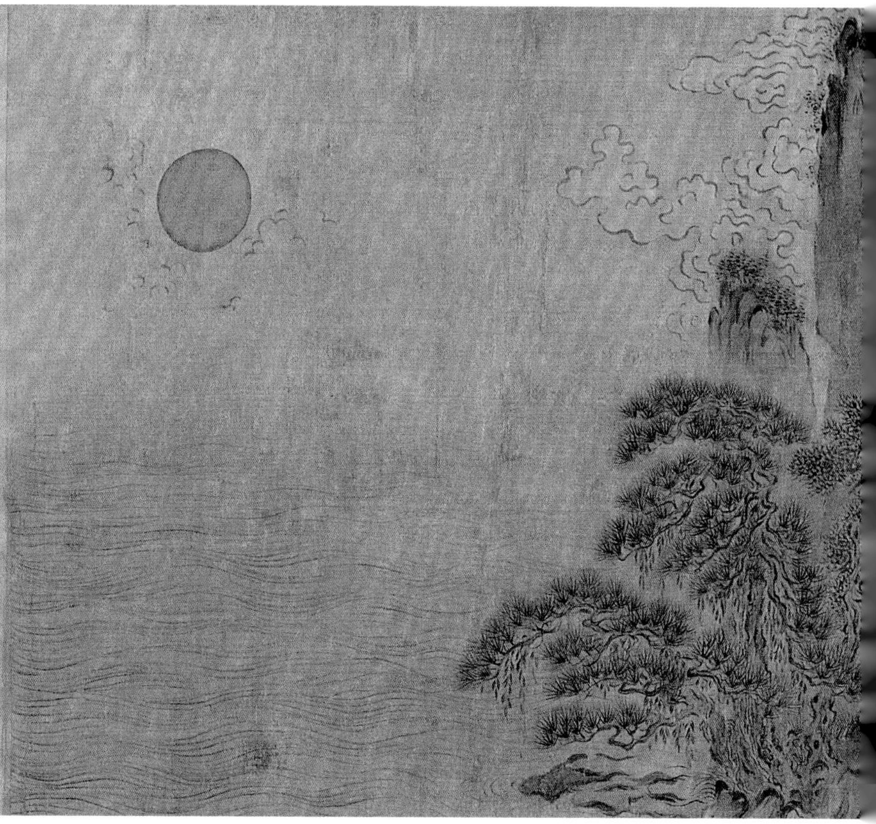

伐木燕朋友故舊也自天子至于
庶人未有不須友以成者親親以
睦友賢不棄不遺故舊則民德歸
厚矣伐木丁丁鳥鳴嚶嚶出自幽
谷遷于高木嚶其鳴矣求其友聲
相彼鳥矣猶求友聲矧伊人矣不
求友生神之聽之終和且平伐木
許許釃酒有藇既有肥羜以速諸
父寧適不來微我弗顧於粲洒埽
陳饋八簋既有肥牡以速諸舅寧
適不來微我有咎伐木于阪釃酒
有衍籩豆有踐兄弟無遠民之失
德乾餱以愆有酒湑我無酒酤我
坎坎鼓我蹲蹲舞我迨我暇矣飲
此湑矣

伐木

天保下報上也君能下下以成其
政臣能歸美以報其上焉天保定
爾亦孔之固俾爾單厚何福不除
俾爾多益以莫不庶天保定爾俾
爾戩穀罄無不宜受天百祿降爾
遐福維日不足天保定爾以莫不
興如山如阜如岡如陵如川之方
至以莫不增吉蠲為饎是用孝享
禴祠烝嘗于公先王君曰卜爾萬
壽無疆神之弔矣詒爾多福民之
質矣日用飲食羣黎百姓徧為爾
德如月之恒如日之升如南山之
壽不騫不崩如松柏之茂無不爾
或承

天保

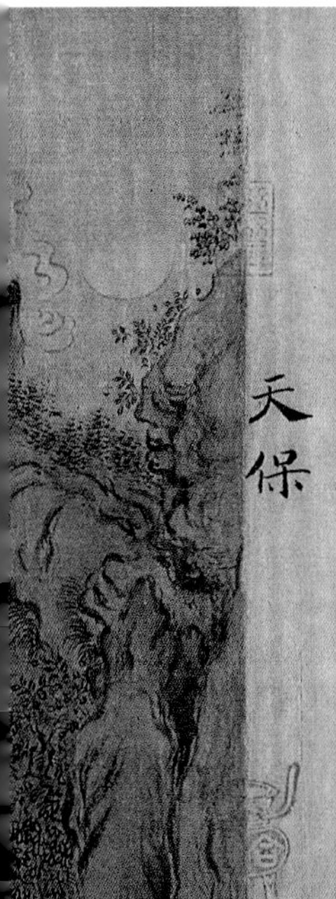

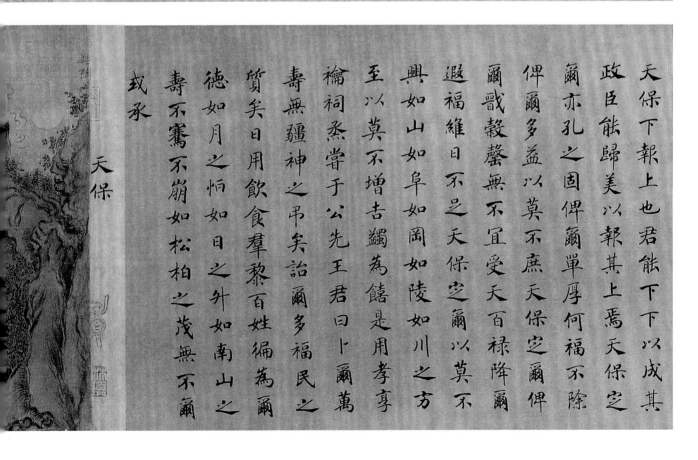

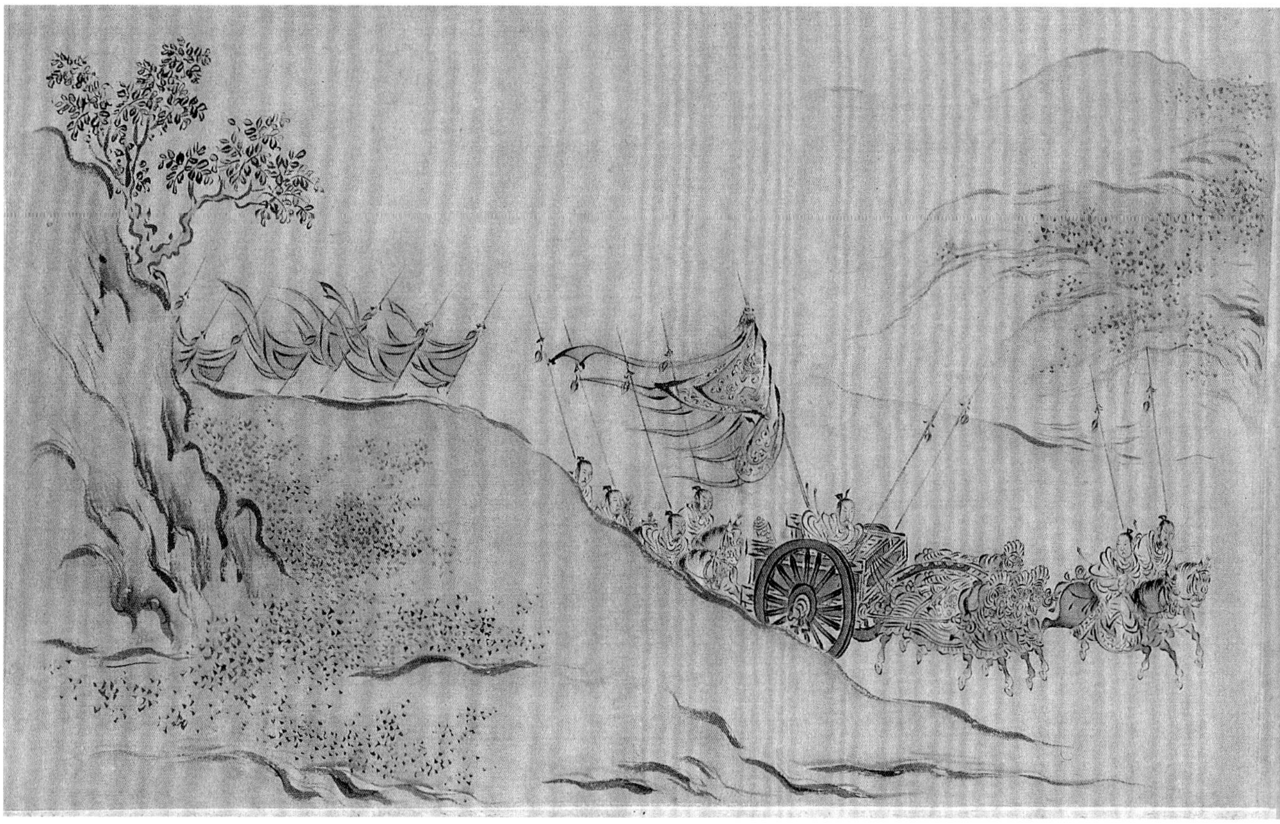

采薇

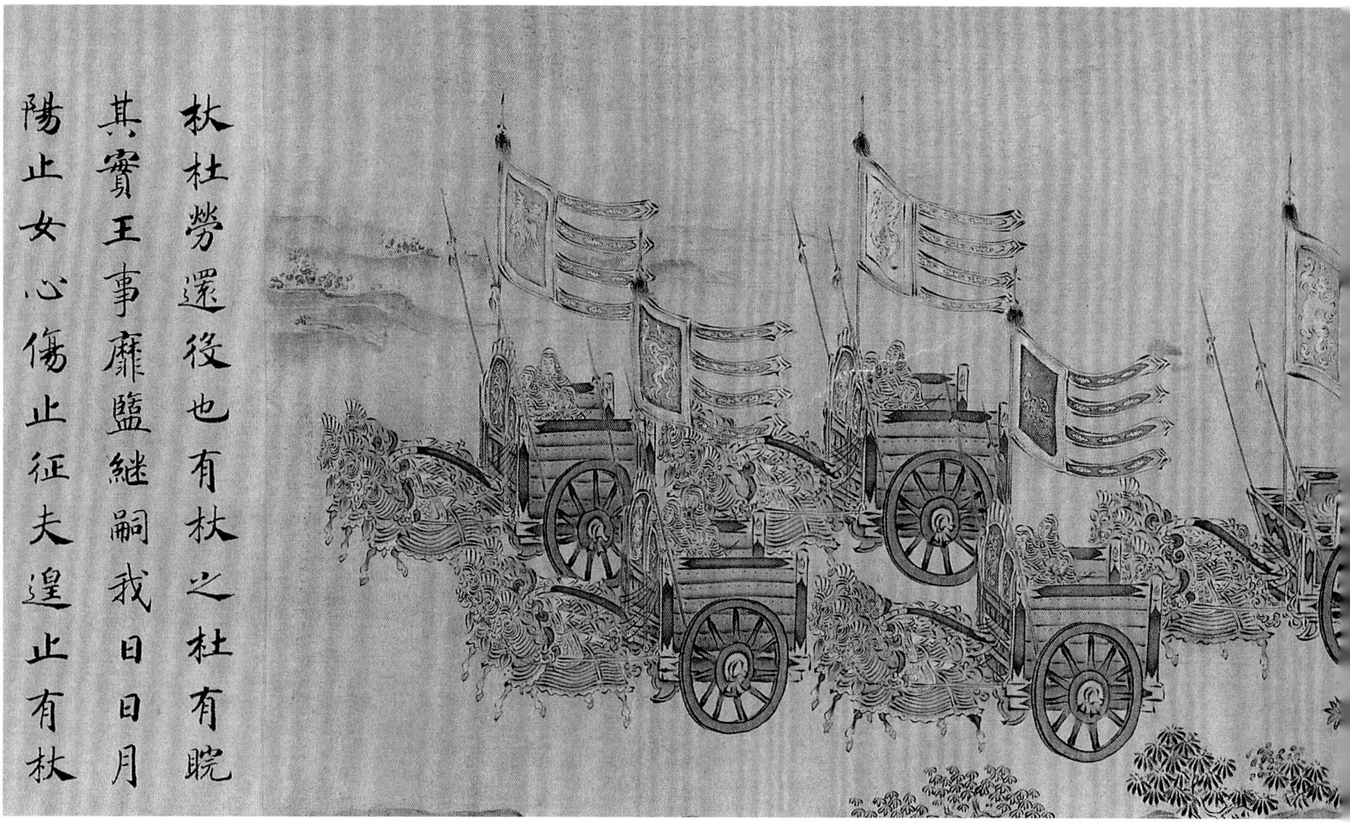
杕杜勞還役也有杕之杜有睆
其實王事靡盬繼嗣我日日月
陽止女心傷止征夫遑止有杕

采薇遣戍役也文王之時西有
昆夷之患北有玁狁之難以天
子之命命將率遣戍役以守衛
中國故歌采薇以遣之出車以
勞還杕杜以勤歸也采薇采薇
薇亦作止曰歸曰歸歲亦莫止
靡室靡家玁狁之故不遑啓居
玁狁之故采薇采薇薇亦柔止
曰歸曰歸心亦憂止憂心烈烈
載飢載渴我戍未定靡使歸聘
采薇采薇薇亦剛止曰歸曰歸
歲亦陽止王事靡盬不遑啓處
憂心孔疚我行不来彼爾維何
維常之華彼路斯何君子之車
戎車既駕四牡業業豈敢定居
一月三捷駕彼四牡四牡騤騤
君子所依小人所腓四牡翼翼
象弭魚服豈不日戒玁狁孔棘

出車勞還率也我出我車于彼牧
矣自天子所謂我来矣召彼僕夫
謂之載矣王事多難維其棘矣我
出我車于彼郊矣設此旐矣建彼
旄矣彼旟旐斯胡不旆旆憂心悄
悄僕夫況瘁王命南仲往城于方
出車彭彭旂旐央央天子命我城
彼朔方赫赫南仲玁狁于襄昔我
往矣黍稷方華今我来思雨雪載
塗王事多難不遑啓居豈不懷歸
畏此簡書喓喓草蟲趯趯阜螽未
見君子憂心忡忡既見君子我心
則降赫赫南仲薄伐西戎春日遲
遲卉木萋萋倉庚喈喈采蘩祁祁
執訊獲醜薄言還歸赫赫南仲玁
狁于夷

出車

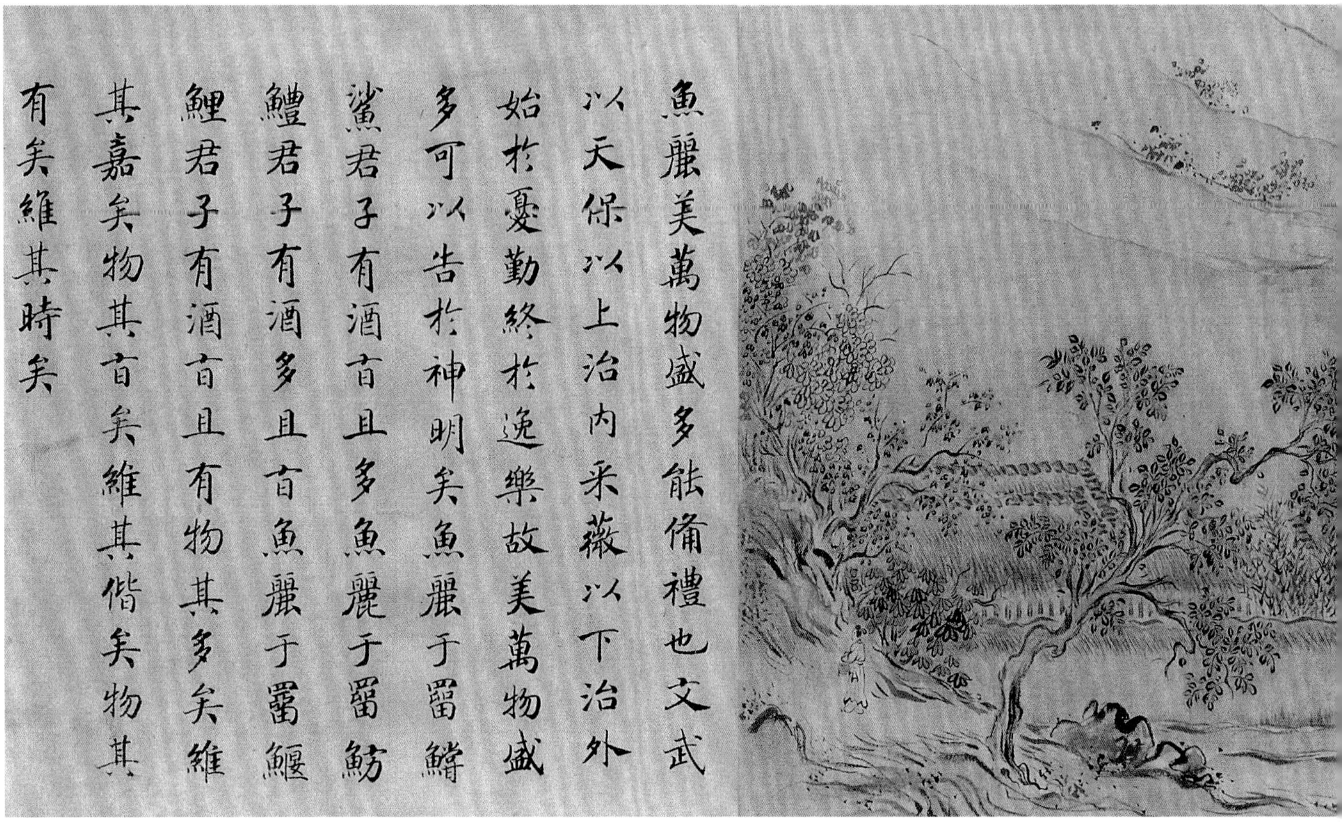
魚麗美萬物盛多能備禮也文武
以天保以上治內采薇以下治外
始於憂勤終於逸樂故美萬物盛
多可以告於神明矣魚麗于罶鱨
鯊君子有酒旨且多魚麗于罶魴
鱧君子有酒多且旨魚麗于罶鰋
鯉君子有酒旨且有物其多矣維
其嘉矣物其旨矣維其偕矣物其
有矣維其時矣

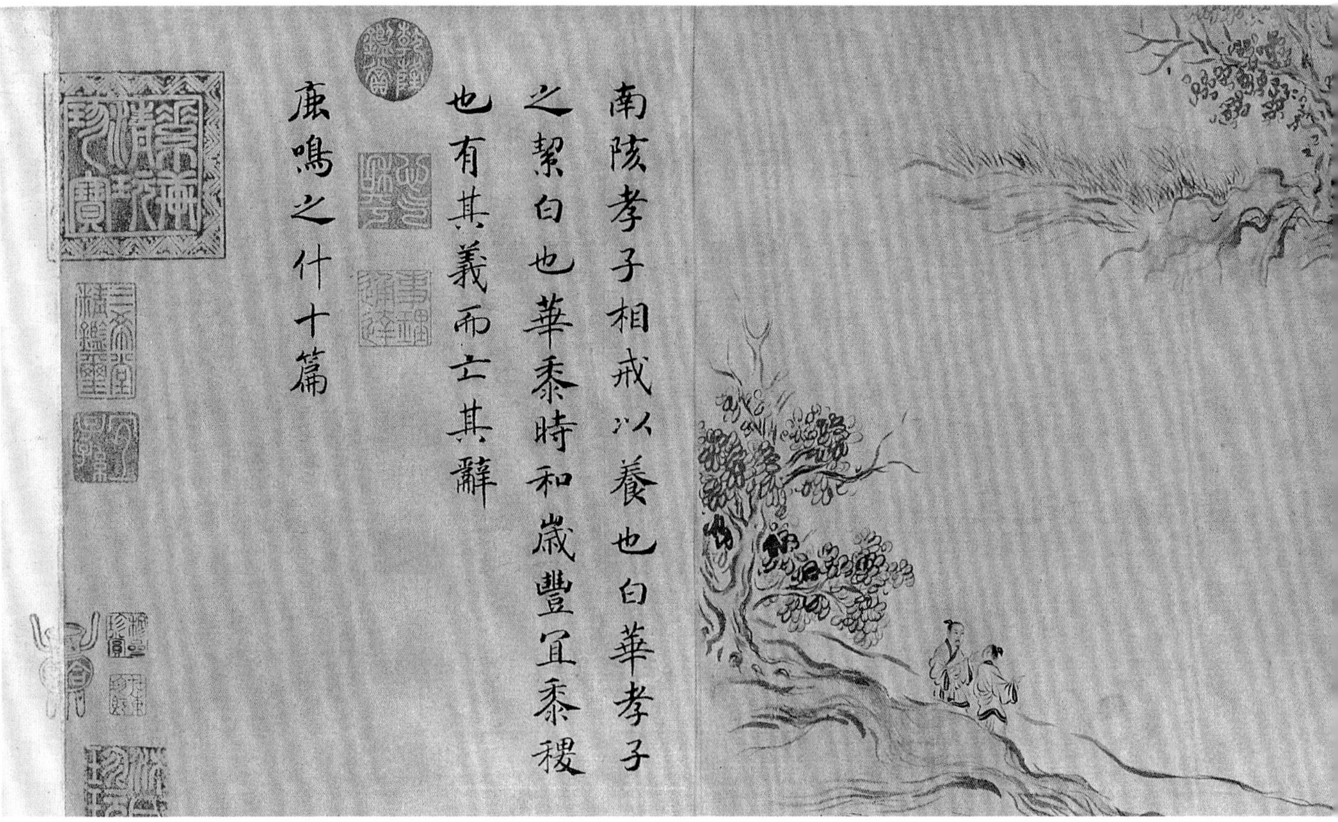
南陔孝子相戒以養也白華孝子
之絜白也華黍時和歲豐宜黍稷
也有其義而亡其辭
鹿鳴之什十篇

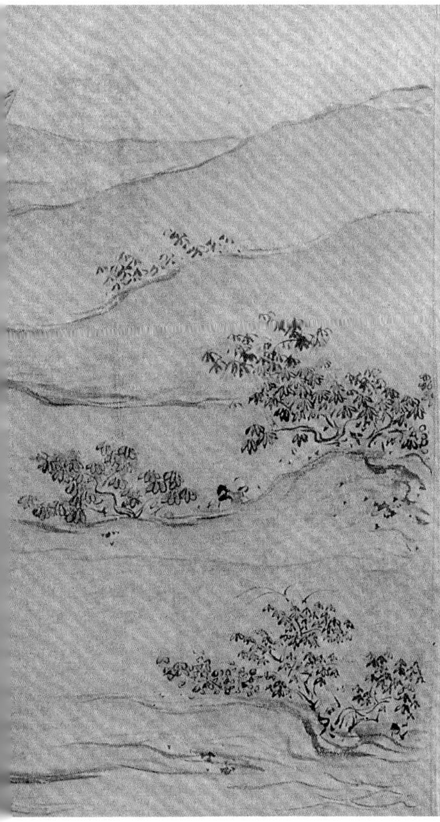

杕杜勞還役也有杕之杜有睆其實王事靡盬繼嗣我日日月陽止女心傷止征夫遑止有杕之杜其葉萋萋王事靡盬我心傷悲卉木萋止女心悲止征夫歸止陟彼北山言采其杞王事靡盬憂我父母檀車幝幝四牡痯痯征夫不遠匪載匪来憂心孔疚期逝不至而多爲恤卜筮偕止會言近止征夫邇止

杕杜

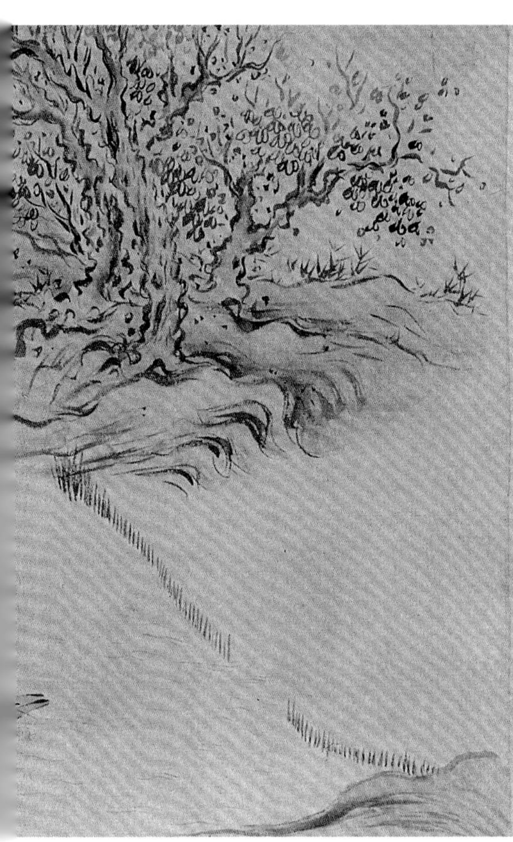

魚麗美萬物盛多能備禮也文武以天保以上治内采薇以下治外始於憂勤終於逸樂故美萬物盛多可以告於神明矣魚麗于罶鱨鯊君子有酒旨且多魚麗于罶魴鱧君子有酒多且旨魚麗于罶鰋鯉君子有酒旨且有物其多矣維其嘉矣物其旨矣維其偕矣物其有矣維其時矣

魚麗

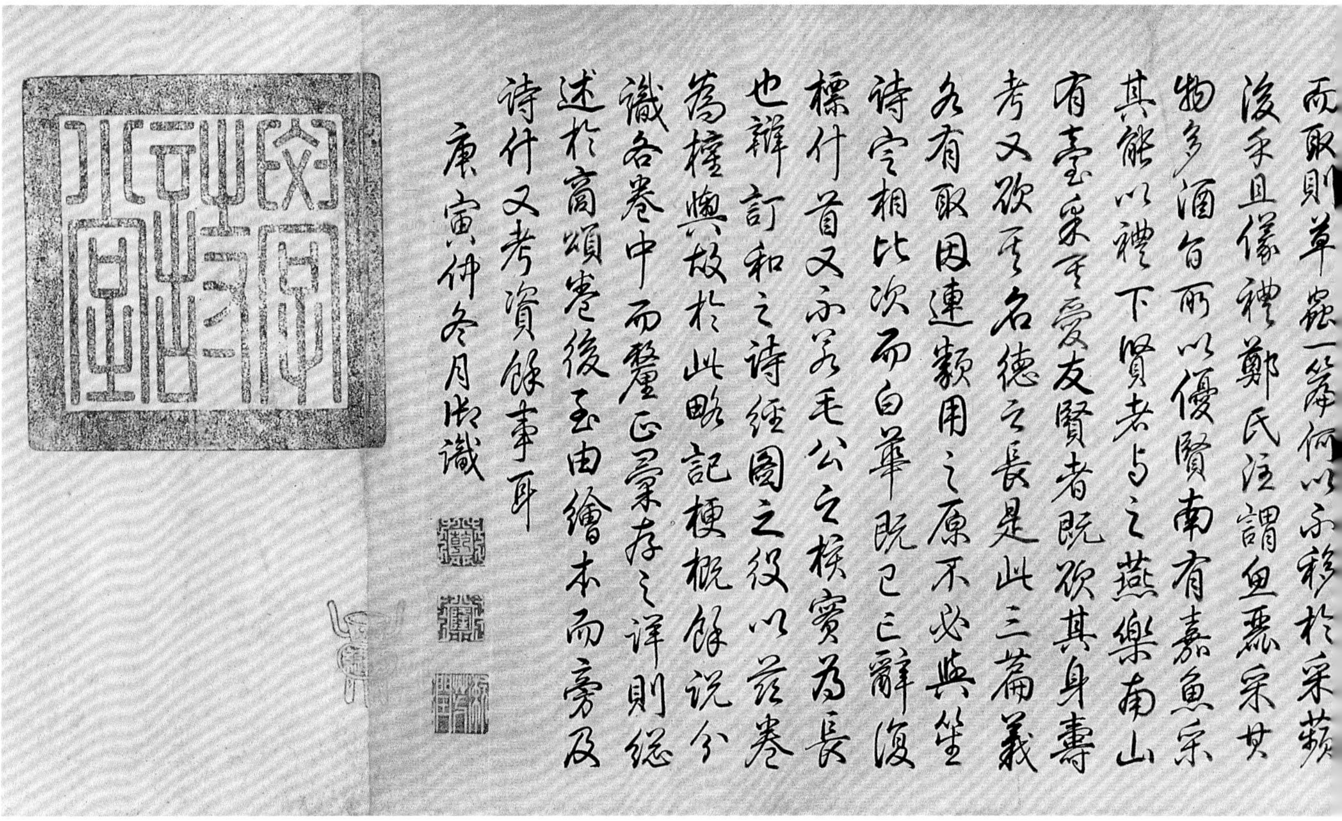
而取則單箴一篇何以亦移於采蘋
後矣且儀禮鄭氏注謂魚麗采其
物多酒旨所以優賢南有嘉魚采
其能以禮下賢者與之燕樂南山
有臺采其愛友賢者既欲其身壽
考又欲其名德之長是此三篇義
各有取因連類用之原不必與笙
詩之相比次而白華既已亡辭復
標什首又不若毛公之核實爲長
也辯訂和之詩經圖之役以茲卷
爲權輿故於此略記梗概餘說分
識各卷中而釐正彙存之詳則總
述於商頌卷後至由繪本而旁及
詩什又考資餘事耳
庚寅仲冬月御識

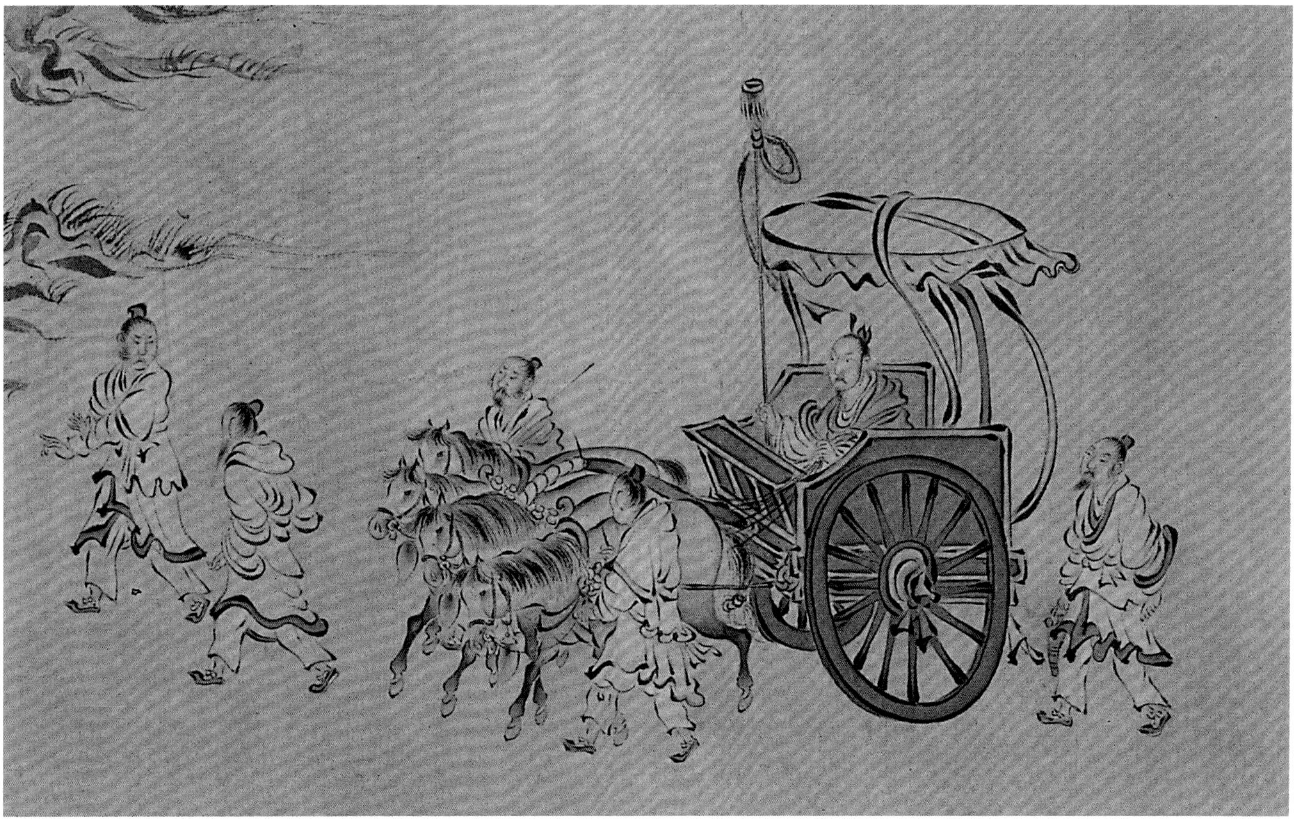

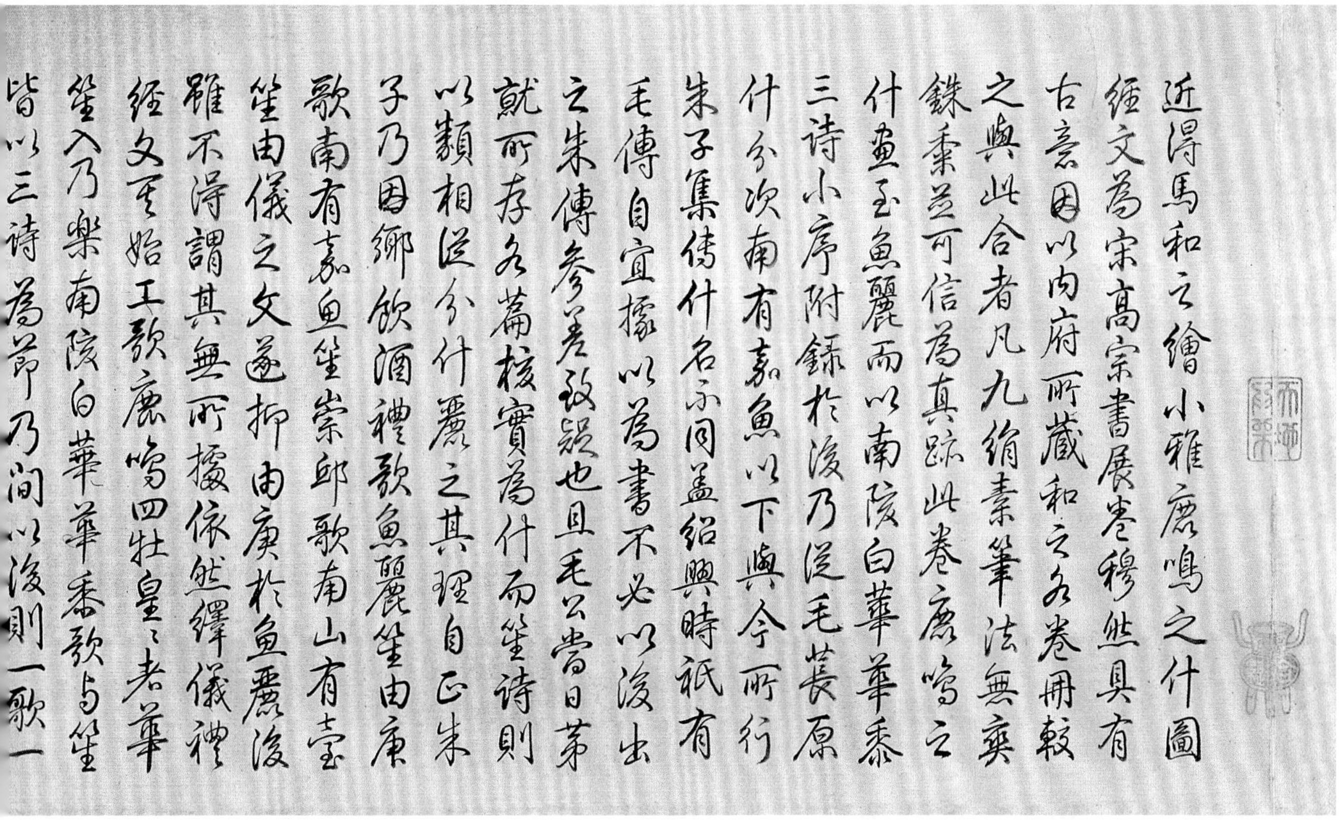

近得馬和之繪小雅鹿鳴之什圖經文為宋高宗書展卷穆然具有古意因以內府所藏和之各卷冊較之與此合者凡九絹素筆法無爽銖黍益可信為真跡此卷鹿鳴之什蓋至魚麗而以南陔白華華黍三詩小序附錄於後乃從毛萇原什分次南有嘉魚以下與今所行朱子集傳什名不同蓋紹興時祇有毛傳自宜據以為書不必以後出之朱傳參差致疑也且毛公當日第就所存各篇核實為什而笙詩則以類相從分什處之其理自正朱子乃因鄉飲酒禮歌魚麗笙由庚歌南有嘉魚笙崇丘歌南山有臺笙由儀之文遂抑由庚於魚麗後雖不得謂其無所據依然繹儀禮經文至始工歌鹿鳴四牡皇皇者華笙入乃樂南陔白華華黍歌與笙皆以三詩為節乃間以後則一歌一

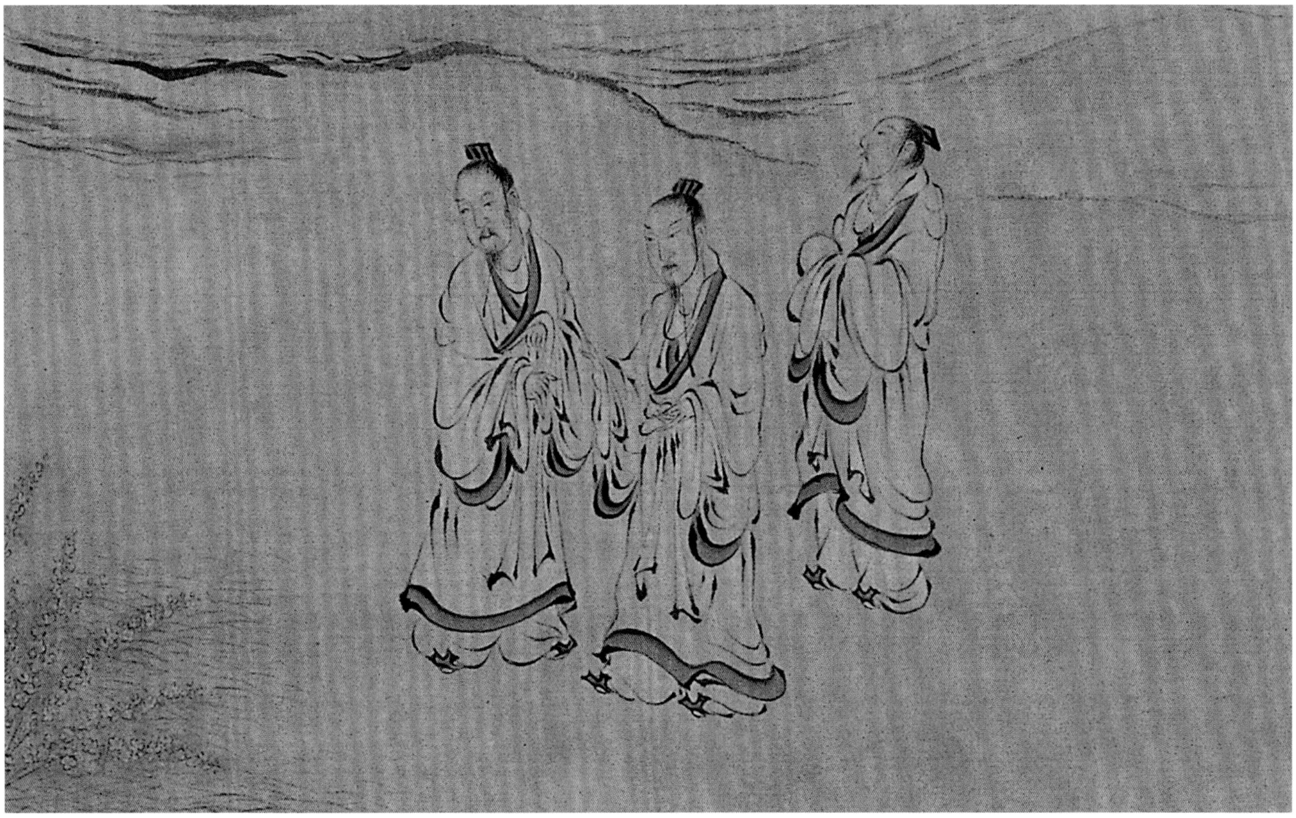

21

馬和之（傳）　小雅節南山之什圖卷

南宋
絹本　設色　縱26.2厘米　橫857.6厘米
清宮舊藏

Paintings in the Spirit of "Jie Nan Shan" in "The Minor Odes" of The Book of Songs

By Ma Hezhi
Southern Song Dynasty
Handscroll, Colour on silk
H. 26.2cm　L. 857.6cm
Qing Court collection

依據《詩經．小雅》中的十首詩意而繪，每段前楷書原詩。

一、《節南山》，取詩中“節彼南山，維石岩岩”句意，繪高山深壑，瀑布急流。以高峻危岩的南山比喻太師尹氏的顯赫，諷刺西周末年幽王重用尹氏以至國家瀕於危亡。

二、《正月》，取詩中“正月繁霜，我心憂傷”句意，繪霜多寒苦，柳樹低垂、荷塘凋零，以表示萬物失時，寓意亂世將至。

三、《十月之交》，取詩中“日有食之，亦孔之醜”句意，繪河岸邊林木凋殘，峯上四人遠望亂雲翻滾，紅日將蔽，表現出對亂世將至的憂慮。

四、《雨無正》，繪古松竹林間，水榭內有人伏案假寐，似取自詩中勸避讒隱居的大夫重新出仕之意。

五、《小旻》，繪大樹平岡，一人正謹慎地低頭行走，表現了被放逐的臣子“戰戰兢兢，如臨深淵，如履薄冰”的詩意。

六、《小宛》，取詩中“宛彼鳴鳩，翰飛戾天。我心憂傷，念昔先人”句意，繪河畔竹林間，草房內一人坐蓆上仰望天空，空中有斑鳩飛起。以鳩比喻幽王才疏智小，士大夫懷念文王、武王。

七、《小弁》，繪水邊蘆葦叢生，小鹿俯首飲水，水中石上有雉雞一隻，遠處孤舟一葉，寒鴉於林間盤旋。表現賢臣被拋棄後孤獨哀傷的淒涼景象。

八、《巧言》，繪一人自山坡上行下，其目光和手所指，為河岸邊草叢中的房屋，即詩中所謂“彼何人斯，居河之麋”，意為進讒者所居之處。

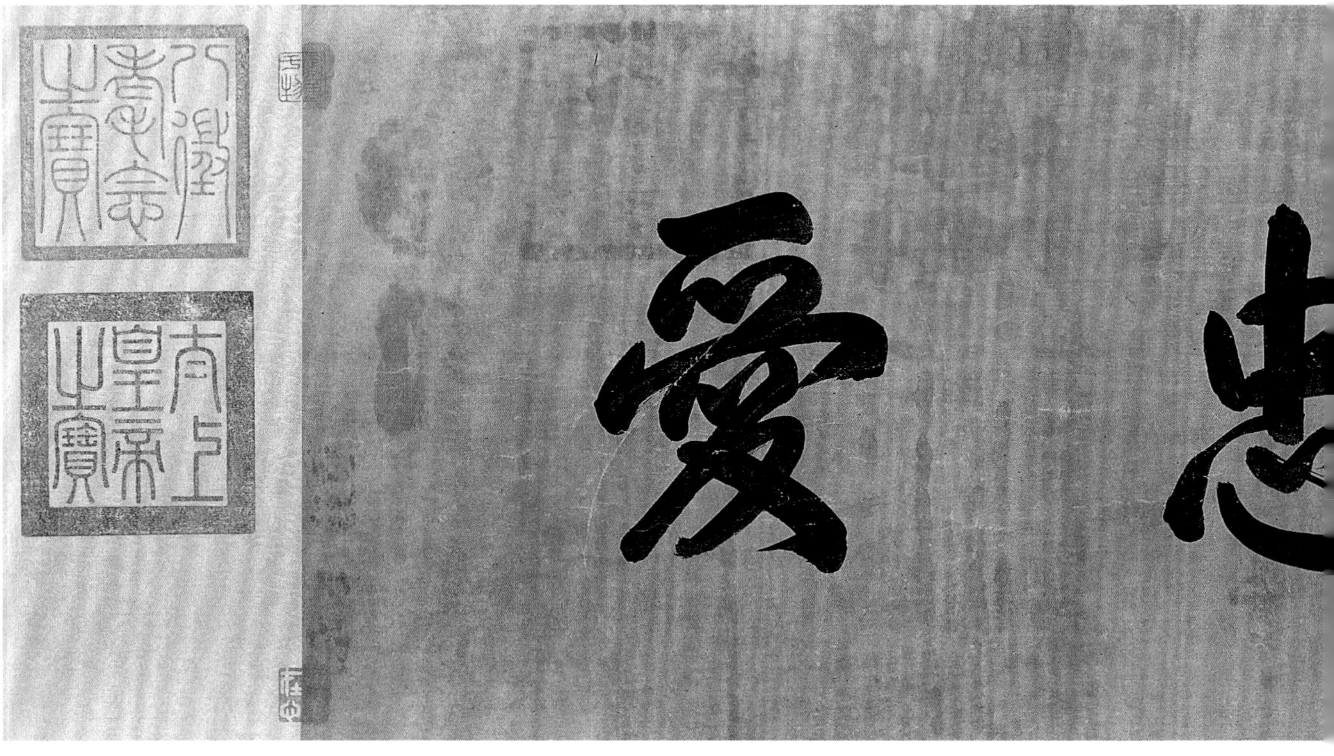

九、《何人斯》，繪柳樹掩映下，蘇公倚門側目而立，暴公及其隨從自板橋走過。即詩中"彼何人斯，胡逝我梁，不入我門"句意，表現蘇公對進讒者的憤怒。

十、《巷伯》，繪巷伯（宮中太監）坐於園中平地的蓆上，旁置席案，有貝錦一匹，詩中以女工集眾採而織成貝錦，比興讒人羅織罪名中傷巷伯。

此圖用筆瀟灑，不追求形似，山、石、樹、草尤為明顯，人物衣紋工整之間見生動飄逸之感。唯"巷伯"一段筆法較板滯，究竟是一人的變體或是另一人所作，尚待考證。

本幅鈐清內府藏印"御書房鑑藏寶"（朱文圓）、"石渠寶笈"（朱文）、"古稀天子"（朱文圓）等。另有"紹興"（朱文圓）。

引首有清乾隆御題"志摹忠愛"，鈐藏印"五福五代堂古稀天子之寶"（朱文）。前隔水鈐藏印"八徵耄念之寶"（朱文）、"太上皇帝之寶"（朱文）。尾紙有清乾隆於庚寅（1770）題跋一則，鈐印"乾"（朱文）、"隆"（白文）。另有藏印"學詩堂"（朱文）。此卷為學詩堂庋藏之一。

卷中"弘"、"徵"、"殷"、"崔"、"雊"、"桓"、"慎"、"樹"等字缺筆，避宋朝皇帝諱。"慎"字為孝宗名諱，因此不可能為高宗、孝宗親筆。

曾經《庚子銷夏記》、《大觀錄》、《墨緣彙觀續錄》、《石渠寶笈續編》、《石渠隨筆》著錄。

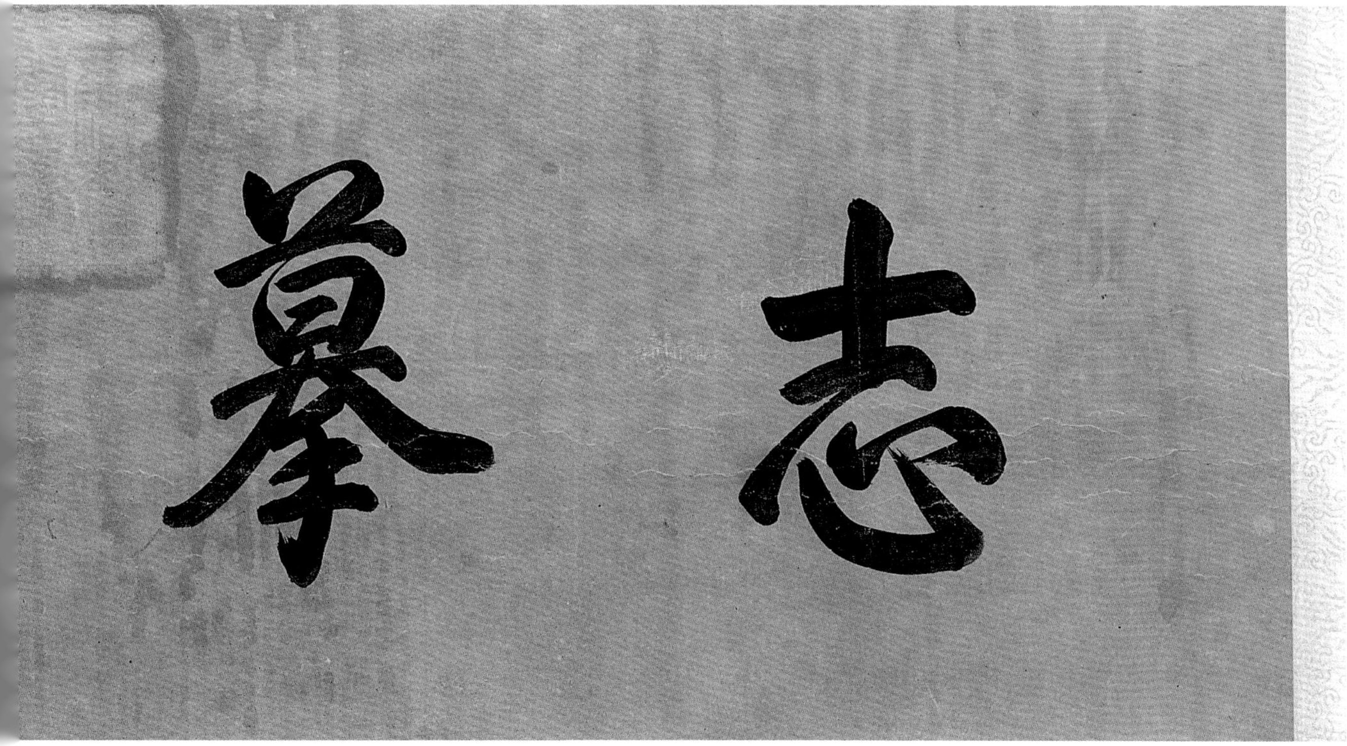

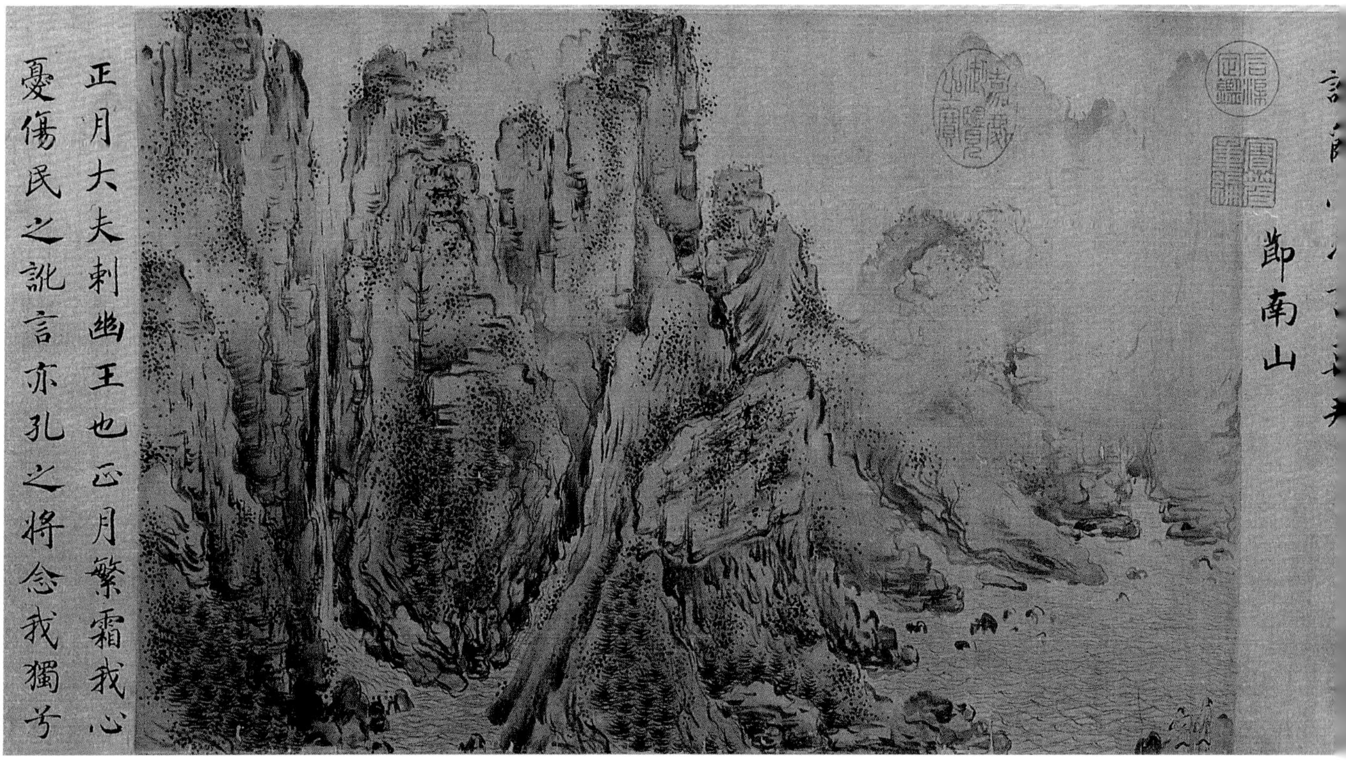
節南山
正月大夫刺幽王也正月繁霜我心
憂傷民之訛言亦孔之将念我獨兮

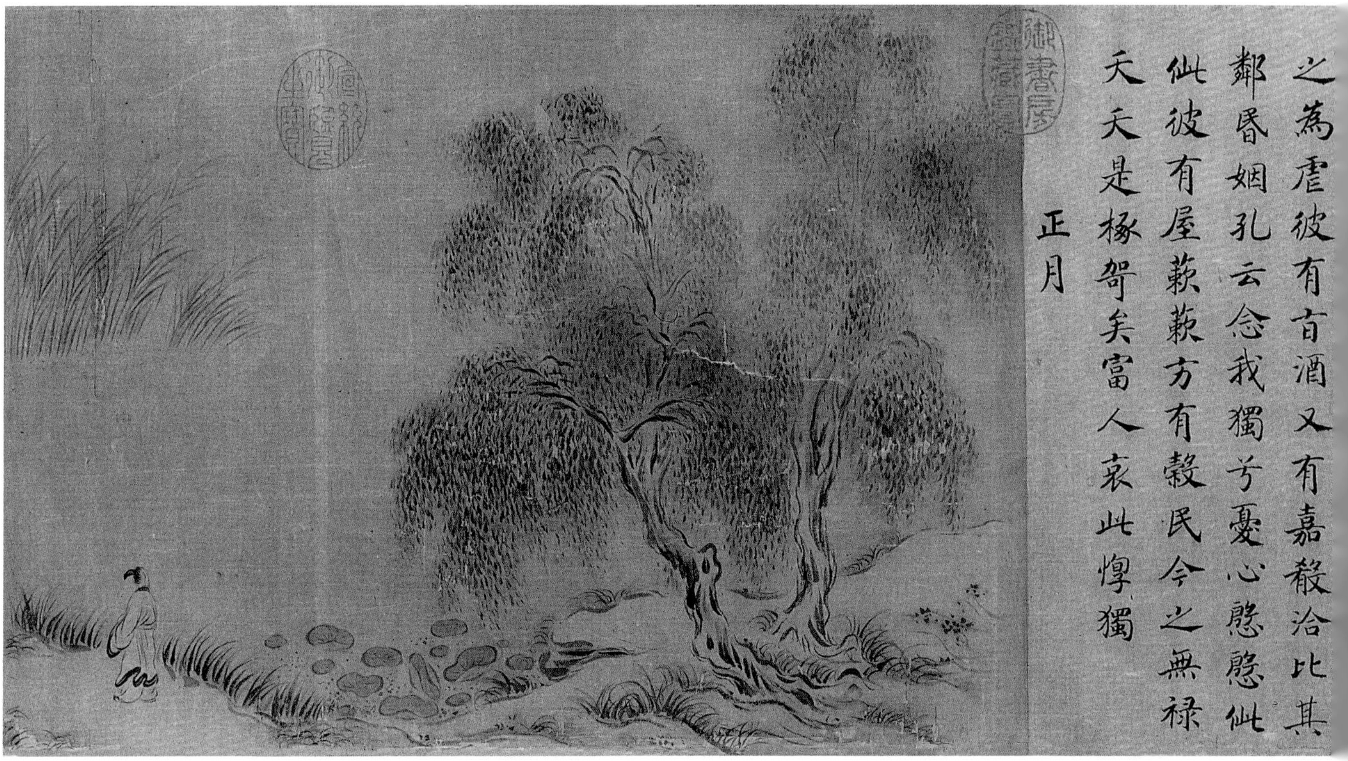
之為虐彼有旨酒又有嘉殽洽比其
鄰昏姻孔云念我獨兮憂心慇慇佌
佌彼有屋蔌蔌方有穀民今之無禄
天夭是椓哿矣富人哀此惸獨
正月

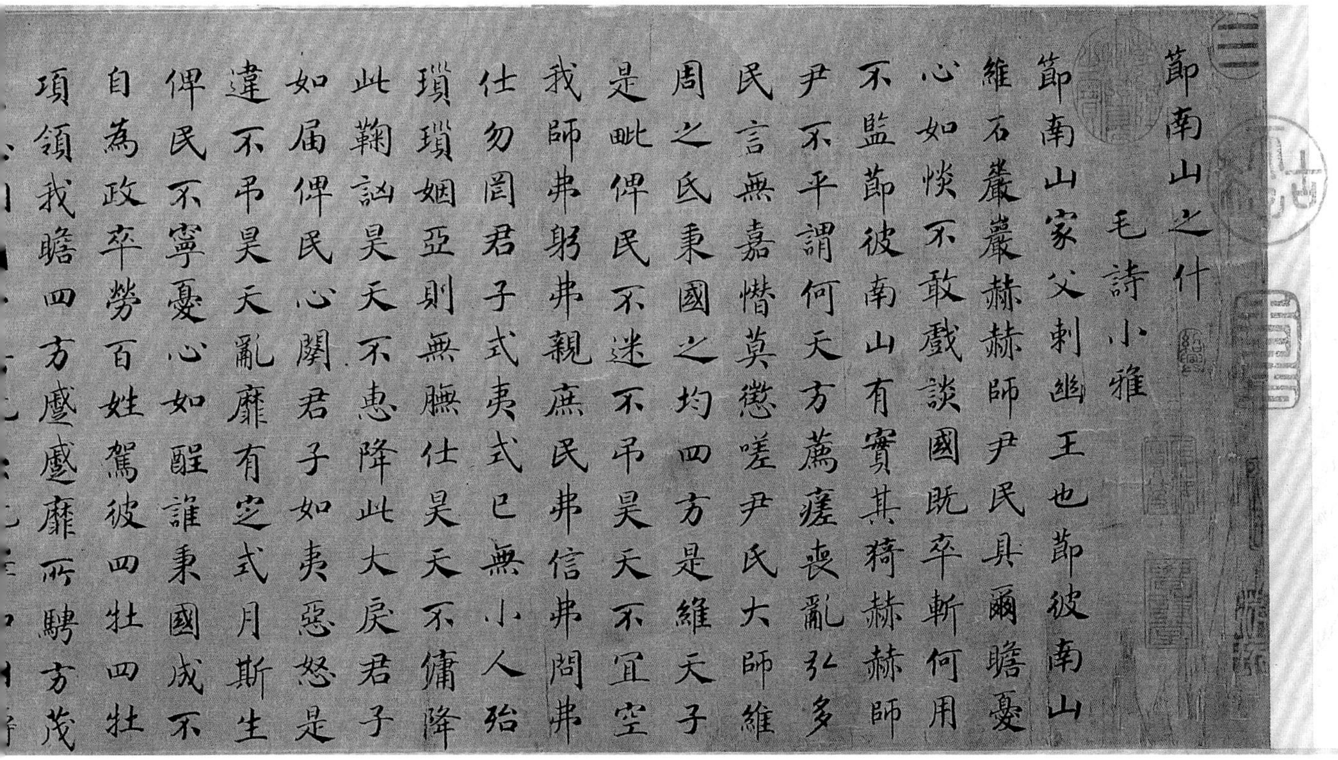
節南山之什
毛詩小雅
節南山家父刺幽王也節彼南山
維石巖巖赫赫師尹民具爾瞻憂
心如惔不敢戲談國既卒斬何用
不監節彼南山有實其猗赫赫師
尹不平謂何天方薦瘥喪亂弘多
民言無嘉憯莫懲嗟尹氏大師維
周之氐秉國之均四方是維天子
是毗俾民不迷不弔昊天不宜空
我師弗躬弗親庶民弗信弗問弗
仕勿罔君子式夷式已無小人殆
瑣瑣姻亞則無膴仕昊天不傭降
此鞠訩昊天不惠降此大戾君子
如屆俾民心闋君子如夷惡怒是
違不弔昊天亂靡有定式月斯生
俾民不寧憂心如酲誰秉國成不
自為政卒勞百姓駕彼四牡四牡
項領我瞻四方蹙蹙靡所騁方茂

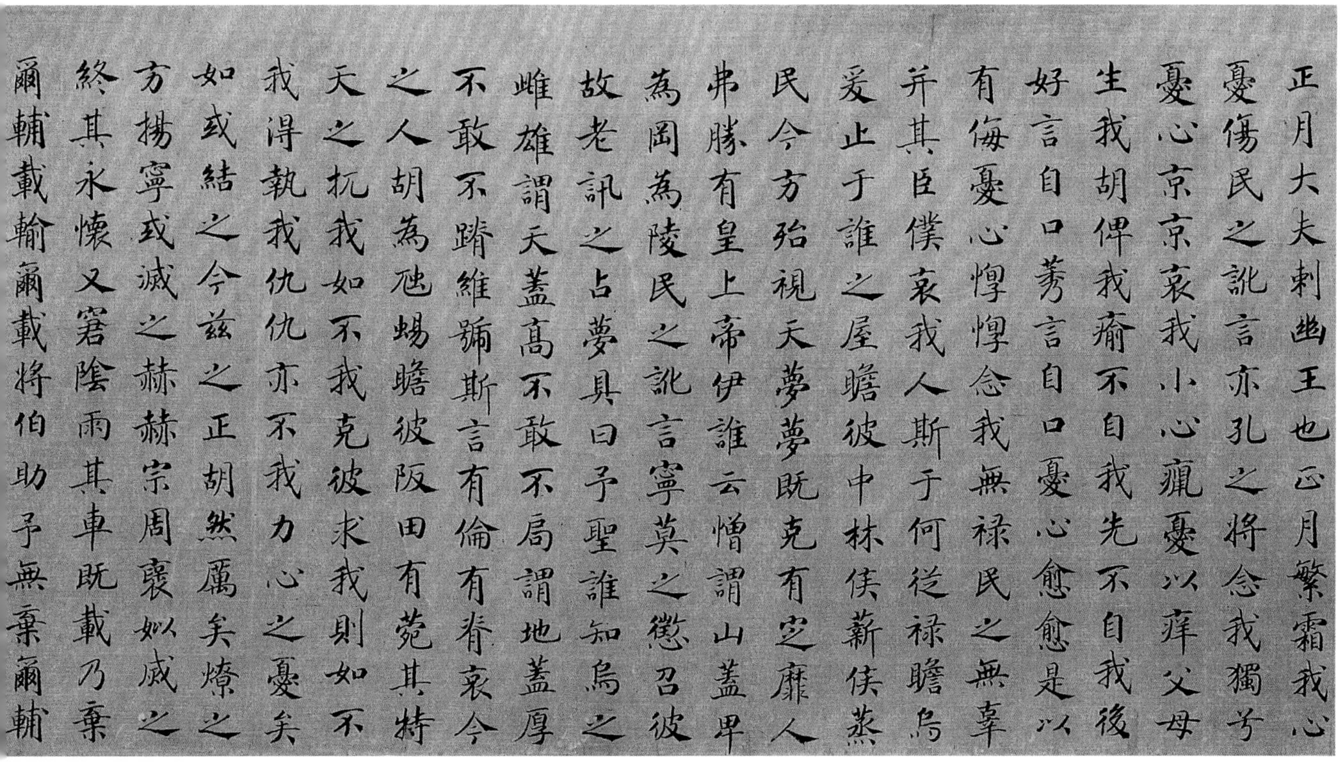
正月大夫刺幽王也正月繁霜我心
憂傷民之訛言亦孔之將念我獨兮
憂心京京哀我小心癙憂以痒父母
生我胡俾我瘉不自我先不自我後
好言自口莠言自口憂心愈愈是以
有侮憂心惸惸念我無祿民之無辜
并其臣僕哀我人斯于何從祿瞻烏
爰止于誰之屋瞻彼中林侯薪侯蒸
民今方殆視天夢夢既克有定靡人
弗勝有皇上帝伊誰云憎謂山蓋卑
為岡為陵民之訛言寧莫之懲召彼
故老訊之占夢具曰予聖誰知烏之
雌雄謂天蓋高不敢不局謂地蓋厚
不敢不蹐維號斯言有倫有脊哀今
之人胡為虺蜴瞻彼阪田有菀其特
天之扤我如不我克彼求我則如不
我得執我仇仇亦不我力心之憂矣
如或結之今茲之正胡然厲矣燎之
方揚寧或滅之赫赫宗周褒姒威之
終其永懷又窘陰雨其車既載乃棄
爾輔載輸爾載將伯助予無棄爾輔

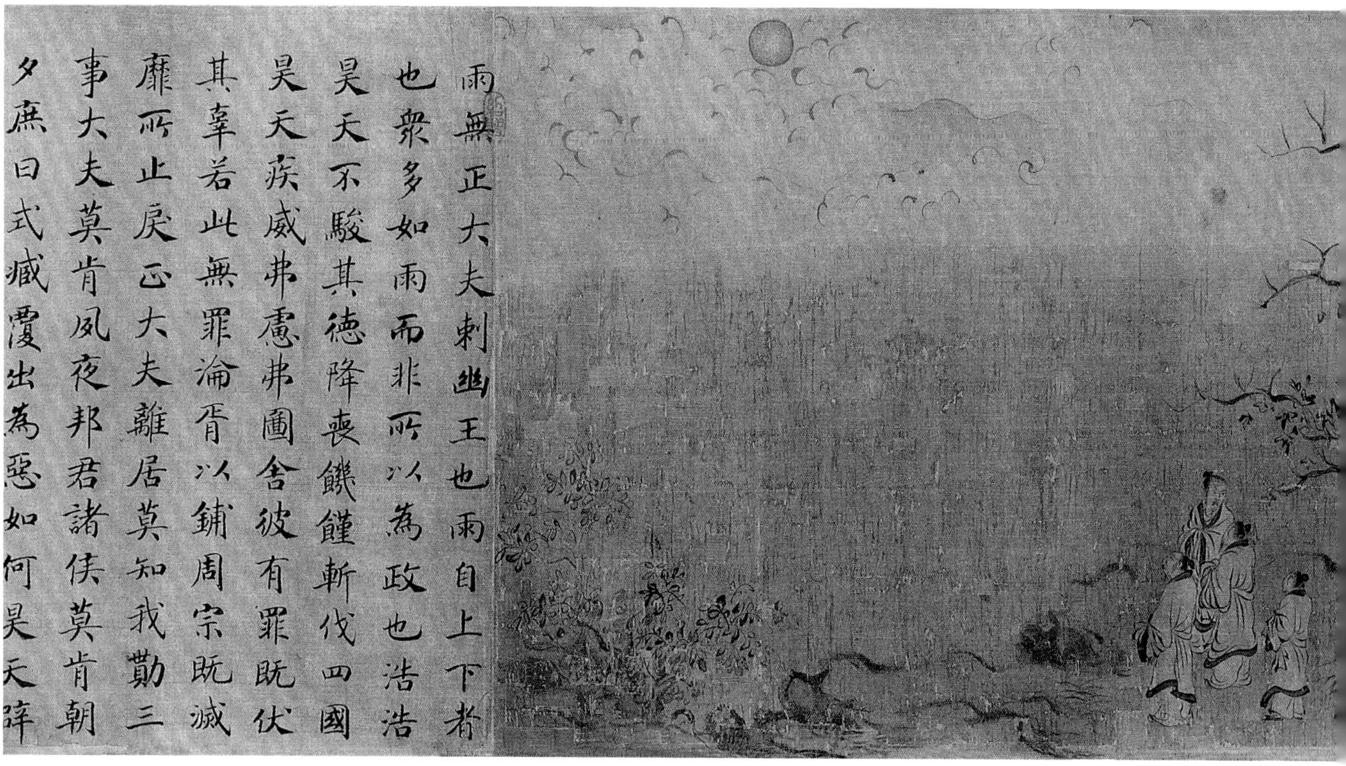
雨無正大夫刺幽王也雨自上下者
也衆多如雨而非所以為政也浩浩
昊天不駿其德降喪饑饉斬伐四國
昊天疾威弗慮弗圖舍彼有罪既伏
其辜若此無罪淪胥以鋪周宗既滅
靡所止戾正大夫離居莫知我勩三
事大夫莫肯夙夜邦君諸侯莫肯朝
夕庶曰式臧覆出為惡如何昊天辟

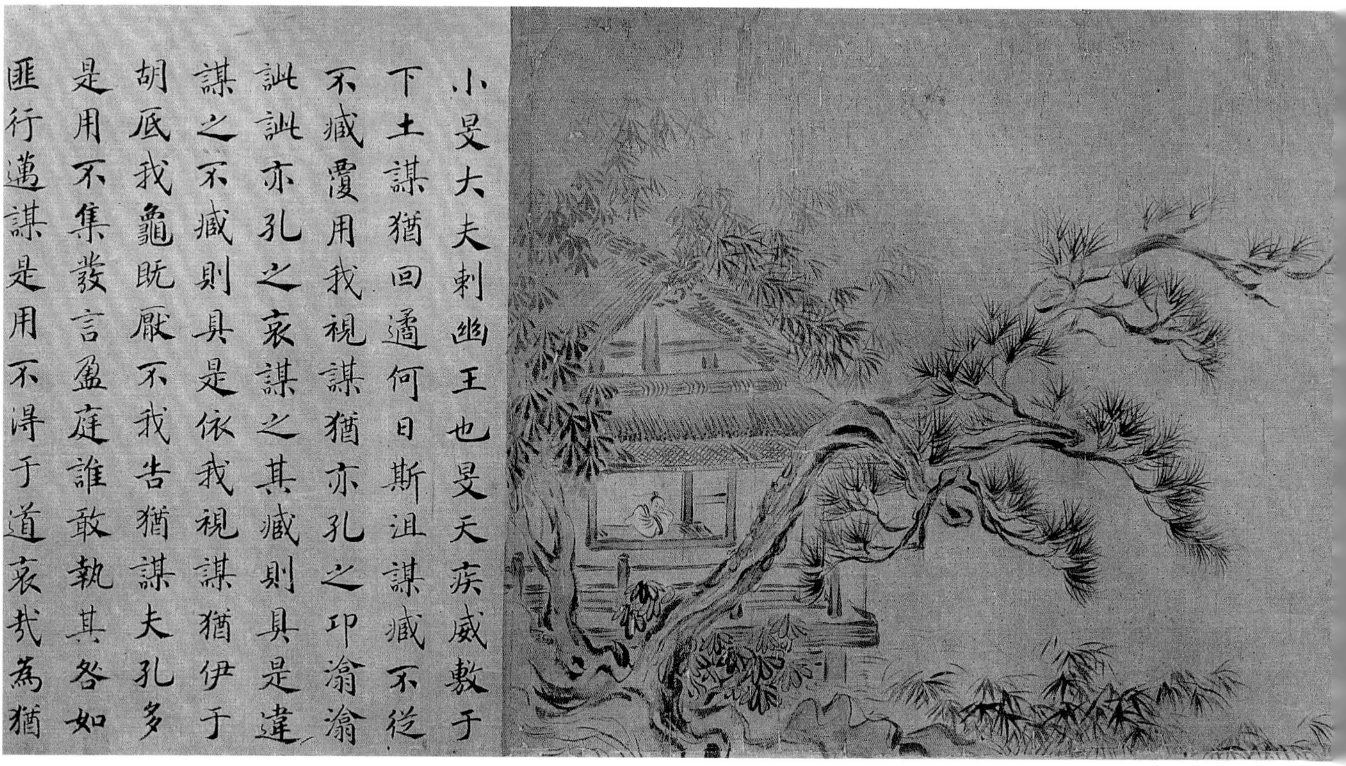
小旻大夫刺幽王也旻天疾威敷于
下土謀猶回遹何日斯沮謀臧不從
不臧覆用我視謀猶亦孔之邛潝潝
訿訿亦孔之哀謀之其臧則具是違
謀之不臧則具是依我視謀猶伊于
胡底我龜既厭不我告猶謀夫孔多
是用不集發言盈庭誰敢執其咎如
匪行邁謀是用不得于道哀哉為猶

十月之交大夫刺幽王也十月之交
朔月辛卯日有食之亦孔之醜彼月
而微此日而微今此下民亦孔之哀
日月告凶不用其行四國無政不用
其良彼月而食則維其常此日而食
于何不臧爗爗震電不寧不令百川
沸騰山冢崒崩高岸為谷深谷為陵
哀今之人胡憯莫懲皇父卿士番維
司徒家伯維宰仲允膳夫聚子內史
蹶維趣馬楀維師氏豔妻煽方處抑
此皇父豈曰不時胡為我作不即我
謀徹我牆屋田卒汙萊曰予不戕禮
則然矣皇父孔聖作都于向擇三有
事亶侯多藏不慭遺一老俾守我王
擇有車馬以居徂向黽勉從事不敢
告勞無罪無辜讒口囂囂下民之孽
匪降自天噂沓背憎職競由人悠悠
我里亦孔之痗四方有羨我獨居憂
民莫不逸我獨不敢休天命不徹我
不敢傚我友自逸
十月之交

雨無正大夫刺幽王也雨自上下者
也衆多如雨而非所以為政也浩浩
昊天不駿其德降喪饑饉斬伐四國
昊天疾威弗慮弗圖舍彼有罪既伏
其辜若此無罪淪胥以鋪周宗既滅
靡所止戾正大夫離居莫知我勩三
事大夫莫肯夙夜邦君諸侯莫肯朝
夕庶曰式臧覆出為惡如何昊天辟
言不信如彼行邁則靡所臻凡百君
子各敬爾身胡不相畏不畏于天戎
成不退飢成不遂曾我暬御憯憯日
瘁凡百君子莫肯用訊聽言則荅譖
言則退哀哉不能言匪舌是出維躬
是瘁哿矣能言巧言如流俾躬處休
維曰于仕孔棘且殆云不可使得罪
于天子亦云可使怨及朋友謂爾遷
于王都曰予未有室家鼠思泣血無
言不疾昔爾出居誰從作爾室
雨無正

小宛大夫刺幽王也宛彼鳴鳩翰飛
戾天我心憂傷念昔先人明發不寐
有懷二人人之齊聖飲酒温克彼昏
不知壹醉日富各敬爾儀天命不又
中原有菽庶民采之螟蛉有子蜾蠃
負之教誨爾子式穀似之題彼脊令
載飛載鳴我日斯邁而月斯征夙興
夜寐無忝爾所生交交桑扈率場啄
粟哀我填寡宜岸宜獄握粟出卜自
何能穀温温恭人如集于木惴惴小
心如臨于谷戰戰兢兢如履薄冰

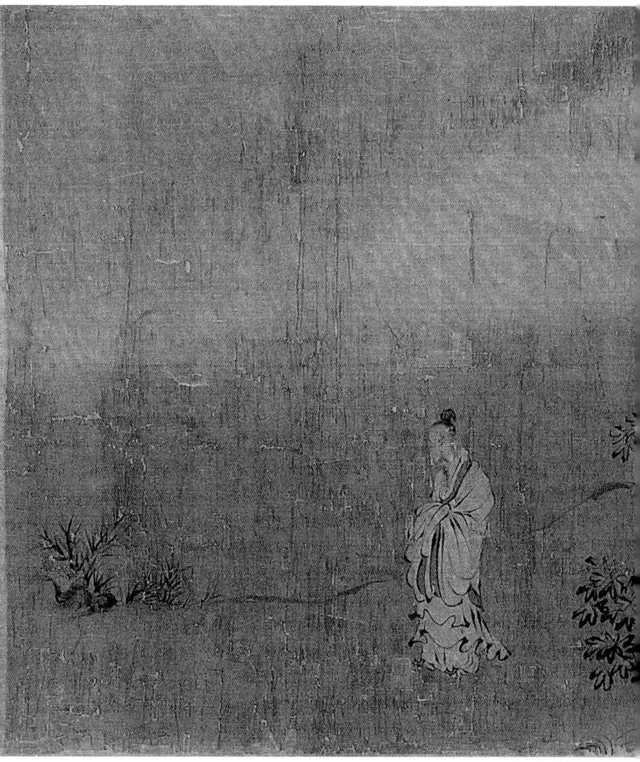

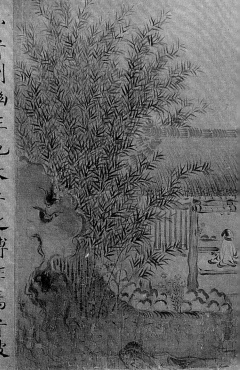

小弁刺幽王也太子之傅作焉弁彼
鸒斯歸飛提提民莫不穀我獨于罹
何辜于天我罪伊何心之憂矣云如
之何踧踧周道鞫為茂草我心憂傷
惄焉如擣假寐永嘆維憂用老心之
憂矣疢如疾首維桑與梓必恭敬止
靡瞻匪父靡依匪母不屬于毛不罹
于裏天之生我我辰安在菀彼柳斯
鳴蜩嘒嘒有漼者淵萑葦淠淠譬彼
舟流不知所屆心之憂矣不遑假寐
鹿斯之奔維足伎伎雉之朝雊尚求
其雌譬彼壞木疾用無枝心之憂矣
寧莫之知相彼投兎尚或先之行有
死人尚或墐之君子秉心維其忍之

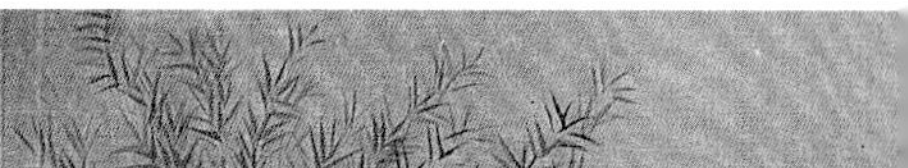

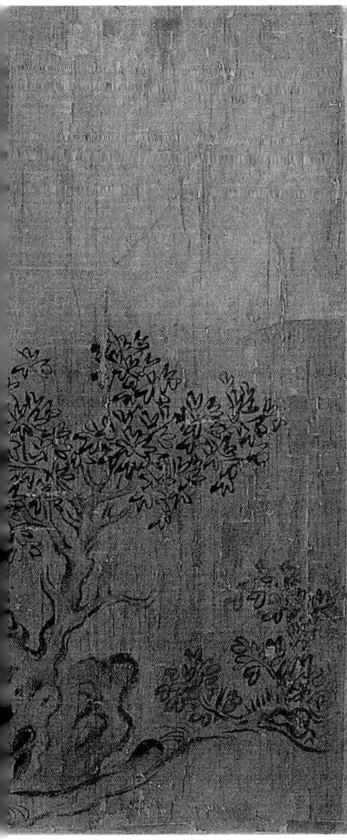

小旻大夫刺幽王也旻天疾威敷于
下土謀猶回遹何日斯沮謀臧不從
不臧覆用我視謀猶亦孔之卭潝潝
訿訿亦孔之哀謀之其臧則具是違
謀之不臧則具是依我視謀猶伊于
胡底我龜既厭不我告猶謀夫孔多
是用不集發言盈庭誰敢執其咎如
匪行邁謀是用不得于道哀哉為猶
匪先民是程匪大猶是經維邇言是
聽維邇言是爭如彼築室于道謀是
用不潰于成國雖靡止或聖或否民
雖靡膴或哲或謀或肅或艾如彼泉
流無淪胥以敗不敢暴虎不敢馮河
人知其一莫知其他戰戰兢兢如臨
深淵如履薄冰
小旻

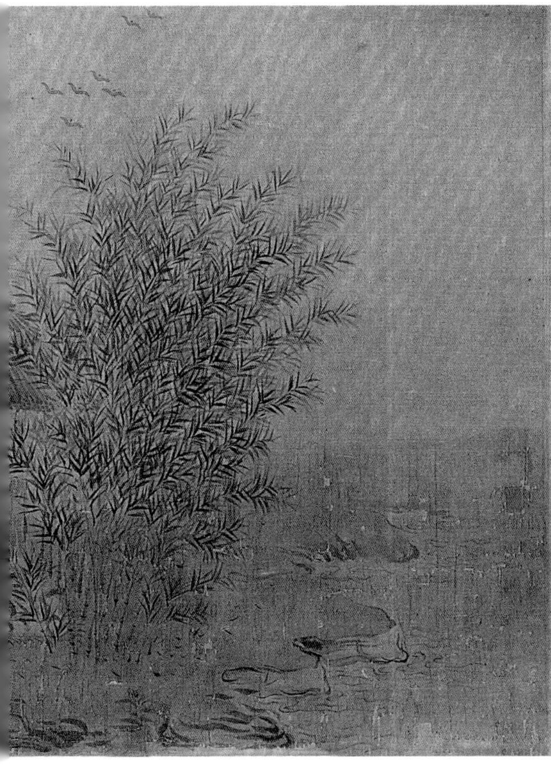

小宛大夫刺幽王也宛彼鳴鳩翰飛
戾天我心憂傷念昔先人明發不寐
有懷二人人之齊聖飲酒溫克彼昏
不知壹醉日富各敬爾儀天命不又
中原有菽庶民采之螟蛉有子蜾蠃
負之教誨爾子式穀似之題彼脊令
載飛載鳴我日斯邁而月斯征夙興
夜寐無忝爾所生交交桑扈率場啄
粟哀我填寡宜岸宜獄握粟出卜自
何能穀溫溫恭人如集于木惴惴小
心如臨于谷戰戰兢兢如履薄冰
小宛

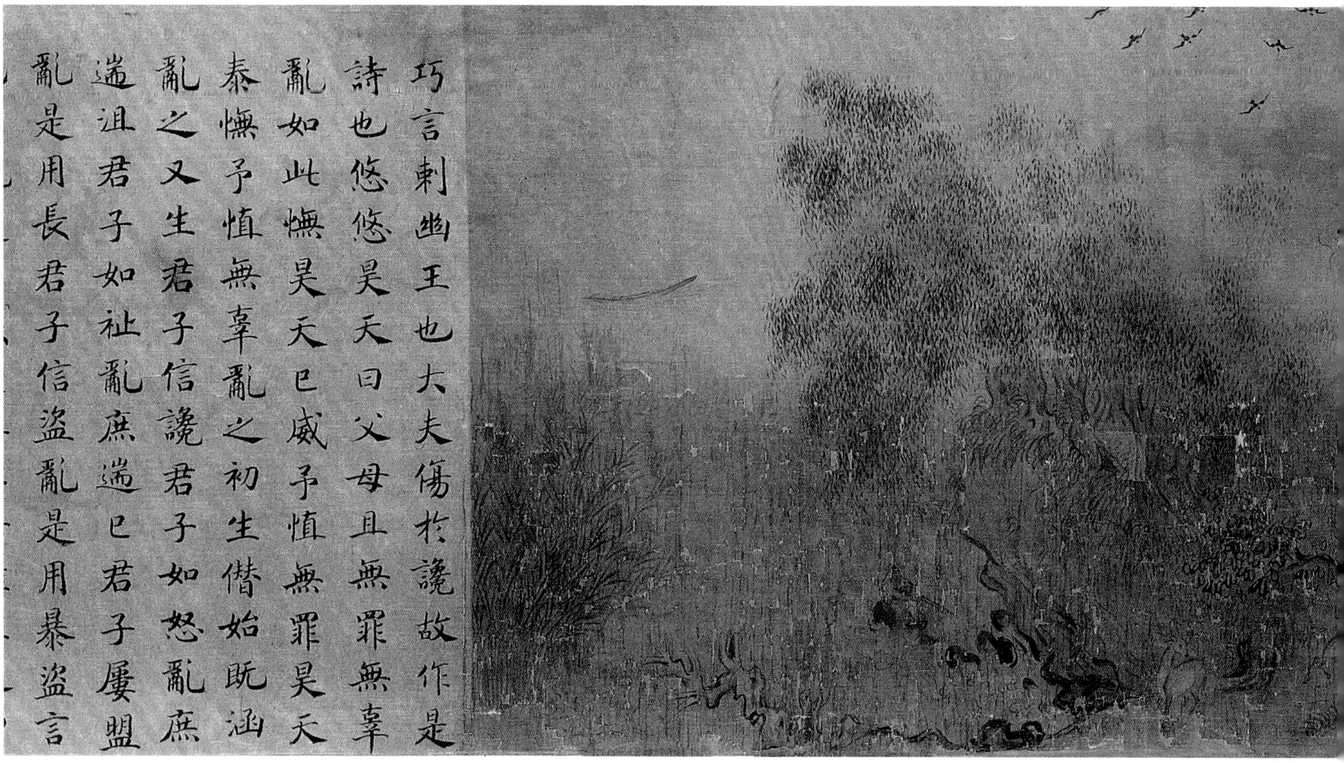
巧言刺幽王也大夫傷於讒故作是
詩也悠悠昊天曰父母且無罪無辜
亂如此憮昊天已威予慎無罪昊天
泰憮予慎無辜亂之初生僭始既涵
亂之又生君子信讒君子如怒亂庶
遄沮君子如祉亂庶遄已君子屢盟
亂是用長君子信盜亂是用暴盜言

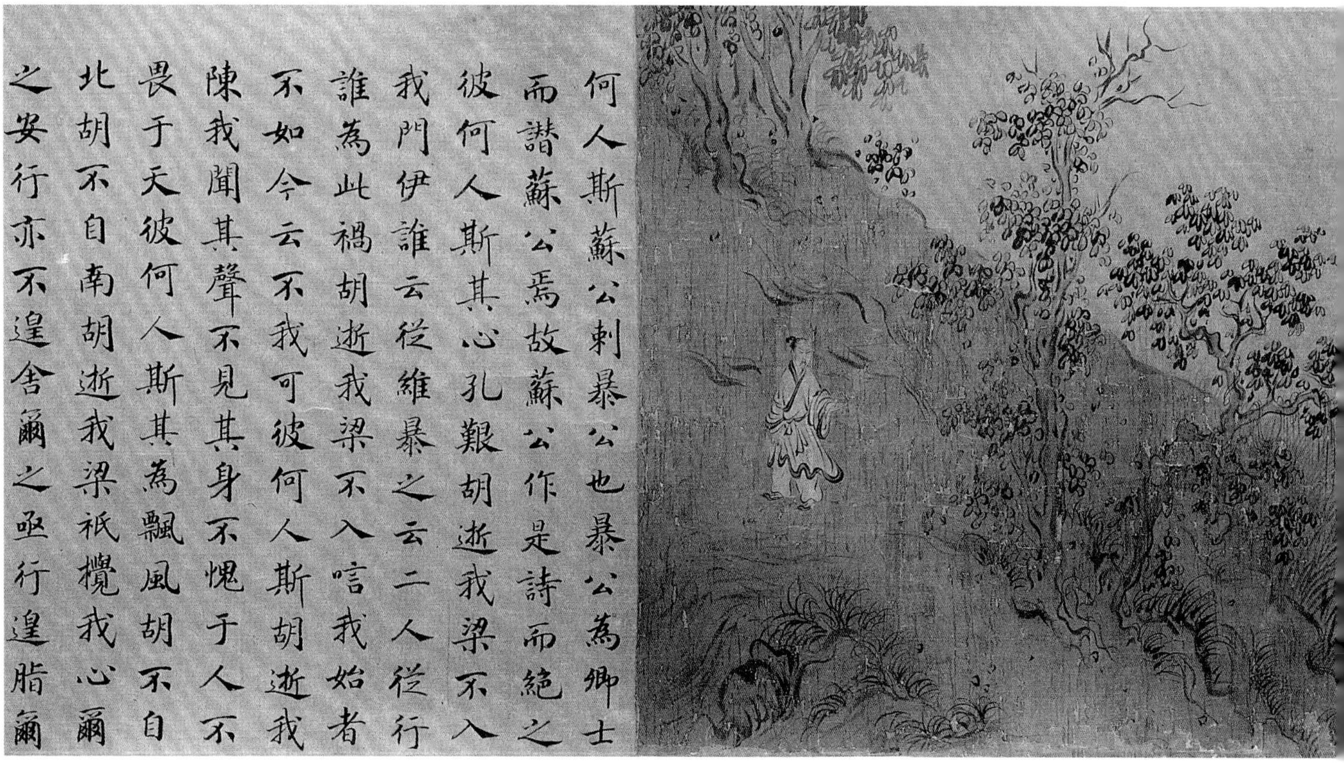
何人斯蘇公刺暴公也暴公為卿士
而譖蘇公焉故蘇公作是詩而絕之
彼何人斯其心孔艱胡逝我梁不入
我門伊誰云從維暴之云二人從行
誰為此禍胡逝我梁不入唁我始者
不如今云不我可彼何人斯胡逝我
陳我聞其聲不見其身不愧于人不
畏于天彼何人斯其為飄風胡不自
北胡不自南胡逝我梁祇攪我心爾
之安行亦不遑舍爾之亟行遑脂爾

小弁刺幽王也太子之傅作焉弁彼鸒斯歸飛提提民莫不穀我獨于罹何辜于天我罪伊何心之憂矣云如之何踧踧周道鞫為茂草我心憂傷惄焉如擣假寐永嘆維憂用老心之憂矣疢如疾首維桑與梓必恭敬止靡瞻匪父靡依匪母不屬于毛不罹于裏天之生我我辰安在菀彼柳斯鳴蜩嘒嘒有漼者淵萑葦淠淠譬彼舟流不知所屆心之憂矣不遑假寐鹿斯之奔維足伎伎雉之朝雊尚求其雌譬彼壞木疾用無枝心之憂矣寧莫之知相彼投兔尚或先之行有死人尚或墐之君子秉心維其忍之心之憂矣涕既隕之君子信讒如或醻之君子不惠不舒究之伐木掎矣析薪杝矣舍彼有罪予之佗矣莫高匪山莫浚匪泉君子無易由言耳屬于垣無逝我梁無發我笱我躬不閱遑恤我後

小弁

巧言刺幽王也大夫傷於讒故作是詩也悠悠昊天曰父母且無罪無辜亂如此憮昊天已威予慎無罪昊天泰憮予慎無辜亂之初生僭始既涵亂之又生君子信讒君子如怒亂庶遄沮君子如祉亂庶遄已君子屢盟亂是用長君子信盜亂是用暴盜言孔甘亂是用餤匪其止共維王之邛奕奕寢廟君子作之秩秩大猷聖人莫之他人有心予忖度之躍躍毚兔遇犬獲之荏染柔木君子樹之往來行言心焉數之蛇蛇碩言出自口矣巧言如簧顏之厚矣彼何人斯居河之麋無拳無勇職為亂階既微且尰爾勇伊何為猶將多爾居徒幾何

巧言

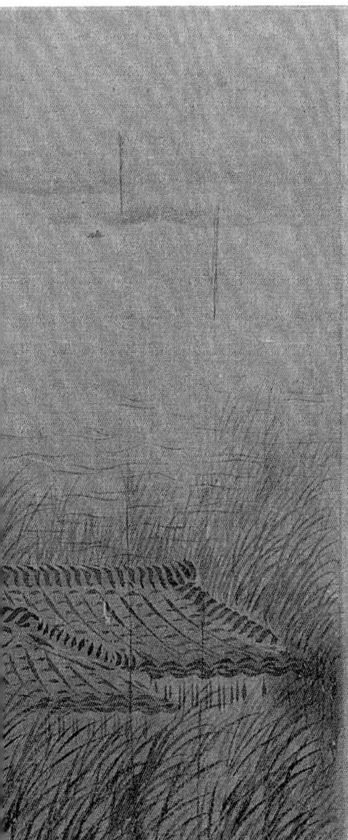

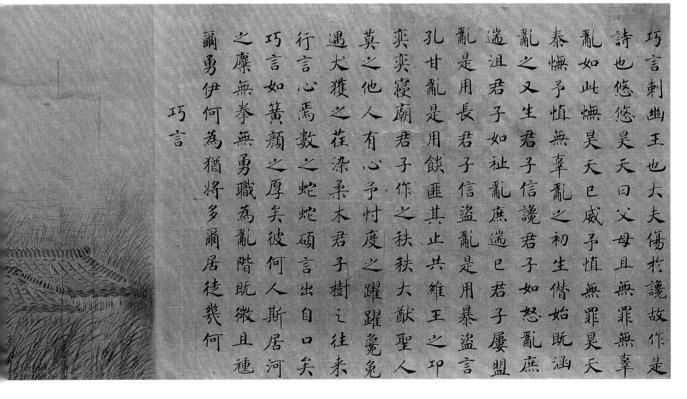

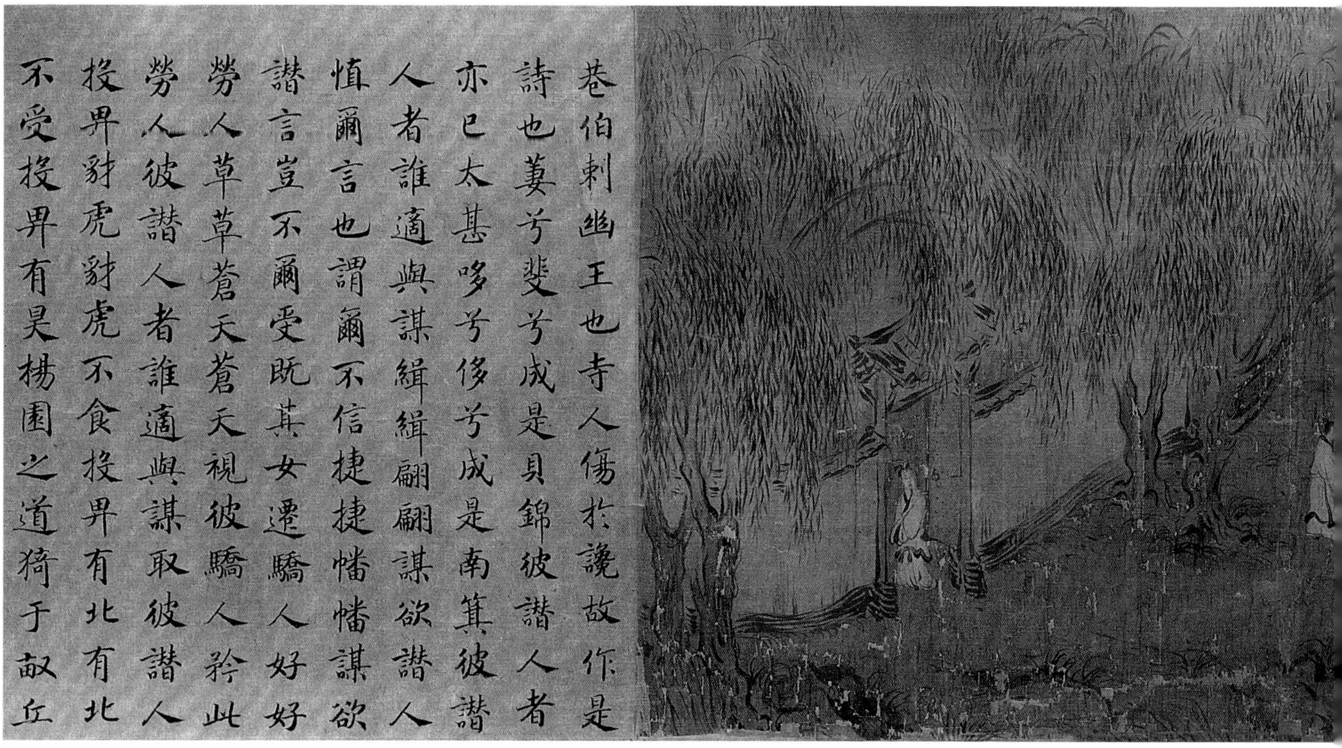
巷伯刺幽王也寺人傷於讒故作是
詩也萋兮斐兮成是貝錦彼譖人者
亦已太甚哆兮侈兮成是南箕彼譖
人者誰適與謀緝緝翩翩謀欲譖人
慎爾言也謂爾不信捷捷幡幡謀欲
譖言豈不爾受既其女遷驕人好好
勞人草草蒼天蒼天視彼驕人矜此
勞人彼譖人者誰適與謀取彼譖人
投畀豺虎豺虎不食投畀有北有北
不受投畀有昊楊園之道猗于畝丘

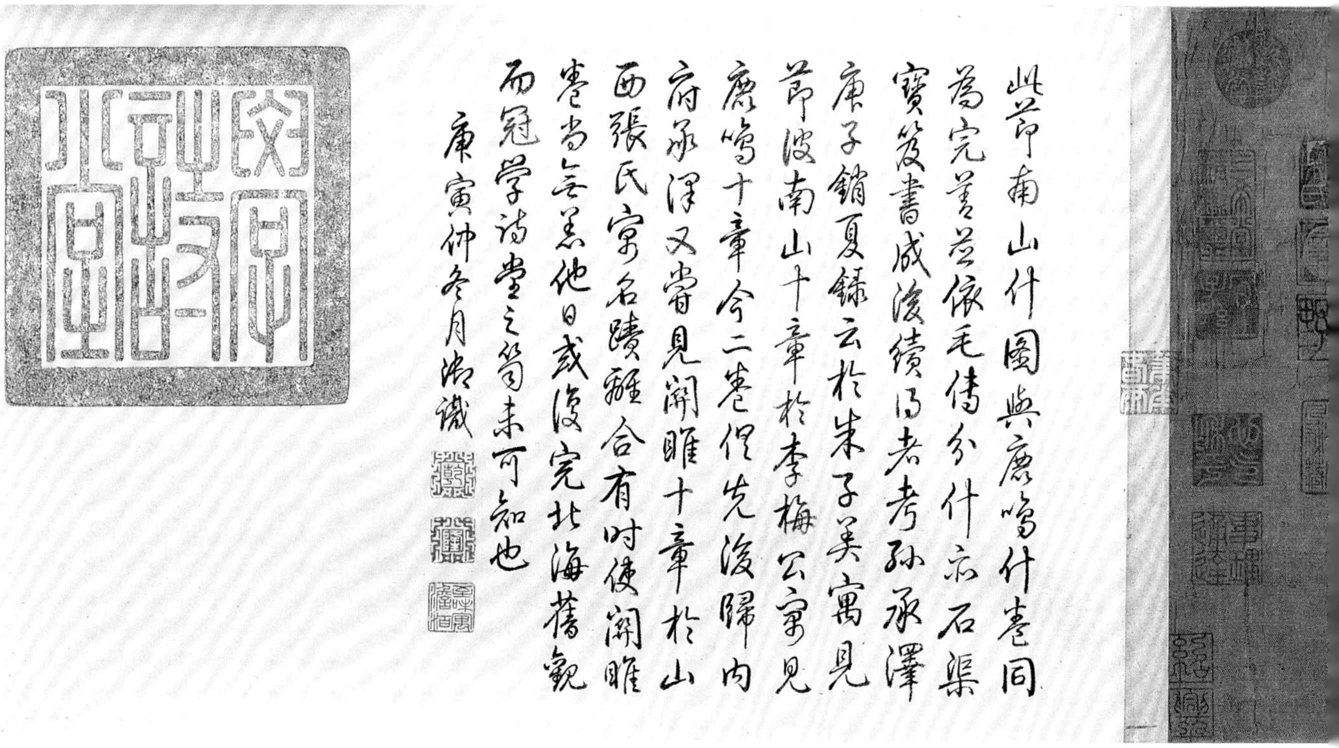
此節南山什圖與鹿鳴什卷同
為完善並依毛傳分什亦石渠
寶笈書成後續得者考孫承澤
庚子銷夏錄云於宋子昊寓見
節彼南山十章於李梅公家見
鹿鳴十章今二卷但先後歸內
府承澤又嘗見關雎十章於山
西張氏家名蹟離合有时使關雎
卷尚無恙他日或復完此海舊觀
而冠學詩堂之篇未可知也
庚寅仲冬月御識

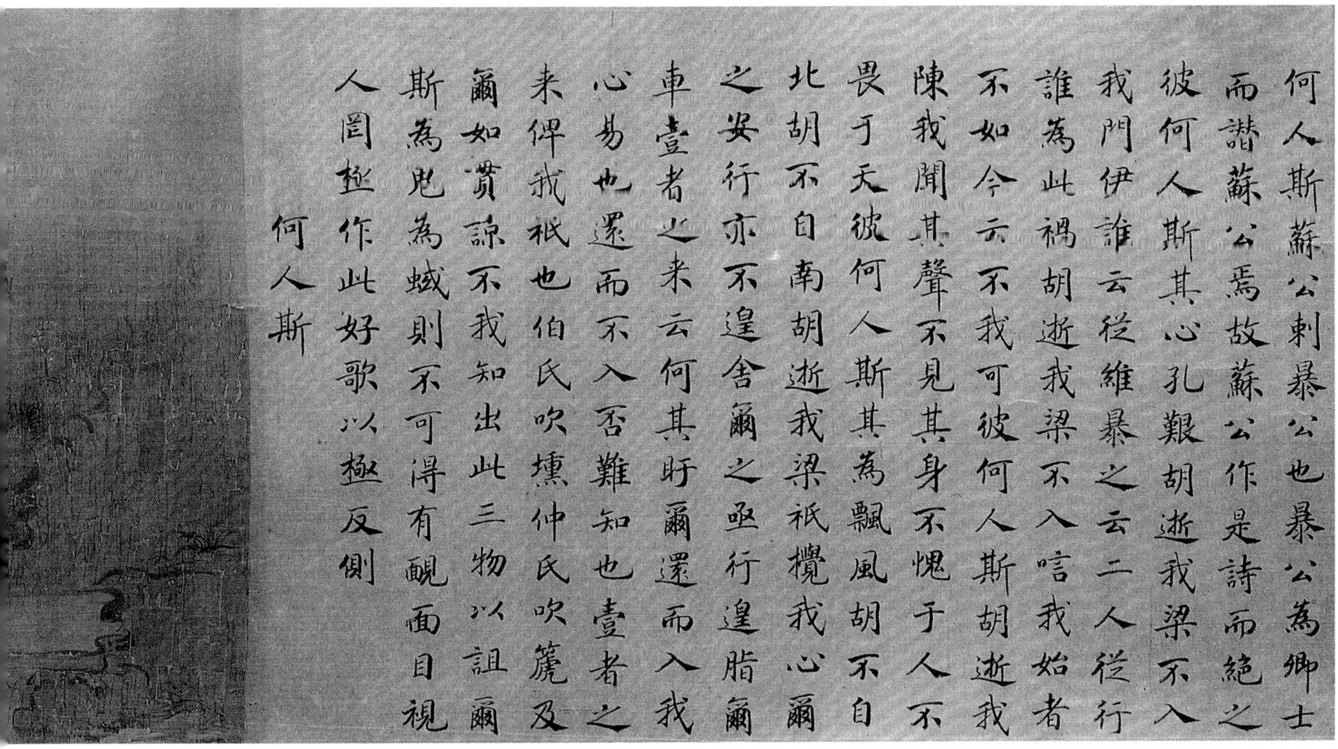
何人斯蘇公刺暴公也暴公為卿士
而譖蘇公焉故蘇公作是詩而絕之
彼何人斯其心孔艱胡逝我梁不入
我門伊誰云從維暴之云二人從行
誰為此禍胡逝我梁不入唁我始者
不如今云不我可彼何人斯胡逝我
陳我聞其聲不見其身不愧于人不
畏于天彼何人斯其為飄風胡不自
北胡不自南胡逝我梁祇攪我心爾
之安行亦不遑舍爾之亟行遑脂爾
車壹者之來云何其盱爾還而入我
心易也還而不入否難知也壹者之
來俾我祇也伯氏吹壎仲氏吹篪及
爾如貫諒不我知出此三物以詛爾
斯為鬼為蜮則不可得有靦面目視
人罔極作此好歌以極反側
何人斯

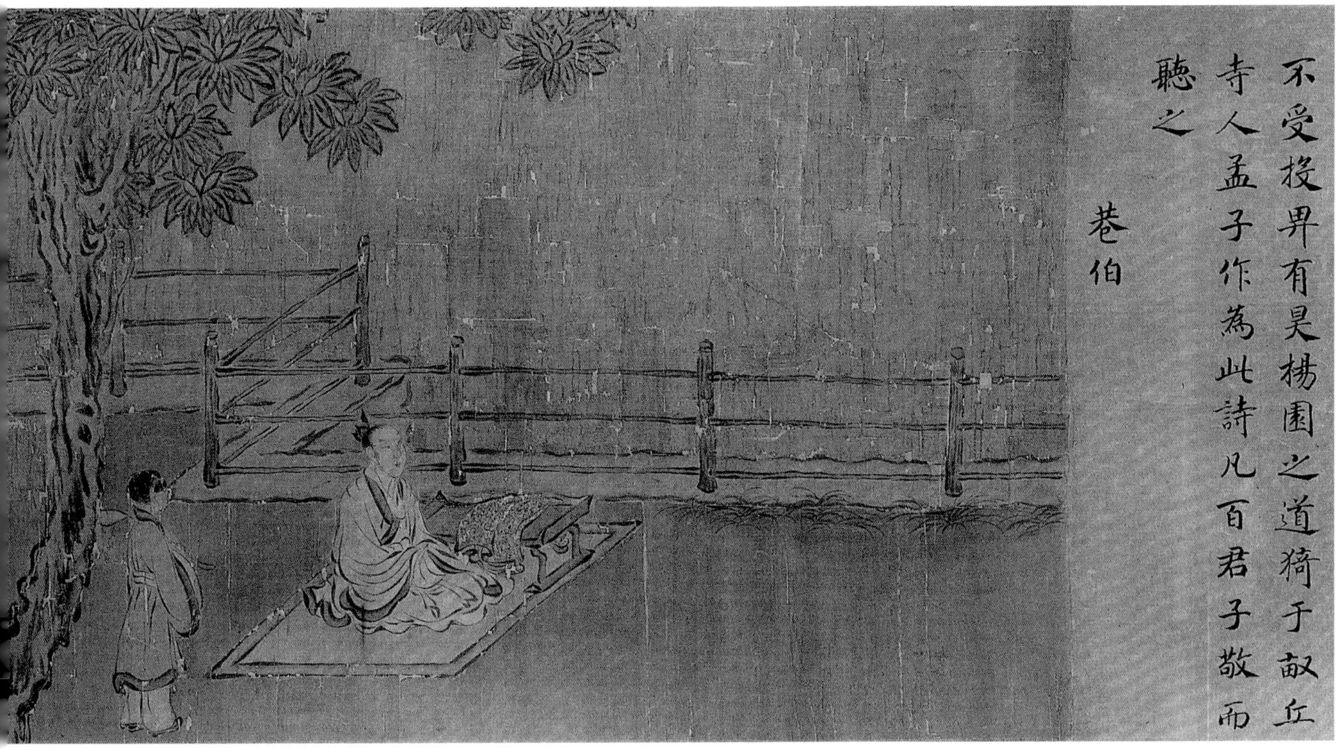
不受投畀有昊楊園之道猗于畝丘
寺人孟子作為此詩凡百君子敬而
聽之
巷伯

22

馬和之（傳）　閔予小子之什圖卷
南宋
絹本　設色　縱27.7厘米　橫713厘米
清宮舊藏

Paintings Based on the "Min Yu Xiao Zi" in "Hymns of Zhou" of The Book of Songs
By Ma Hezhi
Southern Song Dynasty
Handscroll, Colour on silk
H. 27.7cm　L. 713cm
Qing Court collection

依據《詩經 · 周頌》十一首詩內容而作，每段前楷書原詩。

一、《閔予小子》，繪嗣位周王朝廟的場景，周王坐於馬車內，前後儀仗簇擁，來到祖廟大門前，準備入內朝拜。

二、《訪落》，繪嗣位周王坐於堂中，五位大臣執圭侍立，正在談論國政，階下尚有等候覲見的大臣。

三、《敬之》，繪嗣位周王坐於台上，旁立大臣六人，其中一人正在進言。

四、《小毖》，繪嗣位周王坐於庭院中木榻上，手指空中飛翔的小鳥，周圍六臣侍立聽教。詩以小鳥他日將成大鳥為喻，告誡要"懲前毖後"。

五、《載芟》，繪周王藉田社稷的場景，周王執犁在社稷壇前耕地，後有隨從公侯，旁邊還有很多侍臣和農夫。這種禮儀表示君王重視農桑。

六、《良耜》，繪田地間農民勞作的場景，有的在扶犁，有的在鋤地。

七、《絲衣》，繪周王舉行繹禮的場景，周王向櫺星門行進，楹柱下設鼎鼐寶器，堂下有侍者牽牛羊，準備在祭祀中作犧牲。

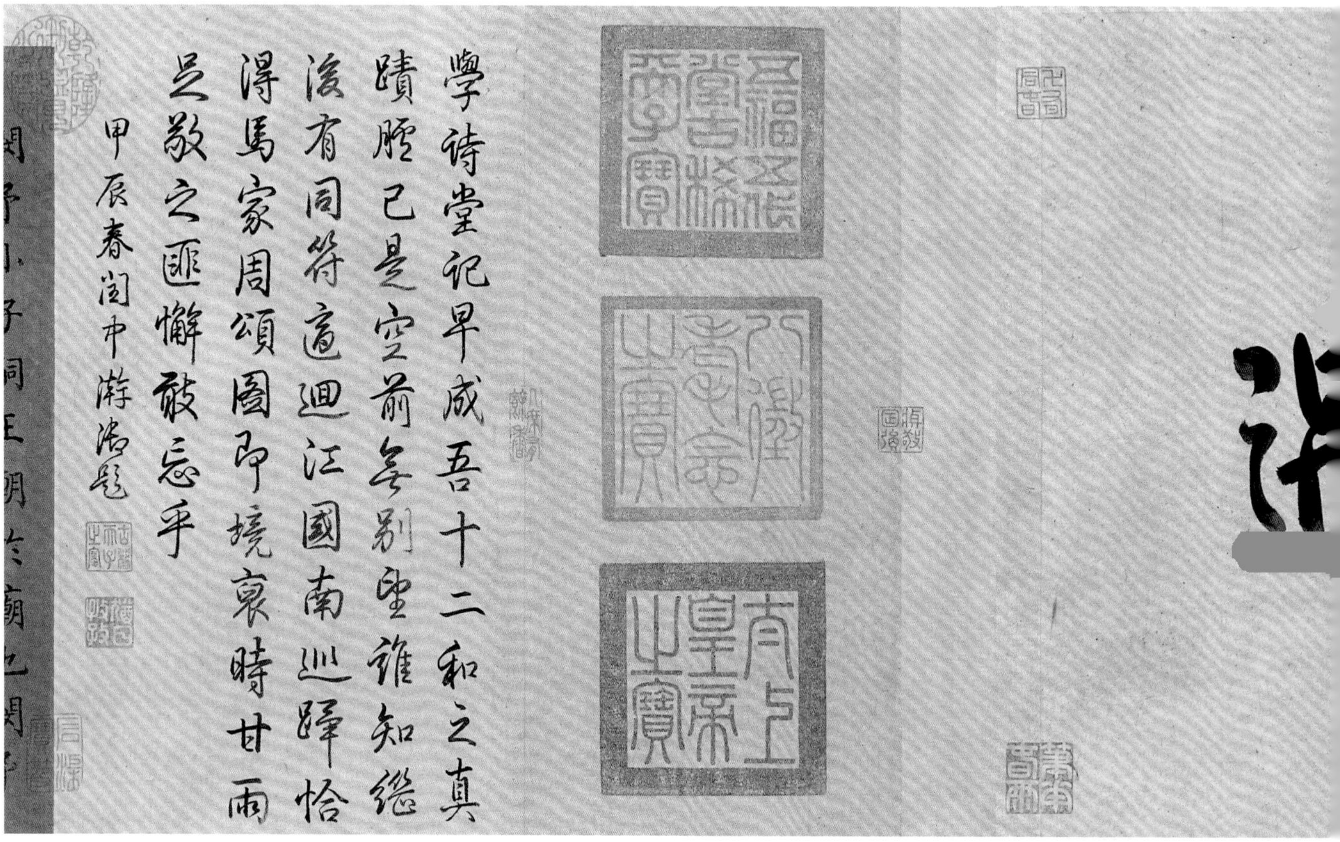

八、《酌》，繪"大武"之舞的場景，舞者六人，各一手執箭，一手執旌，頌揚周武王之武功。

九、《桓》，繪周王在講武時舉行禡祭的場景，祭處以兩旗為門，背後豎立長矛十三支，兩旁席上放有軍服兵器，正中設皮褥，前有俎豆等祭器，周王執圭與侍者行至旗門，準備行禮。

十、《賚》，繪周王在宗廟內封賞臣下的情景，堂上中間，周王背斧□而坐，兩旁羣臣執圭侍立。堂下一人宣旨，一人執圭跪謝。

十一、《般》，繪周王巡狩祀河的情景，羣山環抱，前臨大河，在河旁山坡上設祭器，周王車輿與侍從旌旗正由左方而來，氣勢壯觀。

卷首有清乾隆御題"郅隆神遇"。前隔水有乾隆甲辰（1784）御題詩一首。尾紙有乾隆題跋一則，述其收藏馬和之《詩經圖》始末。

卷中有明代"明安國玩"（朱文）、項元汴諸印，清乾隆、嘉慶、宣統內府"乾隆御覽"（白文）、"石渠寶笈"（朱文）、"三稀堂精鑑璽"（朱文）諸印，"學詩堂"印。曾為學詩堂庋藏。

篇中"懲"、"筐"、"桓"字缺筆避諱。又其書跡用筆略肥，形貌去高宗字體較遠，應是御書院中書手所為。其畫與其他作品相比，人物衣紋用筆變化較少，綫條略肥，山、樹等筆墨平庸板滯，缺乏飄逸之感，應為當時宮廷畫院畫師之作。

曾經《石渠寶笈續編》著錄。

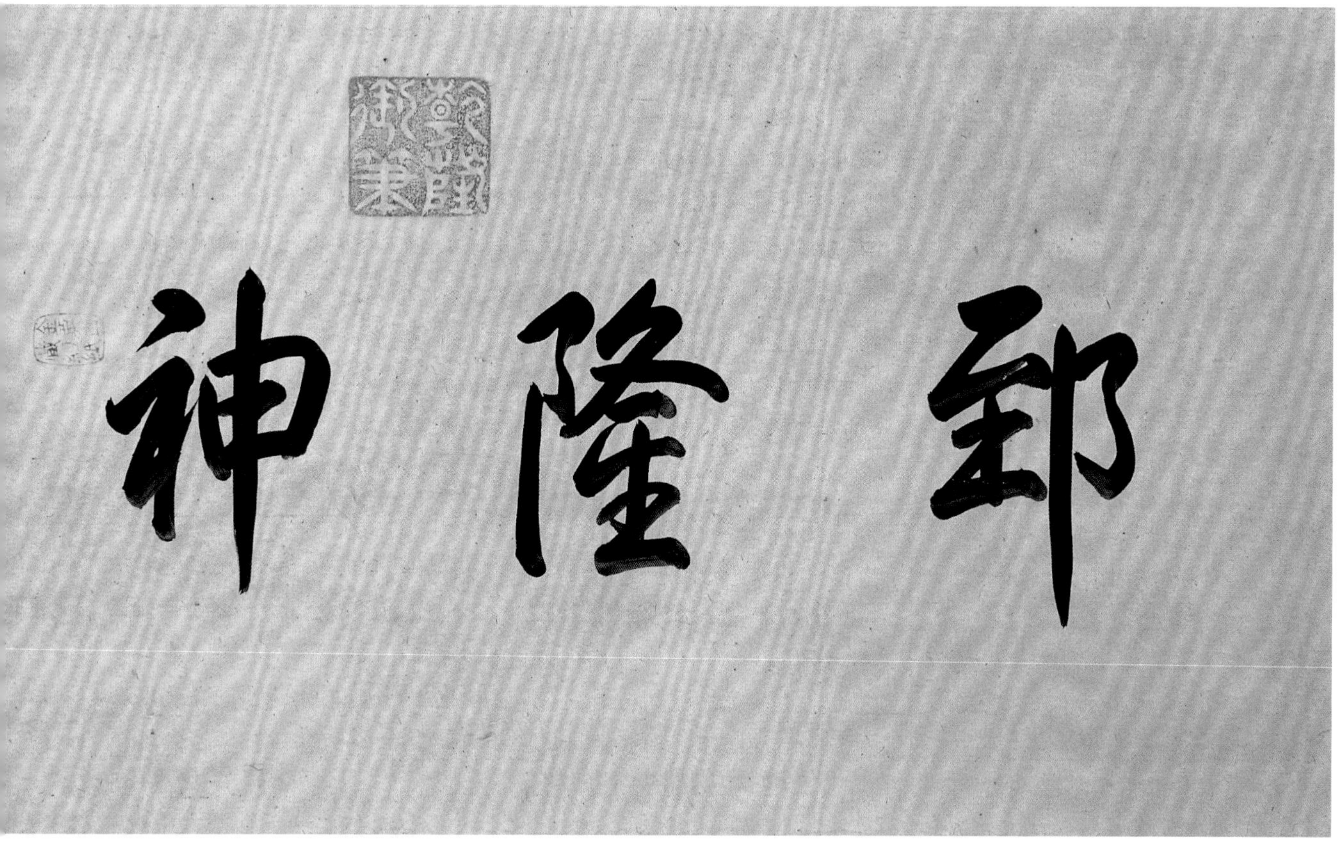

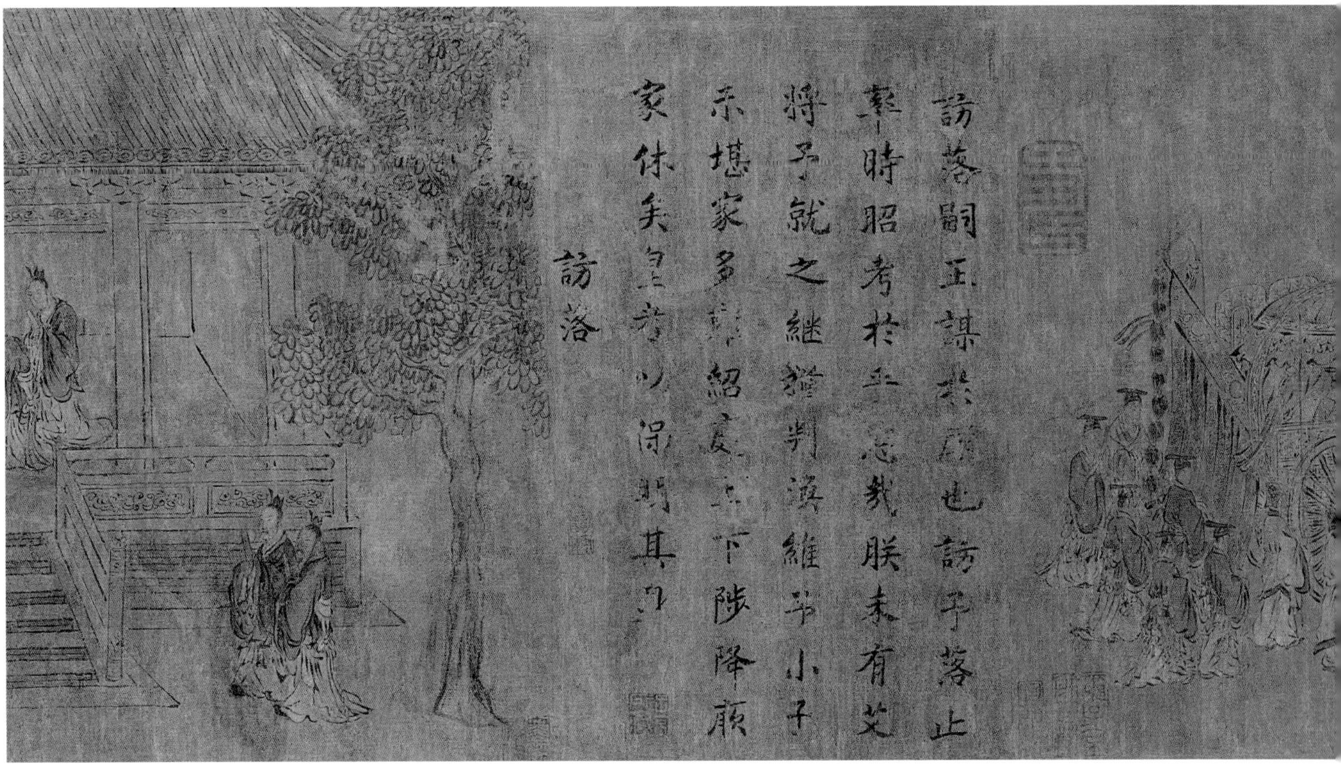
訪落嗣王謀於廟也訪予落止
率時昭考於乎悠哉朕未有艾
將予就之繼猶判渙維予小子
未堪家多難紹庭上下陟降厥
家休矣皇考以保明其身
訪落

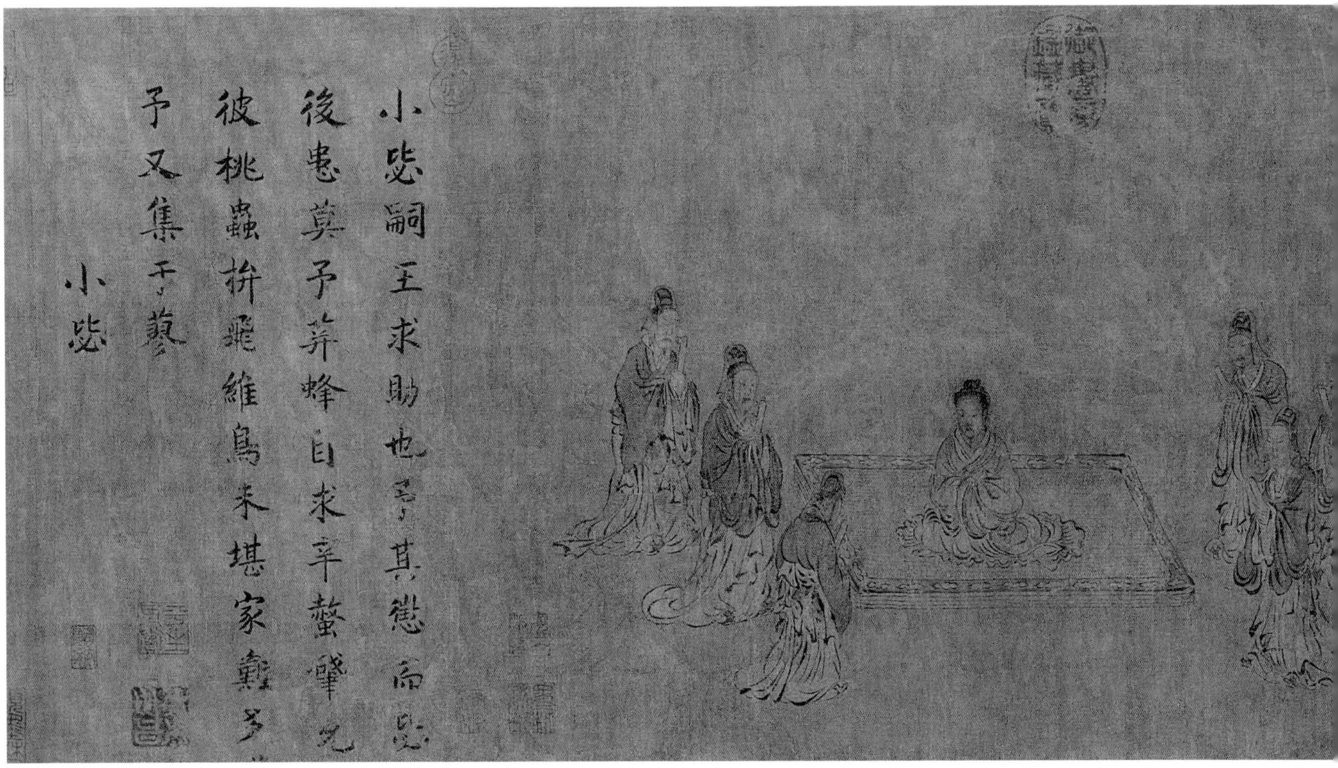
小毖嗣王求助也予其懲而毖
後患莫予荓蜂自求辛螫肇允
彼桃蟲拚飛維鳥未堪家難多
予又集于蓼
小毖

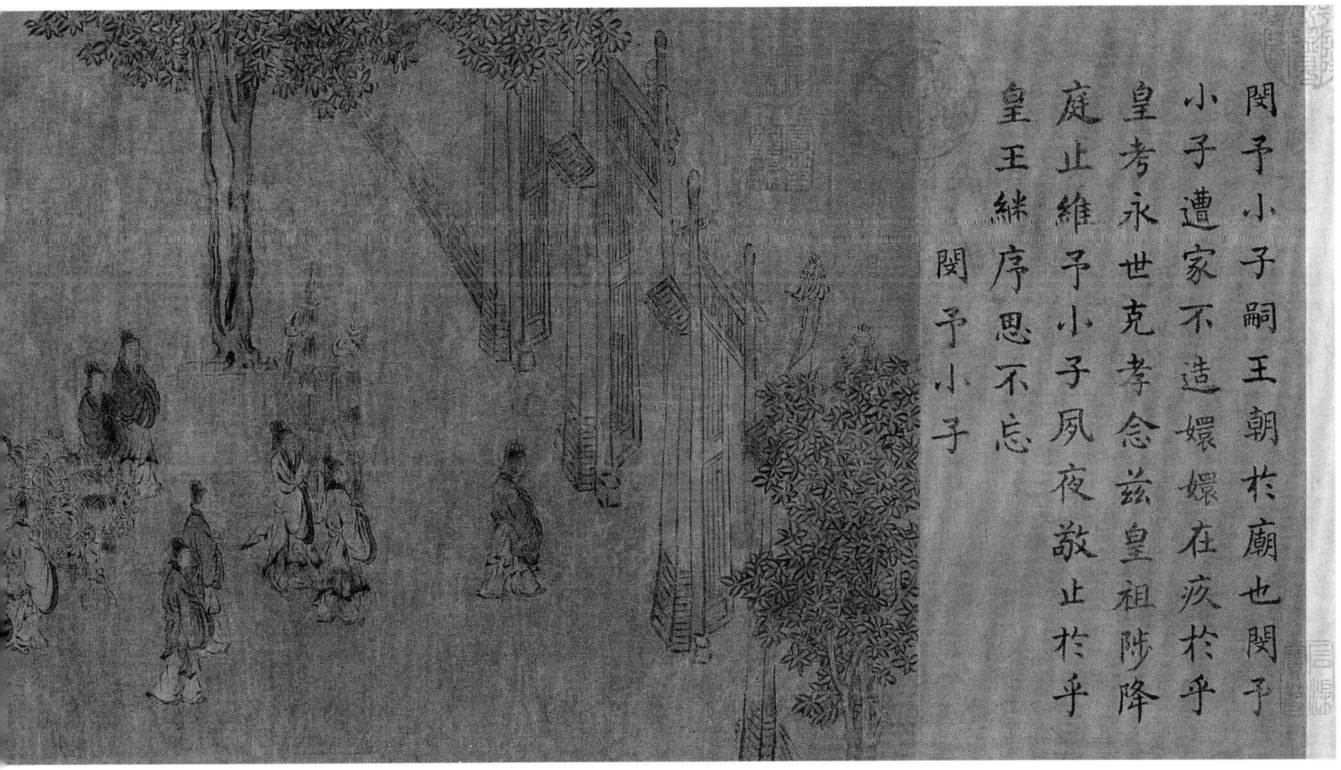
閔予小子嗣王朝於廟也閔予
小子遭家不造嬛嬛在疚於乎
皇考永世克孝念茲皇祖陟降
庭止維予小子夙夜敬止於乎
皇王繼序思不忘
閔予小子

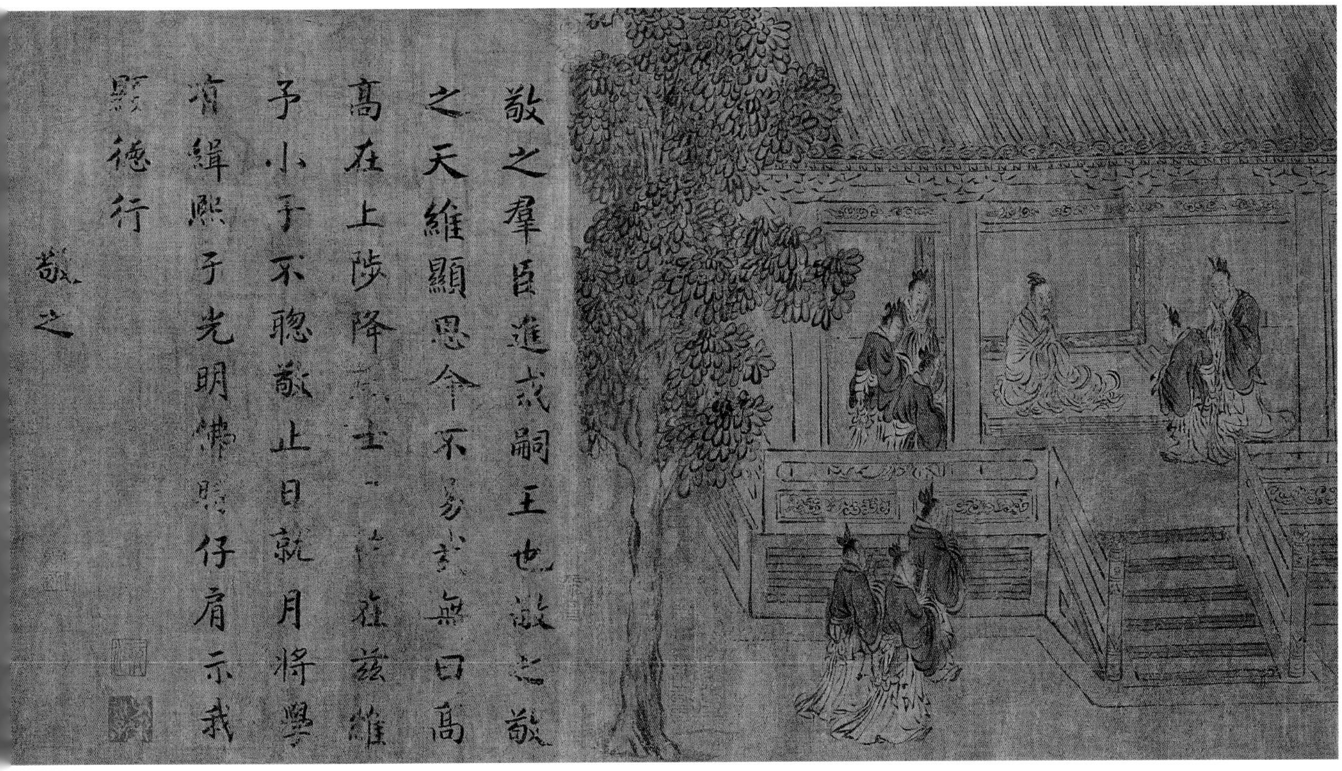
敬之羣臣進戒嗣王也敬之敬
之天維顯思命不易哉無曰高
高在上陟降厥士日監在茲維
予小子不聰敬止日就月將學
有緝熙于光明佛時仔肩示我
顯德行
敬之

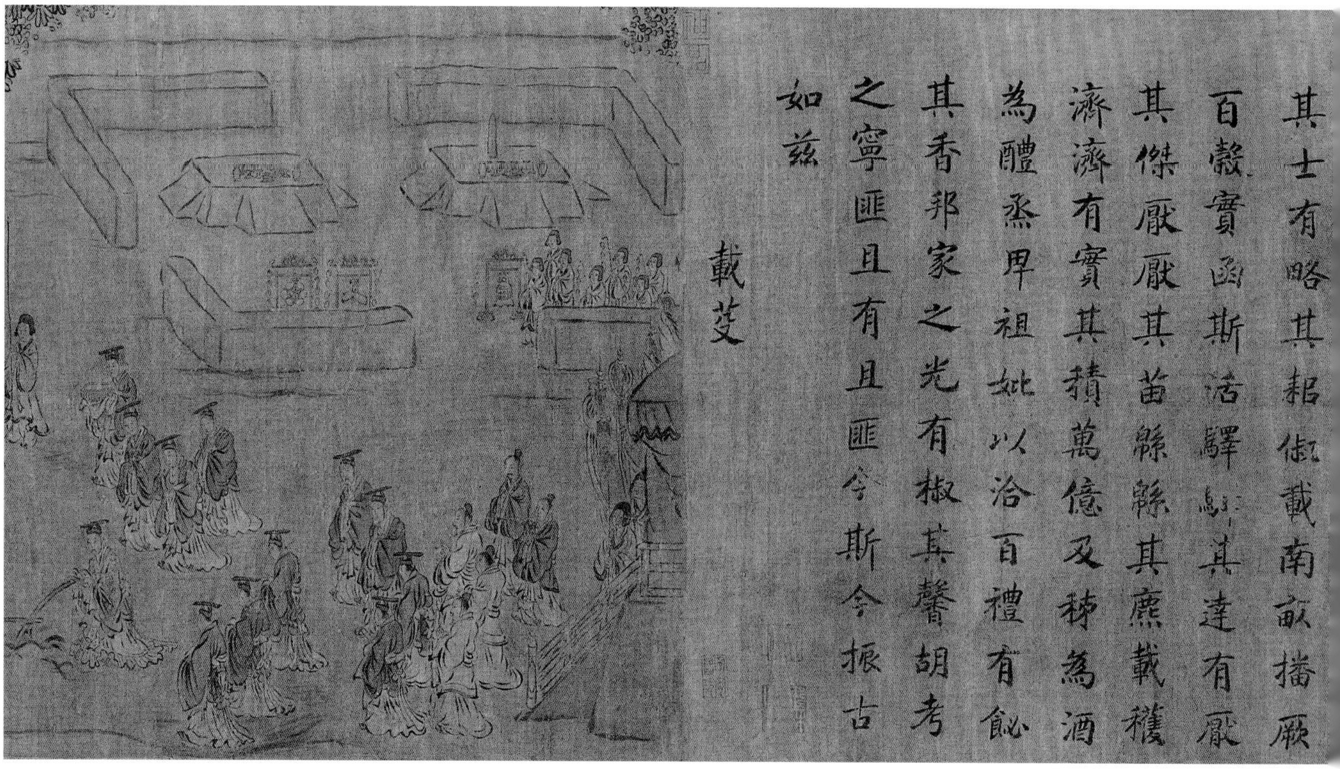
其士有略其耜俶載南畝播厥
百穀實函斯活驛驛其達有厭
其傑厭厭其苗緜緜其麃載穫
濟濟有實其積萬億及秭為酒
為醴烝畀祖妣以洽百禮有飶
其香邦家之光有椒其馨胡考
之寧匪且有且匪今斯今振古
如茲
載芟

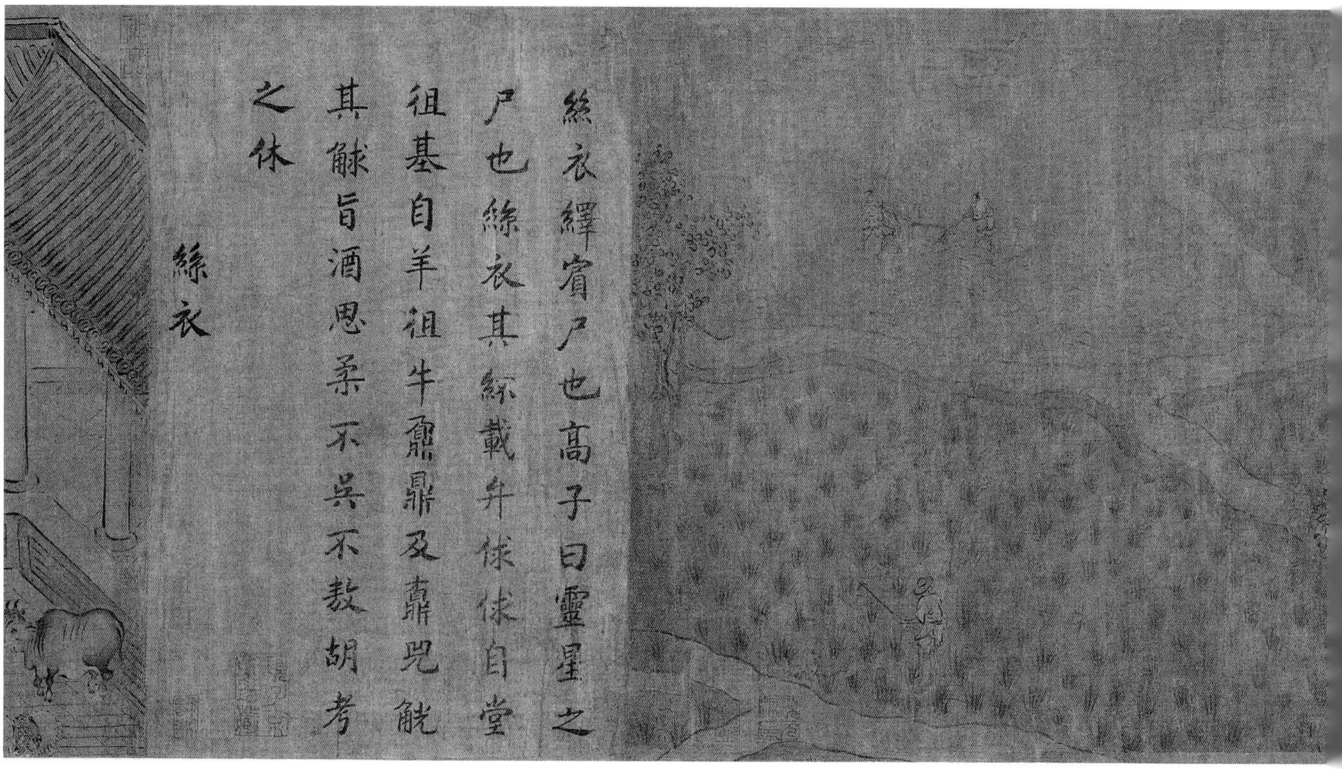
絲衣繹賓尸也高子曰靈星之
尸也絲衣其紑載弁俅俅自堂
徂基自羊徂牛鼐鼎及鼒兕觥
其觩旨酒思柔不吳不敖胡考
之休
絲衣

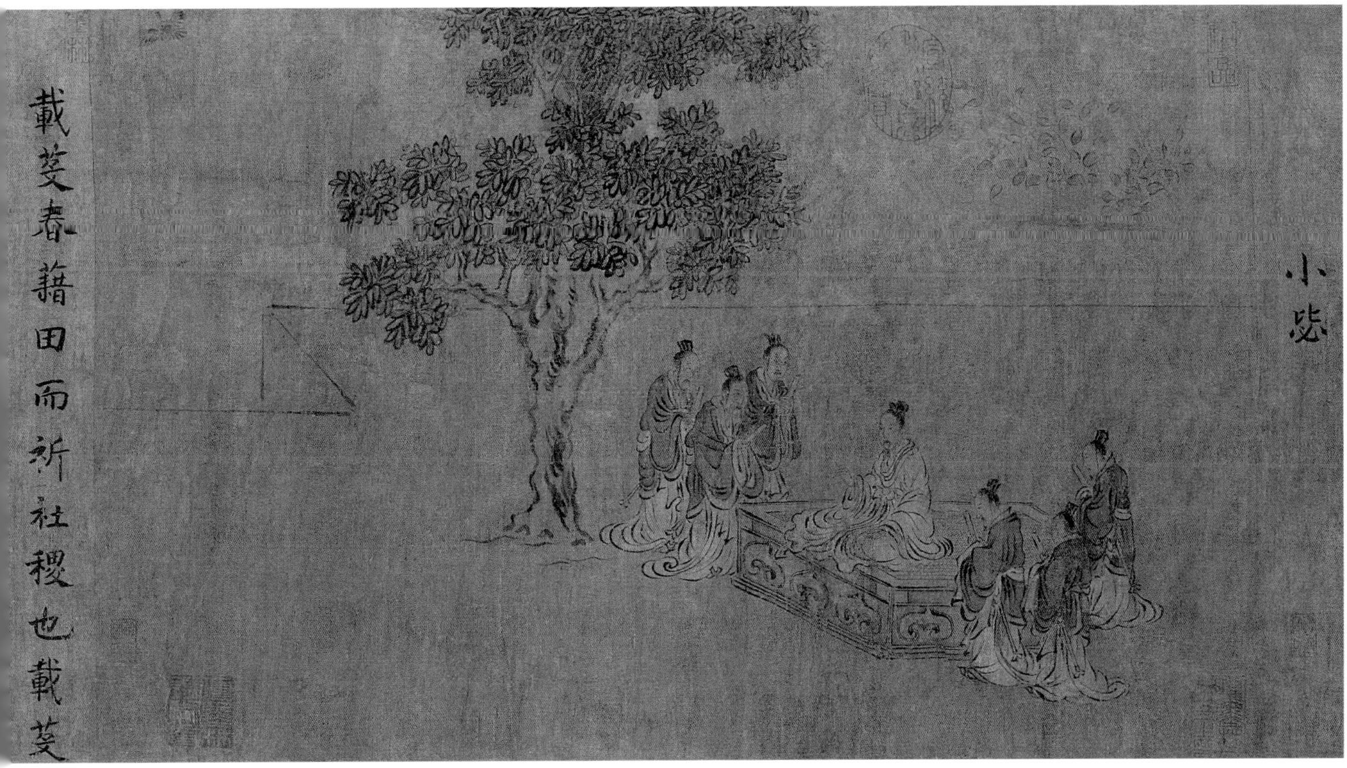
小毖
載芟春籍田而祈社稷也載芟

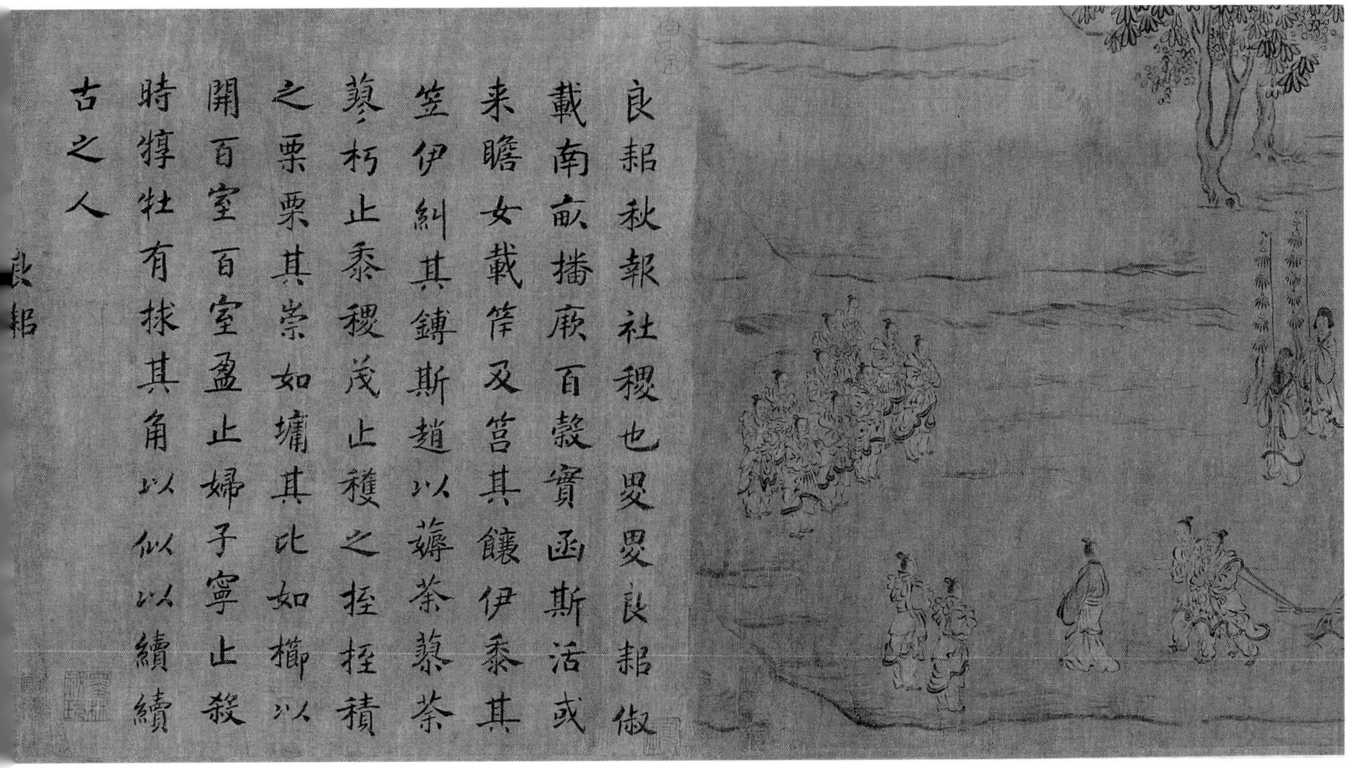
良耜秋報社稷也畟畟良耜俶
載南畝播厥百穀實函斯活或
来瞻女載筐及筥其饟伊黍其
笠伊糾其鎛斯趙以薅荼蓼荼
蓼朽止黍稷茂止穫之挃挃積
之栗栗其崇如墉其比如櫛以
開百室百室盈止婦子寧止殺
時犉牡有捄其角以似以續續
古之人
良耜

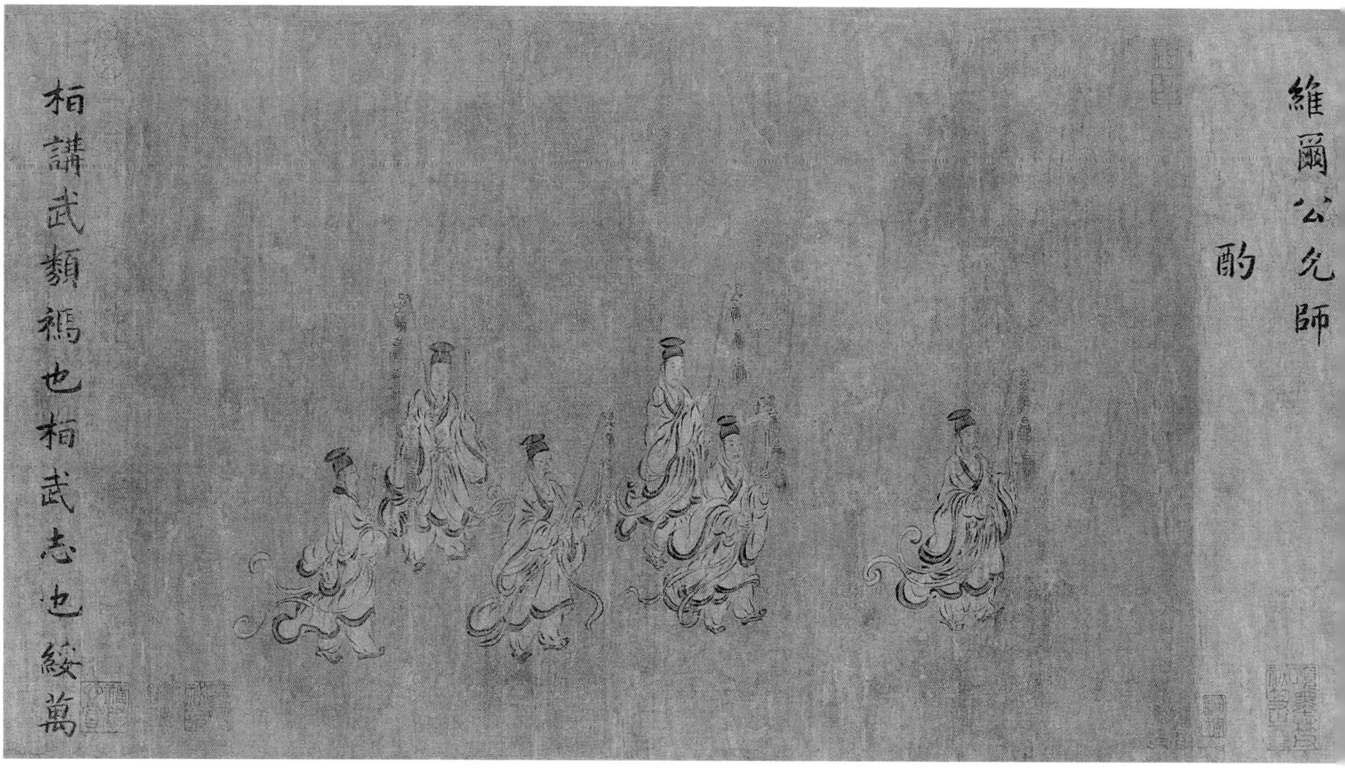
維爾公允師
酌
桓講武類禡也桓武志也綏萬

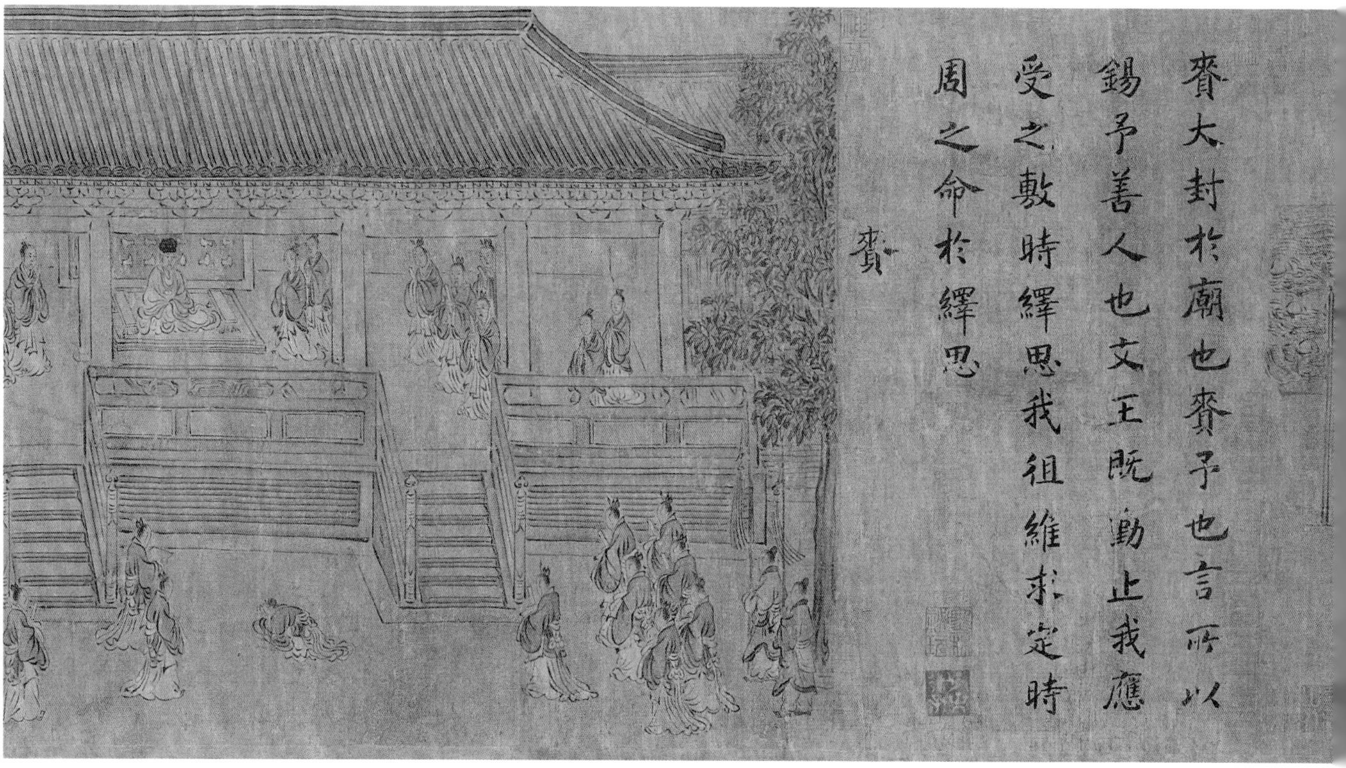
賚大封於廟也賚予也言所以
錫予善人也文王既勤止我應
受之敷時繹思我祖維求定時
周之命於繹思
賚

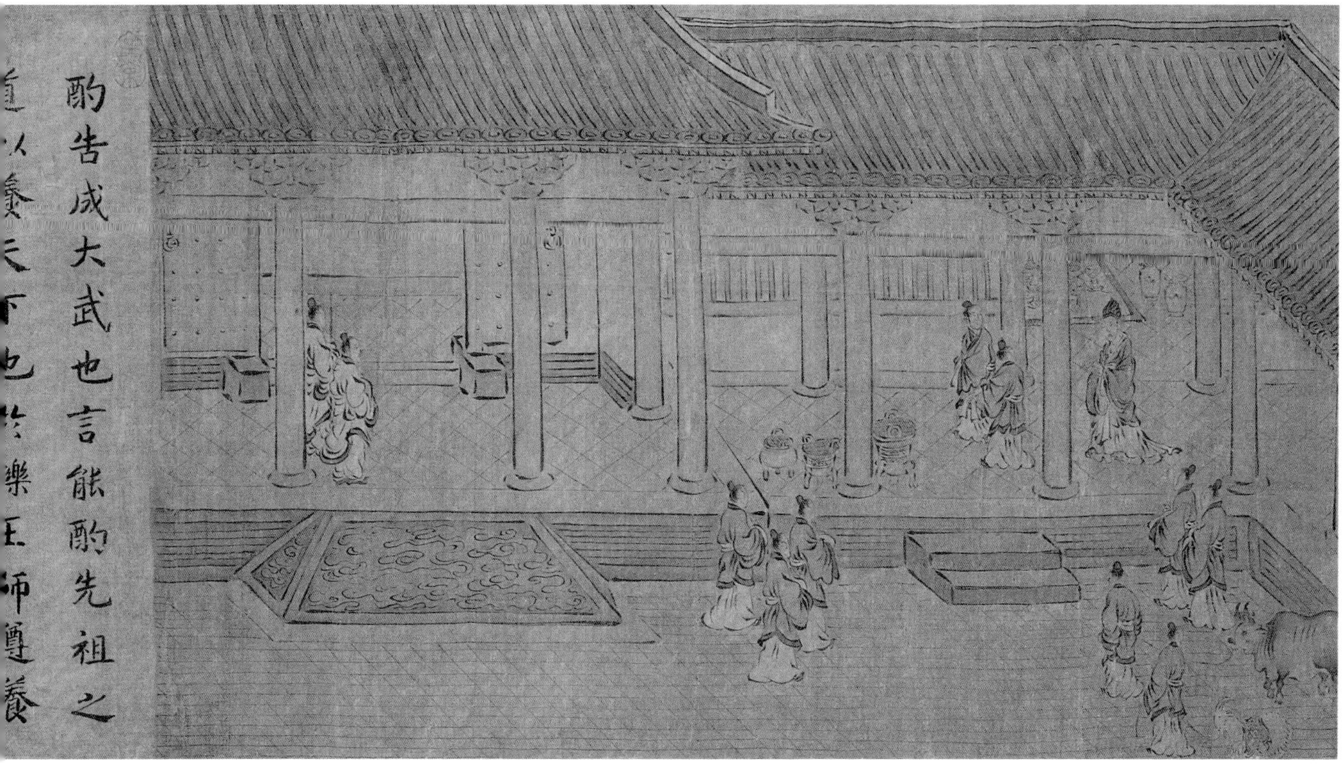
酌告成大武也言能酌先祖之

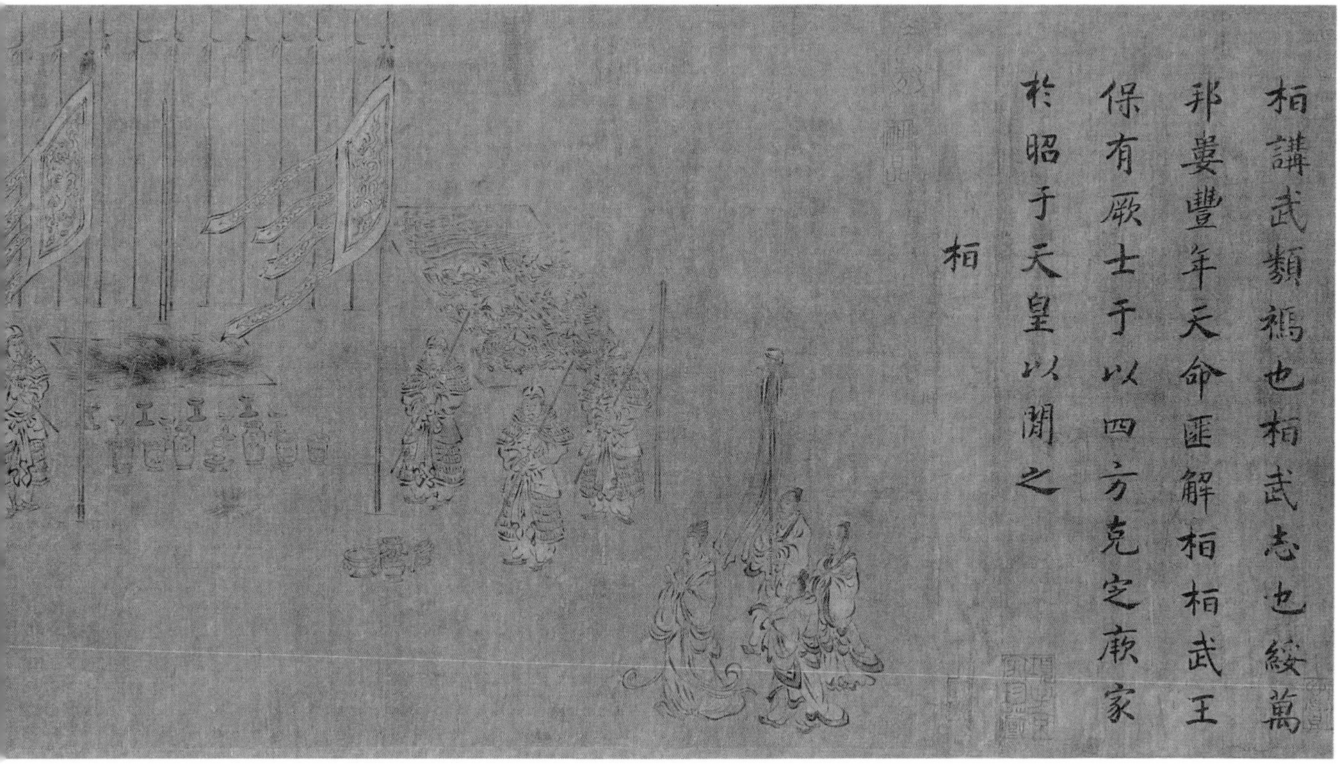
桓講武類禡也桓武志也綏萬
邦婁豐年天命匪解桓桓武王
保有厥士于以四方克定厥家
於昭于天皇以閒之
桓

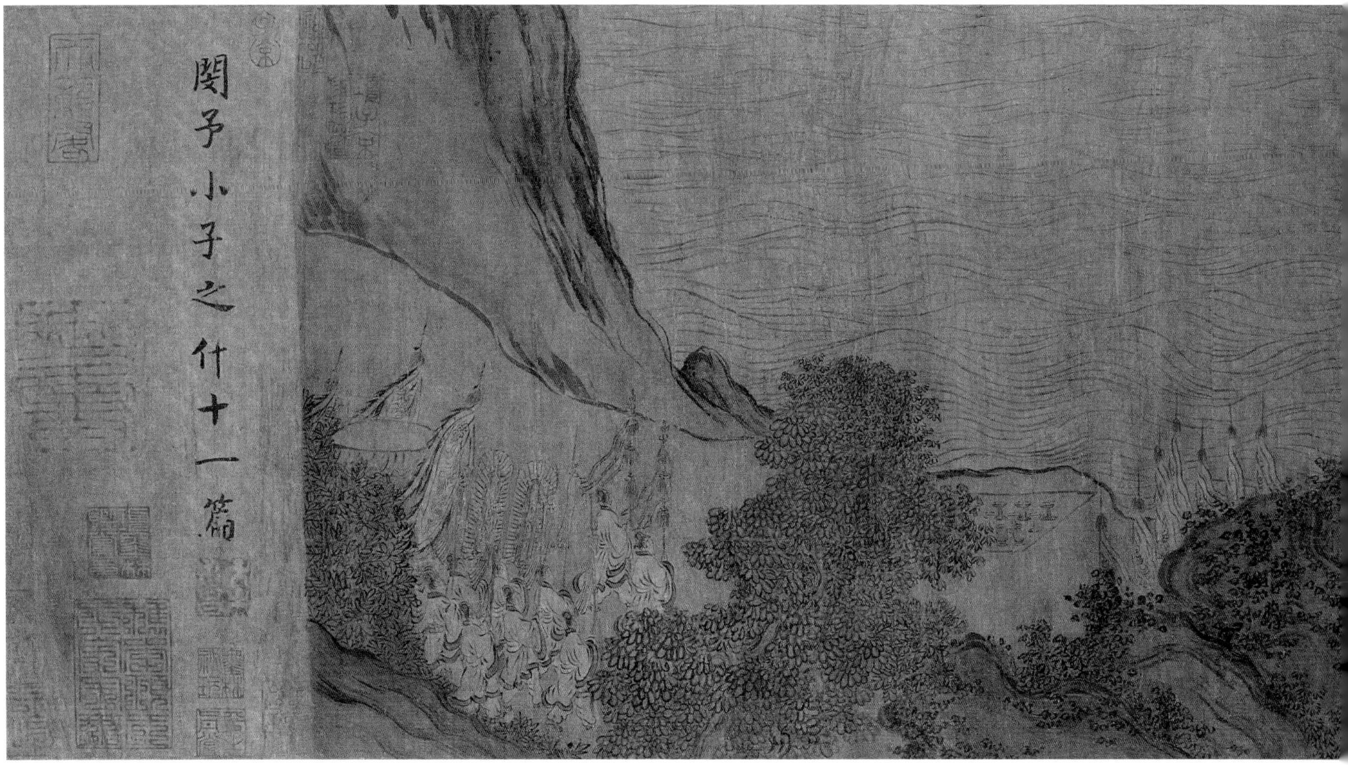

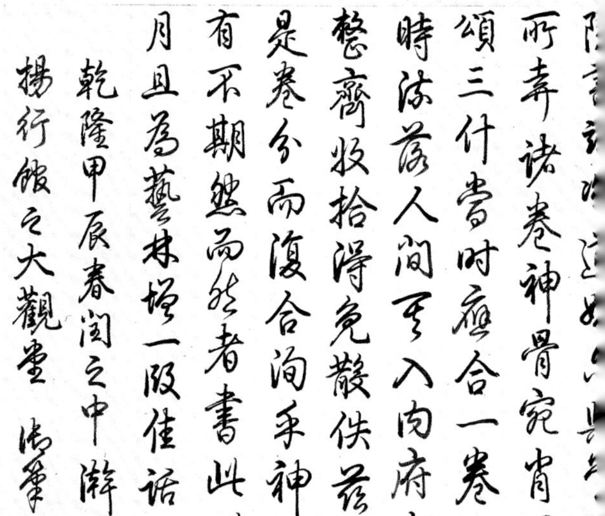
所弆諸卷神骨宛肖因念周
頌三什當时應合一卷不知何
時流落人間至入內府者幸而
懋齋收拾得免散佚兹復喜得
是卷分而復合洵乎神物護持
有不期然而然者書此以紀歲
月且為藝林增一段佳話云
乾隆甲辰春閏之中澣書於維
揚行館之大觀堂　御筆

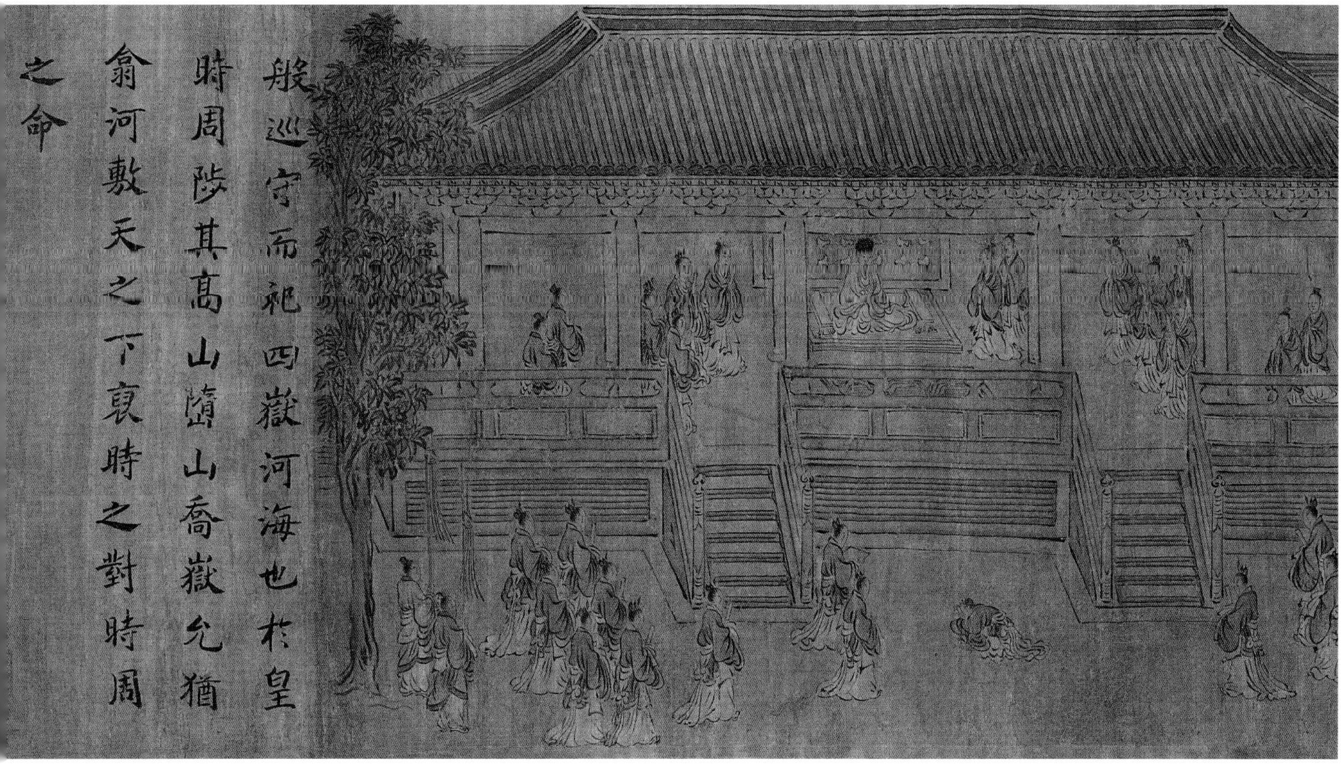
般巡守而祀四嶽河海也於皇
時周陟其高山嶞山喬嶽允猶
翕河敷天之下裒時之對時周
之命

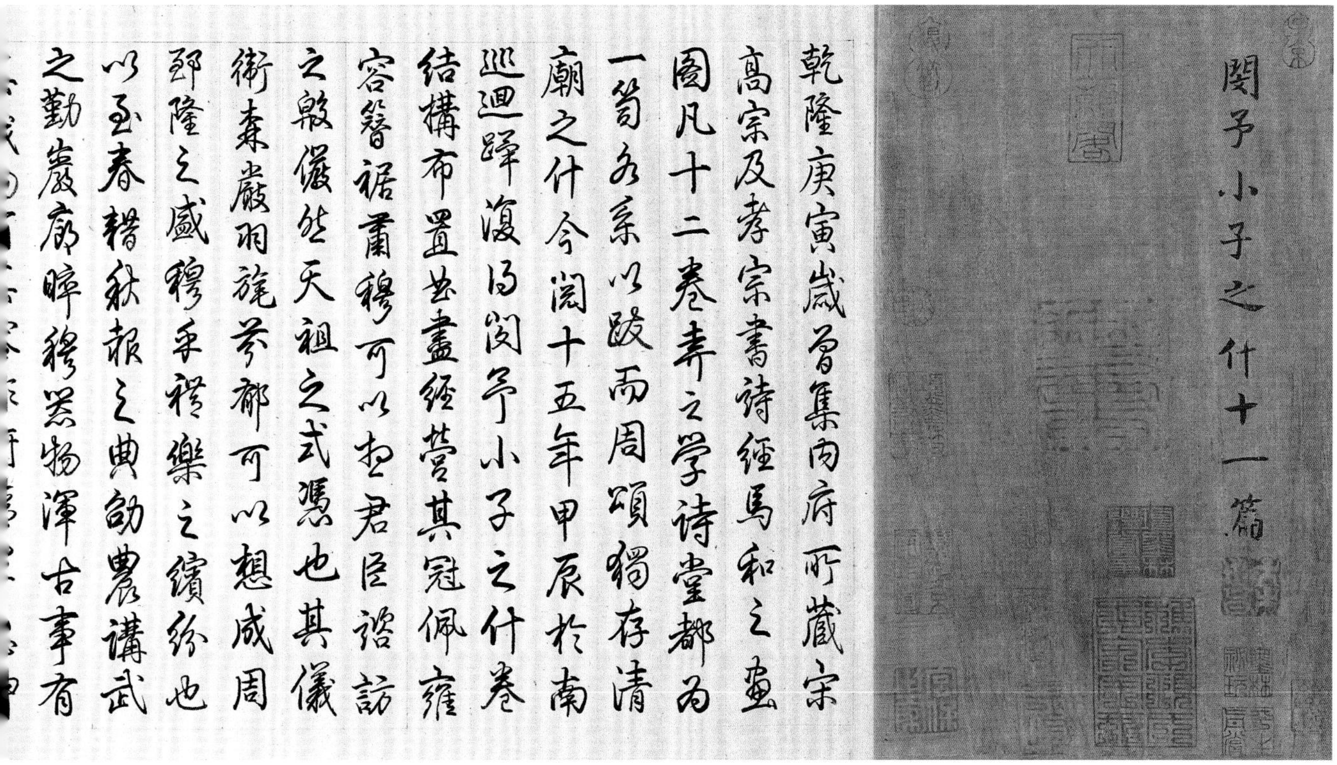
閔予小子之什十一篇

乾隆庚寅歲得集內府所藏宋
高宗及孝宗書詩經馬和之畫
圖凡十二卷壽之學詩堂都為
一笥各系以跋而周頌獨存清
廟之什今閱十五年甲辰於南
巡迴蹕復得閔予小子之什卷
結構布置並盡經營其冠佩纏
容簪裾肅穆可以想君臣諮訪
之穀儼然天祖之式憑也其儀
衛森嚴羽旄蔚都可以想成周
郅隆之盛穆乎禮樂之繽紛也
以至春耕秋報之典勸農講武
之勤歲序睟穆器物渾古事有

23

李唐　採薇圖卷

南宋
絹本　設色　縱27.2厘米　橫90.5厘米

Gathering Edible Wild Herbs
By Li Tang
Southern Song Dynasty
Handscroll, Colour on silk
H. 27.2cm　L. 90.5cm

李唐，字晞古，河陽三城（今河南孟縣）人，北宋徽宗時畫院畫家，紹興年間入南宋畫院，受高宗趙構賞識，授成忠郎，畫院待詔，賜金帶。他的人物畫法近似李公麟，山水畫所創斧劈皴法對後世頗有影響，為南宋四家之首。

《採薇圖》描寫殷商遺民伯夷、叔齊二人逃至首陽山，寧採野菜不食周粟，終至餓死的故事。圖中繪深山中岩石上，伯夷正坐抱膝，叔齊側坐言談，兩人著粗服，穿草履，鬚髮蓬亂，面帶憂憤，身旁放置尖鎬、提籃，四周古木森然，山下溪水蜿蜒。人物彼此呼應，生動傳神，以白描法出之，衣紋用折蘆描，轉折方勁，顯示出深厚的筆墨功力。作者選取這一題材隱寓對南宋朝廷偏安苟活的不滿。元代宋杞的題跋云："意在箴規，表夷齊不臣於周者，為南渡降臣發也"。

本幅款識"河陽李唐畫伯夷叔齊"。鈐明代項元汴、吳榮光藏印共十六方，半印九方。

引首有明代李擢公書"首陽高隱"。鈐印九方。

前隔水題籤 "宋李唐畫伯夷叔齊採薇圖"。

尾紙有元代宋杞題跋（釋文見附錄），另有明代俞允文、項元汴，清代永瑆、翁方綱、蔡之定、阮元、林則徐、吳榮光等九家題記，鈐藏印五十四方，半印三方。

曾經《清河書畫舫》、《汪氏珊瑚網》著錄。

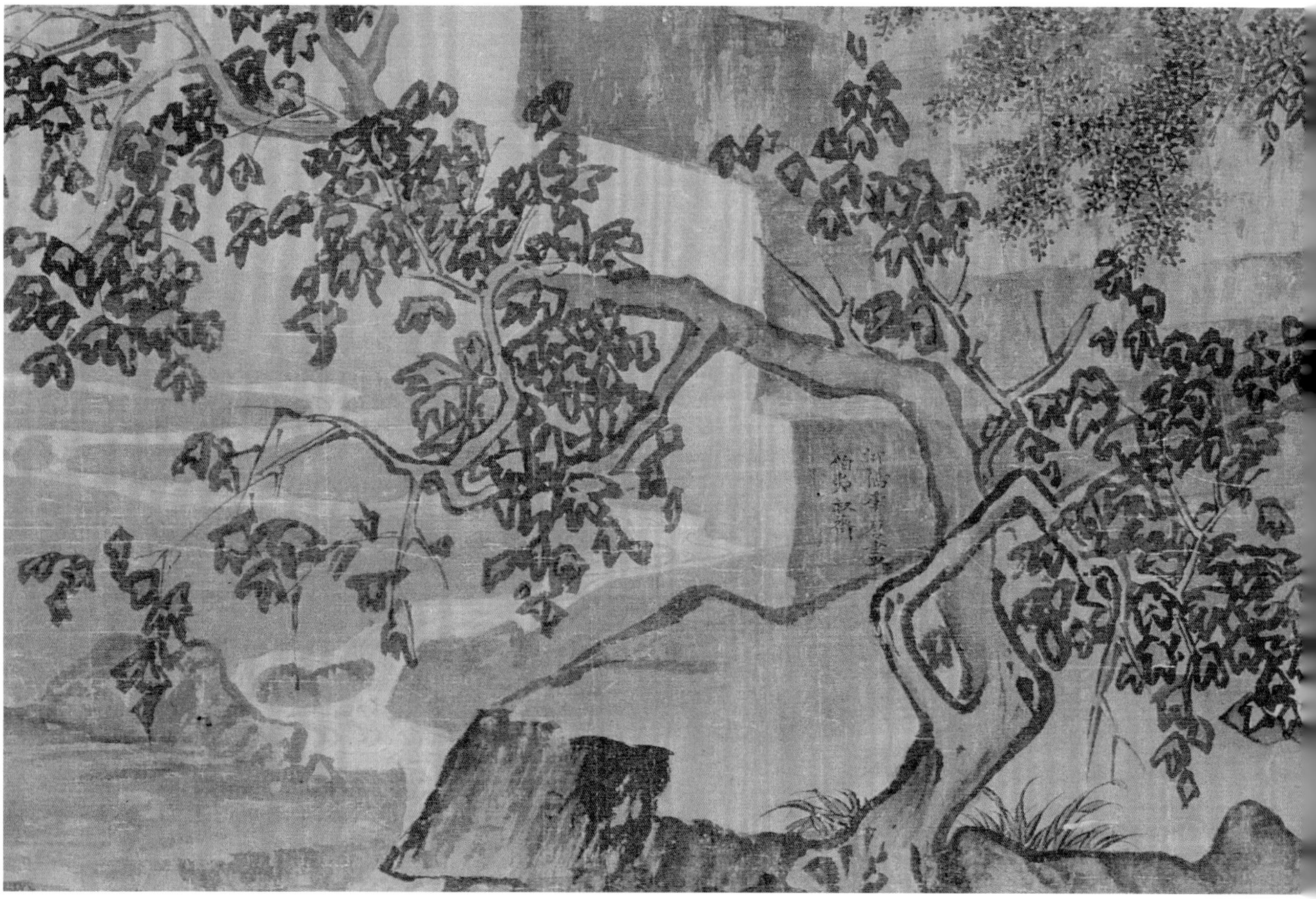

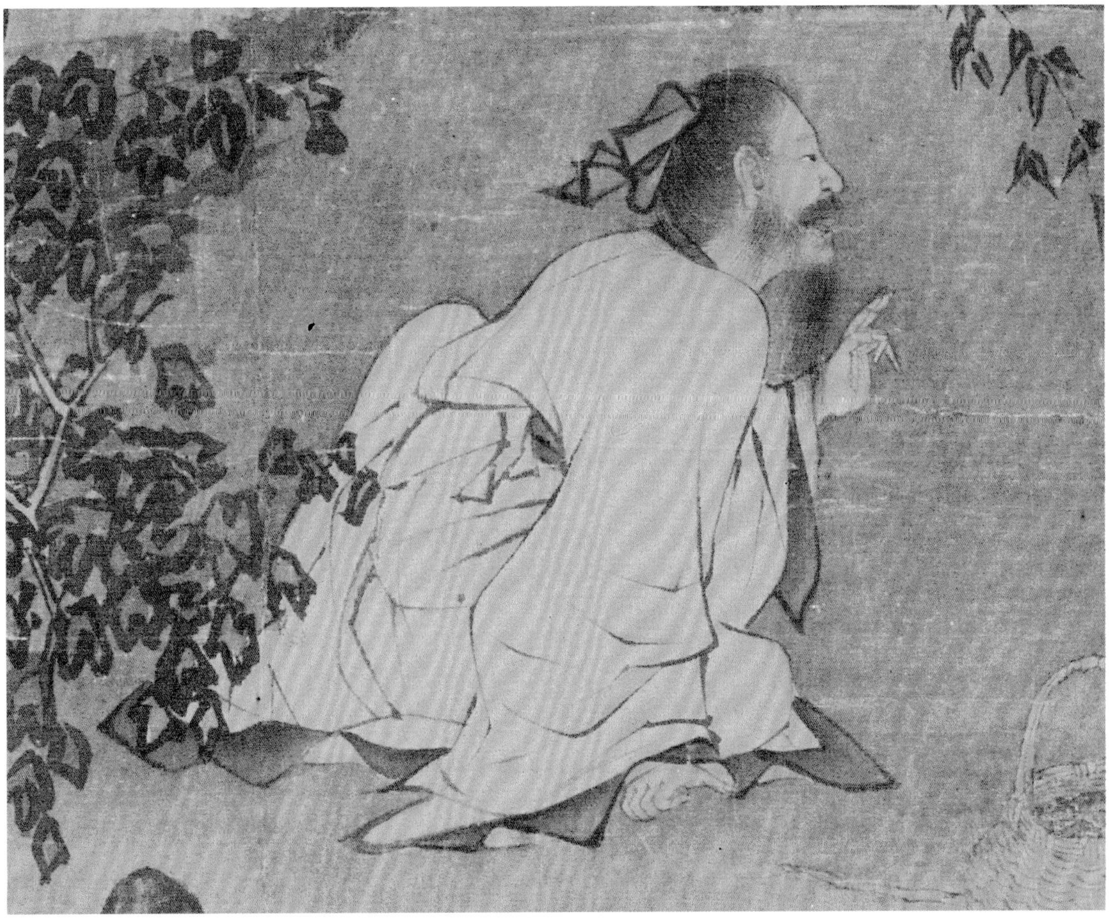

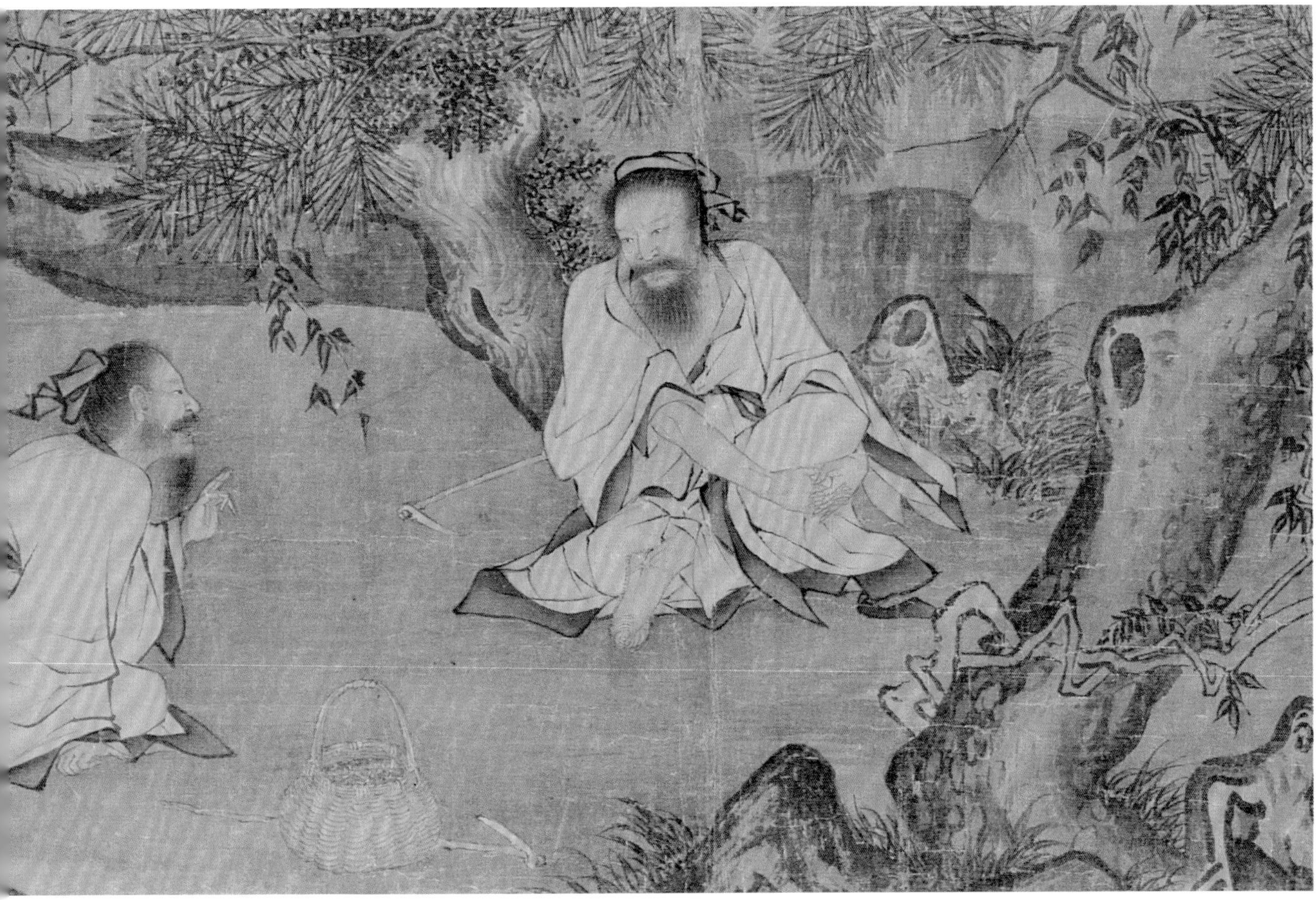

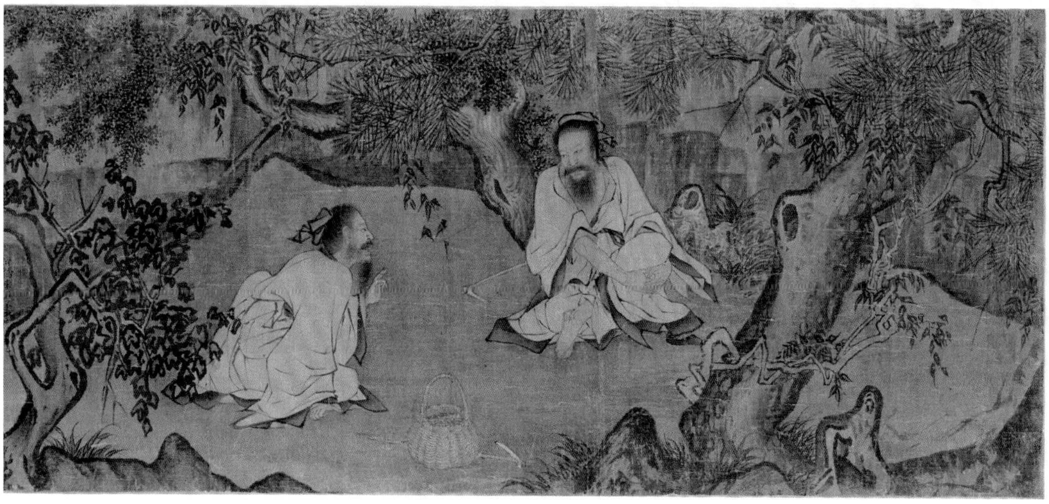

伯夷叔齊辟紂東海之濱，當逮就西伯之
養。至武王伐紂，遂叩馬而諫，不食周粟，采
薇首陽山，卒餓而死，以明大義於天下。武
紂之惡，武王之聖，天下莫不知之，而大義誠
不可一日有廢於天下也。故太公亦稱之為義
士。其後箕子乃口授洪範於武王，而不以為
嫌。彼獨非夷齊之心乎？而以其道誠不可
一日無傳於天下，是知伯夷叔齊、箕子之
心未嘗不同，而此實惟箕子能之。若夷齊
之事，則固萬世所當法也。宋李唐，高宗時
嘗畫伯夷叔齊采薇圖。宋杞亡，唐此圖蓋
以刺南渡之降之臣。余頃獲觀於王蓋
忠氏。蓋忠讀書者，古因屬余書其後。余聞
唐畫妙絕一世，高宗以為可以李思訓至如
此圖寄意宏遠，出於粉墨形似之外，雖思
訓有所弗及。司馬子長贊田橫賓客之賢，
歎善畫者莫能圖，而唐之此圖尤可嘉
也。遂為論次其事，而系之以辭。辭曰：
惟昔夷與齊，畢命隆義聲。長嘯孤嶺
頭，飛芳振蘭蘅。傾蓮停璵璠，憫默薇
蕨情。冥遊超玄跡，千木有餘清。李唐稱
善畫，深心寄廉貞。豈唯粉墨殊，真足貪
懦懲。炯然珍圖上，空林灑遺形。灑津佇
遐軌，千載希令名。
嘉靖乙卯閏十一月廿日，余九文著

矣。以暴易暴兮，不知其非矣。神農虞夏
忽焉沒兮，我安適歸矣。于嗟徂兮，命之
衰矣。遂餓死於首陽山。由此觀之，怨耶
非耶？或曰：天道無親，常與善人。若伯夷叔
齊，可謂善人者非耶？積仁絜行如此而
餓死。且七十子之徒，仲尼獨薦顏淵為
好學，然回也屢空，糟糠不厭，而卒蚤
夭。天之報施善人，其何如哉？盜跖日
殺不辜，肝人之肉，暴戾恣睢，聚黨數
千人橫行天下，竟以壽終，是遵何德哉？
此其尤大彰明較著者也。若至近世，操
行不軌，專犯忌諱，而終身逸樂，富厚累
世不絕。或擇地而蹈之，時然後出言，行
不由徑，非公正不發憤，而遇禍災者，不
可勝數也。余甚惑焉，儻所謂天道，是邪
非邪？子曰：道不同，不相為謀，亦各從其志
也。故曰：富貴如可求，雖執鞭之士，吾亦為
之；如不可求，從吾所好。歲寒，然後知松
柏之後凋。舉世混濁，清士乃見。豈以其
重若彼，其輕若此哉？君子疾沒世而名不
稱焉。賈子曰：貪夫徇財，烈士徇名，夸者死
權，眾庶馮生。同明相照，同類相求。雲從
龍，風從虎，聖人作而萬物覩。伯夷叔齊
雖賢，得夫子而名益彰；顏淵雖篤學，附
驥尾而行益顯。巖穴之士，趨舍有時，若
此類名湮滅而不稱，悲夫！閭巷之人，欲
砥行立名者，非附青雲之士，惡能施於

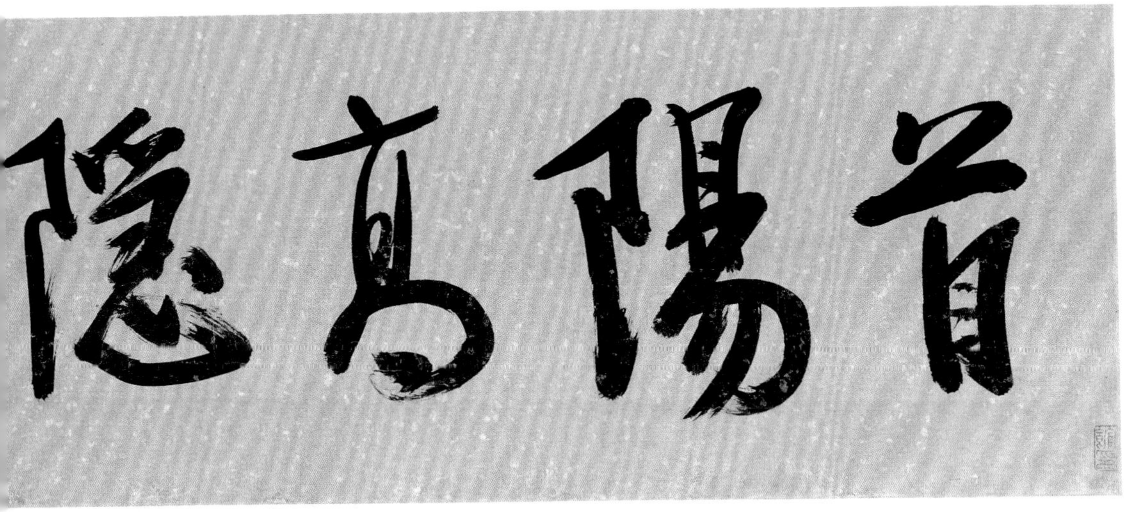

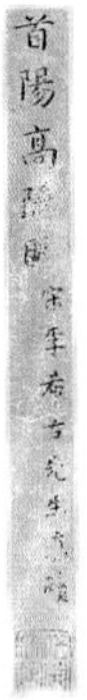

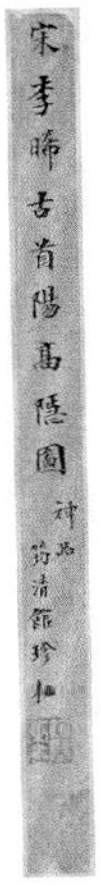

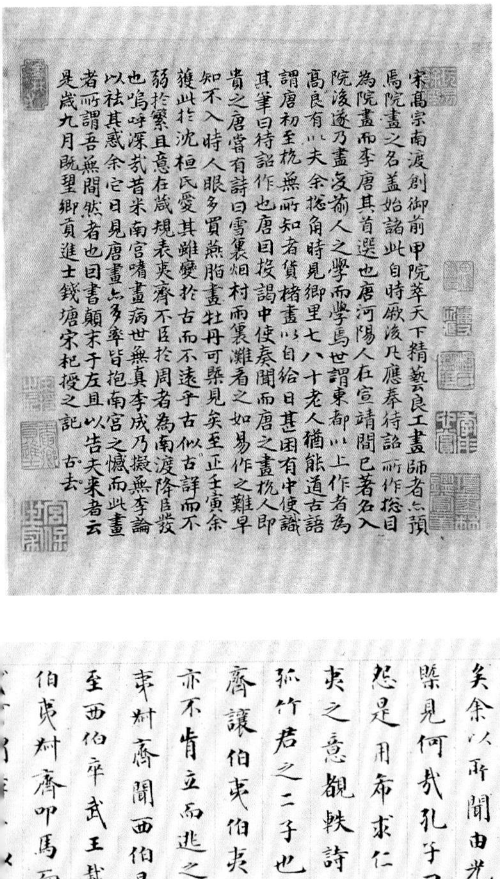

宋高宗南渡創御前甲院萃天下精藝良工畫師者亦預
焉院畫之名蓋始諸此自時厥後凡應奉待詔所作總目
為院畫而李唐其首選也唐河陽人在宣靖間已著名入
院後遂乃盡變前人之學而學焉世謂東都以上作者為
高良有以夫余總角時見鄉里七八十老人猶能道古語
謂唐初至杭無所知者貨楮畫以自給日甚困有中使識
其筆曰待詔作也唐因投謁中使奏聞而唐之畫杭人即
貴之唐嘗有詩曰雪裏烟村雨裏灘看之如易作之難早
知不入時人眼多買燕脂畫牡丹可槩見矣至正壬寅余
獲此於沈桓氏愛其雖變於古而不遠乎古似古詳而不
弱於繁且意在蔵規表夷齊不臣於周者為南渡降臣發
也嗚呼深哉昔米南宮嗜畫病世無真李成乃擬無李論
以袪其惑余它日見唐畫亦多率皆抱南宮之憾而此畫
者所謂吾無間然者也因書顛末于左且以告夫来者云
是歲九月既望鄉貢進士錢塘宋杞授之記 古去

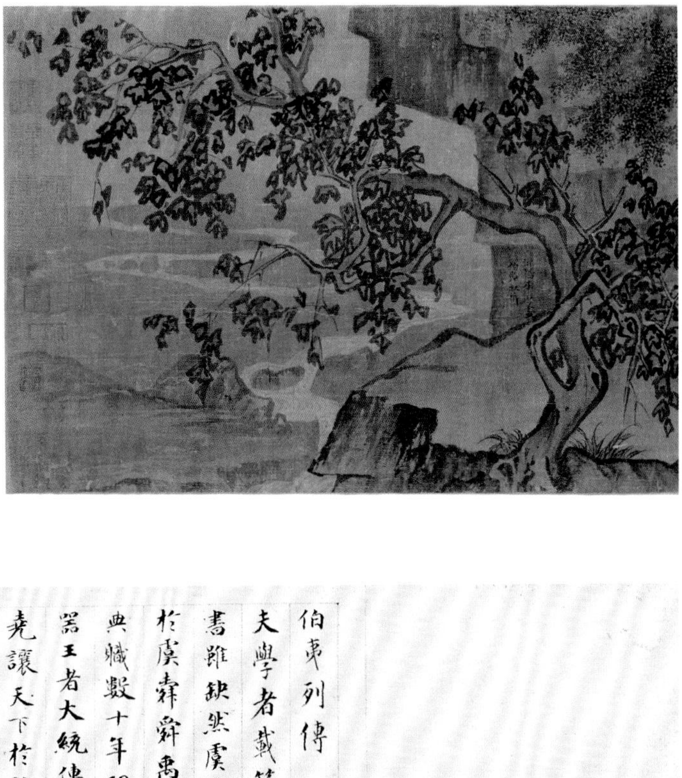

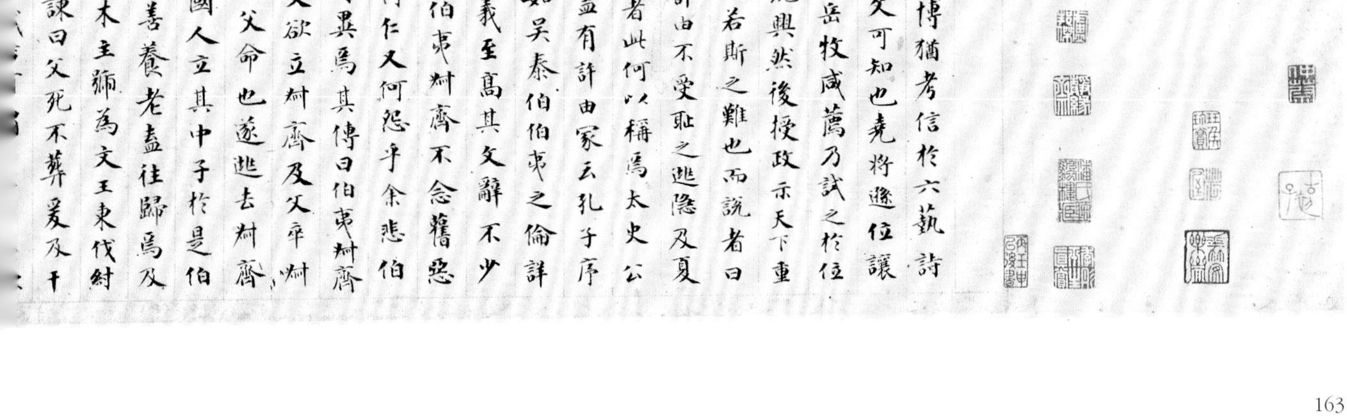

伯夷列傳

夫學者載籍極博猶考信於六藝詩書雖缺然虞夏之文可知也堯將遜位讓於虞舜舜禹之閒岳牧咸薦乃試之於位典職數十年功用既興然後授政示天下重器王者大統傳天下若斯之難也而說者曰堯讓天下於許由許由不受恥之逃隱及夏之時有卞隨務光者此何以稱焉太史公曰余登箕山其上蓋有許由冢云孔子序列古之仁聖賢人如吳泰伯伯夷之倫詳矣余以所聞由光義至高其文辭不少槩見何哉孔子曰伯夷叔齊不念舊惡怨是用希求仁得仁又何怨乎余悲伯夷之意覩軼詩可異焉其傳曰伯夷叔齊孤竹君之二子也父欲立叔齊及父卒叔齊讓伯夷伯夷曰父命也遂逃去叔齊亦不肯立而逃之國人立其中子於是伯夷叔齊聞西伯昌善養老盍往歸焉及至西伯卒武王載木主號為文王東伐紂伯夷叔齊叩馬而諫曰父死不葬爰及干

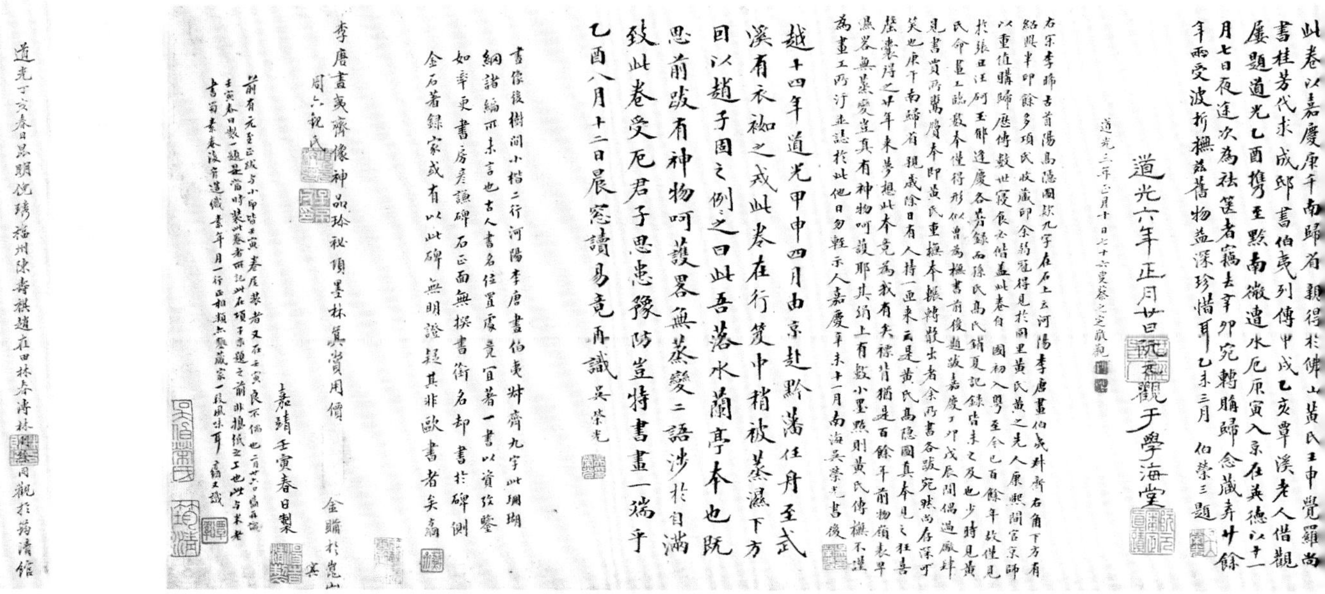
道光六年正月廿日阮元觀于學海堂

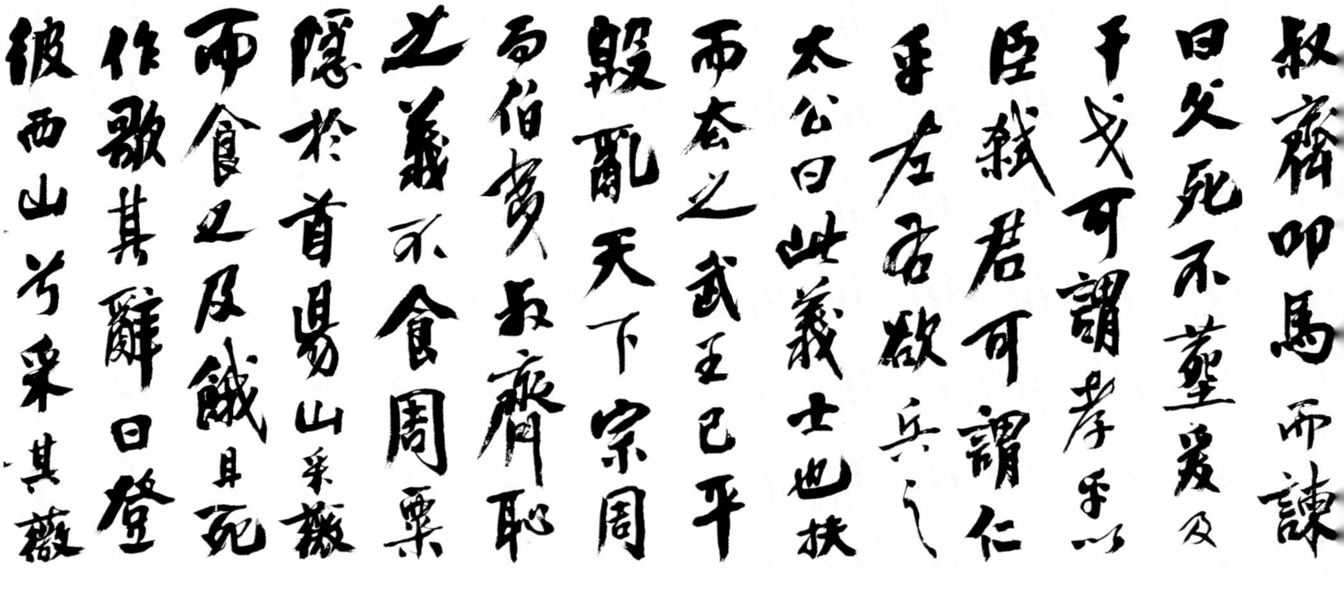
叔齊叩馬而諫
曰父死不葬爰及
干戈可謂孝乎以
臣弒君可謂仁
乎左右欲兵之
太公曰此義士也扶
而去之武王已平
殷亂天下宗周
而伯夷叔齊恥
之義不食周粟
隱於首陽山采薇
而食之及餓且死
作歌其辭曰登
彼西山兮采其薇

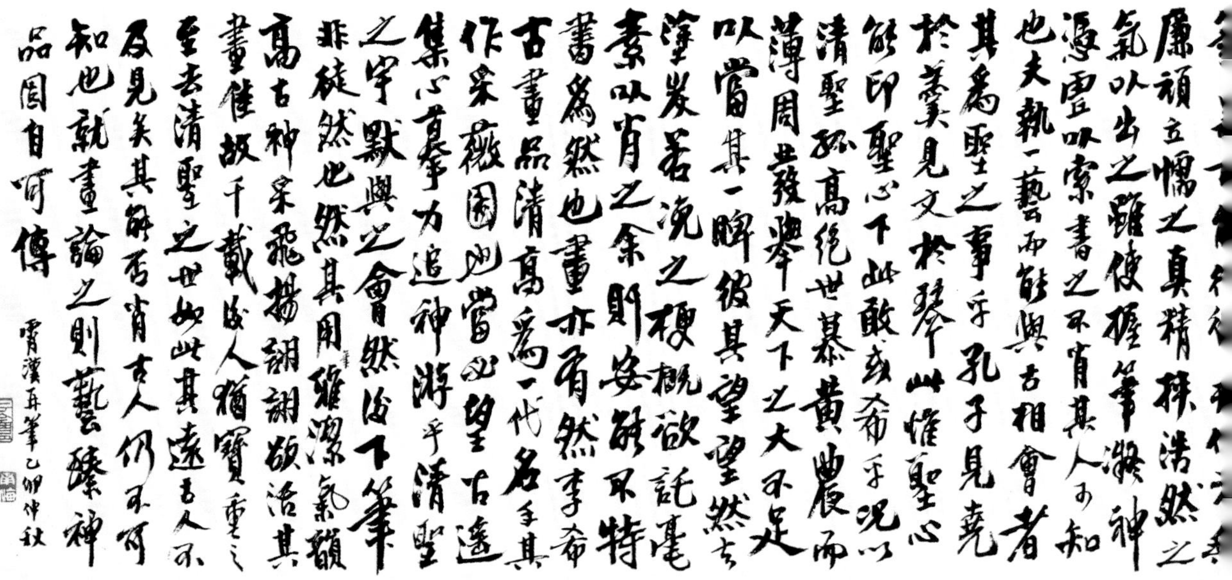
廉頑立懦之真精神浩然之
氣以出之雖使握筆凝神
濾慮以索書之不肖其人可知
也夫執一藝而能與古相會者
其為聖之事乎孔子見堯
於羹見文於琴此惟聖心
能印聖心下此敢或希乎況以
清聖孤高絕世慕黃農而
薄周發舉天下之大不足
以嘗其一盼彼其望望然去
塗炭若浼之懷概欲託毫
素以寄之余則安能不特
書爲然也畫亦有然李希
古畫品清高爲一代名手其
作采薇圖幽賞必望古遙
集心意摹力追神游乎清聖
之字默與之會然後下筆
非徒然也然其用筆潔氣韻
高古神采飛揚翔翔欲活其
畫愈故千載後人猶寶重之
至去清聖之世如此其遠吾人不
及見矣其能否肖吾人仍不可
知也就畫論之則藝臻神
品固自可傳
霄漢再筆 乙卯仲秋

後世哉

嘉慶壬申二月應
香東司農代友屬書

成親王

西山蕭寒氷雪冷兩人相對形与影
薇蕨半筐孰記之萬古此心長耿
耿臨安畫院稱李唐下筆樹石皆清
蒼為誰氣節砥頑懦神往周初歎首
陽首陽山下孫雲飛浩歌志欲黃農
歸東海幽棲畫不得只合荒涼寫
采薇此薇根是商時植尚有空山逸
民氣摘取聊充激烈腸風前灑向
思親淚㳡也半面危岩顏伯也正坐
摹尤難飢餘久矣色如菜遂志命也
全乎天中有忠君殉國誓目眶骨立
神凜然尔當南渡辱守日焉得見此
形神全欲徵昌黎太史遷作頌作傳筆
所不能傳二百年前驛錦素何時匿向
嶺南去嶺南藏又過百年苔蝕蟫涎
不能蠹莫輕八法衣摺皴賴此數筆
撐乾坤敢將論古尚友例剏作尋
常圖畫論

題荷屋所藏李晞古采薇圖

嘉慶甲戌春二月廿有四日 方綱 時年八十有二

伯夷叔齊孤竹
君之二子也父欲
立叔齊及父卒
叔齊讓伯夷伯
夷曰父命也遂
逃去叔齊亦不
肯立而逃之國
人立其中子於
是伯夷叔齊
聞西伯昌善養
老盍往歸焉及
至西伯卒武王

作歌其辭曰登
彼西山兮采其薇
矣以暴易暴兮
不知其非矣黃
農虞夏忽焉
沒兮我安適歸
矣吁嗟徂兮命
之衰矣遂餓死
於首陽山

右伯夷傳 潘霨漢錄

麗圃世長性耽書畫廣羅
古名流真蹟得李希古首
陽高隱圖屬余書伯夷傳
於卷末嗟乎書伯夷傳豈
徒然哉古人論前賢所書

24

佚名　蕭翼賺蘭亭圖卷

南宋
絹本　設色　縱26.6厘米　橫44.3厘米
清宮舊藏

Xiao Yi Scheming to Gain Wang Xizhi's Famous Calligraphy *Preface to the Orchid Pavilion*

Anonymous
Southern Song Dynasty
Handscroll, Colour on silk
H. 26.6cm　L. 44.3cm
Qing Court collection

圖卷繪唐朝蕭翼賺"蘭亭"的故事。唐太宗酷好王羲之書法，得知越州（今浙江紹興）永欣寺和尚辯才處有王的《蘭亭序》，於是讓梁元帝曾孫、監察御史蕭翼去辦理。蕭裝扮成山東書生，以文雅的言談、精湛的詩詞才藝，贏得辯才的信任。蕭利用與辯才鑑賞王羲之書法的機會，得知《蘭亭序》的藏地。趁辯才外出，將《蘭亭序》取出，連夜趕回長安，呈獻太宗。太宗大喜，加封蕭翼為員外郎，賜辯才大量財物。辯才得知被騙，驚惋交加，一年後逝世。

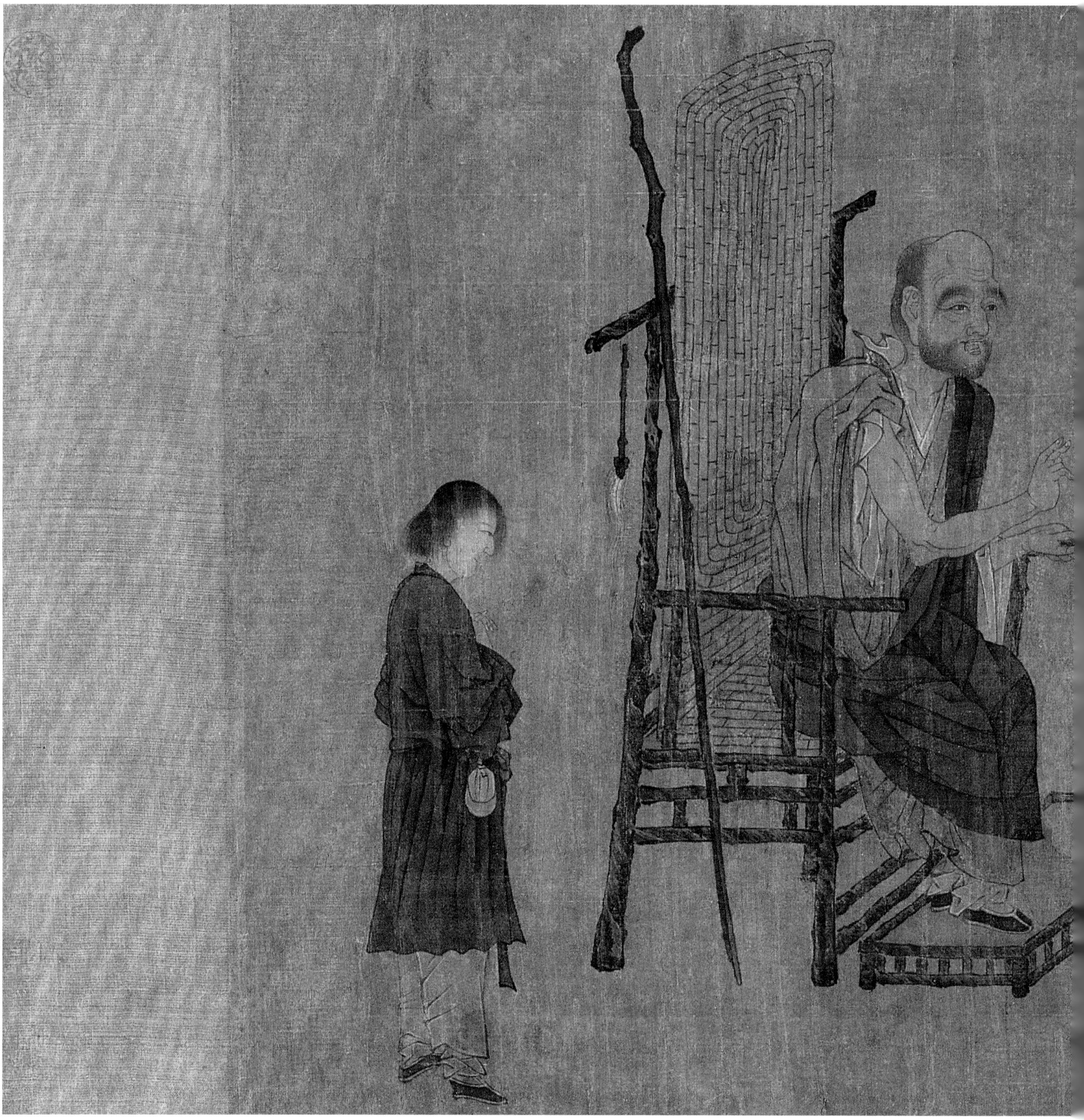

圖中繪蕭翼與辯才在寺廟中談書論道的情景。蕭翼坐繡墩上，微欠身，雙目凝視，表現出謙和、專注之情。辯才披袈裟坐竹靠背椅上，表情興奮，面帶微笑，右臂抬起作說話手勢。從中不難看出蕭翼的矜持與狡黠，辯才的真誠與樸實，兩個人物姿態、風貌、神情以及品格躍然紙上。

前後舊絹隔水鈐藏印"南師中印"（白文）、"伯謙精鑑"（朱文）、"龍有鑑賞"（朱文）等五方。

尾紙附舊拓《蘭亭序》帖，後有王厚之、王濛、張翥題跋（釋文見附錄）及明萬曆重裝、清宣統觀款兩則。鈐藏印"上虞李基本初"（白文）、"□感之戲墨"（朱文）、"龍有過眼"（朱文）、"紹庭審定"（白文）、"慶錫私印"（白文）等，共十一方，又模糊不清及半印十八方。

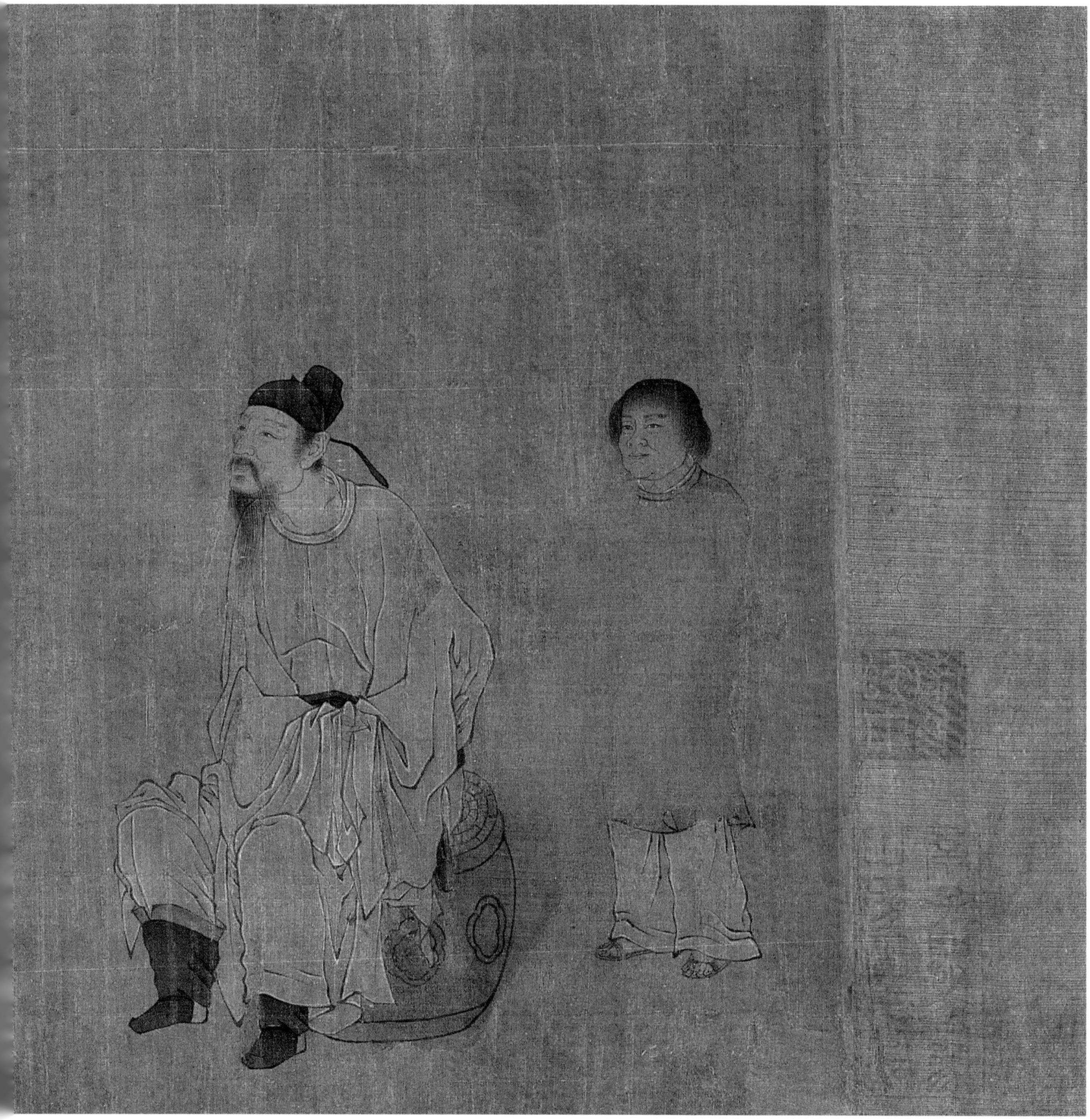

25

佚名　會昌九老圖卷
南宋
絹本　設色　縱28.2厘米　橫245.5厘米
清宮舊藏

Nine Aged Men Having a Gathering in the Period of Huichang
Anonymous
Southern Song Dynasty
Handscroll, Colour on silk
H. 28.2cm　L. 245.5cm
Qing Court collection

《會昌九老圖》描繪白居易、胡杲、吉旼（皎）、劉真、鄭据、盧貞、張澤（渾）、李元爽及僧如滿九位老人，在唐會昌五年（845年）二月於洛陽舉行尚齒會的情景。園林中環境幽雅，蒼松翠柏掩映，竹林楓樹相襯，河湖水道蜿蜒曲折，九老或在水榭中撫琴，或在遊舫中對弈，或在廳堂中論詩。另有僕從數人。全卷清靜、閒適，而又不失文化氣息。佈置錯落，聚散疏密得當。界畫工緻，結構清晰，樹木、竹草、湖石均皴染謹細，顯出陰陽向背。畫面上有意突出松柏，寓意長壽。

本幅鈐鑑藏印有清"梁清標印"（白文）、"蕉林"（朱文）、"八徵耄念之寶"（朱文）、"太上皇帝之寶"（朱文）、"宣統鑑賞"（朱文）等計二十三方。

引首有清乾隆御題"高風足千古"。前後隔水有清乾隆題跋兩則。尾紙有宋高宗御題題詩、馮資題跋、元代鄧文原、趙孟頫、王綠、錢鼎、成子、黃仲圭等多家題跋（釋文見附錄）。

曾經《石渠寶笈續編》著錄。

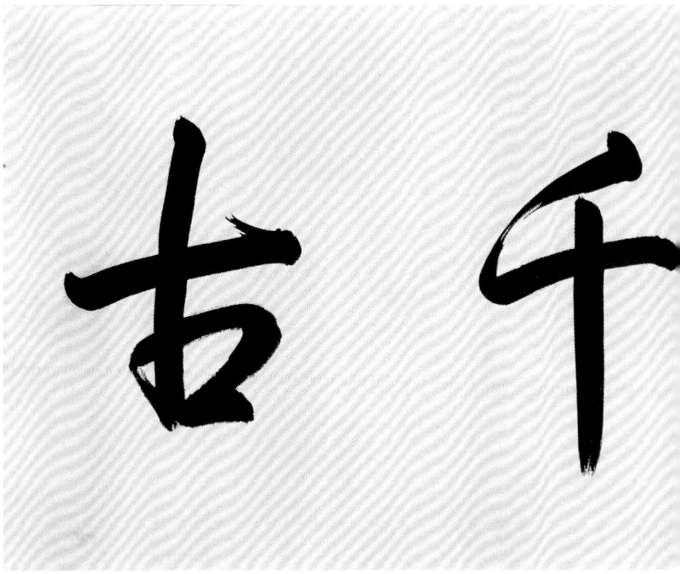

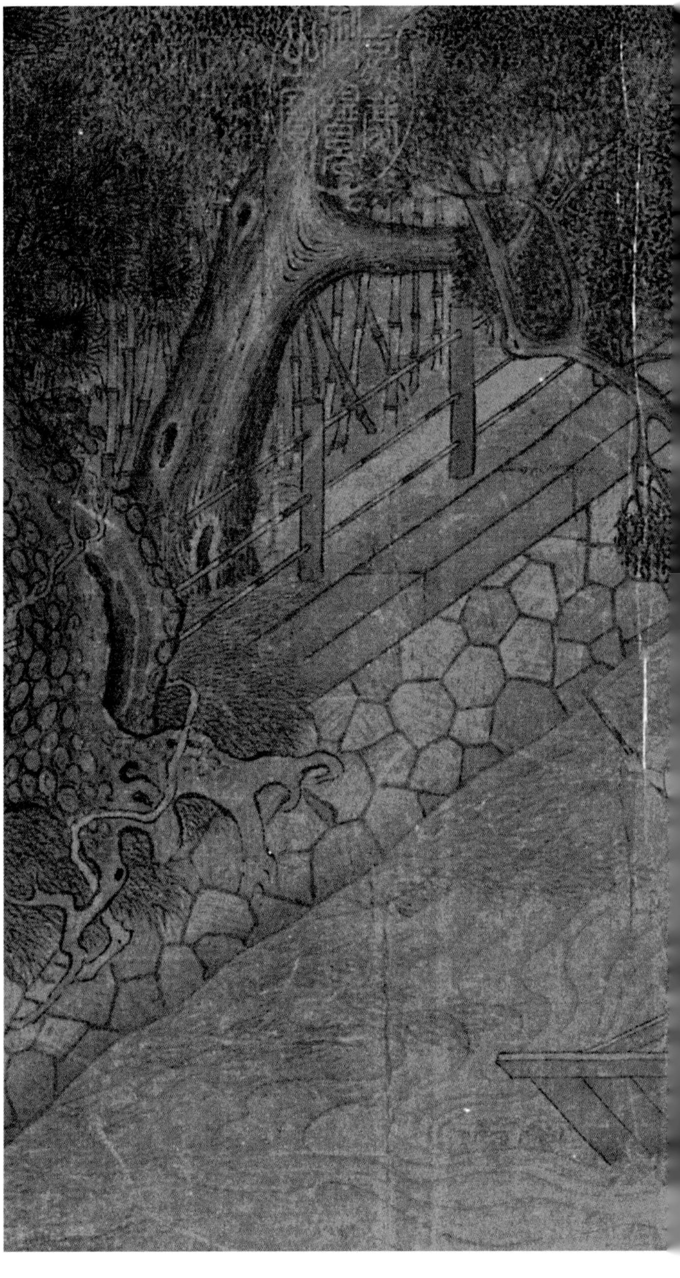

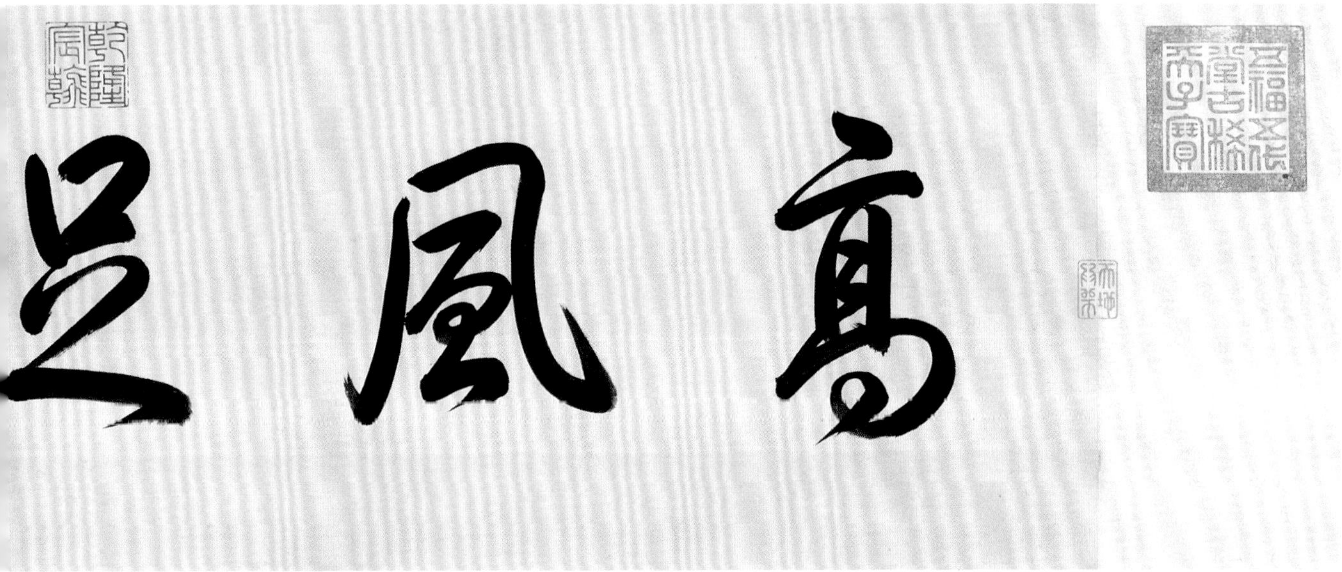

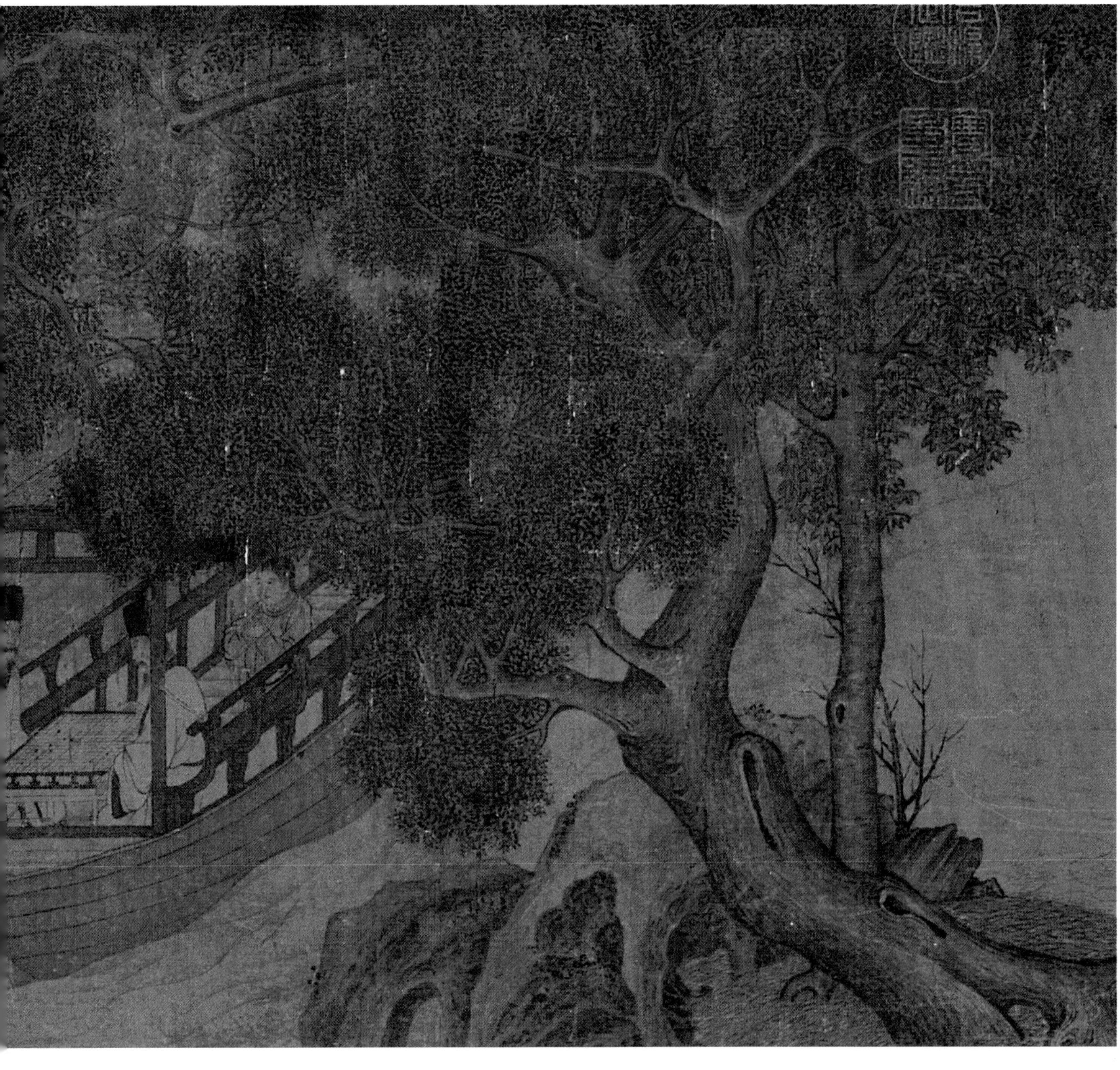

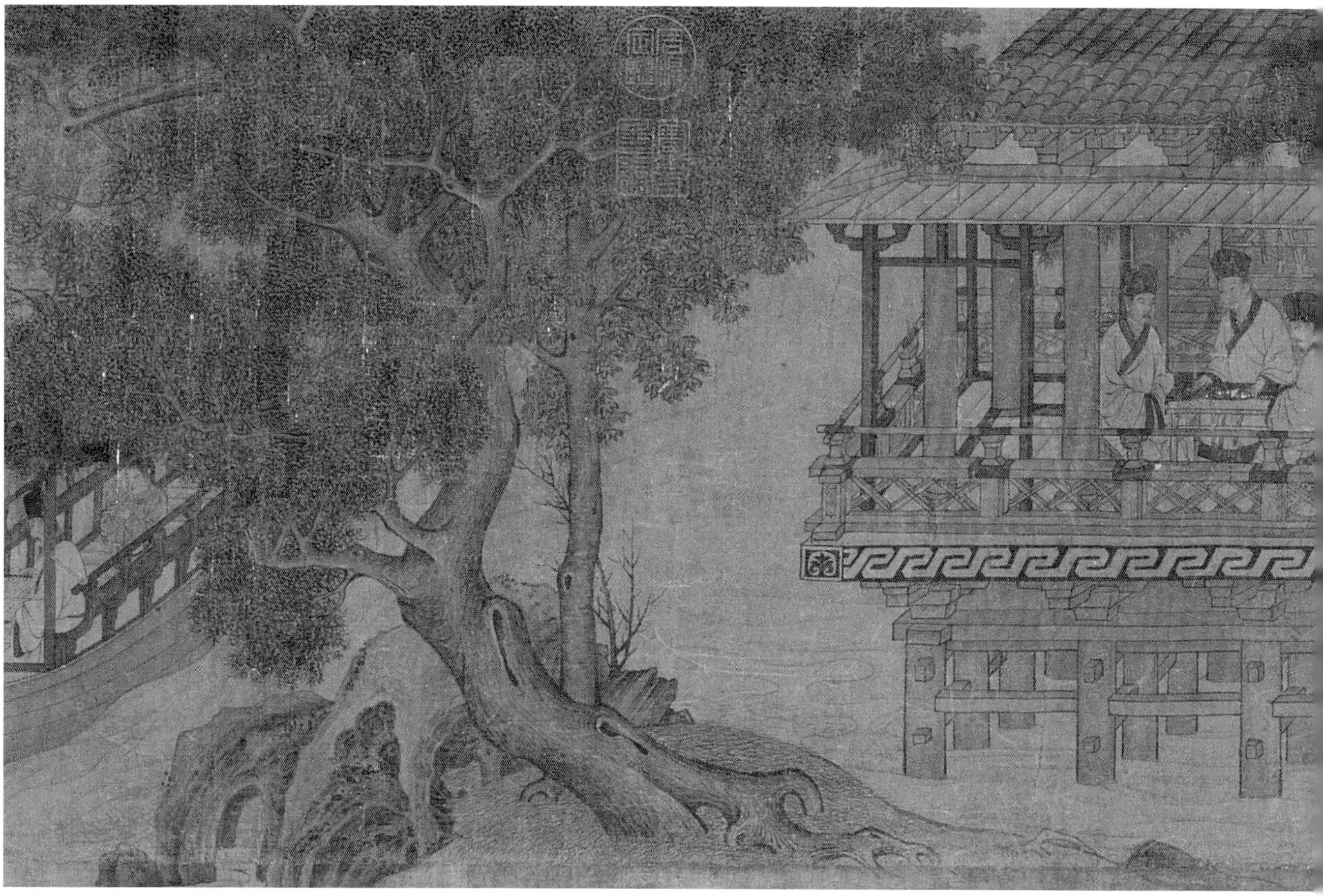

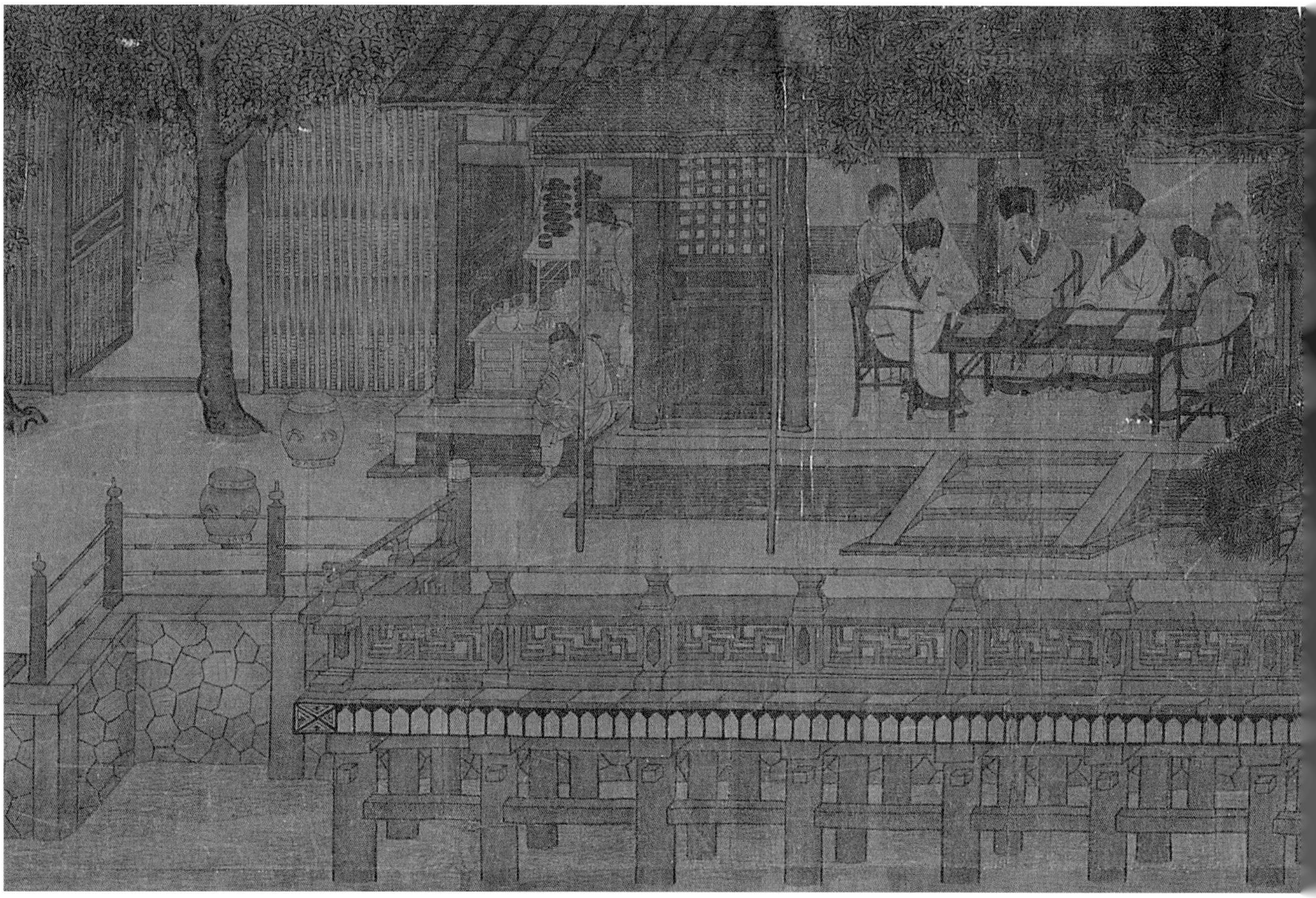

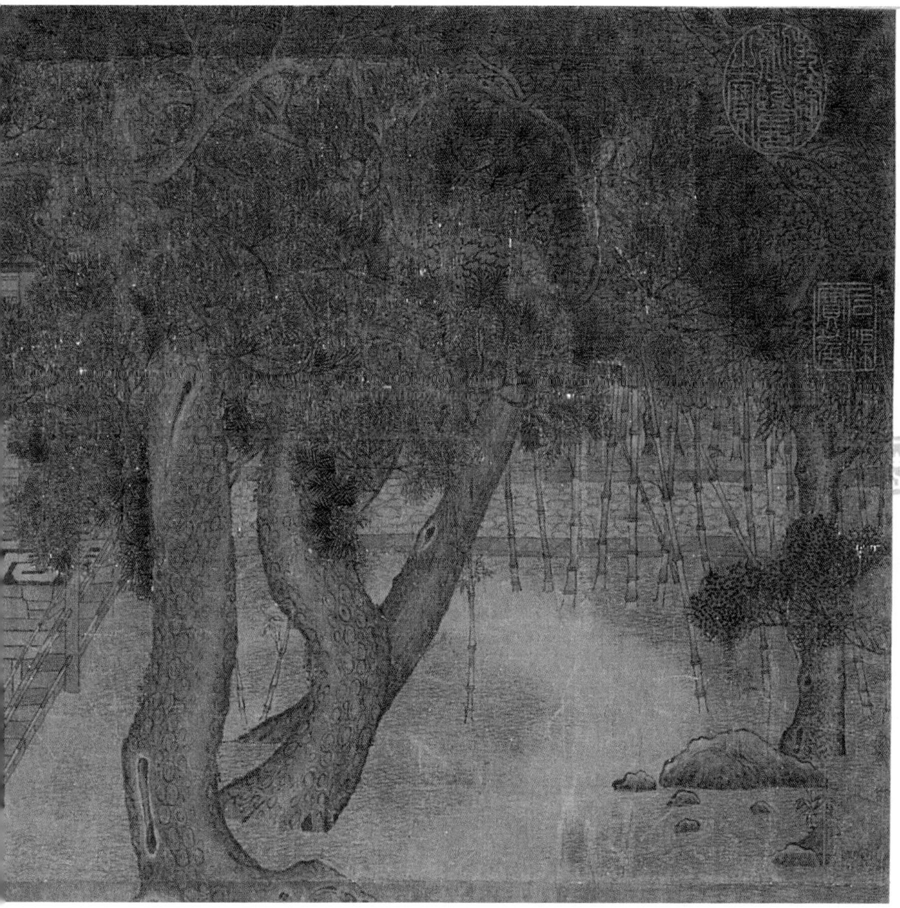

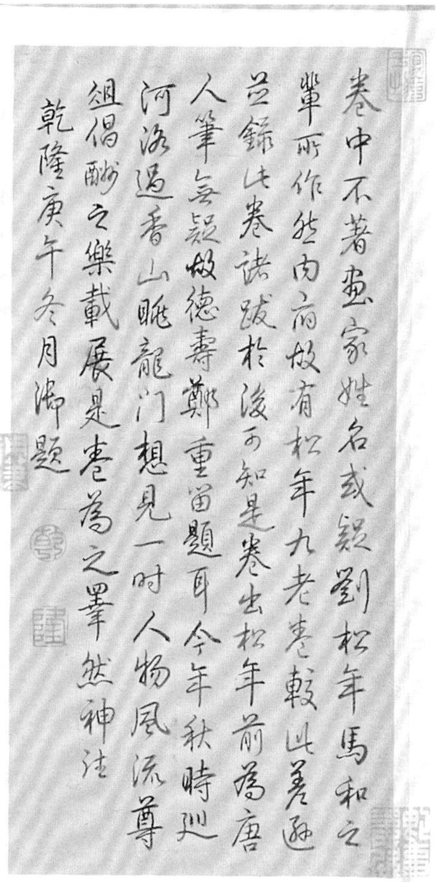
卷中不著畫家姓名或疑劉松年馬和之
輩所作然內府故有松年九老卷較此差遜
並錄此卷諸跋於後可知是卷出松年前為唐
人筆無疑故德壽鄭重留題耳今年秋時巡
河洛過香山眺龍門想見一時人物風流尊
俎倡酬之樂載展是卷為之畢然神往
乾隆庚午冬月御題

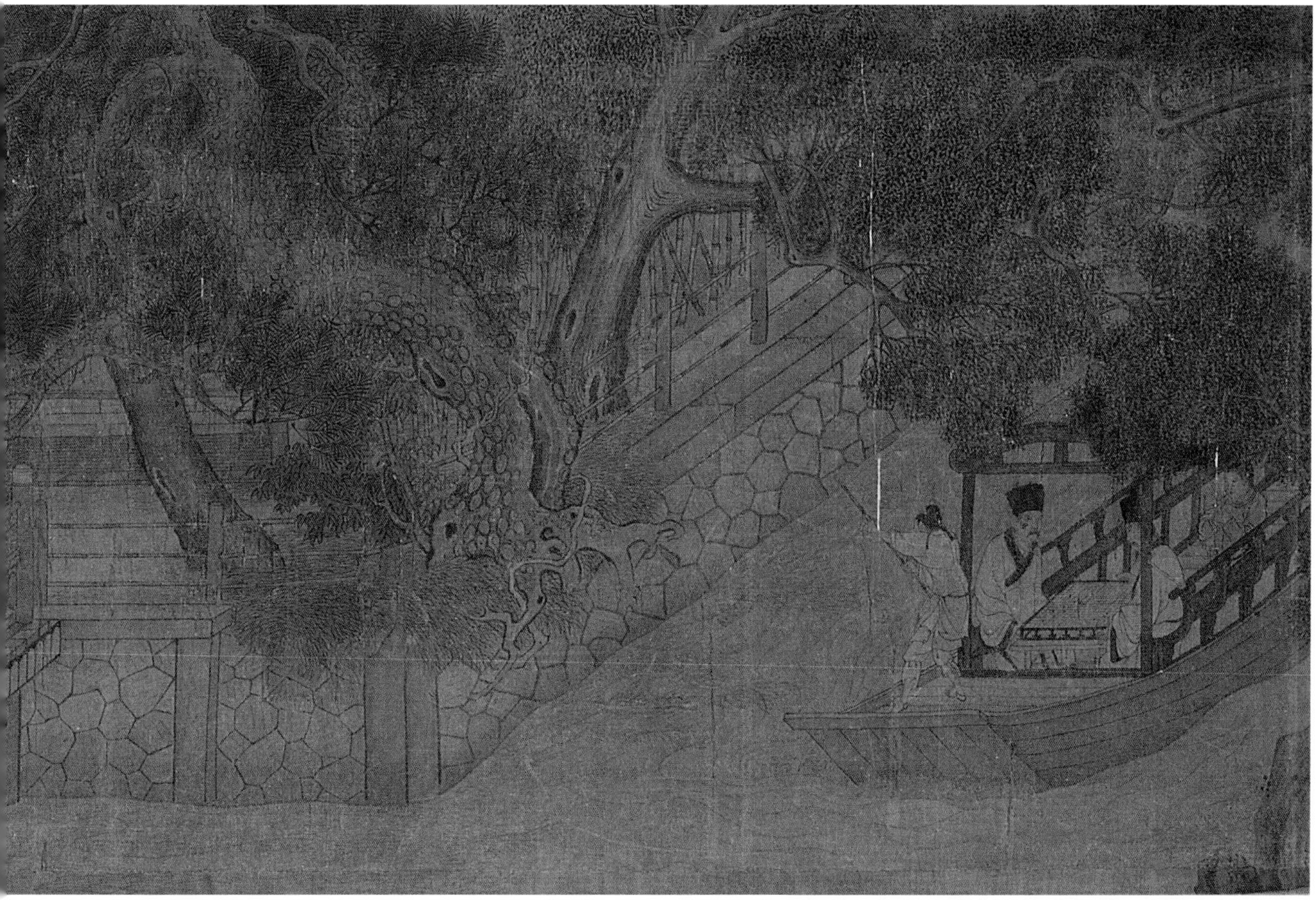

侍觀會昌九巻一百十六歲一時
之陽宏教摭蹟尋崖口不異同
管畫車輅樂且原引年顧志泳

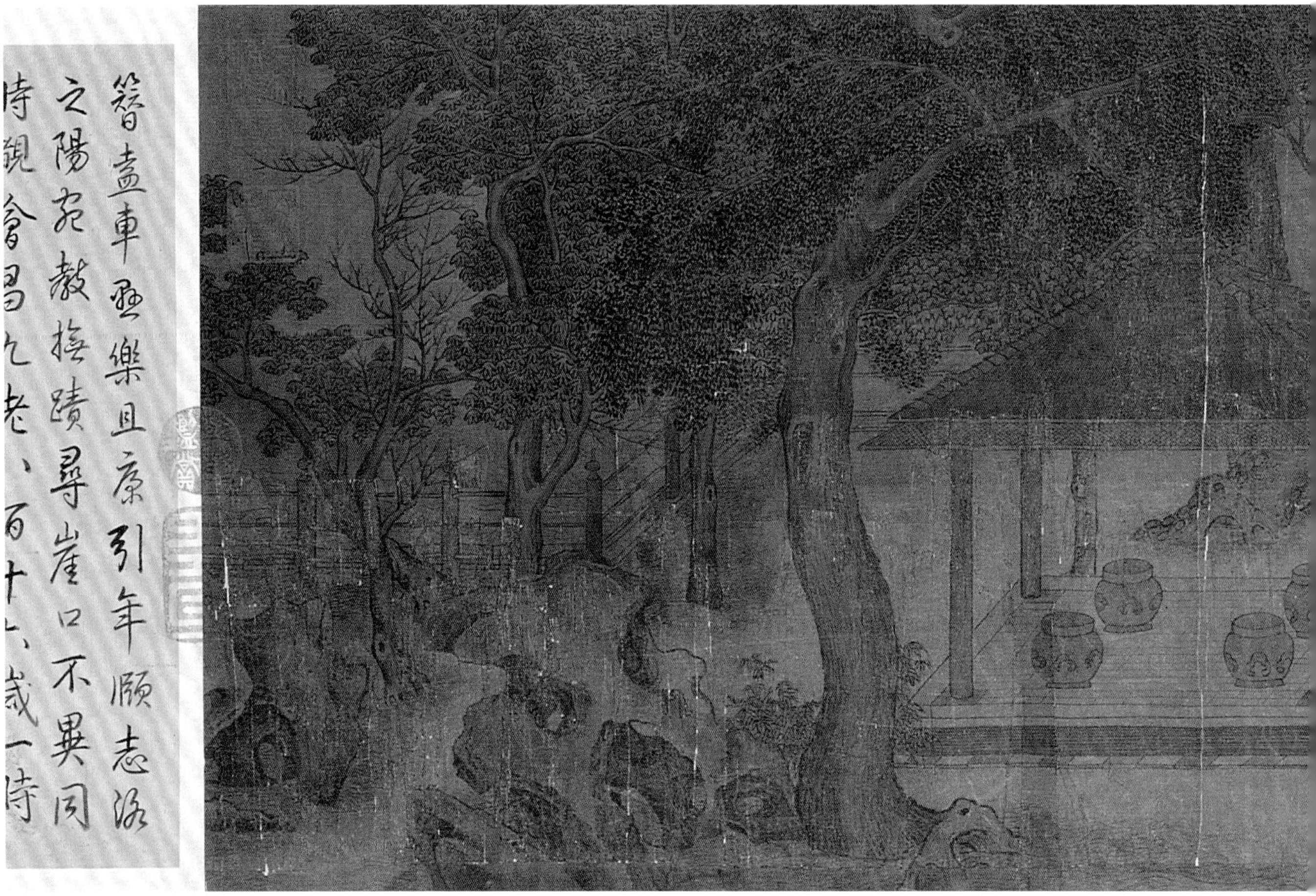

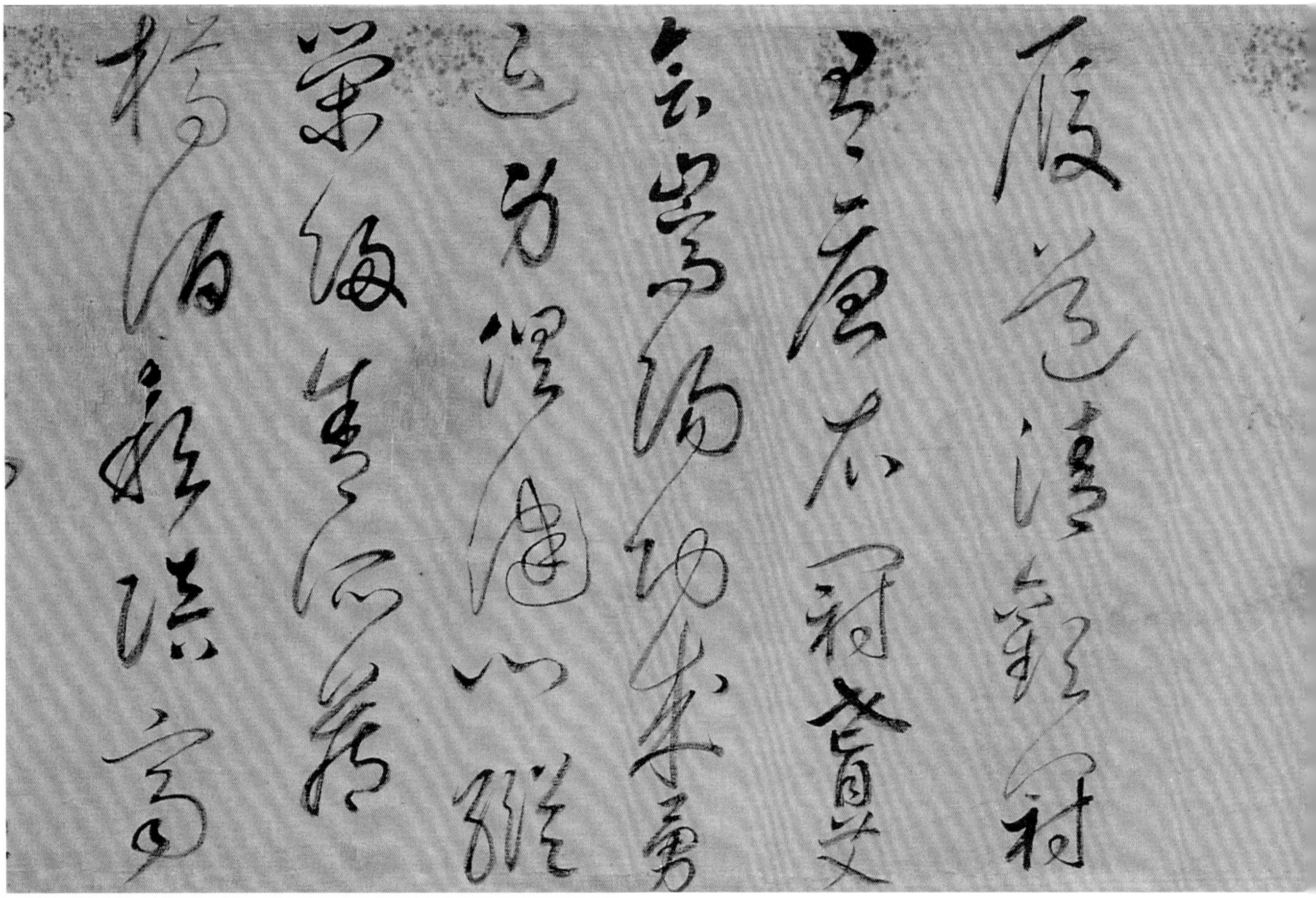

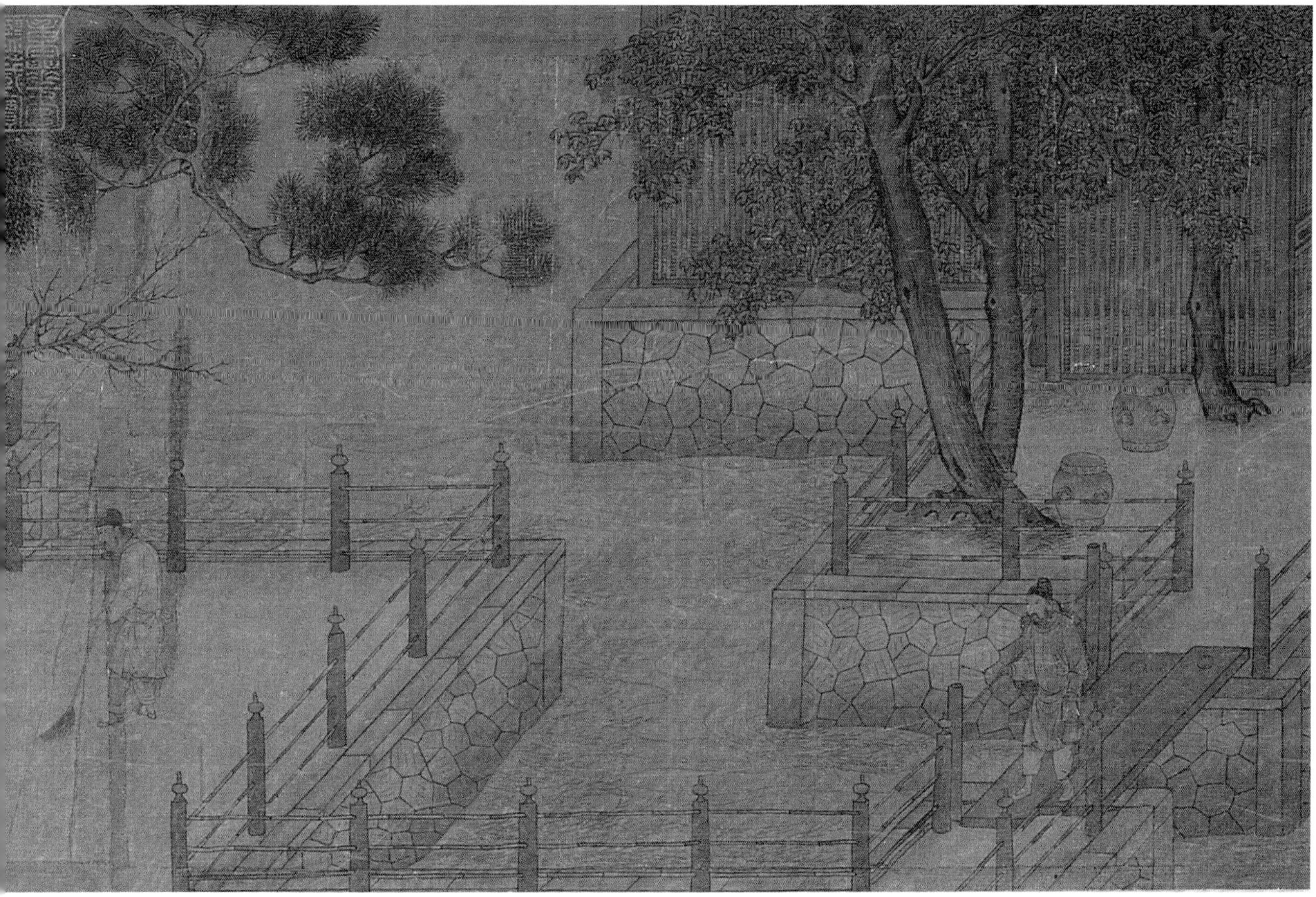

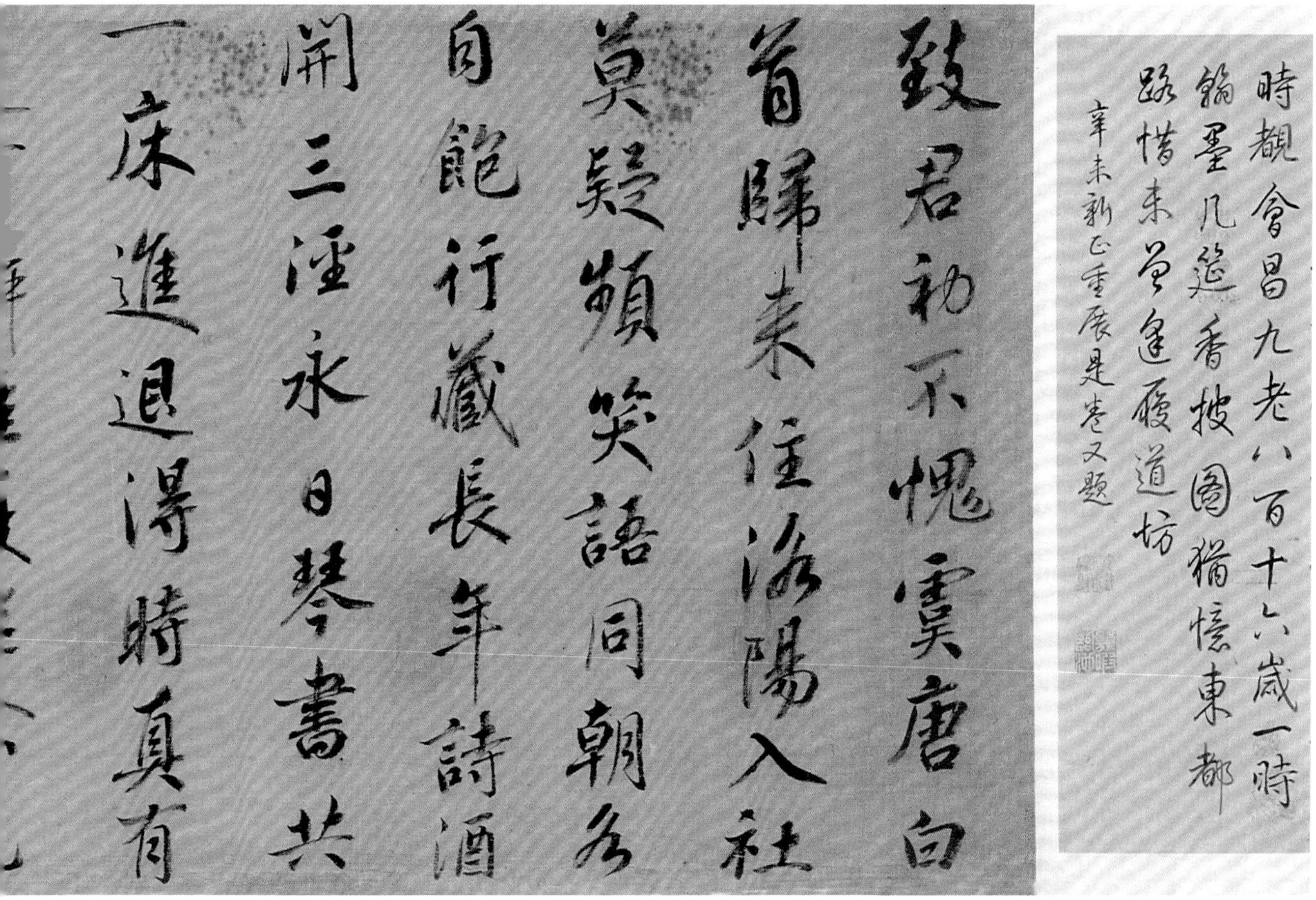
致君初不愧虞唐白
首歸來住洛陽入社
莫疑頻笑語同朝多
自飽行藏長年詩酒
開三徑永日琴書共
一床進退得時真有
時覩會昌九老八百十六歲一時
翰墨几筵香披圖猶憶東都
路惜未曾逢履道坊
辛未新正重展是卷又題

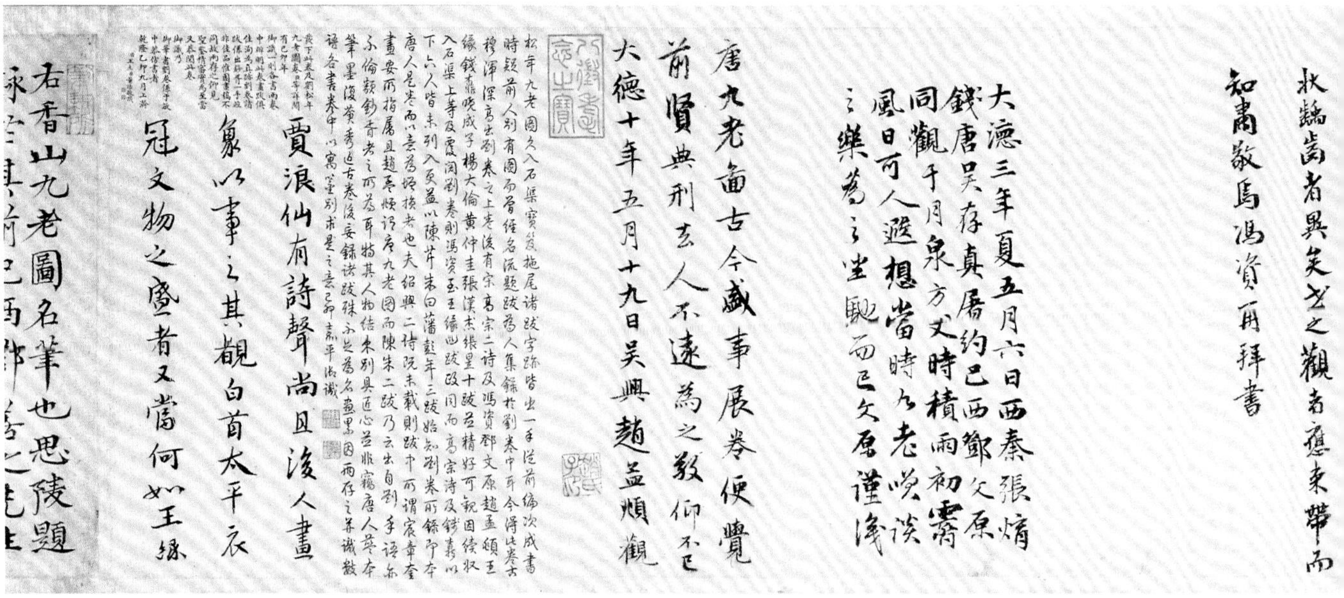

秋巒尚者異矣之觀者應束帶而
知書敬馬馮資兩拜書

今咲畜不知何楷而然邪遊
想諸老樂琴書弄軒冕雅
容盛世徜徉暮景當時以為
美談後人思慕風儀形於摹
寫渙觀　光堯讚詠於会法
可謂兮古同一榮趋暴使漢
八俊音七賢與之偕行彼自
當退三舍笑大德庚子偶書
暑前五日晚戌子偶書

大德三年夏五月六日西秦張焴
錢唐吳存真屠約巴西鄭文原
同觀于月泉方丈時積雨初霽
風日可人遊想當時九老喫談
三樂葛天墺而已文居謹識

唐九老畫古今咸事展卷便覧
前賢典刑玄人不遠為之教仰不已
大德十年五月十九日吳興趙孟頫觀

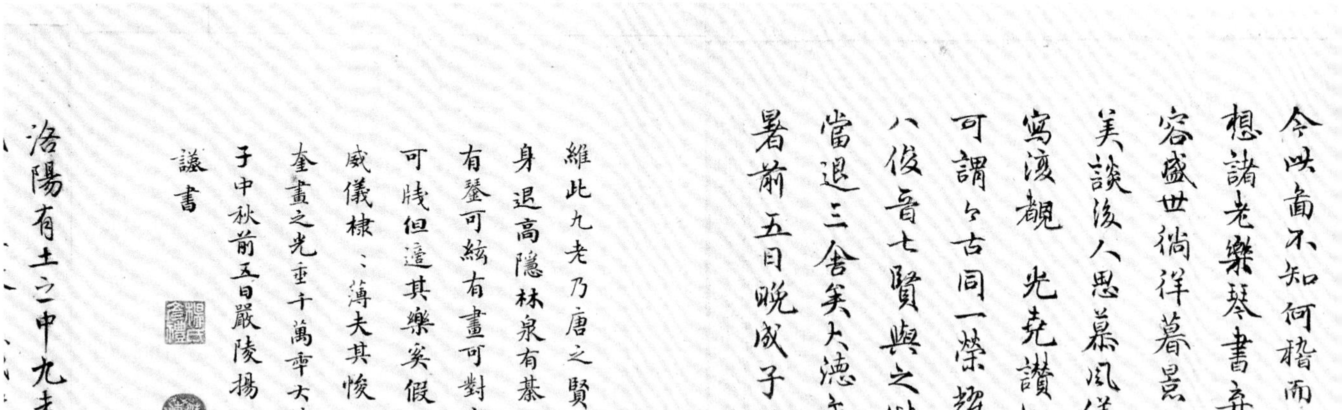

賈浪仙有詩聲尚見後人書
象以事之其觀白首太平辰
冠文物之盛者又當何如王緣

右香山九老圖名筆也思陵題
永安集前乙丑鄞邑之二先生

盧時九老畬香山一代
風流號可擎席度翰无暉
雲漢上典刑緊康誹畫圖
斷清朝甫道遑歸社白
首遷州始是凋盛事千
年傳之杉嵩陽猶潘似
庸顏
盧陵張昱

維此九老乃唐之賢各成
身退高隱林泉有恭可枰
有鑒可紘有畫可對有毫
可牋但遣其樂笑假圖傳
威儀棣、薄夫其懷
奎畫之光重千萬审大德庚
于中秋前五日嚴陵揚大倫書

讓書

洛陽有土之中九老有唐之

香山老仙風流容玫政歸來洛陽宅合樽尚齒
招六賢拖紱行朱畫頭白後来方分兩会尚齒
牟韻絕倫竝几席九老八百十六歲此会人
閒信創薈詩記事繪作圖扙使于秋仲
高躊叶或碧於拮茟于舟戒展閣書立孫素
衣冠兒峩眉古畫僕清狀厂庭寀一事
林際更畫潤厓藥頻掃苫積畫其詮
天攙搖鳳出冲穗涂泉石流傳妁迀斜紛具
宸搶揮浼生頮毫吳與巴罝靈妙
棠邨閒誤抵荆玉叶老夫好掌澗撥觀一段零
緘神笑、会昌典刑会人鎖堂獨賞實此粉之
豐我庸龍筦近弱拂車摧鹿歸貪念紛追築
時牧社流波邨地敳者英鍾其迕原興庚辰
六有題推平江徳院之小滄派綿津山人宋榮

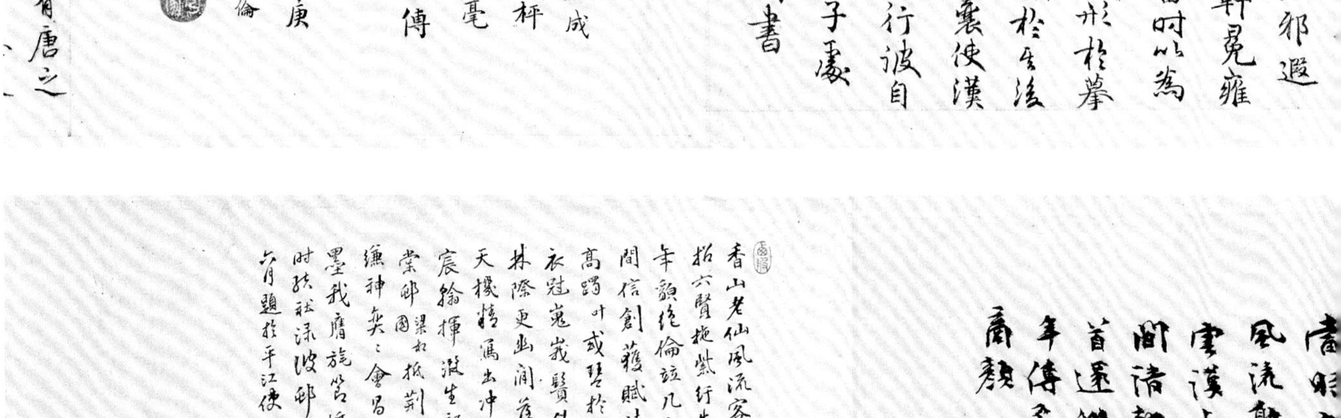

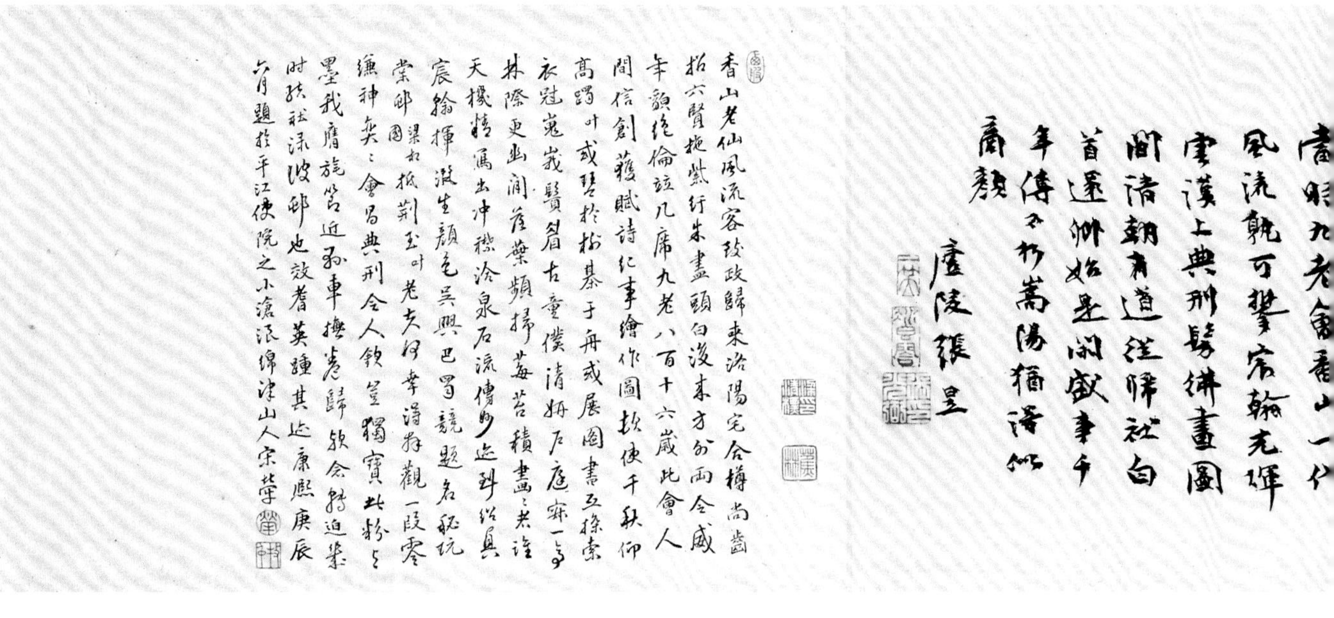

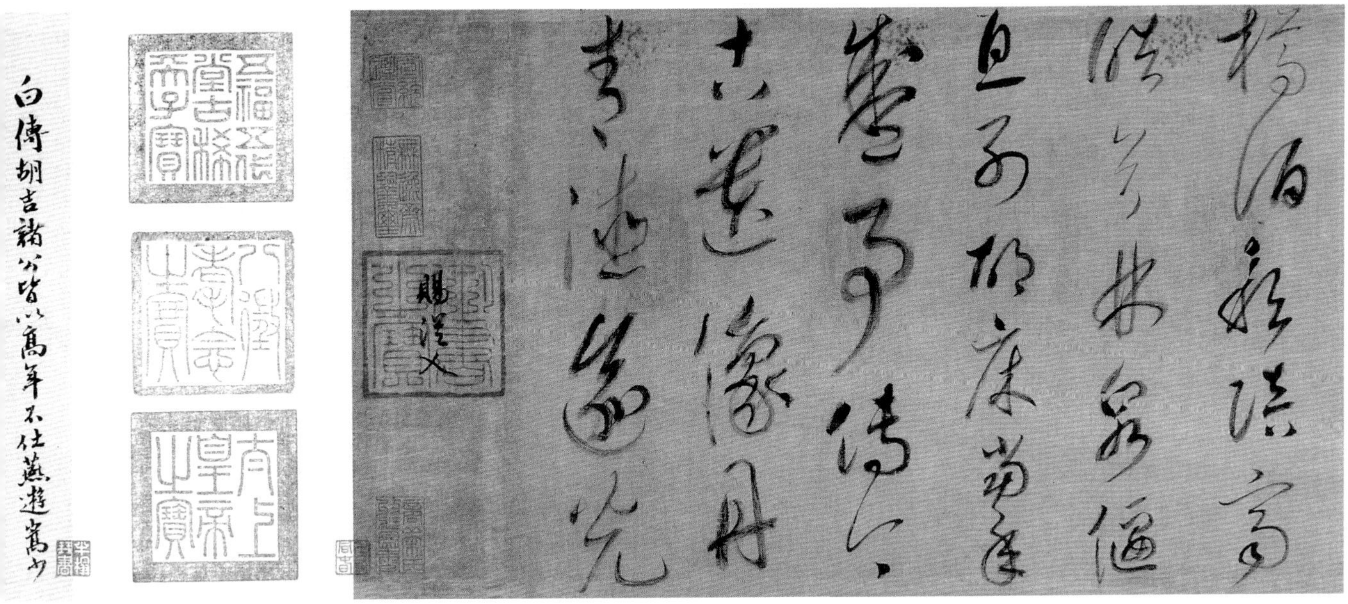

白傅胡吉諸公皆以高年不仕燕遊嵩少

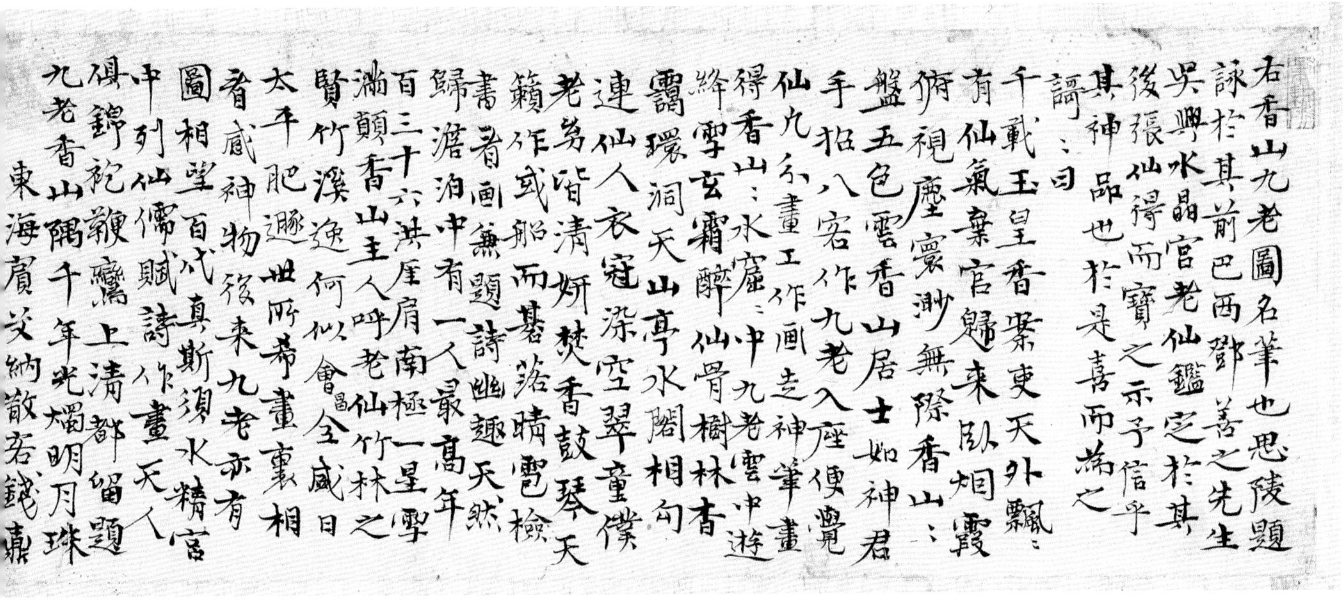

右香山九老圖名筆也思陵題
詠於其前巴西鄧善之先生
吳興水晶宮老仙鑑定於其
後張仙得而寶之示予信乎
其神品也於是喜而爲之
謌謌曰
千載玉皇香案吏天外飄飄
有仙氣棄官歸來臥烟霞
俯視塵寰渺無際香山山
盤五色雲香山居士如神君
手招八客作九老入座便覺
仙凡分畫工作画走神筆畫
得香山山水窟窟中九老雲中遊
絳雪玄霜醉仙骨樹林杳
靄環洞天山亭水閣相向
連仙人衣冠深空翠童僕
老翁皆清妍焚香鼓琴天
籟作或船而碁落晴霓檢
書看画兼題詩幽趣天然
歸澹泊中有一人最高年
百三十六洪厓肩南極一星孛
瀟灑頭香山主人呼老仙竹林之
賢竹溪逸何似會昌全盛日
太平肥遯世所希畫裏相
看咸神物後來九老亦有
圖相望百代真斯須水精宮
中列仙儒賦詩作畫天人
俱錦袍雜鷺上清都留題
九老香山隅千年光燭明月珠
東海虞父納敢若錢肅

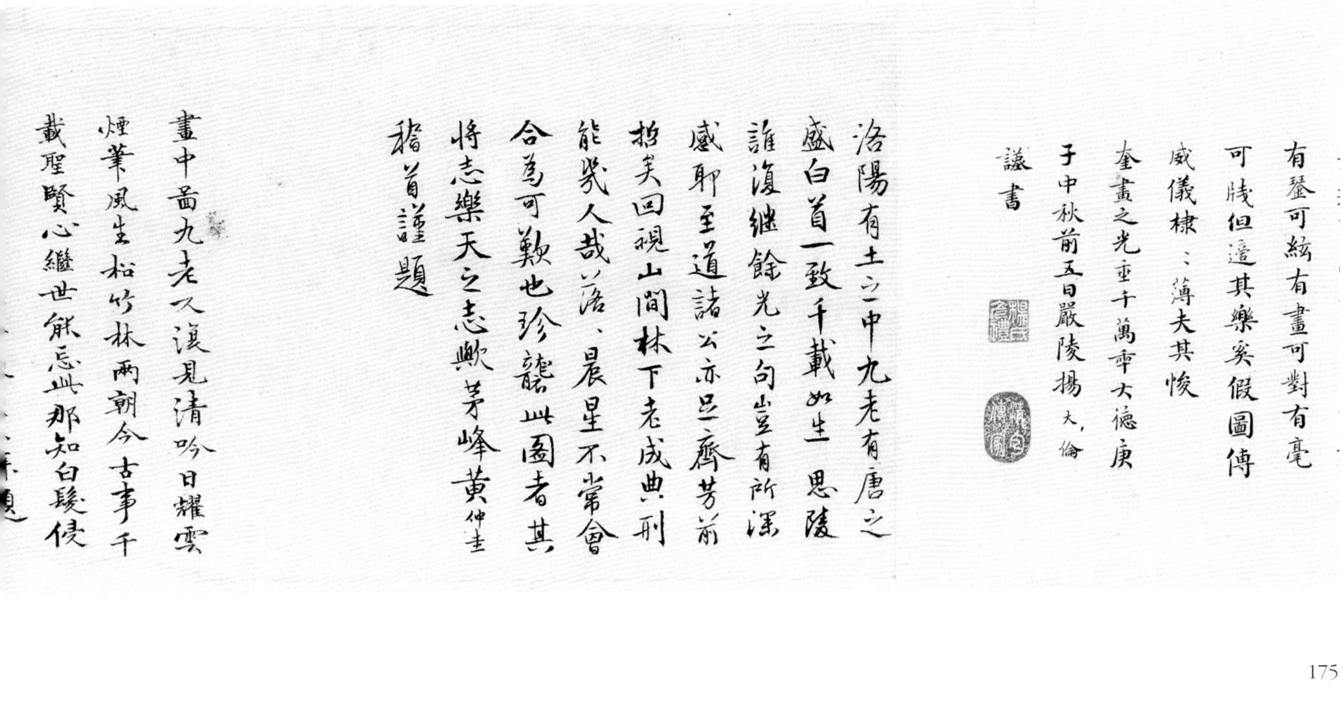

有璧可絃有畫可對有亮
可賤但適其樂奚假圖傳
威儀棣棣薄夫其悛
奎畫之光垂千萬年大德庚
子中秋前五日嚴陵楊大倫
謙書

洛陽有土之中九老有唐之
盛白首一致千載如生思陵
誰復继餘光之句豈有所深
感耶至道諸公亦足齊芳前
哲矣回視山間林下老成典刑
能幾人哉落落晨星不常會
合爲可歎也珍藏此圖者其
将志樂天之志歟茅峰黃仲圭
稽首謹題

畫中畱九老又復見清吟日耀雲
煙筆風生松竹林兩朝今古事千
載聖賢心繼世欽忘此那知白髮侵

26

佚名　春宴圖卷

南宋
絹本　設色　縱26厘米　橫515.3厘米
清宮舊藏

Spring Banquet
Anonymous
Southern Song Dynasty
Handscroll, Colour on silk
H. 26cm　L. 515.3cm
Qing Court collection

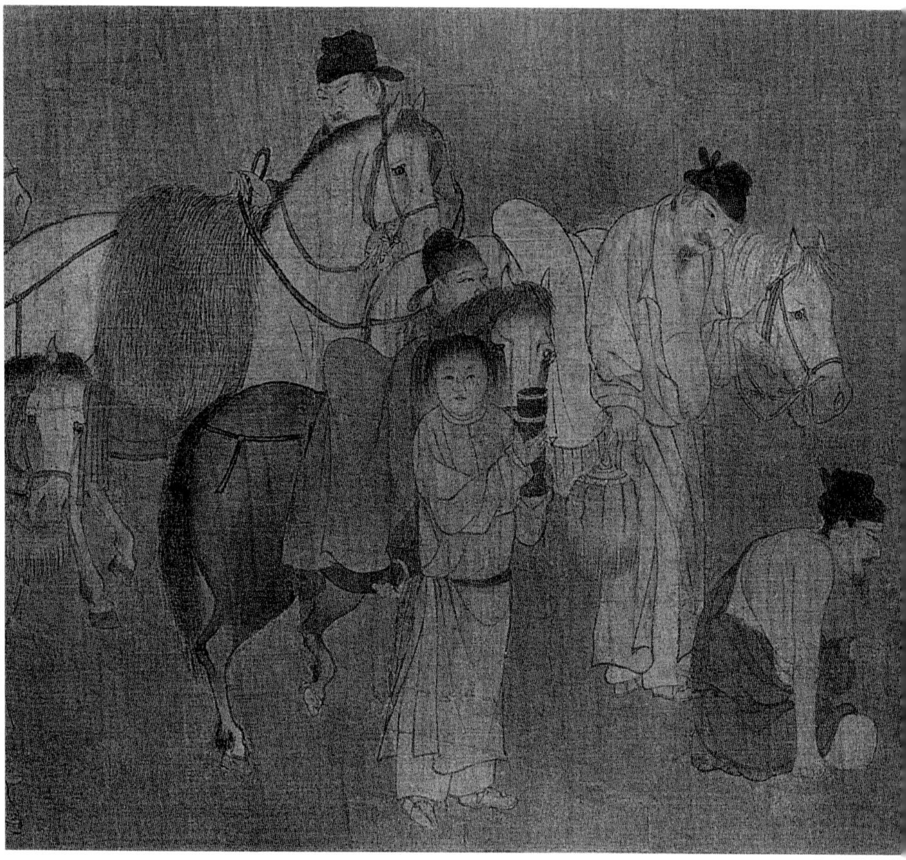

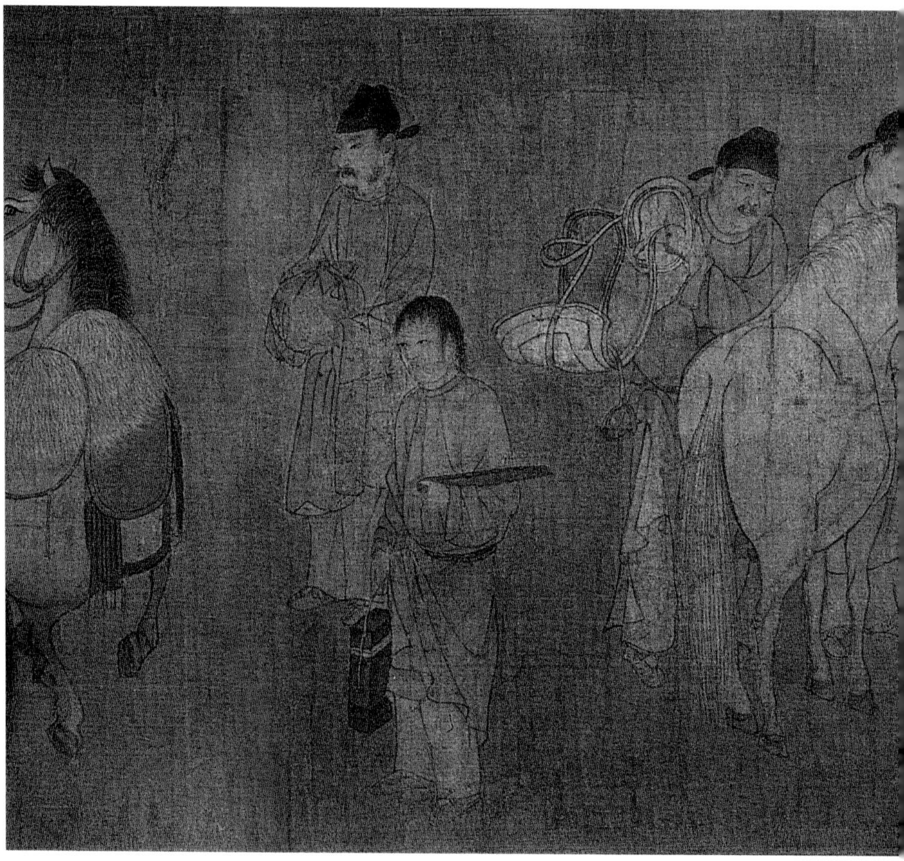

圖中描繪唐貞觀年間（627年）十八學士集會宴飲的情景。唐太宗時開設文學館，當時有：杜如晦、房玄齡、于志寧、蘇世長、薛收、褚亮、姚思廉、陸德明、孔穎達、李玄道、李守素、虞世南、蔡允恭、顏相時、許敬宗、薛元敬、蓋文達、蘇勖十八學士。後薛收去世，由劉孝孫補。據説，唐太宗曾命畫家閻立本繪十八學士像，褚亮為其書贊，惜今已不存。

圖卷以宴飲為中心，雅集似已進入尾聲，學士活動隨意、閒散。圉夫為主人牽馬備鞍，準備離去。酒酣者扶醉欲歸，清逸者揮毫、看鵝；在席者正嚐點心、聽琴賞曲，意趣相投者扶杖相語，折柳吟唱，僕從溫酒烹茶，樂工吹奏彈撥。圖中人物服飾、習俗多有唐風，雅集活動間以樹木、圍欄、屏幃、几案陪襯，此外還有犬、馬、鷹、鵝點綴其間。

舊籤題“唐人春宴圖”，似源自唐人傳本。

本幅鈐“乾隆御覽之寶”（朱文）等七璽及清內府藏印“石渠寶笈”（朱文）。尾紙有曾行跋、陸師道書賦，均偽不錄。

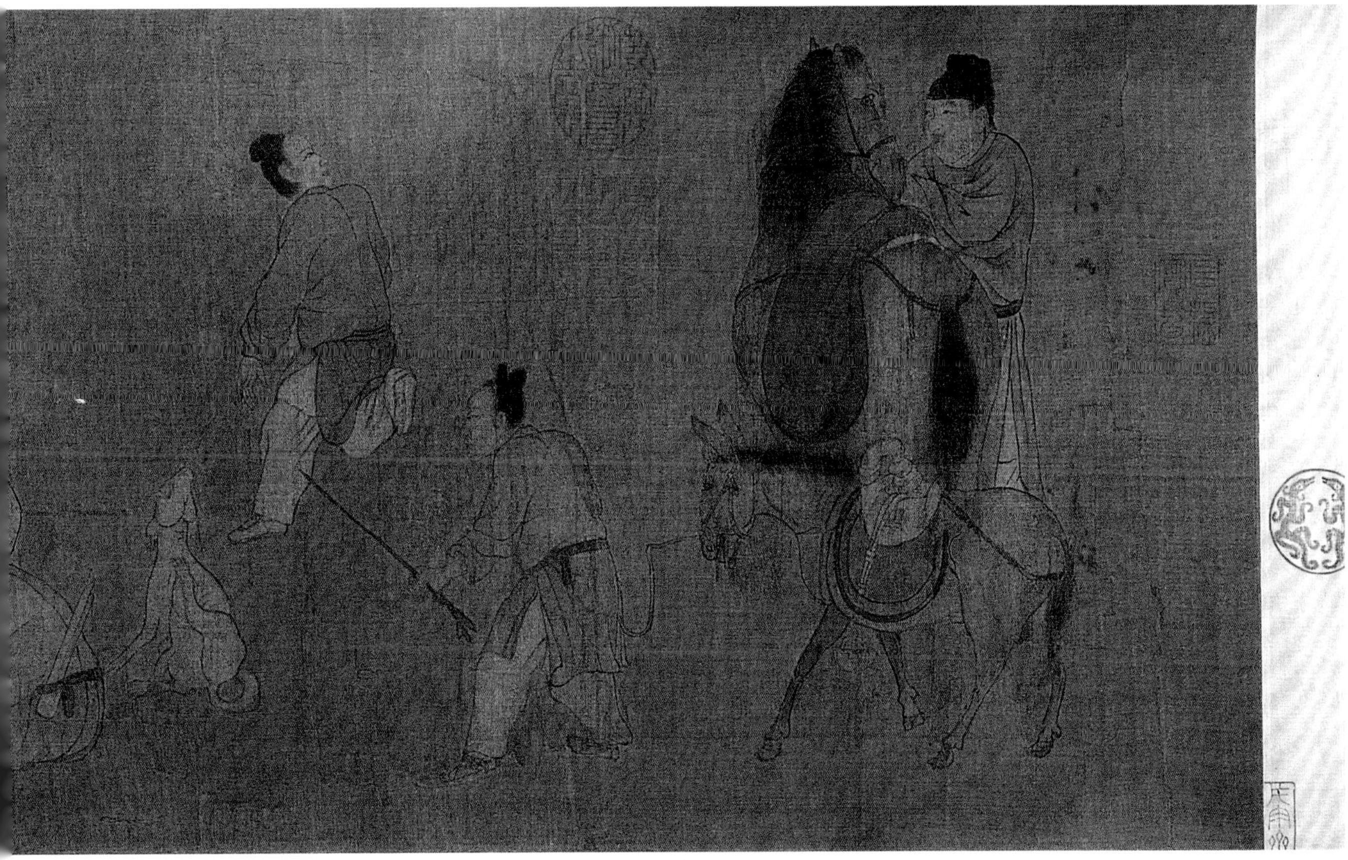

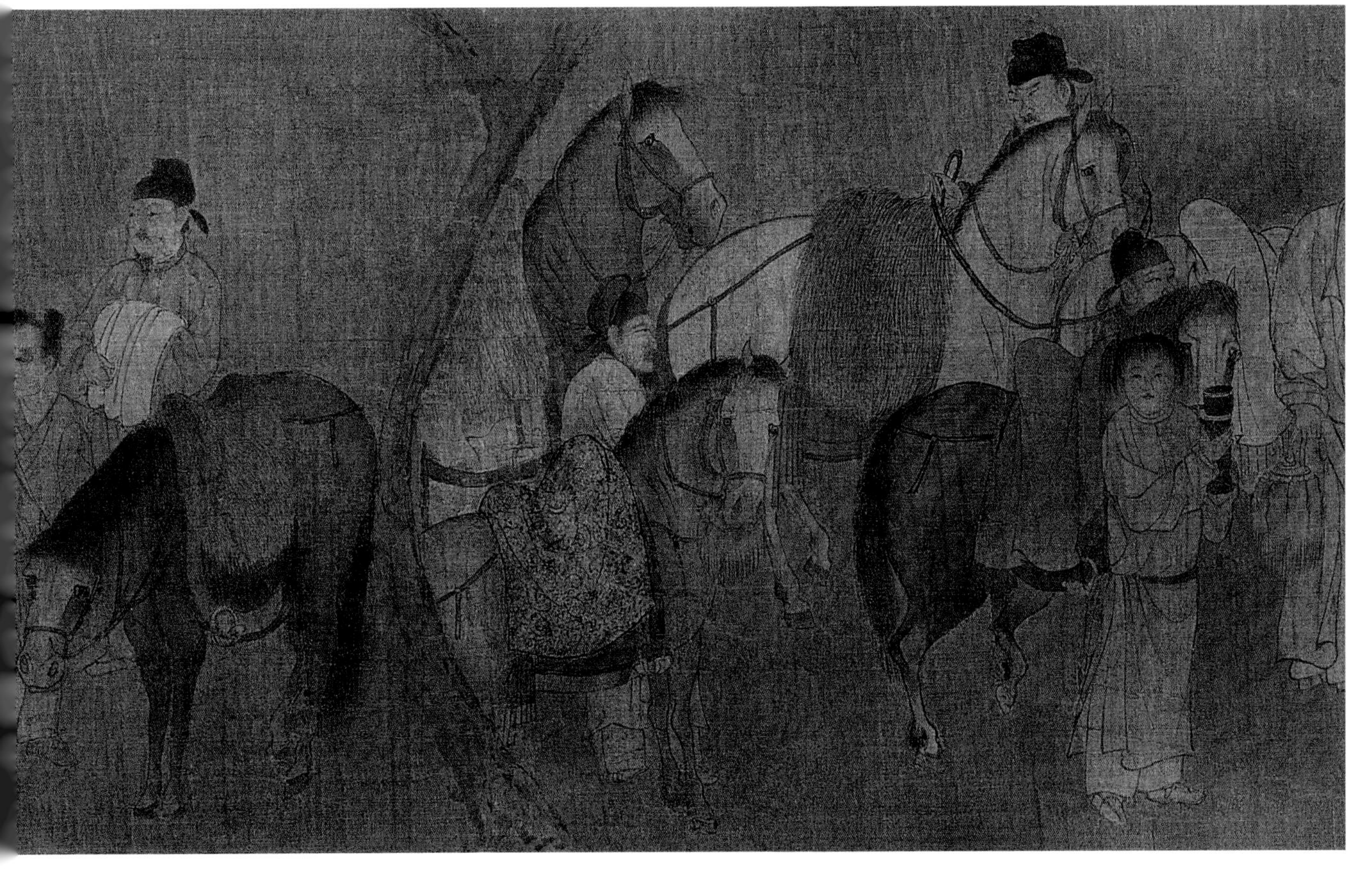

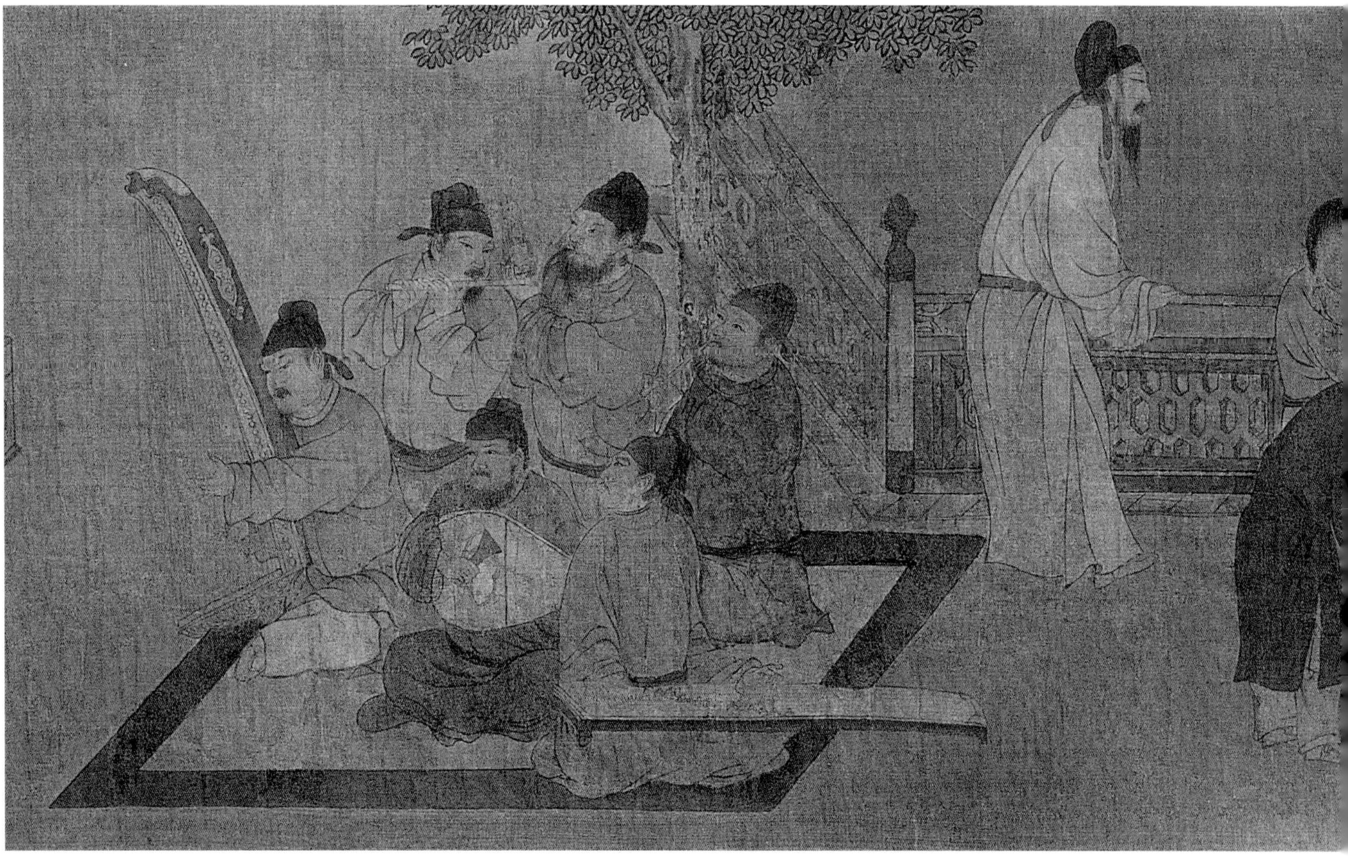

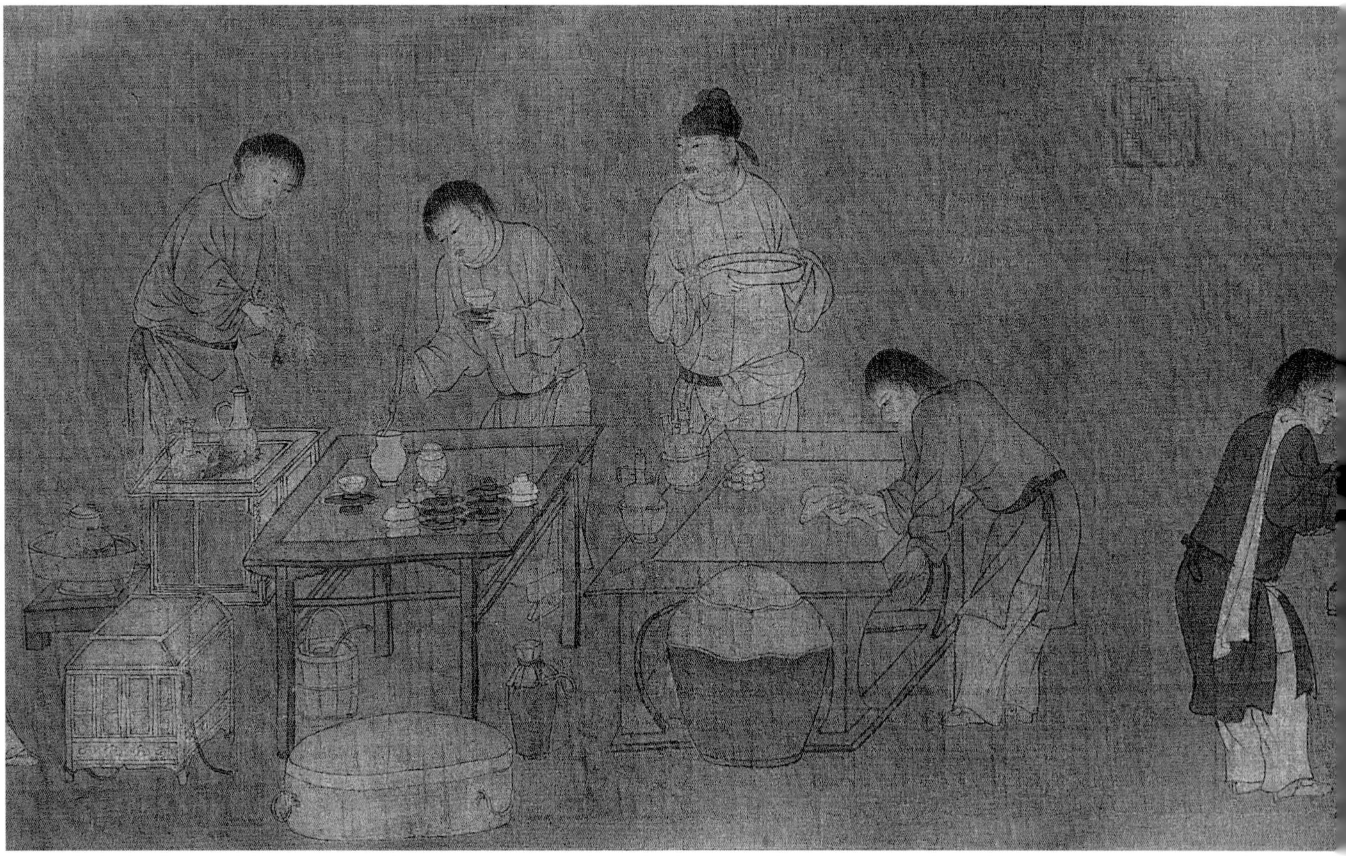

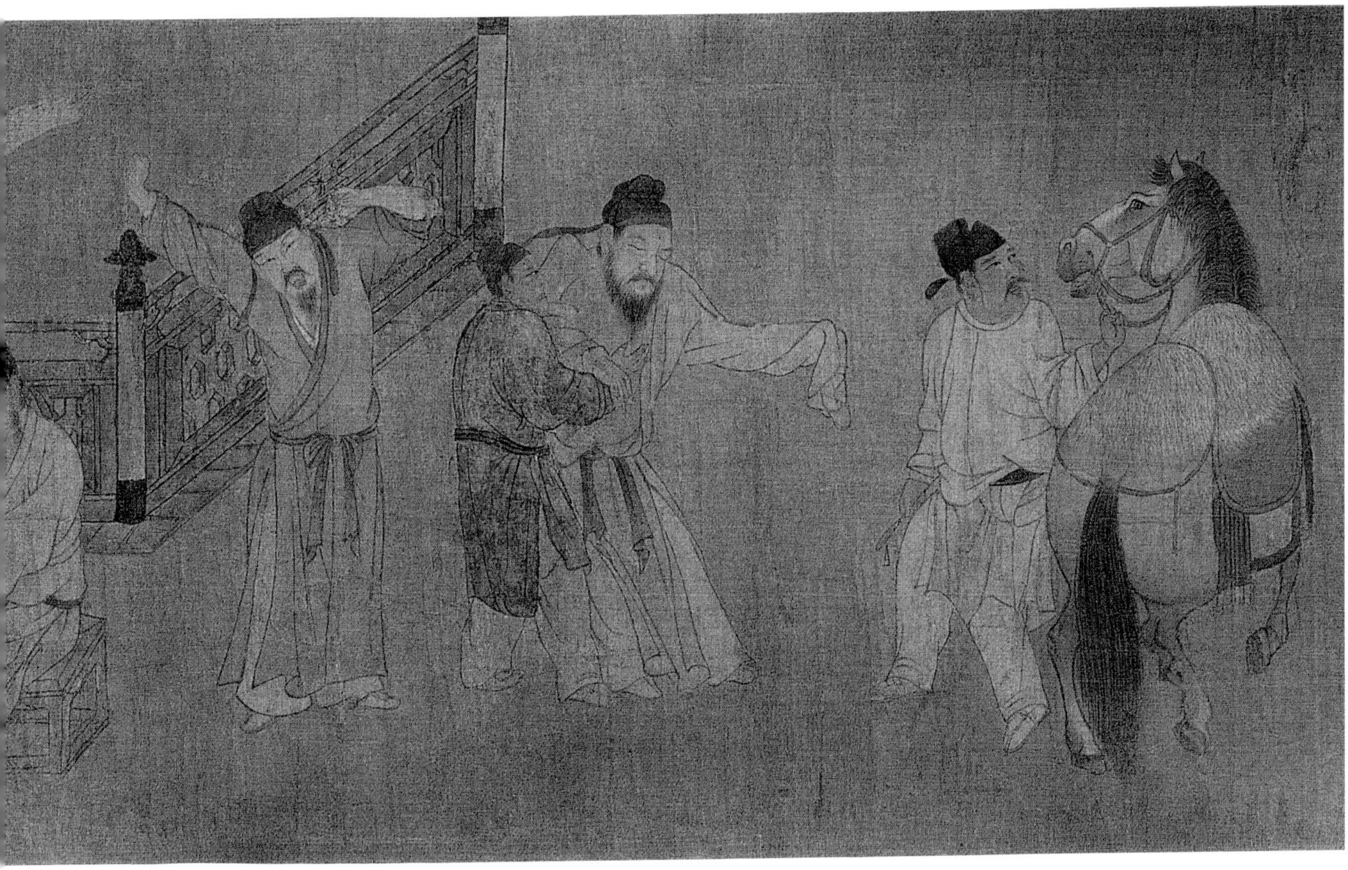

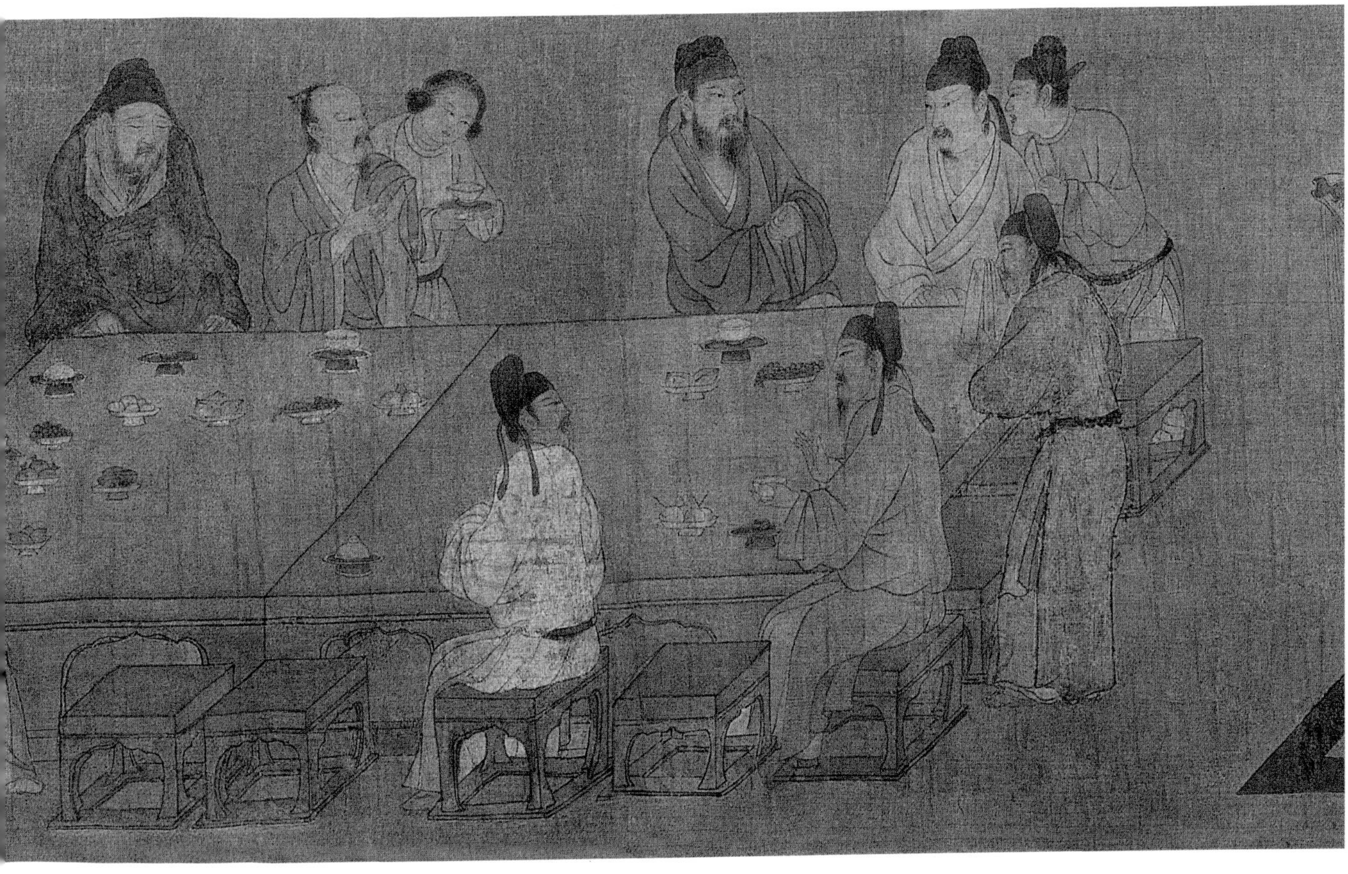

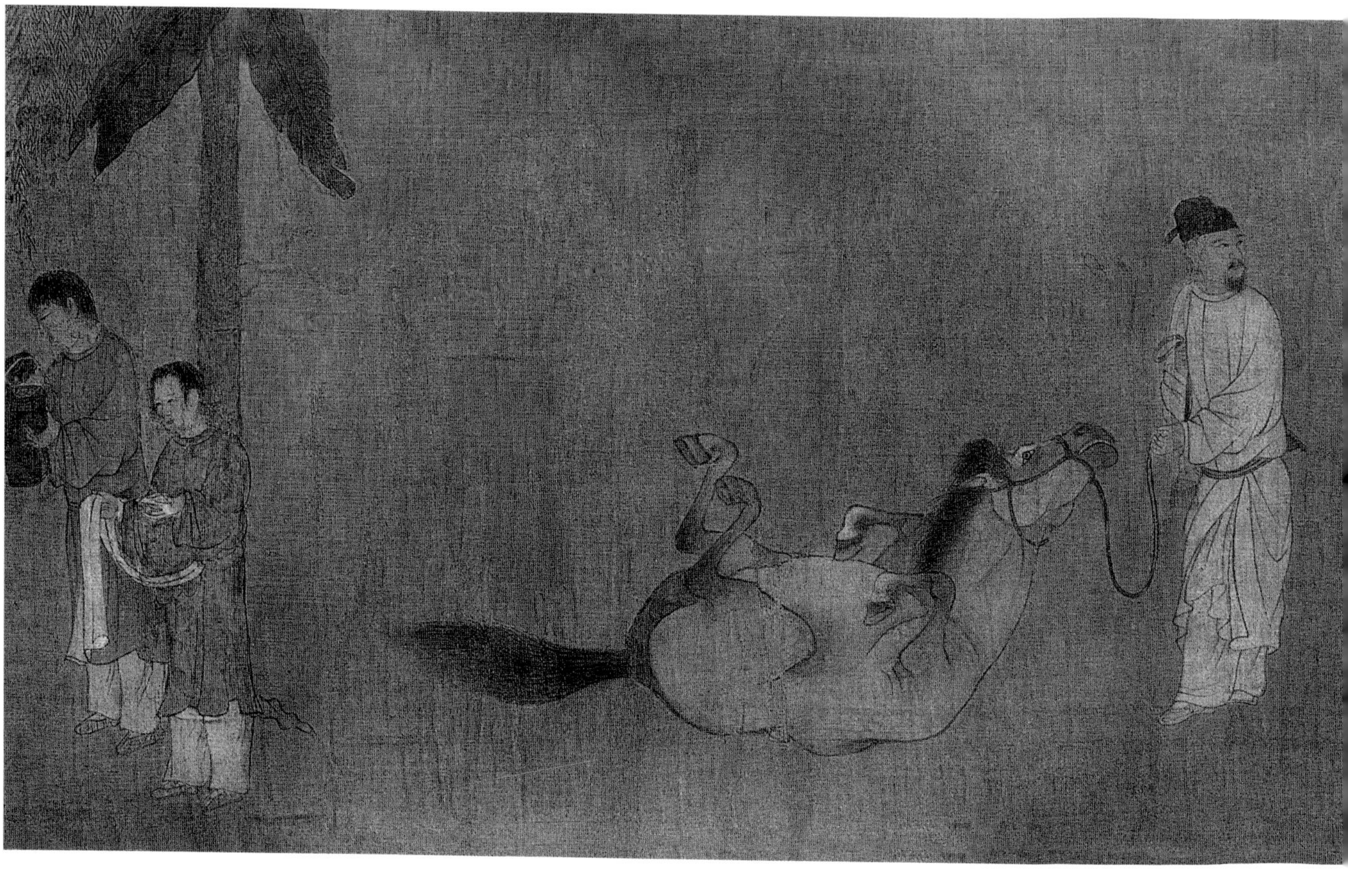

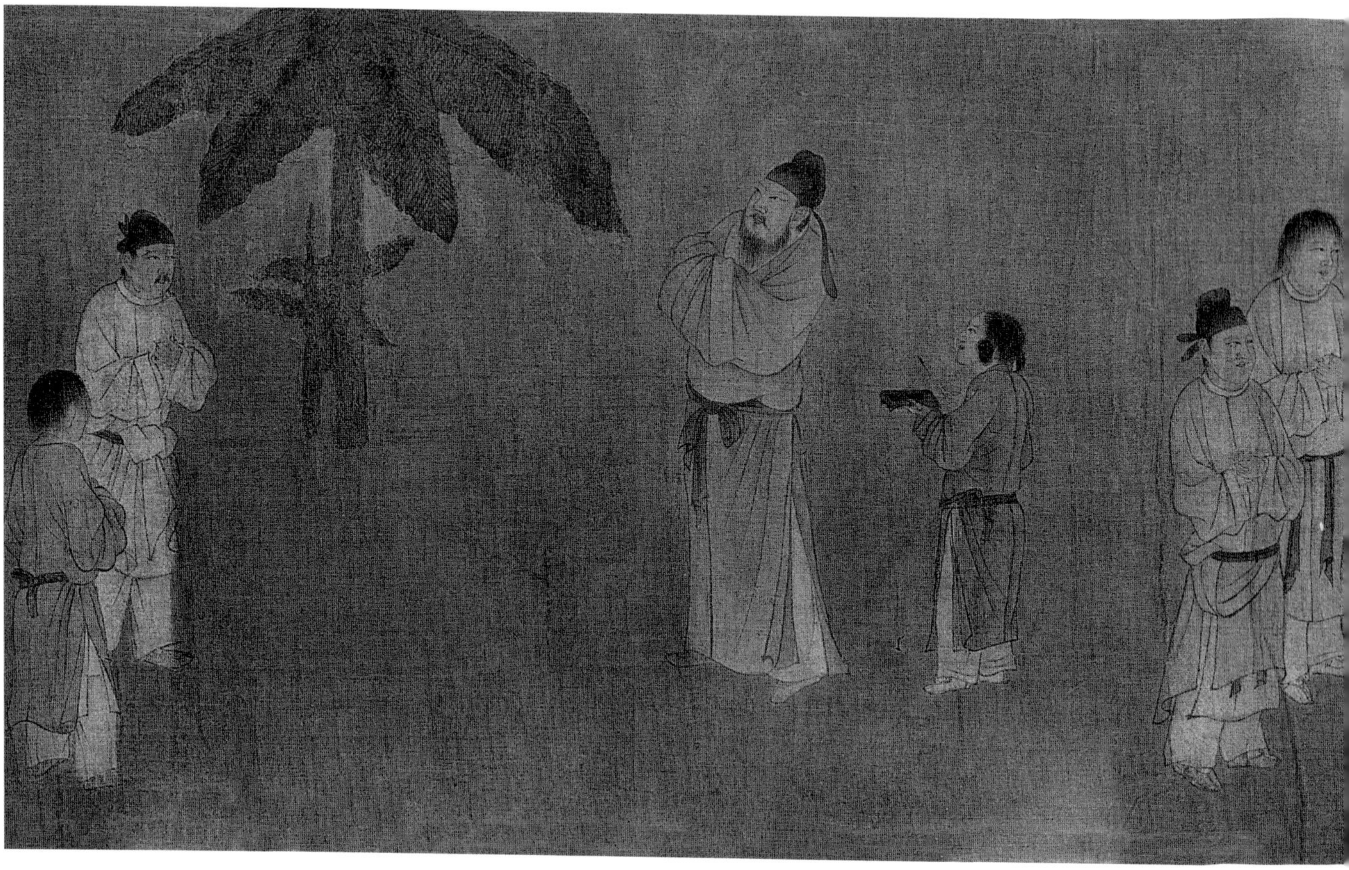

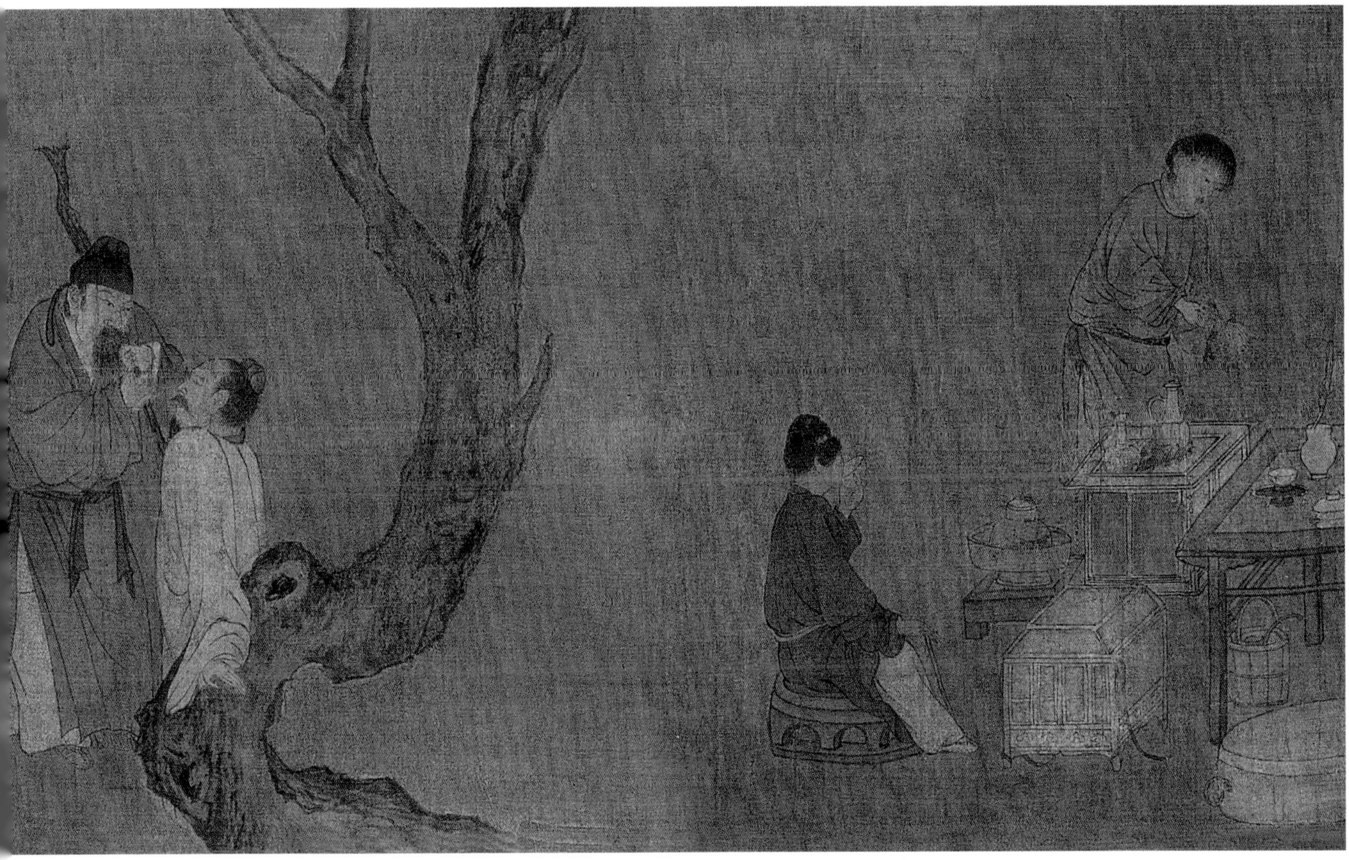

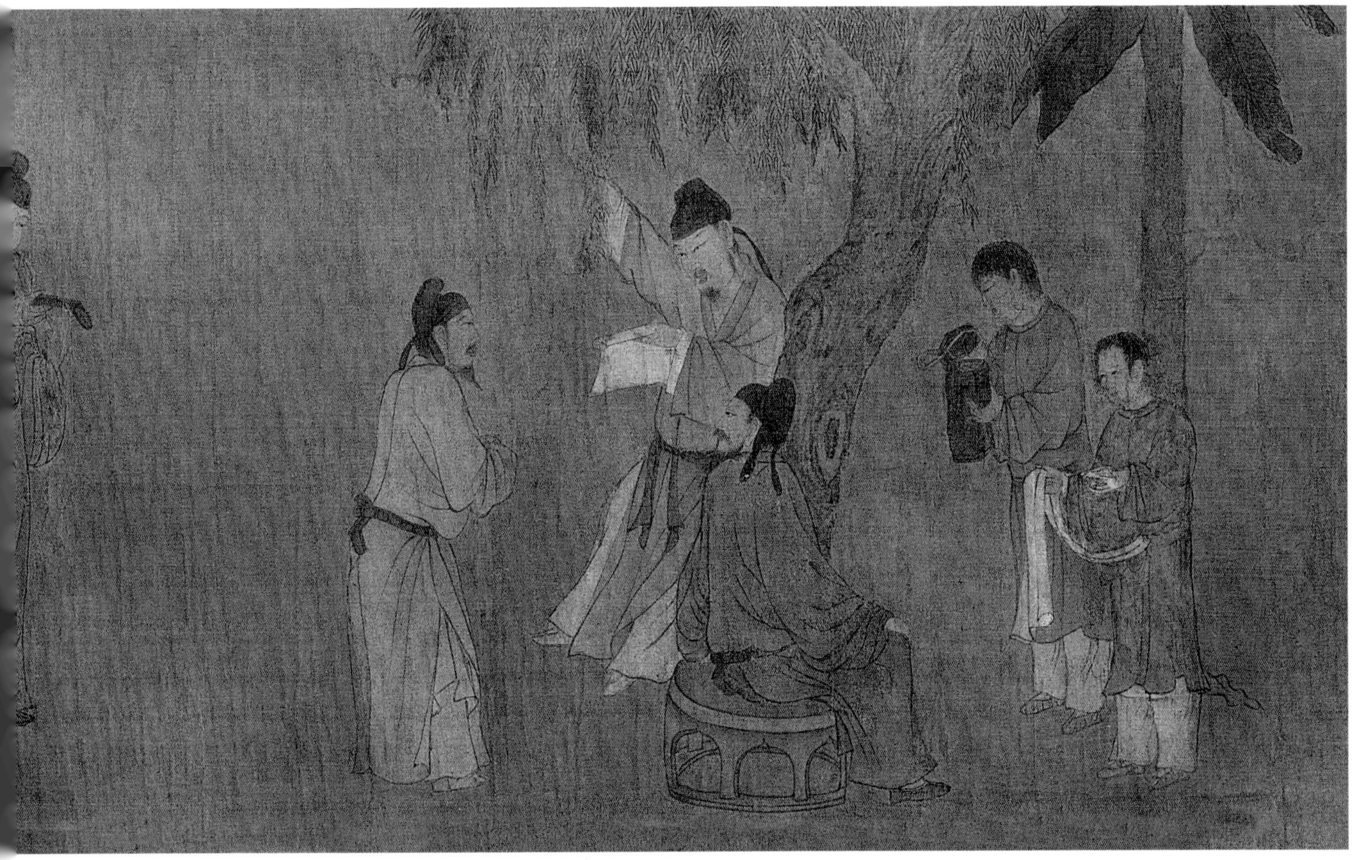

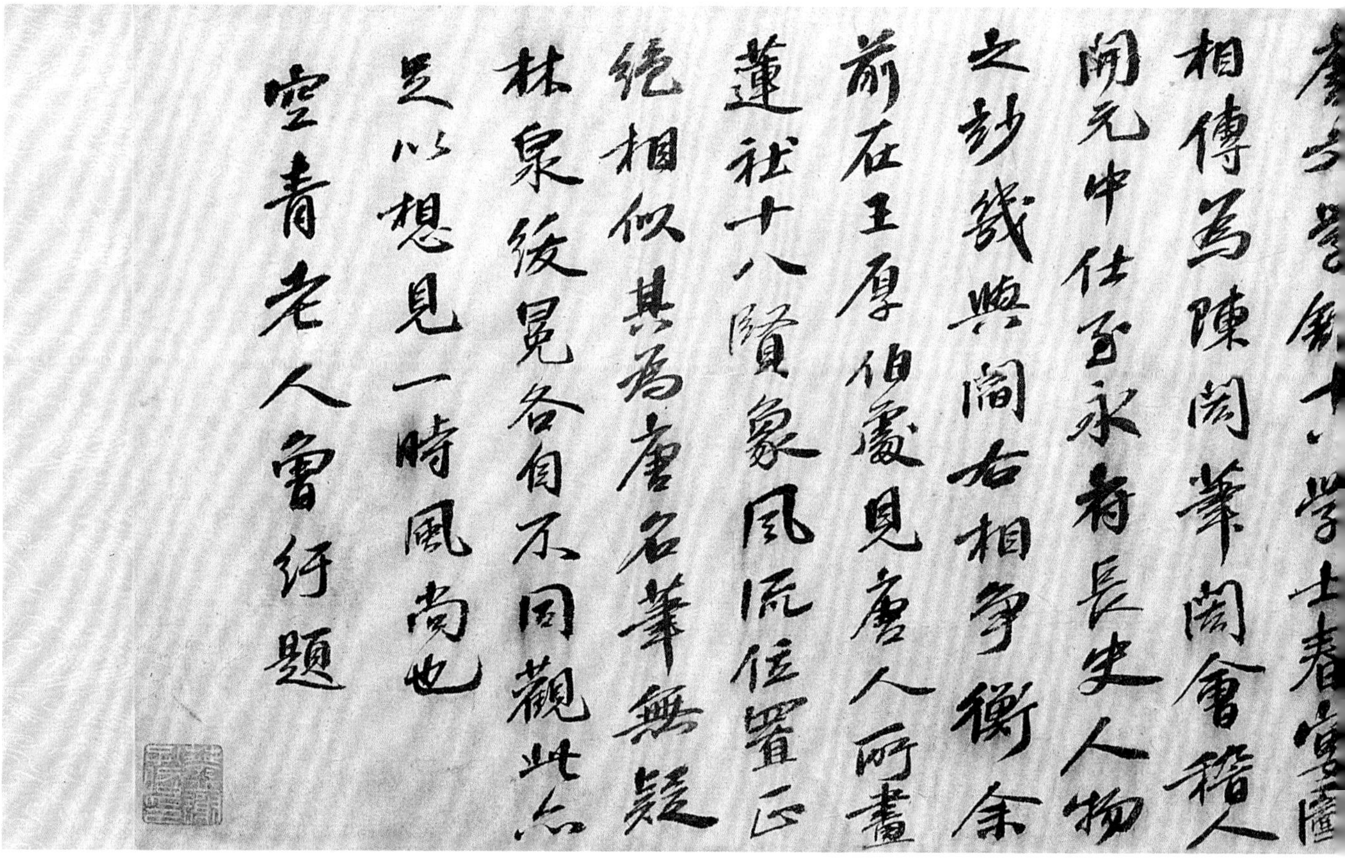

相傳為陳閎筆閎會稽人
開元中仕至永府長史人物
之妙幾與閻右相爭衡余
前在王厚伯處見唐人所畫
蓮社十八賢象風流位置正
絕相似其為唐名筆無疑
林泉後覓各自不同觀此亦
足以想見一時風尚也
空青老人曾紆題

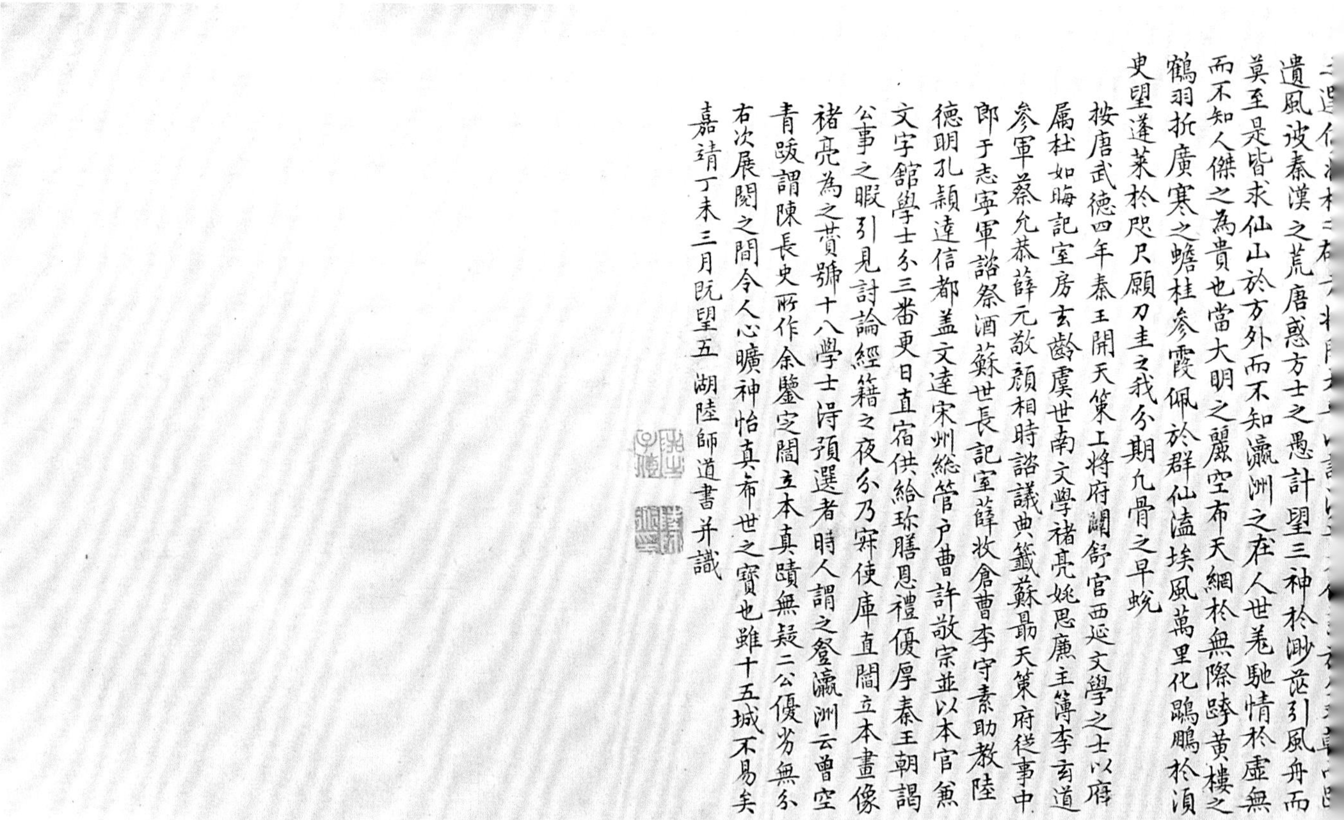

遺風彼秦漢之荒唐惑方士之愚計望三神於縹渺引風舟而
莫至是皆求仙山於方外而不知瀛洲之在人世羨馳情於虛無
而不知人傑之為貴也當大明之麗空布天綱於無際躋黃樓之
鶴羽折廣寒之蟾桂參霞佩於群仙遠埃風萬里化鵾鵬於須
臾望蓬萊於咫尺顧刀圭之我分期凡骨之早蛻
按唐武德四年秦王開天策上將府闢舘官西延文學之士以府
屬杜如晦記室房玄齡虞世南文學褚亮姚思廉主簿李玄道
參軍蔡允恭薛元敬顏相時諮議典籤蘇勗天策府從事中
郎于志寧軍諮祭酒蘇世長記室薛收倉曹李守素助教陸
德明孔穎達信都蓋文達宋州総管戶曹許敬宗並以本官兼
文字舘學士分三番更日直宿供給珍膳恩禮優厚秦王朝謁
公事之暇引見討論經籍之夜分乃寐使庫直閻立本畫像
褚亮為之贊號十八學士得預選者時人謂之登瀛洲云曾空
青跋謂陳長史所作余鑒定閻立本真蹟無疑二公優劣無分
右次展閱之間令人心曠神怡真希世之寶也雖十五城不易矣
嘉靖丁未三月既望五湖陸師道書并識

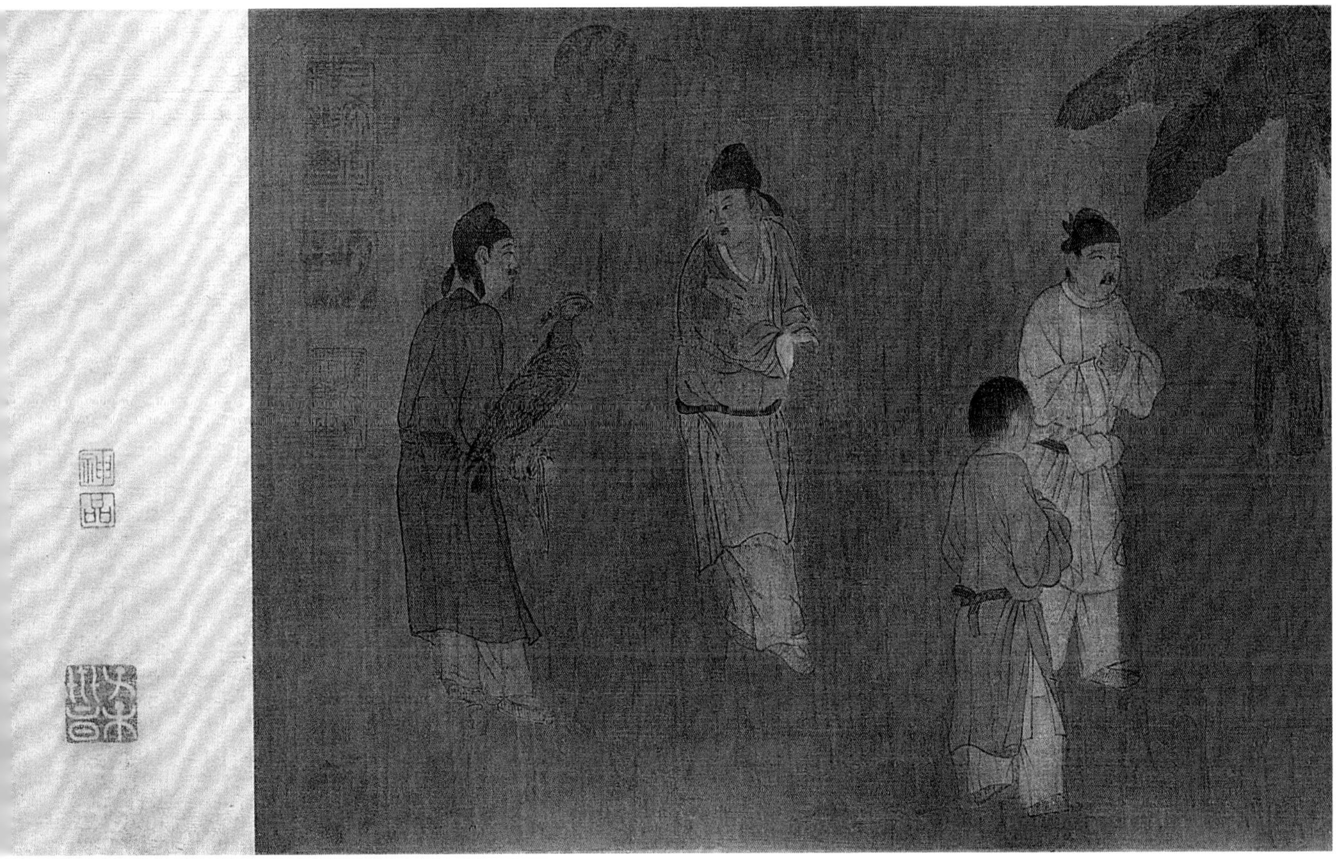

瀛洲賦

鯨波沸乎庢平鼇極峙乎不驚八紘撣乎氛翳合辟覿乎重明
開天策子上府表蓋世之元勳剗羣雄而削迯挽銀漢而洗兵嘘
文猷於寒灰闢儒館於神京坤珍萃乎華壤淵霆隱乎天聲於
是攀鱗附翼之彥行鵷振鷺之英咸游泳於瑤池儼翱翔於明
廷覩其房以謀用杜以斷稱虞姚之慱學孔陸之窮經兩薛起河東
之俊二李著國姓之貞敬宗拔於民曹志寧綴於郎星少雲臺之十
将多元愷之二朋分六子以並直各三番而遞更登以清都之幽邃給
以天廚之奇珍賛吕褚亮之珠玉繪以立本之丹青杏風日之不
到隔僊凢於幾塵此世俗之所景慕而瀛洲所以淂名也是洲

林泉後見各自不同觀此亦足以想見一時風尚也

空青老人曾紆題

27

佚名　八相圖卷

南宋
絹本　設色　縱36.5厘米　橫246.2厘米

Eight Sagacious Officials
Anonymous
Southern Song Dynasty
Handscroll, Colour on silk
H. 36.5cm　L. 246.2cm

《八相圖》繪不同朝代的八位賢臣像，或持笏板，或拱手於胸前，神情各異。人物面部用淡墨細綫勾畫，淡赭石色暈染。衣紋綫條粗簡，多用中鋒，領、袖邊用水墨烘染，畫風質樸，唐宋服飾各具特色。八位賢臣從右至左分別是：

周公姬旦，周文王之子，曾輔助武王滅紂，建立周朝。武王死後，成王年幼，周公攝政。武王之弟挾殷人作亂，周公平息，建洛邑（今河南洛陽）。

張良（前？—前189年），字子房。家五世相韓。秦末，劉邦起兵，張良為謀士，輔佐漢王滅秦、楚，因功封留侯。

魏徵（580—643年），字玄成，曲城（今）人。唐太宗時官至諫議大夫、秘書監。遇事敢諫，前後陳諫二百餘事，致令太宗敬畏。

狄仁傑（607—700年），字懷英，太原（今屬山西）人。唐大臣，曾任大理丞、侍御史、河北道行軍副元帥等職。因功入為內史，勸阻武則天造大佛像，以不畏權勢著稱。

郭子儀（697—781年），華洲鄭縣（今陝西華縣）人。唐大將，曾任關內河東副元帥、中書令，封汾陽郡王。安史之亂時，任朔方節度使，擊敗叛軍。

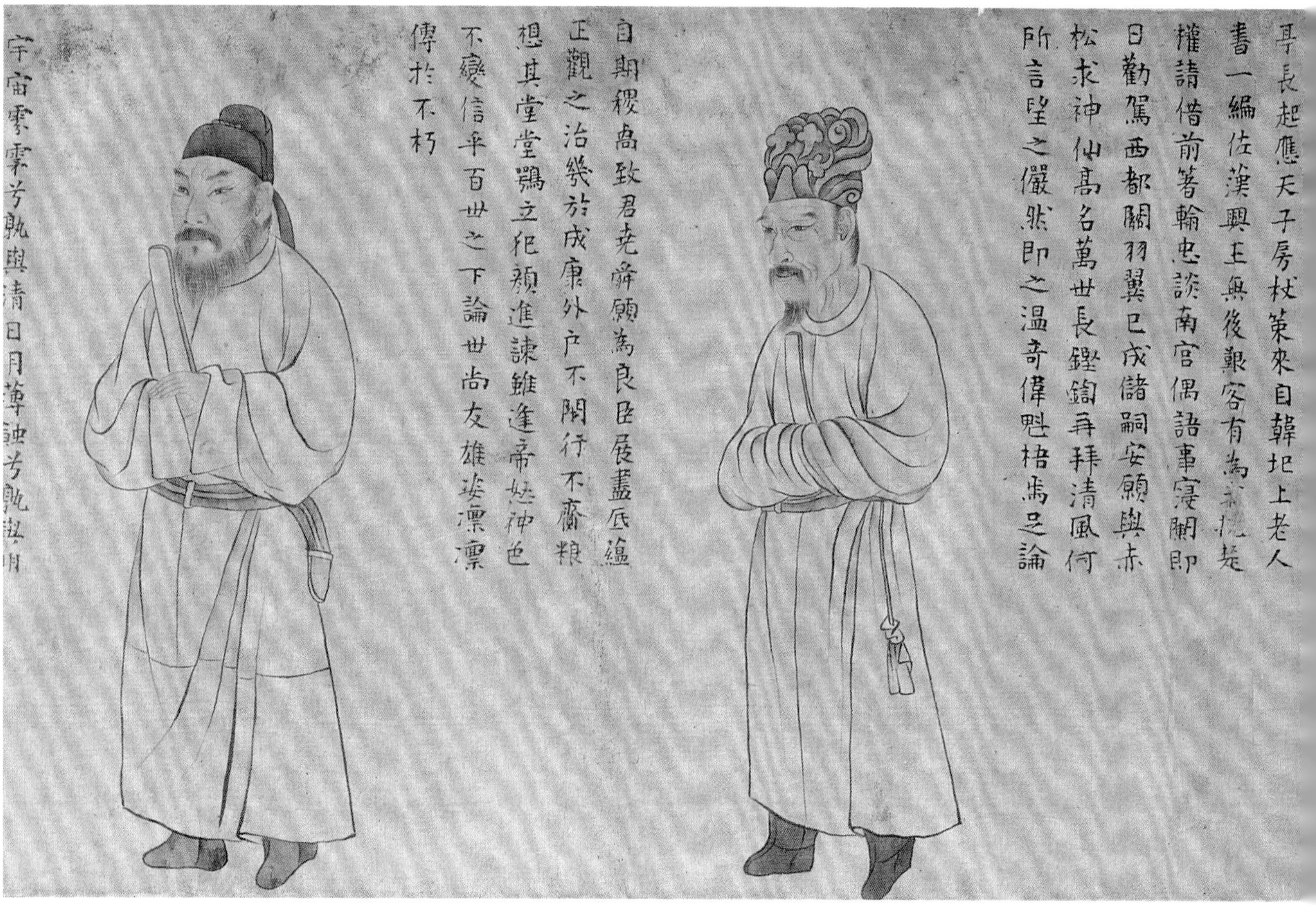

韓琦（1008—1075），字稚圭，相州安陽（今屬河南）人。北宋大臣，曾出任陝西安撫使，與范仲淹共同防禦西夏。後又知揚州、大名等地。封魏國公。

司馬光（1019—1086），字君實，陝州夏縣（今屬山西）人。北宋大臣，曾任尚書左僕射、兼門下侍郎、丞相等職，撰《資治通鑑》。

周必大（1126—1206），字子充，廬陵（今）人。南宋大臣，官至左丞相，工文詞。

每立像後書頌贊一段。尾紙有題記（頌贊、題記釋文見附錄）。

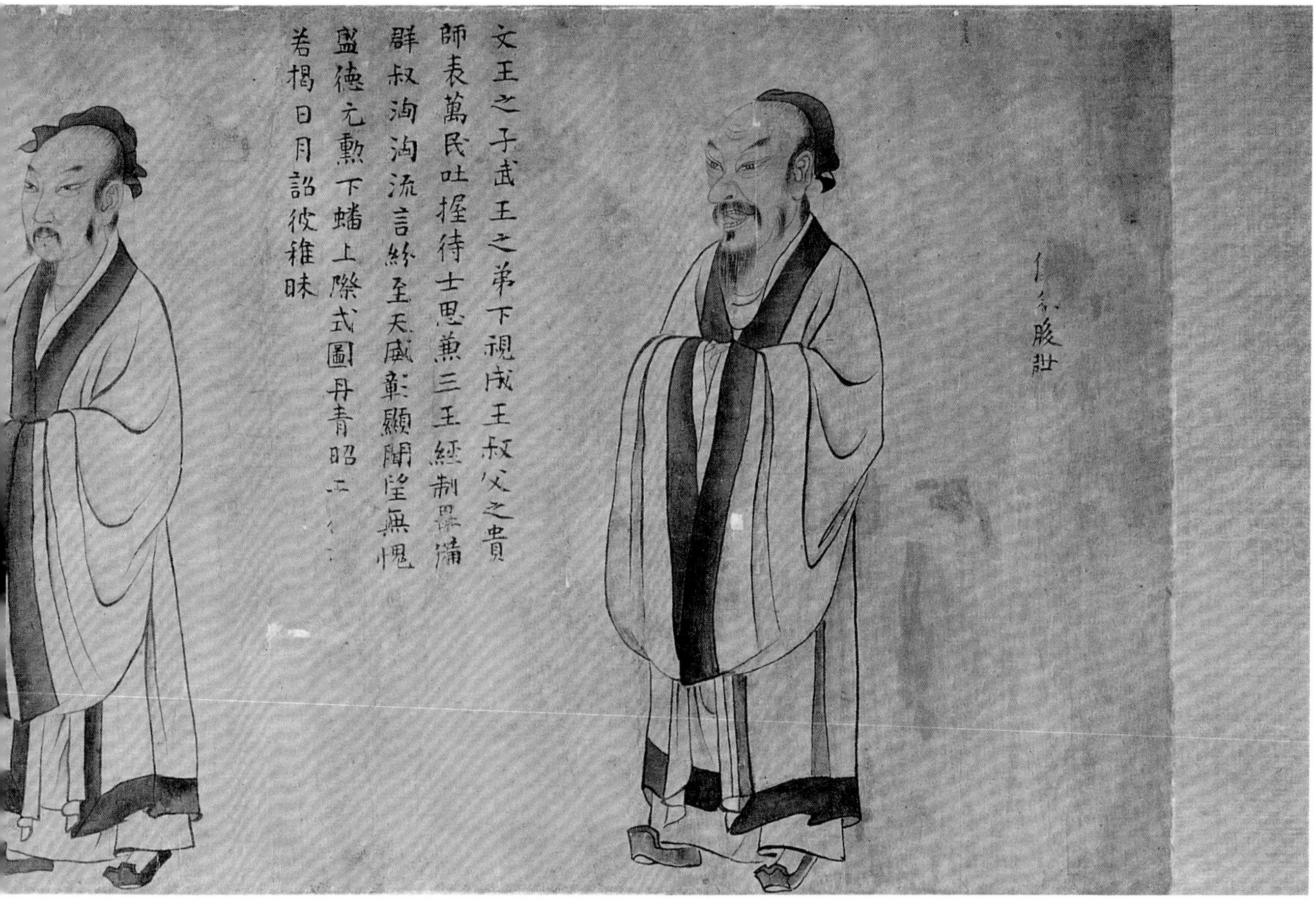

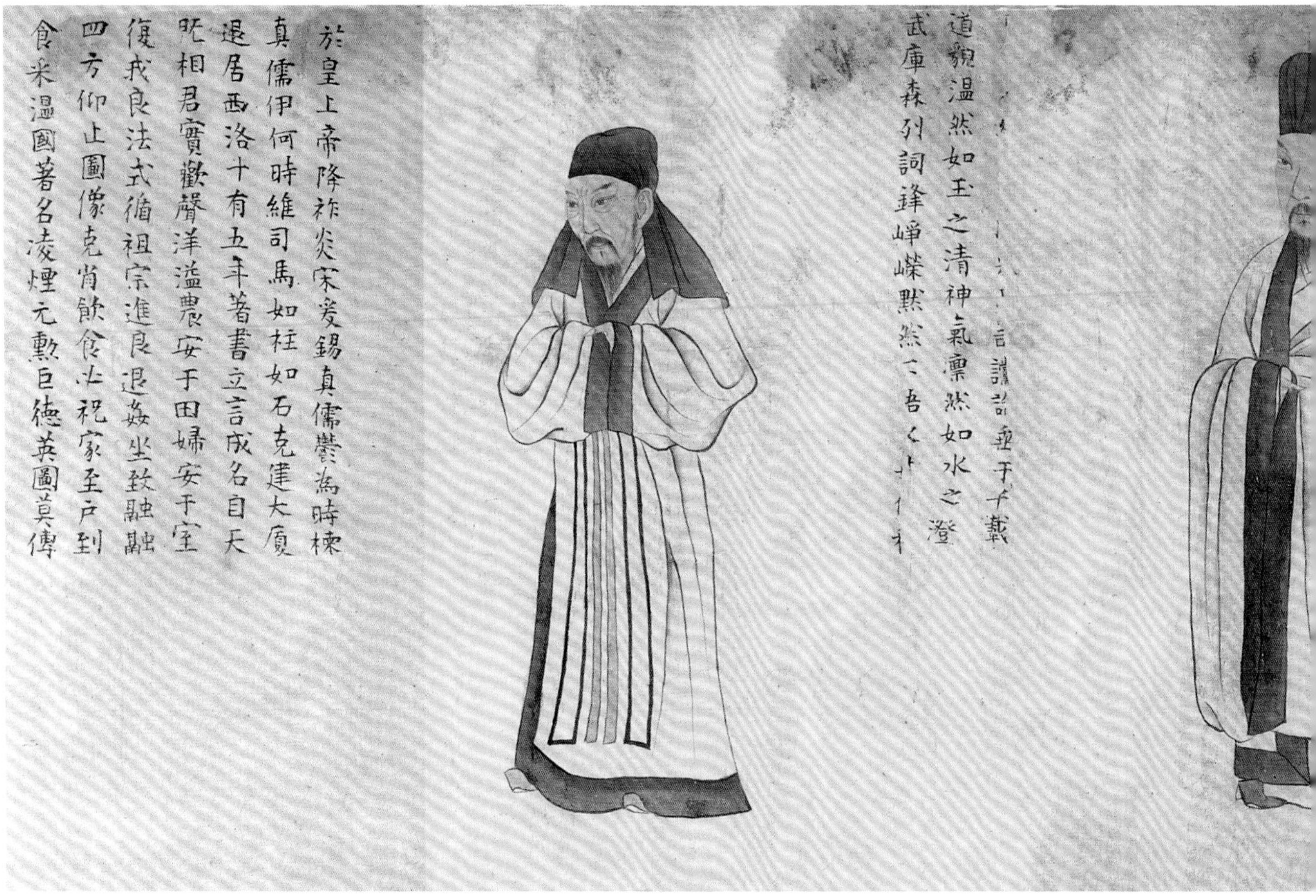
道貌溫然如玉之清神氣凜然如水之澄
武庫森列詞鋒崢嶸默然亡言
於皇上帝降祚炎宋爰錫真儒鬱為時棟
真儒伊何時維司馬如柱如石克建大廈
退居西洛十有五年著書立言成名自天
既相君實歡聲洋溢農安于田婦安于室
復我良法式循祖宗進良退姦坐致融融
四方仰止圖像克肖飲食必祝家至戶到
食采溫國著名淩煙元勳巨德英圖莫傳

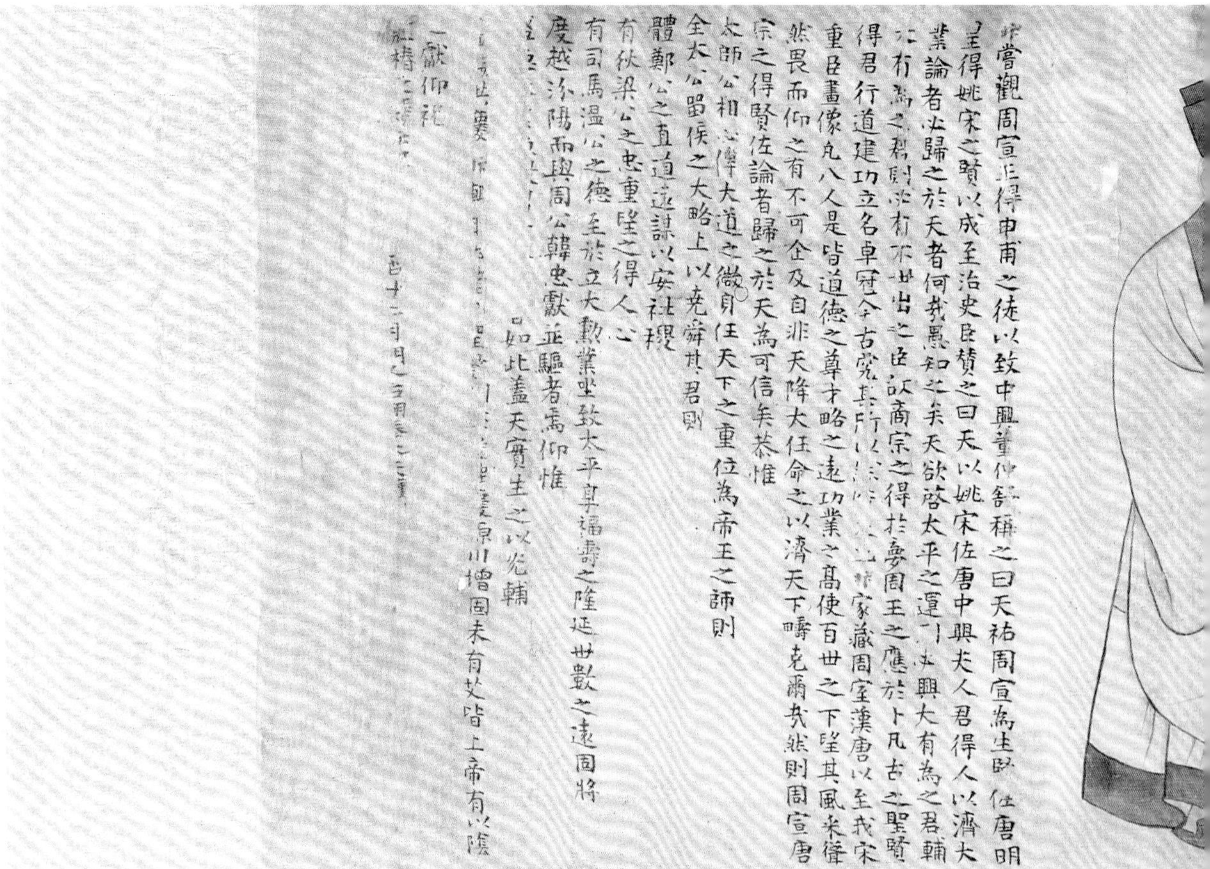
竊嘗觀周宣王得申甫之徒以致中興董仲舒稱之曰天祐周宣為生賢佐唐明
皇得姚宋之賢以成至治史臣贊之曰天以姚宋佐唐中興夫人君得人以濟大
業論者必歸之於天者何哉愚知之矣天欲啓太平之運則必興大有為之君輔
之有為之君則必有不世出之臣故商宗之得於夢周王之應於卜凡古之聖賢
得君行道建功立名卓冠今古究其所以[illegible]家藏周室漢唐以至我宋
重臣畫像凡八人是皆道德之尊才略之遠功業之高使百世之下望其風采儼
然畏而仰之有不可企及自非天降大任命之以濟天下疇克爾哉然則周宣唐
宗之得賢佐論者歸之於天為可信矣恭惟
太師公相以傳大道之微負任天下之重位為帝王之師則
全太公留侯之大略上以堯舜其君則
體鄭公之直道遠謀以安社稷
有伏梁公之忠重望之得人心
有司馬溫公之德至於立大勳業坐致太平享福壽之隆延世數之遠固將
度越汾陽而與周公韓忠獻並驅者焉仰惟
如此蓋天實生之以光輔
一獻仰祝

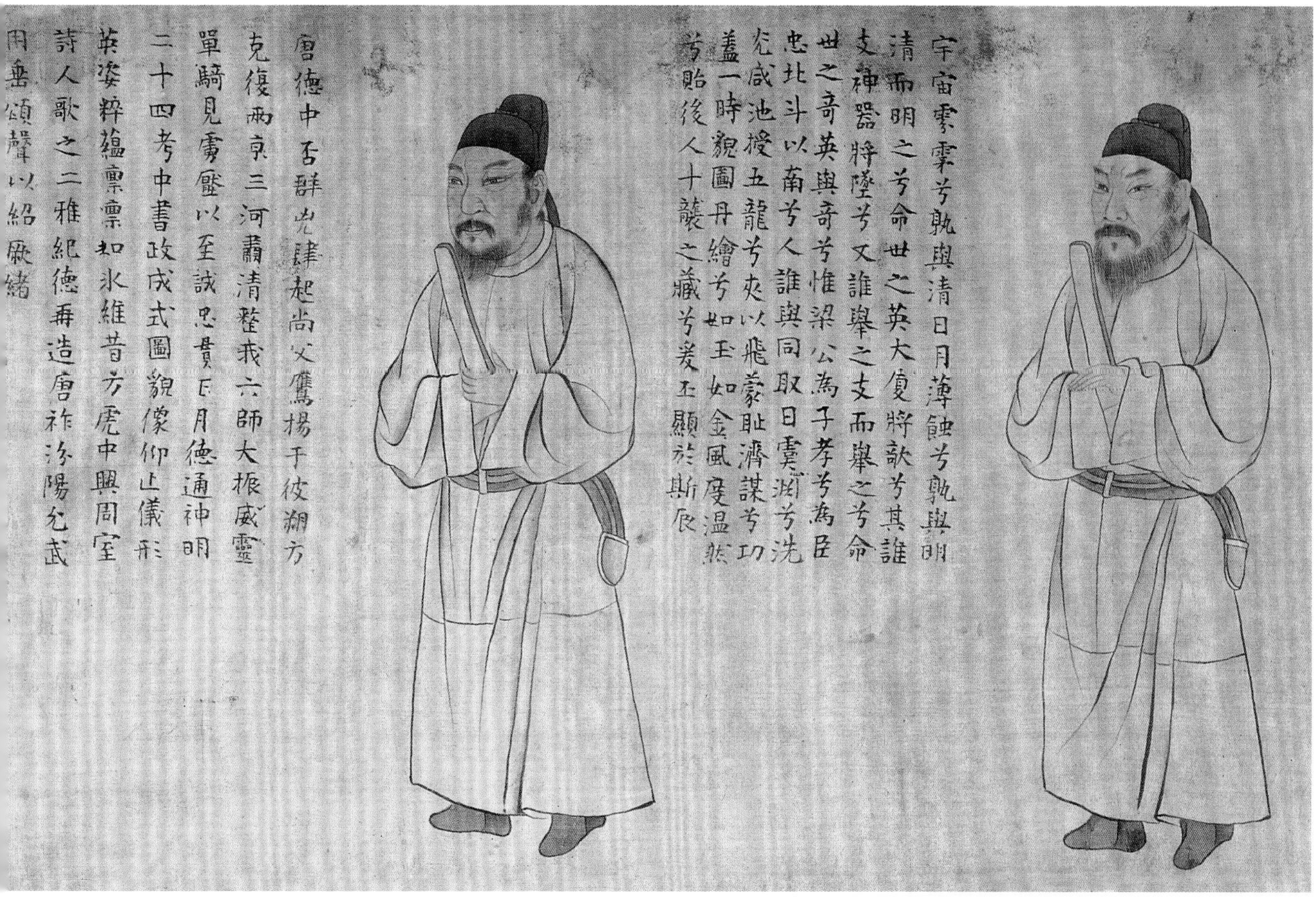
宇宙雰霏兮孰與清日月薄蝕兮孰與明
清而明之兮命世之英大廈將欹兮其誰
支神器將墜兮又誰舉之支而舉之兮命
世之奇英與奇兮惟梁公為子孝兮為臣
忠北斗以南兮人誰與同取日虞淵兮洗
光咸池授五龍兮夾以飛蒙恥濟謀兮功
蓋一時貌圖丹繪兮如玉如金風度溫然
兮貽後人十襲之藏兮羗丕顯於斯辰
唐德中否群凶肆起尚父鷹揚于彼朔方
克復兩京三河肅清整我六師大振威靈
單騎見虜壓以至誠忠貫日月德通神明
二十四考中書政成式圖貌像仰止儀形
英姿粹蘊凜凜如冰維昔方虎中興周室
詩人歌之二雅紀德再造唐祚汾陽允武
用垂頌聲以紹厥緒

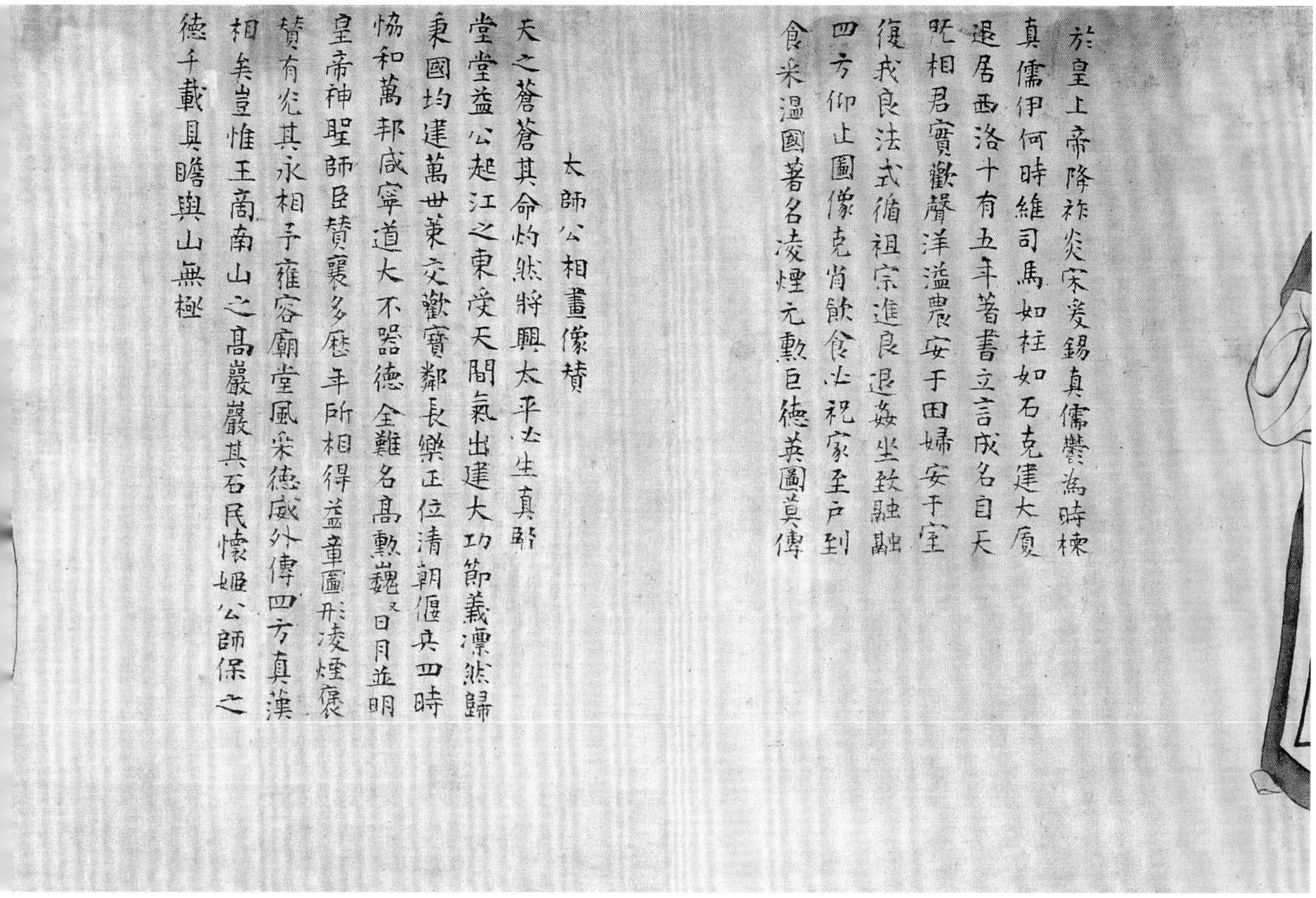
於皇上帝降祚炎宋爰錫真儒鬱為時棟
真儒伊何時維司馬如柱如石克建大廈
退居西洛十有五年著書立言成名自天
既相君實歡聲洋溢農安于田婦安于室
復我良法式循祖宗進良退姦坐致融融
四方仰止圖像克肖飲食必祝家至戶到
食采溫國著名凌煙元勲巨德英圖莫傳
太師公相畫像贊
天之蒼蒼其命灼然將興太平必生真賢
堂堂益公起江之東受天間氣出建大功節義凜然歸
秉國均建萬世業交歡寶鄰長樂正位清朝偃兵四時
協和萬邦咸寧道大不器德全難名高勲巍巍日月並明
皇帝神聖師臣贊襄多歷年所相得益章圖形凌煙褒
贊有光其永相予雍容廟堂風采德威外傳四方真漢
相矣豈惟王商南山之高巖巖其石民懷姬公師保之
德千載具瞻與山無極

28

馬遠　寒山子圖頁

南宋

絹本　墨筆　縱24.2厘米　橫25.8厘米

Portrait of Hanshanzi, a Famous Buddhist Monk

By Ma Yuan

Southern Song Dynasty

Album leaf, Ink on silk

H. 24.2cm　L. 25.8cm

寒山子是盛、中唐時期富有傳奇色彩的名僧。他本是長安（今陝西西安）人，因屢次科舉不第，中年時，到天台山（今屬浙江）國清寺出家，與名僧拾得一同修行。圖中的寒山子穿僧袍、腳踏木屐，執竹帚一路猛掃。他開懷大笑，舉止狂怪，一副無視人間冷暖之態。勾綫剛勁有力且簡率不羈，用水墨渲染烘托出山石背景，全無人間煙火之跡，顯現寒山子深隱清淨地之志。

本幅款識"馬遠"。鈐有收藏印"黔寧王子子孫孫永保之"（白文）、"美之秘玩"（朱文）、"懷德堂印"（白文）等二方，另一方漫漶不清。

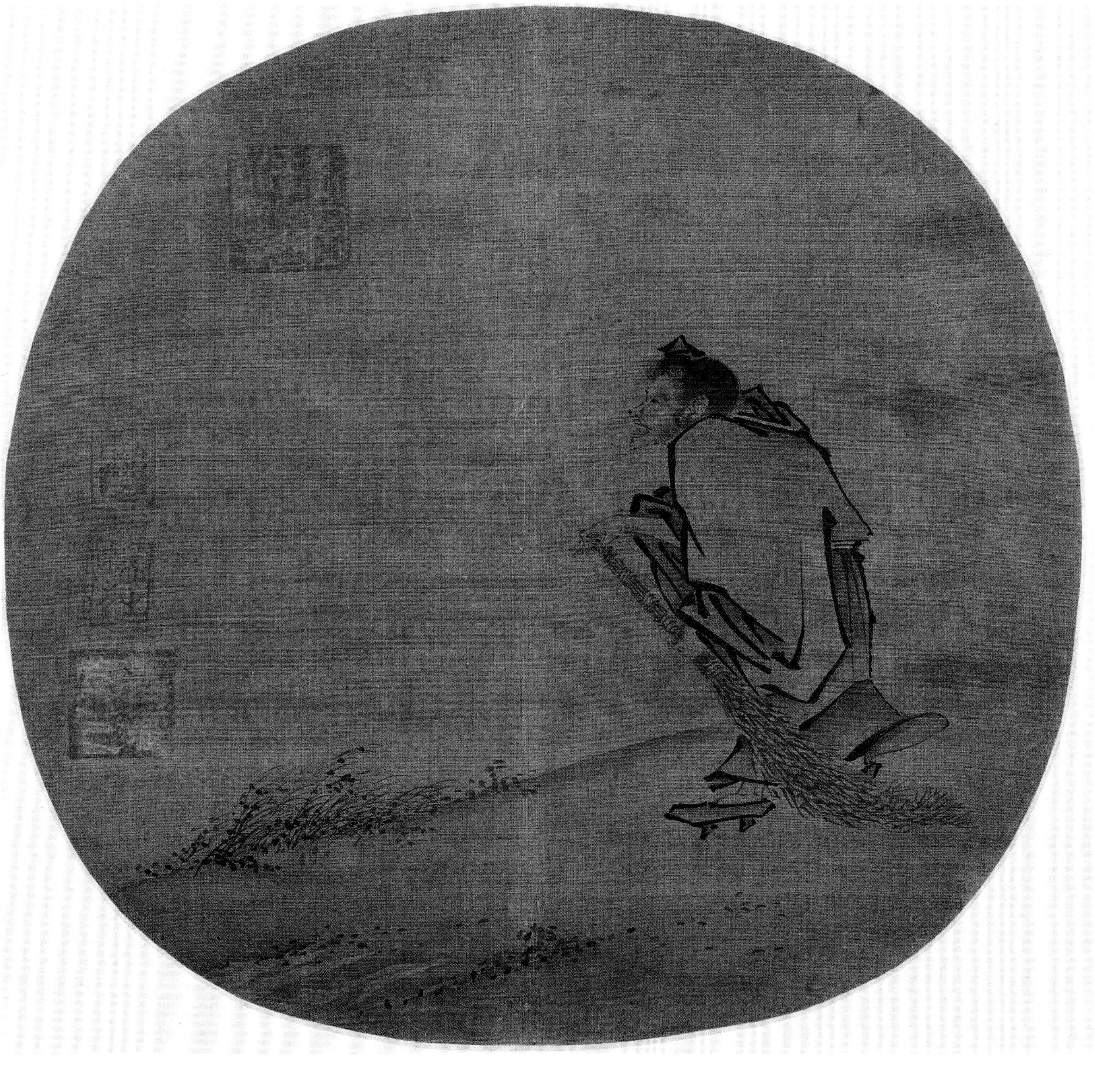

29

馬遠　孔子像圖頁
南宋
絹本　設色　縱27.7厘米　橫23.1厘米

Portrait of Confucius
By Ma Yuan
Southern Song Dynasty
Album leaf, Colour on silk
H. 27.7cm　L. 23.1cm

圖中繪春秋時期儒家學派創始人孔子像，孔子著闊袖長袍，拱手而立。畫家根據傳統的孔子圖像，將這位先賢的前額描繪得異常突出，以示其飽學與智慧。用筆粗放，畫風古樸。

本幅款識“馬遠”。鈐鑑藏印四方。

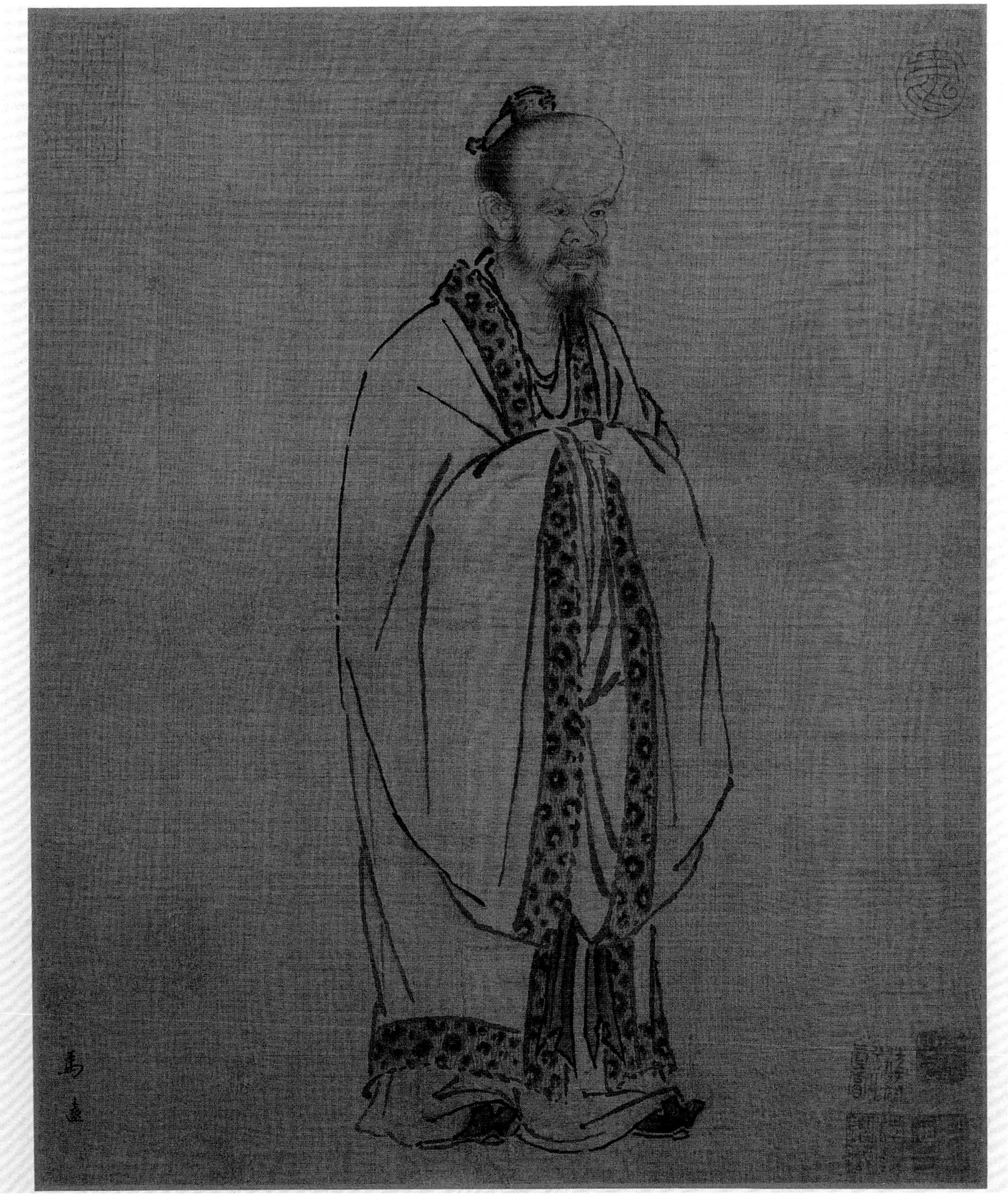

30

佚名　孔門弟子圖卷

南宋
絹本　設色　縱30.6厘米　橫46.4厘米

Confucius and His Disciples
Anonymous
Southern Song Dynasty
Handscroll, Colour on silk
H. 30.6cm　L. 46.4cm

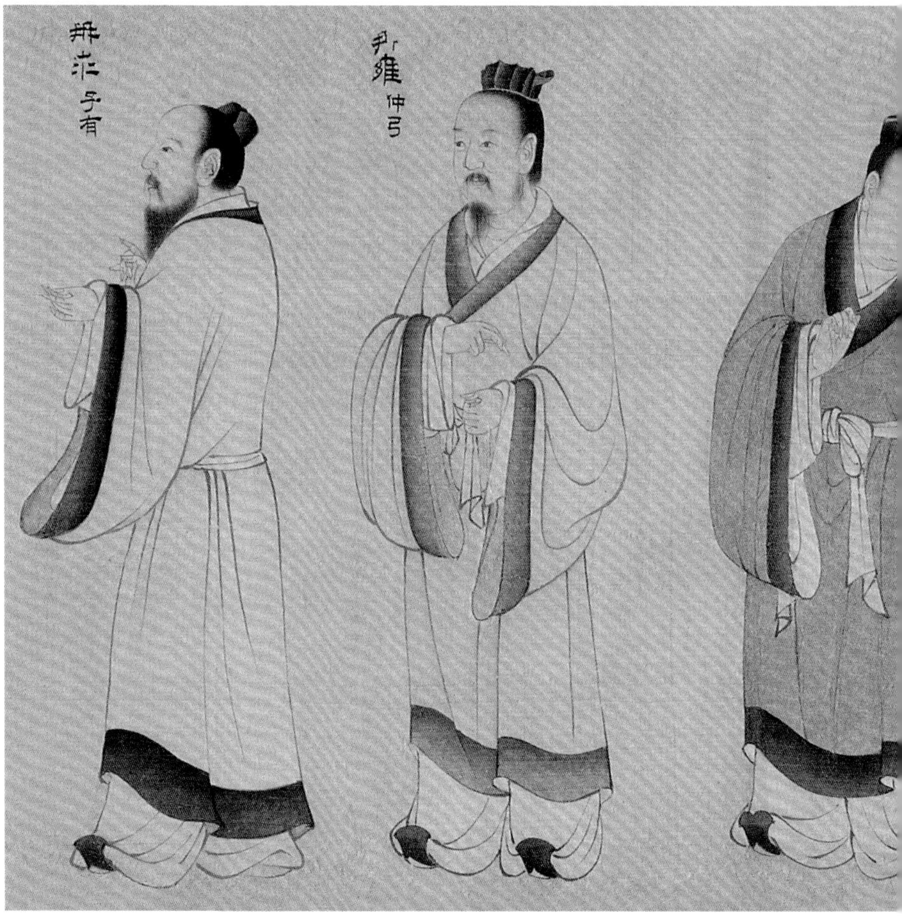

圖卷繪孔子及其三十六弟子像，從右至左為孔丘、顏淵、閔子騫、冉耕、蘧伯玉、仲弓、冉豐、子路、子羔、子我、樊須、子夏、子貢、言偃、公晳哀、子張、曾參、澹台滅明、原憲、子賤、公冶長、南宮縚、曾晳、商瞿、漆雕開、任不齊、公伯僚、顏祖、子牛、子有、公西赤、巫馬施、梁鱣、鄡單、顏幸、冉儒、孫龍，神態各異，有執卷凝思，有合掌問候，有伸手辯論，有展卷觀閱，形象生動而莊重。為平列橫卷式構圖，有榜題，無背景，屬人物繡像。

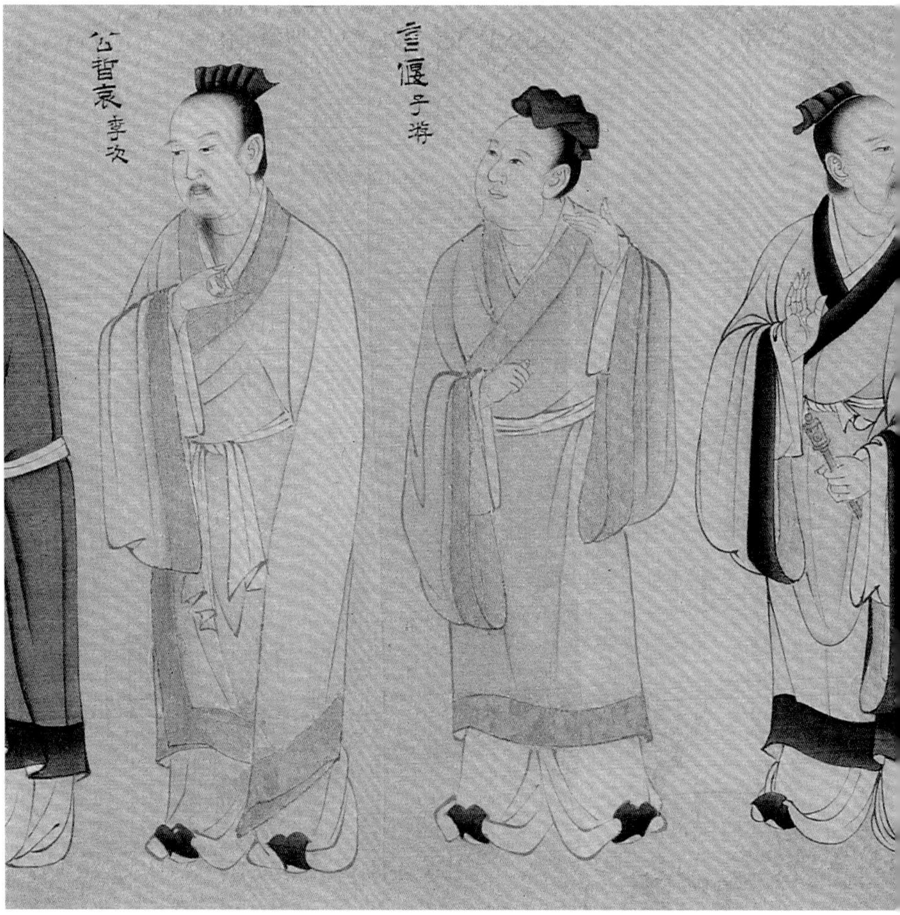

本幅款識，“元佑三年三月　臣公麟繪草上進”偽題。鈐鑑藏印“王霽宇家珍藏”（朱文）、“吳廷”（朱文）、“江村”（朱文葫蘆）等印五方。

尾紙有解縉、王穉登、管同、梅曾亮等題跋。

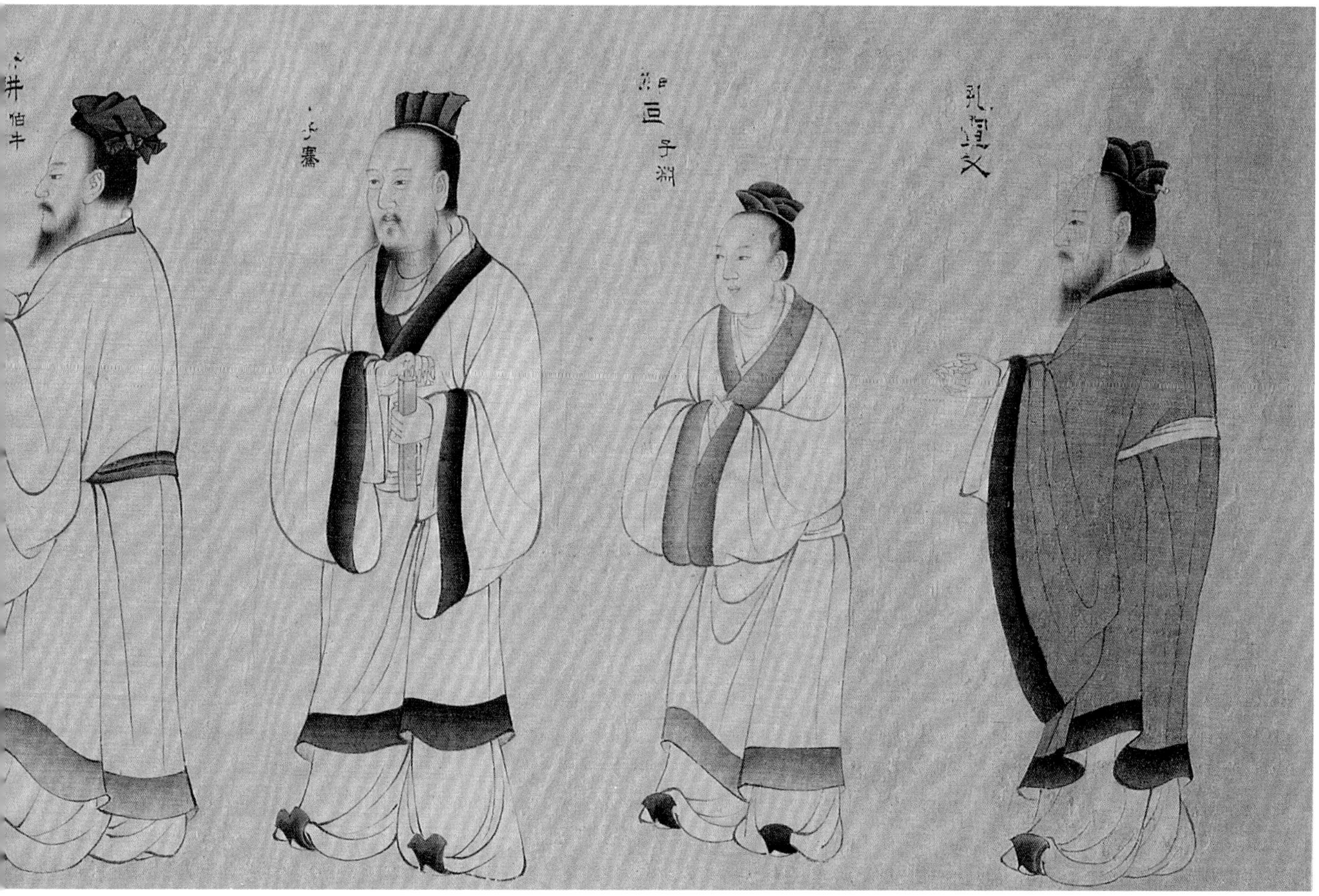
子淵

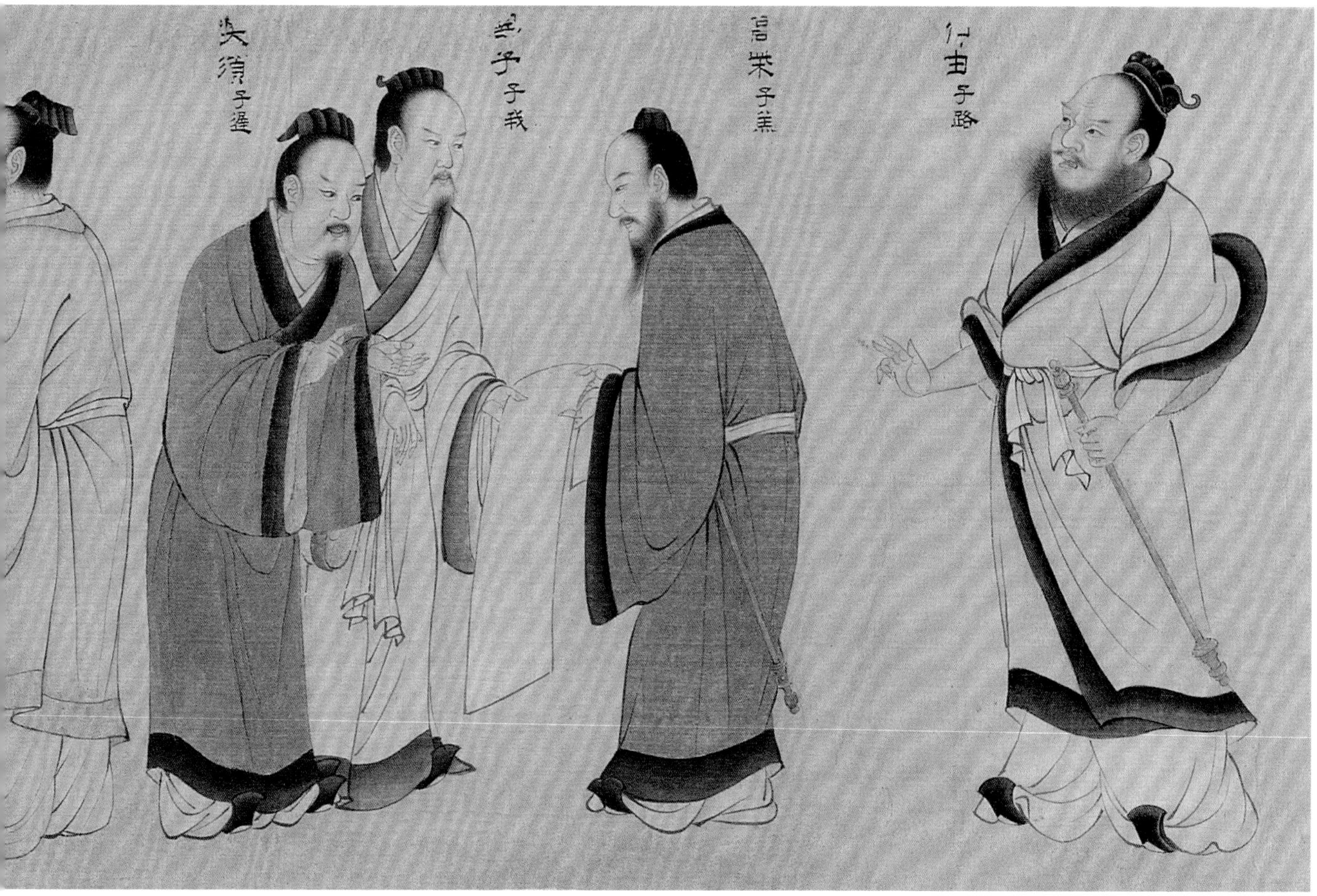
子遲
子我
子羔
子路

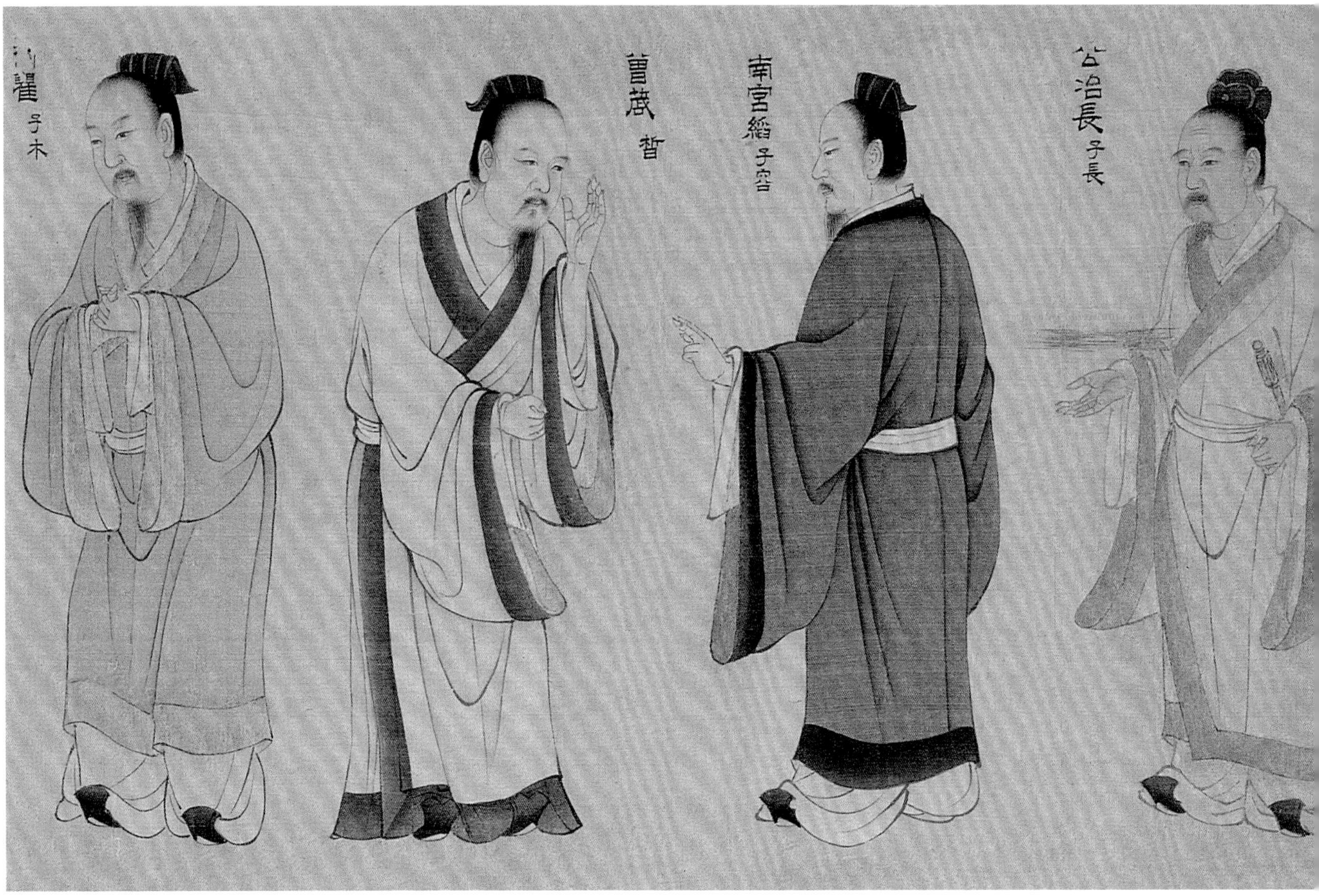
瞿 子木
曾蒧 晳
南宮縚 子容
公冶長 子長

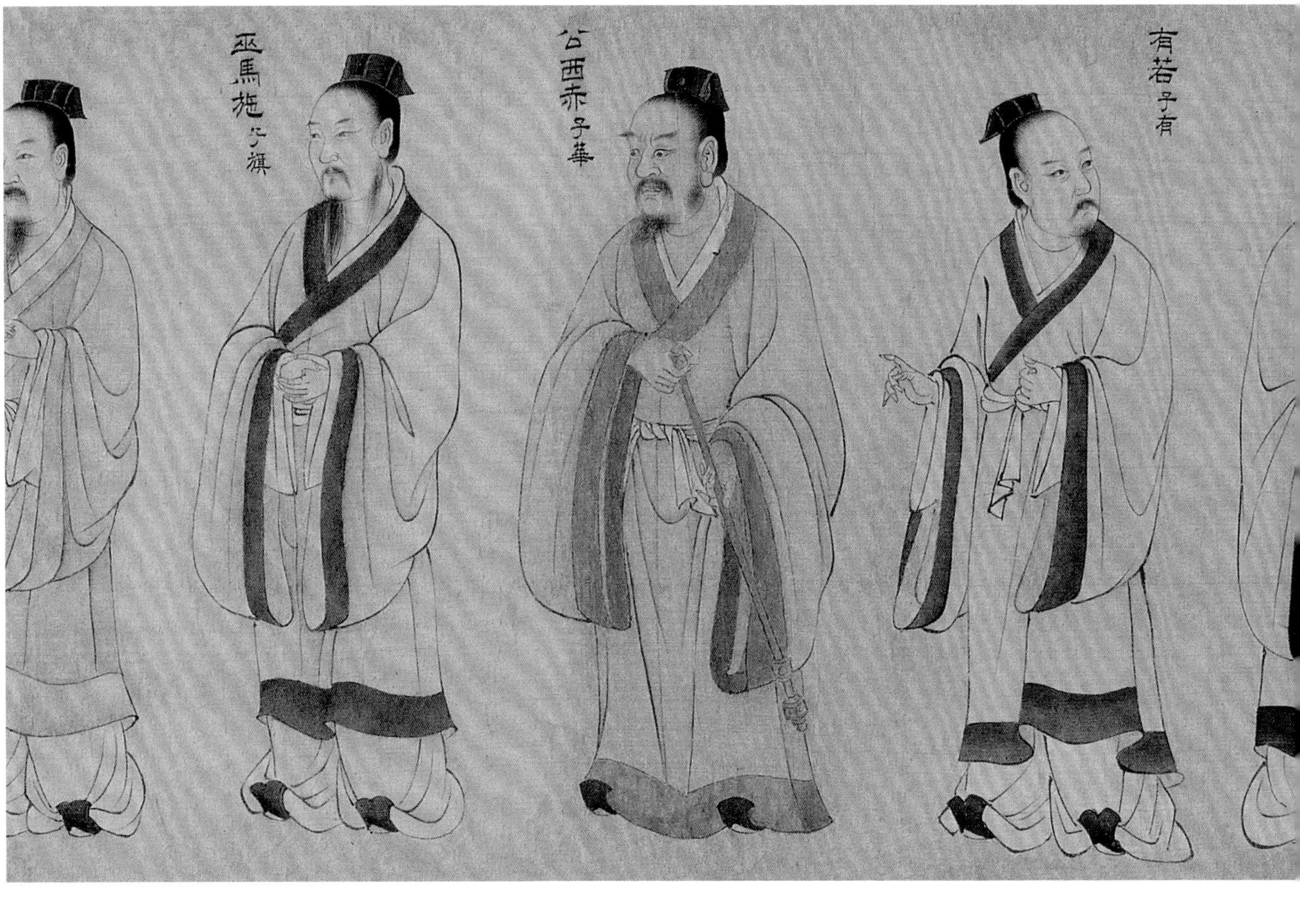
巫馬施 子旗
公西赤 子華
有若 子有

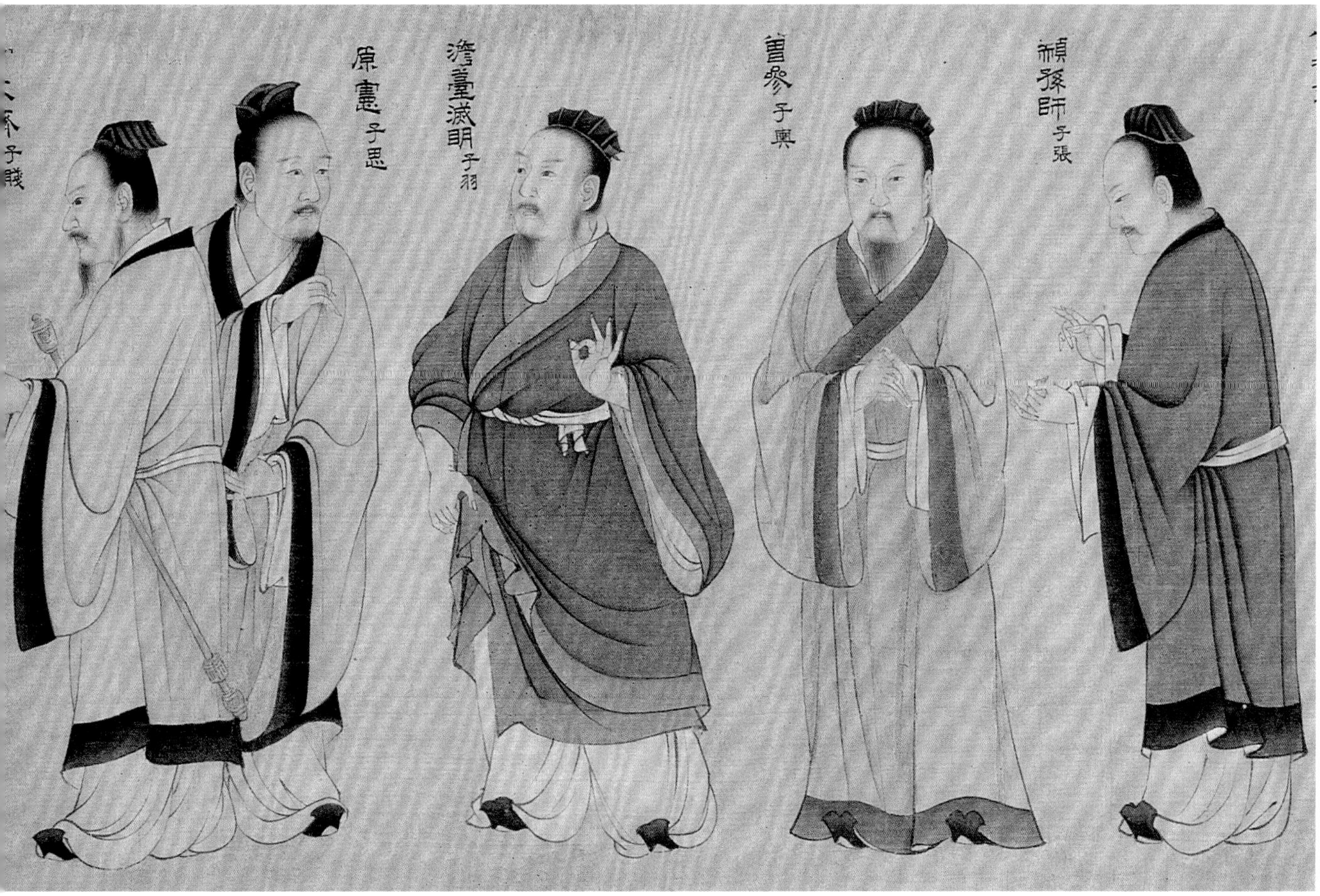
顓孫師 子張
曾參 子輿
澹臺滅明 子羽
原憲 子思

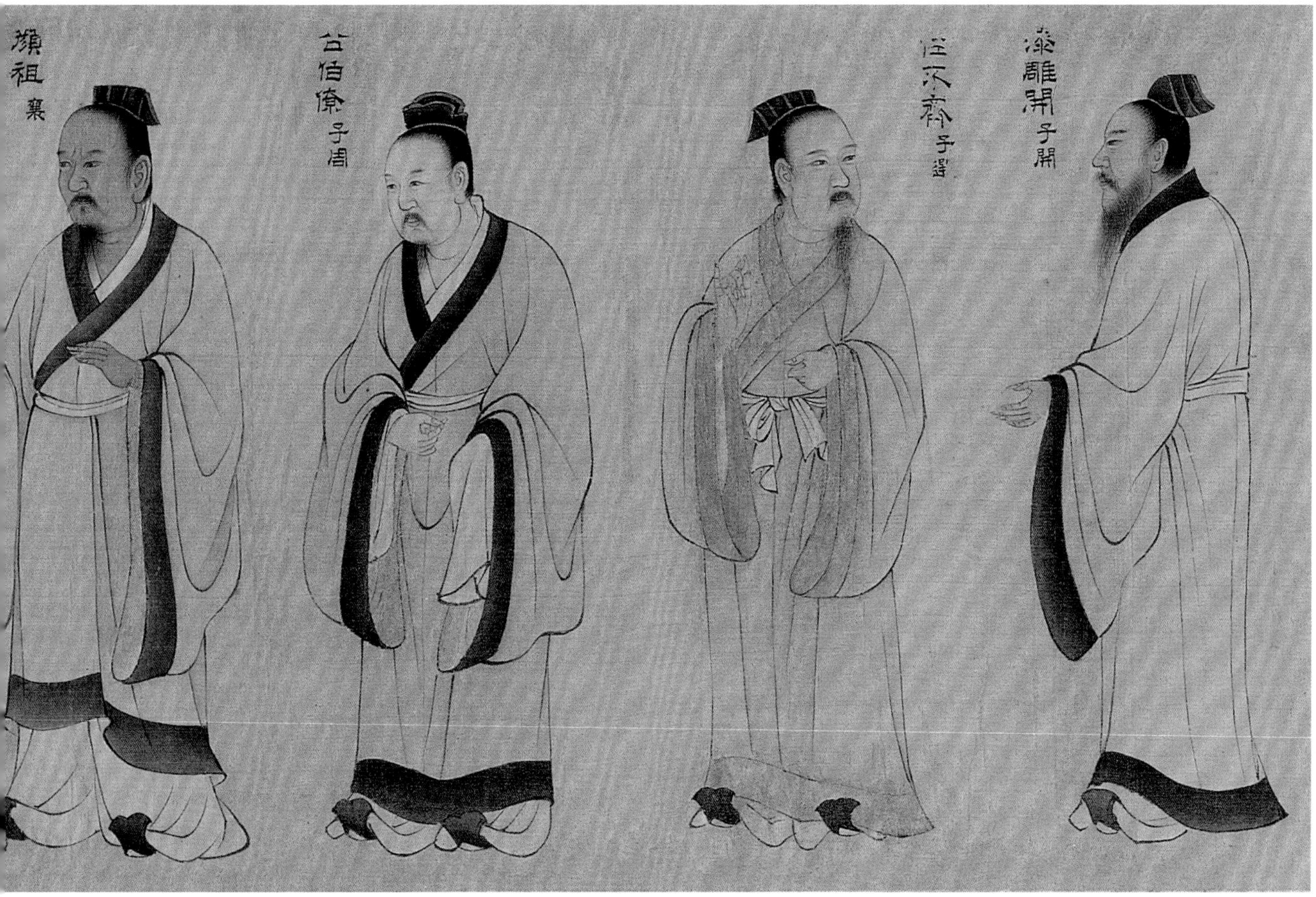
漆雕開 子開
任不齊 子選
公伯僚 子周
顏祖 襄

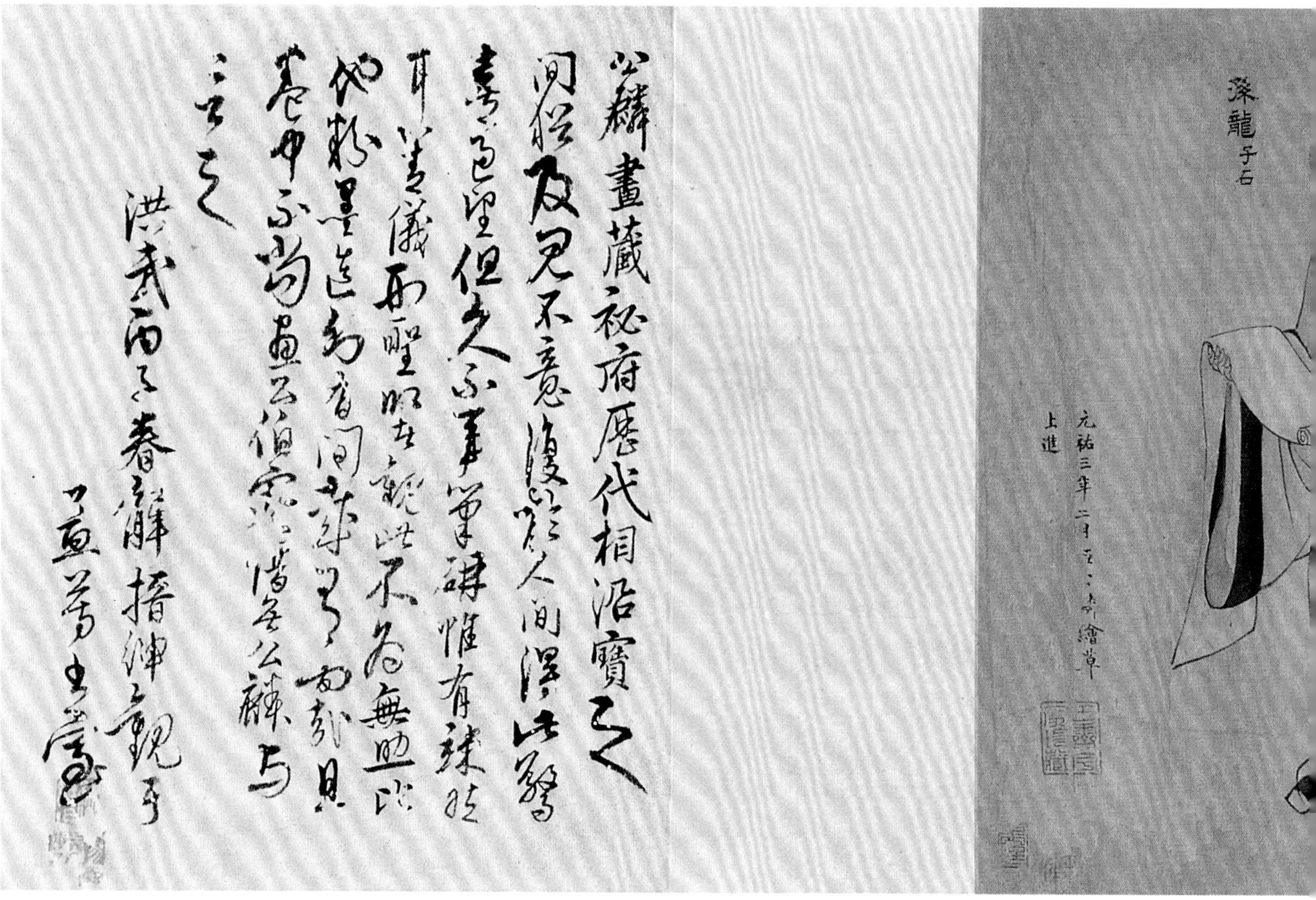

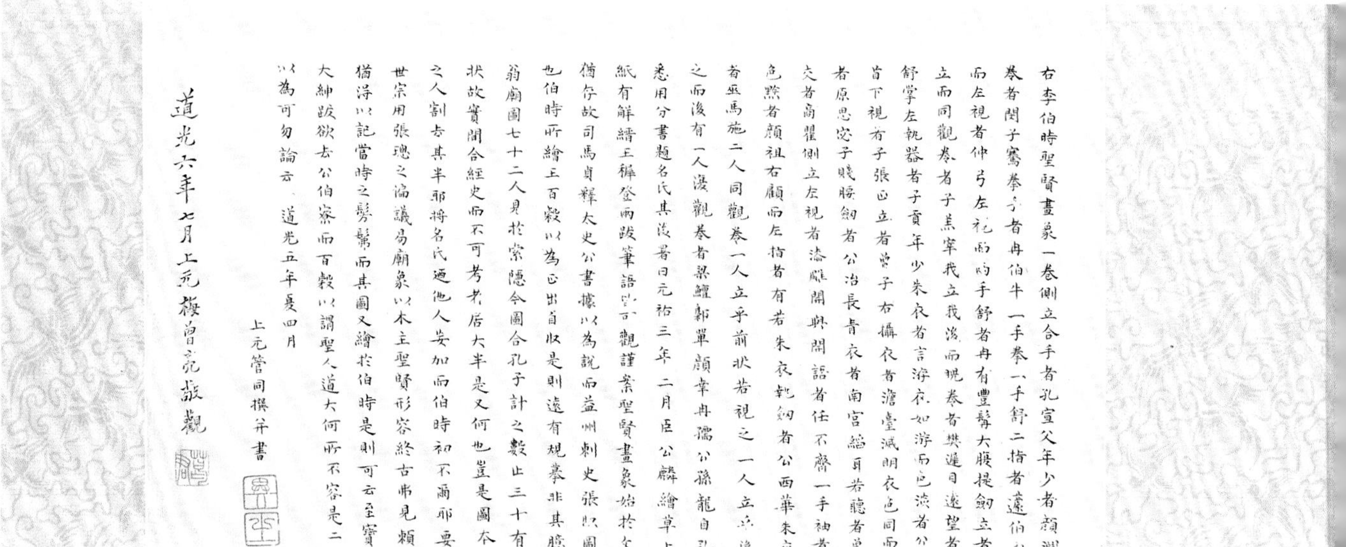
右李伯時聖賢畫象一卷側立合手者孔宣父年少者顏淵兩手執
卷者閔子騫拳手者冉伯牛一手拳一手舒二指者蘧伯玉手當胸
而左視者仲弓左袒而肉手舒者冉有豐髯大腹提劍立者子路對
立而同觀卷者子羔戟立戟後而睨卷者樊遲目遠望者子夏右
舒掌左執器者子貢年少朱衣者言游衣如游而色淡者公晳哀俛
首下視者子張正立者曾子右攝衣者澹臺滅明衣色同而相背立
者原思宓子賤腰劍者公冶長青衣者南宮縚耳若聽者曾皙兩手
交者商瞿側立左視者漆雕開與開語者任不齊一手袖者公伯寮
色黧者顏祖右顧而左指者有若朱衣執劍者公西華朱衣而交手
者巫馬施二人同觀卷一人立乎前狀若視之一人立其後狀若聽
之而後有一人漫觀卷者梁鱣郭單顏幸冉孺公孫龍自孔聖以下
悉用分書題名氏其後署曰元祐三年二月臣公麟繪草上進其別
紙有鮮于縉王穉登兩跋筆語皆可觀謹案聖賢畫象始於文翁唐世
猶存故司馬貞釋太史公書據以為說而益州刺史張收圖由是出
也伯時所繪王百穀以為正出首收是則遠有規摹非其臆造然文
翁廟圖七十二人見於索隱今圖合孔子計之數止三十有六其形
狀故實間合經史而不可考者居大半是又何也豈是圖本全而後
之人割去其半耶將名氏迺他人妄加而伯時初不爾耶要之自明
世宗用張璁之論議易廟象以木主聖賢形容終古弗見賴有此圖
猶得以記當時之髣髴而其圖又繪於伯時是則可云至寶也已鮮
大紳跋欲去公伯寮而百穀以謂聖人道大何所不容是二說者愚
以為可勿論云 道光五年夏四月
上元管同撰并書

道光六年七月上元梅曾亮敬觀

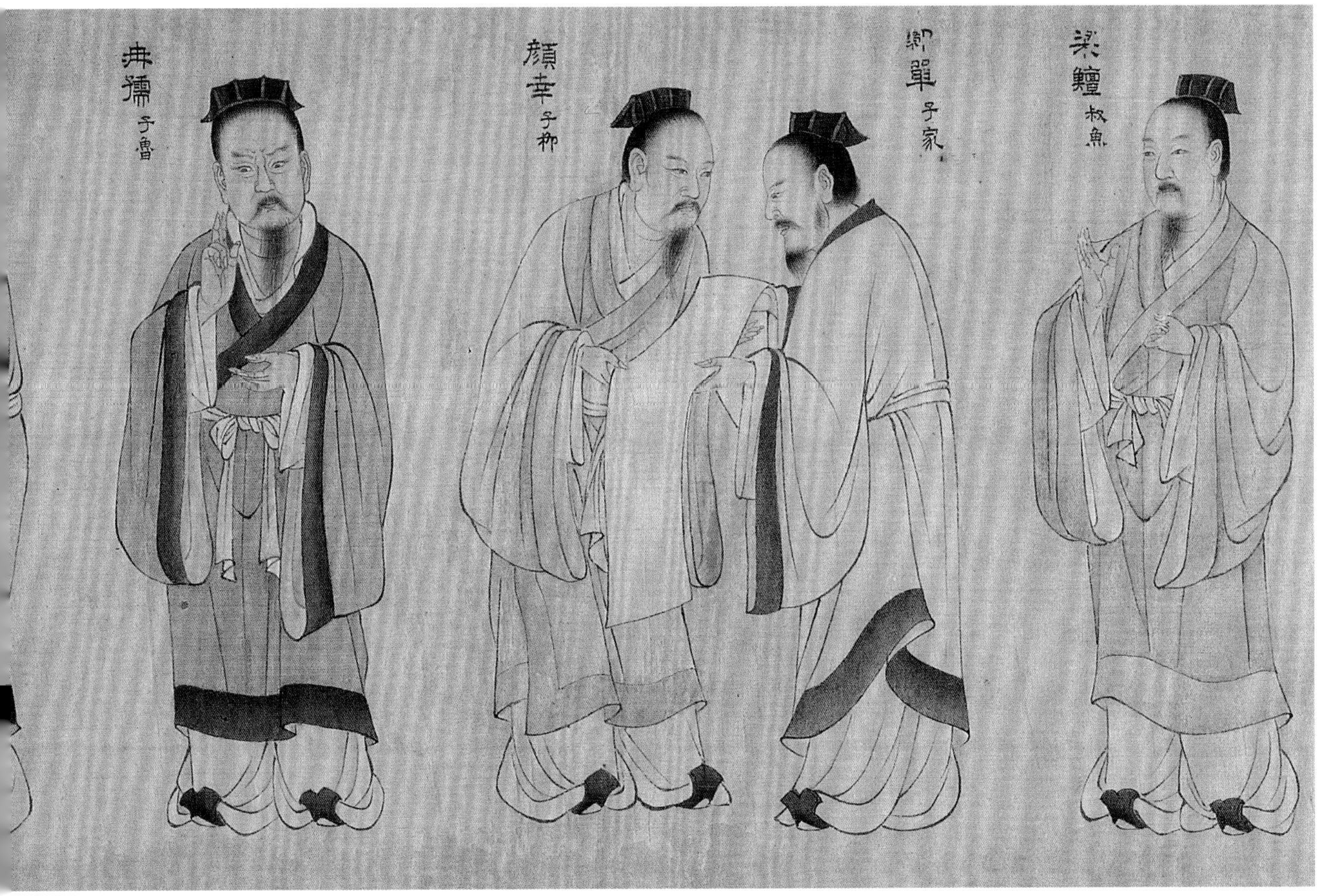

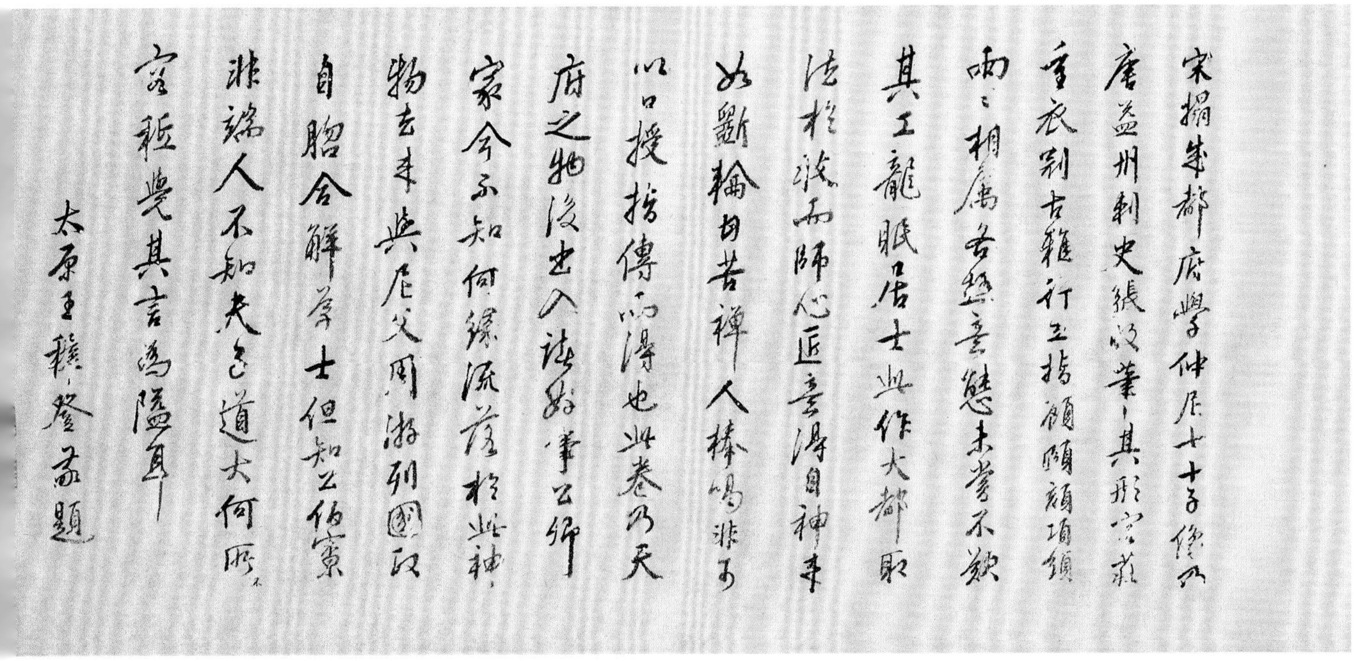
宋搨成都府學仲尼七十子像及
唐益州刺史張收筆，其形容莊
重，衣制古雅，行立指顧，頫顏頊頊，
兩兩相屬，各盡意態，未嘗不歎
其工。龍眠居士此作，大都取
法於彼，而師心匠意，得自神來。
如斲輪、苦禪人棒喝，非可
以口授指傳而得也。此卷乃天
府之物，後出入諸貴公卿
家，今不知何緣流落於此耶。
物去來與尼父周遊列國何
自聰合解人士但知以作寶
非謀人，不知夫子道大，何所不
容，抵覺其言為隱耳。
太原王穉登敬題

31

佚名　女孝經圖卷

南宋
絹本　設色　每幅縱43.8厘米
橫68.7厘米
清宮舊藏

Classic of Filial Piety for Women
Anonymous
Southern Song Dynasty
Handscroll, Colour on silk
Each section: H. 43.8cm　L. 68.7cm
Qing Court collection

《女孝經》是唐代侯莫陳邈之妻鄭氏所撰，宣揚女子應遵循的道德規範。

《女孝經圖》（上卷）繪前九章內容：一、開宗明義章；二、后妃章；三、三才章；四、聖明章；五、事舅姑章；六、邦君章；七、夫人章；八、孝治章；九、庶人章。各章後均有楷書經文，書體近宋高宗趙構一派。此圖為工筆重彩，用筆工整細勁，人物端莊溫厚，衣紋用鐵綫描，點景的屋宇用界畫，樹石皴擦細緻。舊作唐人之筆。

本幅鈐鑑藏印“曹溶秘玩”（朱文）、“乾隆御覽之寶”（朱文）、“嘉慶御覽之寶”（朱文）、“宣統御覽之寶”（朱文）等璽印。

曾經《石渠寶笈初編》著錄。

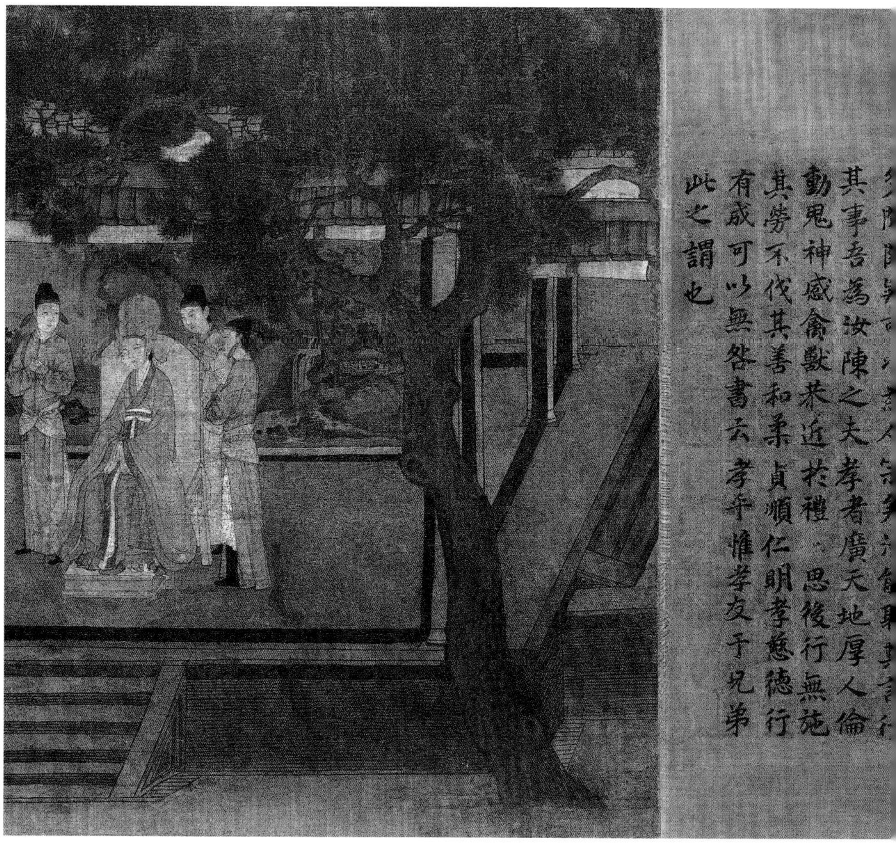

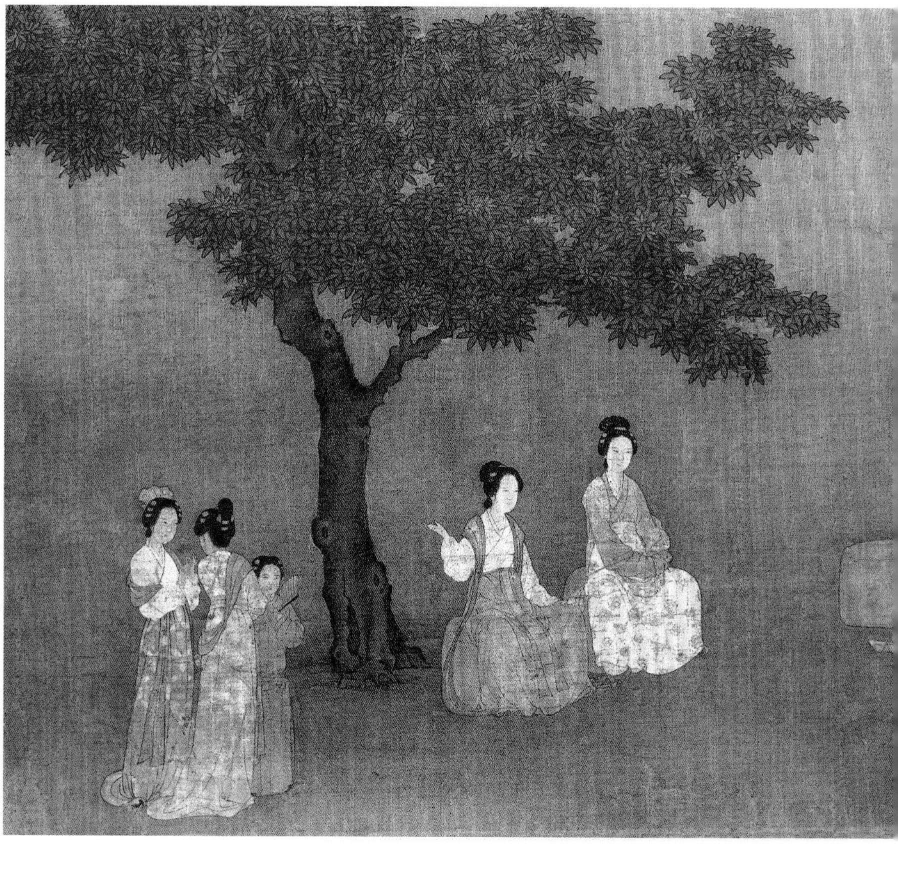

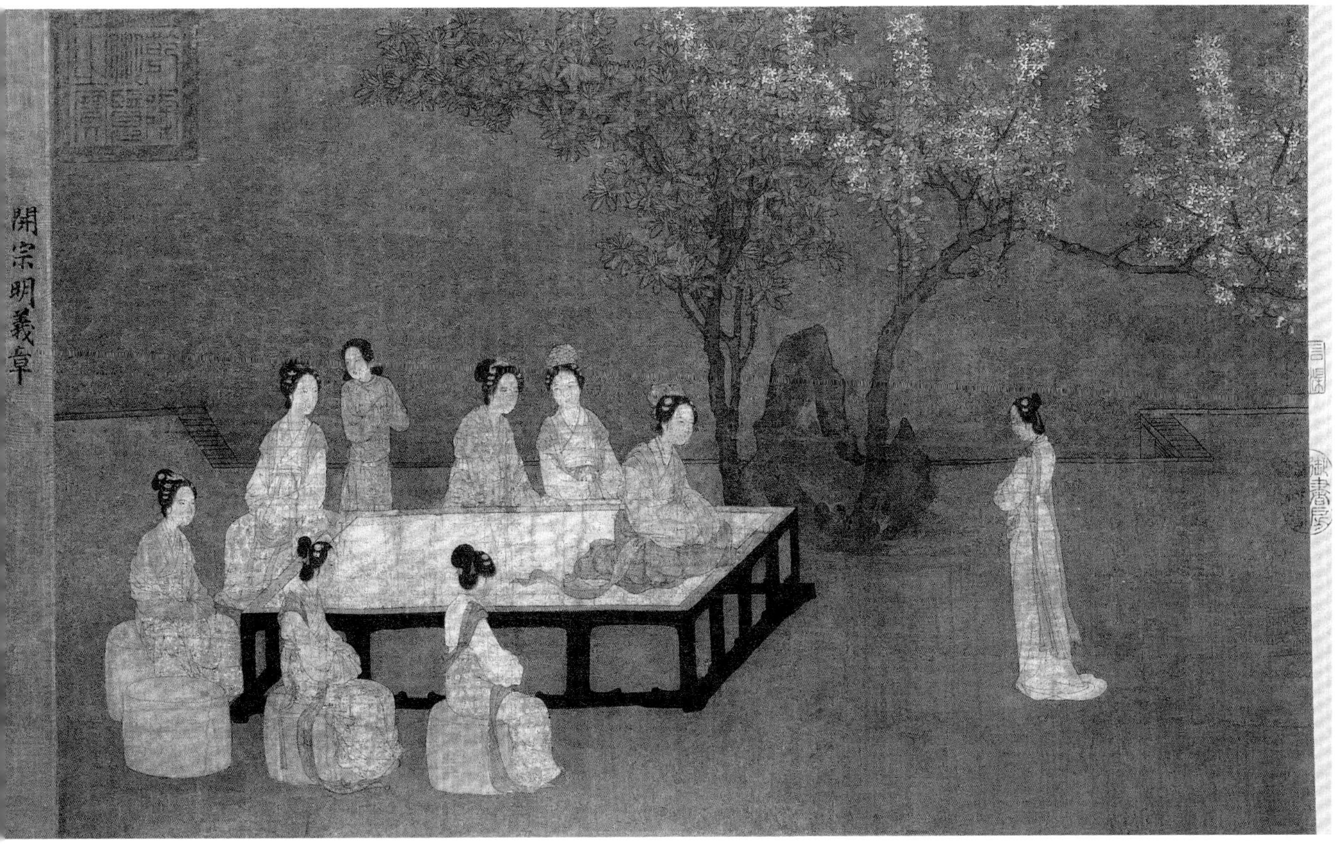
開宗明義章

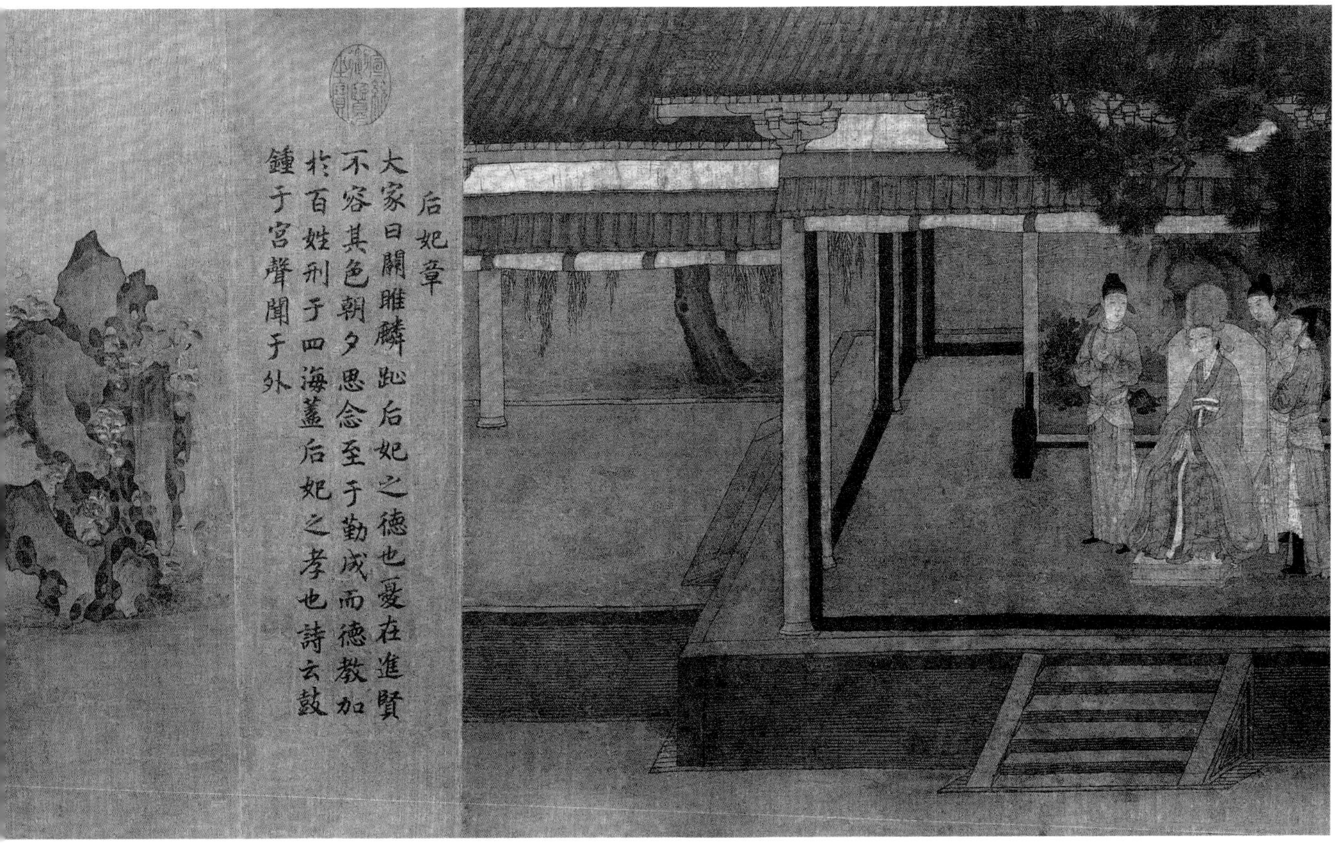
后妃章
大家曰關雎麟趾后妃之德也憂在進賢
不容其色朝夕思念至于勤成而德教加
於百姓刑于四海蓋后妃之孝也詩云鼓
鍾于宮聲聞于外

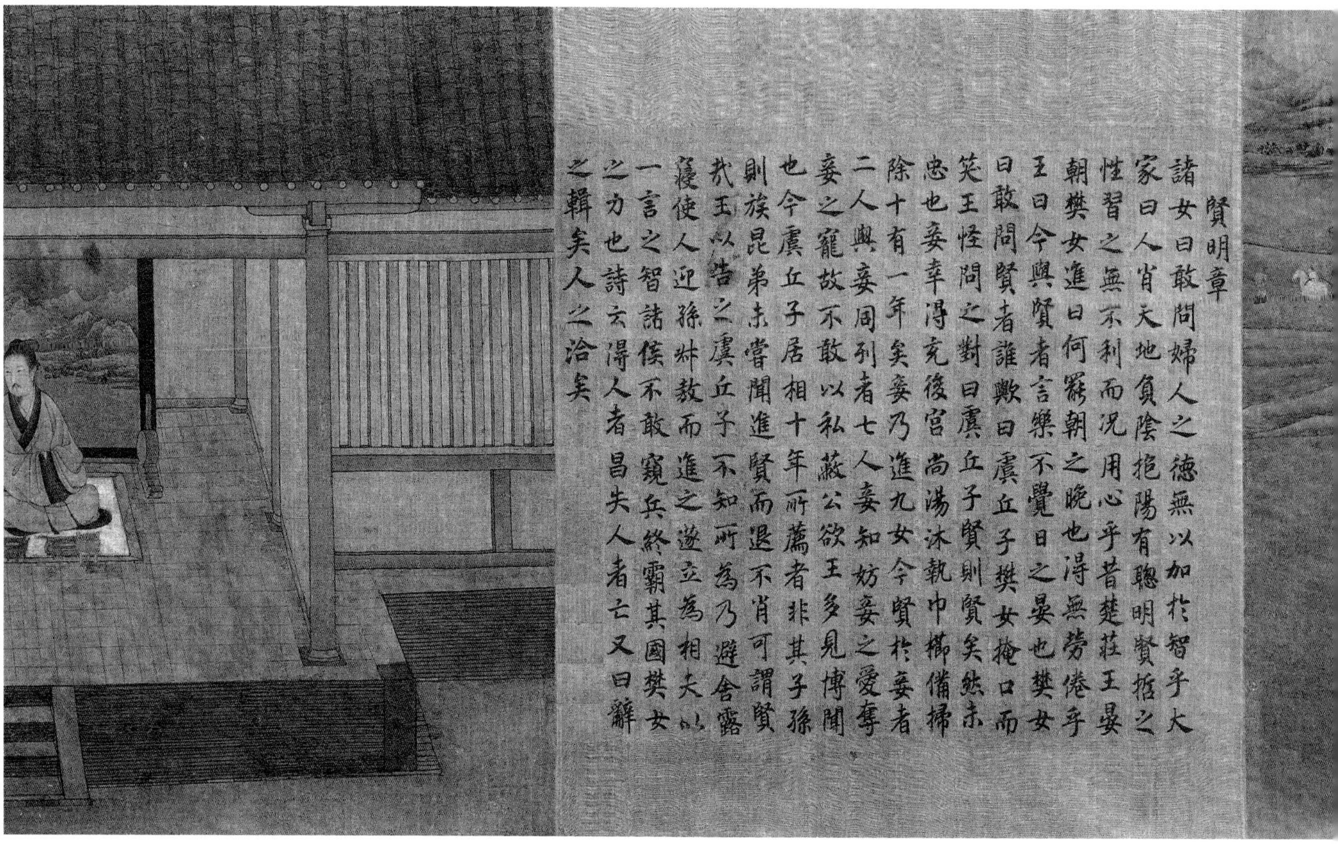
賢明章
諸女曰敢問婦人之德無以加於智乎大
家曰人肖天地負陰抱陽有聰明賢哲之
性習之無不利而況用心乎昔楚莊王晏
朝樊女進曰何罷朝之晚也得無勞倦乎
王曰今與賢者言樂不覺日之晏也樊女
曰敢問賢者誰歟曰虞丘子樊女掩口而
笑王怪問之對曰虞丘子賢則賢矣然未
忠也妾幸得充後宮尚湯沐執巾櫛備掃
除十有一年矣妾乃進九女今賢於妾者
二人與妾同列者七人妾知妨妾之愛奪
妾之寵故不敢以私蔽公欲王多見博聞
也今虞丘子居相十年所薦者非其子孫
則族昆弟未嘗聞進賢而退不肖可謂賢
哉王以告之虞丘子不知所為乃避舍露
寢使人迎孫叔敖而進之遂立為相夫以
一言之智諸侯不敢窺兵終霸其國樊女
之力也詩云得人者昌失人者亡又曰辭
之輯矣人之洽矣

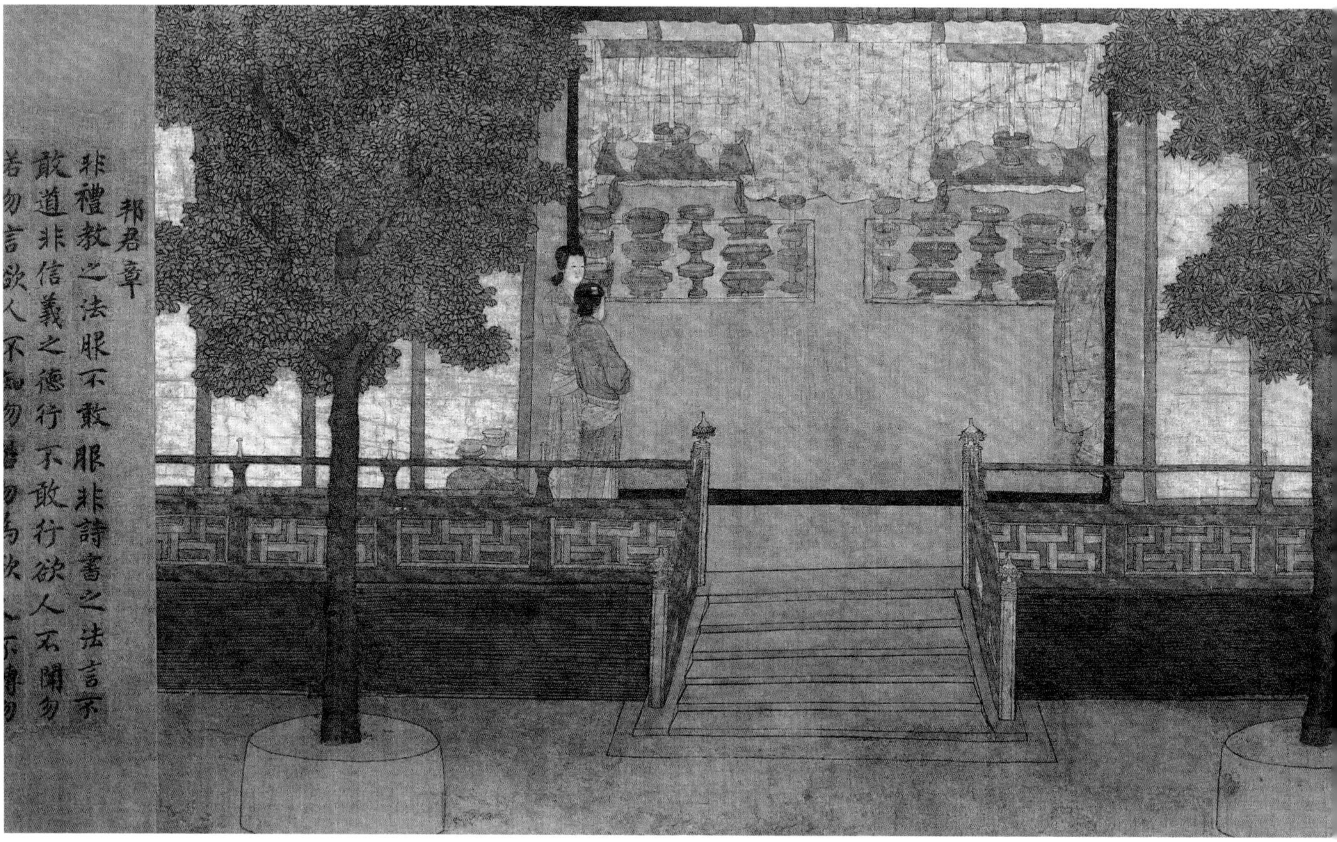
邦君章
非禮教之法服不敢服非詩書之法言不
敢道非信義之德行不敢行欲人不聞勿
若勿言欲人不知勿若勿為欲人不傳勿

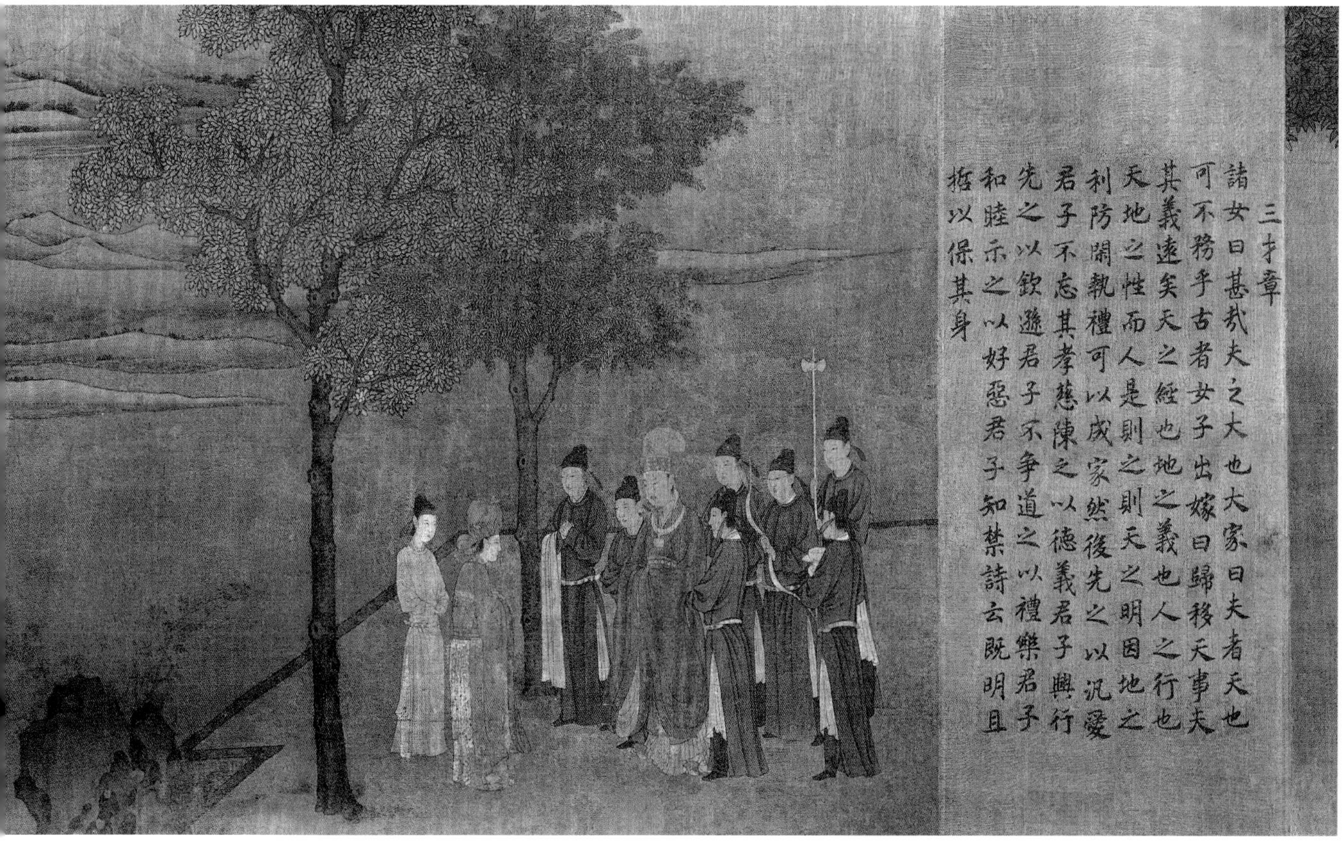
三才章
諸女曰甚哉夫之大也大家曰夫者天也
可不務乎古者女子出嫁曰歸移天事夫
其義遠矣天之經也地之義也人之行也
天地之性而人是則之則天之明因地之
利防閑執禮可以成家然後先之以汎愛
君子不忘其孝慈陳之以德義君子興行
先之以欽遜君子不爭道之以禮樂君子
和睦示之以好惡君子知禁詩云既明且
哲以保其身

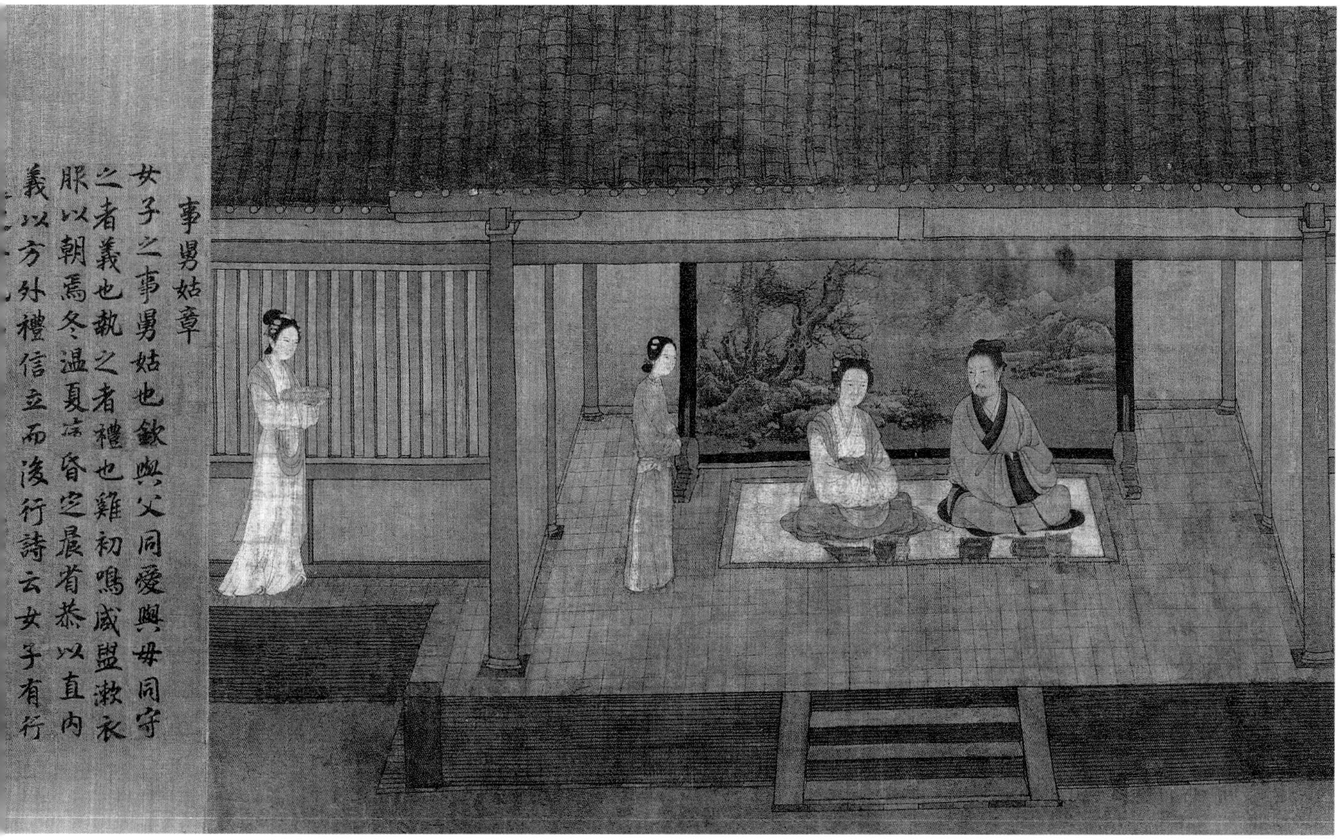
事舅姑章
女子之事舅姑也敬與父同愛與母同守
之者義也執之者禮也雞初鳴咸盥漱衣
服以朝焉冬溫夏凊昏定晨省恭以直內
義以方外禮信立而後行詩云女子有行

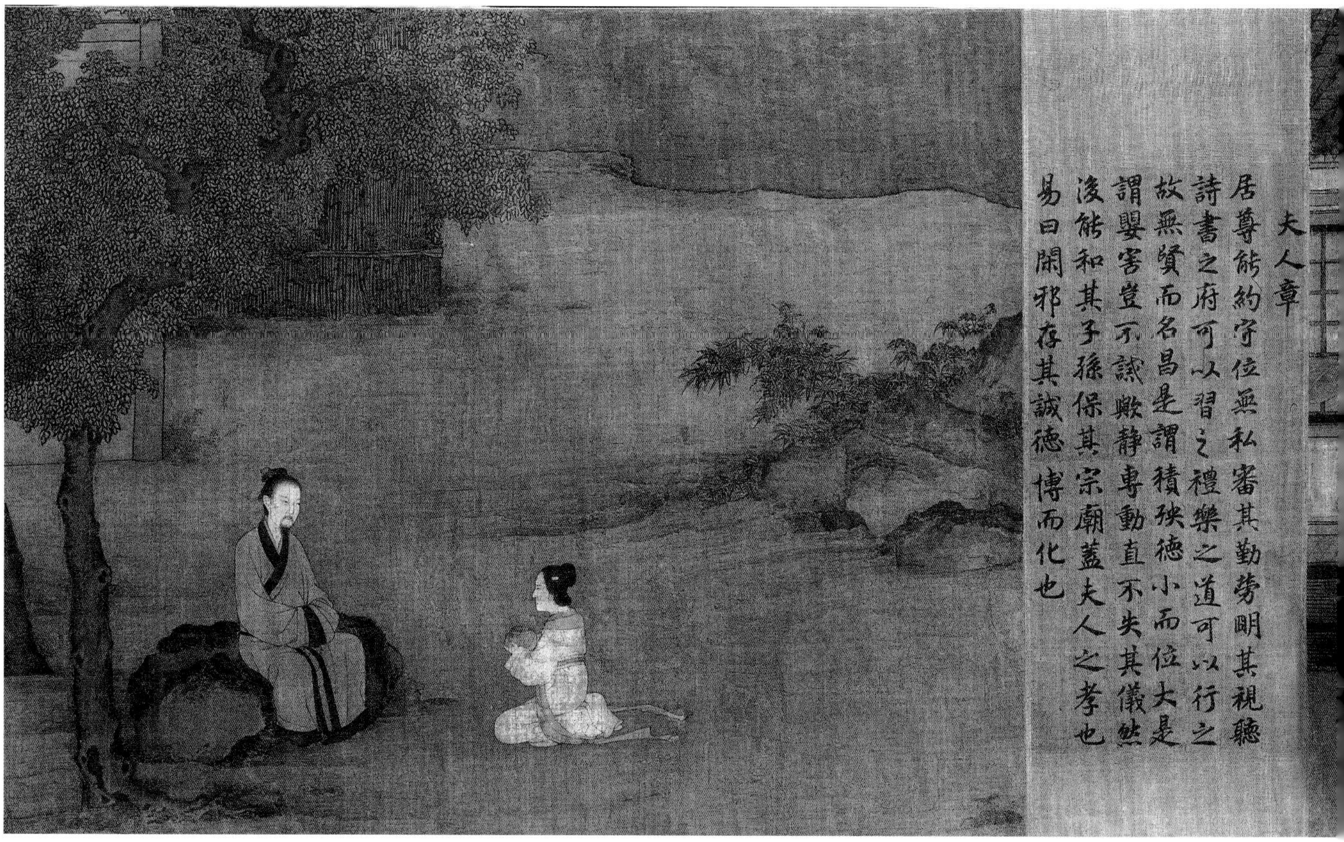
夫人章
居尊能約守位無私審其勤勞明其視聽
詩書之府可以習之禮樂之道可以行之
故無賢而名昌是謂積殃德小而位大是
謂嬰害豈不誡歟靜專動直不失其儀然
後能和其子孫保其宗廟蓋夫人之孝也
易曰閑邪存其誠德博而化也

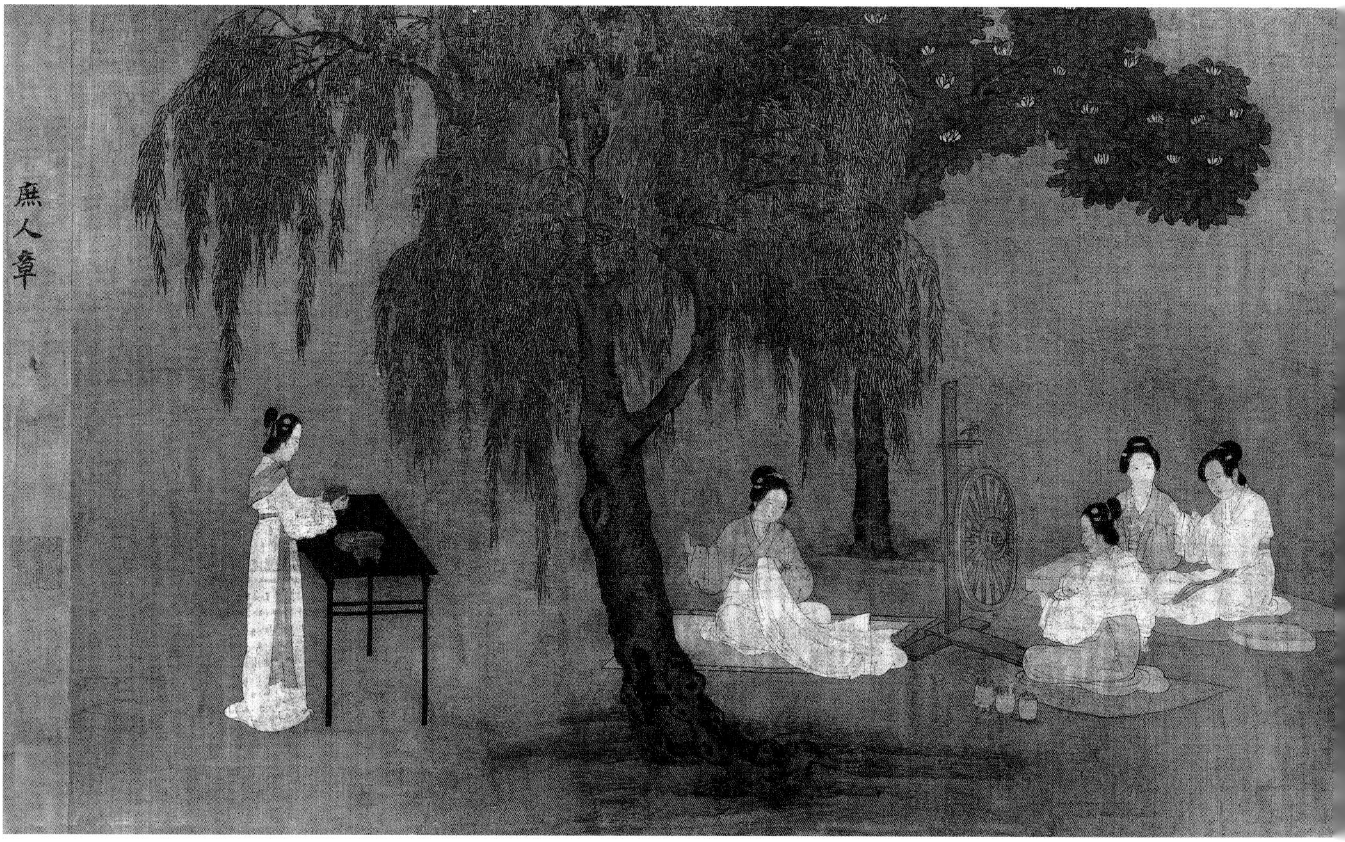
庶人章

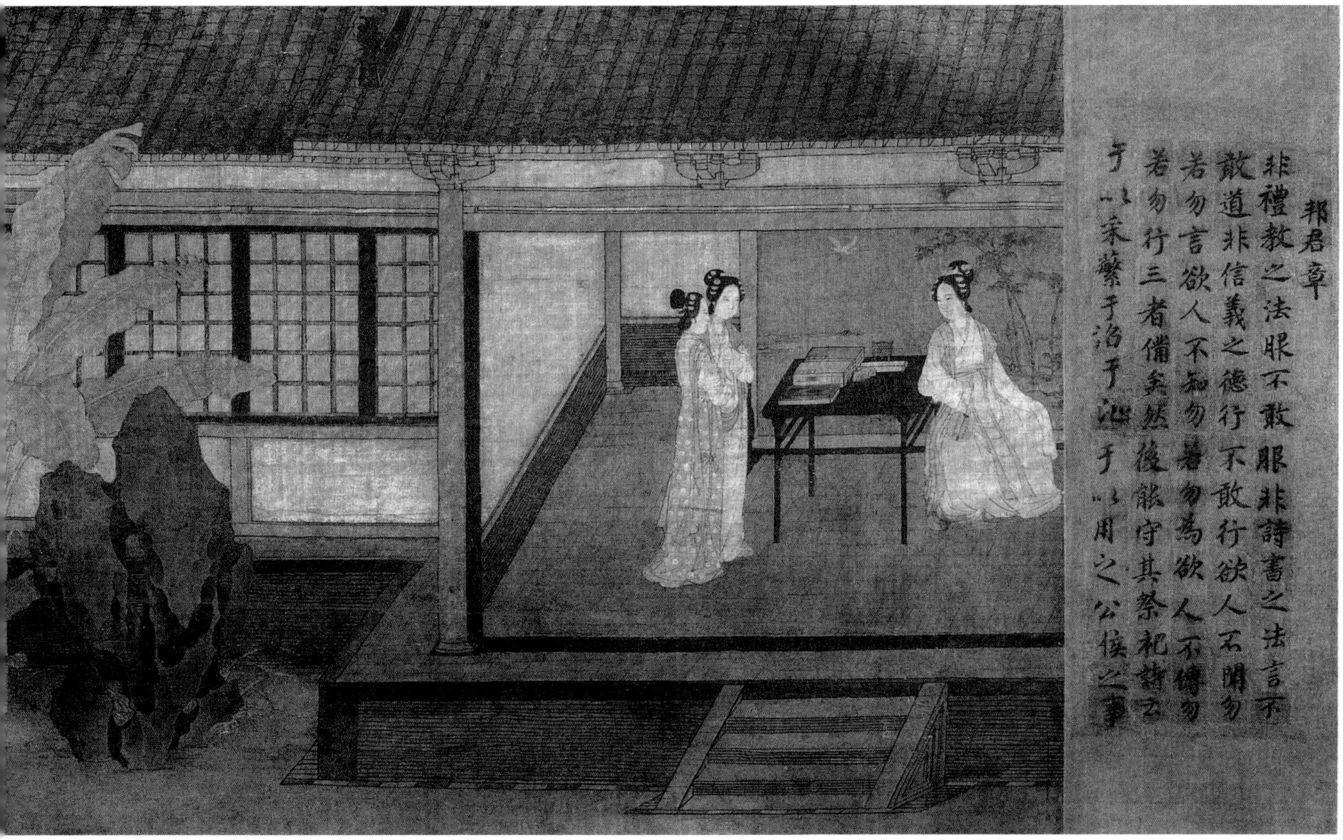
邦君章
非禮教之法服不敢服非詩書之法言不
敢道非信義之德行不敢行欲人不聞勿
若勿言欲人不知勿若勿為欲人不傳勿
若勿行三者備矣然後能守其祭祀詩云
于以采蘩于沼于沚于以用之公侯之事

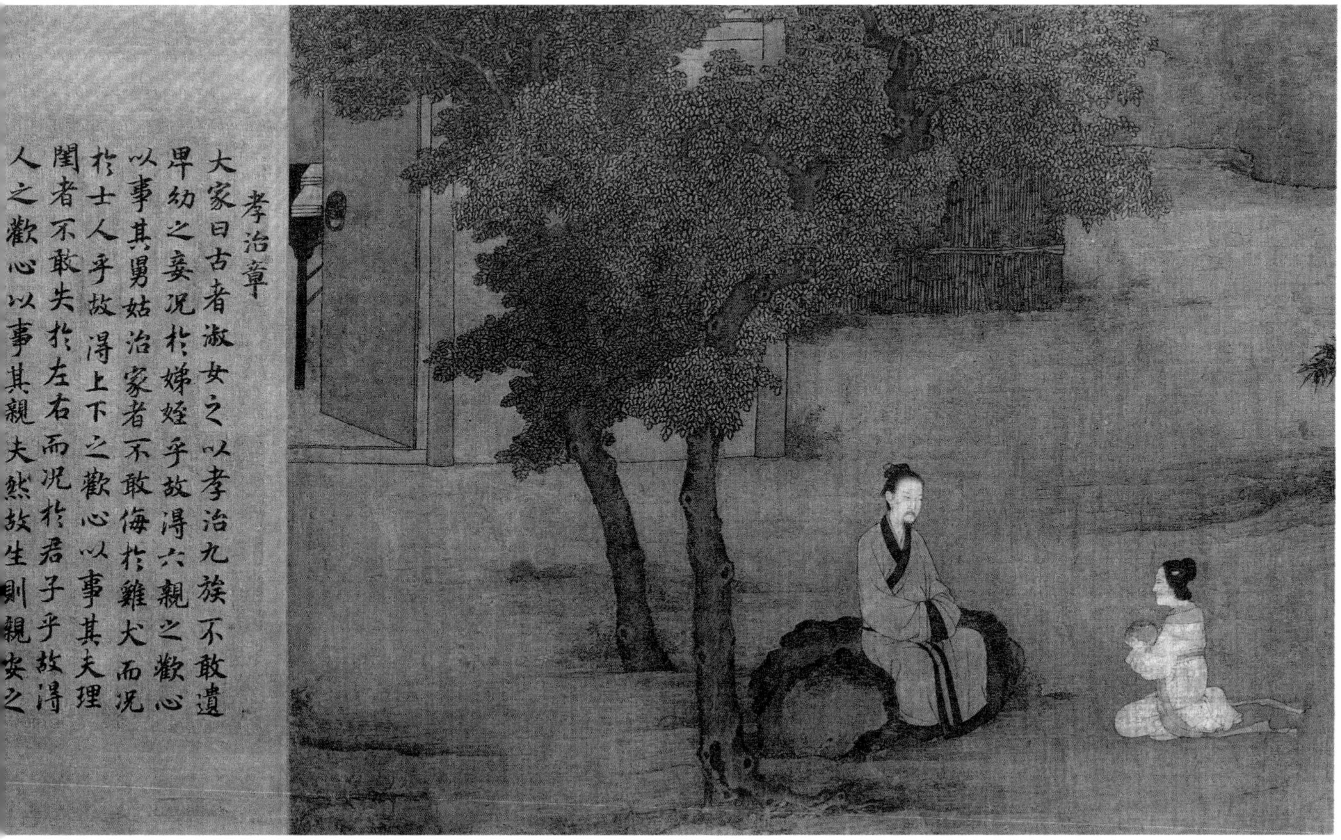
孝治章
大家曰古者淑女之以孝治九族不敢遺
卑幼之妾況於娣姪乎故得六親之歡心
以事其舅姑治家者不敢侮於雞犬而況
於士人乎故得上下之歡心以事其夫理
閨者不敢失於左右而況於君子乎故得
人之歡心以事其親夫然故生則親安之

32

佚名　蕃王禮佛圖卷

南宋（傳）
紙本　墨筆白描　縱34.2厘米　橫130.3厘米
清宮舊藏

Foreign Kings Worshipping the Buddha Sakyamuni

Anonymous
Southern Song Dynasty
Handscroll, Ink on paper
H. 34.2cm　L. 130.3cm
Qing Court collection

《賢愚經．降六師品》，講述釋迦牟尼約越祇國、特叉尸利國、波羅奈國、迦毗羅衛國等各國國王同聚王舍城，與六師外道對辯，六師外道最後奔逃墜河而死的故事。

此圖即取釋迦渡海約見各國國王並講經的場景。圖中繪佛陀趺坐於蓮座上，頭頂生肉髻，眉間有白毫，神色慈祥端莊，形象趨於世俗化。身後有火焰形背光，背光後浮雲縈繞，蓮座下海浪翻騰。岸邊有一蕃王，頭插雙翎，跪拜在胡毯上。隨後的西域諸王，多為深目高鼻、鬈髮長鬚，拱手侍立，神態謙恭。釋迦綫描匀細，多有回轉，狀如行雲流水。

本幅鈐藏印"乾隆御覽之寶"（朱文橢圓）、"第一稀有"（朱文）、"三稀堂精鑑璽"（朱文）、"宜子孫"（白文）等二十七方。

引首有唐俞書"蕃王禮佛"，鈐印三方。前後隔水鈐藏印"五福五代堂古稀天子之寶"（朱文）、"八徵耄念之寶"（朱文）、"古稀天子"（朱文圓形），題記"番禺葉恭綽所藏佛教名畫上品"。

尾紙有釋妙聲、餘澤（釋文見附錄），李簡、易偉、周備、戴寧、王鴻緒、顏世清八家題跋，鈐印三十四方。

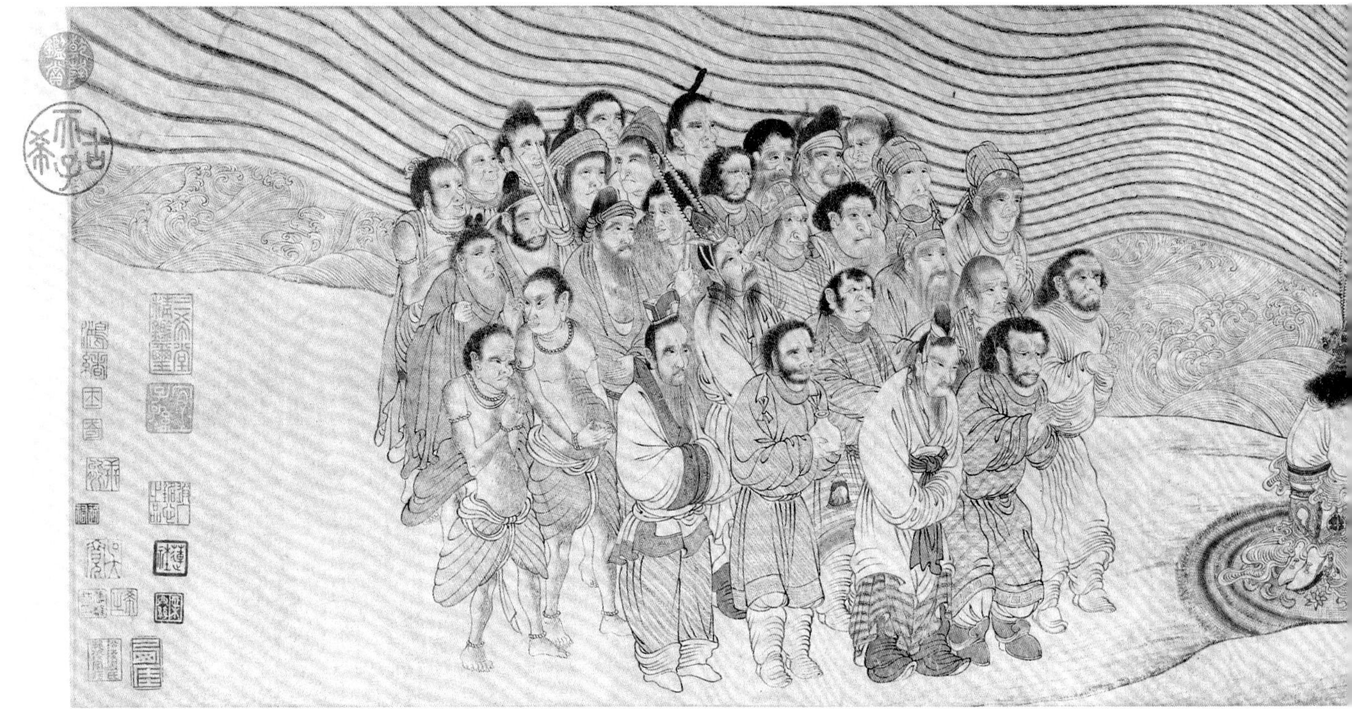

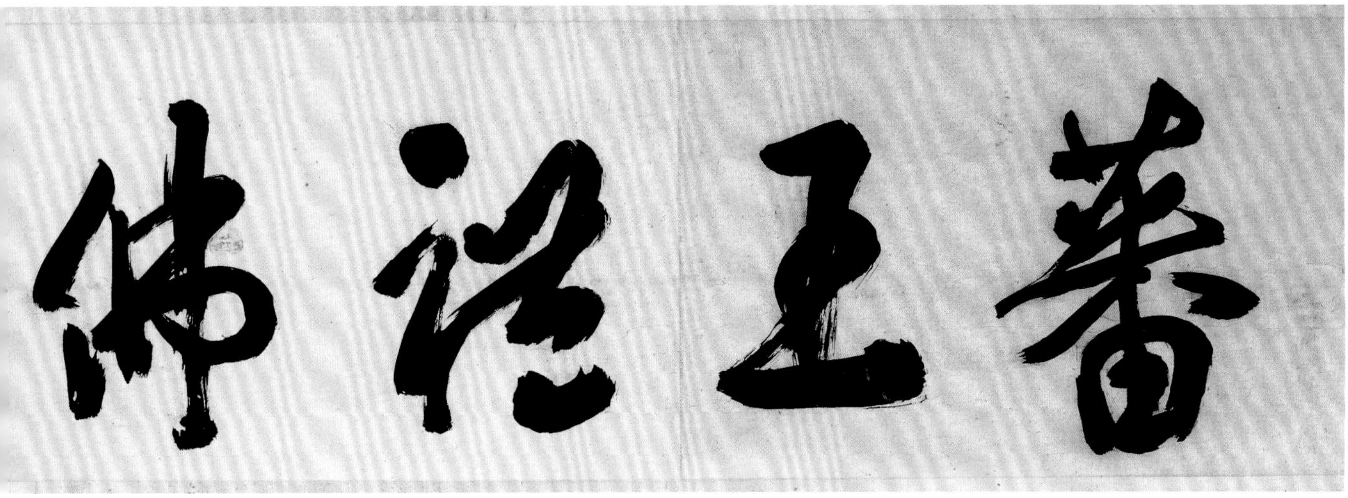
蕃王禮佛

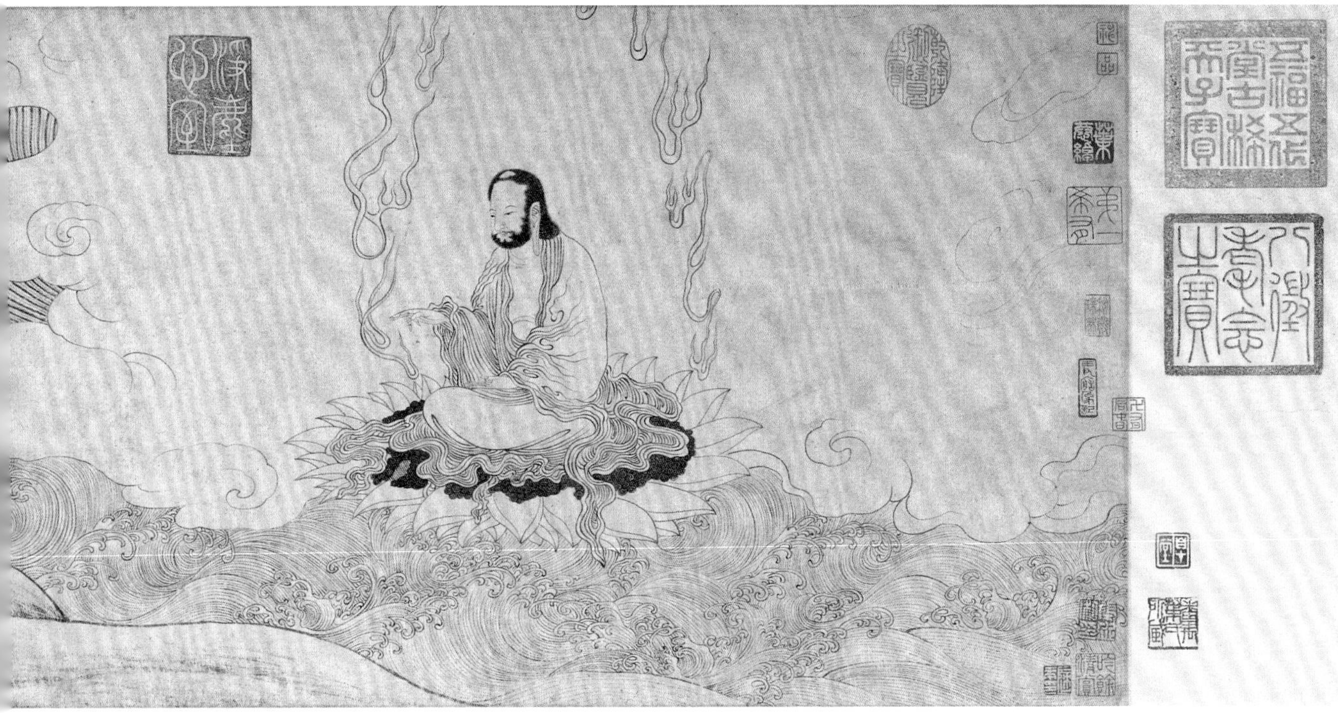

九寅八齋聲穀罕至惟見
侍容必恭敬心維王在前截拜
稽首羣從咸集嚴列左右我二
其冠楚楚其服虬髯螺髮穹
鼻深目伊昔宋代鮮有其人
方今
聖朝來往日新曩迦毓藏丞
囉賓因撒啞麻哩名動搢紳
言不雅馴訓義無別粵有家
胥善爲解說式觀此卷畫手
非常褒讚藏之有眹餘光
時至正十年上章攝提格孟
陬已立春六日郡城天名老粵子沙门
答澤七十四歲書于寶馬寺東齋
如山重公之燈閣

香水海中傳左指碧蓮華上結加
趺方今象教行中國況爾蕃王部
落俱八十五翁易偉

雕題朱髮紛重跅竺國函
来聽梵音仰止孔壇羣弟

所定良不誣矣余丙寅歲少司農歸里
乃于吳閶歸氏後為友人取去今歲在
丙申重復購得之因識卷尾俾後之
覽斯畫者有所考焉
康熙五十五年九月廿六日橫雲山人王鴻
緒書于長安經館

李龍眠畫為有宋一代之冠
前人已有定評無庸贅言此
蕃王禮佛圖歷經清河書
畫舫江邨消夏錄紀載嗣
由高氏歸橫雲山人乾隆朝至
入內府貯秘殿數百年來流傳
有緒題跋亦復完整畫紙潔白
如新毫無損汙尤為可寶惟
張青父所載題跋如於李蒲
經於釋九臯而高澹人江邨
消夏錄則九臯居前彭沖
溪跋尾一詩大約歸王儼齋後始
失去合記於此若夫畫之神妙
有目皆能共賞予復何言蔣
戊午大雪後 穀定顏

石渠寶笈有重編三編秘殿珠林亦
有三編見西清劄記是卷在續編於
和編未載歸帝之石渠是明末收藏
家是卷畫首有歸未印跋尾有帝

傚託者諦觀此卷之跋有其精詠
之態洪氏偽造然則盛氏故宮所藏為
贋無疑頗疑兩卷同編入秘殿珠林
而此題跋之異同竟無人發覺而為
之分白審定足徵其時主其事者
之疏略矣至畫之是偽不在有款与
否而偽作尤必有款今釋論此卷
者之疑也
共和丙寅秋日葉恭綽 時維傚前得此卷之日適為甲子四周

亦檢江村書畫目此卷乃列入藏玩手卷中
前云在棣定進上目內乃屬誤記據此則由
儼齋贈与江村由江村家散出再歸王氏然
後入內府灼然可攷又吳子敏大觀錄卷十
五載是卷稱為乾隆所作但乃無寶證不
知緣何武斷至大觀錄所載尺寸題識
悉与此同固知即是一物耳
大觀錄載吳原博一跋為江村消夏錄所未
載以卷中有吳寬印證之當確有是跋
而江村時已失之亦補錄于後以供參考
海氣蒸茫水雲接天佛在巨浪中白手
指白豪祖光袒裼跣立番王虬髯衿褶
長跪受記從者殊形詭狀延頸遙瞻或
合掌或拱立為態不一計三十一人人長
四寸有餘 吳寬
民國丁卯三月葉恭綽再志

越月余入都回周表安得觀武英殿所藏之卷与金氏所記
悉同筆力羸弱都無神采殆亦非宋代物表安亦定為贋鼎
或者高氏或王氏進此偽物而自留其真者或与此卷先後
入宮而未及對證覺察均未可知要之此卷之真價將因是
益顯耳 丁卯四月遐庵再記

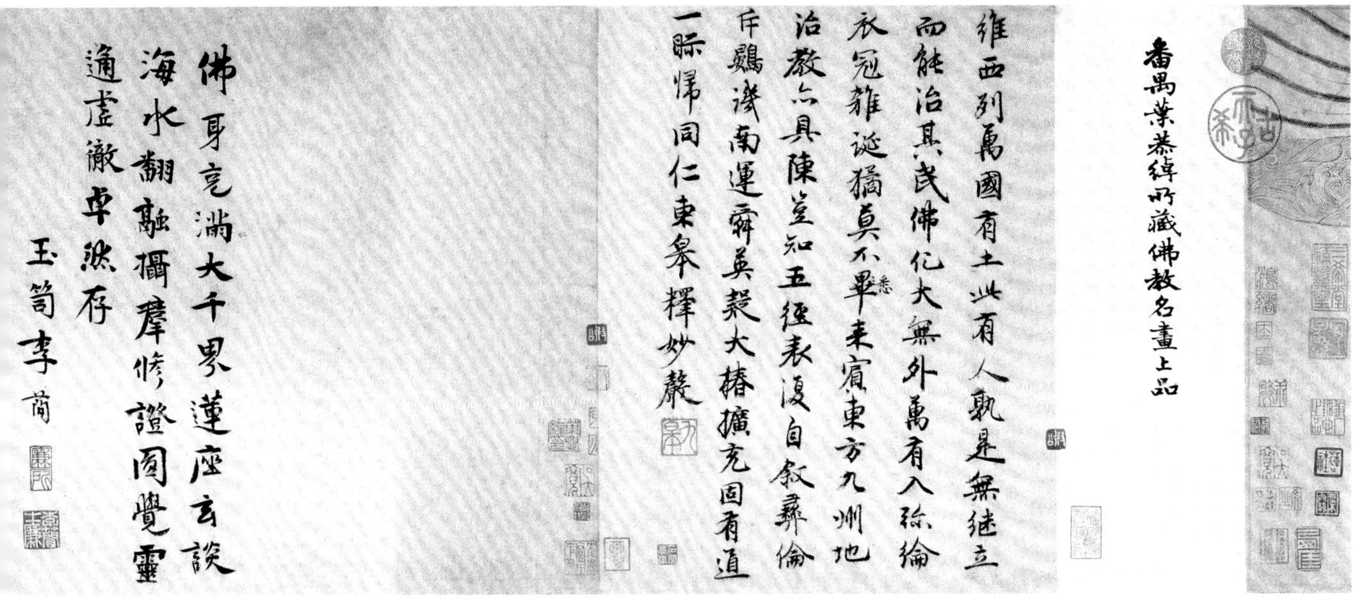

番禺葉恭綽所藏佛教名畫上品

維西列萬國有土此有人孰是無継立
而能治其民佛化大無外萬有入弥綸
衣冠雖詭獢莫不畢悉來賓東方九州地
治教亦具陳豈知五經表復自叙彝倫
斥鷃譏南運舜莫疑大椿擴充固有道
一睎歸同仁東皋釋妙馨

佛身亮滿大千界蓮座玄談
海水翻騰攝摩修證圓覺靈
通虛徹卓然存
玉筍李荀

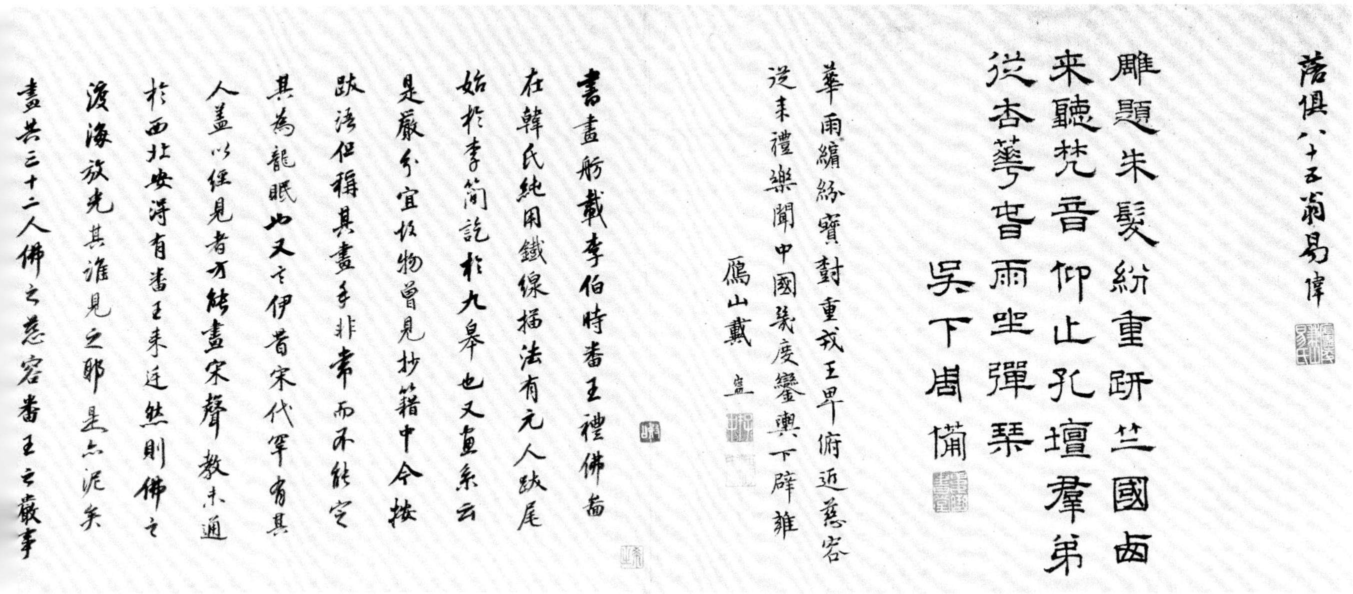

落俱八十五翁易孺

雕題朱髮紛重跡竺國西
來聽梵音仰止孔壇群弟
從杏花雨坐彈琴
吳下周備

華雨繽紛寶對重戎王畀俯近慈容
從來禮樂聞中國幾度鑾輿下辟雍
鴈山戴嵒

書畫舫載李伯時番王禮佛圖
在韓氏純用鐵線描法有元人跋尾
始於李簡說於九皋也又東系云
是嚴分宜收物曾見抄籍中今按
跋語但稱其畫手非常而不能定
其為龍眠也又云伊耆宋代寧有其
人蓋以經見者少結畫宋聲教未通
於西北安得有番王來廷然則佛之
渡海放光其誰見之耶是亦泥矣
畫共三十二人佛之慈容番王之藏事

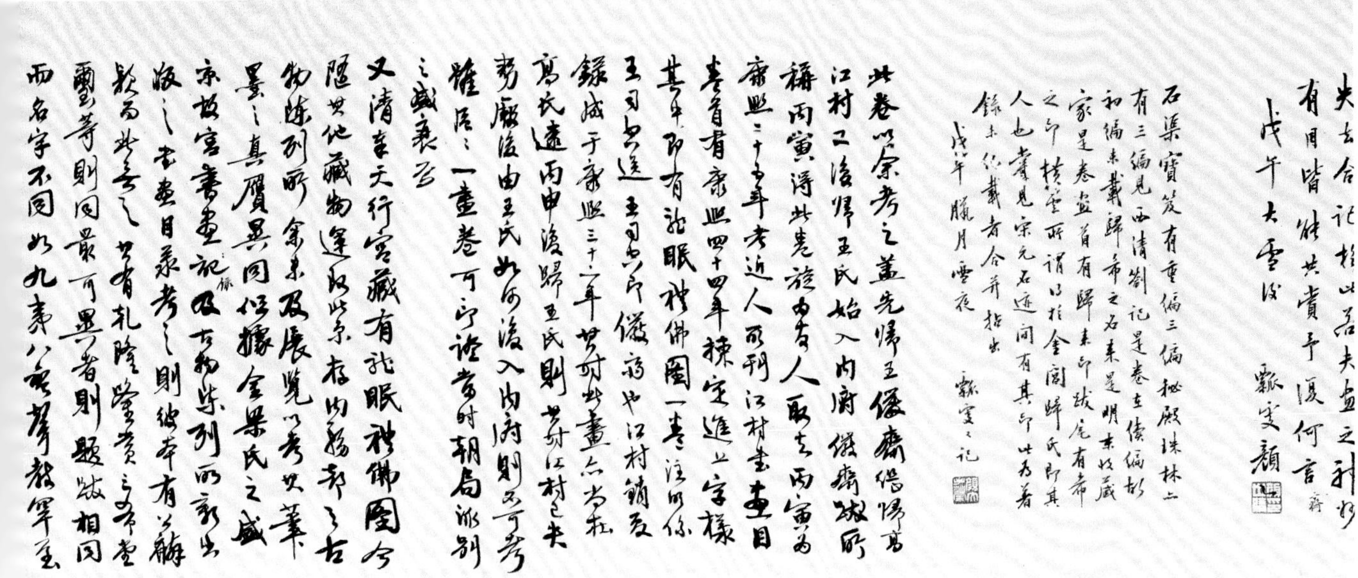

失去合論於此矣夫畫之利物
有目皆能共貴予復何言
戊午大雪後 麟定顏

石渠寶笈有重編三編秘殿珠林亦
有三編見西清劄記是卷在續編於
初編未載歸帝之名未是明末收藏
家是卷盤首有歸未印跋尾有希
之印橫雲所謂以於金閣歸氏即其
人也舊見宋元石近間有其印此為著
錄未經載者合并指出
戊午臘月雪夜 麟定之記

此卷以余考之蓋先歸王儼齋後歸高
江村又後歸王氏始入內府儼齋跋所
稱丙寅得此是從內府人取出丙寅為
康熙二十五年考近人所刊江村書畫目
其有康熙四十四年揀定進上字樣
其年即有龍眠禮佛圖一卷注所係
王司農所送 王司農即儼齋也江村
錄成于康熙三十年其時此畫亦尚在
高氏遠丙申後歸王氏則其時江村已卒
勢厥後由王氏此卷後入內府則不可考
雖然一畫卷可以證當時朝局派別
之盛衰云

又清季天府行宮藏有龍眠禮佛圖今
隨其他藏物運歸北京存內務部之古
物陳列所余亦及展覽以考其筆
墨之真贗異同但據金梁氏之盛
京故宮書畫記錄及古物陳列所新出
版之書畫目錄考之則彼本有乾隆御
題而此卷之其有札隆鑒賞之印璽
璽等則同最可異者則題跋相同
而名字不同如九素八家等教軍至

33

佚名　摹梁令瓚星宿圖卷

南宋
絹本　設色　縱30厘米　橫485.5厘米

Constellations after Liang Lingzan's Style

Anonymous
Southern Song Dynasty
Handscroll, Colour on silk
H. 30cm　L. 485.5cm

梁令瓚，蜀（今四川）人。唐開元（713—745年）中官至率府兵曹參軍。精天文數術，能篆書，善畫人物。李公麟稱其"甚似吳生（吳道子）"。

《星宿圖》，前繪五星，後繪二十八宿星神。現僅存五星及從"角"至"危"十二宿星神。其右篆書題星神名、性情、屬性及祭法。五星為：

"歲星神，豪俠勢利，立廟可於軍門，祭用白幣，器用銀，食上（尚）白鮮，諱彩色，忌哭泣。歲星為君王。"

"熒惑星神，食火，祭用血肉酒，器用赤銅，幣用赤，殺牲發血，祭具戰器鼓舞，然後祭之，忌哭泣，善事。熒惑，嬌暴公子，熒惑廟可致（置）軍門。"

"鎮星神，以黑煙霧為宮，祭用烏麻油，蔬食飲水，幣用故黑，器用鐵，戒在奢淫。鎮星是御使，宜水土事，立祠農疇水渚傍。"

"太白星神，祭用女樂，器用金，幣用黃，食用血肉，不殺牲，亦忌哭泣。太白廟女，宮中黃屋飾皆黃，仍被（披）五彩。太白，後妃也。"

"辰星神，功曹也，知天下，理文墨、曆數、典吏、傳送，執天下綱紀。辰星，白御也，常不離日，祭用碧，器用碧玉，幣用碧色，祭用蔬水類、（魚屬），廟可致（置）於相府也。（中書省是）。"

"二十八宿神形圖"

"角星神，聰睿勇智，受快樂，通律曆。名（藝？）芳，弍（一）名先率，姓熾振。"

"亢星神，性淳，質清平，通於戰陣。名賢戰。"

"氐星神，廟有九萬里，通於數紀之會。名枌評，姓為翟衛。"

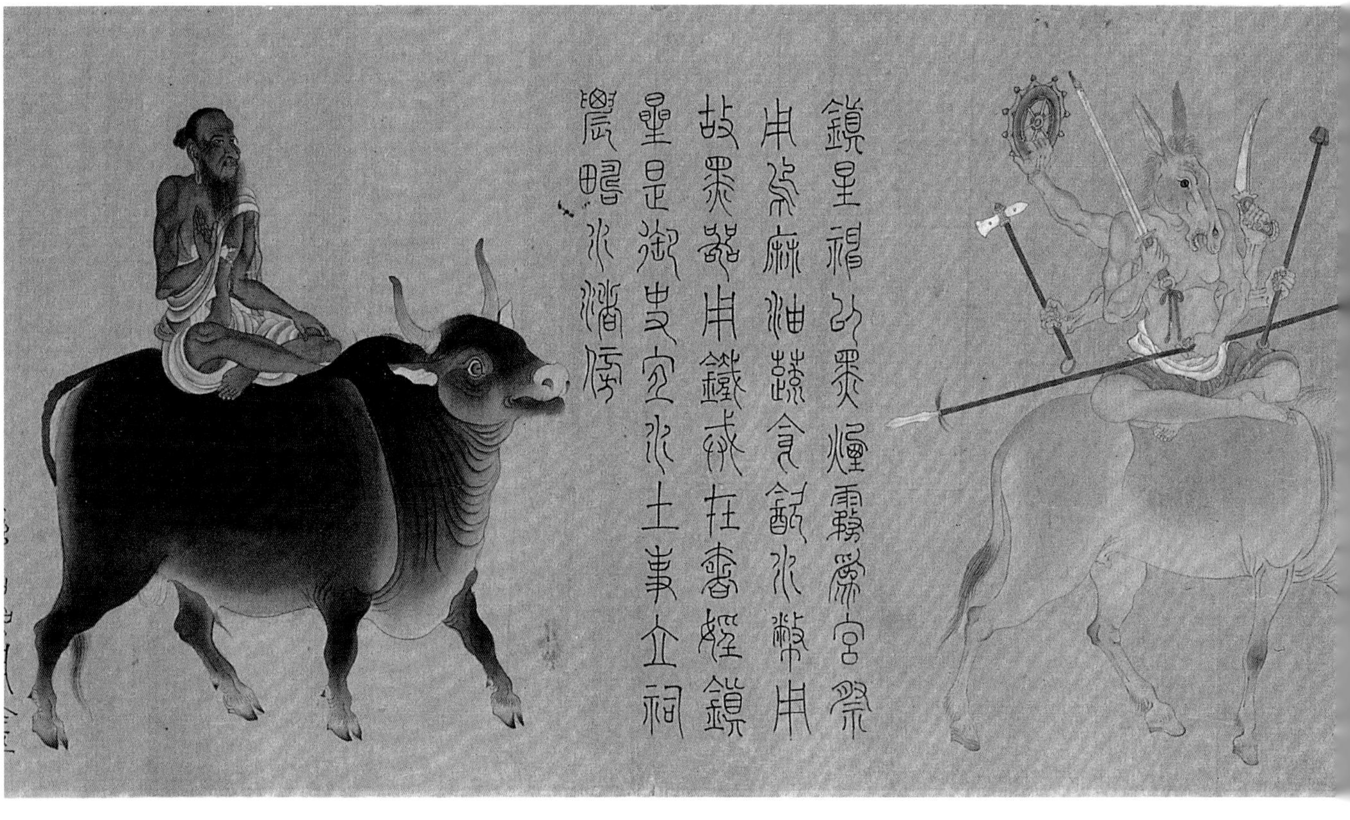

“房星神，性毒雄，多淫多子，妖訛咒詛，淫祀兩形，與丈夫婦人更為雄雌，廟一十萬餘里，廟欹邪廣。名含孫，姓為管紀踐。”

“心星神，性多毒，多淫多子，（妖）訛咒詛，淫祀兩形，與丈夫夫人更為雄雌，廟十萬里，廟欹邪廣。名招貴，姓房館。”

“尾星神，能刻（尅）眾神，而不受眾神刻（尅）。名閭當，姓為張兕。”

“風星神，吼如母大蟲，不受人制，獨用能害物，通於兵。名士常，姓為談汪雲土，或為吐。”

“斗星神，能起伏陰陽，其廟無定準裏數。名狀瞻，姓拒堵終。”

“牛星神，善醫多病，受占候陰陽，諂邪，妄說禍福，能以諂辭扇（煽）動人。名略緒熾，姓躅徐。”

“女星神，淫亂貪婪讒，善醫多病，受占候陰陽，諂邪，妄說禍福，能以諂辭扇（煽）動人，廟廣五萬六千里。名為色舒。”

“虛星神，明曆數。名閭陽，姓明辟疆。”

“危星神，好哭泣，剛腹（愎）嫉惡，好亂好殺，廟廣五萬六千里，名推長，姓呂賈生。”

此圖卷反映較多唐畫的特點。二十八宿星神的造型明顯帶有西方黃道十二宮的特徵，祖本應是唐畫無疑。現藏本還有日本大阪市立美術館藏《梁令瓚　五星二十八宿神形圖》，與本卷十分接近，本卷應是該卷的摹本。以游絲描繪成，輕細勻淨。

本幅款識“秋月”，為元代畫家顏輝之字號，疑偽。鈐印“宣和中秘”（朱文），疑偽。鈐藏印“雙林書屋”（朱文）、“司禮太監雙林馮保收藏書畫”（朱文）。

尾紙有明代陳啟先、清代樊增祥二跋（釋文見附錄）。

曾經宋《宣和畫譜》、元《圖繪寶鑑補遺》、明《東圖玄覽》、《清河書畫舫》、《南陽名畫表》、清《式古堂書畫彙考》、《墨緣彙觀》、《秘殿珠林》等著錄。

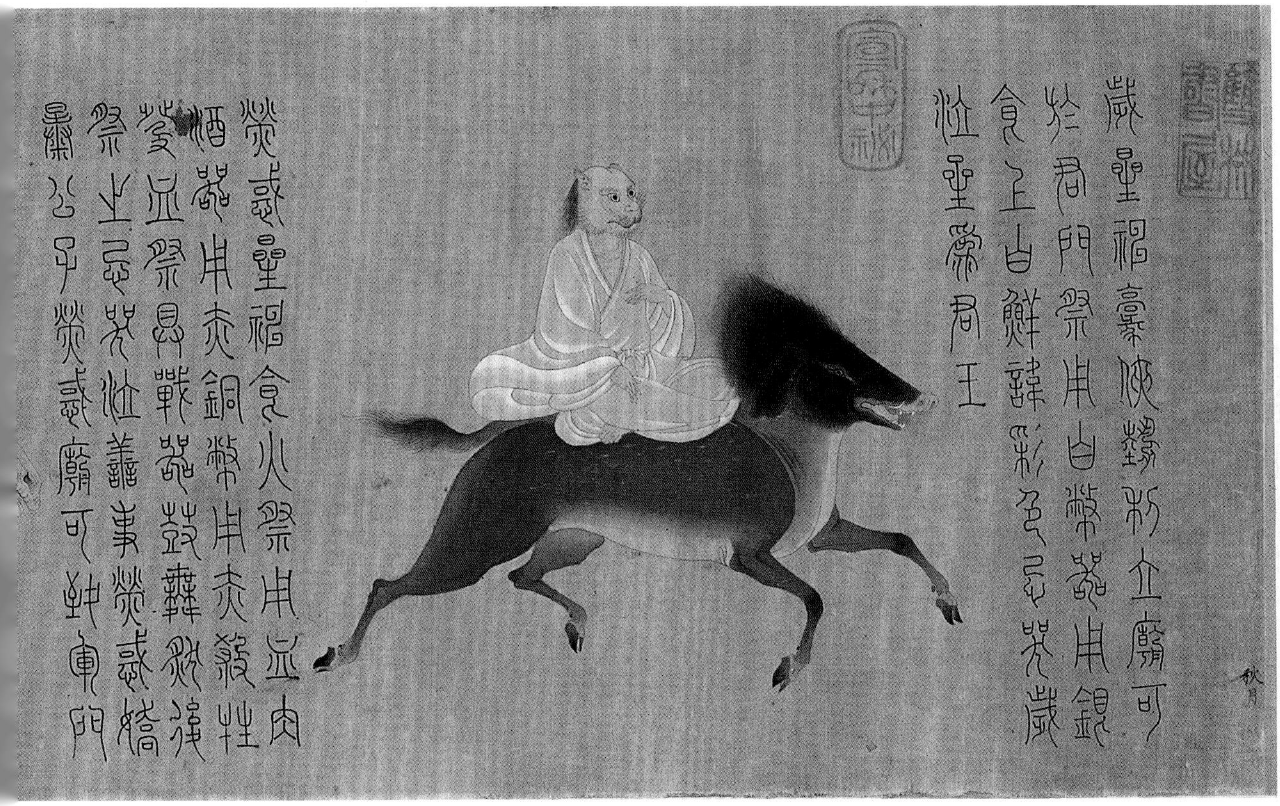

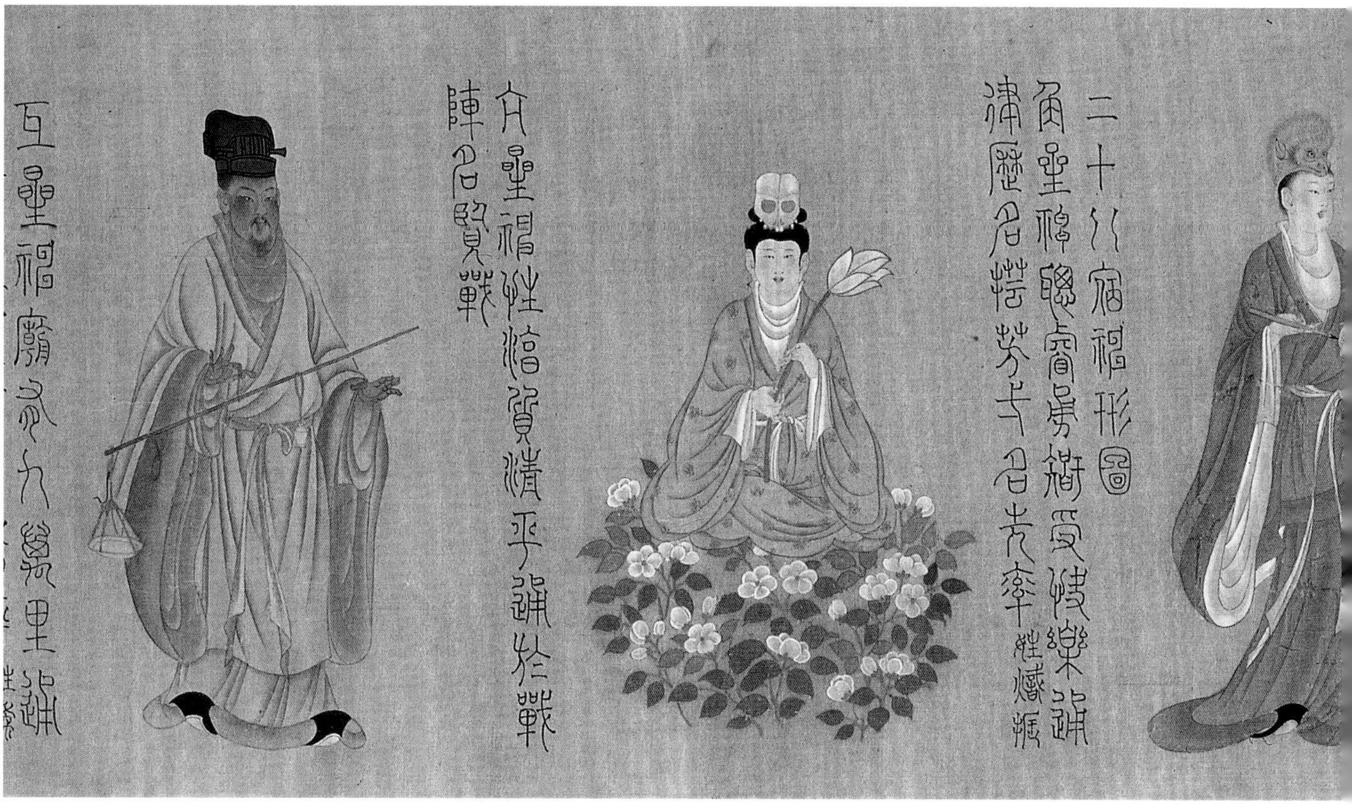
二十八宿神形圖

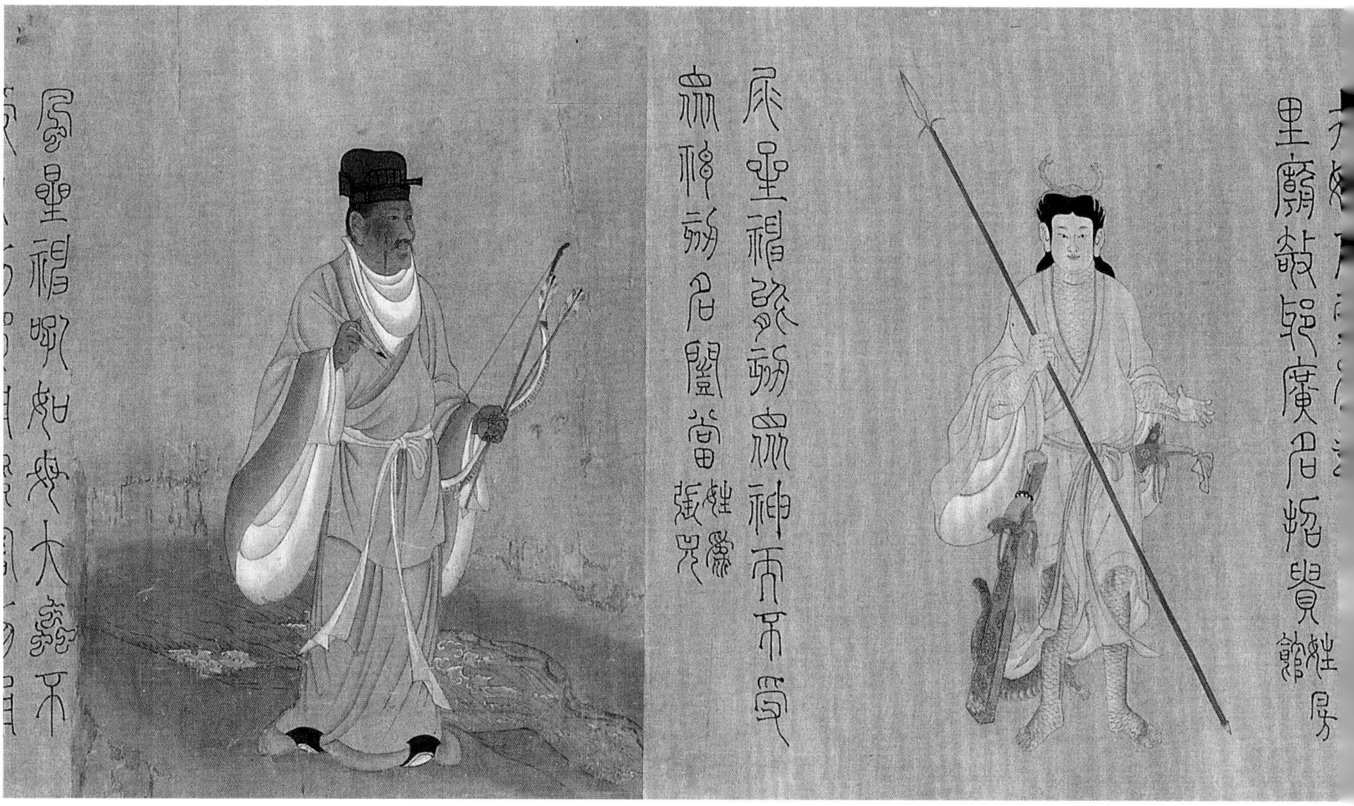

太白星福祭用戊樂器用金
幣用黃食用瓜肉吊縠牲犬
忌巳犯忌攻白壚灰宮中黃屋
餘留黃旛幟五彩内白后紀
也

辰星神坳轉也知天下理文
墨歷涨興㫒傳遊輕天下綑
紀辰星曰御也常吊耀日㫒
用瑞葵用碧玉幣用碧色㫒

互星福廟家九嫐里垚
於戴紀坣會召粉群㫒

房星福牲泰雅召軭日丙
妖訨呪咀㳂祀两形與壴
夫婦八娈爭誰廟一十
縠餘里廟穀跃廣召合孫
牲豕管紀踐

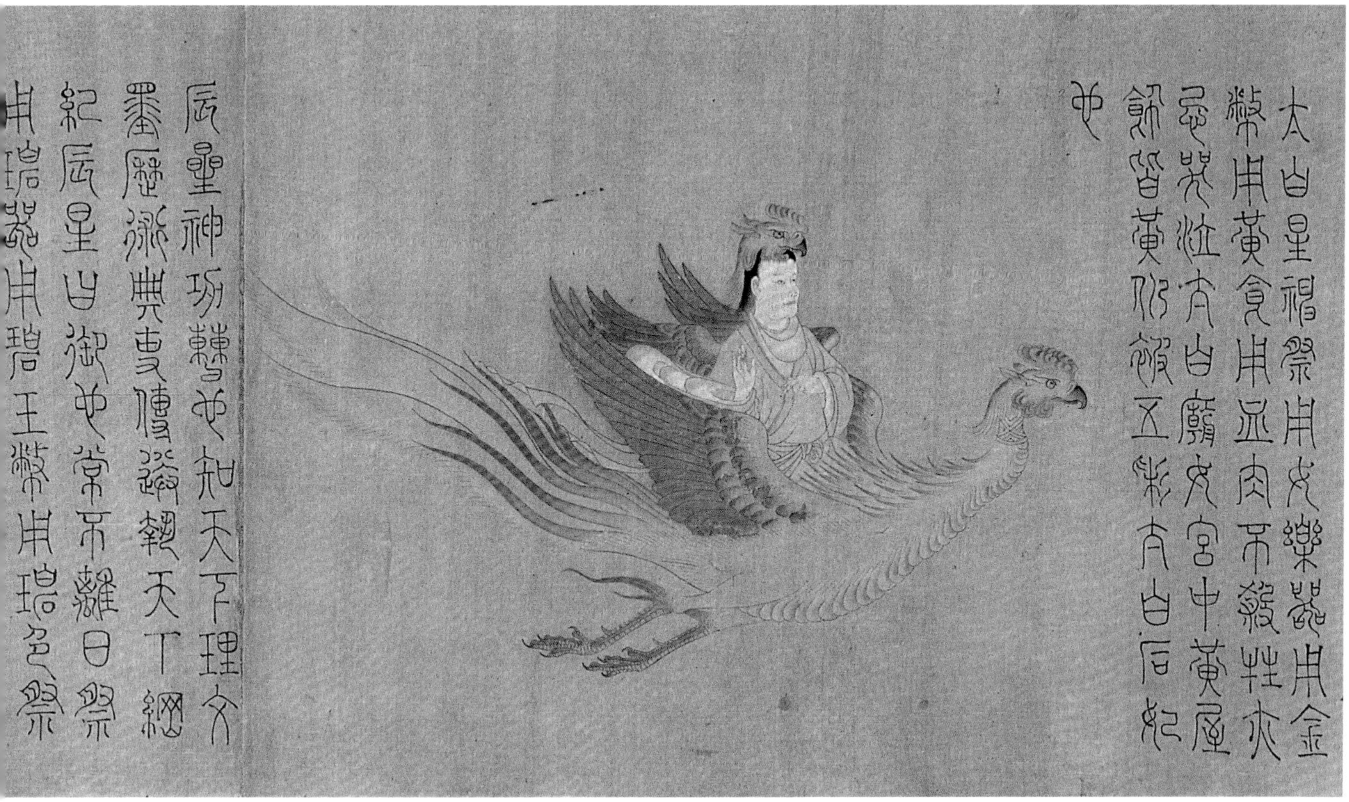

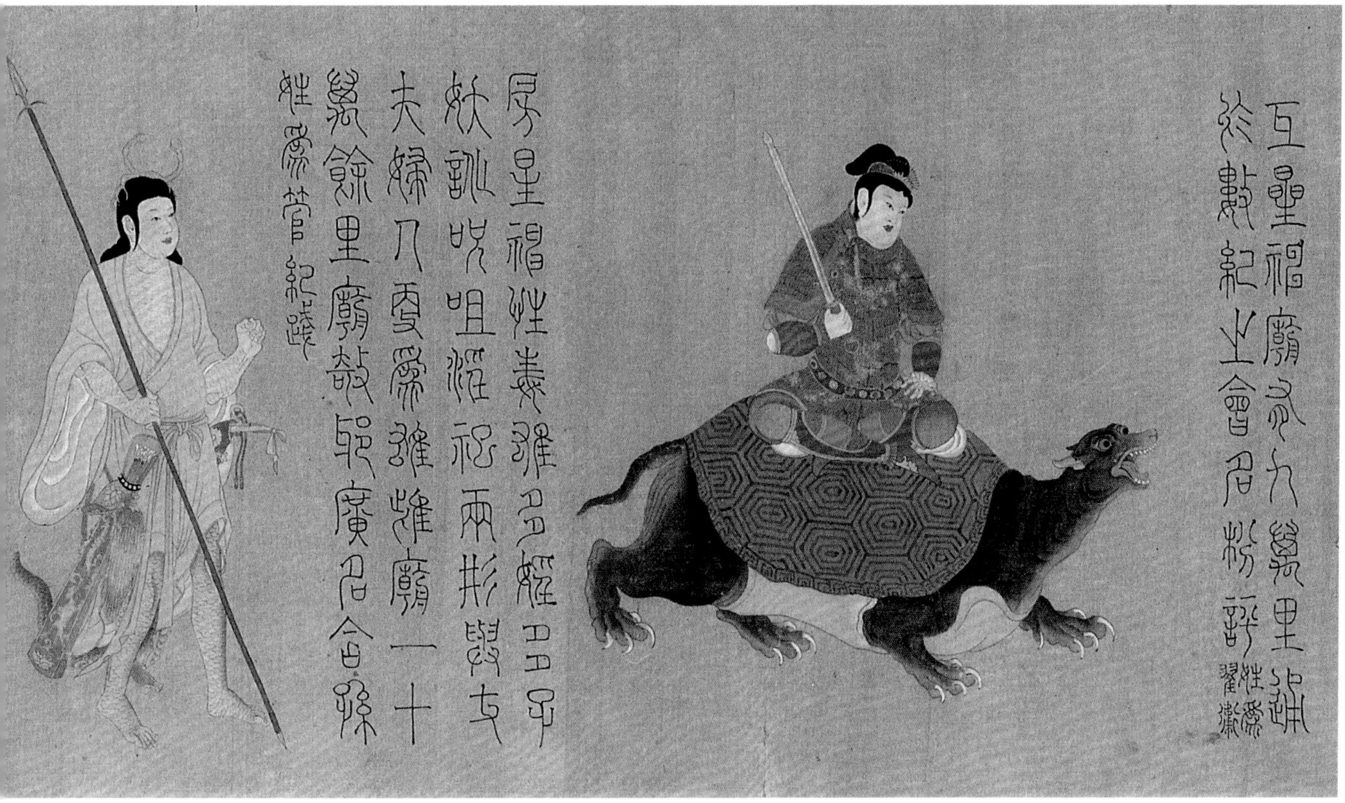

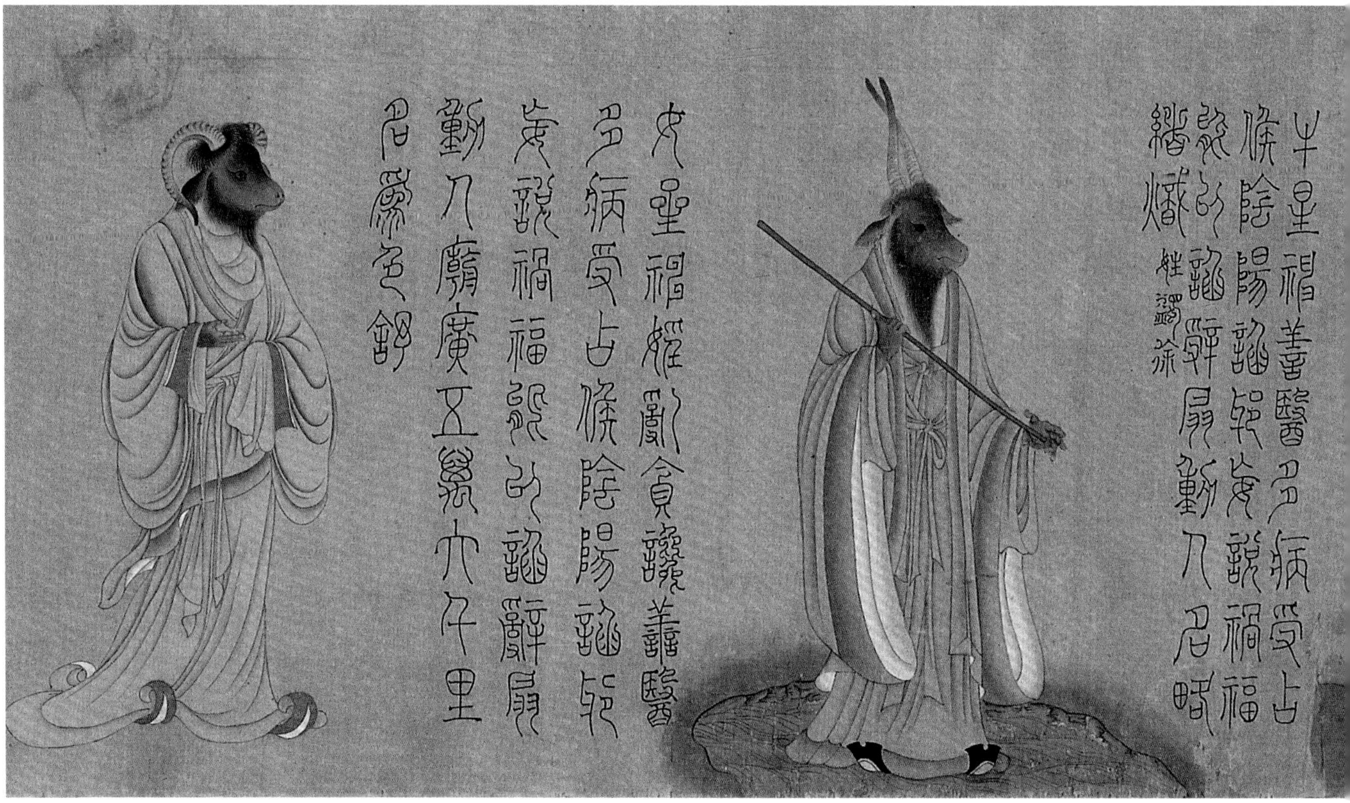

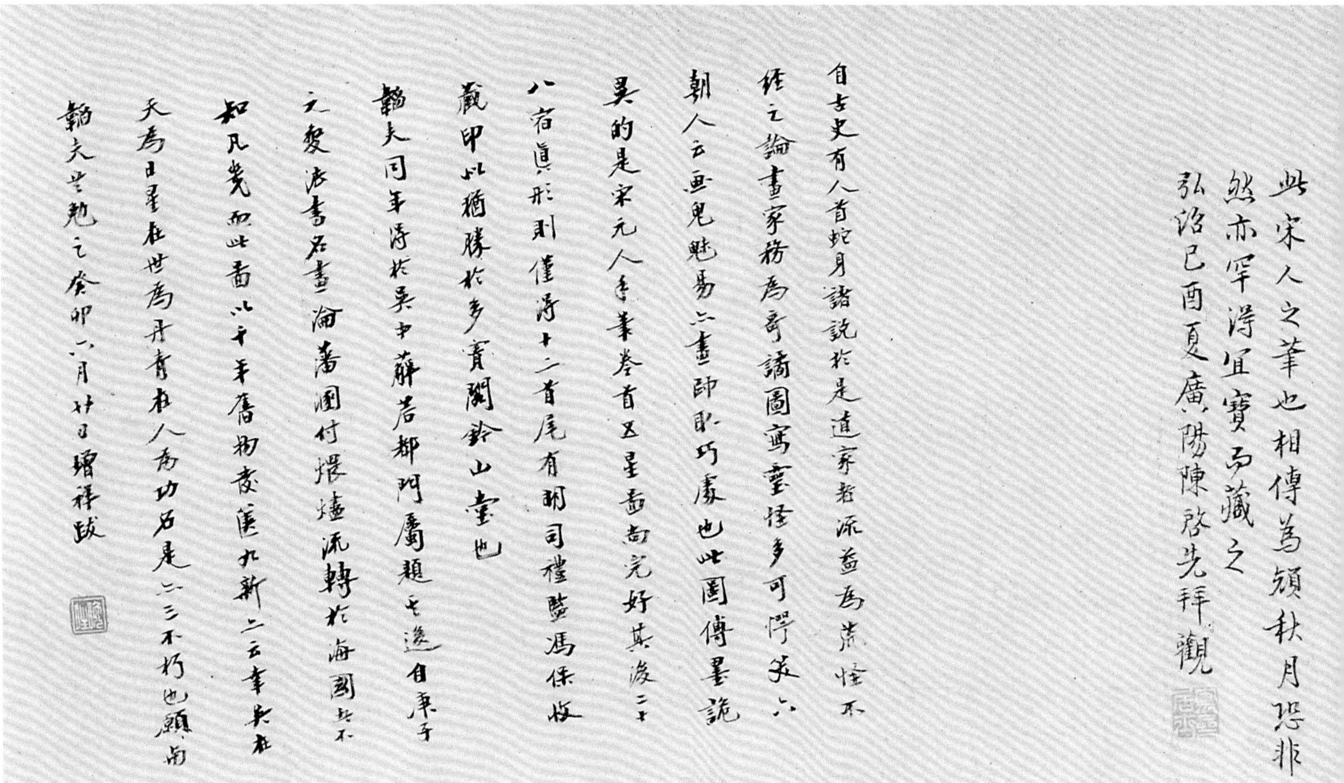

此宋人之筆也相傳爲頌秋月恐非
然亦罕得宜寶而藏之
弘治己酉夏廣陽陳啓先拜觀

自古史有人首蛇身諸說於是道家者流益爲荒怪不
經之論畫家務爲奇譎圖寫靈怪多可愕矣六
朝人云畫鬼魅易亦畫師取巧處也此圖傳墨詭
異的是宋元人手筆卷首五星畫尚完好其後二十
八宿真形則僅得十二首尾有明司禮監馮保收
藏印以猶勝於多寶閣鈐山堂也
韜夫同年得於吳中薛若都阿屬題之遂自庚子
之變法書名畫淪落圓付煨燼流轉於海國者不
知凡幾而此畫以千年舊物裝潢尤新亦云幸矣在
天爲日星在世爲丹青在人爲功名是亦三不朽也願尚
韜夫世勉之癸卯八月廿日瓚祥跋

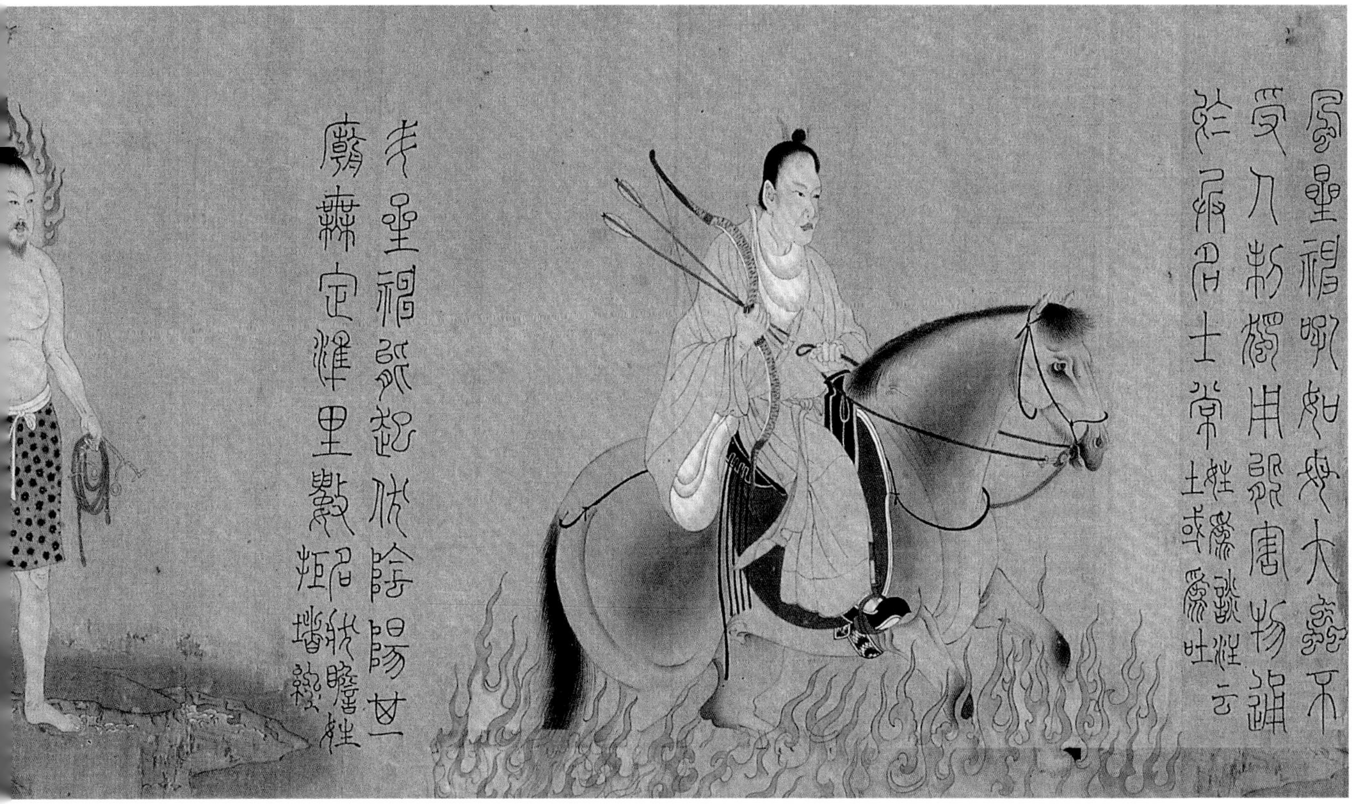

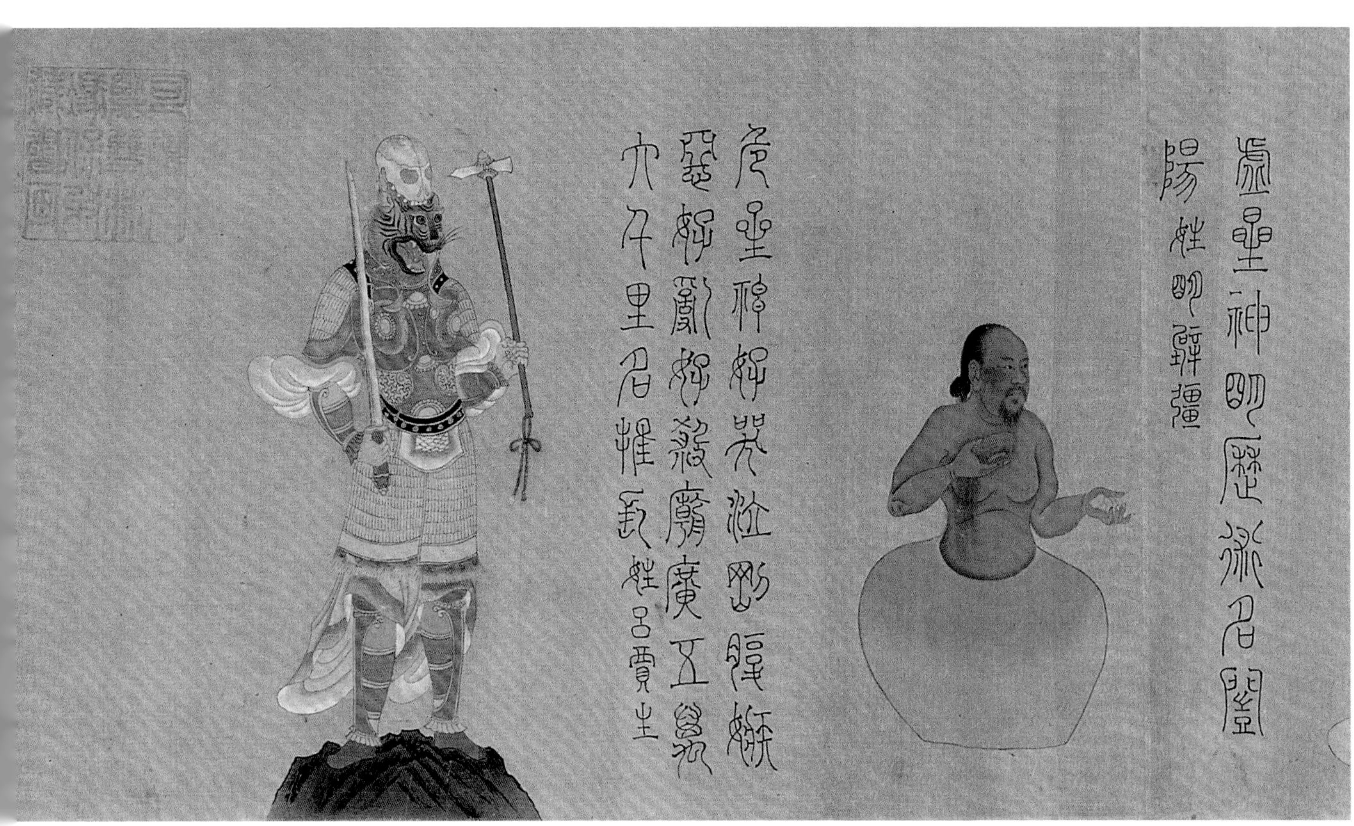

34

佚名　仙女乘鸞圖頁
南宋
絹本　設色　縱25.3厘米　橫26.2厘米

A Female Celestial Riding on a Phoenix
Anonymous
Southern Song Dynasty
Leaf, Colour on silk
H. 25.3cm　L. 26.2cm

圖中仙女乘鸞鳳遨遊長空，她回首遙望月宮中的玉兔桂樹。仙女服飾華麗，衣帶隨風飛舞，更顯得仙姿飄逸。鸞鳳一稱青鸞，五彩紋，見之吉祥。神話中説西王母有青鸞銜食，玄女、玉兔伴隨左右。此圖屬神仙畫題，用筆精細，勾綫細膩流暢，設色鮮艷濃麗，意境優美。

本幅鈐藏印“珍秘”（朱文）、“明安寶玩”（白文）、“宜爾子孫”（白文）、“公”（朱文）、“真賞”（朱文）、“黔寧王子孫永保之”（白文）、“湛思”（朱文）、“會侯珍藏”（白文）、“信公

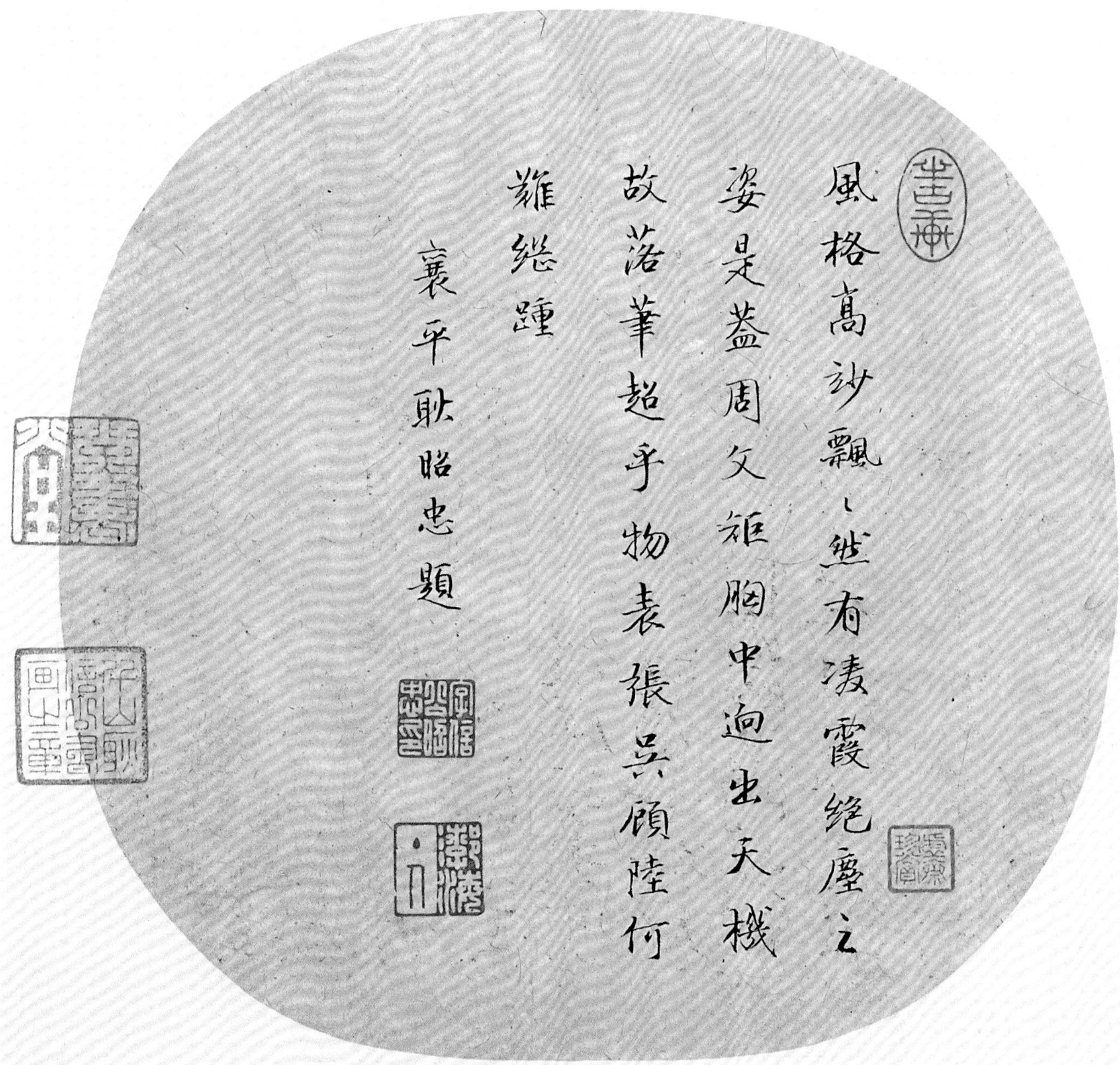

珍賞”（朱文）、“丹誠”（白文）、“都尉耿信公書畫之章”（白文）。

對幅有耿昭忠題記。

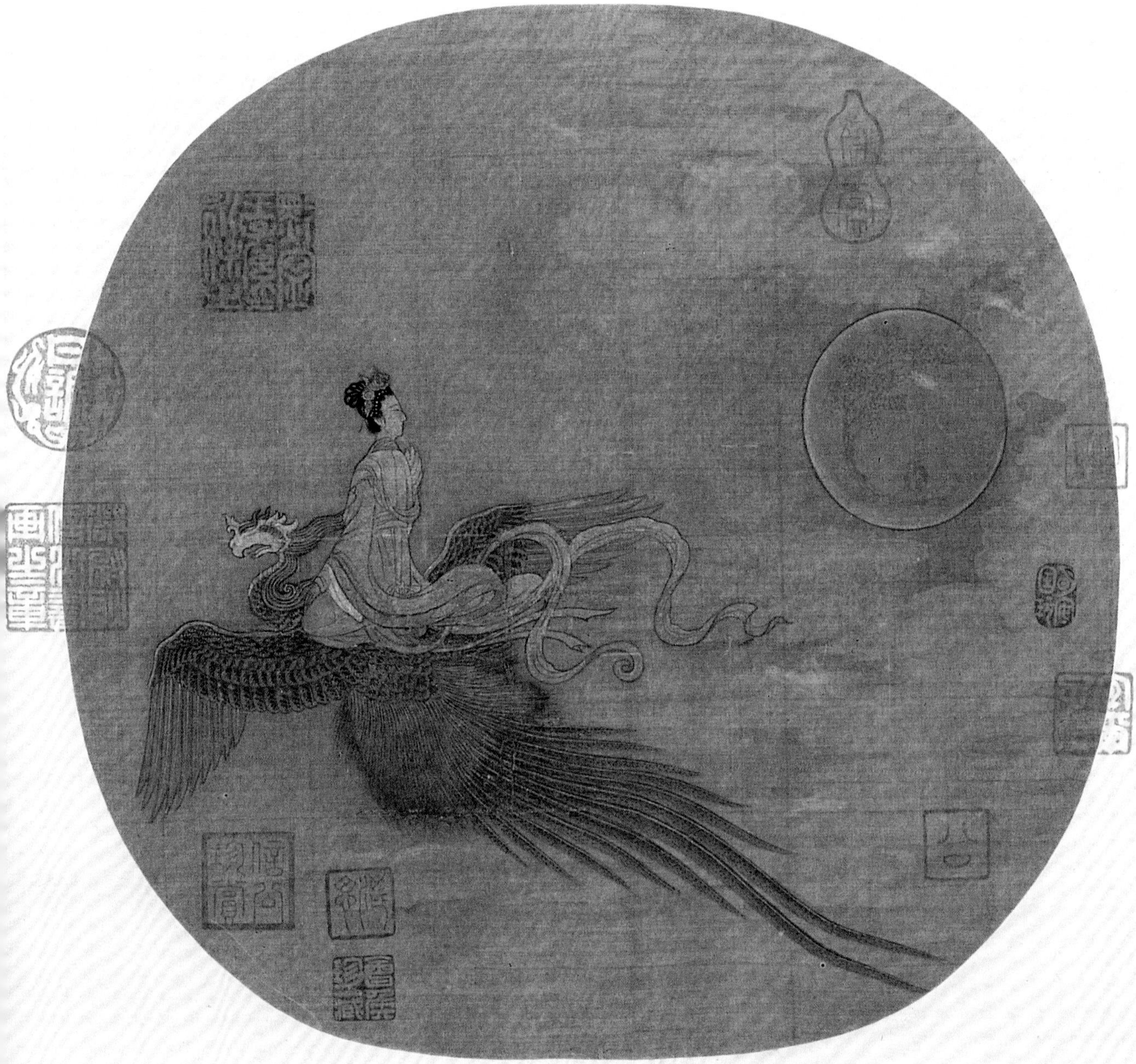

35

佚名　搜山圖卷

南宋

絹本　設色　縱53.3厘米　橫533厘米

Hunting in Mountains

Anonymous

Song Dynasty

Handscroll, Colour on silk

H. 53.3cm　L. 533cm

《搜山圖》表現民間傳説二郎神降魔搜山的故事。原為壁畫粉本，本幅左起已缺失。故事從左向右展開，內容分別為“野豬掠人”、“鬼門虺蟒”、“鷹犬追射”、“探穴搗巢”、“俘獲勝利”。圖中繪丁甲神奉二郎神之命進山搜捕妖怪，他率部從帶鷹犬，各持兵丈，探穴搗巢，聲勢浩大。在狂風烈火、干戈鋒鏑的衝刺下，妖魔鬼怪、魑魅魍魎嚇得魂不附體，抱頭鼠竄。所畫二郎神的面部從有西域人的特點，多深目高鼻，有的毛髮鬈曲，有的髮直豎立；有的戴獸皮帽，有的著獸皮裙，持各種兵器，威武兇猛。被追捕的山精鬼怪多有禽獸的體貌特徵，卻有人的動態與表情。在聲勢浩大的搜捕下，有的奔走呼號，終亡命於箭下；有的走投無路，束手就擒；更有化作美女，企圖用綺裝盛容矇混過關，終於在劫難逃，在慌忙逃竄中逐漸現出原形，暴露出禽獸的嘴臉或爪尾。刻畫惟妙惟肖，耐人尋味。造型、勾綫均極見功力，描繪細緻入微，生動真實。設色以紅綠兩色為主，濃而不艷，沉着古雅。

本幅款識“蘇漢臣製”，係後添。鈐有二印（朱文），印文不辨。

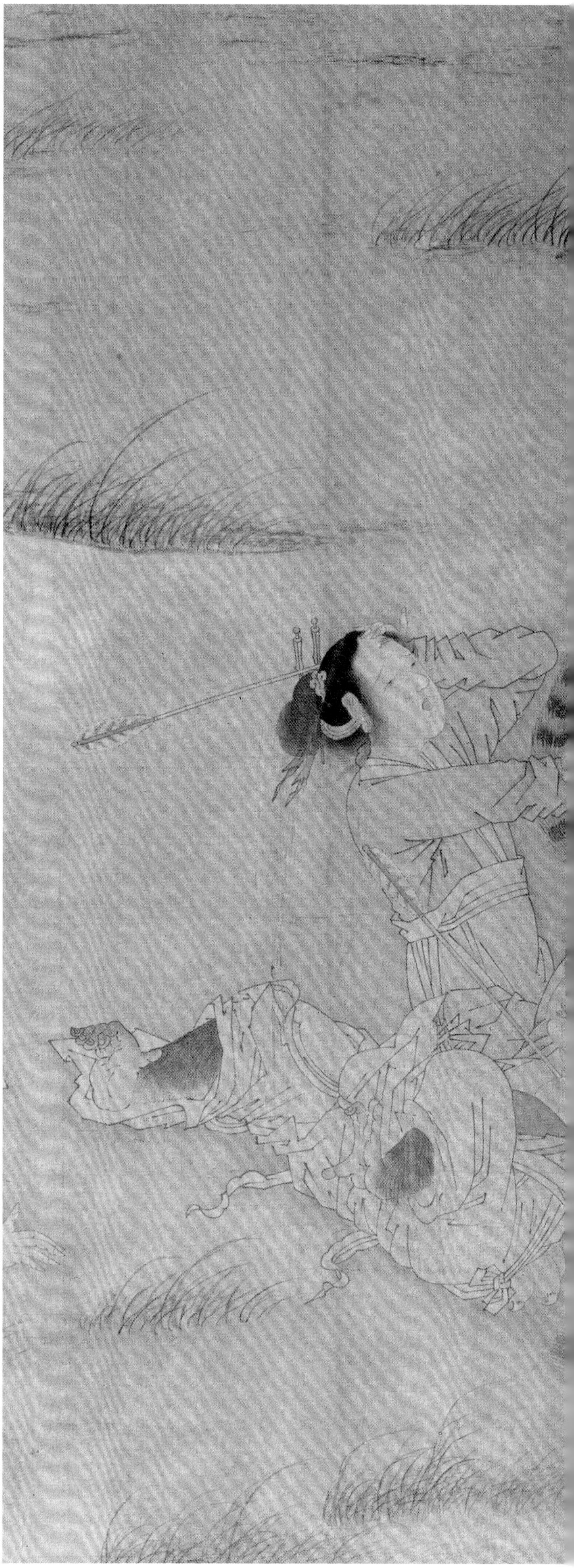

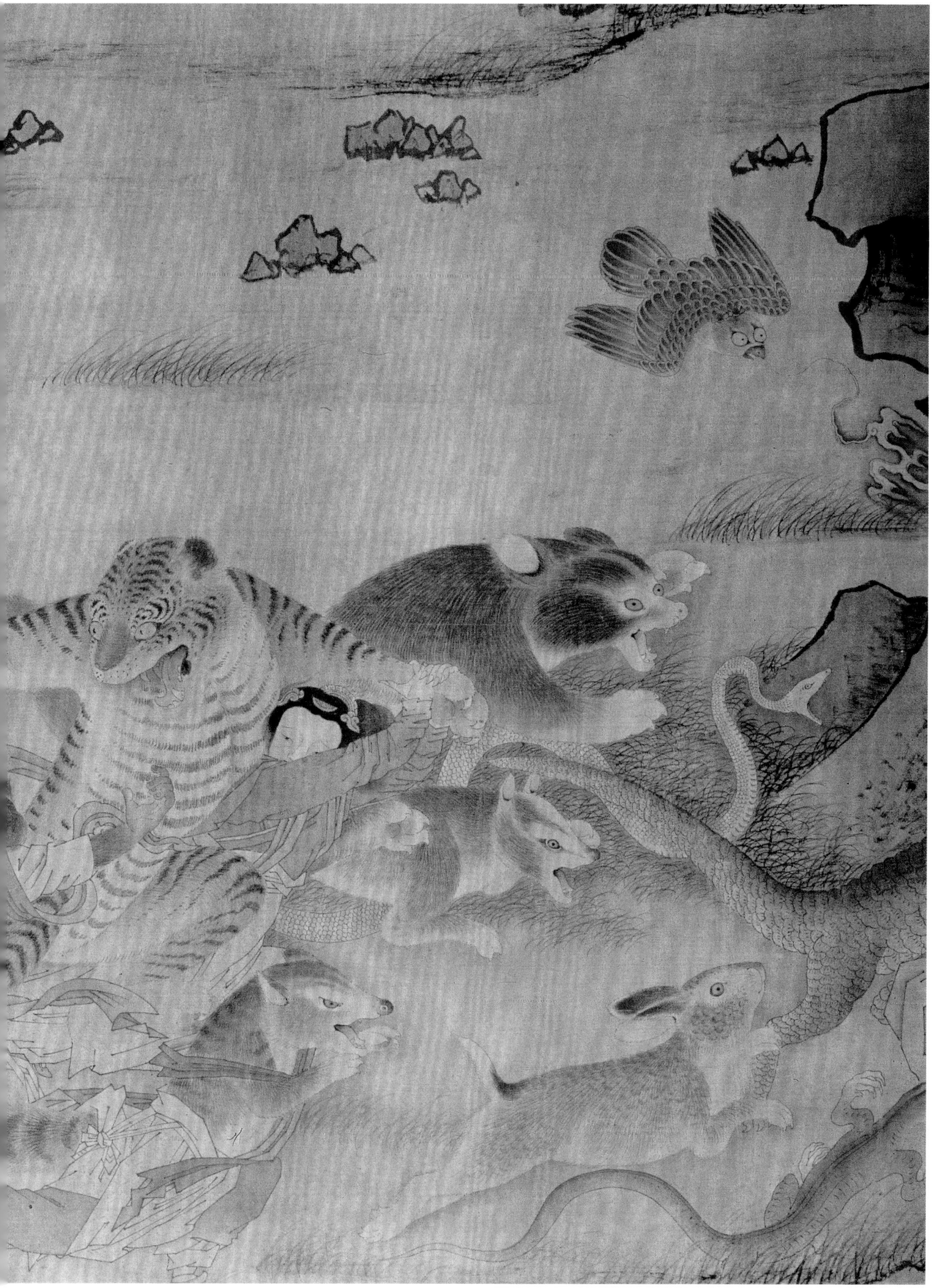

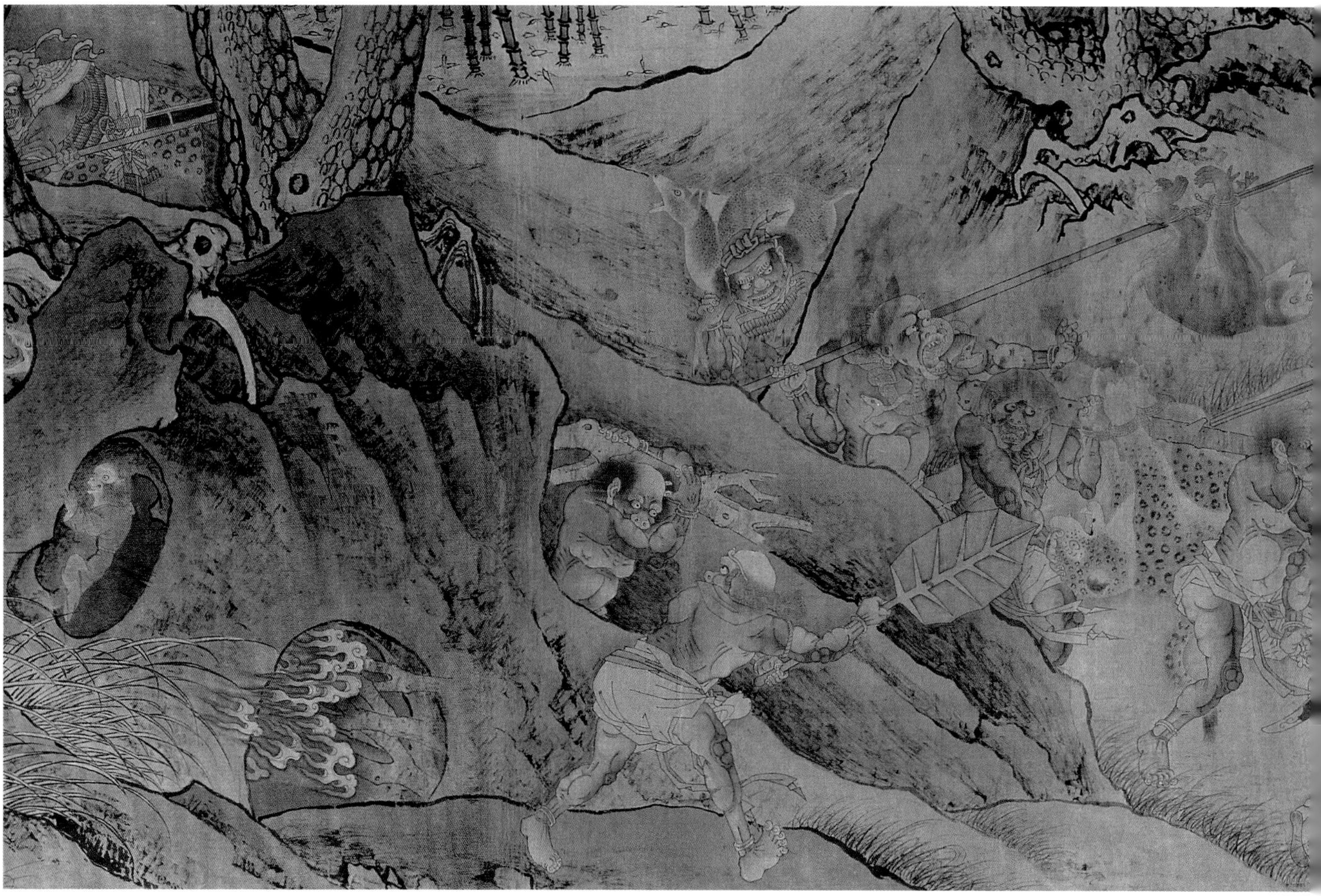

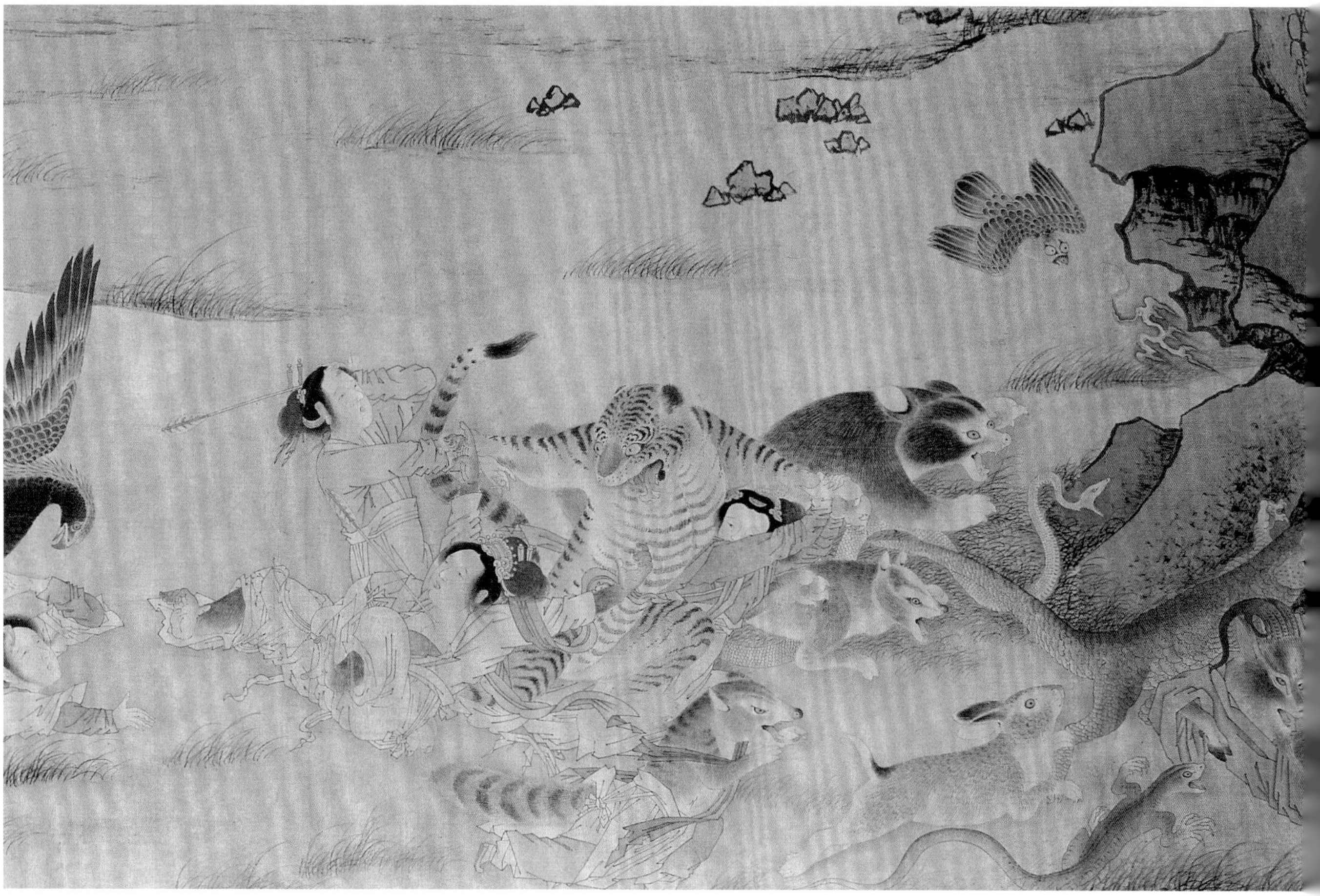

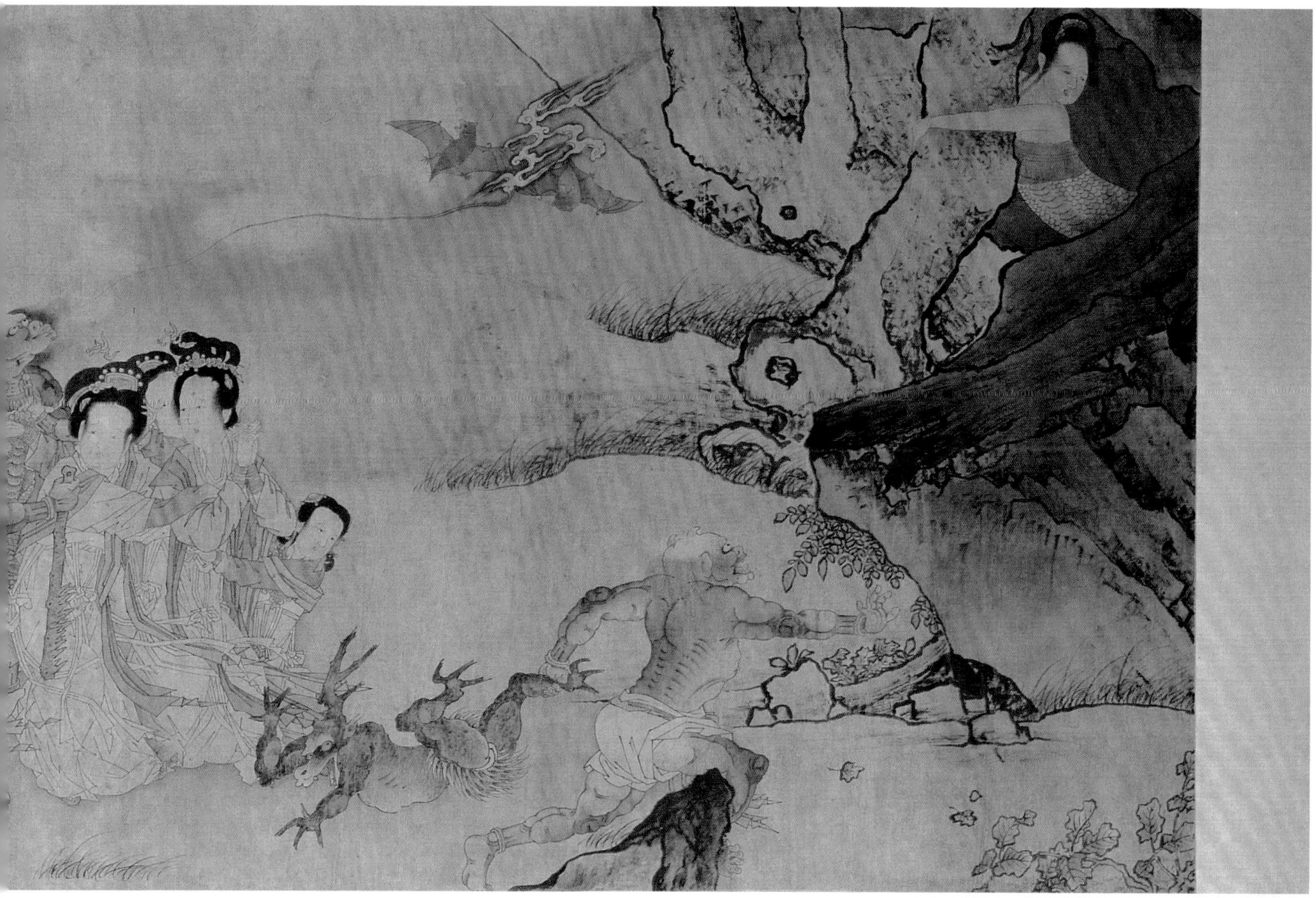

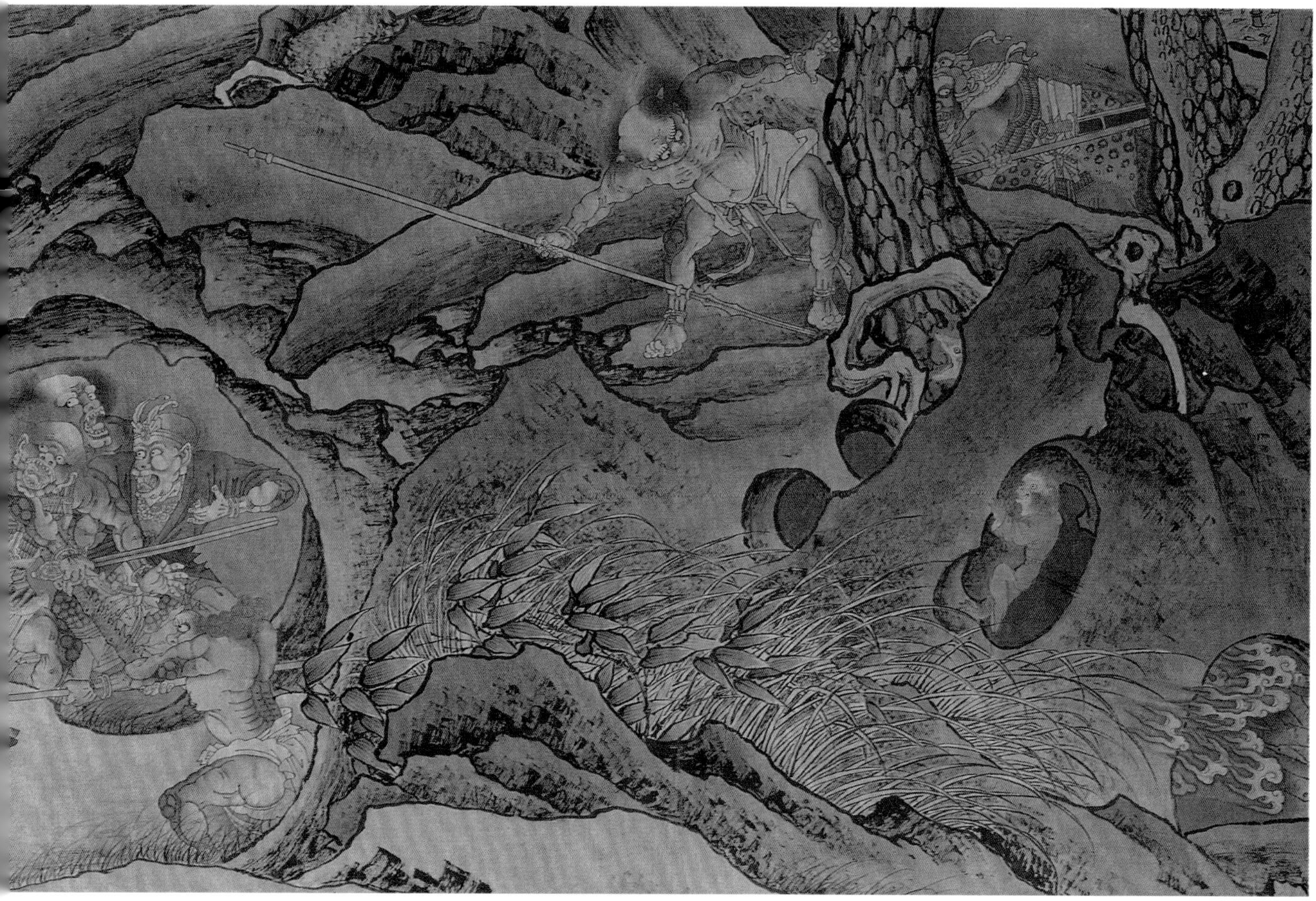

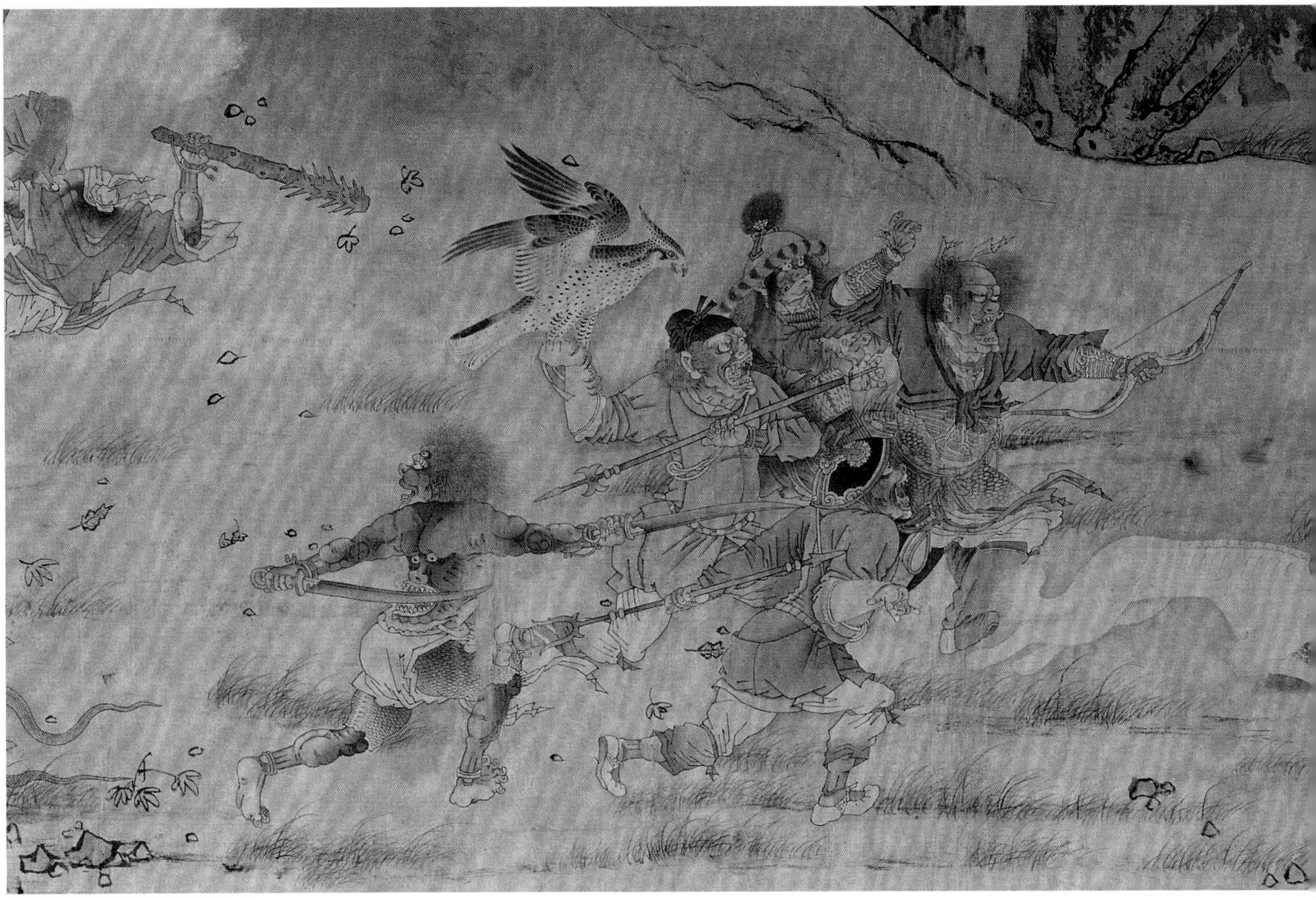

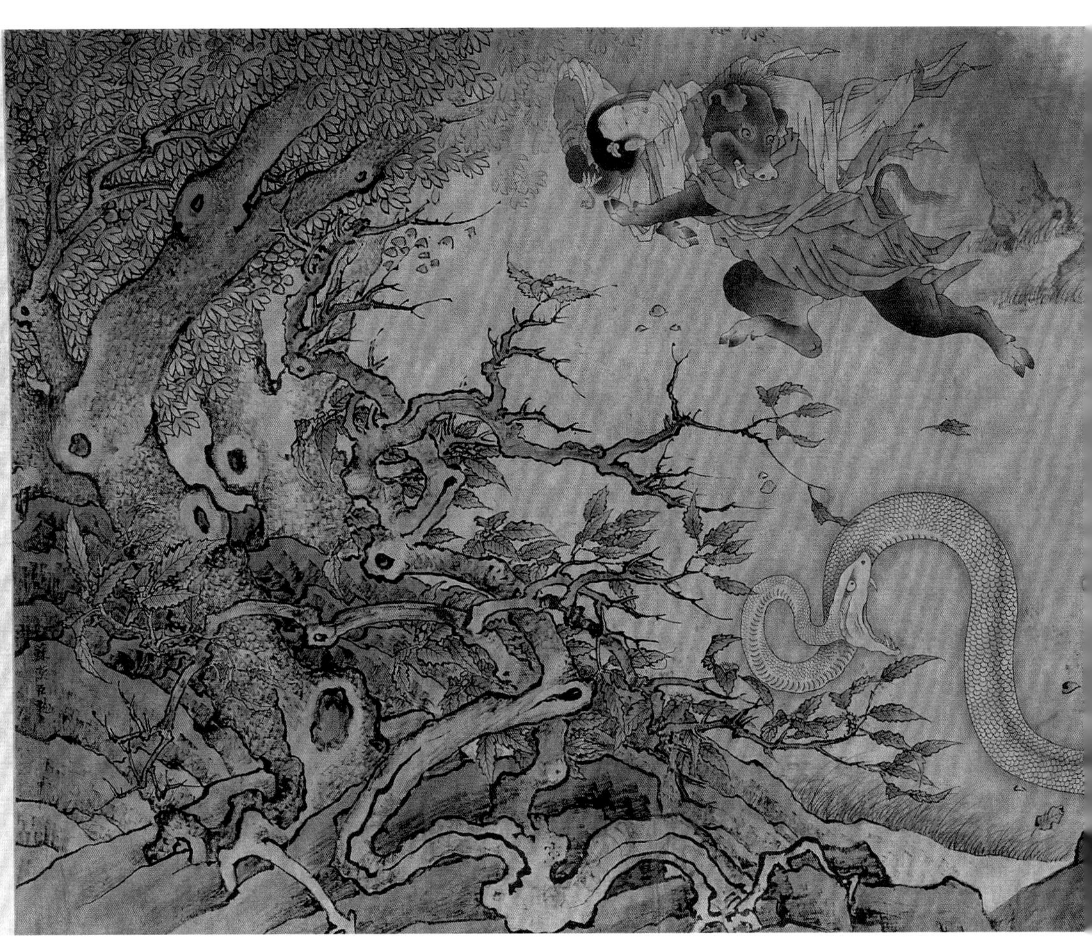

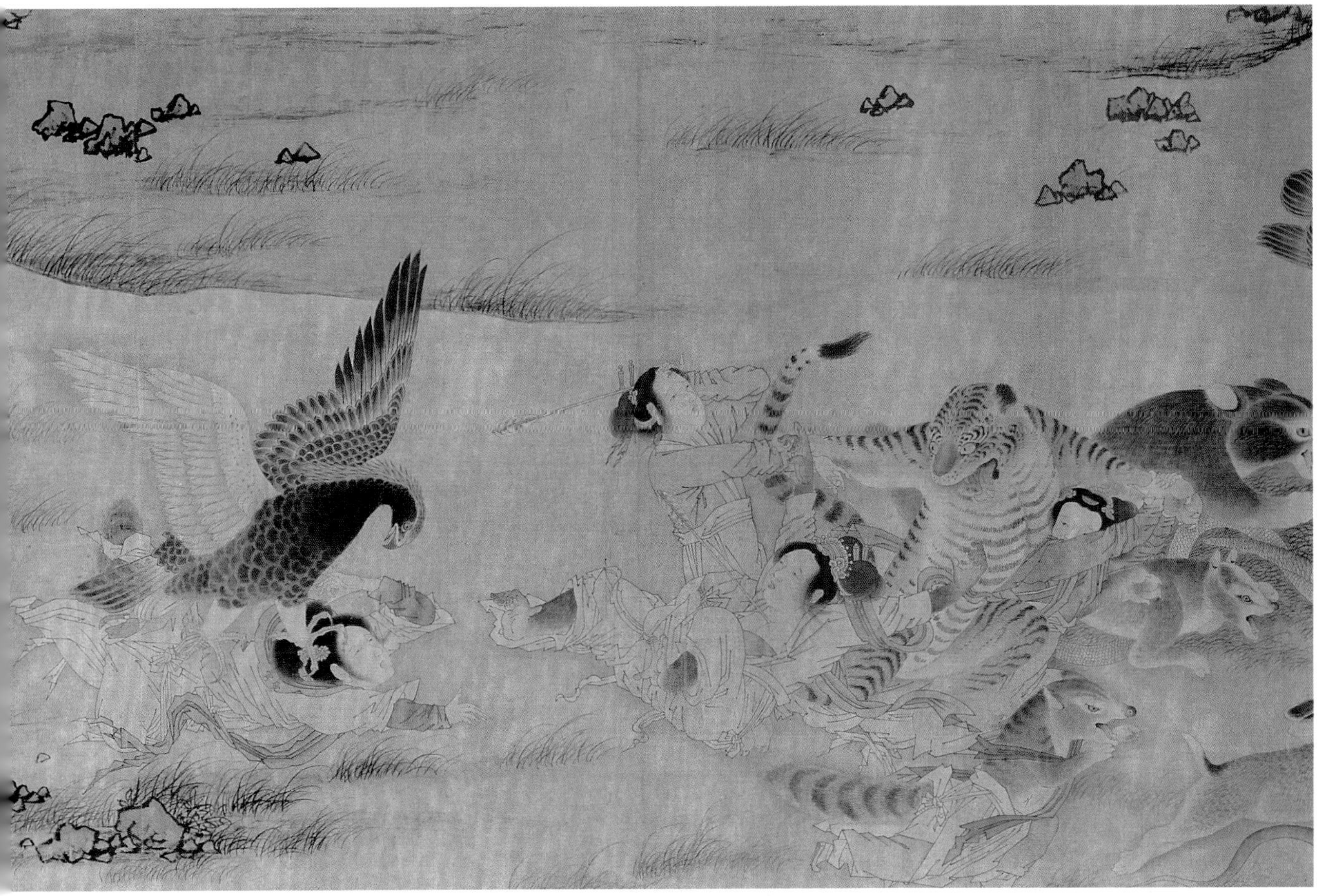

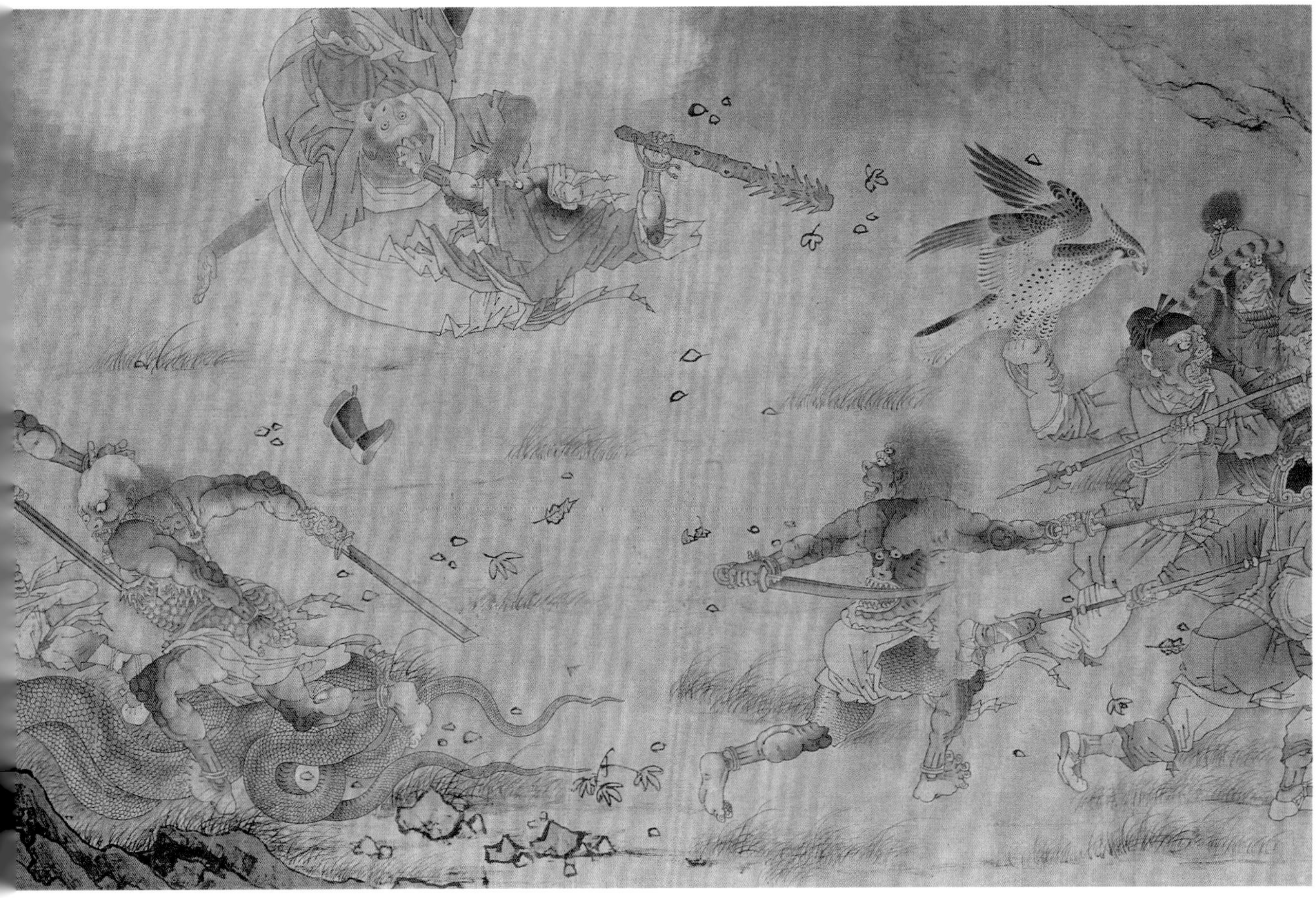

36

梁楷　三高遊賞圖頁
南宋
絹本　設色　縱25.3厘米　橫26厘米
清宮舊藏

Three Scholars Enjoying the Sights
By Liang Kai
Southern Song Dynasty
Leaf, Colour on silk
H. 25.3cm　L. 26cm
Qing Court collection

圖中繪三老者行於蒼松古藤下，談經論道，分別著儒、道、釋三家衣冠裝束，代表三教合流。寥寥數筆，勾勒出人物不屑塵俗的神態，以及灑脱放逸的人生態度，人物的面部為細筆勾勒，衣紋用釘頭鼠尾描表現，粗放遒勁，為畫家所獨創。

本幅自識“御前圖畫梁楷筆”。鈐印不清。

對幅為清乾隆御題詩。裱邊鈐清乾隆“八徵耄念之寶”（朱文）等印三方。

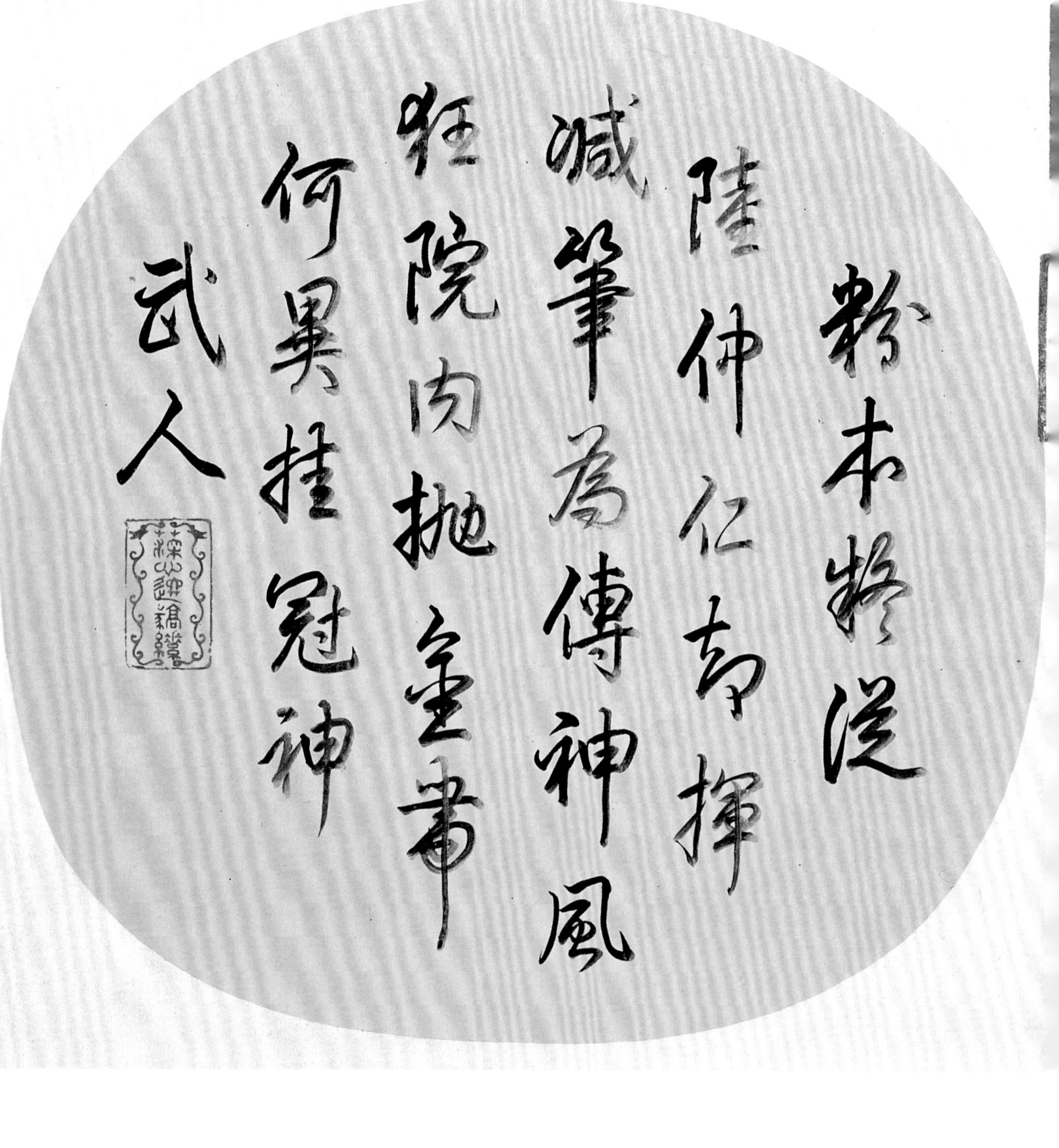

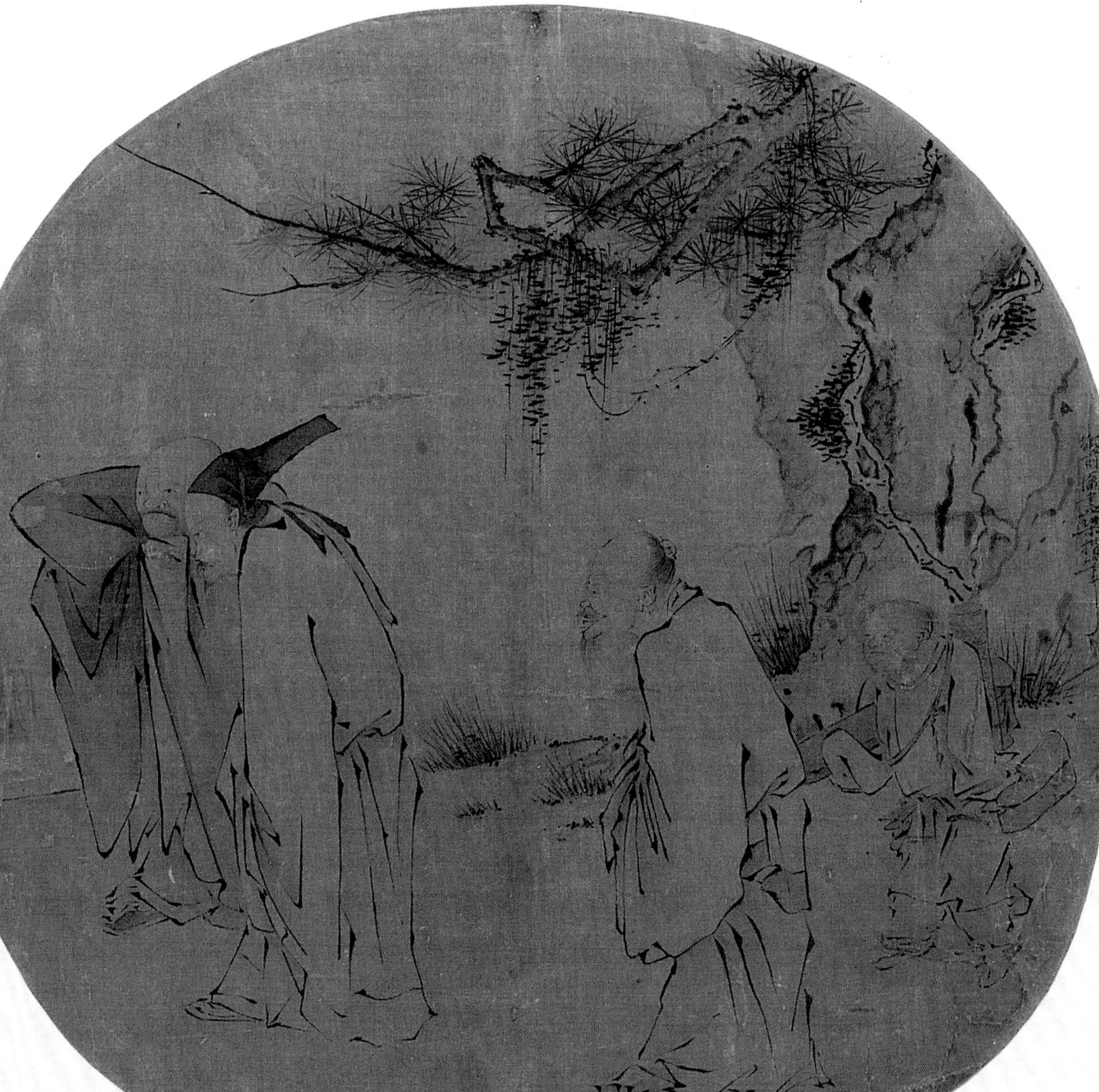

37

佚名　松蔭談道圖頁
南宋
絹本　設色　縱25.3厘米　橫25.6厘米

Talking about Taoism in the Shade of a Pine
Anonymous
Southern Song Dynasty
Leaf, Colour on silk
H. 25.3cm　L. 25.6cm

圖中繪羅漢、儒士與傳説中的神農在山中論道，他們各持經卷，神情專注、殷切，身後有一把傘蓋。四周山泉奔流，古松蒼翠，雲氣升騰，烘托出神仙之境。山石皴法，斧劈爽利，林木行筆，勁健有力。面對北宋時道教未能保國的現實，主張三教合流成為南宋思想界的重要趨向，以此為題材入畫是南宋人物畫的時尚主題。

本幅鈐收藏印“秘府圖書”（朱文）、“龐萊臣珍藏宋元真跡”（朱文）。

裱邊題籤“劉松年松陰談道”，為後添。

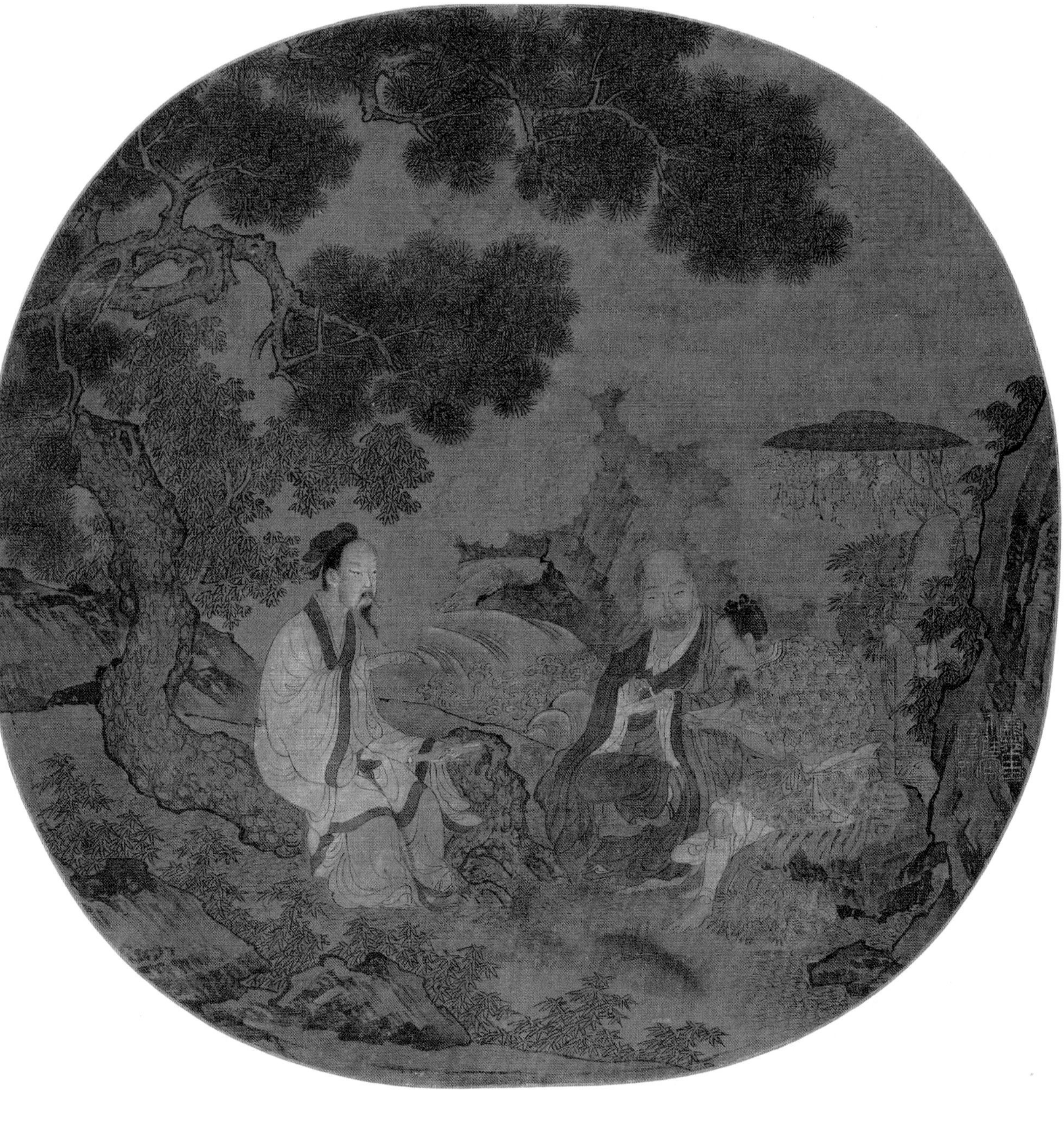

38

王居正（傳） 紡車圖卷

北宋

絹本 設色 縱26.1厘米 橫69.2厘米

Spinning Wheel

By Wang Juzheng

Northern Song Dynasty

Handscroll, Colour on silk

H. 26.1cm L. 69.2cm

王居正，小字憨哥，河東（今山西永濟）人。其父王拙為宋真宗時招募入京的畫工，為右部第一人。王居正畫技傳自家法，尤擅仕女，常悉心觀察，每作畫必周密構思。

《紡車圖》繪一老年村婦，持綫團；對面一年輕村婦坐在木凳上，一手懷抱吃奶的嬰兒，一手搖動紡車；身後的兒童正在逗弄蛤蟆，引得小犬跳躍吠叫。生活氣息濃厚，真實生動，仿似可聞紡車轉動的嘎嘎聲和小犬的叫聲，是反映鄉村生活的風俗畫佳作，既表現了百姓終日辛苦勞作但依舊貧苦的生活，又表現出貧苦生活的點點樂趣。人物刻畫生動細膩，老婦身形佝僂，皮肉鬆弛，兒童活潑好動，天真無邪。圖中對紡車和紡綫方式的真實記錄，是考察當時生產狀況的圖像資料。

本幅鈐賈似道藏印“悅生”（朱文葫蘆）、“似道”（朱文），以及張大千等人藏印共十四方。

後隔水有張大千題記，尾紙有清代劉繹、陸心源題跋。

曾經《穰梨館過眼錄》、《佩文齋書畫譜》著錄。

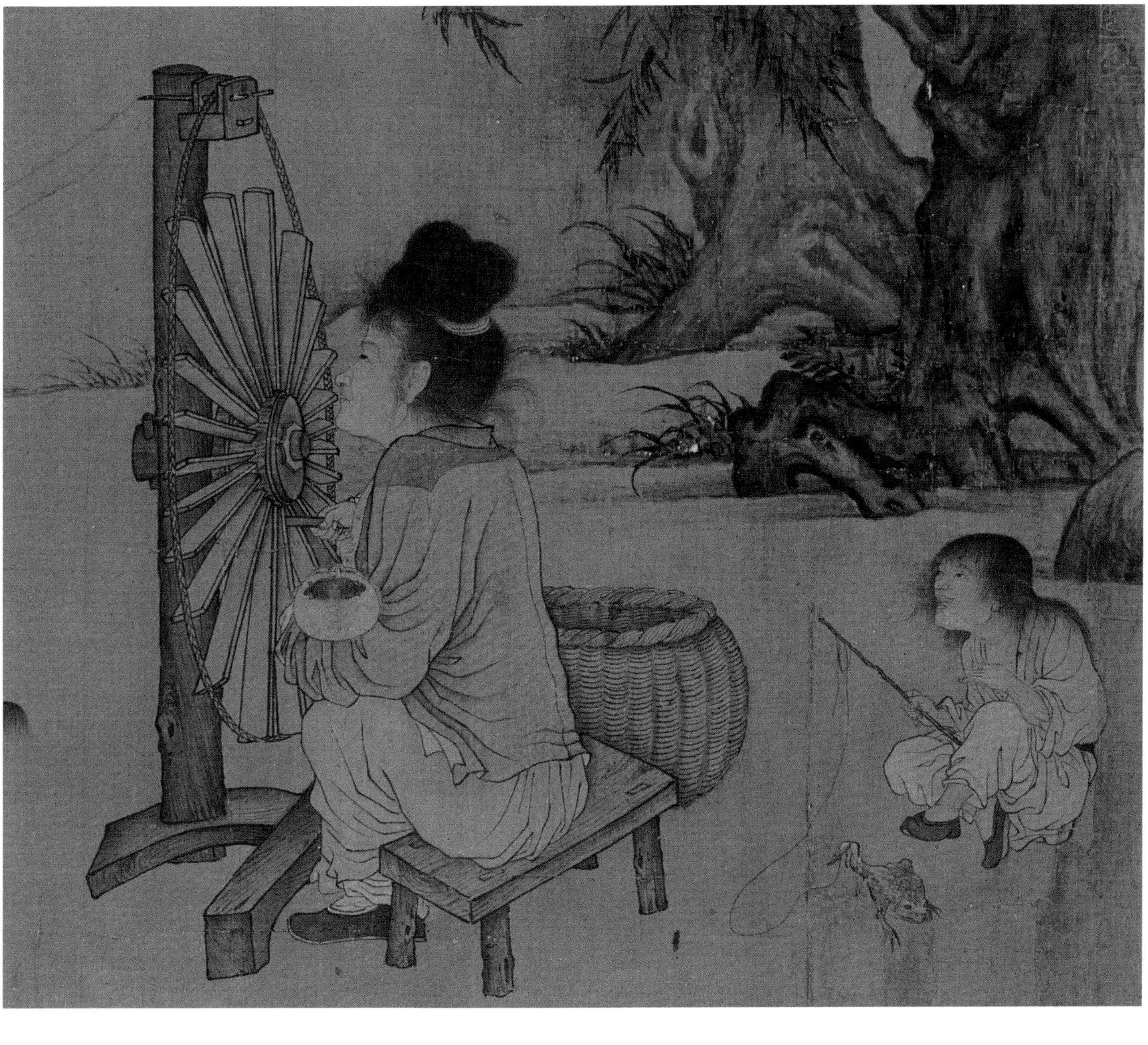

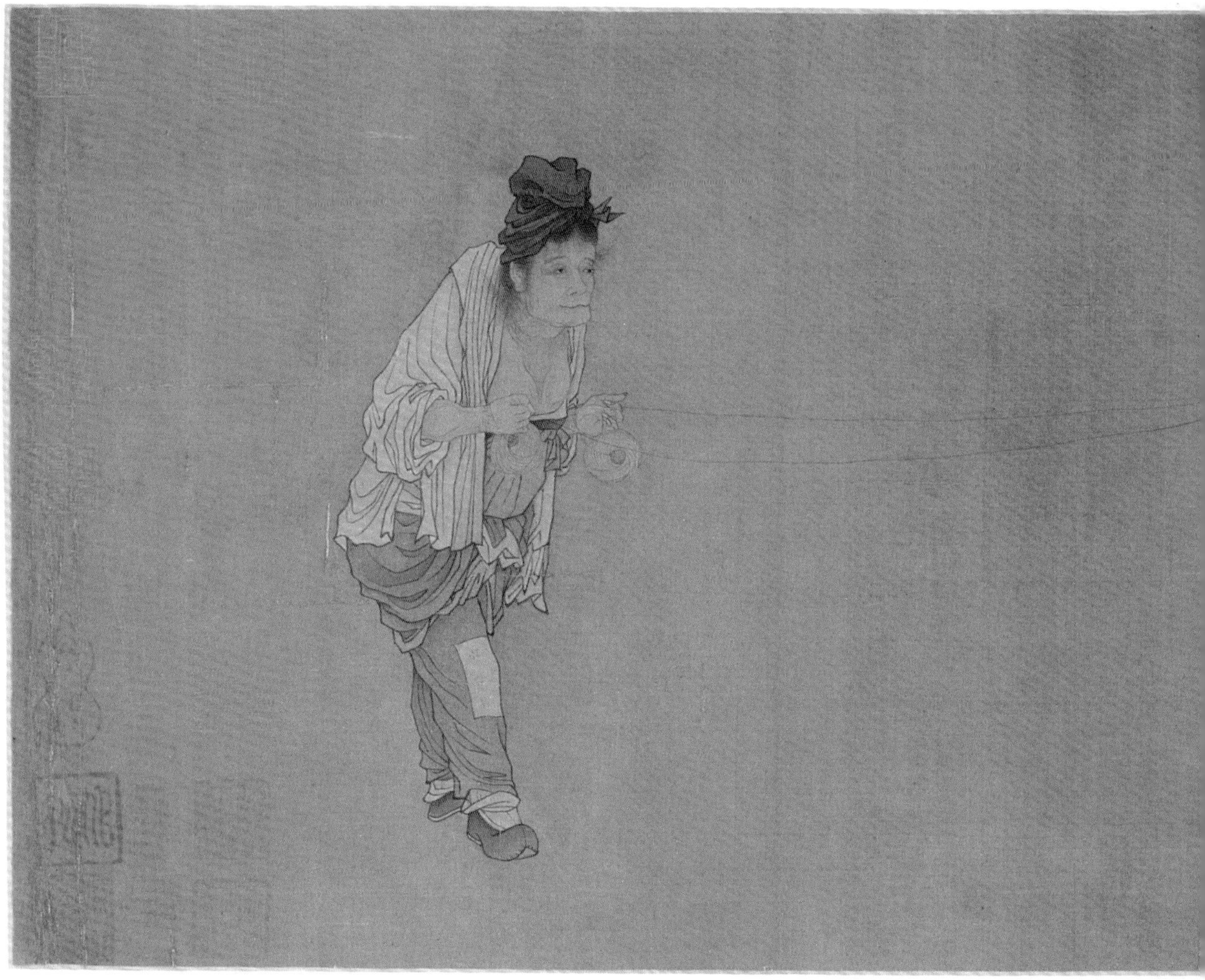

神品者矣是歲中秋日松雪道人
趙孟頫識
春風楊柳色麗日何清明田家作
苦餘軋軋繰車鳴母子勤紡績不
羨羅綺棻童稚嬉自樂小尨恬不
驚緬思全盛日萬物遂所生王郎
稱好畫奕世垂佳名詎意封大餘
留此天機精千金雕重價至寶
那可輕暇時一披閱邈爲起遙
情後二年四月三日重題子昂

王居正仿車圖汪砢玉珊瑚著于錄
原有趙文敏兩跋惟雁鼎甚多今趙
跋已失更難審定此卷有似道悅生
兩印与跋所云舊爲賈師相物者合
其爲真迹無疑葛从九兆奎善学趙
書因令補錄二跋于後時 倜
光緒紀元之十八年孟秌之月潛園
識于千間草堂

張米菴真蹟日錄云敏仲携示王居正紡
車圖卷人物全仿周文矩所畫三人面色
和生曲畫村姑村婦兒童情態原系賈秋
故物卷尾印識具存可寶也与此圖悉合
是米菴所見即此卷也張維芑字小酉米
菴之猶子亦好收藏書畫見真蹟日錄二
今越三日存齋又題

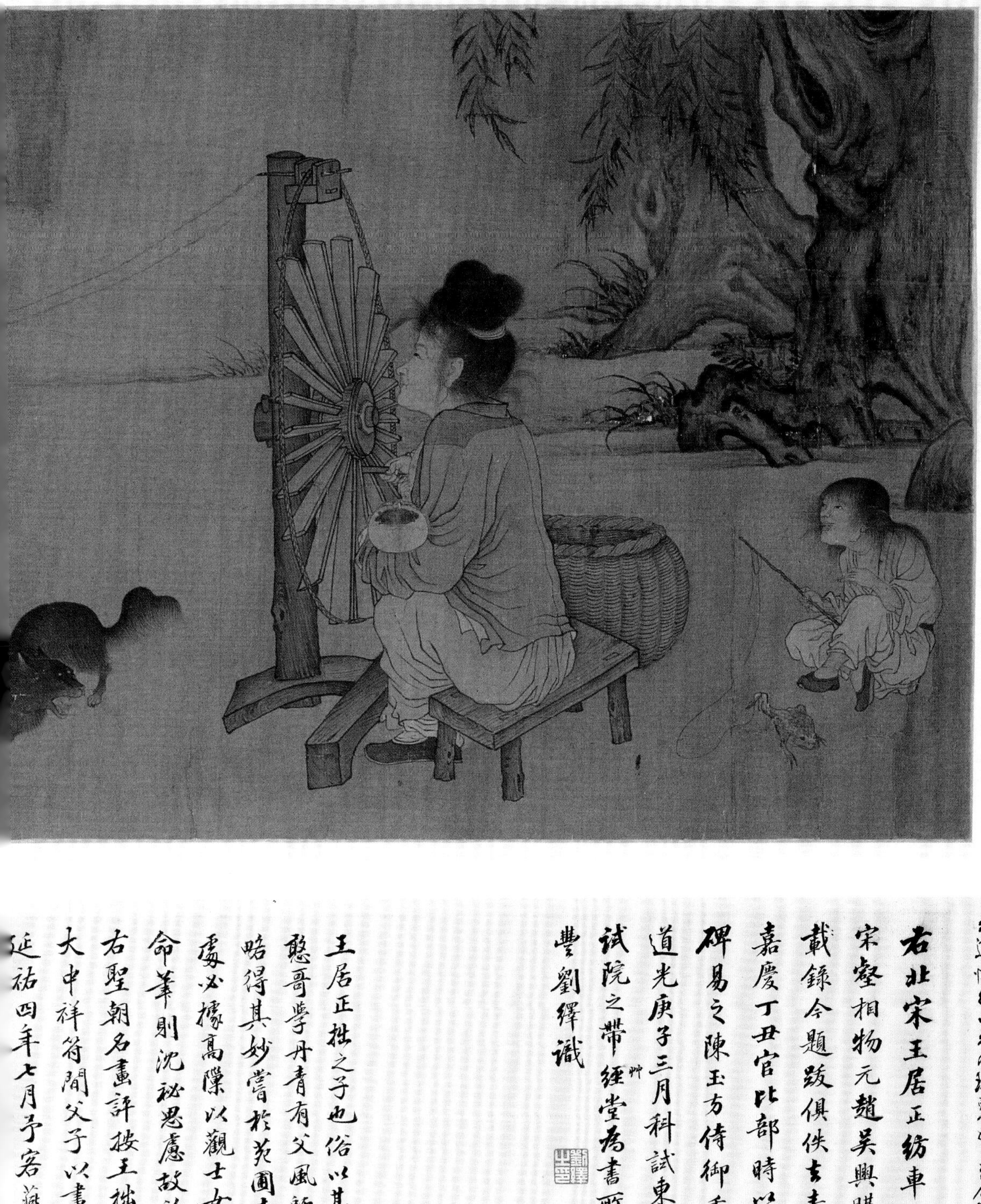

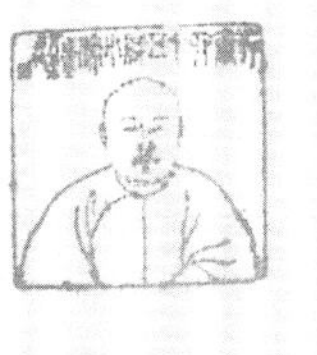

居正此圖纖膩唐畫之格與顧閎中夜宴圖再
鶩也歷見書畫著錄珊瑚網式古堂諸家著錄清
末歸之安陸心源皕宋樓繼之出雖然樓亡珠存亦
足遺憾終不失為瓌寶也　大千居士爰

右北宋王居正紡車圖舊為南
宋壑相物元趙吳興購藏見諸記
載錄今題跋俱佚古素邨太守于
嘉慶丁丑官比部時以舊拓唐楷
碑易之陳玉方侍御重為裝池
道光庚子三月科試東萊獲觀於
試院之帶經艸堂為書所自如此永
豐劉繹識

王居正拙之子也俗以其小字呼為
憨哥學丹青有父風師周昉士女
略得其妙嘗於苑圃寺觀衆游之
處必據高際以觀士女格態凡欲
命筆則沈祕思慮故於形似為得
右聖朝名畫評按王拙河東人也
大中祥符間父子以畫馳名海內
延祐四年七月予客燕都有持此

39

佚名　盤車圖軸
南宋
絹本　設色　縱109厘米　橫49.5厘米
清宮舊藏

Travelers Passing through the Snow-covered Mountains
Anonymous
Southern Song Dynasty
Hanging scroll, Colour on silk
H. 109cm　L. 49.5cm
Qing Court collection

《盤車圖》描繪商旅艱辛跋涉的場景，屬於風俗畫。圖中繪冬日雪天，暮色蒼茫，山峯巍峨，大雪覆蓋的棧道盤陀崎嶇，腳夫推獨輪車，車夫趕牛車，艱難行走在山路上。小店酒旗高挑，店中有人已酒醉伏案，店外幾峯駱駝在槽頭歇息。畫中人物各盡其態，彷彿能夠聽到行旅的吆喝聲、老牛的喘息聲、貨車的嘎嘎聲，真切感人。

本幅鈐收藏印"乾隆御覽之寶"（白文）、"石渠寶笈"（白文）、"御書房精鑑璽"（白文橢圓）。

曾經《石渠寶笈初編》著錄。

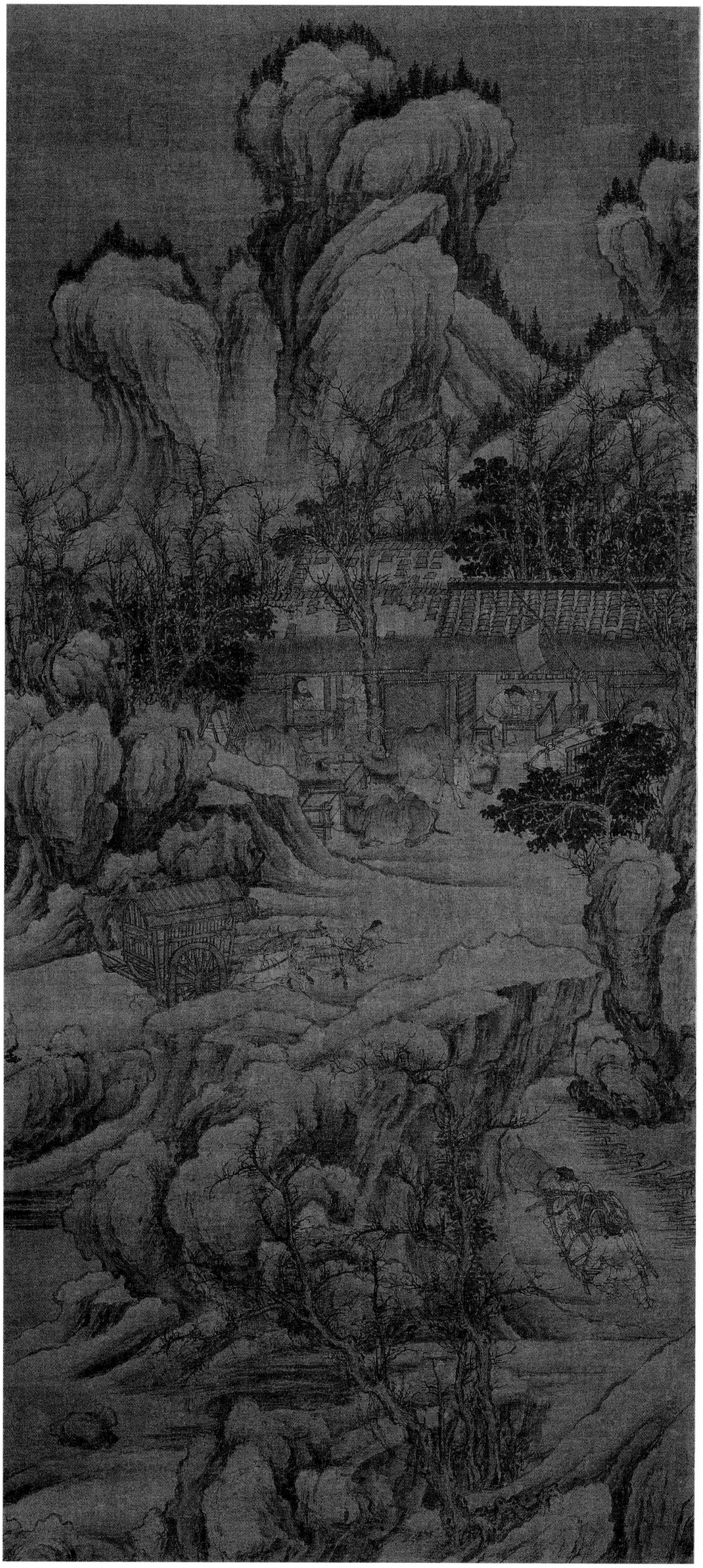

40

佚名　田畯醉歸圖卷

南宋
絹本　設色　縱28厘米　橫104厘米
清宮舊藏

A Drunken Farmland Officer returning home

Anonymous
Southern Song Dynasty
Handscroll, Colour on silk
H. 28cm L. 104cm
Qing Court collection

田畯是古時管理田地的官員。圖中繪村官田畯接受鄉民敬酒後，騎牛醉歸的情景。老者戴簪花巾子，袍帶鬆落，穿平民麻鞋，動作僵硬，滿臉醉意，由人扶持，前面有村童一邊牽牛，一邊吃包子，生動表現鄉村生活的一景。

本幅有清乾隆御題詩一首，鈐藏印“乾隆御覽之寶”（朱文橢圓）、“宣統御覽之寶”（朱文）、“古稀天子”（朱文圓）、“乾清宮鑑藏寶”（朱文）、“三稀堂精鑑璽”（朱文）、“石渠寶笈”（朱文）、“清淨”（白文）等。

引首有王尹實題“田畯醉歸圖”。

尾紙有明代張一民、高廷禮、吳均、梁用行、王文英、張洪、朱吉、趙友同、蘇伯厚、雪庵、李東陽、王俏、張泰、謝鐸、吳釴、羅璟十六家題跋。

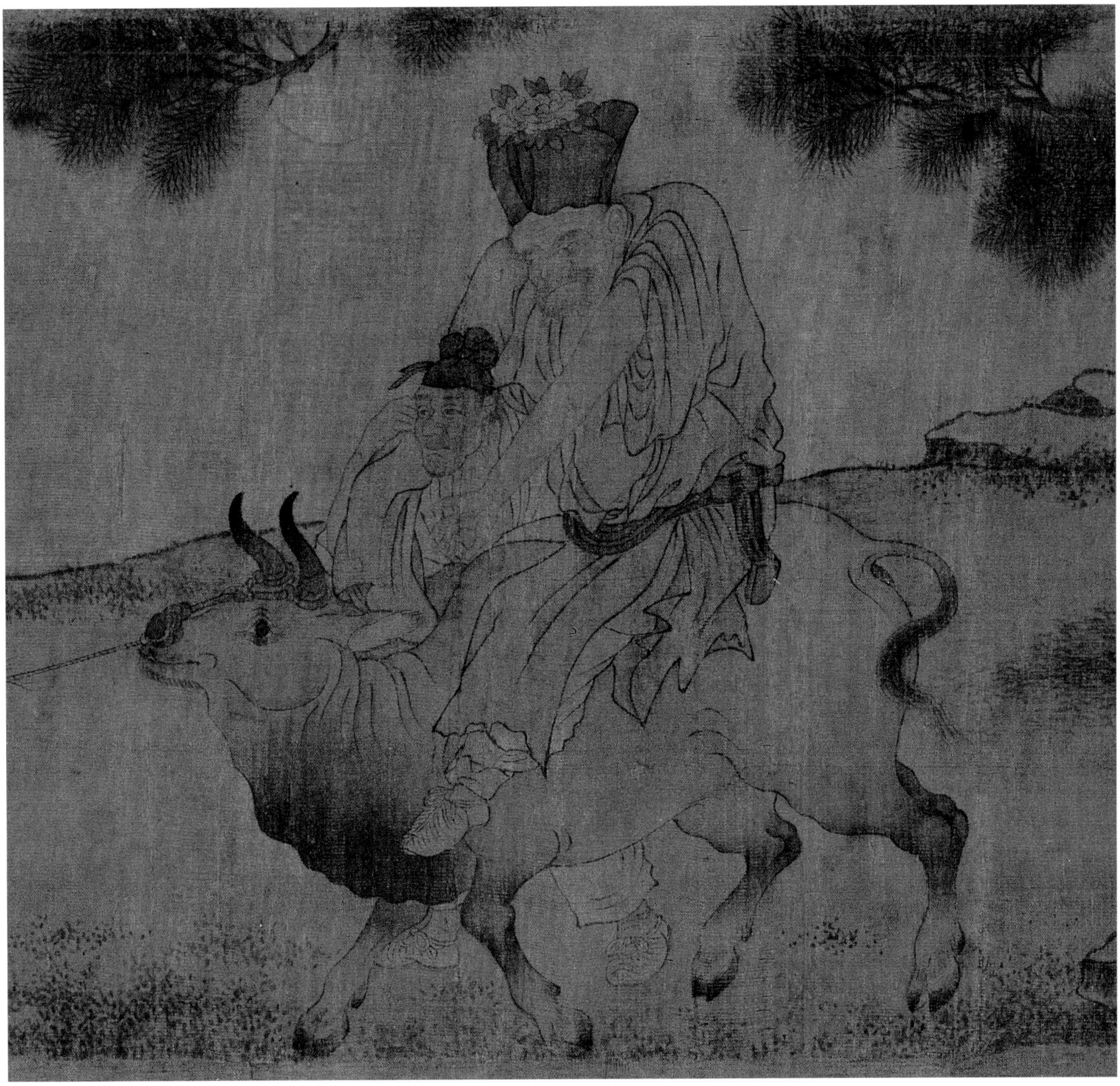

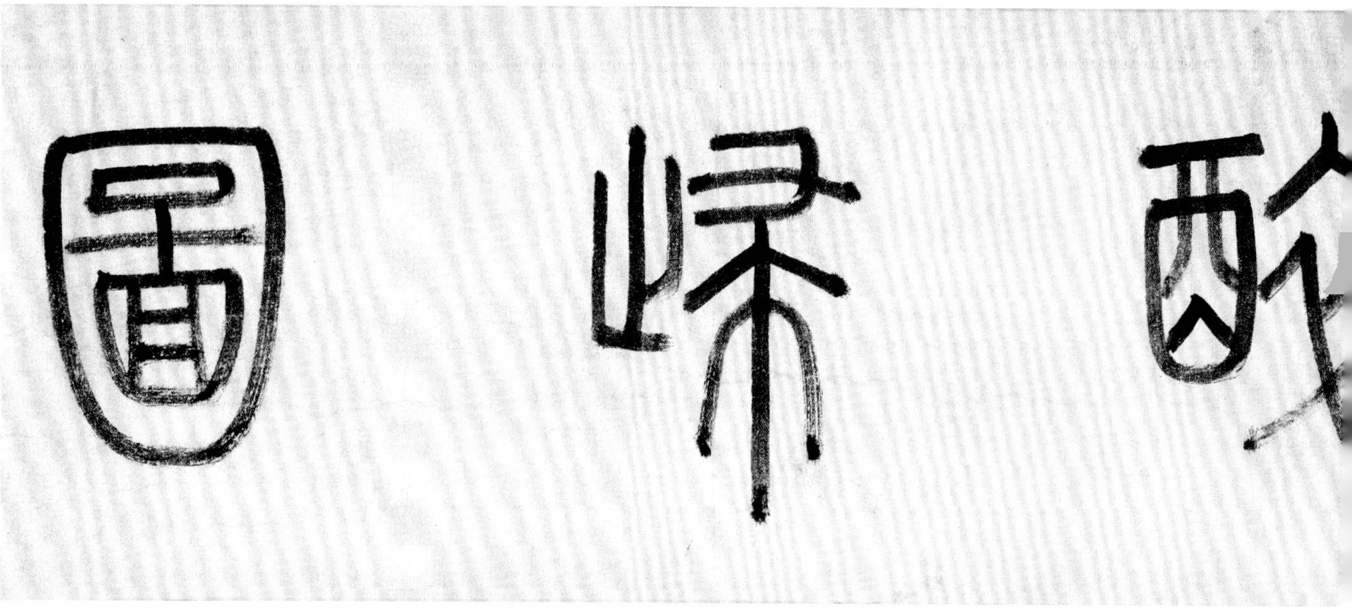
醉歸圖

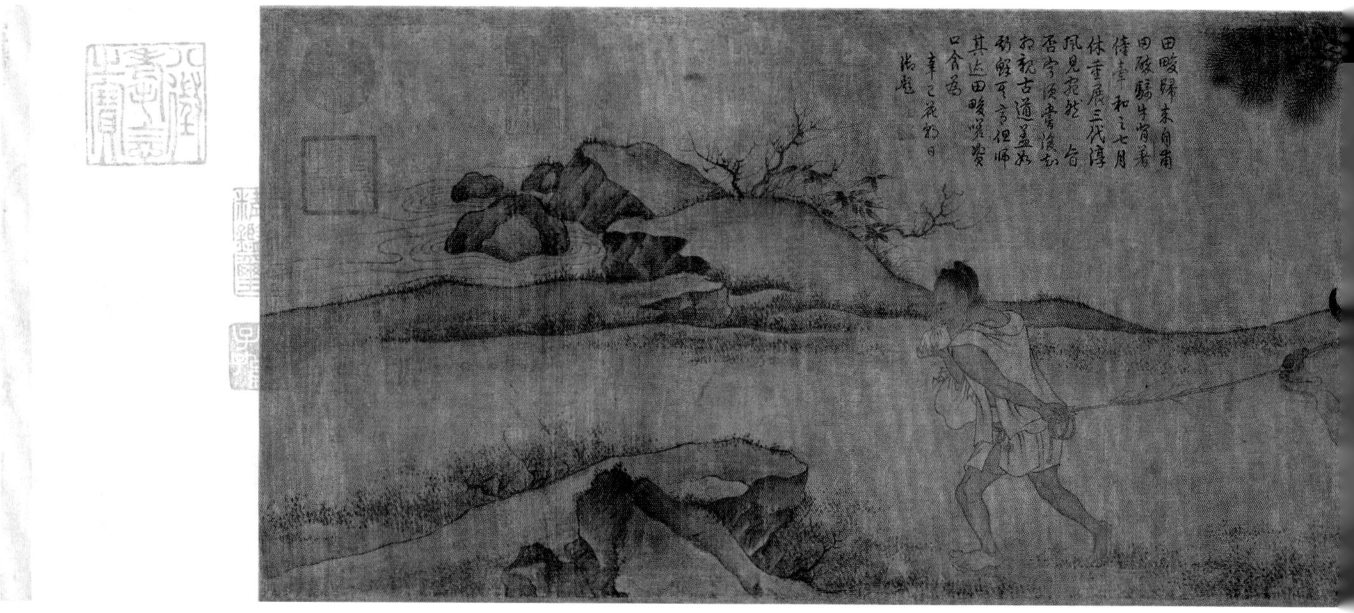

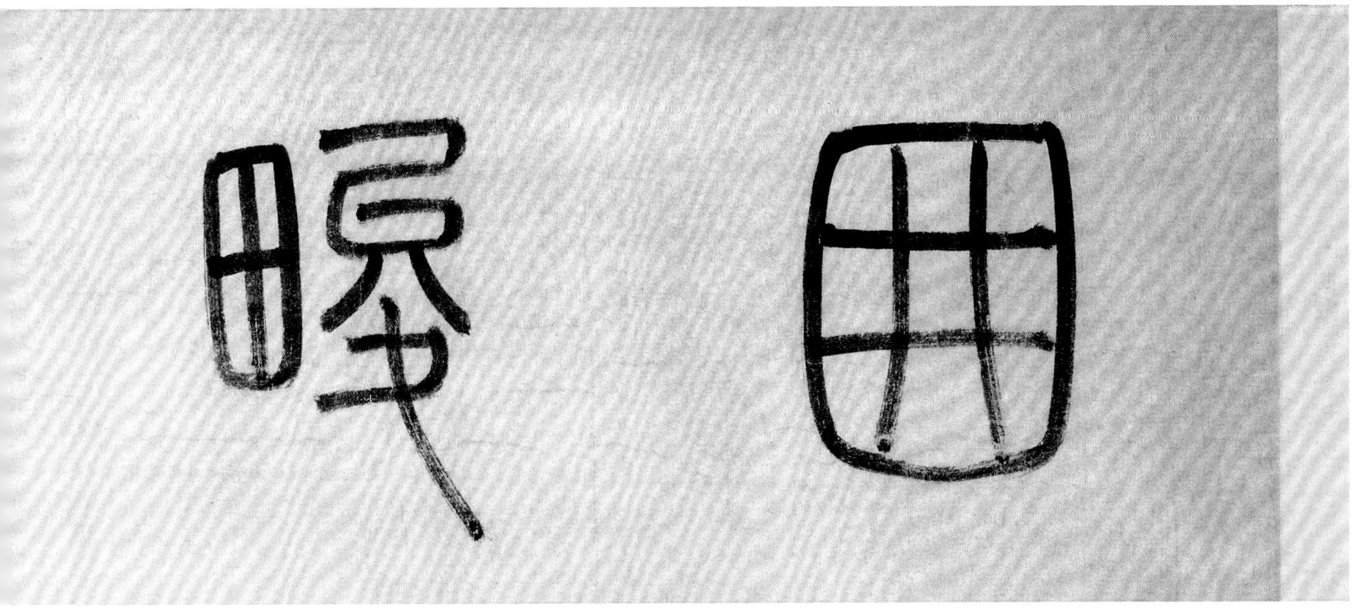

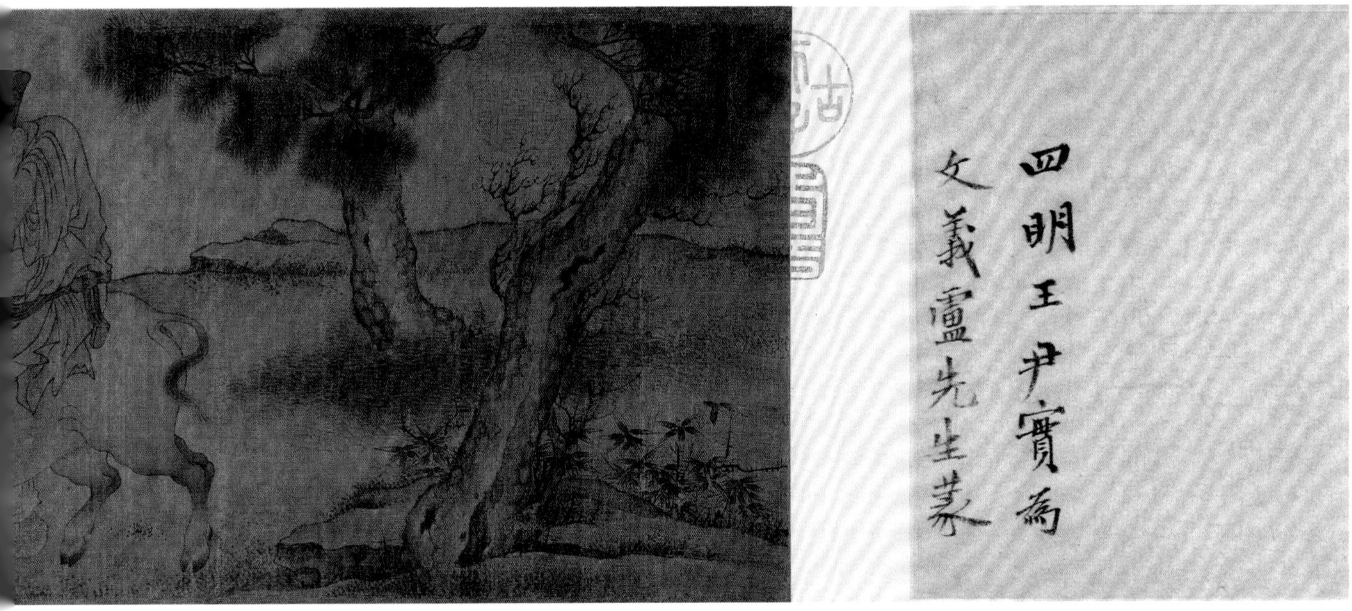
四明王尹實爲
文義盧先生篆

41

佚名　柳蔭羣盲圖軸

南宋
絹本　設色　縱82厘米　橫78.5厘米

Blind Men in the Shade of a Willow Tree

Anonymous
Southern Song Dynasty
Hanging scroll, Colour on silk
H. 82cm　L. 78.5cm

《柳蔭羣盲圖》繪柳樹下，三盲人叫罵鬥毆，衣衫撕裂，帽巾落地，幾人拼力勸架。算命先生在一帳桌前禱告上蒼，一老者柱杖大笑，童子牽牛而立。柴門內有老人及幼童向外張望。聯想南宋朝廷不顧民族危難，內部盲目爭鬥的背景，令人感悟到畫中意味。圖中柳樹、柴門、小橋、人物，均以墨筆勾勒，衣紋用釘頭描，柳樹略施淡色，筆法勁力，具有時代特色。

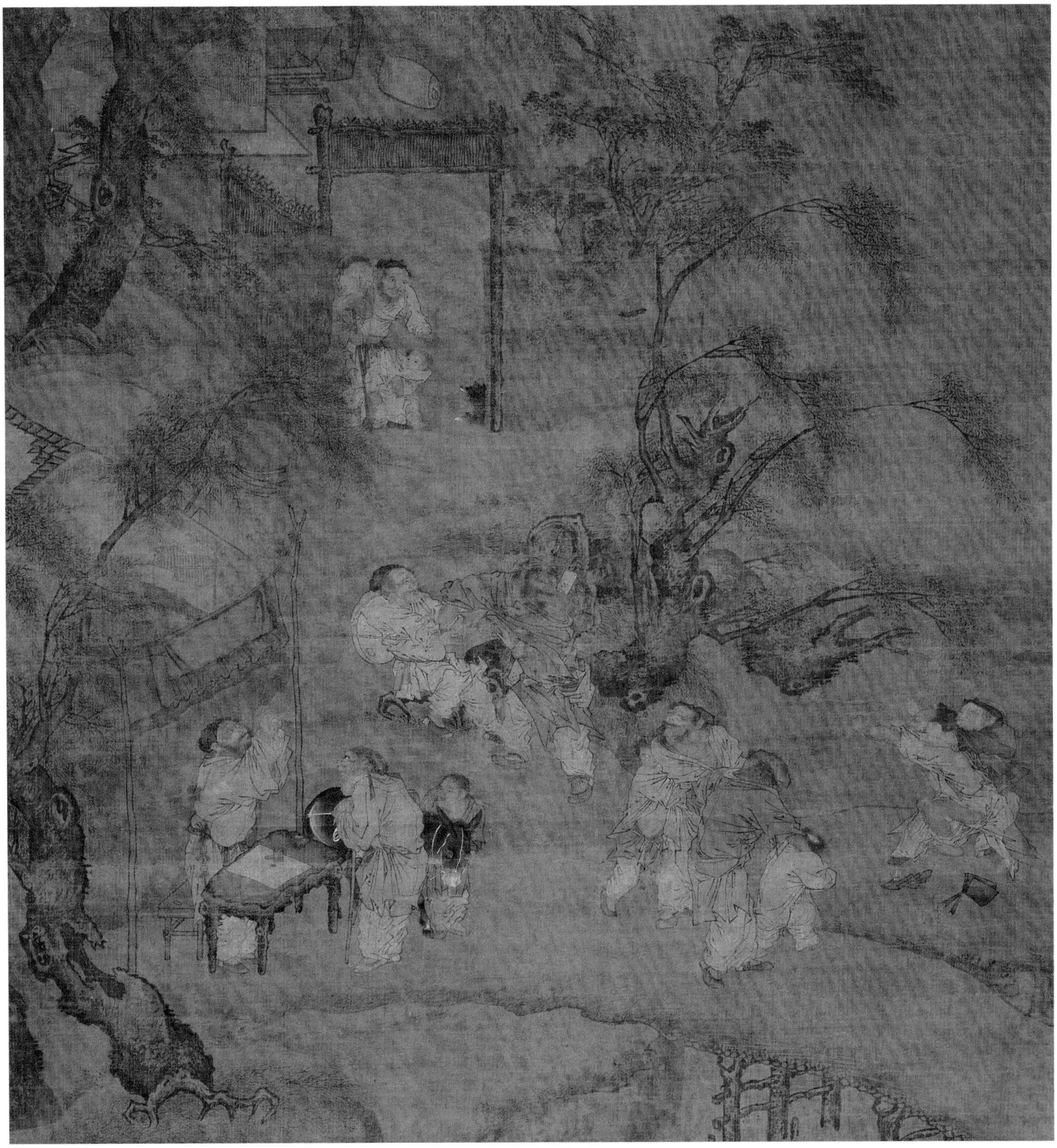

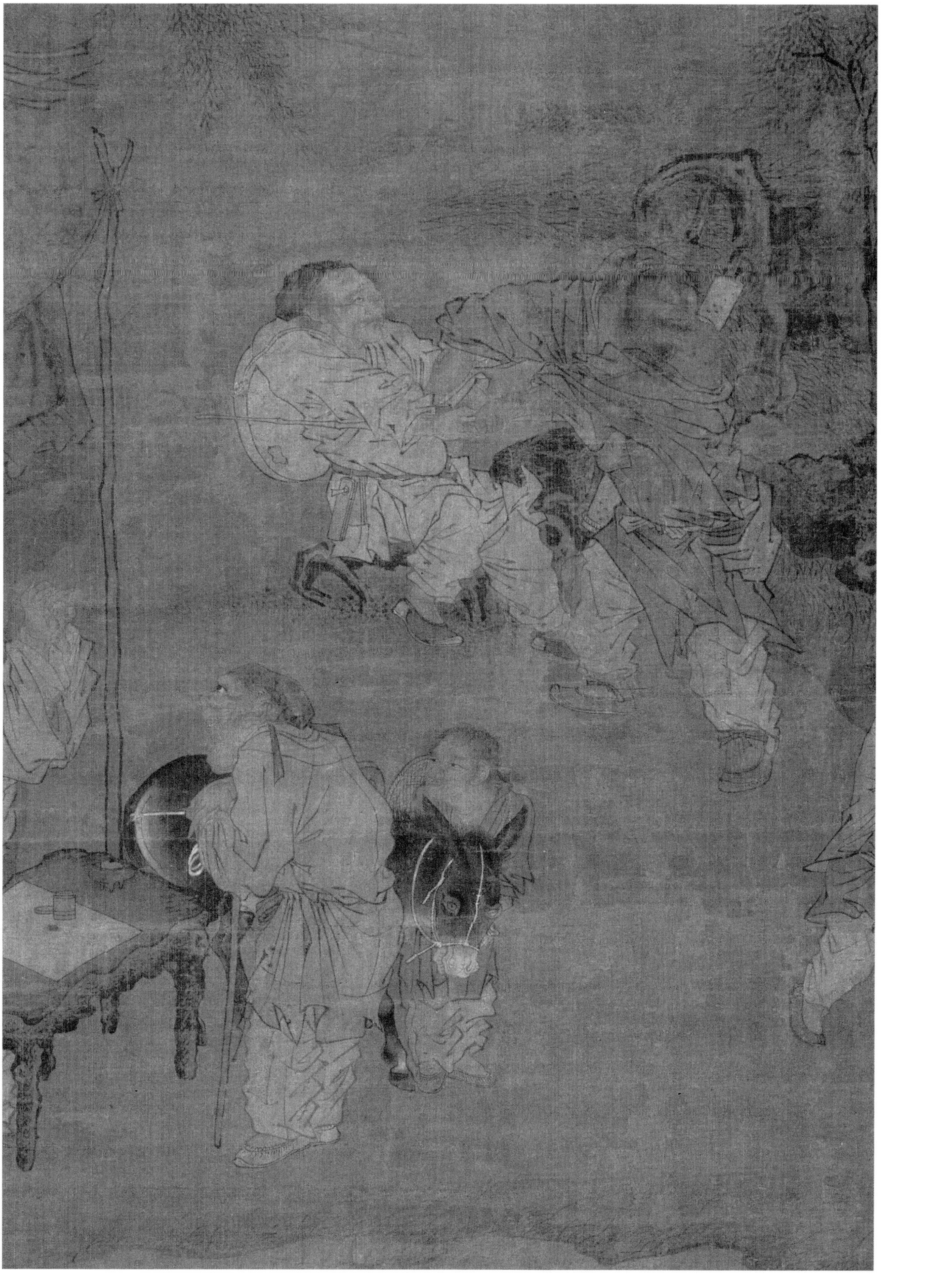

42

佚名　大儺圖軸

南宋
絹本　設色　縱67.4厘米　橫59.2厘米
清宮舊藏

Driving away Players and Devils

Anonymous
Southern Song Dynasty
Hanging scroll, Colour on silk
H. 67.4cm　L. 59.2cm
Qing Court collection

《大儺圖》繪民間的節慶活動，畫中人物面部化妝，頭戴斗、籮，插松柏、竹梅、翎毛、蝴蝶，身佩木勺、炊帚、竹筒、蚌殼、水瓢，執扇子、柳簍、笤帚、木棍，在鼓、板敲擊的節奏下狂歡舞蹈。動作誇張，表情詼諧，是一幅生動的宋代民俗畫。此圖清乾隆以前不見著錄，乾隆欽定此名。

本幅鈐鑑藏印"乾隆御覽之寶"（朱文）、"乾隆鑑賞"（白文）、"御書房鑑藏寶"（朱文）、"石渠寶笈"（朱文）、"三希堂精鑑璽"（朱文）、"宜子孫"（白文）、"嘉慶御覽之寶"（朱文）、"宣統御覽之寶"（朱文）計八方。

曾經《石渠寶笈初編》著錄。

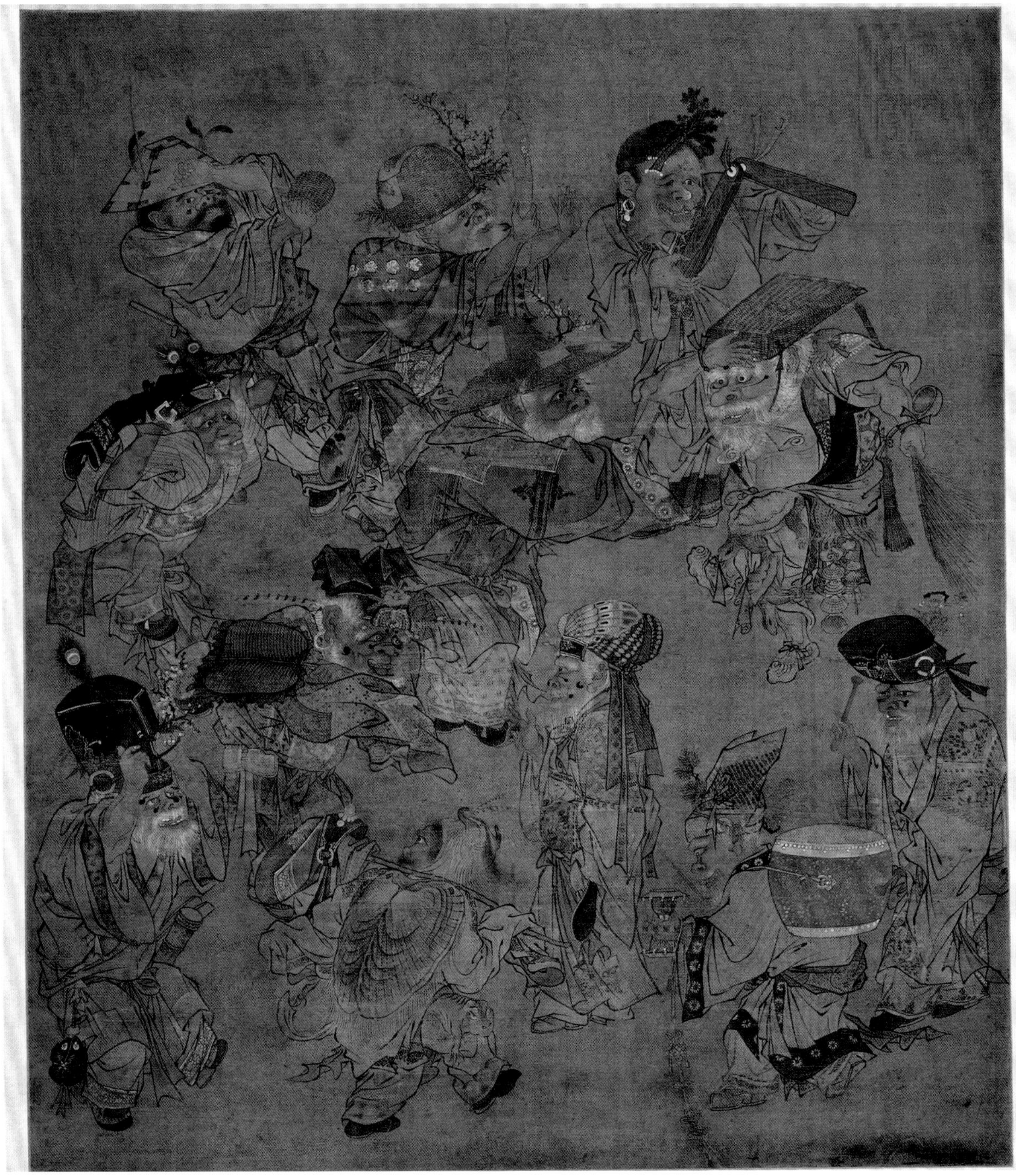

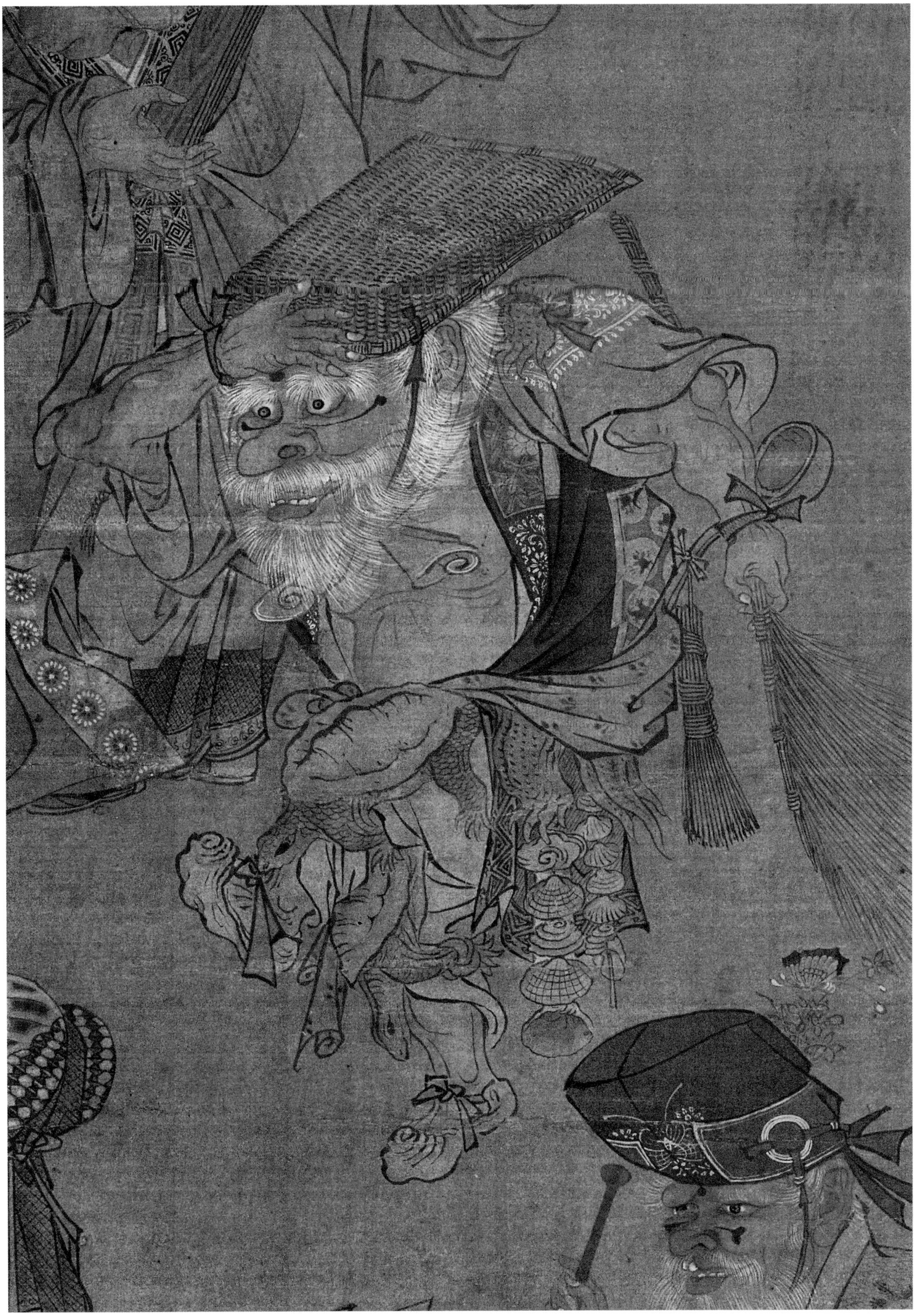

43

李嵩　貨郎圖卷

南宋
絹本　設色　縱25.5厘米　橫70.4厘米
清宮舊藏

Itinerant Pedlar

By Li Song
Southern Song Dynasty
Handscroll, Light colour on silk
H. 25.5cm　L. 70.4cm

李嵩，錢塘（今杭州）人，出身寒苦，少為木匠，好繪畫，後被北宋宣和畫院的名家李從訓收為養子，教以畫藝。李嵩自紹熙至紹定年間（1190—1233），任畫院待詔，被時人尊為“三朝老畫師”。他的畫多以農村生活風俗為題材。

圖中繪秋日晴朗，古柳蕭疏，坡草微黃。走村串鄉的貨郎剛剛放下貨擔，即被一羣婦女和兒童圍住。場面熱鬧，鄉土氣息濃厚。兒童的歡喜之情和母親的愛子之心，躍然紙上；貨郎招呼小兒的同時又恐貨物被損壞的心理，刻畫得入木三分。貨郎擔描繪得清晰細膩，貨品琳琅滿目，有農具、食品、百貨，貨上標有“專為小兒”、“山東黃米”、“酸醋”，以及“明風水”、“守神”、“雜寫文約”等字樣。可見畫家堅實的生活基礎和嚴謹的畫風。《貨郎圖》有多本存世，其中以此卷為最。

本幅自識“嘉定辛未（1211）李從訓男嵩畫”。另有清乾隆御題詩。

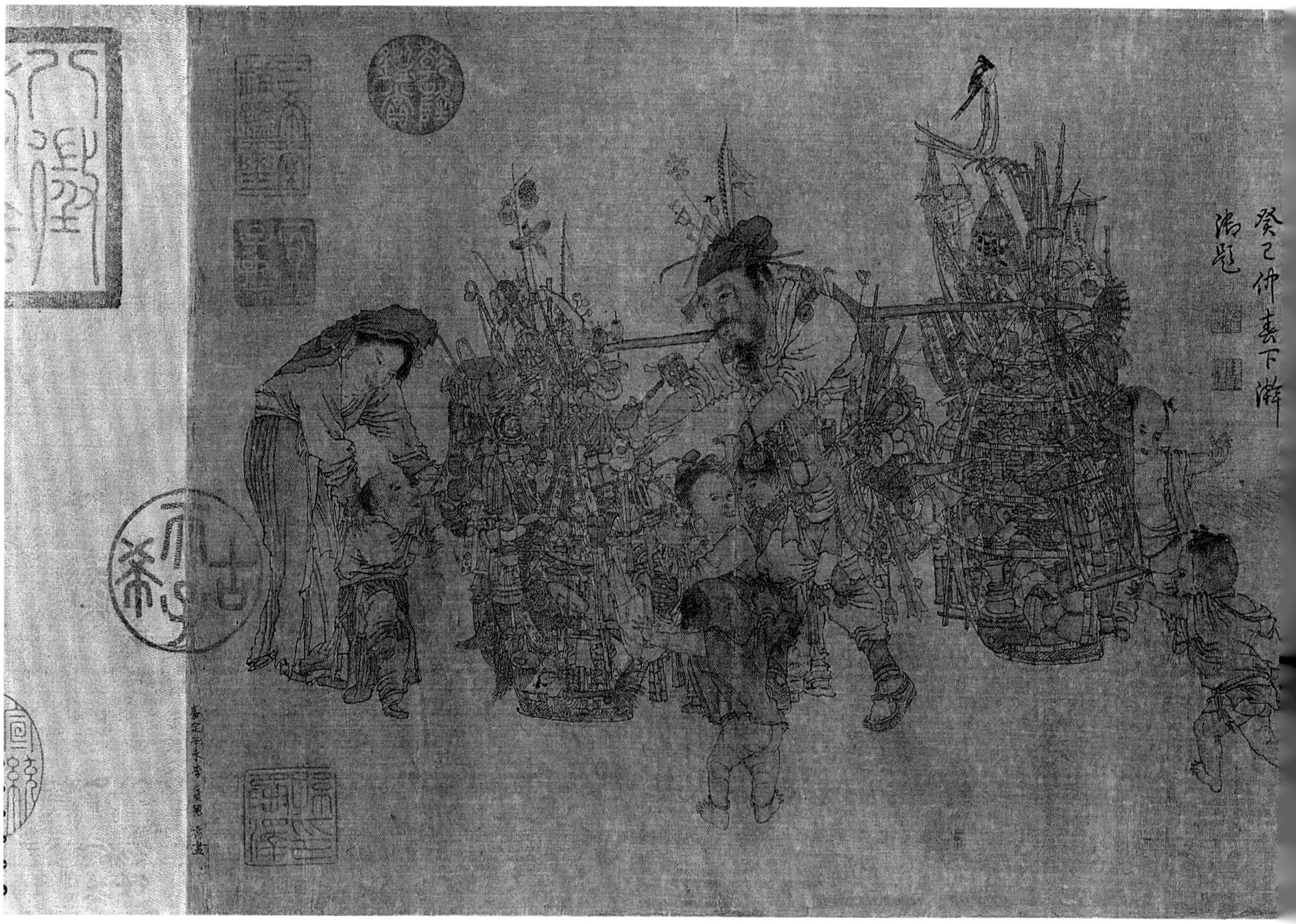

後隔水有清代梁清標題籤。本幅、後隔水及後幅鈐有"孫承澤印"(朱文)及乾隆內府收藏印"石渠寶笈"(朱文)、"御書房鑑藏寶"(朱文橢圓)、"乾隆鑑賞"(白文圓形)、"三稀堂精鑑璽"(朱文)、"宜子孫"(白文)共二十五方。

曾經《石渠寶笈初編》著錄。

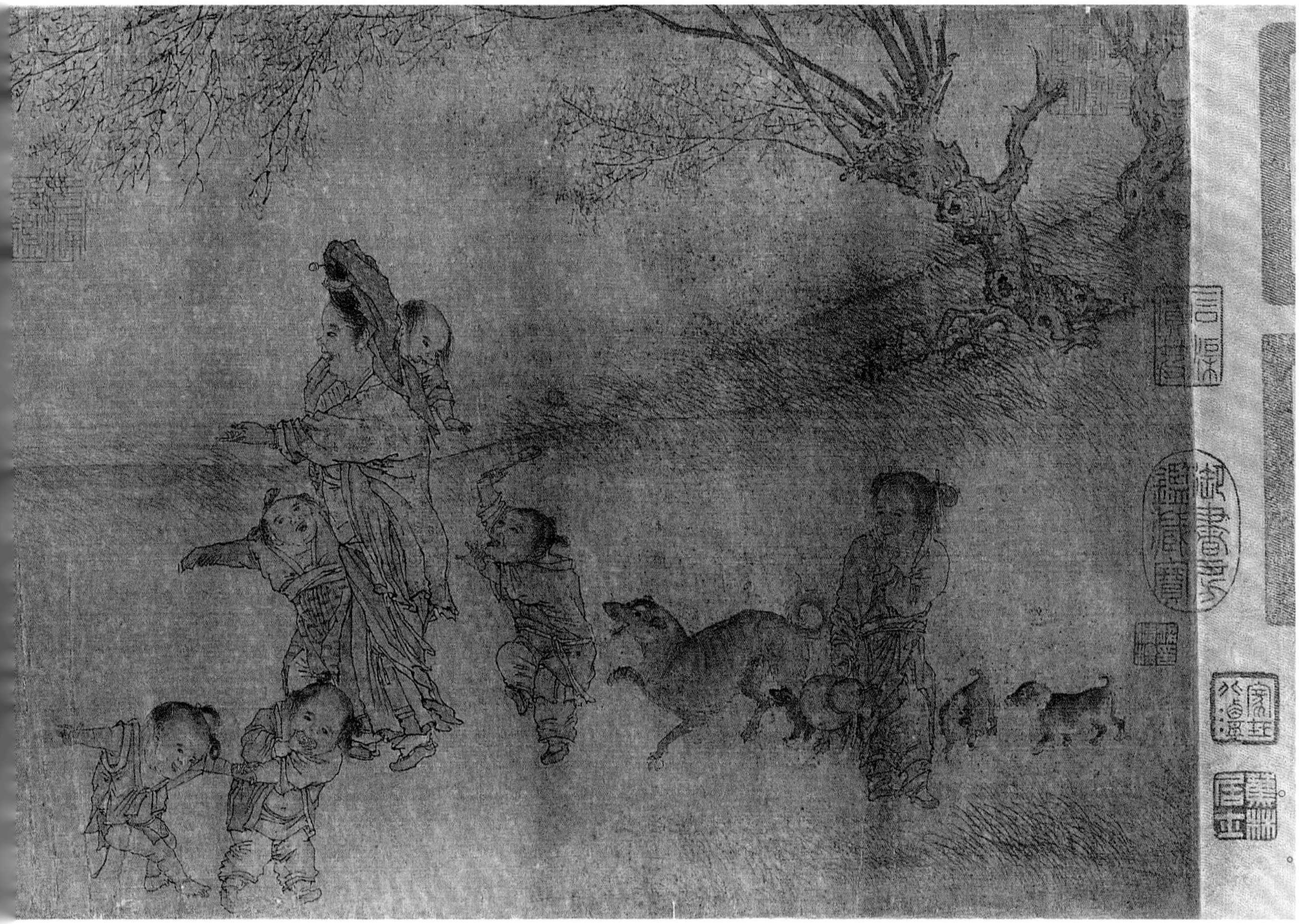

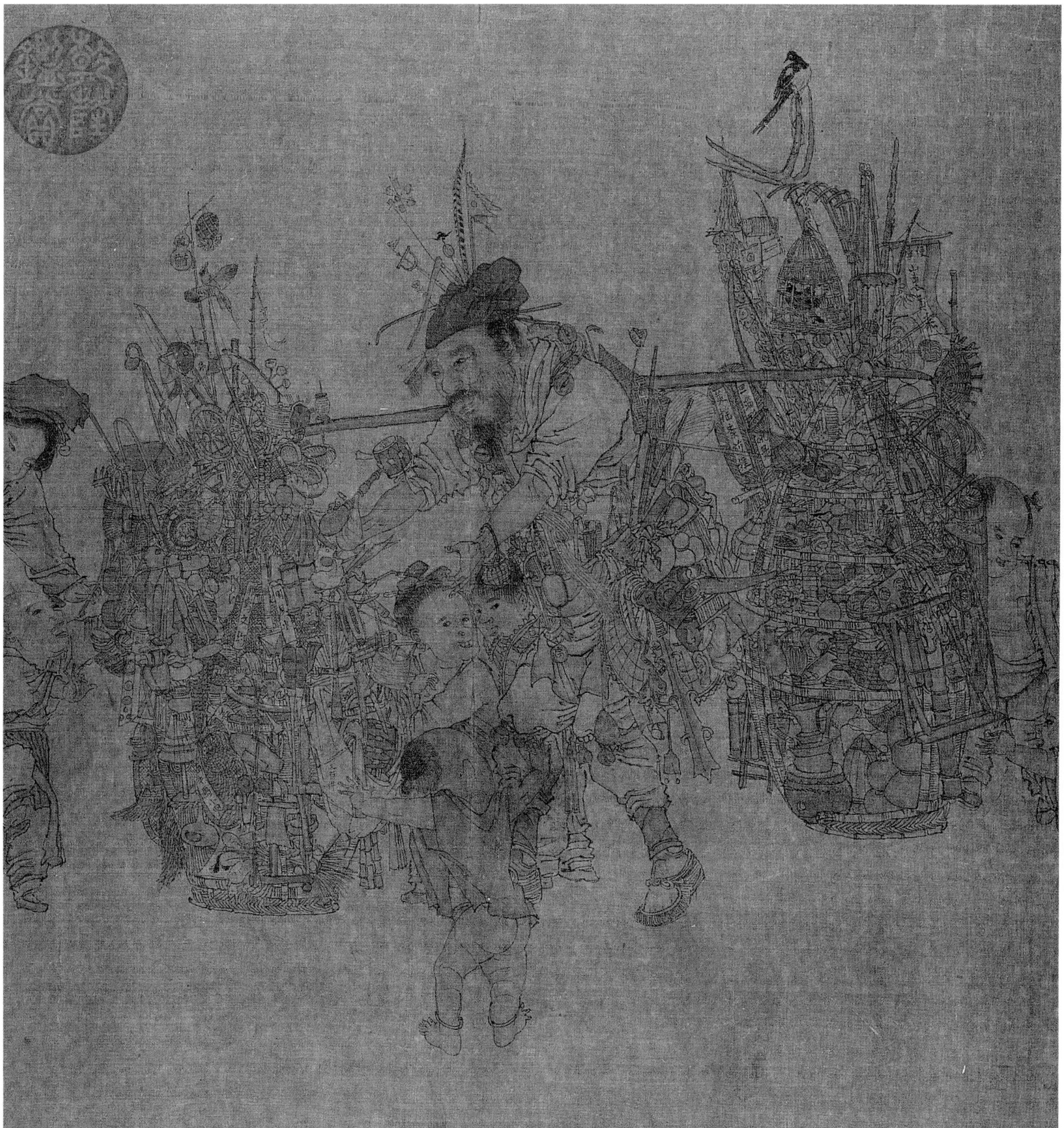

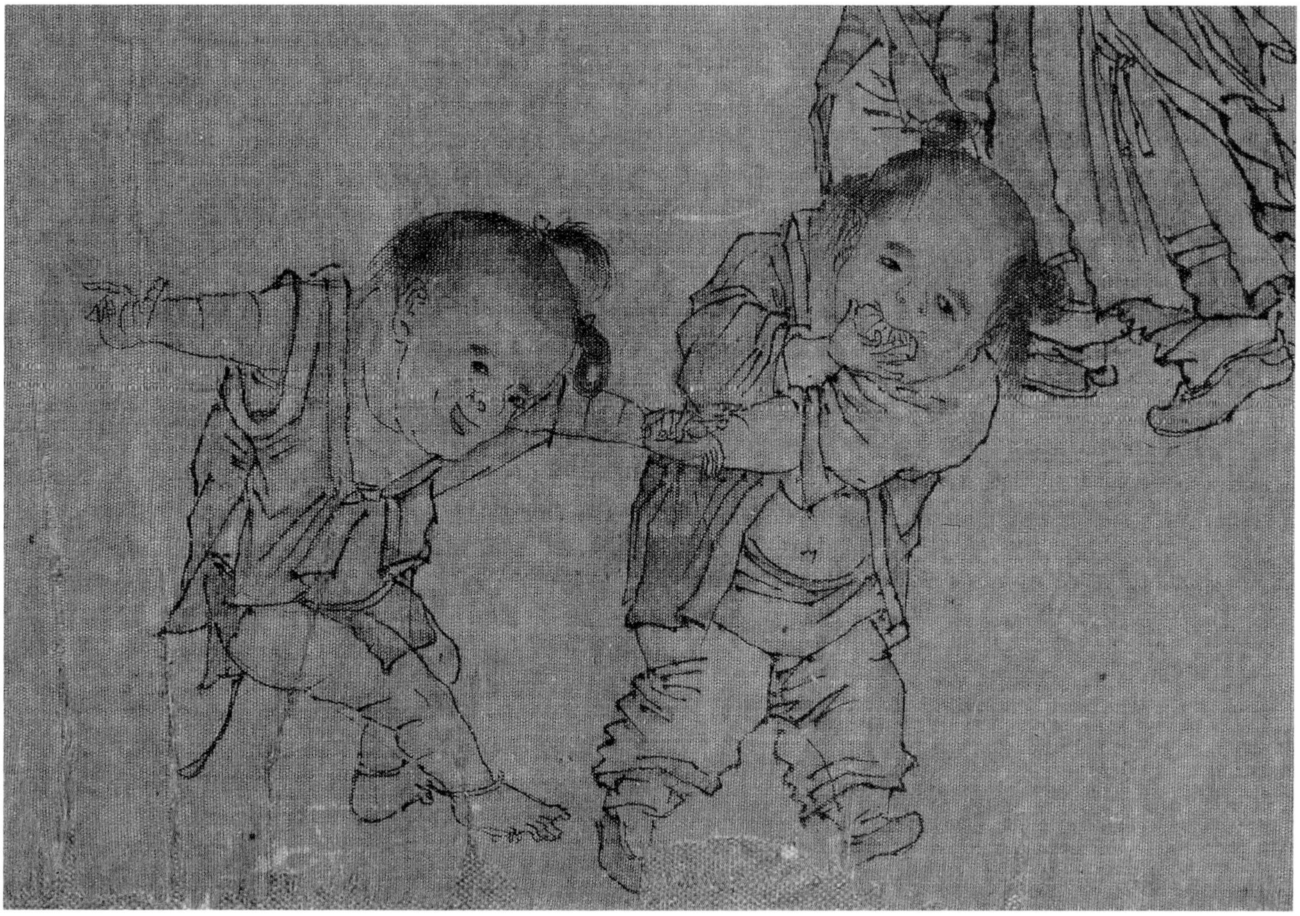

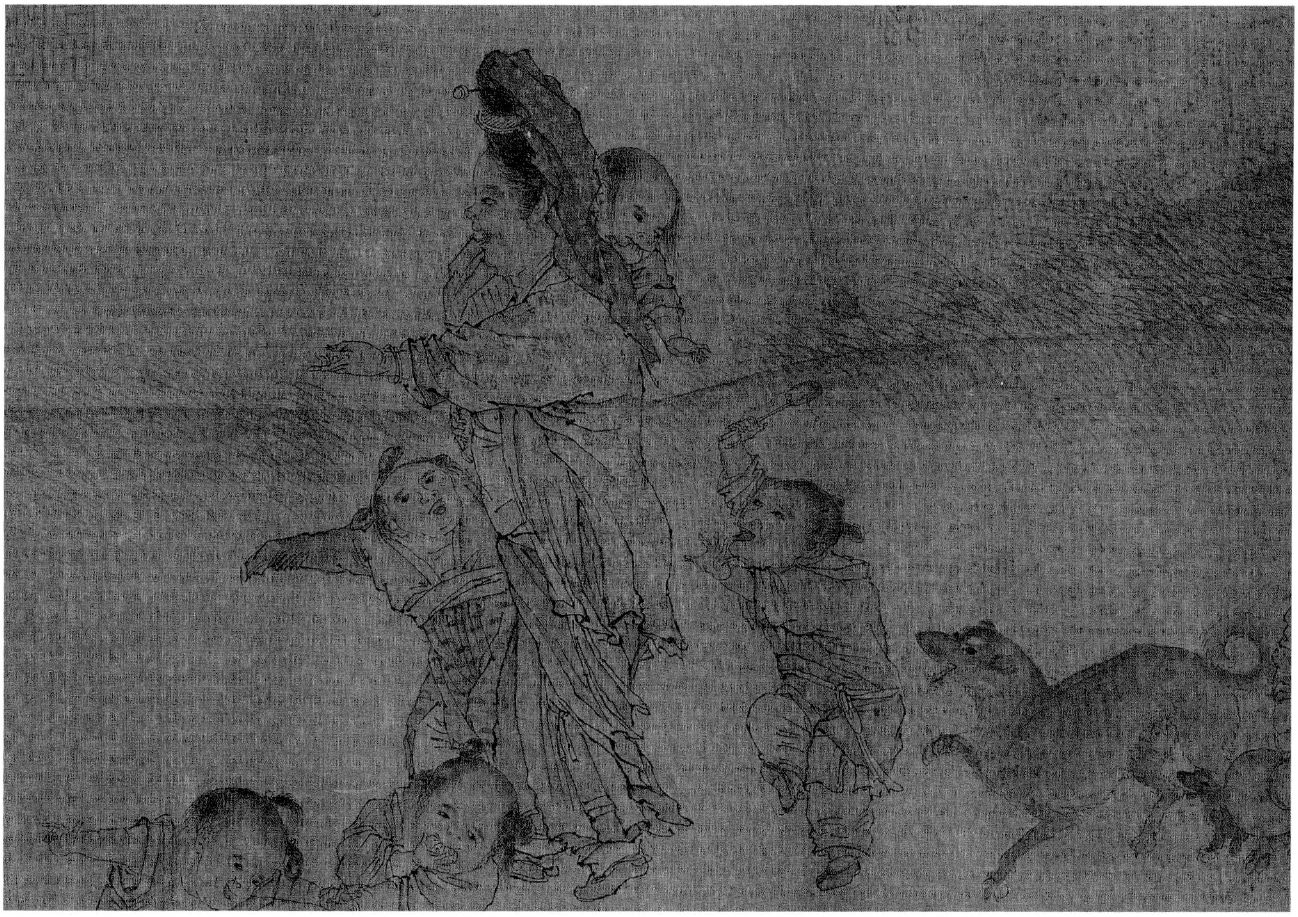

44

李嵩　骷髏幻戲圖頁

南宋
絹本　設色　縱27厘米　橫26.3厘米

Children Watching the Skeleton Puppet Show

By Li Song
Southern Song Dynasty
Leaf, Colour on silk
H. 27cm　L. 26.3cm

圖中繪兩個孩子在看一個骷髏操縱小骷髏耍傀儡戲，骷髏身旁有裝滿傢什的擔子，後面的婦人正在給幼兒哺乳。他們背靠的青磚垛上插着“五里”路牌，暗示生死相近，如同城郊相望。雖為嬰戲圖，卻表達對老子“齊生死”的人生哲學的感悟。

本幅款識“李嵩”。鈐鑑藏印“宜爾子孫”（白文）“珍秘”（朱文）、“瞻誠”（朱圓雙龍紋）、“玄賞”（朱文葫蘆）、“信公真賞”（朱文）、“千山耿信公書畫之章”（白文）、“今日侯珍藏”（白文）。

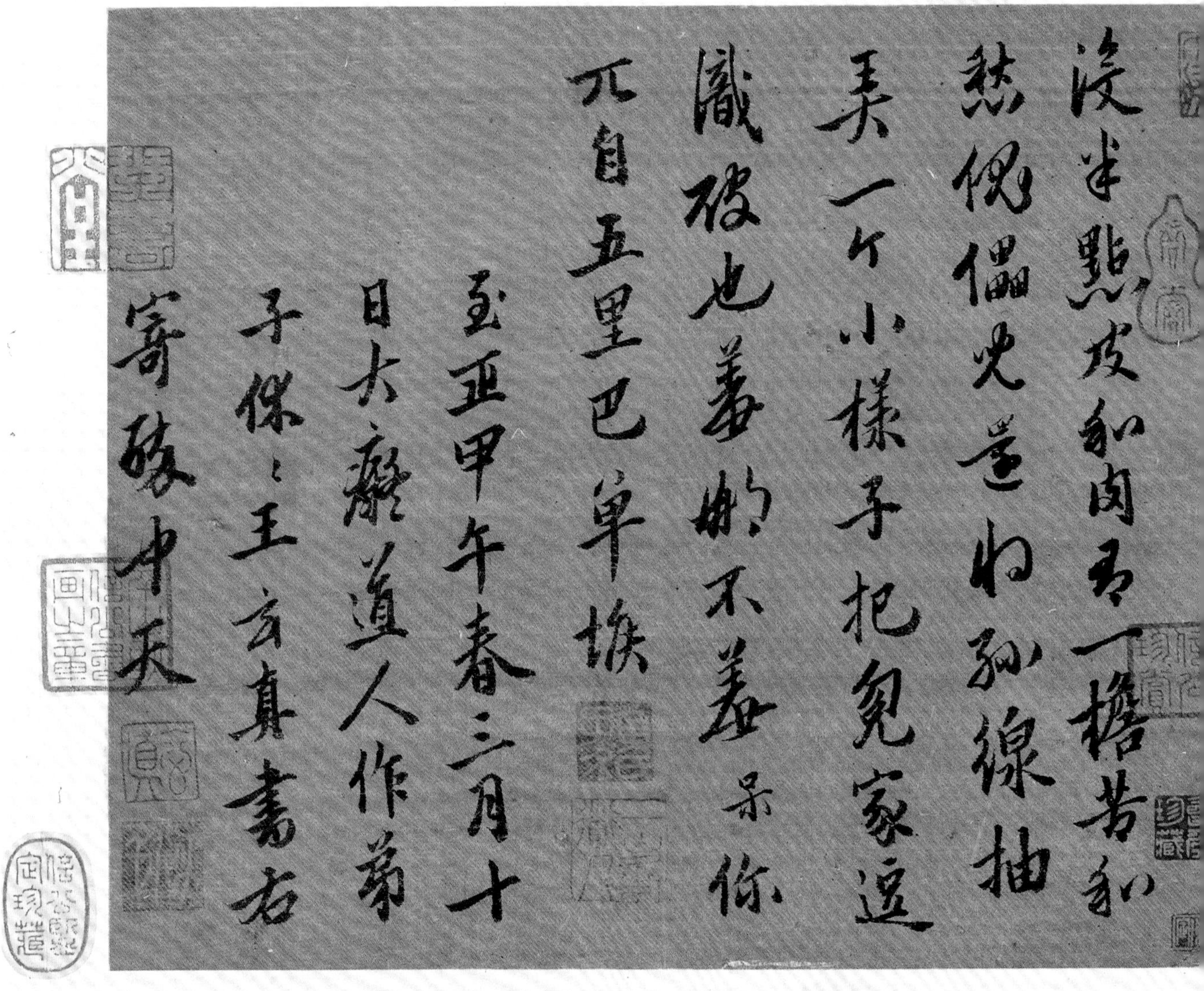

對幅為元代王玄真書黃公望曲：“沒半點皮和肉，有一擔苦和愁。傀儡兒還將絲綫抽，弄一個小樣子把兒家逗。識破也！羞耶不羞？呆你兀自五里巴單堠。至正甲午（1354）春三月十日　大痴道人作　弟子休休王玄真書右寄醉中天”。鈐印“玄真”（朱文）、“琴書堂”（白文）。另鈐收藏印“黃氏子久”（白文）、“一峯道人”（朱文）、“大痴”（朱文）、“千山耿信公書畫之章”（朱文）、“會侯珍藏”（白文）、“信公鑑定珍藏”（朱文橢圓）和“陳定”（白文）。

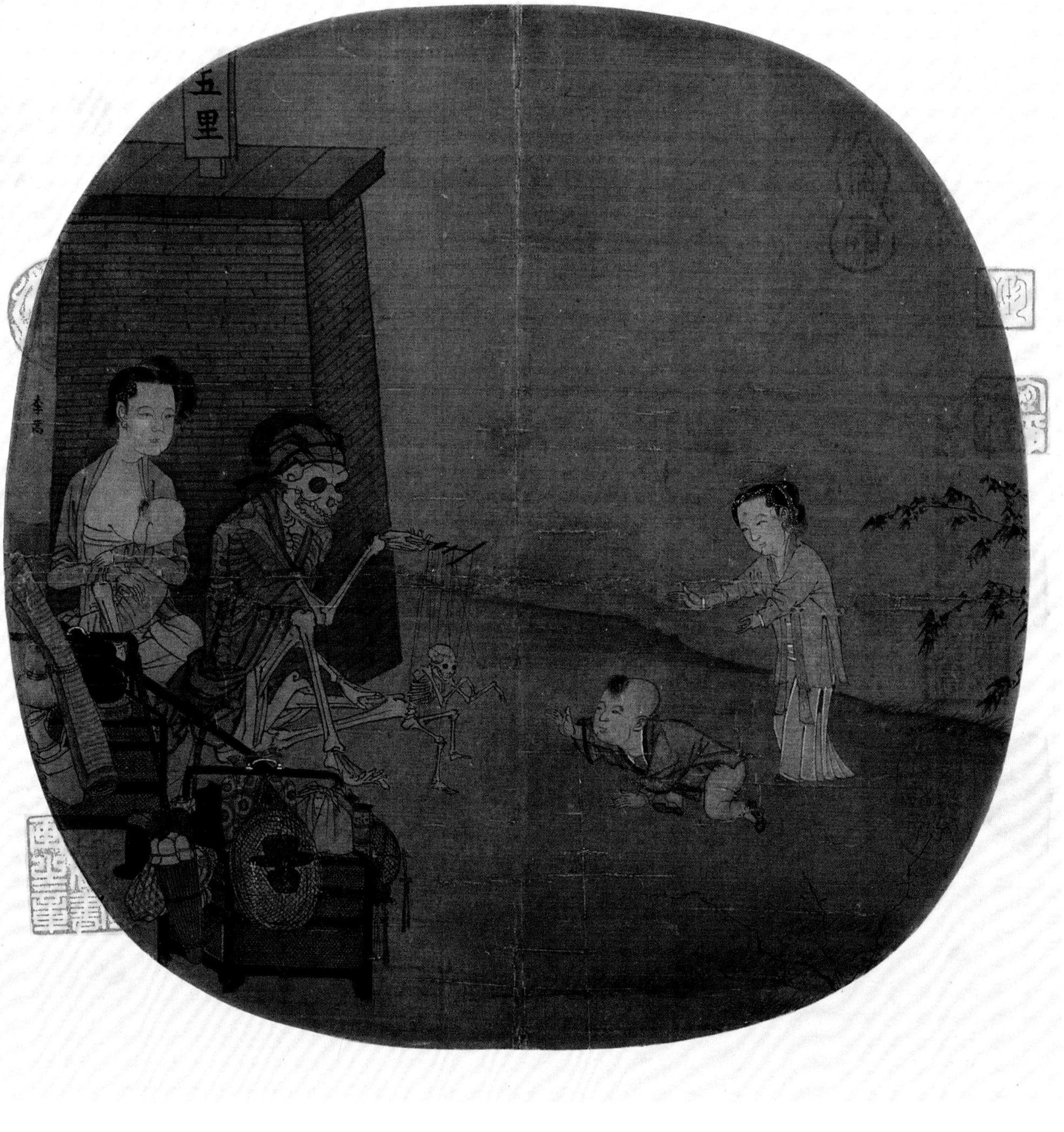

45

佚名　雜劇《賣眼藥》冊頁

南宋

絹本　設色　縱23.8厘米　橫24.5厘米

Selling Eye-Ointment—a Zaju (Variety play)

Anonymous

Southern Song Dynasty

Album leaf, Colour on silk

H. 23.8cm　L. 24.5cm

宋雜劇以表演當時發生的世俗故事，諷刺勸戒的滑稽短劇為主，腳色分末泥、引戲、副淨、副末和裝孤。《武林舊事．官本雜劇段數》中有《眼藥酸》一劇，當時劇目稱“酸”，含有譏諷之意。

圖中的賣藥郎中，身上掛滿誇張的眼睛裝飾，應當是裝腔作勢、自作聰明的副淨色，買藥者頭上諢裹，臂上刺青，應是副末色。

本幅鈐鑑賞印四方。

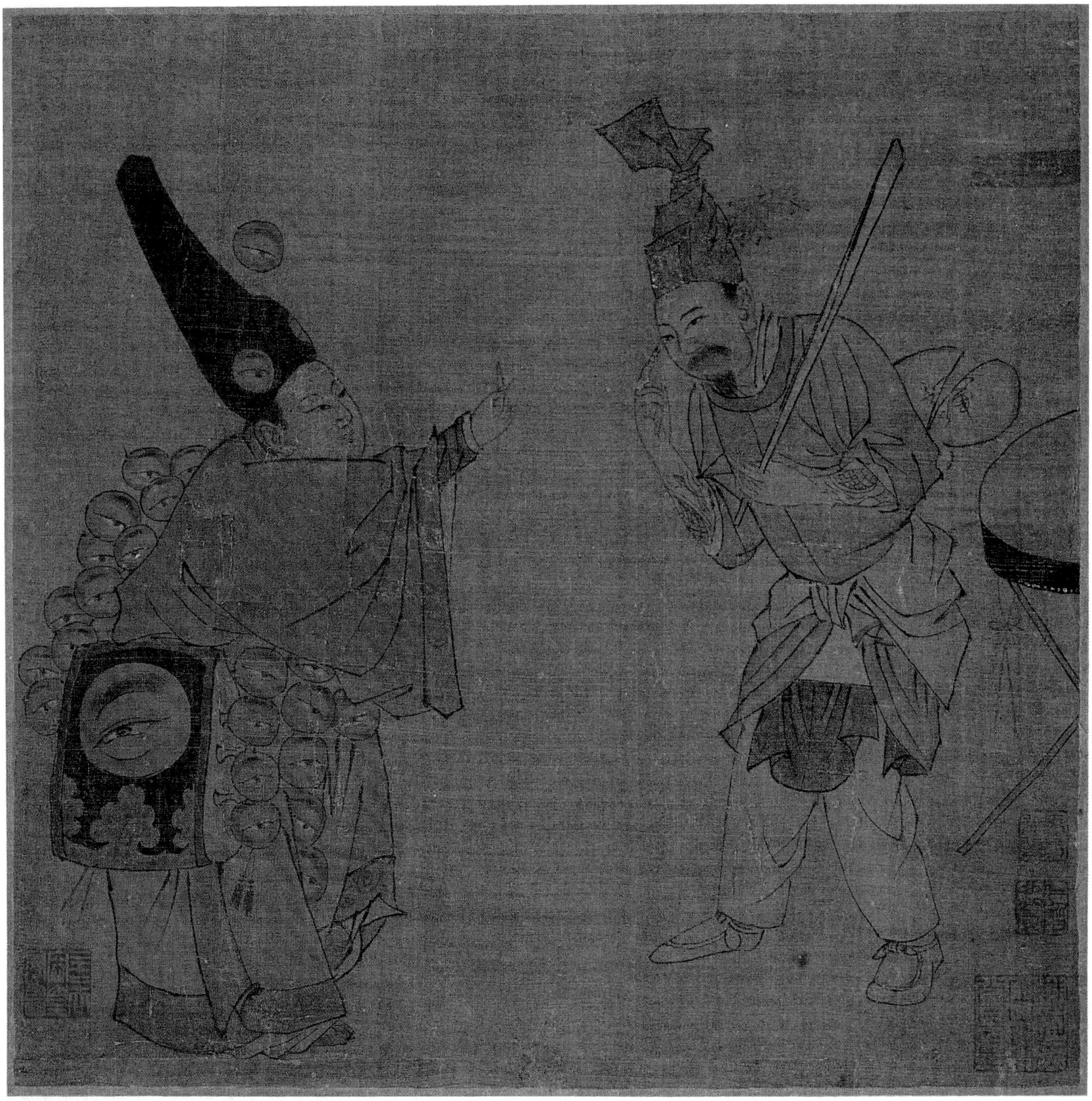

46

佚名　雜劇《打花鼓》冊頁
南宋
絹本　設色　縱24厘米　橫24.3厘米

Playing the Flower-drum—a Zaju (Variety play)
Anonymous
Southern Song Dynasty
Album leaf, Colour on silk
H. 24cm　L. 24.3cm

圖中二女角相對施禮，一裹頭，一戴花冠，佩耳鐺，穿對襟旋服，束腰袱，腰後所插的扇子上寫有“末色”。女角小足而著彎頭鞋，可知纏足習俗在南宋已經出現。女角身後置斑鼓，演唱時作伴奏之用。人物姿態生動自然，筆法純熟，勾綫圓潤。

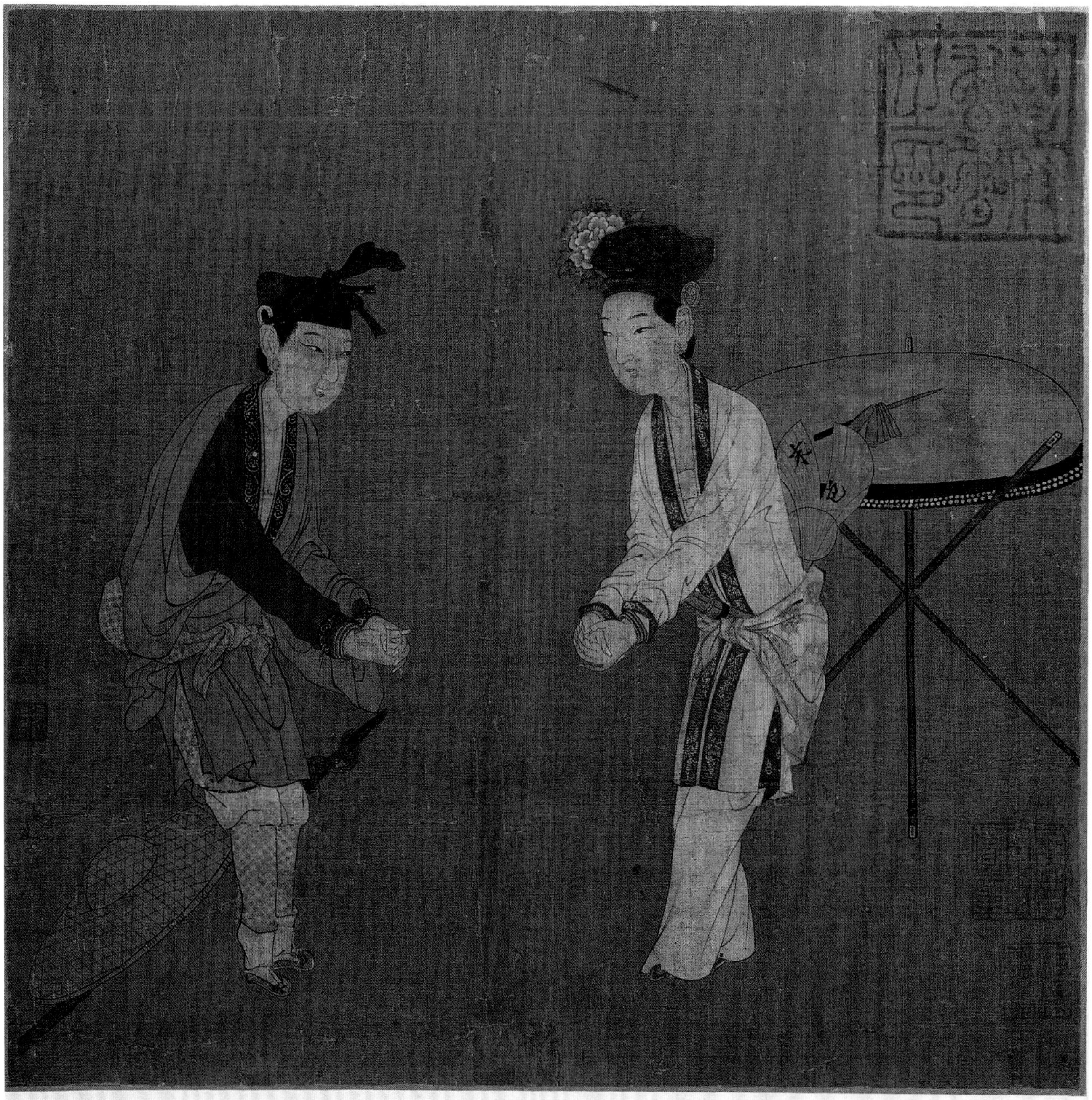

47

佚名　春遊晚歸圖頁

南宋

絹本　設色　縱24.2厘米　橫25.3厘米

清宮舊藏

Returning at Dusk from Spring Outing

Anonymous

Southern Song Dynasty

Leaf, Colour on silk

H. 24.2cm　L. 25.3cm

Qing Court collection

圖中繪一騎馬老者帶着僕從春遊歸來，穿過柳蔭大道向城門行進，老者著官服，鬚髮皆白，僕從有的引路，有的牽馬，有的扛交椅、方几、傘蓋，擔子上有火盆、酒器、食盒。路上設置鹿砦，軍事設施與休閒生活形成對比。人物刻畫用筆簡潔，器物則細緻入微。近景人物、樹木著墨濃重，輪廓清晰，遠景漸漸虛化，給人暮色降臨的感覺。

本幅鈐藏印有明代沐琳“黔寧府書畫印”(朱文)、清代安岐“儀周珍藏”(朱文)。

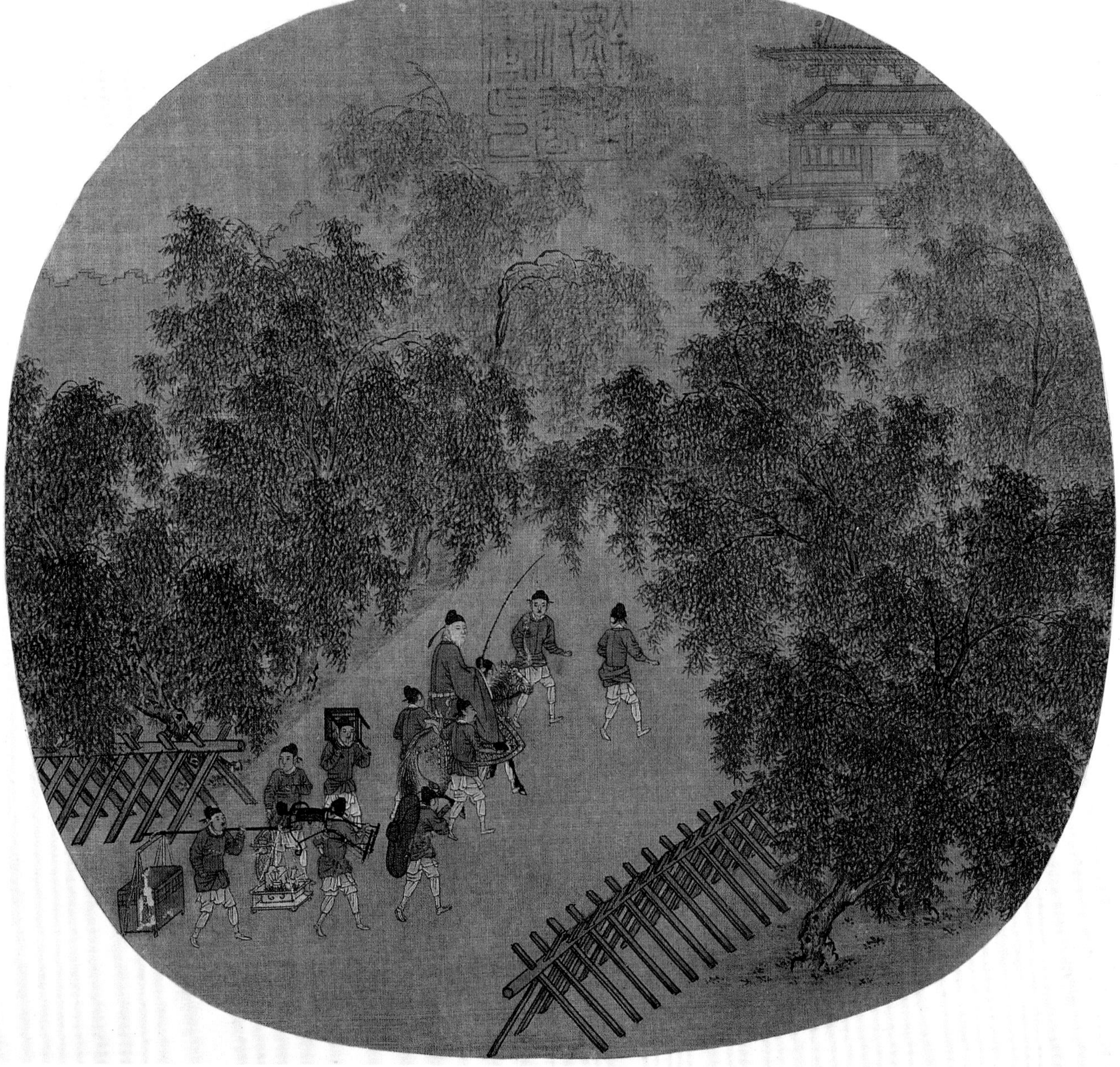

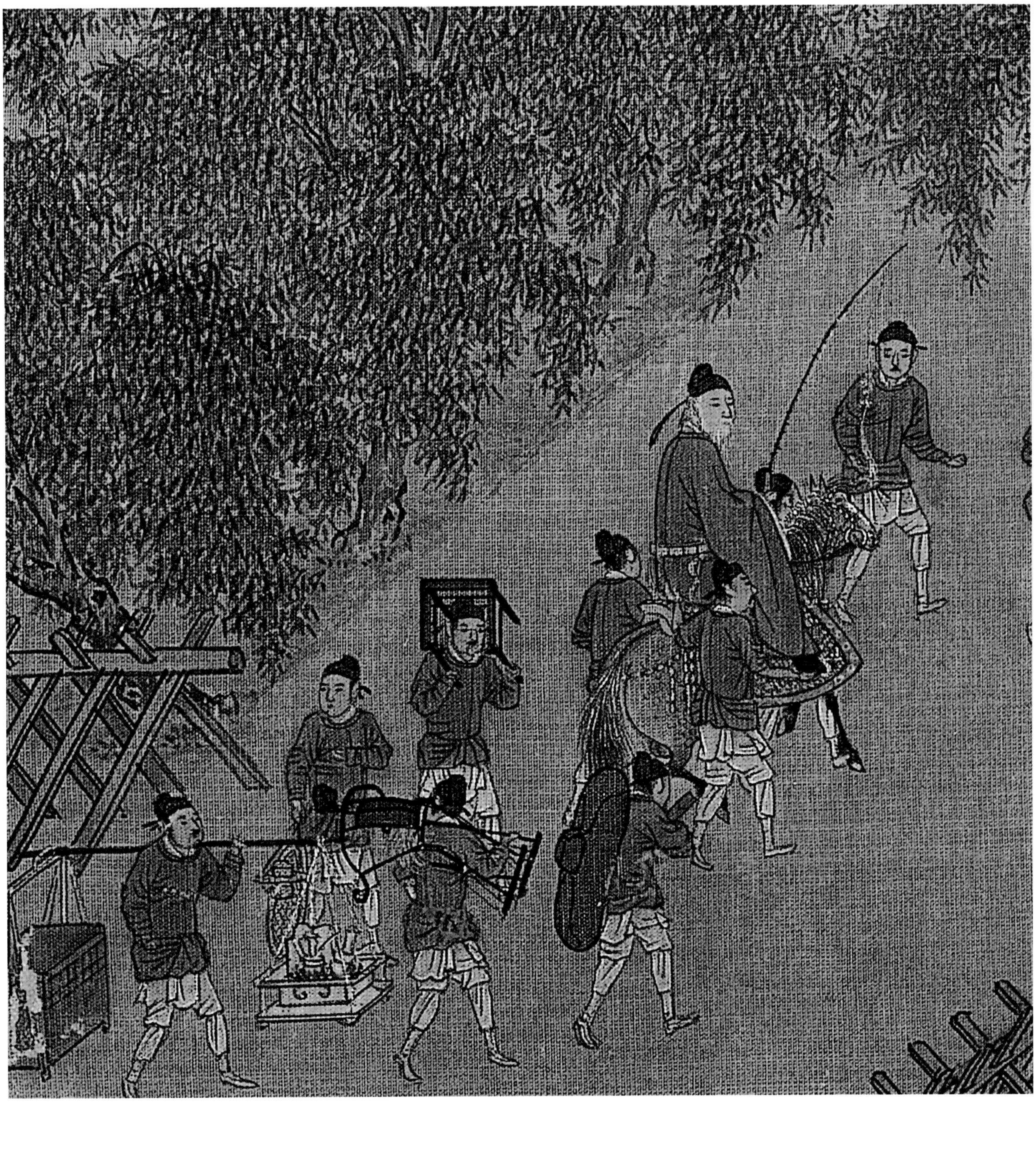

48

佚名　槐蔭消夏圖頁

南宋

絹本　設色　縱25厘米　橫28.5厘米

Enjoying the Cool in Summer under the Shade of a Pagoda Tree

Anonymous

Southern Song Dynasty

Leaf, Colour on silk

H. 25cm　L. 28.5cm

圖中描繪槐樹蔭下，一高士於榻上翹足高臥，袒胸露懷，閉目養神，神情恬然自適，體現出不拘禮法、灑脱超然的情趣。榻旁有山水屏風及桌案、紙硯、書卷等物，意境清幽。勾綫細勁流暢自如，設色古雅，體現了南宋人物畫一種沉靜、肅穆的審美情趣。

畫風用筆與五代畫家王齊翰《校書圖》不同。

本幅有耿信公題記。

裱邊題籤“王齊翰”。

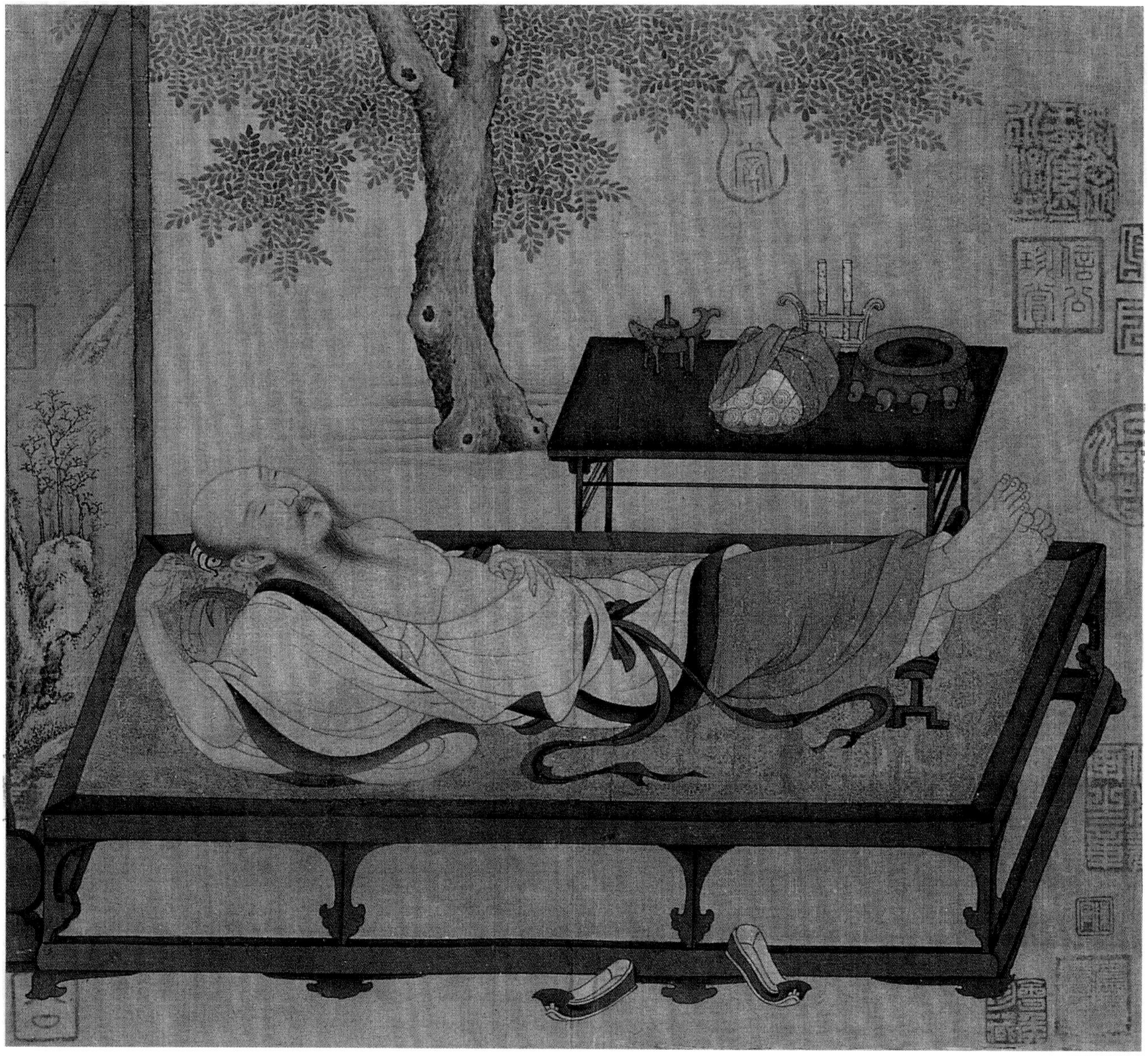

49

佚名　柳蔭高士圖頁

南宋

絹本　設色　縱29.4厘米　橫29厘米

The Men of Virtue in the Shade of a Willow Tree

Anonymous

Southern Song Dynasty

Leaf, Colour on silk

H. 29.4cm　L. 29cm

圖中一黃衣高士憩於河畔的柳樹幹上，形容清瘦。翹首遠望，神態悠然。清風徐來，柳枝拂動，蘆荻叢中有一白鷺梳羽，意境空闊。人物衣紋用折蘆描，筆法放逸，顯示出隱逸高士豁達而又放浪不羈氣質。

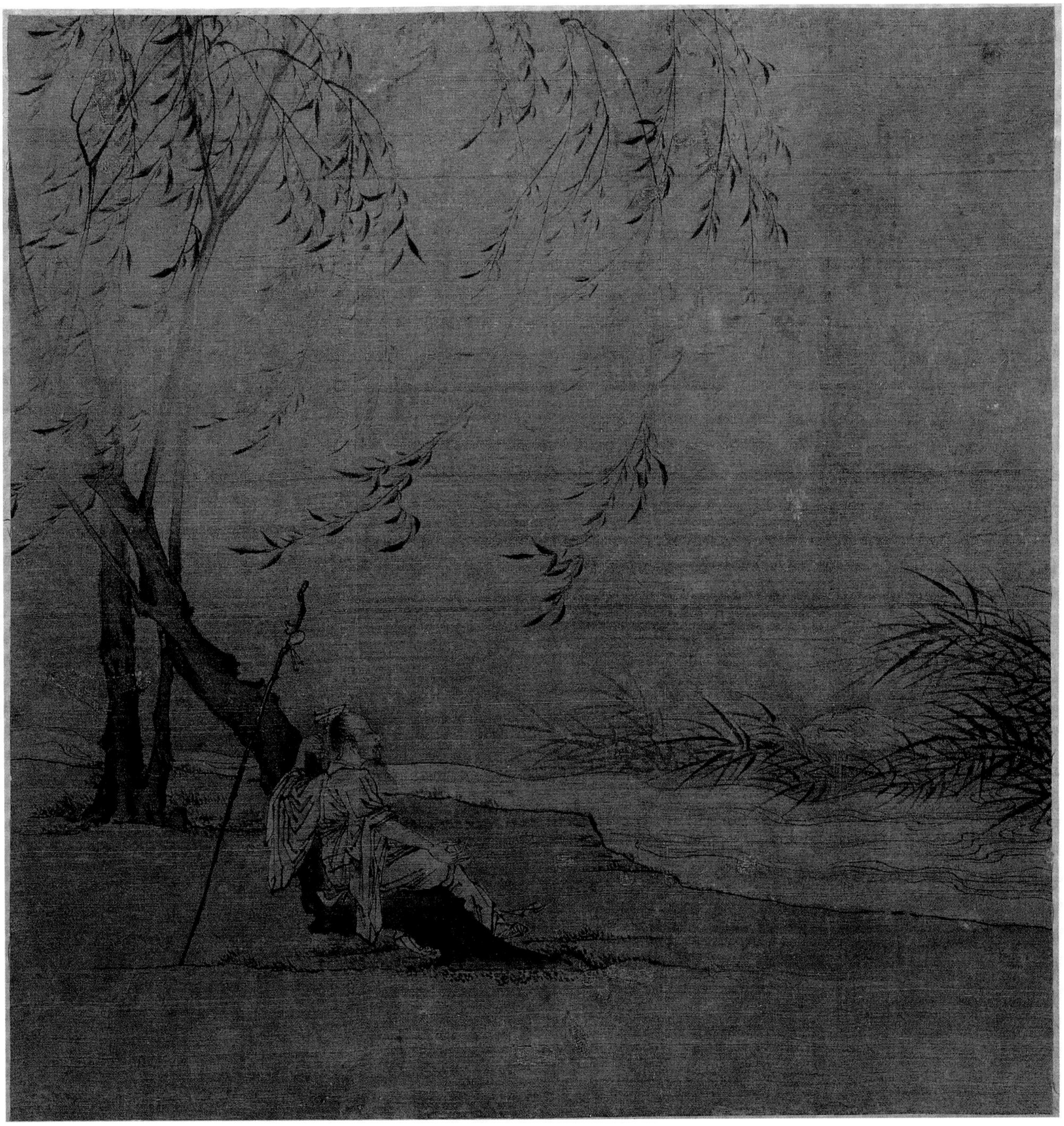

50

佚名　松蔭閒憩圖頁
南宋
絹本　墨筆　縱22.5厘米　橫23.6厘米

Taking a Rest under the Shade of a Pine
Anonymous
Southern Song Dynasty
Leaf, Ink on silk
H. 22.5cm　L. 23.6cm
Qing Court collection

圖中繪古松欹出，松針拂動，野草倒伏，濃雲飛渡，預示着一場風雨即將來臨。一老者寬襟大袖、方巾長髯他斜倚着松幹，神情自若，似暢飲後酣睡未醒，又似面對風雨若有所思。松針用渴筆掃出，焦墨揮寫藤蘿，水墨染出濃雲，烘托出一種躁動的氣氛。

本幅鈐鑑藏印“都尉耿信公書畫之章”（朱文）、“龐萊臣珍藏宋元真跡”（朱文），又半印二方。

對幅有耿昭忠題記：“梁楷初師賈師古，而筆力秀勁，譽擅出藍，宜其不落院格，為一時珍重也。耿信公”。鈐印“雪舫”（白文）、“耿昭忠印”（朱文）、“信公父”（白文）。另有鑑藏印“琴書堂”（白文）、“千山耿信公書畫之章”（朱文）、“虛齋珍賞”（朱文）。

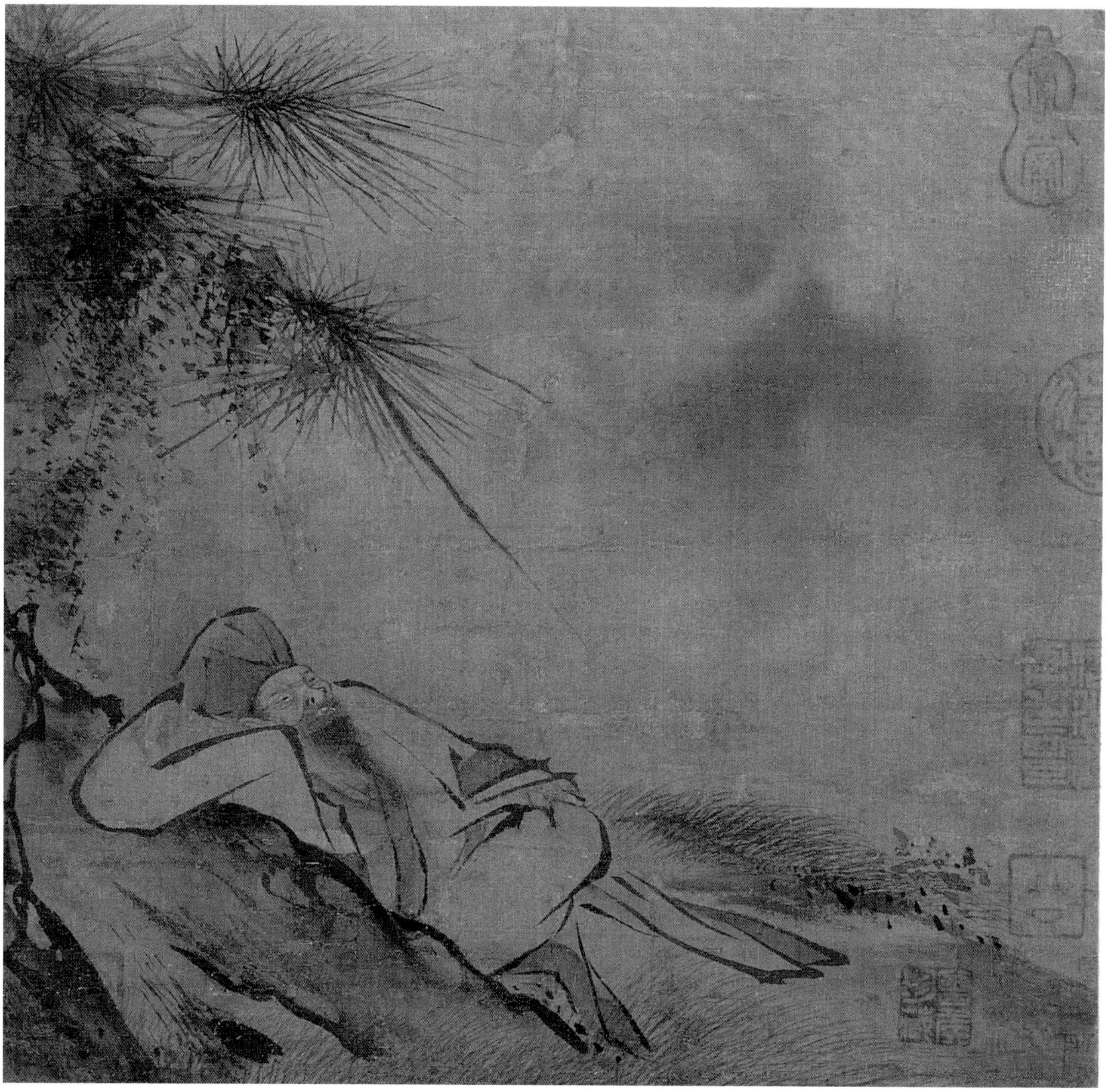

51

佚名　柳蔭醉歸圖頁
南宋
絹本　設色　縱23厘米　橫24.8厘米

Two Drunkards Returning Home in the Shade of a Willow Tree
Anonymous
Southern Song Dynasty
Leaf, Colour on silk
H. 23cm　L. 24.8cm

紈扇裝裱。圖中繪一古柳下，有二高士頭束雙髻，袒胸赤足，相扶而行，步履蹣跚，醉意濃濃。柳樹枝葉點畫細密，墨色濃淡層次分明。人物衣紋摺皺處用丁頭鼠尾描，盡顯衣料的柔軟質感。

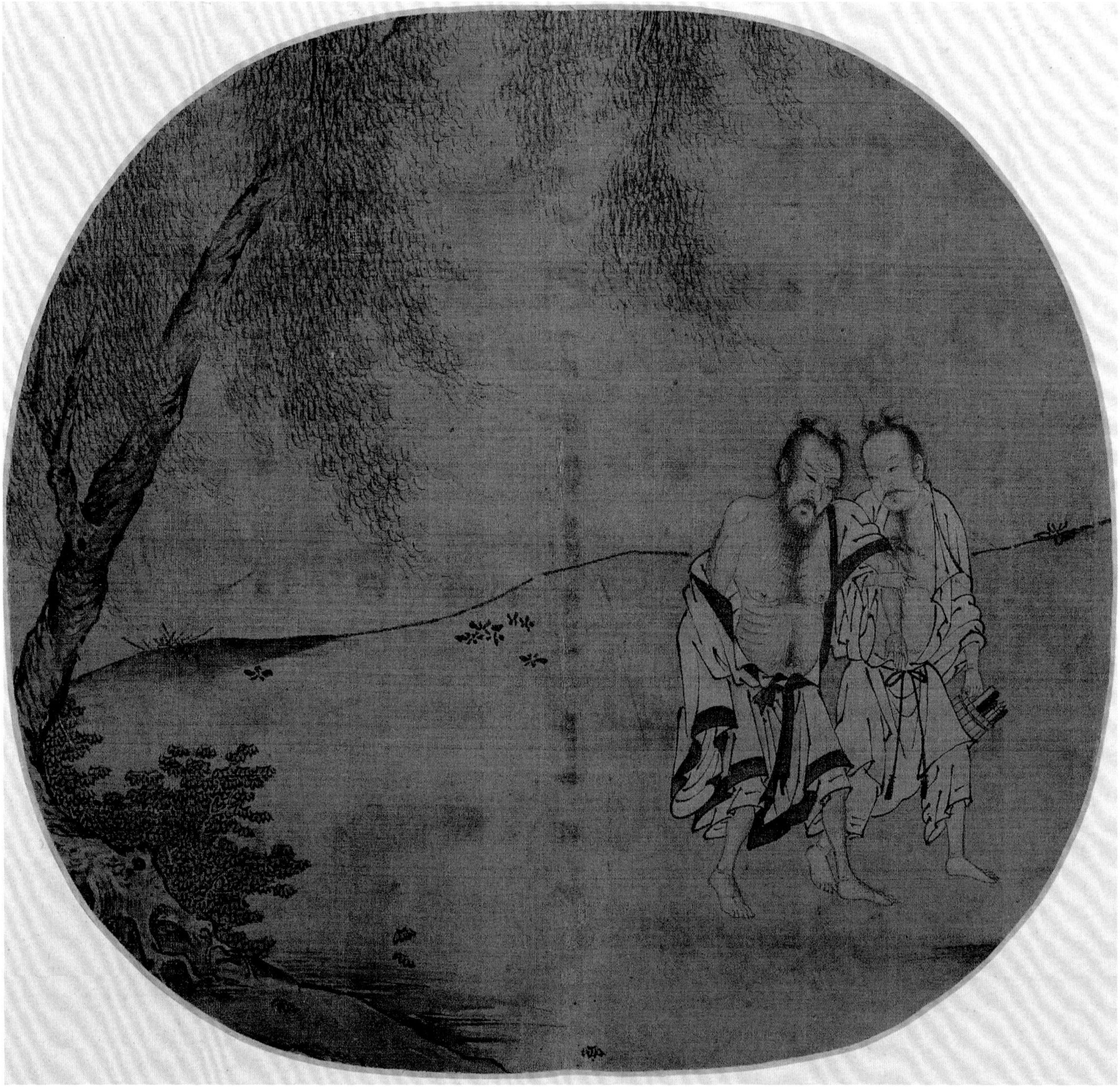

52

佚名　天寒翠袖圖頁
南宋
絹本　設色　縱25.7厘米　橫21.6厘米
清宮舊藏

A Woman Standing by the Bamboo in Cold Winter
Anonymous
Southern Song Dynasty
Leaf, Colour on silk
H. 25.7cm　L. 21.6cm
Qing Court collection

紈扇裝裱。圖中繪一孤寂的女子凝神佇立，頭束雙環髻，身穿上襦，胸下束長裙，帔巾垂地。幾竿翠竹立於坡石草木中，盡顯寧靜幽雅的氛圍。形象地再現了唐代詩人杜甫詩意："天寒翠袖薄，日暮依修竹。"衣紋用蚯蚓描，表現出質地的柔軟滑潤，構圖平穩均衡，格調清俊高逸。

曾經《石渠寶笈初編》著錄。

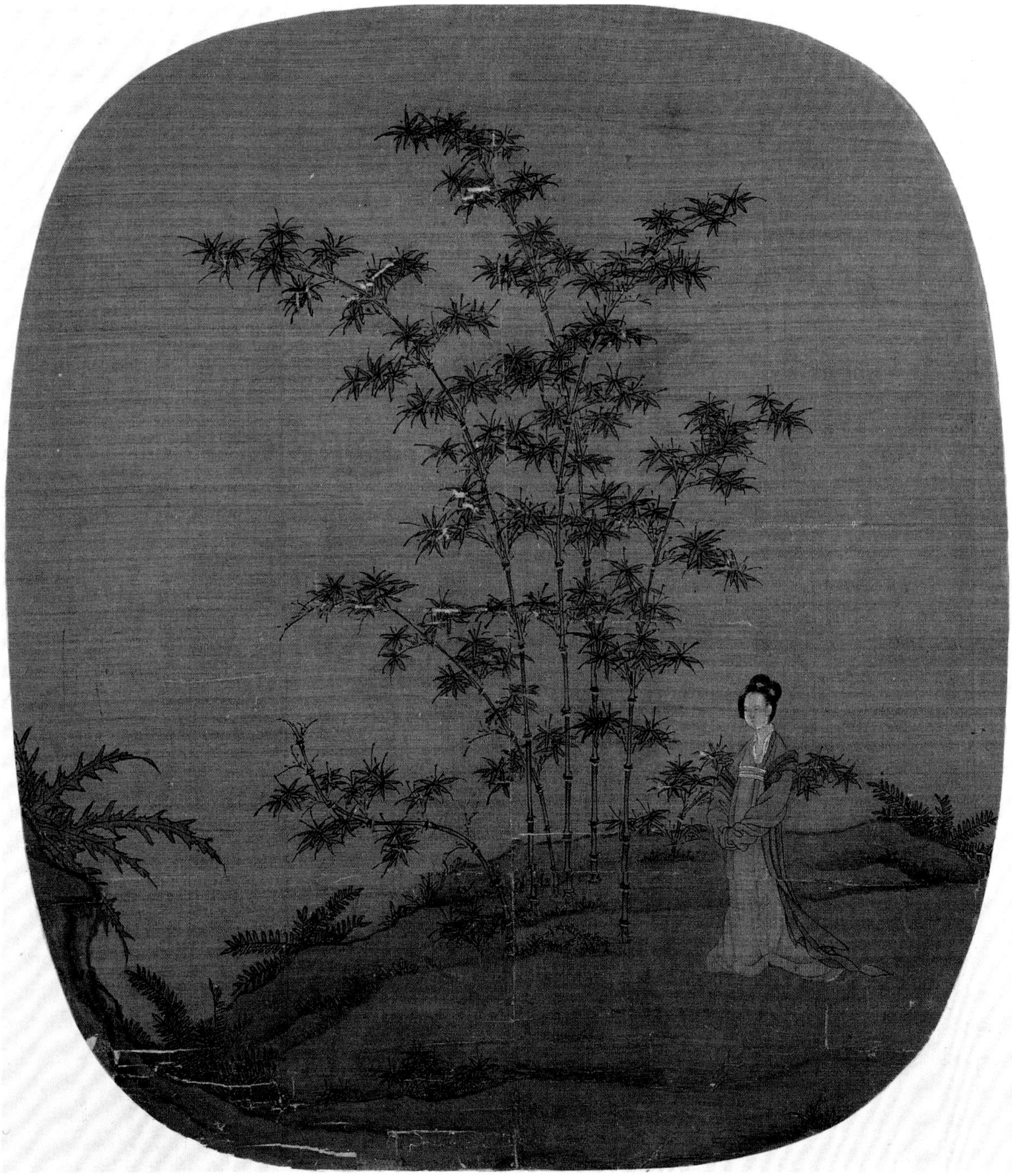

53

佚名　瑤台步月圖頁

南宋

絹本　設色　縱25.6厘米　橫26.7厘米

清宮舊藏

Strolling on the Moon Shining Platform

Anonymous

Southern Song Dynasty

Leaf, Colour on silk

H. 25.6cm　L. 26.7cm

Qing Court collection

圖中繪宮嬪在中秋時節登台拜月的場景，空中雲月隱現，桌上插有桂花。宮嬪頭飾花冠子，著小袖對襟旋襖，時代特徵鮮明。技法上表現出宋代院畫佈局嚴謹、設色典雅、筆墨工緻及寫實求真的特點。展示了仕女造型由唐代的豐腴之美向明代的清秀俏麗之態轉變的過程。

對幅有清乾隆御題詩一首。

曾經《石渠寶笈續編》著錄。

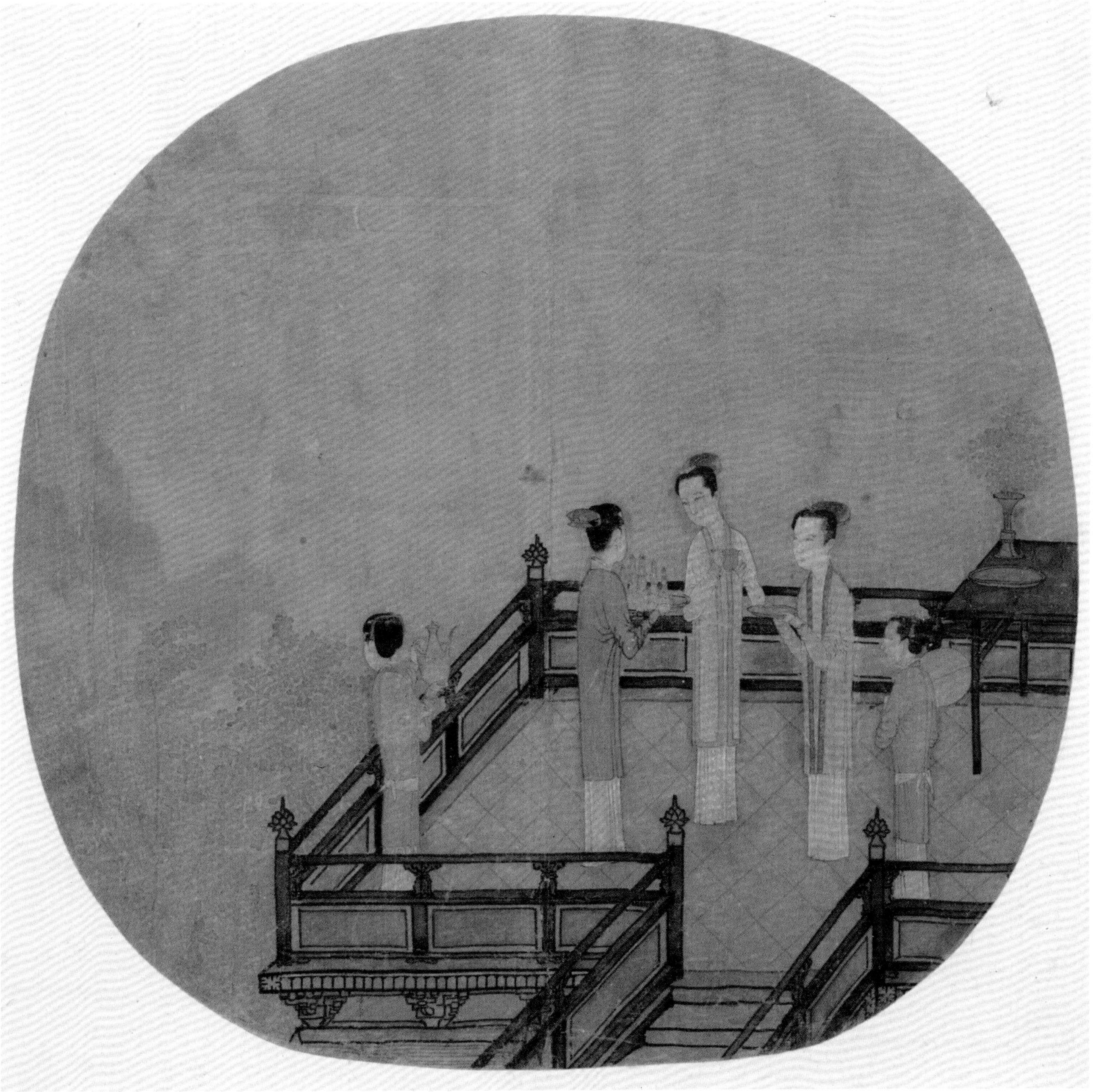

54

佚名　百子戲春圖頁
南宋
絹本　設色　縱26.6厘米　橫27.7厘米
清宮舊藏

Hundred Children Playing in Spring
Anonymous
Southern Song Dynasty
Leaf, Colour on silk
H. 26.6cm　L. 27.7cm
Qing Court collection

圖中繪三十五個兒童在殿閣上下嬉戲玩耍，池畔高台上的小童在觀畫、弈棋、撫琴、放風箏、玩木偶，台下的小童在舞獅、玩皮影、採蓮、折桂、放炮、拜佛、洗浴等，人物眾多、場景熱烈，是當時臨安城富家兒童的生活寫照。畫法精細工緻，表現出童心的純真。這類特有的嬰戲題材，並無一定季節，多在年節展看，以求多子多福。

本幅款識"漢臣"，係後添。鈐清高士奇收藏印"江村"（朱文）。

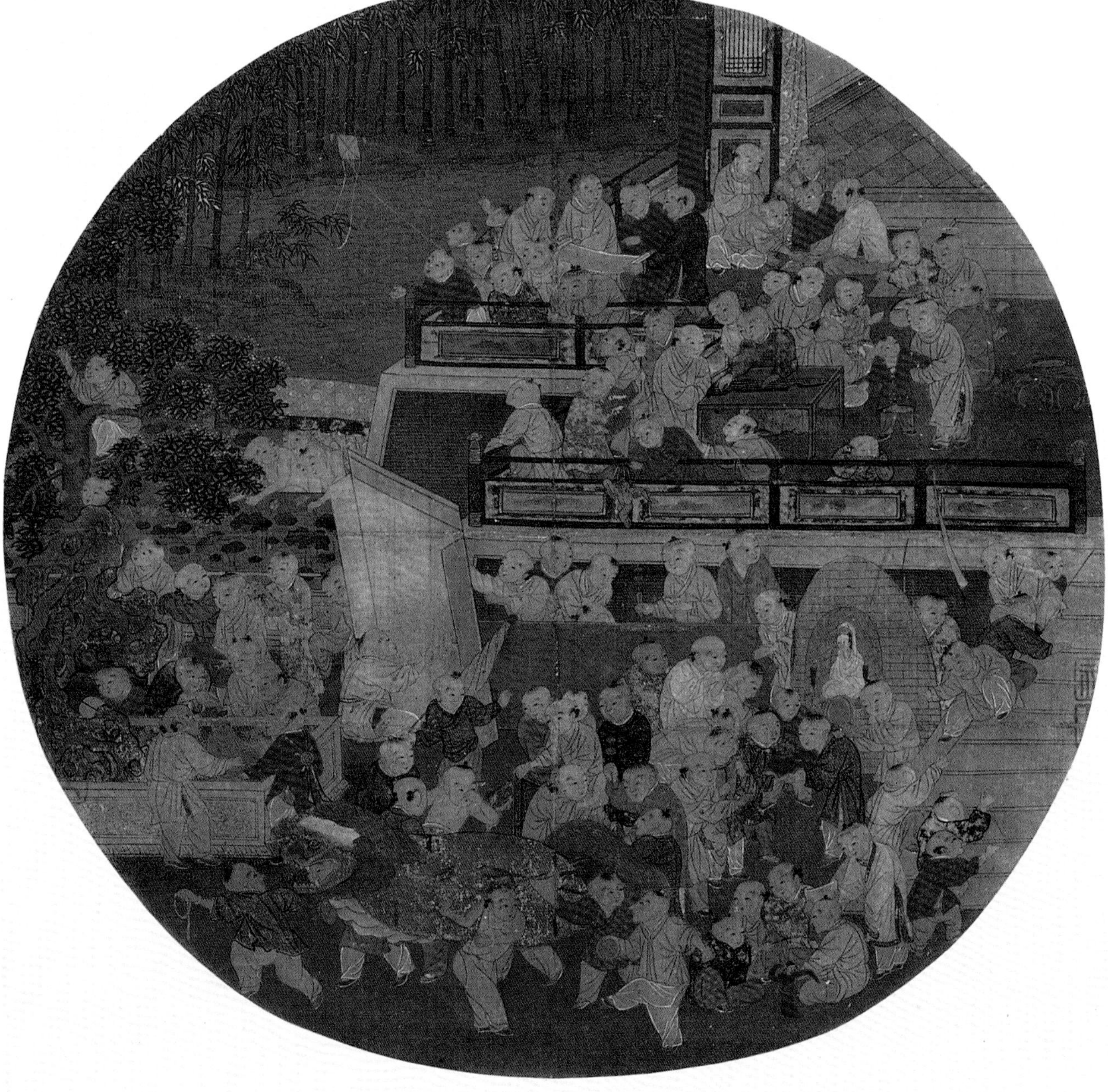

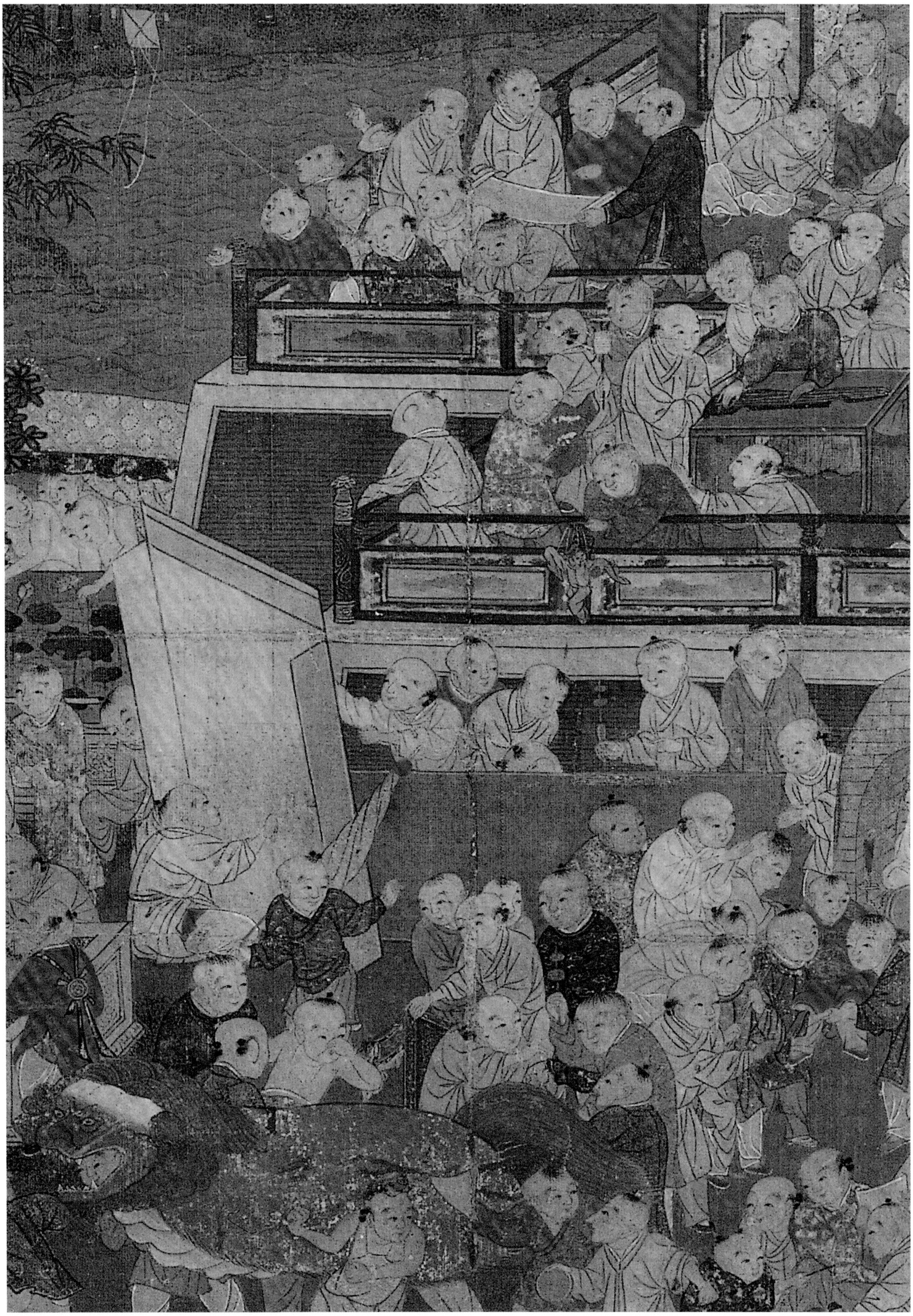

55

佚名　秋庭嬰戲圖頁

南宋
絹本　設色　縱23.7厘米　橫24厘米
清宮舊藏

Boys Playing with Weapons in Autumnal Yard

Anonymous
Southern Song Dynasty
Leaf, Colour on silk
H. 23.7cm　L. 24cm
Qing Court collection

圖中繪小童在庭園中“耍刀槍”的細節，充滿生活情趣和戲劇性。三把刀槍，一把已經折斷，棄地上。一個小童得到一把，正竊喜溜走，另兩個在爭奪餘下的一把。湖石後秋葵含苞欲放。

對幅有清乾隆御題詩：“奪槍著力見童雙，別一得之氣已降。讀書及第不學賈，爭強欲勝徒成逢。設使卒然落乎水，可能擊石破其缸。”對幅及裱邊鈐清乾隆內府收藏印五方。

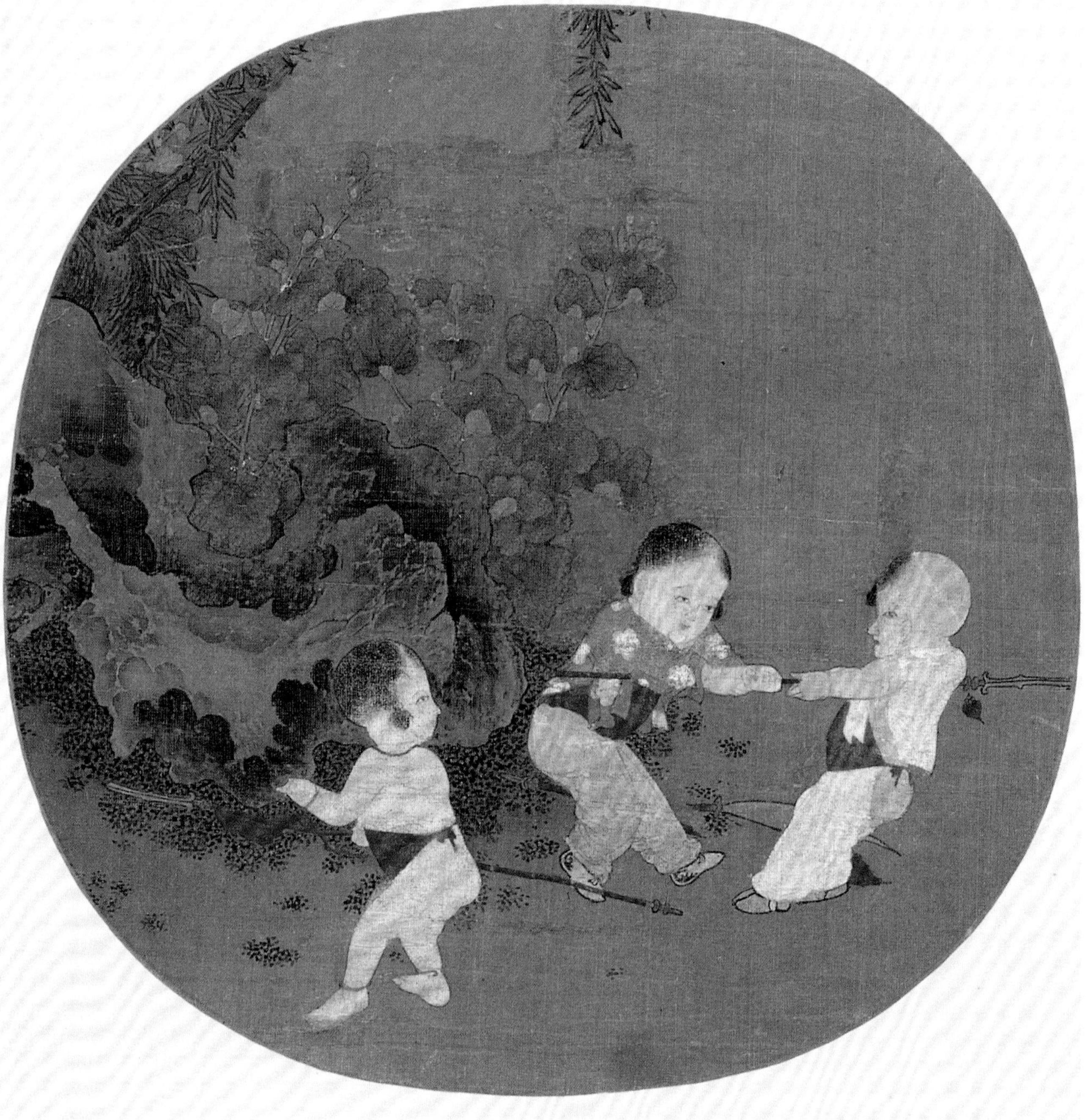

56

佚名　小庭嬰戲圖頁
南宋
絹本　設色　縱26厘米　橫25.2厘米

Boys Playing in Garden
Anonymous
Southern Song Dynasty
Leaf, Colour on silk
H. 26cm　L. 25.2cm

圖中繪四個穿對襟小衫的男孩在花園中遊戲，兩個小童在爭奪皮影，另一個在勸解，還有一個舉着兩個皮影欲跑。庭前竹欄曲折，庭後湖石玲瓏，翠竹掩映，小桌下玩具散亂。人物畫法精工細膩，透過薄如蟬翼的紗衣，可以清楚看到孩子豐滿嬌嫩的肢體，這是兩宋嬰戲題材結合唐代裸體嬰兒的畫法發展而成的。

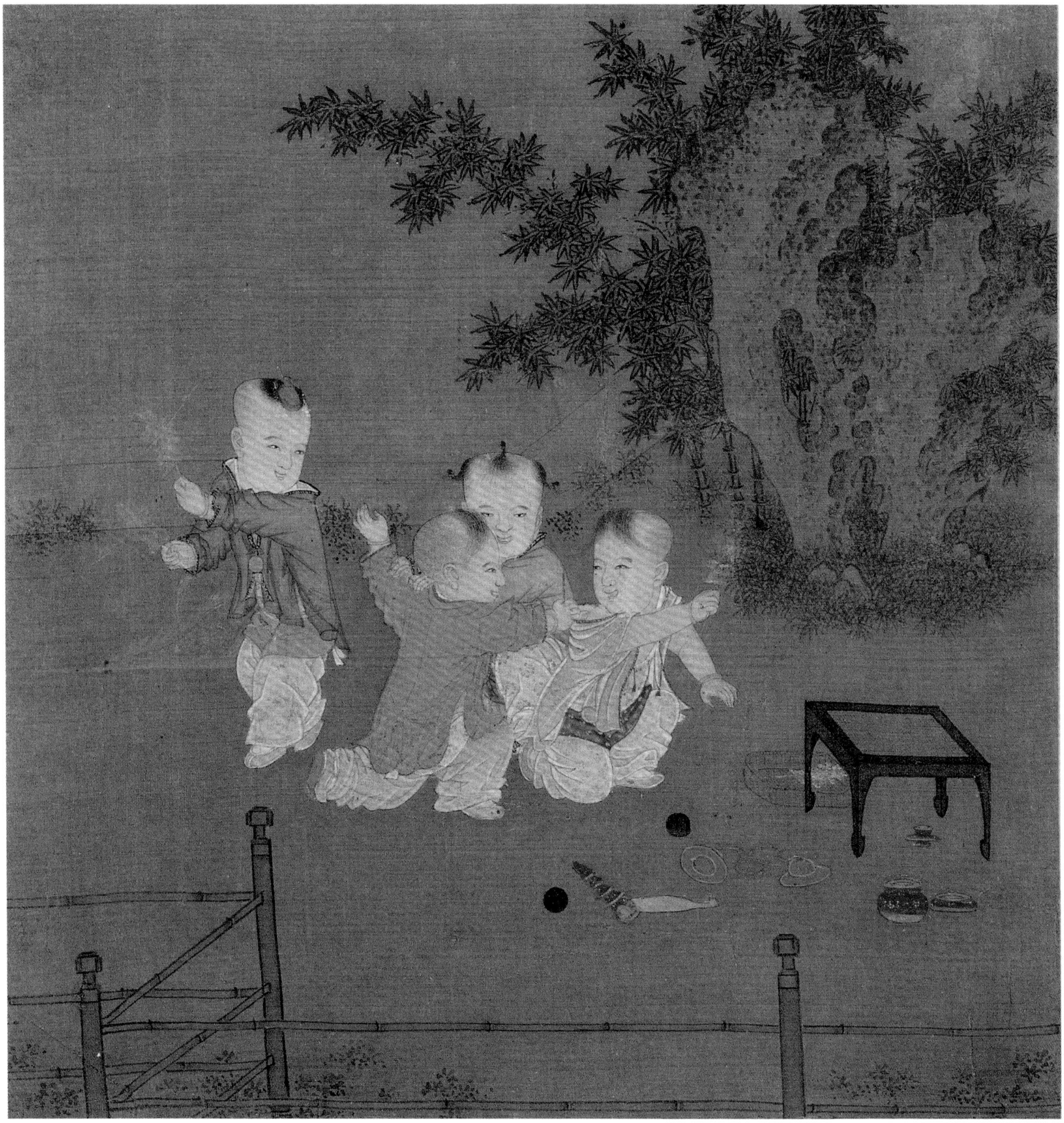

57

佚名　蕉石嬰戲圖頁

南宋
絹本 設色　縱23.7厘米　橫25厘米

Boys & Girls Playing in the Yard around with Banana Tree and Rocks

Anonymous
Southern song Dynasty
Leaf, Colour on silk
H. 23.7cm　L. 25cm

庭院中湖石高聳，周圍環繞芭蕉、欄杆。男女小童分別在玩木偶、鬥蟲、放爆竹和捉迷藏，有的活潑好動，有的沉着文靜，盡顯天真爛漫之態。蕉石、欄杆是描繪嬰戲題材的固定景物。孩童以淺粉色畫出，格外明麗鮮亮。南宋中期出現較多的嬰戲圖，表明當時民眾渴望得到安定的生活環境。

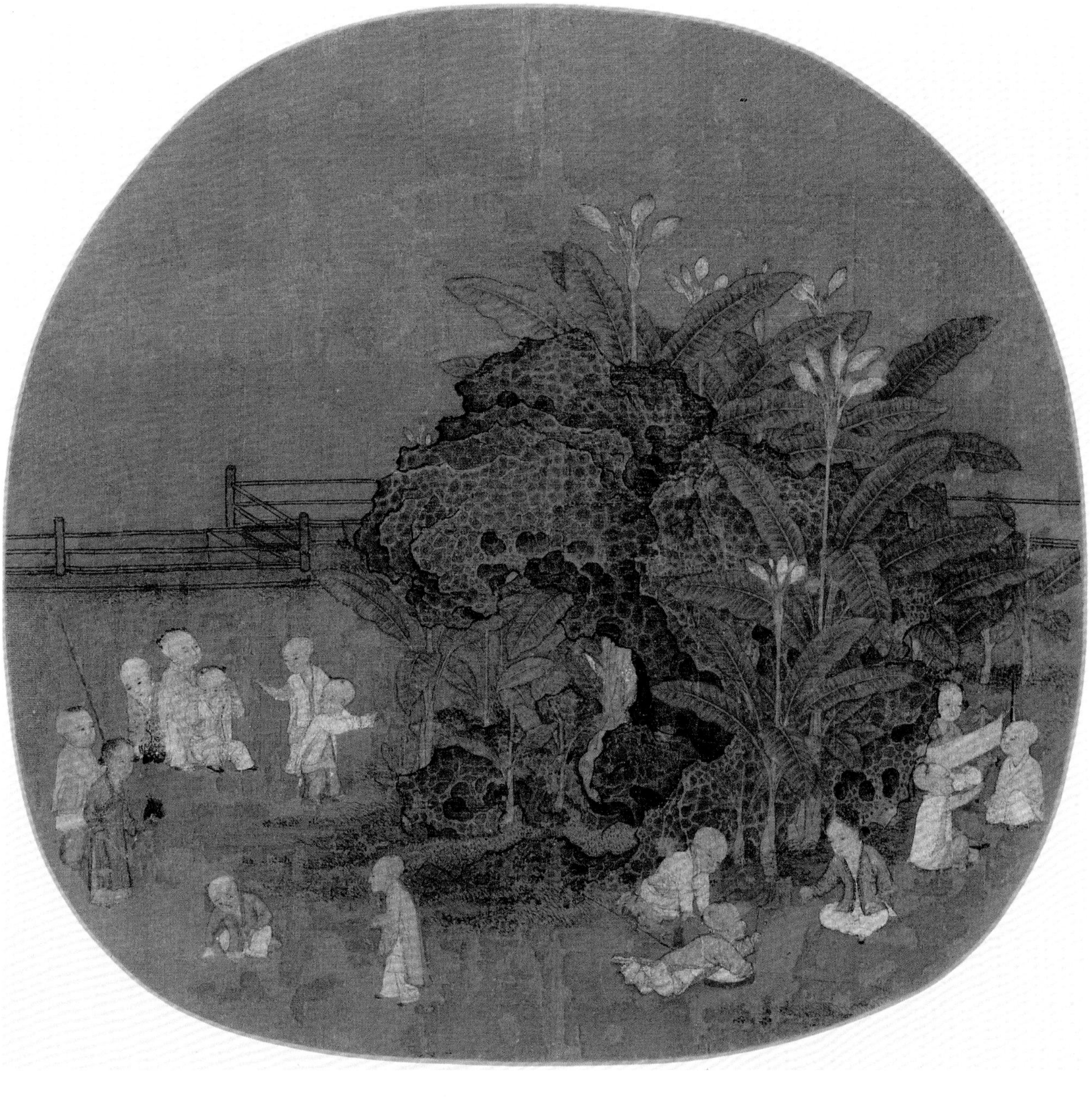

58

佚名　蕉蔭擊球圖頁
南宋
絹本　設色　縱25厘米　橫24.5厘米
清宮舊藏

Playing Ball Games in the Shade of Banana Tree
Anonymous
Southern Song Dynasty
Leaf, Colour on silk
H. 25cm　L. 24.5cm
Qing Court collection

圖中繪母子於庭園中擊球為戲。芭蕉湖石前置條案交椅，母親和女孩立於桌後，全神貫注地看兩個男孩擊球。大者頭繫巾帽，已將球擊入圈內，正指揮着年較小者。小者梳兩丫角髻，單腿跪地，執棒欲擊。此圖是了解宋代娛樂活動的資料。

本幅鈐印“東萊”（朱文）。對幅為清乾隆御題詩，鈐印“取益在廣求”（朱文）、“清吟寄遐思”（白文）。

曾經《石渠寶集續編》著錄。

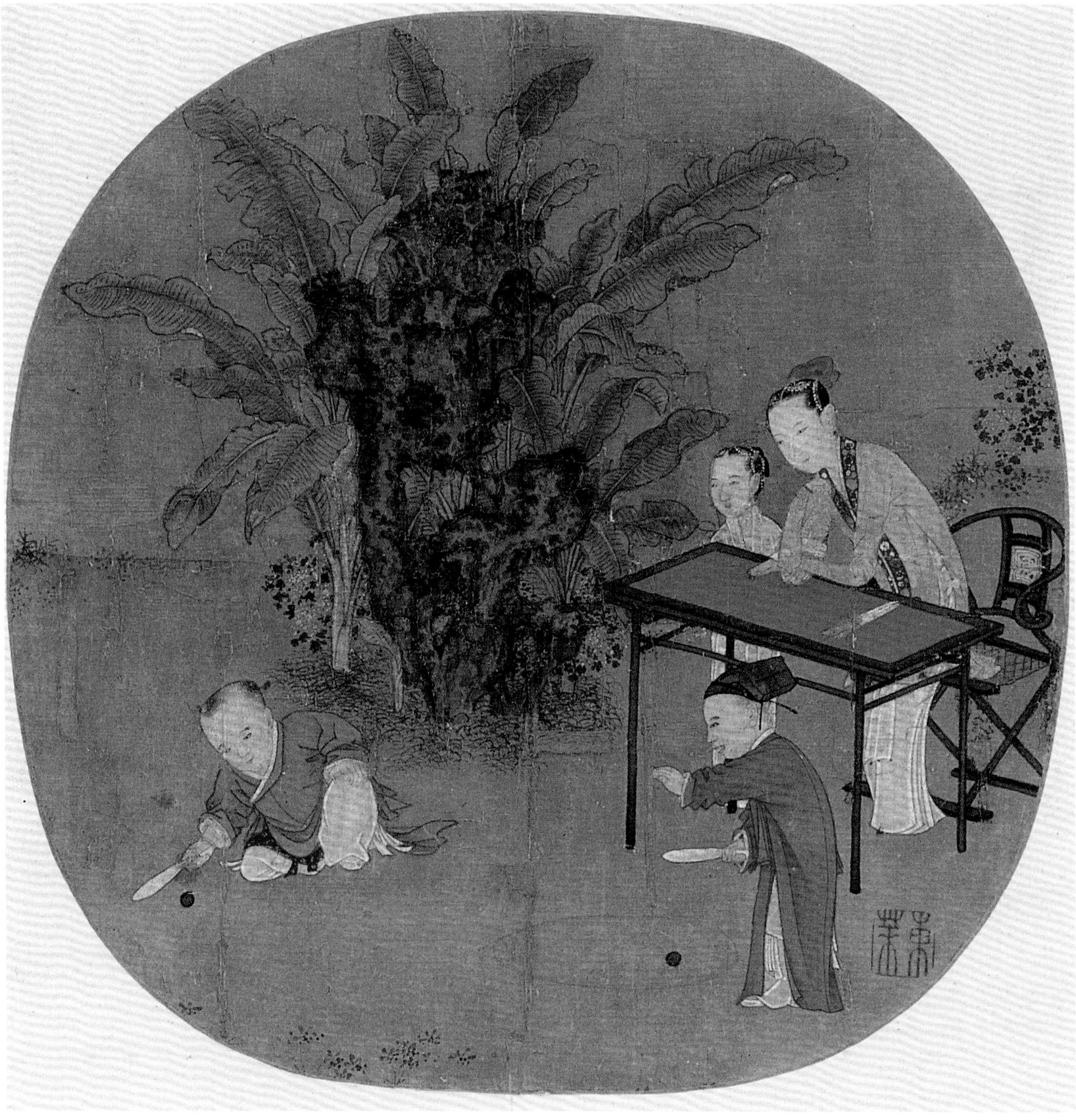

59

胡瓌（傳） 卓歇圖卷

遼
絹本　設色　縱33厘米　橫256厘米
清宮舊藏

Taking A Short Rest on the Way after Hunting
By Hu Xiang (fl. Ca. 10th century)
Liao Dynasty
Handscroll, Colour on silk
H. 33cm　L. 256cm
Qing Court collection

胡瓌，契丹人，活動於10世紀。擅畫番馬與人物，其繪畫特點是皮毛之處，能細入毫芒，卻不失精神；宏闊之地，亦能曲盡塞外不毛之景。

《卓歇圖》繪一羣女真人打獵途中小憩的情景，散發出濃厚的草原生活氣息。人馬從喧鬧的狩獵氣氛漸漸轉化成平靜歇息、沉浸於樂舞的歡快之中，盤腿並坐於地的是女真族頭領和著白衣的南宋使臣。構圖富有節奏感，人馬前後顧盼，互有照應，勾綫精細與粗放並用，入微之處不失筆力，豪放之舉不乏法度，表現出作者寫實技巧較強，並有把握大場面的藝術能力。

此圖舊傳為五代胡瓌之作，唯清乾隆在“卓歇歌”中以《遼史》為據，考證出“卓歇”之意即立地而歇，另畫中人物的髡髮樣式以金代女真人為主，個別髮飾有契丹的特點，漢裝衣冠是12世紀以後的樣式。據此，今將此圖斷為12至13世紀的畫作。

引首有清張照書“番部卓歇圖”。前隔水有清乾隆御書“卓歇歌”（釋文見附錄）。本幅有清乾隆御題“神完景肖”。

尾紙有元代王時題跋，另有清代高士奇題跋和張照的觀款（釋文見附錄）。

曾經《江村書畫目》、《石渠寶笈續編》、《石渠隨筆》著錄。

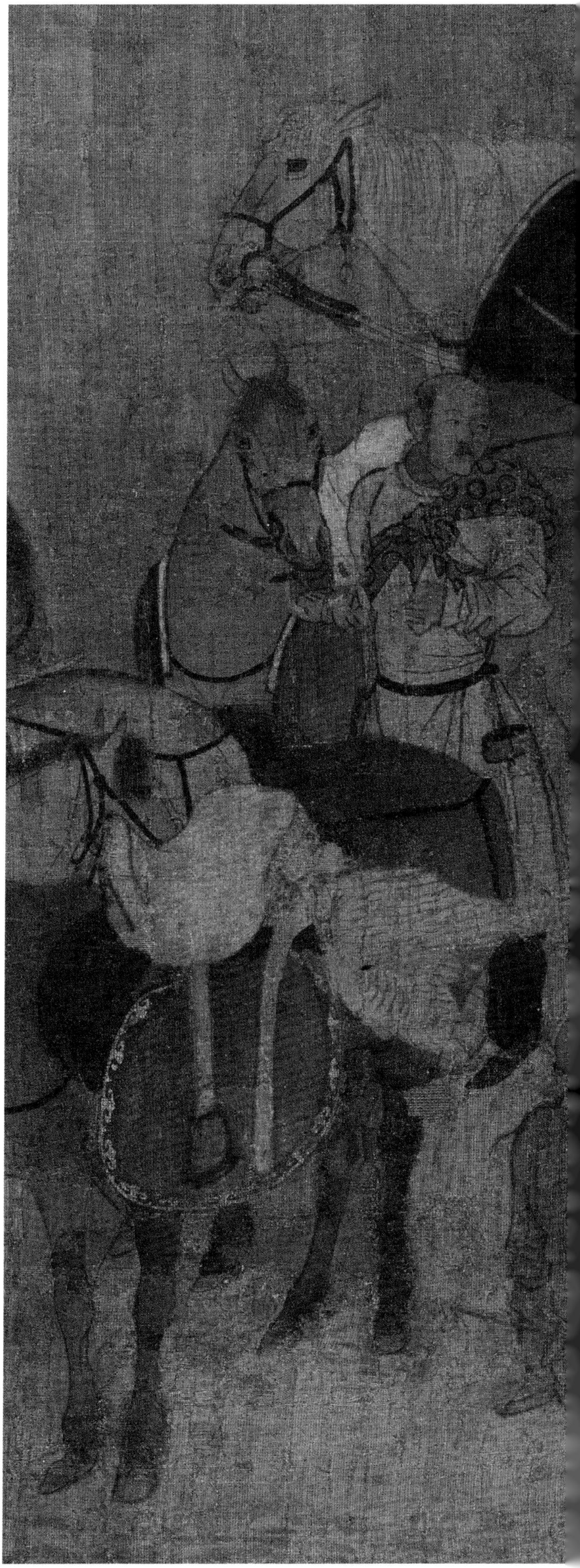

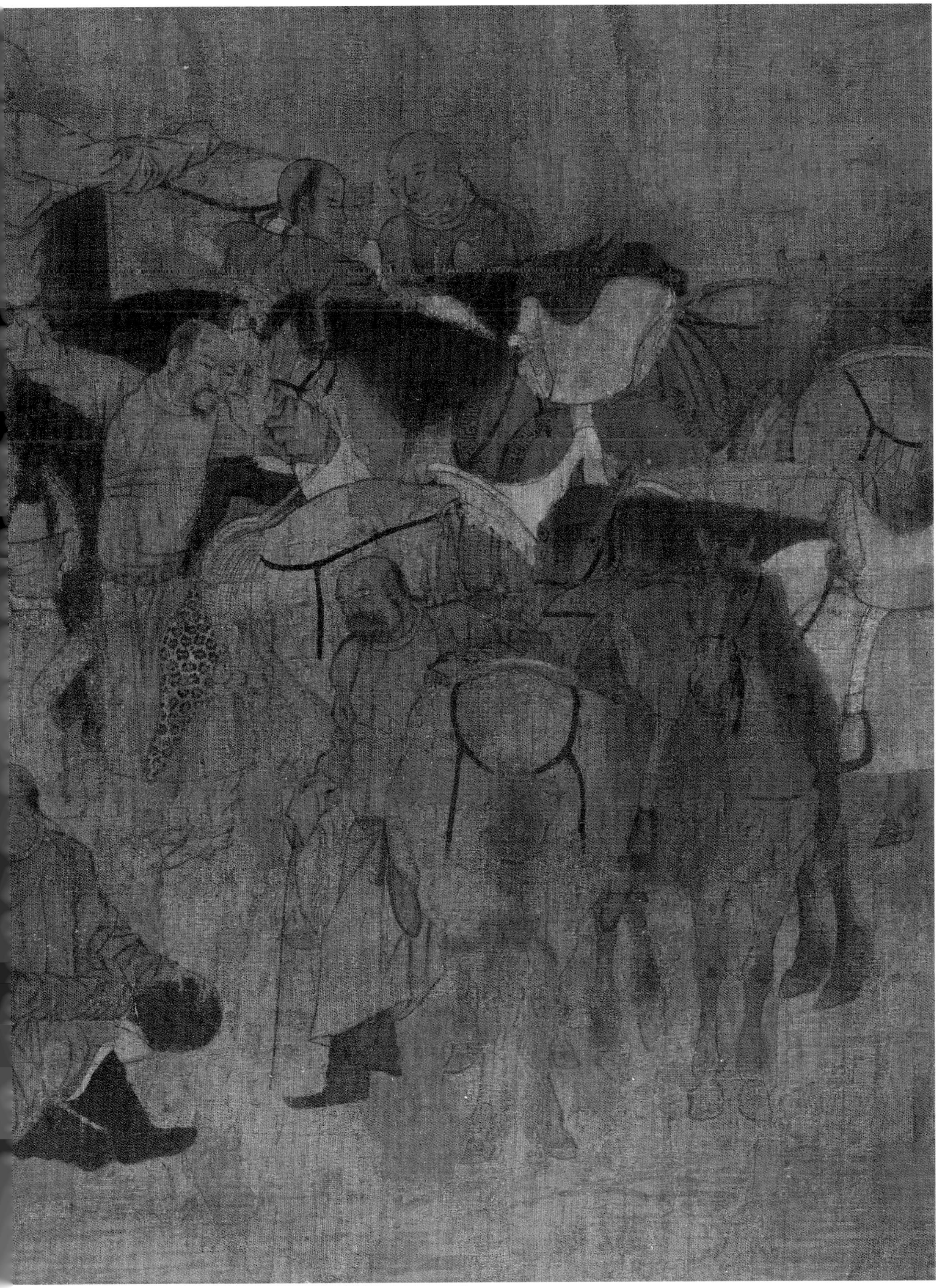

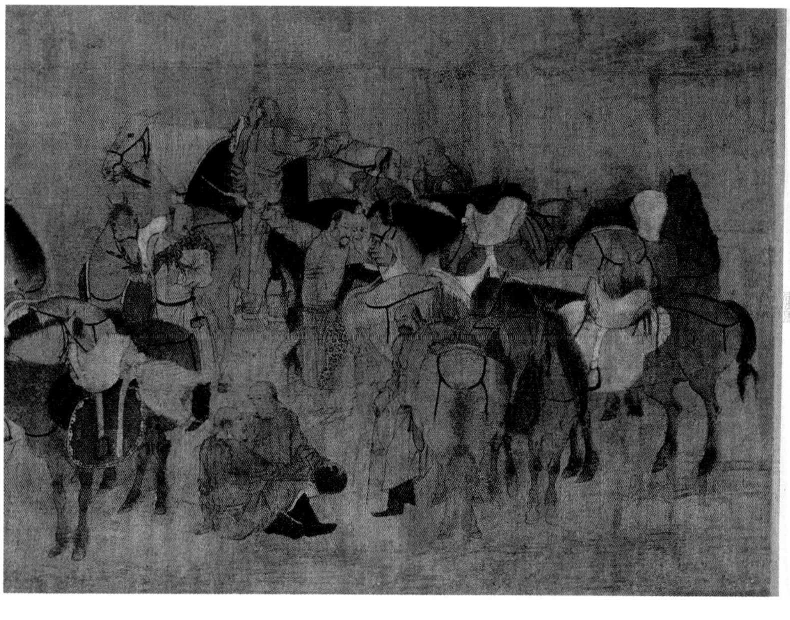

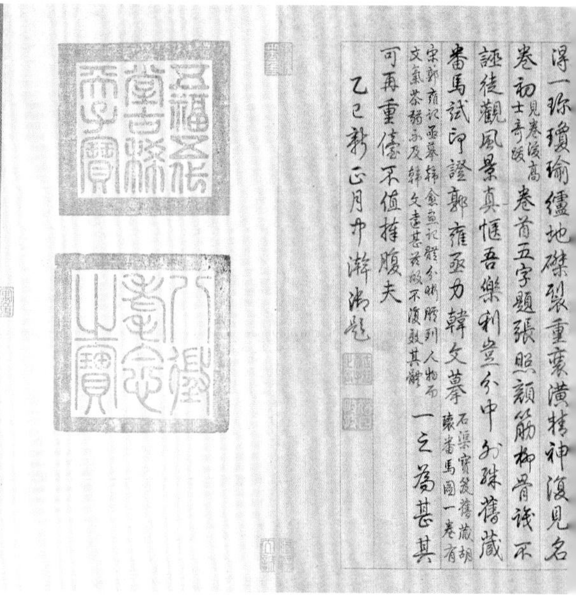

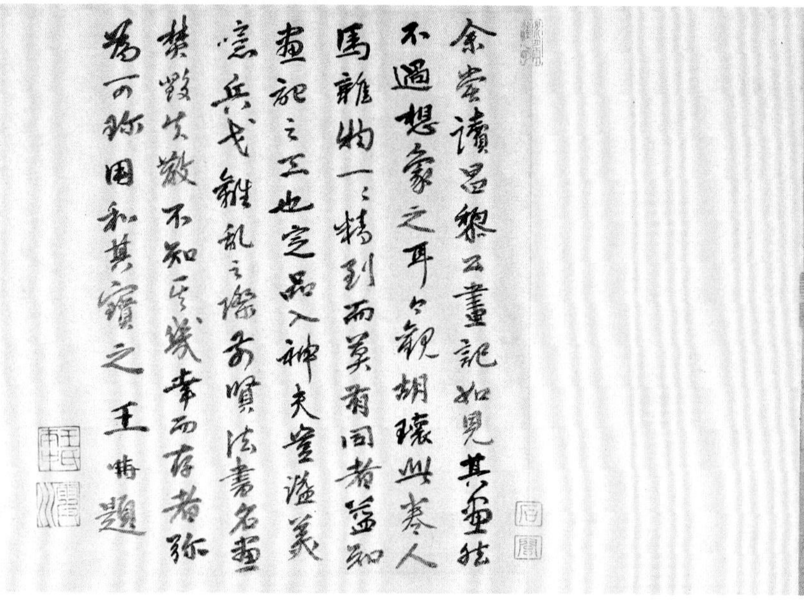
余嘗讀昌黎畫記如見其畫然
不過想象之耳今觀胡瓌此卷人
馬雜物一一精到而莫有同者益知
畫記之工也定品入神夫豈溢美
憶兵戈離亂之際吾所見法書名畫
禁毀失散不知凡幾幸而存者彌
為可珍因和其寶之 王鐸題

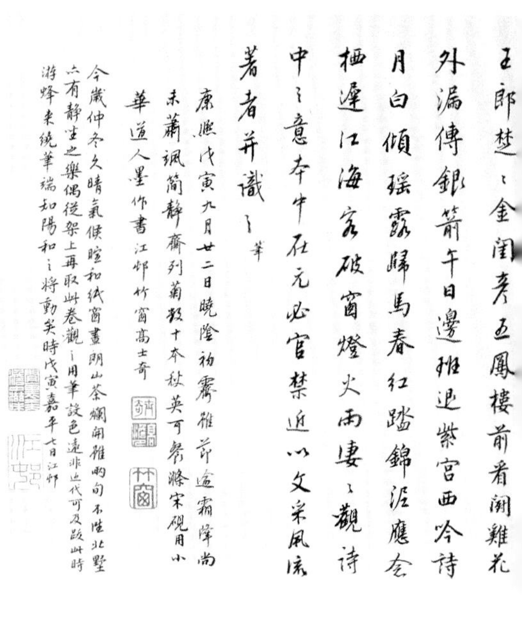
王郎楚楚金閨彥五鳳樓前看鬧離花
外漏傳銀箭午日邊班退紫宮西冷詩
月白傾瑤露歸馬春紅踏錦泥應念
棲遲江海客破窗燈火雨凄凄觀詩
中之意本中在亢必官禁近以文采風流
著者并識之
康熙戊寅九月廿二日曉陰初霽雅節逾霜學尚
未蕭颯簡靜齋列菊數十本秋英可參滌宋硯用小
華道人墨作書江村竹窗高士奇
今歲仲冬久晴氣候暄和紙窗晝明山茶爛開雅助旬不陸北墅
六有靜坐之樂偶從架上再取此卷觀之用筆設色遠非近代可及跋此時
游蜂來繞筆端知陽和之將動矣時戊寅嘉平七日江村

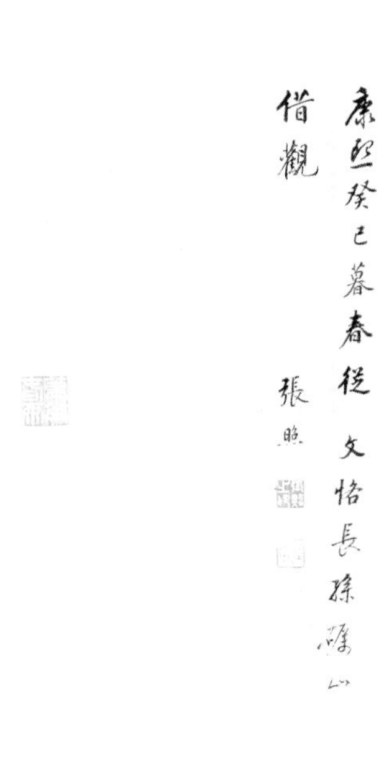
康熙癸巳暮春從 文恪長孫濬山
借觀
張照

番部卓歇圖

張照

卓歇歌

書畫譜載歷朝畫卓歇圖者不一而足卓
歇二字不見於經傳因檢遼史知有卓帳
卓槍之語乃悟卓者立也卓帳即穹廬蓋
氈廬乃立成者也而卓槍即立槍亦周廬
宵防詎何者彼時譯漢語取歇息於卓帳
之景為圖而變其文為卓歇耳即云立而
歇息於義亦通然均為遼時漢人所譯語非
遼之本國語也余嘗謂陶淵明不求甚解
之語為未嘗好斯類者不求其解可乎
卓歇之語亦經無五季始述蕭遼書爾時氈
幕稱卓帳見遼史營衛志卓立也帳亦立也卓亦名卓槍如周廬見儀衛志

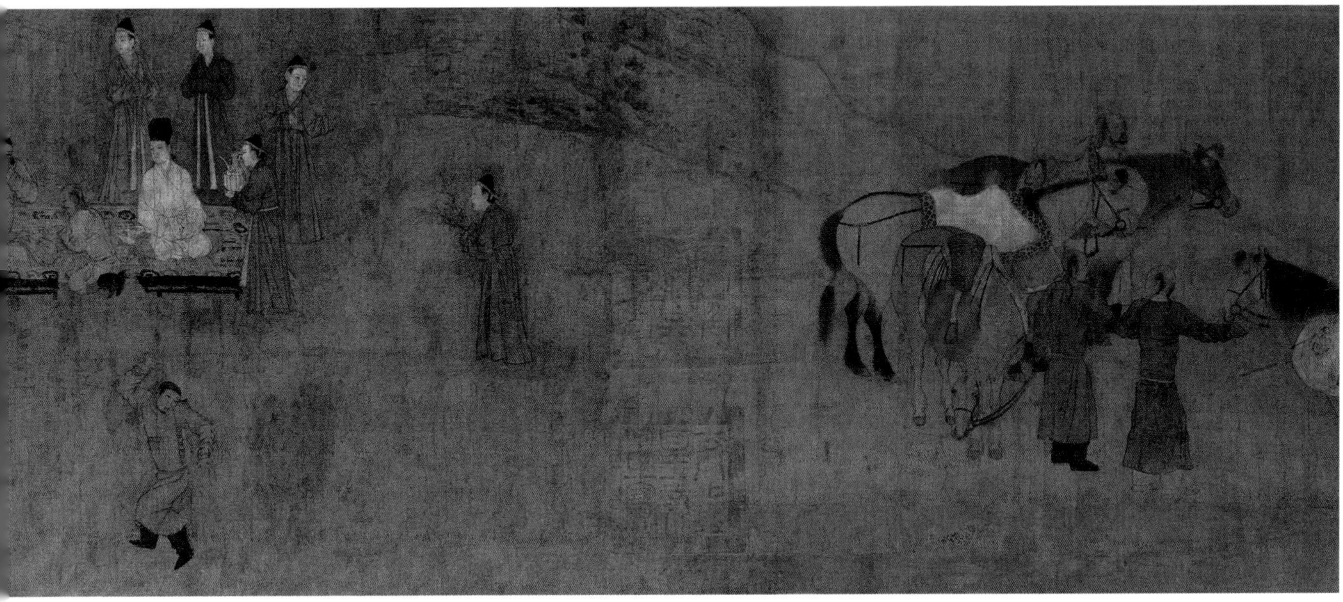

焚毀甚數不知凡幾幸而存者殊
為可珍因和其寶之 王時題

胡瓌范陽人工畫番馬鋪叙巧密而
用筆清勁至於穹廬什器射獵部屬
纖悉備盡凡畫橐駝及馬必以狼毫製
跡染取其生意亦善體物者也梅堯臣
嘗題瓌畫云氈廬鼎列帳幕圍䩞角
未吹鶩塞鴻又云素紈六幅筆何巧胡瓌
妙畫誰能通則堯臣之所與瓌定非淺淺
人也按宣和御府所藏番部卓歇凡
七幀卷得自吳門絹素碎裂幾不可辨
命名手裝之洗滌綴補兩月餘乃就則精
采燦然朱粉畢見余屢展閱
迴行沙漠所至番部情景摹畫曲盡筆法
超軼又非宋人所可望也後有元人王時跋

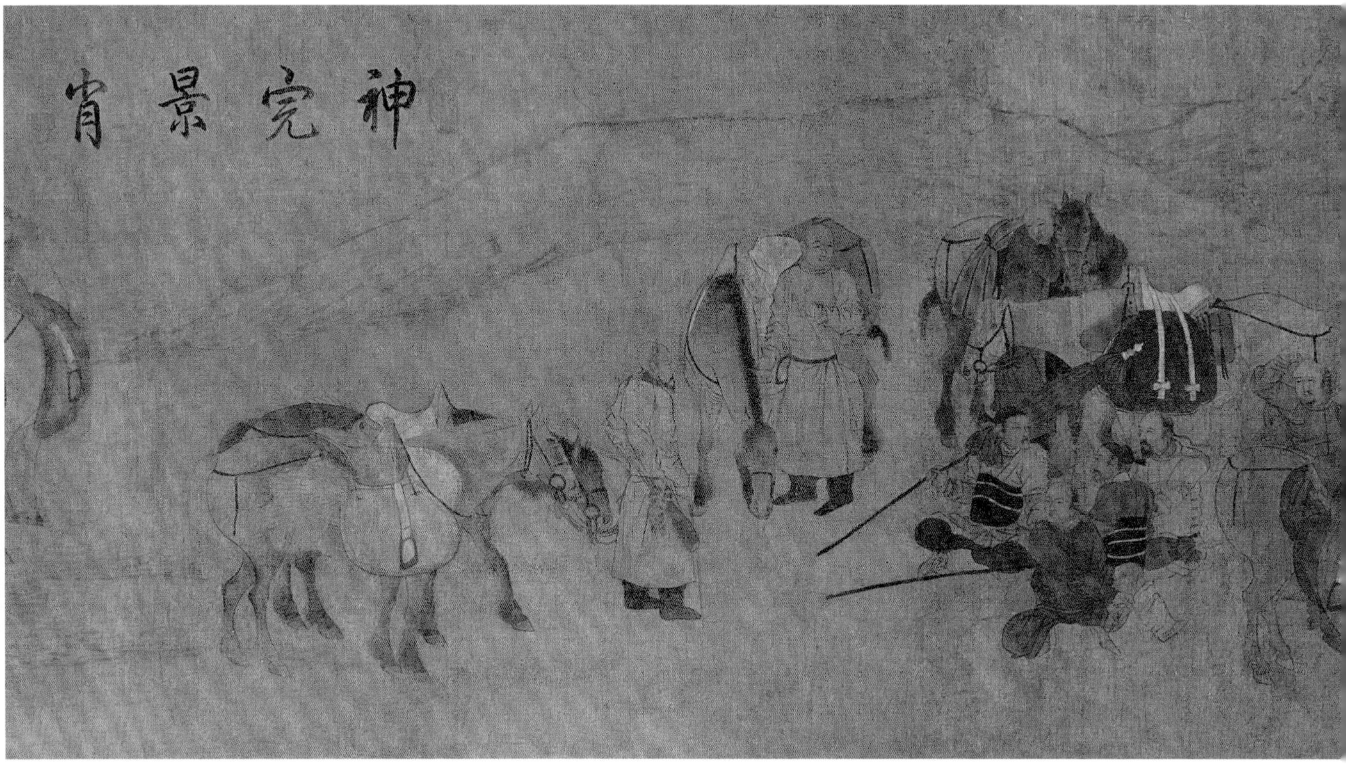
神完景肖

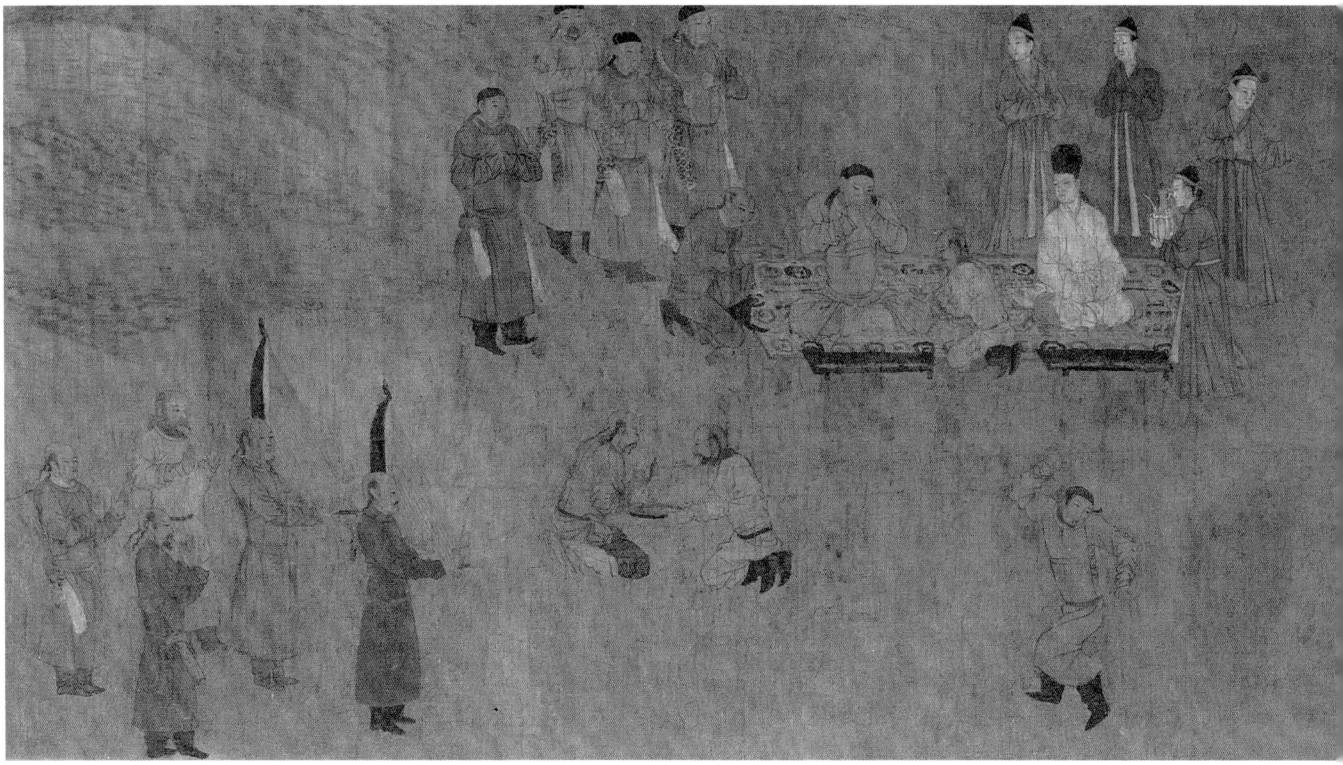

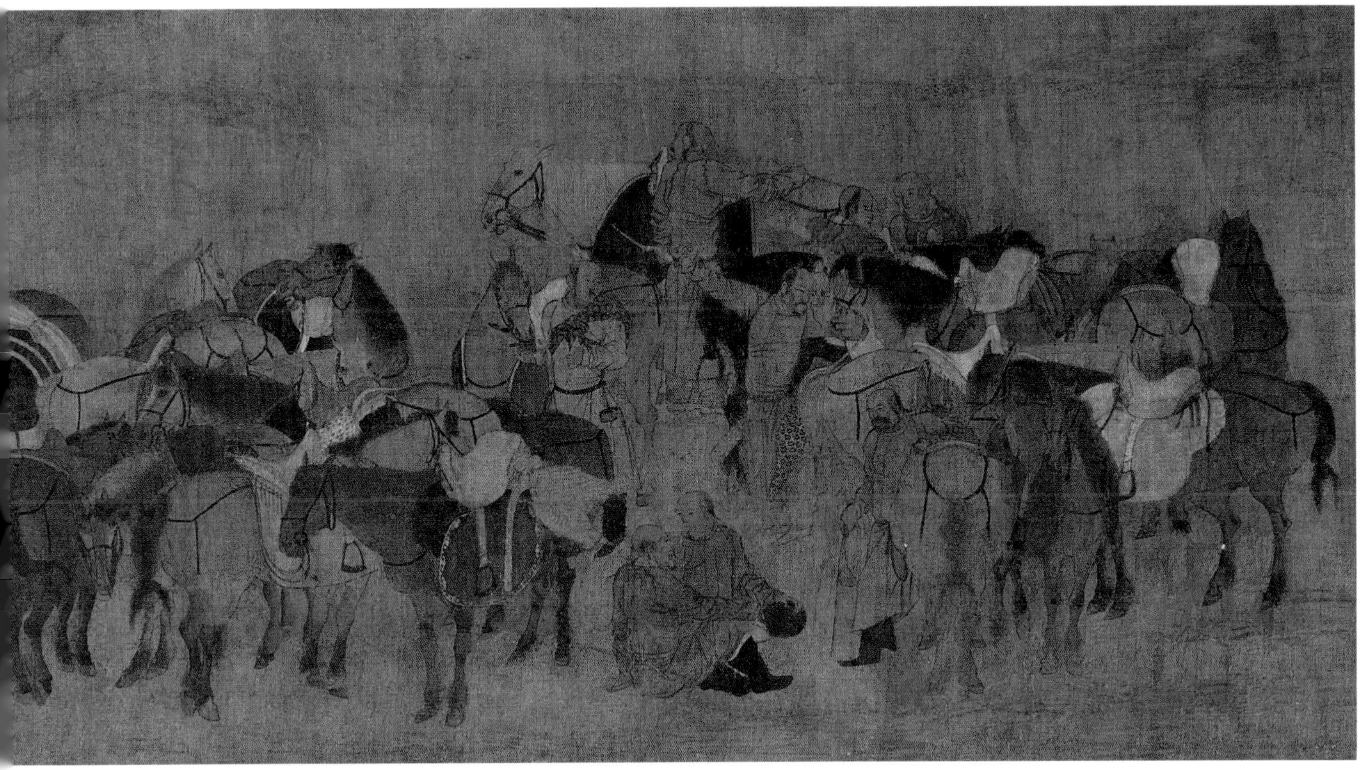

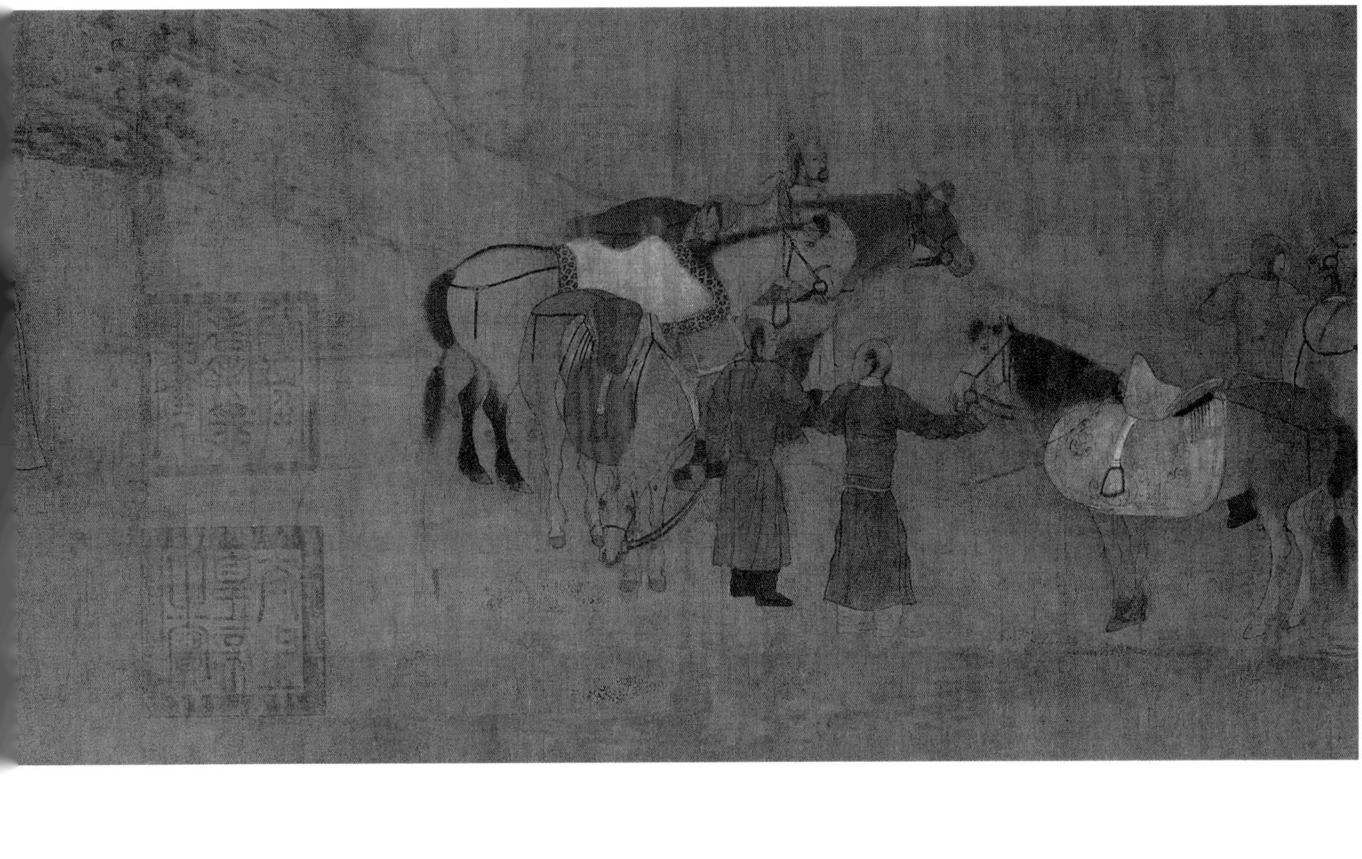

60

胡瓌（傳） 番騎圖卷
遼
絹本 設色 縱26.2厘米 橫143.5厘米
清宮舊藏

Six Foreigners Riding
By Hu Xiang
Liao Dynasty
Handscroll, Colour on silk
H. 26.2cm L. 143.5cm
Qing Court collection

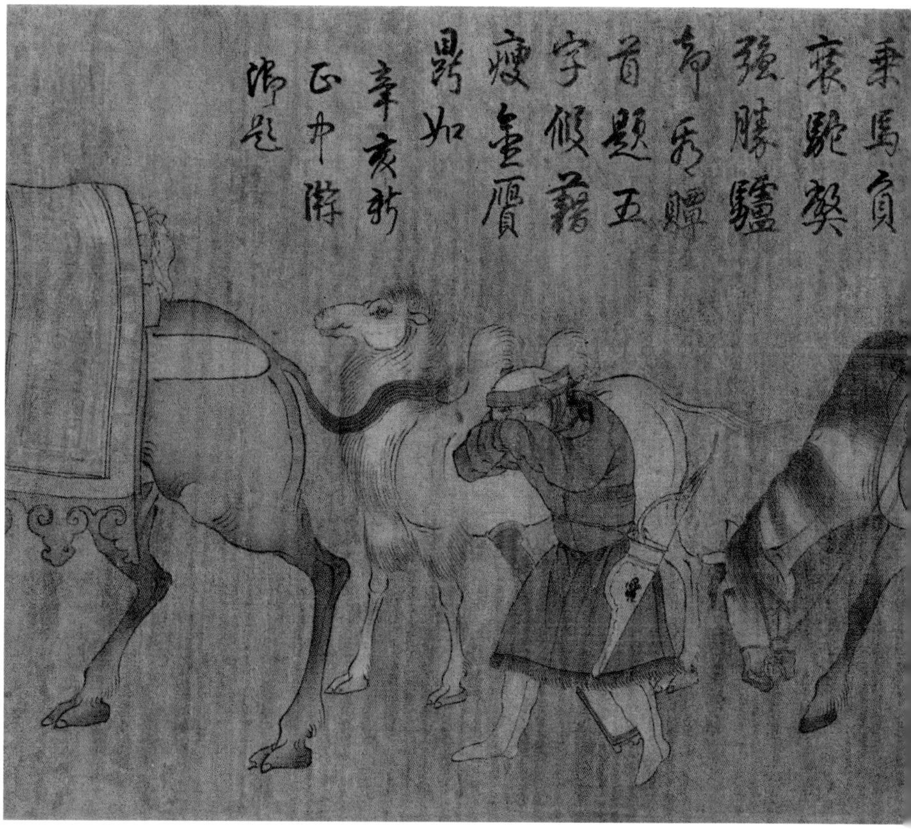

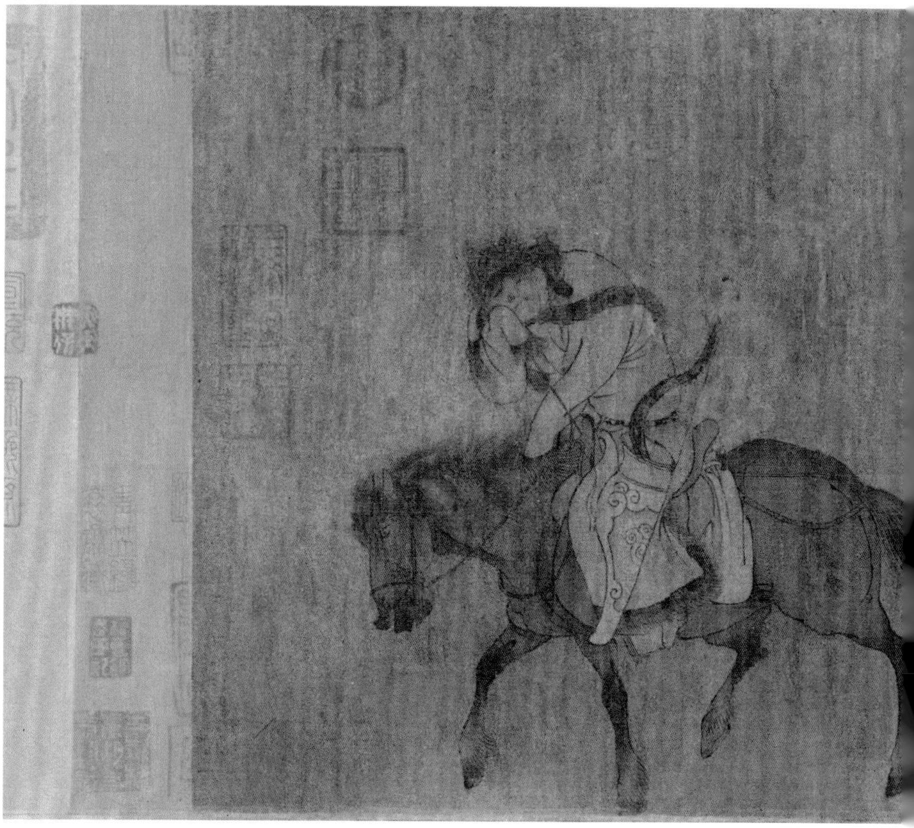

《番騎圖》繪六人與駝馬迎風出行的情景。疾進的人物姿態有力，生動自然，用綫靈動而不失剛勁，反映畫家十分熟悉草原的游牧狩獵生活。

此圖舊傳為五代胡瓌之作。研究者指出圖中女子戴蒙古婦女的“姑姑冠”，應為元代繪畫。就其畫風而論，也已入元代。

本幅有清乾隆御題詩二首。

引首有清乾隆御題“吉光寒採”。前隔水有宋徽宗題籤“胡瓌番騎圖”，係偽題。該卷鈐有清代梁清標“棠村審定”（朱文）、清乾隆五璽等四十方鑑藏印。

曾經《石渠寶笈續編》著錄。

番馬曾經幸石渠
續荒番騎積塵蕪
神彩煥發猶超脫
真居上品結攜繁

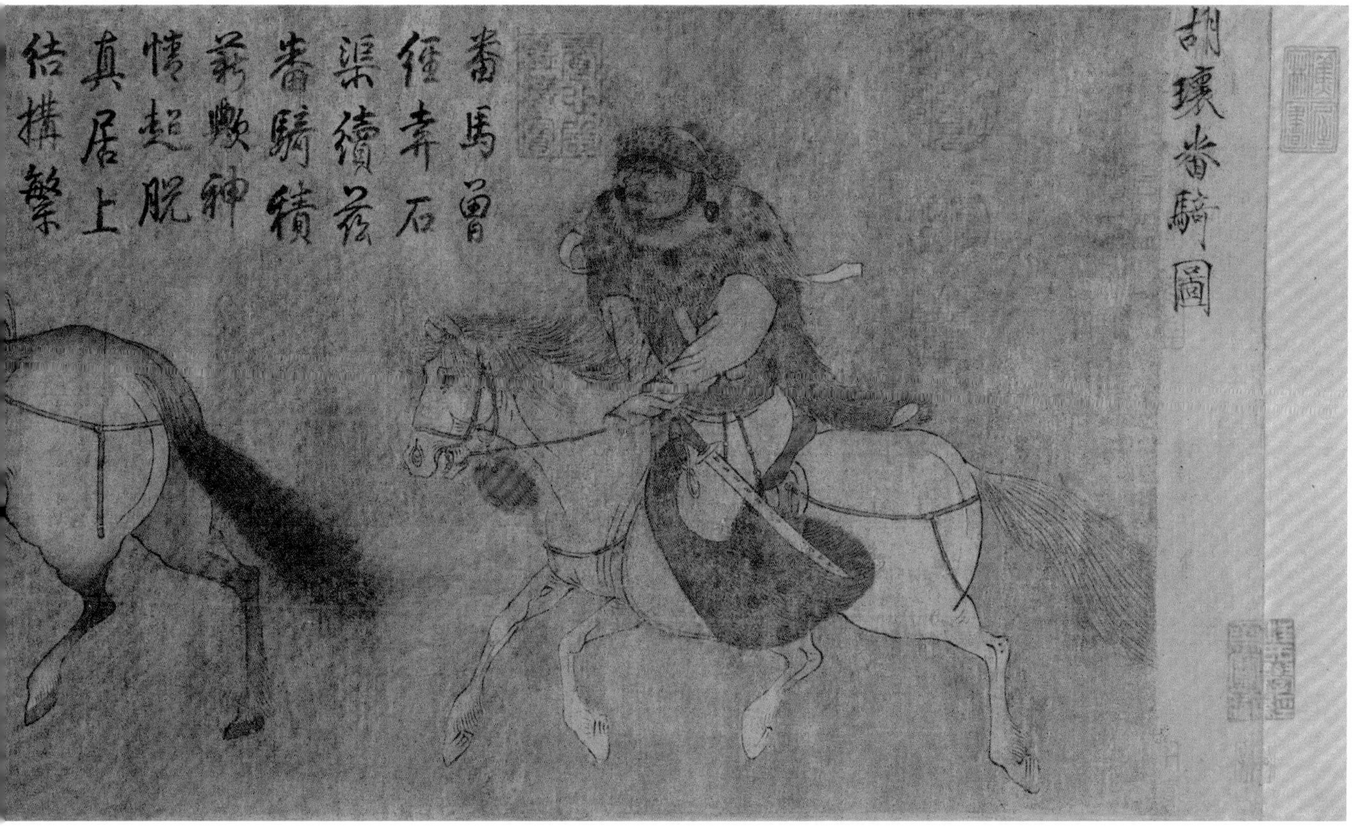

胡瓌番騎圖

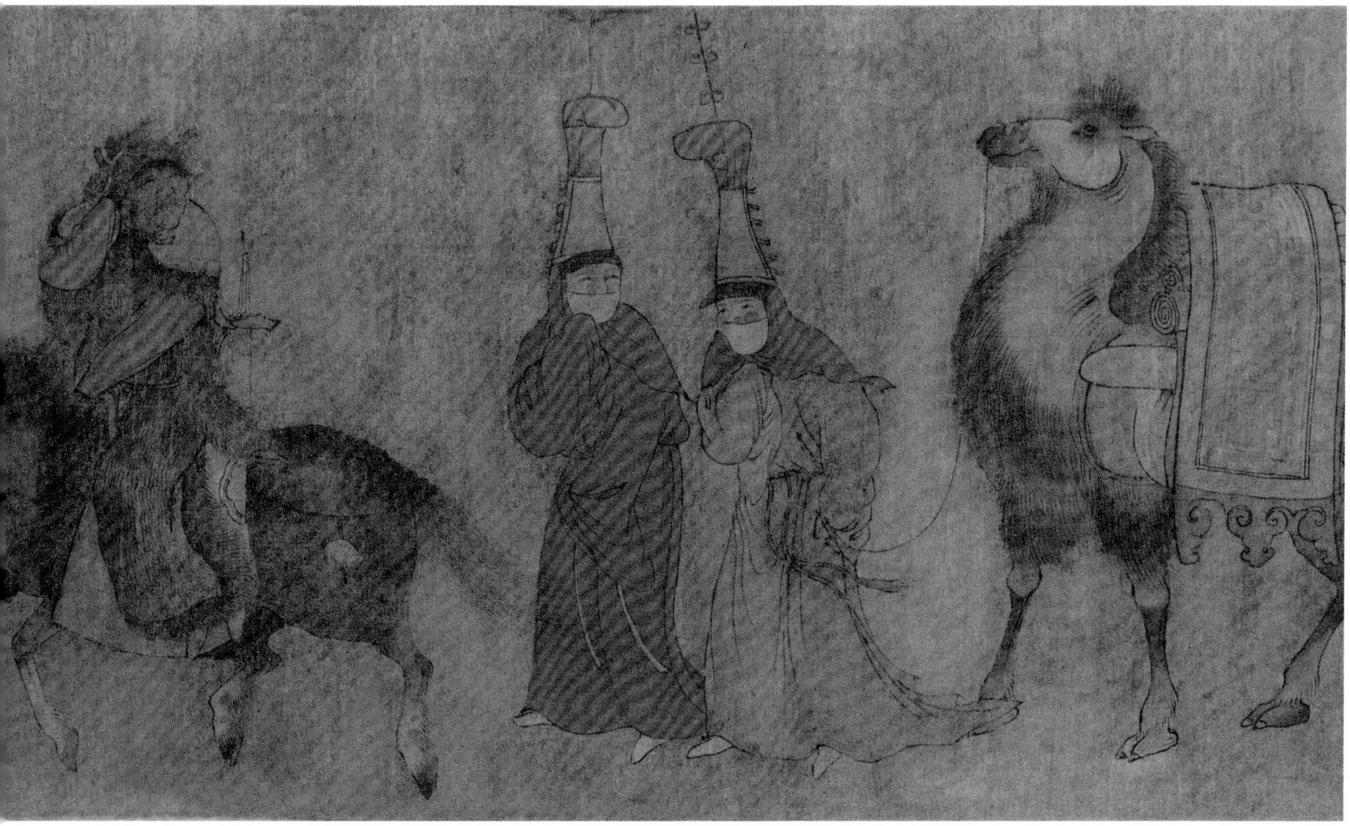

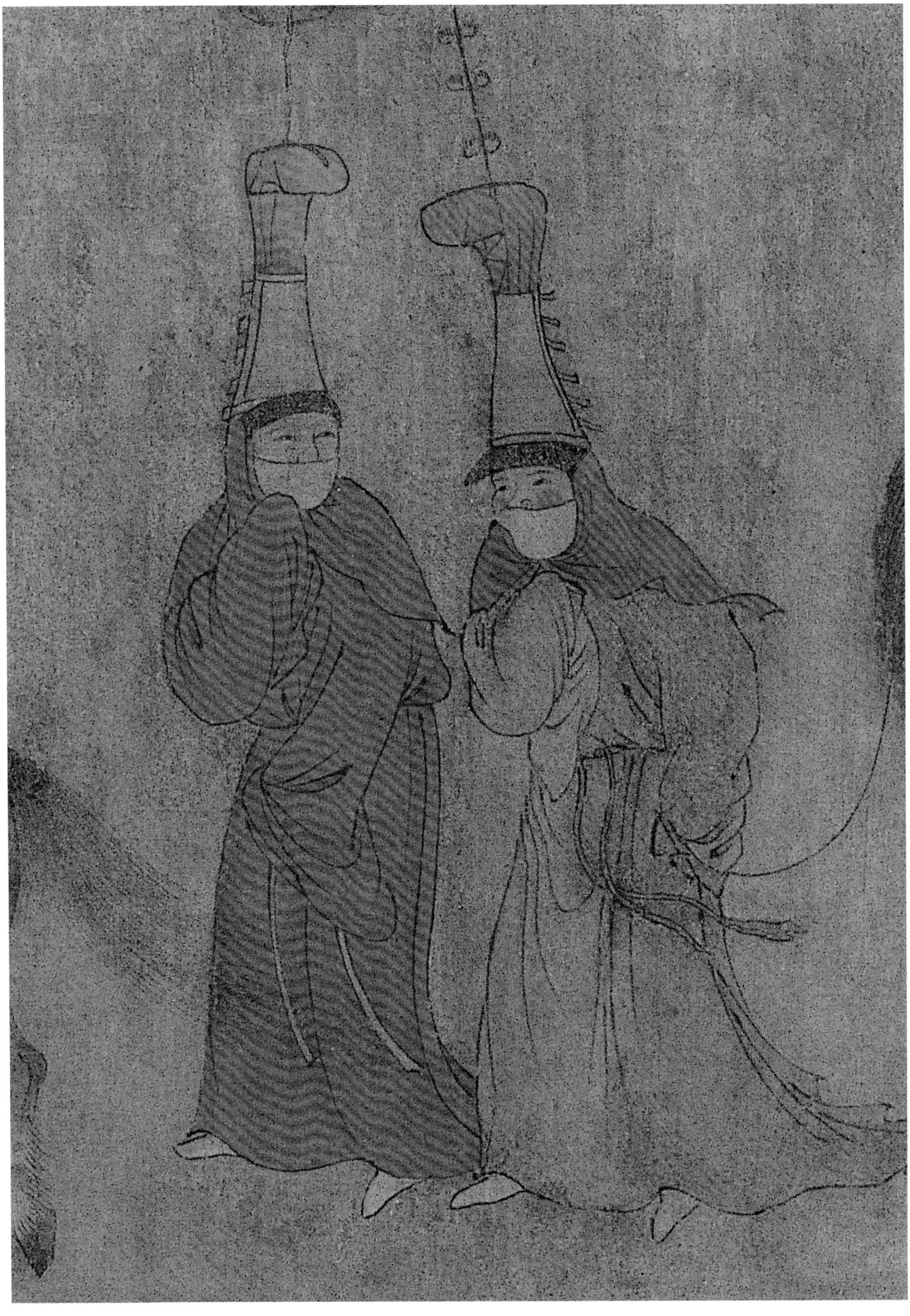

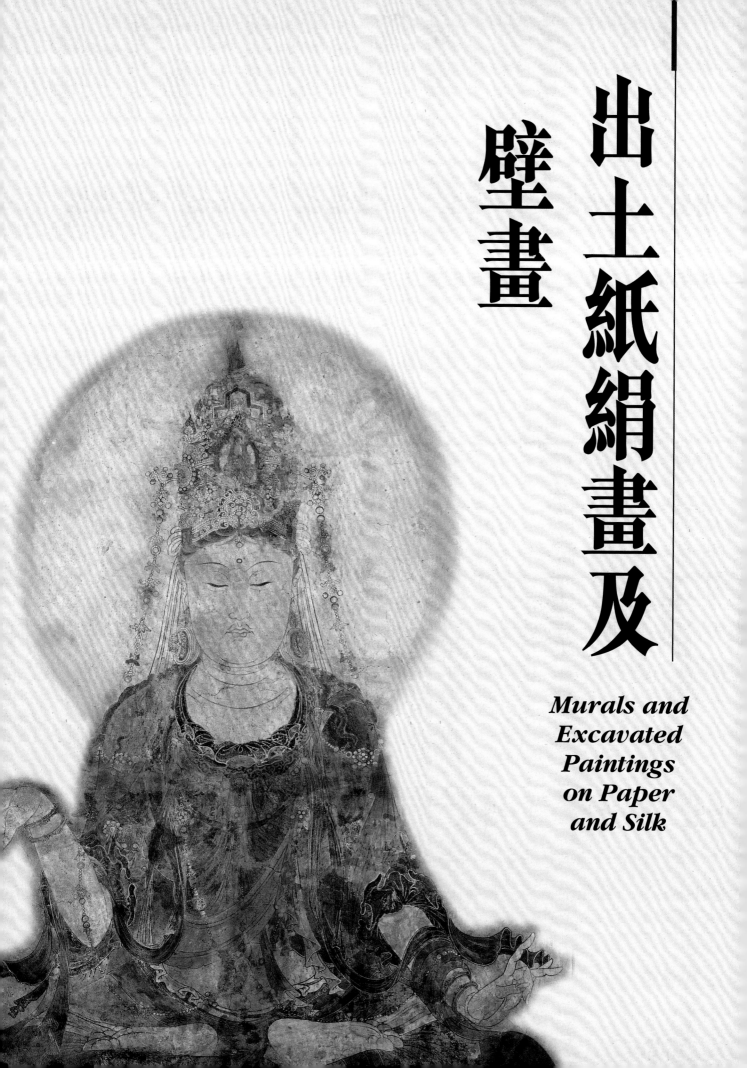

出土紙絹畫及壁畫

Murals and Excavated Paintings on Paper and Silk

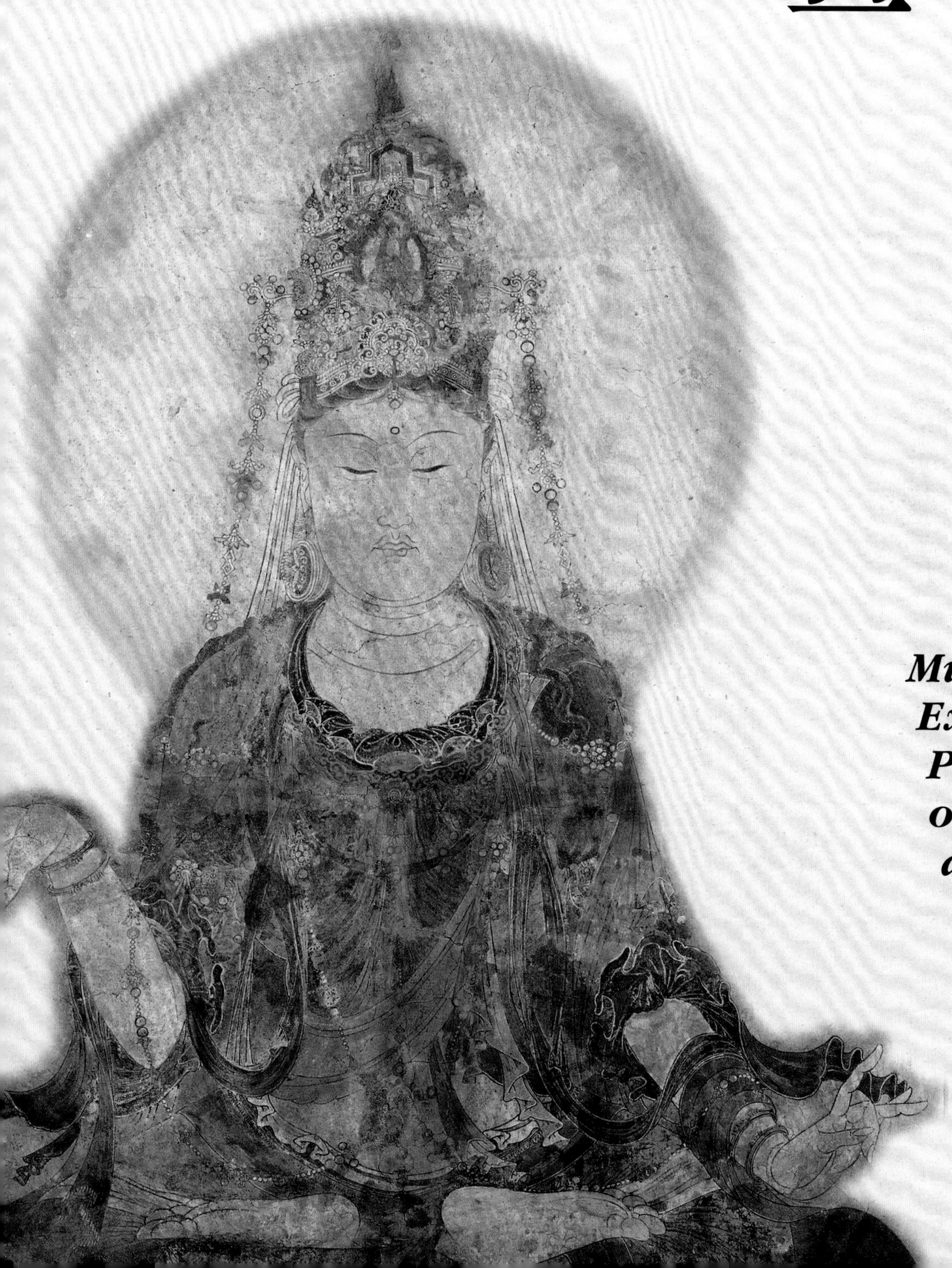

61

托盞盤侍女

唐
泥質　設色　縱1830厘米　橫840厘米
1956年陝西西安唐李爽墓出土

A Maid Holding Trays (one of the wall paintings in the tomb of Li Shuang)
Anonymous
Tang Dynasty
Mural in colour　H. 1830cm　L. 840cm

李爽（593—668年），字乾佑，京兆長安人。貞觀初為殿中侍御史，官至銀青光祿大夫守司刑太常卿。李爽墓位於陝西西安羊頭鎮，1956年發掘，墓室殘存壁畫二十五方，較完整的有侍從十六幅。故宮博物院藏兩方，其餘藏於陝西省博物館。

壁畫中侍女梳高鬟髻，穿白窄袖襦，絳紅色長裙，雙手托子母盞盤。設色簡潔，畫稿綫絲絲可見，具有初唐特點。

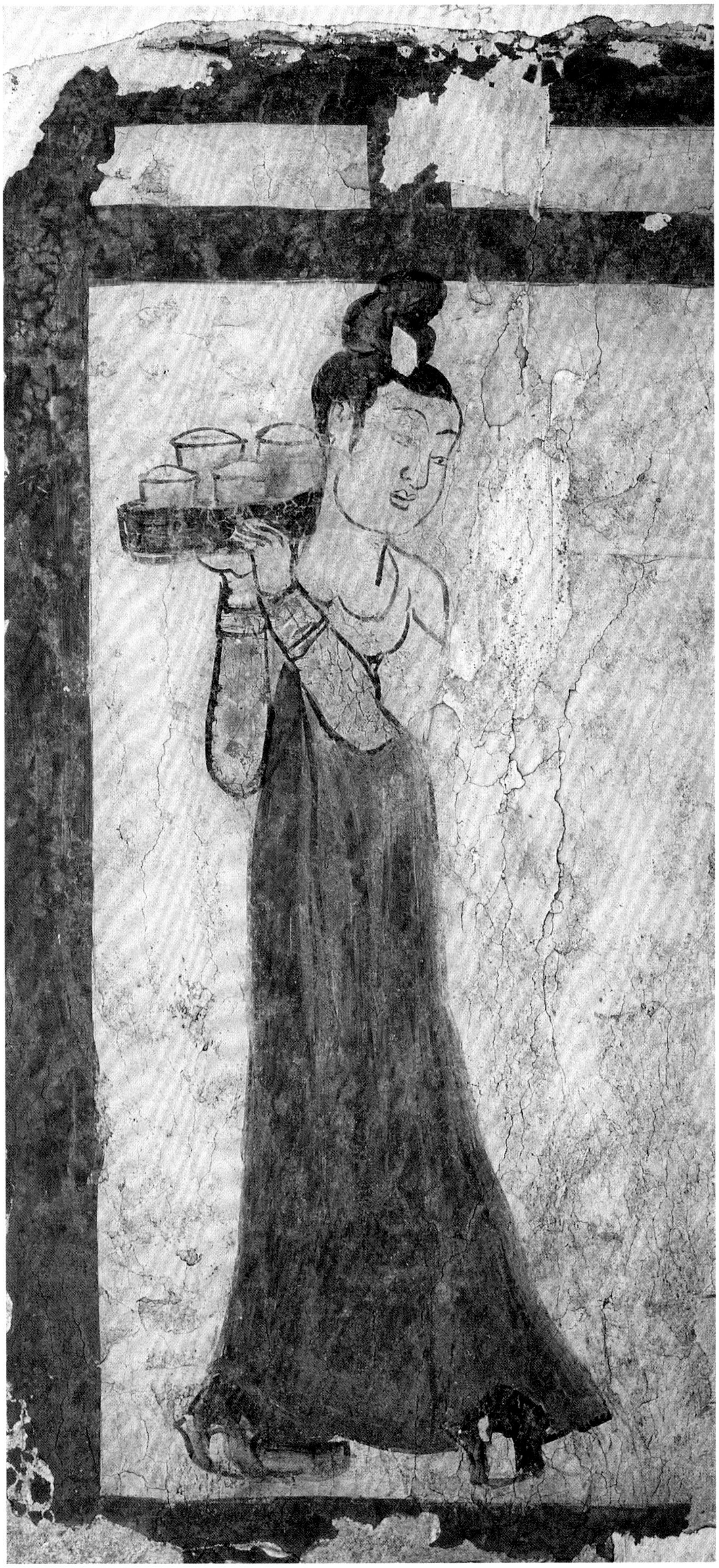

62

伏羲女媧像

唐
絹本　設色　縱左222.5厘米　右231厘米
橫上115厘米　下94厘米
1963年新疆吐魯番阿斯塔那墓出土

Portraits of Fu Xi and Nu Wa (one of the wall paintings in the tomb of Astana)
Anonymous
Tang Dynasty
Colour on silk
Length: 222.5cm (left); 231cm (right)
Width: 115cm (upper); 94cm (lower)

阿斯塔那墓葬屬唐代高昌國至西州國時期，1963年出土了多件伏羲女媧絹畫，於當年由新疆博物館撥交故宮博物院。此類絹畫在墓室中都是用木釘釘在墓室頂上，以象蒼穹。

傳説伏羲所執矩象徵地，女媧所執規象徵天。圖中伏羲頭戴籠紗，左手執矩。女媧束髻，右手執規。上身相擁，著小袖絳紅色胡裝，腰繫白裙，下尾盤曲相交呈螺旋狀。兩人頭上有日輪，尾下有月牙。四周遍佈大小相等的圓圈，以綫相連象徵星辰。人物形象與新疆克孜爾石窟壁畫相近，具有鮮明的西域風格。

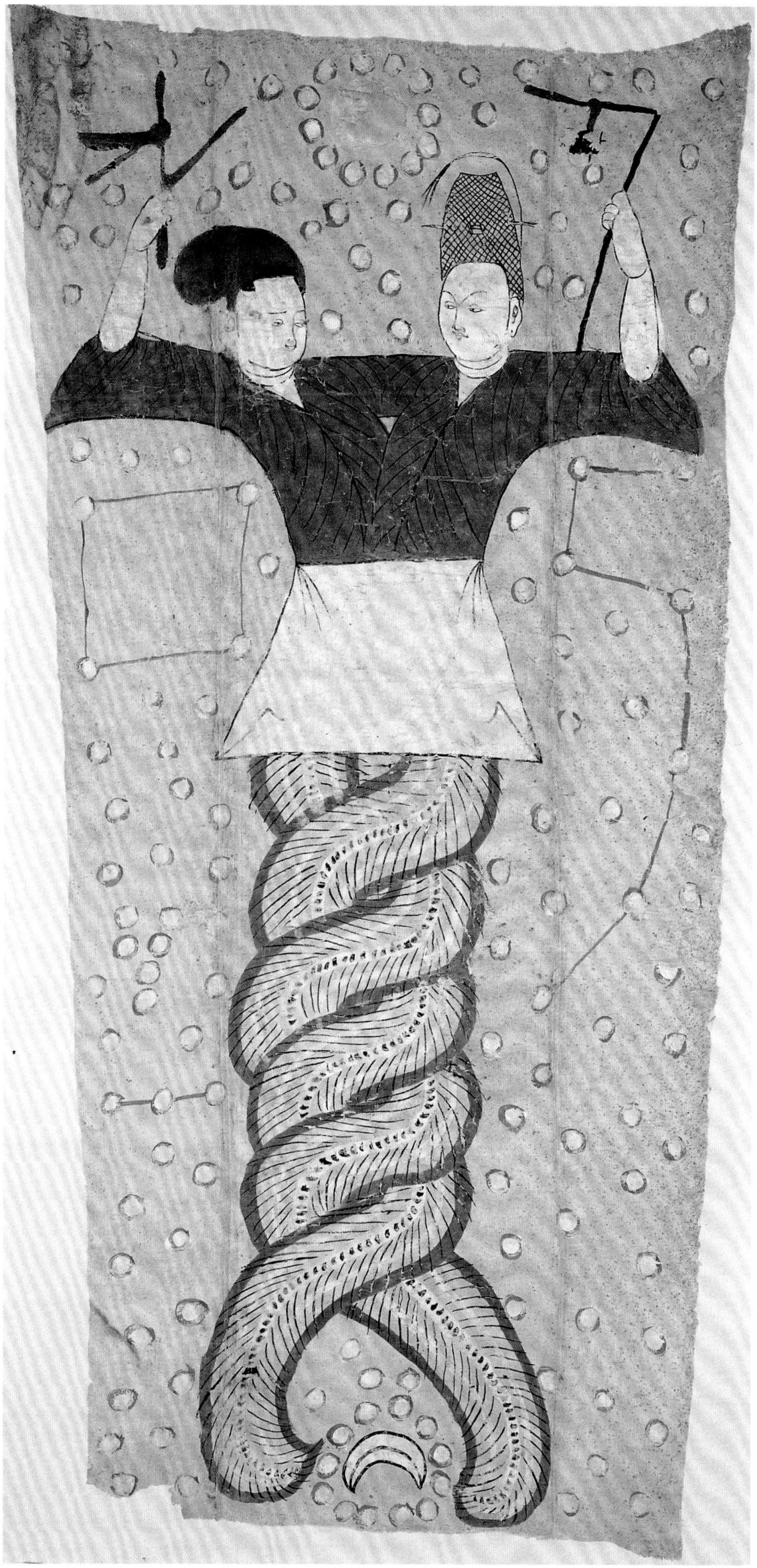

63

白衣觀音像

五代
絹本　設色　縱52厘米　橫55.2厘米
敦煌遺畫之一

Portrait of Avalokitesvara in White (one of the surviving paintings in Dunhuang Cavcs)
Anonymous
Five Dynasties
Leaf, Colour on silk
H. 52cm　L. 55.2cm

敦煌遺畫是20世紀初年從敦煌莫高窟藏經洞出土的歷代紙絹畫。

白衣觀音是觀音菩薩諸相之一。圖中觀音菩薩半跏趺坐於束腰台座上。頭戴寶冠，頂披白紗，內著僧袛支，外穿白色田相袈裟。右手執柳枝，左手下垂提淨瓶，跣足踏蓮花。座前玻璃缽內供奉牡丹。供養人跪於方毯上，手托鵲尾香爐，香煙繚繞。上方祥雲中現仰蓮托金剛杵，童子飛天傾盆散花。用綫以鐵綫為主，遒勁有力，敷色以青、紅、白為主，部分頭飾和飄帶描金，色調富麗濃艷。在敦煌遺畫中，白衣觀音像不多見。

此圖1951年由蘇琢章先生捐獻川西文物管理委員會，當時被認為是“國內現存最好的一張敦煌石室發現品”。之後由國家文物局撥交故宮博物院。

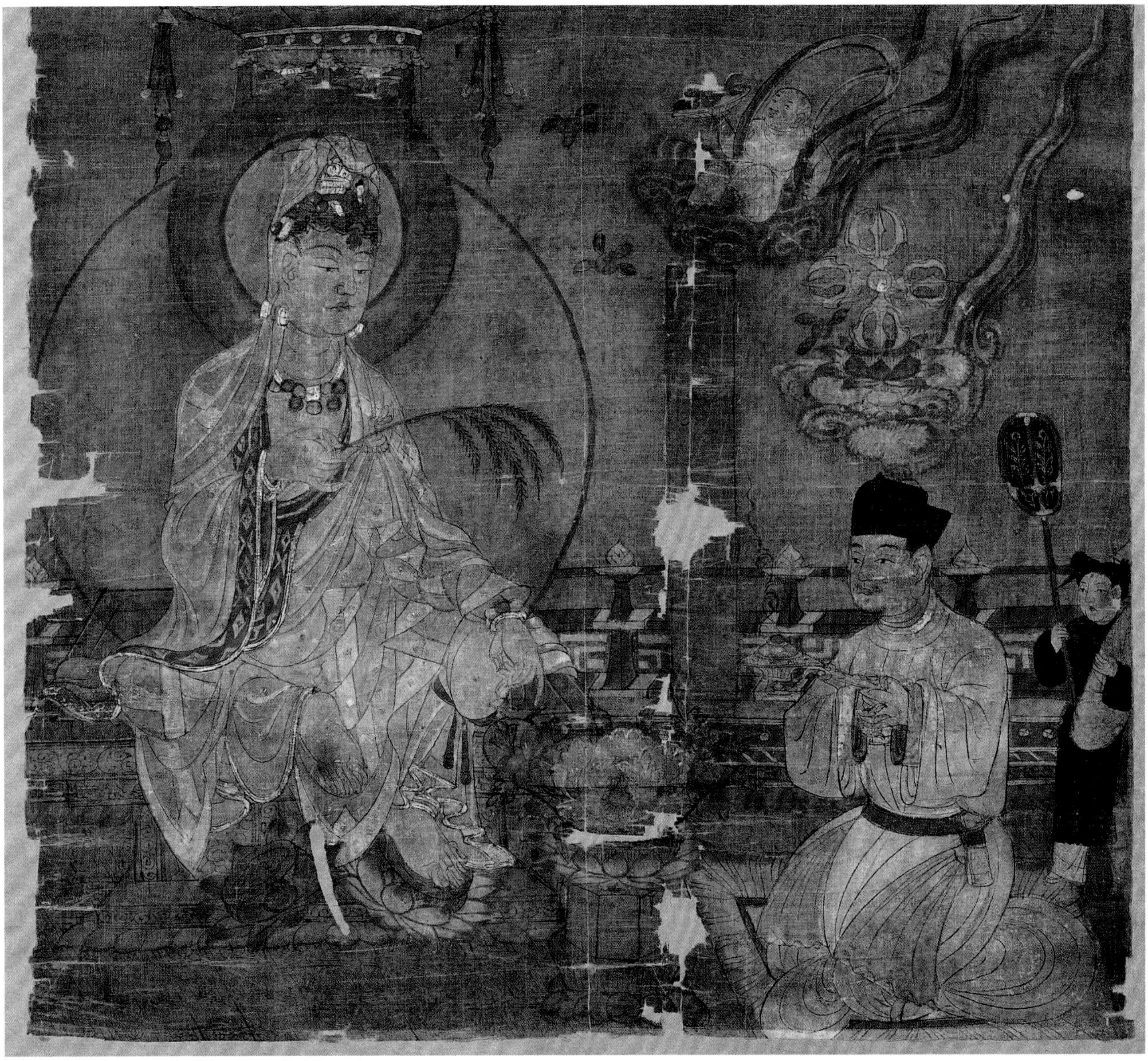

64

如意輪觀音像殘片

唐
紙本　設色　縱28厘米　橫30厘米
敦煌遺畫之二

Portrait of Avalokitesvara with Six Arms (one of the surviving paintings in Dunhuang Caves)

Anonymous
Tang Dynasty
Fragments, Colour on paper
H. 28cm　L. 30cm

如意輪觀音是密教所傳六觀音之一。圖中觀音菩薩結跏趺坐，頭戴寶冠，冠中有化佛，面相豐腴。身披天衣，袒胸飾以瓔珞；六臂，上兩臂手托日、月；胸前兩臂手作説法印；下兩臂雙手拈花。榜題："救苦觀世音菩薩"。左右各有一位女供養人，梳雙髻，著暗紅色長條裙。

此畫1957年由上海邵洵美先生捐獻故宮博物院。邵洵美是20世紀二三十年代有影響的詩人、作家、翻譯家和出版家。

65

薬師如來像

唐
紙本　設色　縱34厘米　橫30厘米
敦煌遺畫之三

Portrait of Bhaisajyaguru-Vaidurya-prabhasa Buddha (one of the surviving paintings in Dunhuang Caves)

Anonymous
Tang Dynasty
Colour on paper　H. 34cm　L. 30cm

藥師佛全稱藥師琉璃光如來，是東方琉璃國土上的教主。相傳他在成佛時曾發下十二誓願，願除一切眾生病苦，令一切眾生身心安樂。

圖中藥師佛結跏趺坐於蓮花寶座上，身穿綠地紅色團花僧衹支，外披紅色田相袈裟。左手持藥缽，右手執兩股六環杖頭錫杖。背後有身光、頭光。依粉本描繪，勾綫生疏，背景圖案中的團花用淡紅、紫紅、黑色、綠色等層層暈染勾勒。

此畫由國家文物局調撥給故宮。

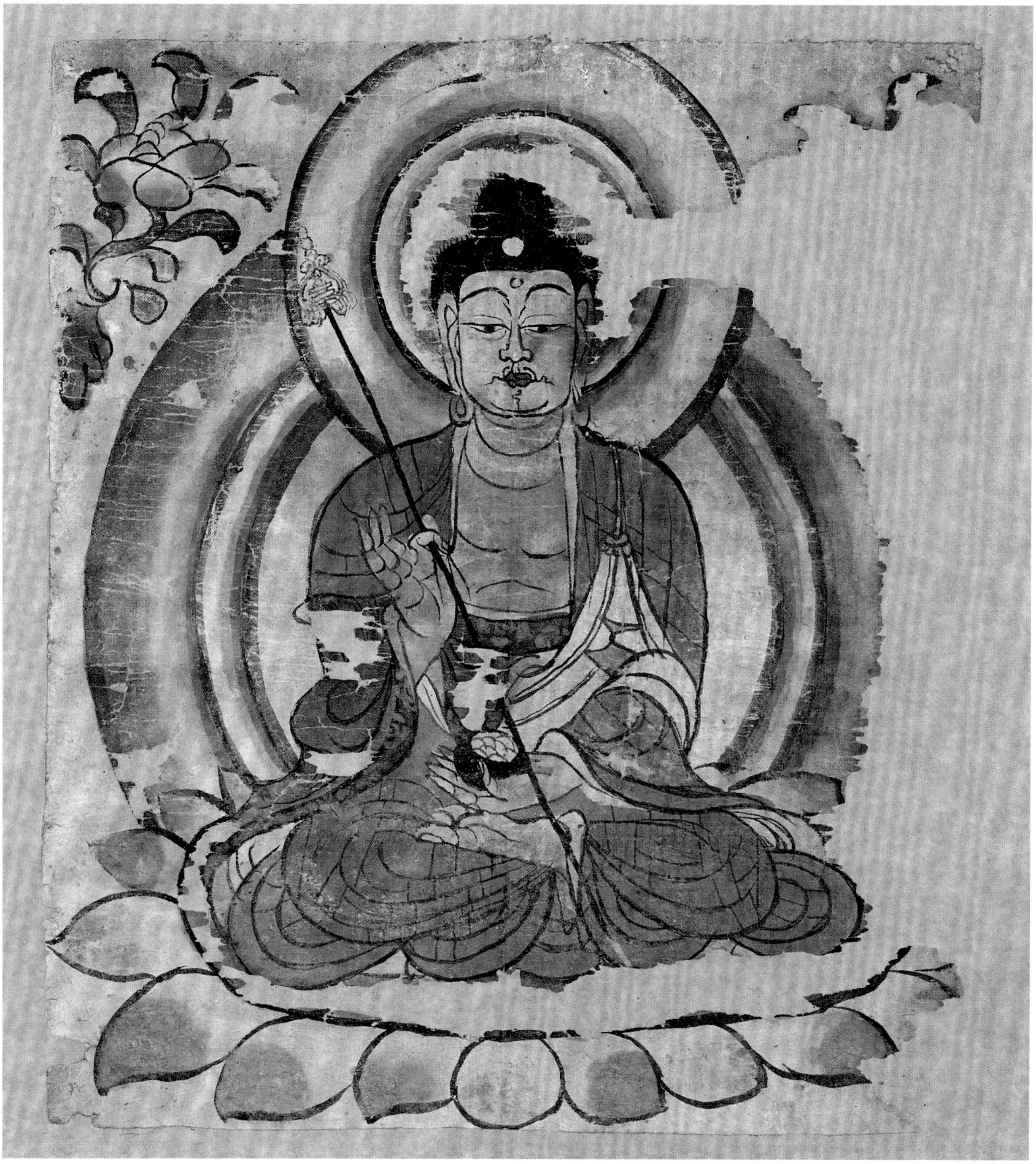

66

菩薩像長幡

五代
絹本　黃色綫描　長250厘米　橫57厘米
敦煌遺畫之四

Portrait of Bodhisattva (one of the surviving paintings in Dunhuang Caves)
Anonymous
Five Dynasties
Streamer
Yellow line drawing on vermilion silk
H. 250cm　L. 57cm

幡首呈三角形，繪坐佛。下繪雲頭紋，兩邊貼黃色絹，幡為朱紅色絹，用黃色綫描繪菩薩立像一身。菩薩頭戴三珠花鬘寶冠，面相豐圓，雙肩飽滿，細腰長臂。身披天衣，項飾瓔珞，戴臂釧和腕釧，腰裹長裙，跣足踏於蓮花上。有頭光，頂懸折枝花蓋。菩薩造型端莊豐腴，綫條洗練成熟，與英國大英博物館藏《五代紺地綫描菩薩像長幡》風格一致。

此幡由國家文物局調撥給故宮。

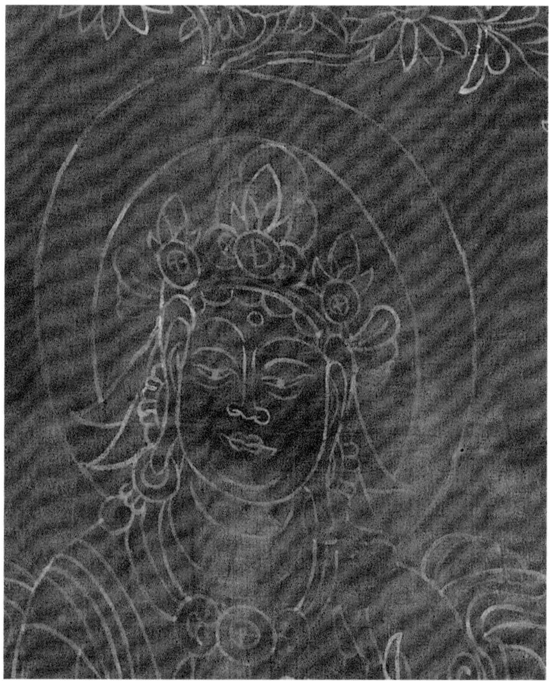

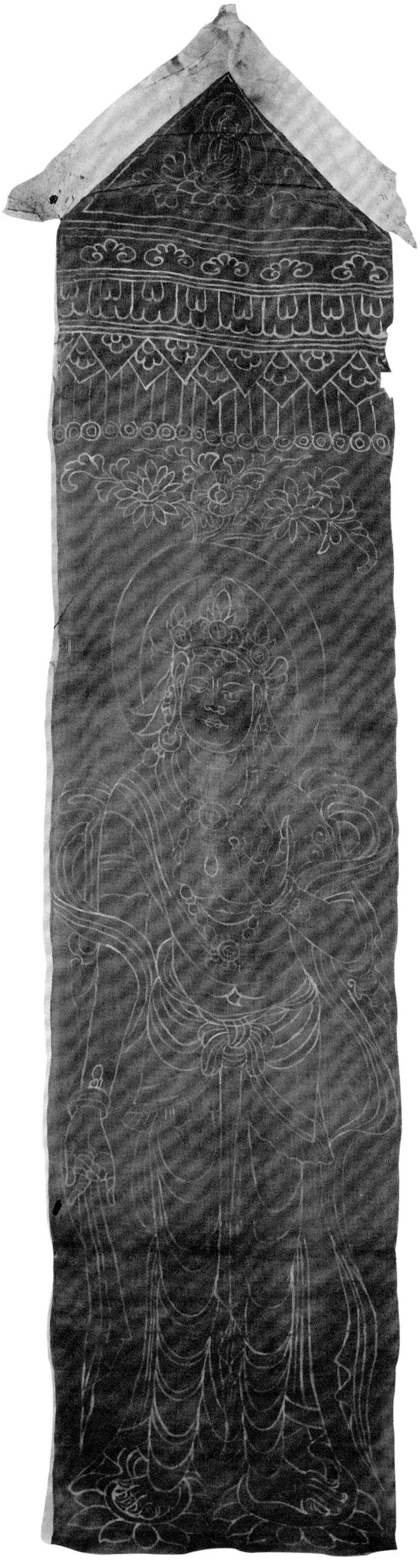

67

觀音菩薩坐像

五代
泥質　設色　縱162厘米　橫129厘米
寺院壁畫之一

Seated Portrait of Avalokitesvara (one of a set of Temple Murals of Bodhisattva)
Anonymous
Five Dynasties
Mural in colour　H. 162cm　L. 129cm

五代以前及五代的寺觀壁畫，僅在山西五台佛光寺、平順大雲院有極少量保存。現故宮博物院和美國幾家博物館收藏的五代寺觀壁畫水平很高，某些方面還帶有晚唐周昉和張萱的手法，因而顯得十分珍貴。

圖中菩薩結跏趺坐，面容安詳肅穆，衣著華麗。頭束高髻，戴寶冠，冠中有化佛，冠下飄白色寶繒，頭後有綠色環形頭光。身著絳紫色僧祇支，外披綠色披帛，項飾瓔珞，戴腕釧。色彩以絳褐、墨綠、肉白色為主，褐綫和白綫勾勒。用綫細勁，近似鐵綫描。原畫分為三塊，拼合後頭光兩邊補齊成長方形，補繪雲氣紋。

這批壁畫原為C.T.Loo（中文名字為盧芹齋）在20世紀20年代收於河南和山西邊界的某座寺廟，40年代流入美國，被美國六家博物館收藏。其中在堪薩斯納爾遜—阿特金斯博物館收藏的壁畫中發現有五代後周時期的題記，因而定為五代的作品。

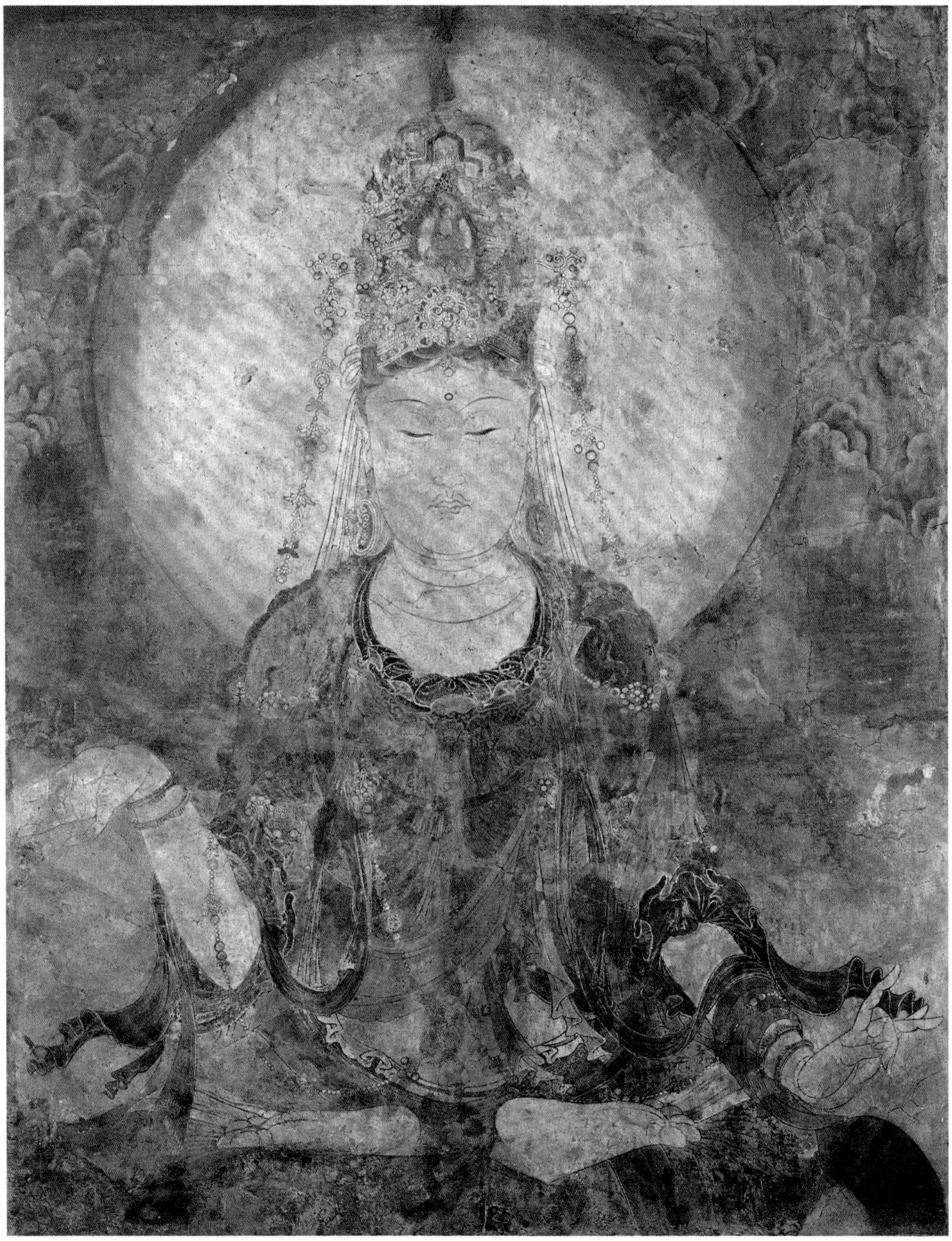

68

供養菩薩立像

五代
泥質　設色　縱158厘米　橫79厘米
寺院壁畫之二

Standing Portrait of Bodhisattva (one of the set of Temple Murals of Bodhisattva)
Anonymous
Five Dynasties
Mural in colour　H. 158cm　L. 79cm

圖中菩薩背向立，回首，頭戴寶冠，白色寶繒飄於後背。右手持盤，上身著絳色僧袛支，披綠、白兩色披帛，胸飾瓔珞，腕戴腕釧，下身著長裙，披帛後飄，似有飄飄欲行之勢。色彩以淺絳、青綠為主，裝飾紋樣有捲草紋。菩薩體態、動作生動，雙手造型尤佳，唯臉部五官可能改過。整個畫面充滿了靈動感。

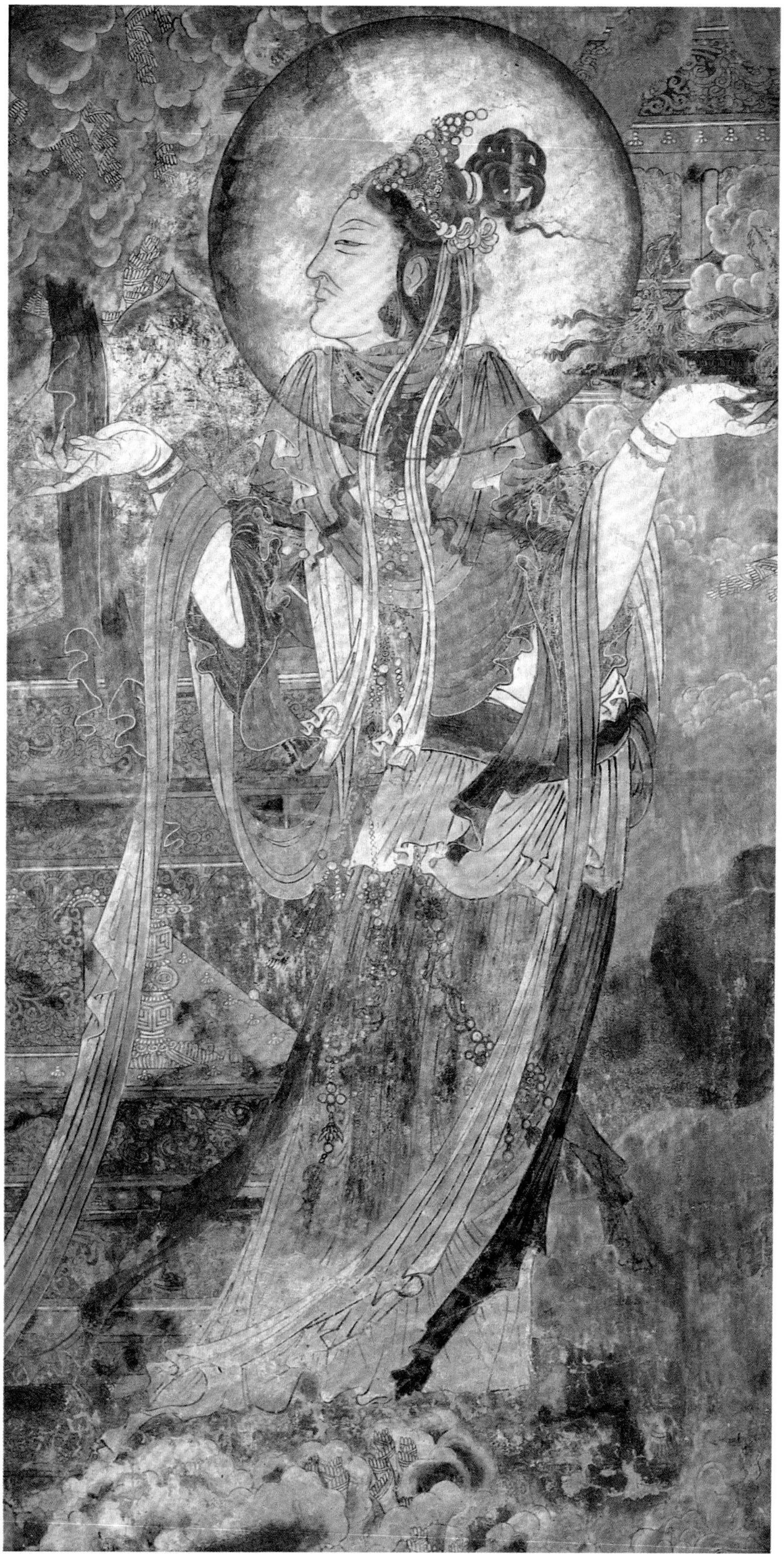

69

供養菩薩立像

五代
泥質　設色　縱167厘米　橫52厘米
寺院壁畫之三

Standing Portrait of Bodhisattva (one of the set of Temple Murals of Bodhisattva)

Anonymous
Five Dynasties
Mural in colour　H. 167cm　L. 52cm

圖中菩薩正面直立，俯首，頭戴花形寶冠，耳後有團花型冠飾，寶繒飄於後肩。身佩瓔珞和淺綠色披帛，下著長裙。長裙裙裾交代不清，似為後代重繪。左手捧盤，右手持簪挑向盤中之物。

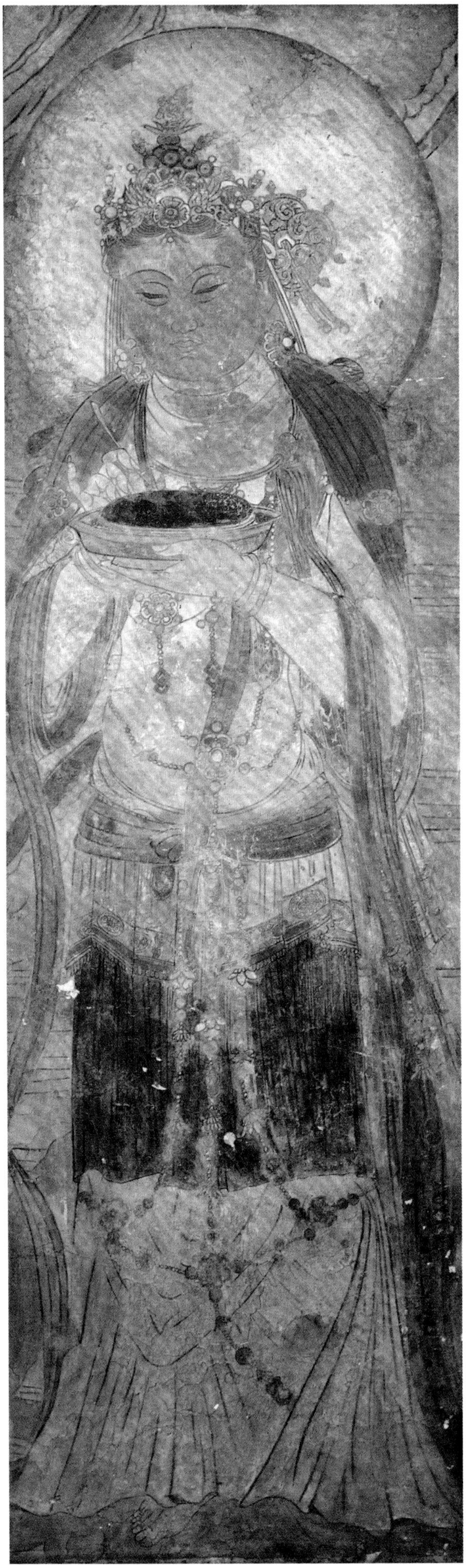

70

文官圖
北宋
泥質　設色　縱40厘米　橫43厘米

Two Civil Officials (incomplete)
Anonymous
Northern Song Dynasty
Mural in colour　H. 40cm　L. 43cm

圖中繪殿宇前的台階上，有兩位大臣正拾級而上，他們頭戴展角襆頭官帽，身著大袖長袍，前者手捧書冊，正回首與後行者商議着，後者抱笏傾聽。人物表情專注，形象生動，用筆細緻。建築用界畫方法描繪，蓮花獅首紋柱頭十分別致。

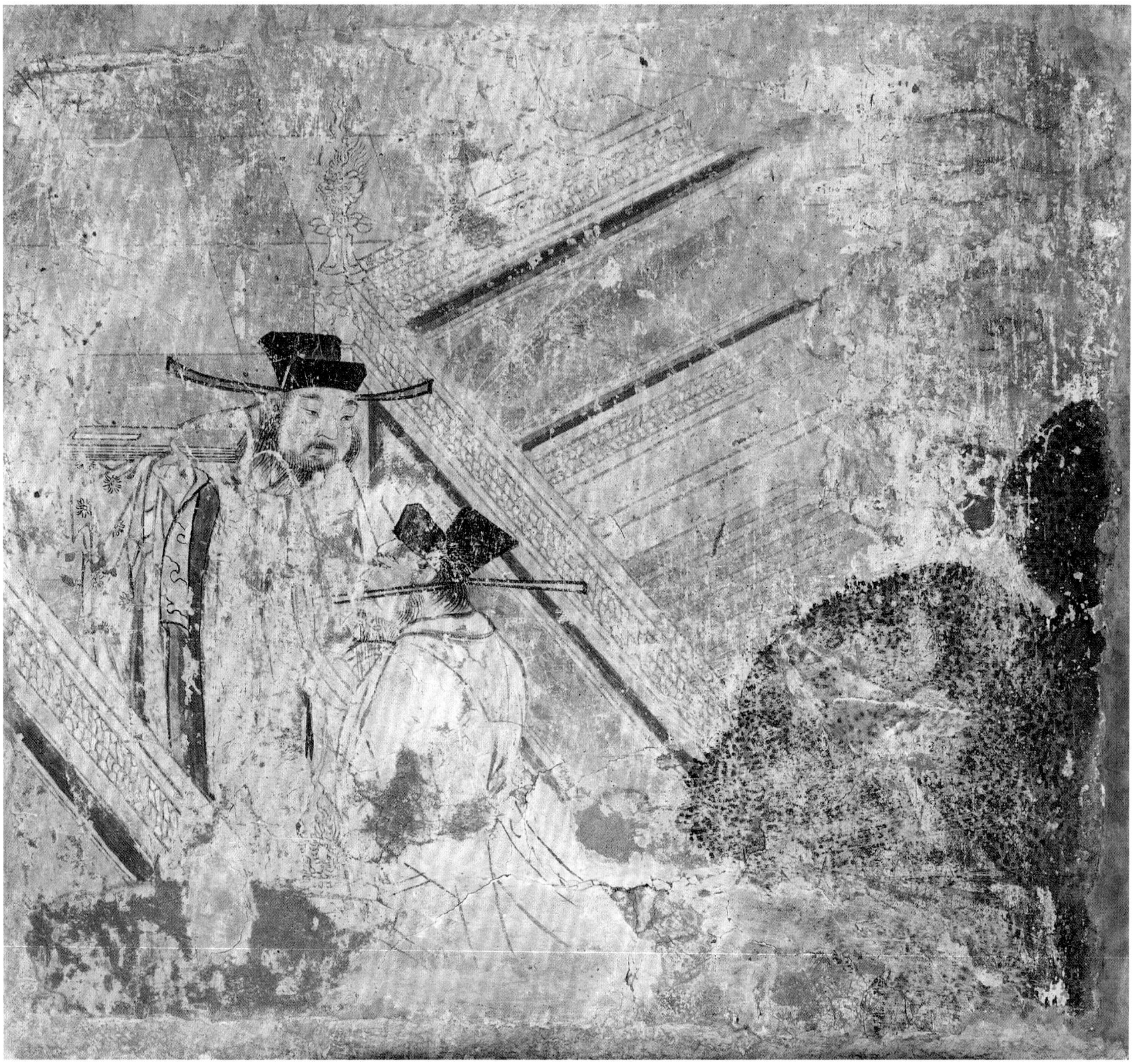

71

判官圖

北宋

泥質　設色　縱34.7厘米　橫26.3厘米

A Judge in Hades (incomplete)

Anonymous

Northern song Dynasty

Mural in colour　H. 34.7cm　L. 26.3cm

佛經中說地獄之王有十位，稱十殿閻羅王，簡稱十王。《十王圖》均作王者像，判官為十王之一。圖中繪判官頭下顎寬大，眼描黑圈，長髯，戴展角襆頭官帽，身著紅綠色官袍，蹬雲頭鞋，垂足坐於方形束腰牀榻上，前置腳踏。左右各有一侍女，梳雙髻，執長扇，立於身後。

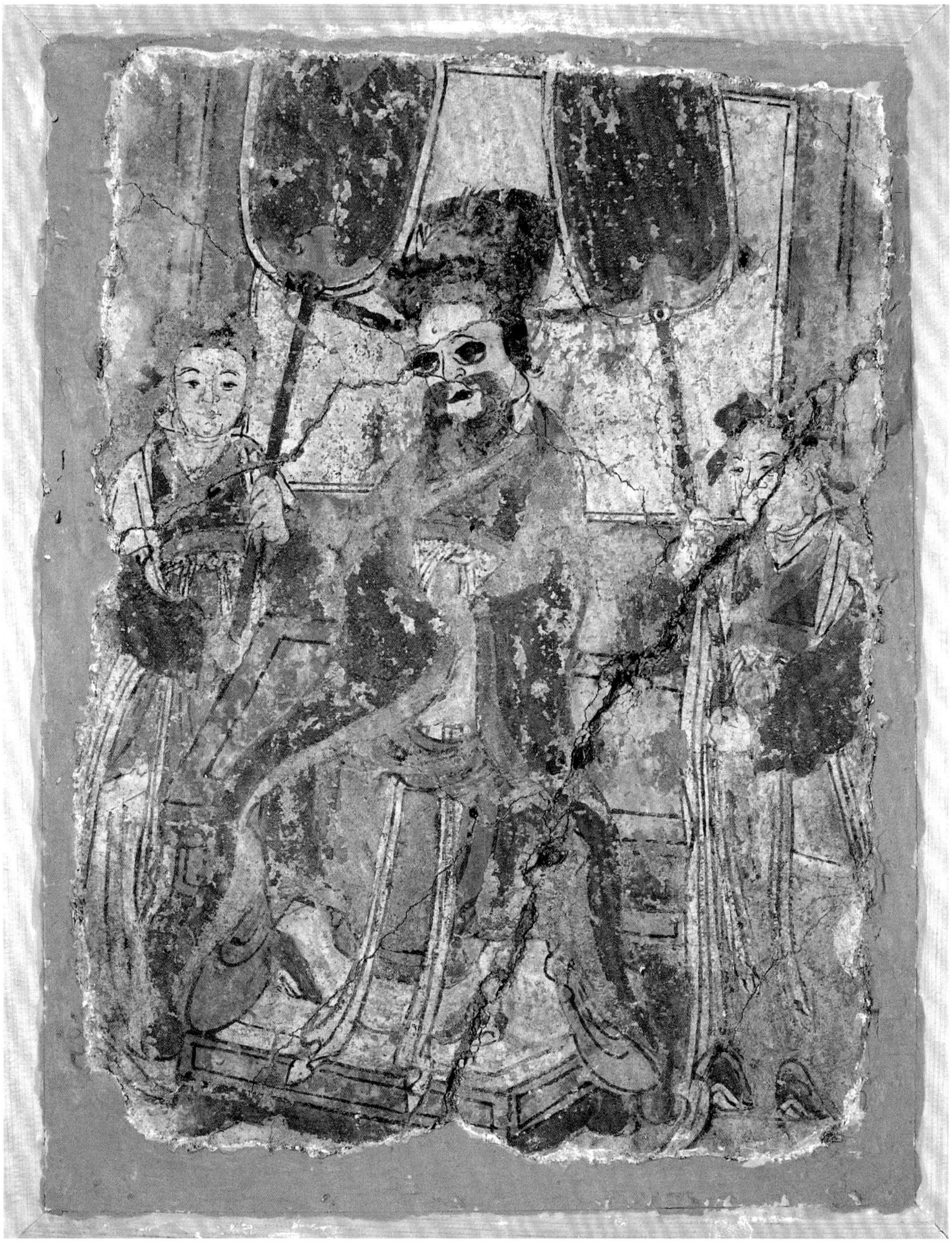

72

佚名　樓閣人物圖

金
泥質　設色　縱140厘米　橫52厘米

Palatial Buildings and Figures (incomplete)
Anonymous
Kin Dynasty
Mural in colour　H. 140cm　L. 52cm

圖中為一座金代宮殿建築羣中之一部分。主殿為重簷歇山綠瓦屋頂，正殿前簷明間有三級踏步通向殿庭，踏步和殿堂邊緣均有鈎欄。正殿當中繪一人坐於寶座之上，左右有侍女，兩側及階下有戴襆頭和展角襆頭的官吏若干人。左右還有一些建築物似為門、殿、迴廊等。建築色彩以青綠為主，屋頂鴟尾、走獸、簷口瓦當與樓台鈎欄柱頭等全部瀝粉貼金，十分醒目。

整個建築的結構和形制與山西繁峙岩山寺金代壁畫中之建築十分相似。壁畫界畫精工，所繪建築各部分構件和裝飾相當細微，反映了金代建築的共同特點，由此一小塊，可以想見宮殿寺觀的煌煌巨製。

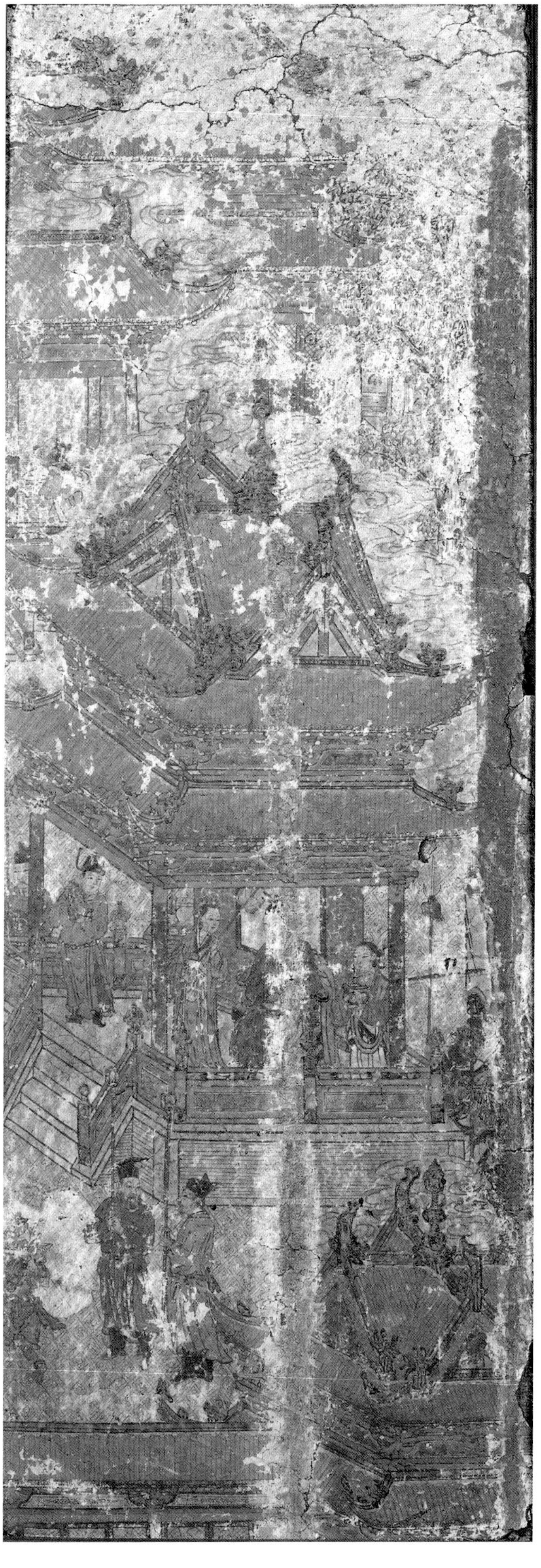

附錄一

題跋題記釋文

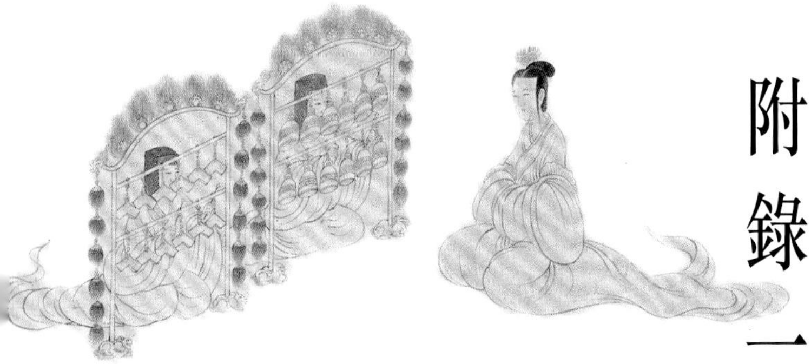

圖 1　顧愷之　列女圖卷（宋摹）

本幅題記：

“□凱□□□

一、鄧曼　楚武王

楚武鄧曼，見事所興，謂瑕軍敗，知王將薨。

識彼天道，盛衰所增，終如其言，君子楊稱。

二、齊使者　許使者　衛懿公　（衛）母　許穆夫人

衛女未嫁，謀許與齊，女因母曰，齊大可依。

衛君不聽，後果遁乖，許不能救，女作載馳。

三、曹僖負羈　（曹）妻

負羈之妻，厰智孔碩，見晉公子，知其興作，

使夫饋饗，且以自託，文伐曹國，卒獨見釋。

四、叔敖母　楚孫叔敖

叔敖之母，深知天道，叔敖見蛇，兩頭歧首，

既埋而泣，母曰陰德，必壽侯祿，終相楚國。

五、伯州黎　（伯宗）妻　晉伯宗　畢羊

伯宗淩人，妻知且亡，數諫伯宗，厚託畢羊。

屬以州黎，以免谷殃，伯宗遇禍，州黎奔荊。

六、靈公夫人　衛靈公　伯玉車　蘧伯玉

衛靈夜坐，夫人與存，有車轔轔，中止闕門。

夫人知之，必蘧伯君，維知識賢，問之信然。

七、太子光……

八、……魯漆室女

漆室之女，記慮深妙，惟魯且亂，倚柱而□。

君孝嗣少，愚悖奸生，魯果憂亂，齊□其城。”

九、晉羊叔姬　叔向　叔魚　羊舌大夫

叔向之母，察於□□……

叔魚食我，皆貪不正，必以貨死，果卒分諍。

十、仲子　長子……”

圖 5　顧愷之　女史箴圖卷（南宋摹）

包希魯跋：

“右晉張茂先《女史箴》，李伯時以繭紙為圖，器服簡古，筆跡渾成，非畫史刻意佈置者所為也。高安伍氏伯澄得之豐城此齋蔣氏，蔣氏得之河東圓嶠李氏。李、蔣皆博古君子，而伯澄，蔣甥也。夫箴而為之圖者，以圖著形指事，則古人之懿德淑行，得於追思遐想為易也。蓋接於目則觸於心，其於感發之，幾有深於言之載諸文者焉。漢班婕妤之辭輦，以其觀古圖畫而得之，是其征矣。家道始於婦人，凡有國、有天下者，皆然。然則此圖之蓄也，豈徒充玩而已哉！因題小詩於後，以識嘗觀。紅藤繡戶日遲遲，花落東風倦繡時；試展畫圖詢往事，興觀應比二南詩。上黨　包希魯　至正乙酉(1345)”。

謝詢跋：

“夫犯顏進諫、捨生取義，斯二者有志之士或皆能之求之。女子柔順之質，則有難言者矣。然間氣所鍾，代亦有其人焉，是故嬪御之際，苟一言一行可以垂訓後世者，太史書之，文臣箴之，良工又從而圖之，蓋欲化行天下，俾自天子達於庶人。惟薄修飭，禮敘樂和，家肅戶睦，咸歸於忠孝之俗，斯人之用心也。淵乎徽哉，噫！吾夫子謂：人而為周南召南者，可以興，可以觀。愚謂：玩此圖者，觀其形似，察其事理，感悸之速，方之二南而為之，若有易然者，魯伯夫之言盡之矣。伍氏伯澄，魯伯夫之高弟也，篤尚儒雅，不忘其初，求意既誠，義奚容默闕睢謹內輔，實為王化基言行，既卓絕史

錄，焉敢遺彼美。晉文臣復著箴規詞，辭嚴義或隱曷，啟柔順思，龍眠奮妙筆一一圖寫之。目擊意已會，況懷清譽馳，豈徒淑宮壺垂訓及中闈，更長燭花爛，玩比節操奇能，令毛髮豎凜若霜風吹，閒情頓消。釋貞靜相矜持，傳世遇君子寶之，固其宜珍藏，勿輕棄庶，足敦民彝。庚戌（1370）仲冬　東魯　謝詢書”。鈐印“雲屋”（白文）、“東山之雲”（白文）、“島繹山人”（白文）。

張美和跋：

“龍眠居士以善畫名一時，嘗以張茂先所作《女史箴》繪而為圖，以傳好事者。迨今三百餘年，流落人間，不知經幾手矣。而高安伍伯澄得而寶之，人有求觀者，輒靳而弗予。乃今以歸於蕭氏世英。蓋天地之間，物各有主，其歸於蕭也，以重值購之，蓋非重購不足以顯其畫之美。非畫之美，不足以當。夫識鑑之精，此茂先之文，龍眠之筆，皆足以傳之千載，宜世英之以重購得之也，其慎寶之哉！洪武庚午（1390）臘月望日　前翰林國史院編修官臨江　張美和題”。題首鈐印“林下一人”（白文）、“趙古則印”、尾鈐印“臨江張氏”、“美和”、“一生江海”（皆為白文）。

趙謙跋：

“龍眠居士李伯時畫一卷，凡十二段，每段畫古賢妃而書張茂先《女史箴》於上。對首段有箴無畫，蓋總序也。一女一冕者，若與言狀。一女踞於地，前列俎豆鼎缶之具，箴所謂‘樊姬感莊，不食鮮禽’者也。一女跪於虡業前，虡飾以羽，一人坐擊鐘，鐘上下各六，一人坐擊磬，磬之數亦然，箴所謂‘衛女矯桓，耳忘和音’者也。一人執梃坐於几，若將厲聲有所叱，二女子如欲避去而反顧，一女當熊前立，二武士持戟突出欲刺熊者，箴以美馮婕好也。一人居輦中，一少艾參乘，二女在輦後，若與輦中者言，舁輦而可見者五人，一人隔篷而彷佛見其首，一人露足於下，一人手見於杠，箴以美班婕好也。一山仡起，鳥飛山左以像日，兔春山右以像月，山多珍禽奇獸、芝草琪樹，一人張弧跪射，蓋所以廣箴中懋勉之意。一女背坐照鏡，鏡中露半面可認。一女為一姬握髮以櫛，而陳褵帨奩具於榹枷，蓋所以廣箴中修飾之意。一人與一女語幃幄中，明同衾以疑語也。一緊居地以顧羣兒，一姬呼一兒以與戲具，一童坐以看卷，兩兒各手一卷，居童左右，若看若聽，一女置一兒於膝而視，一女為一兒櫛，廣螽斯繁類詩也。一姬拱立聽一人語，若歡寵慢愛之旨。一女端坐，儼然顯靖恭自思之旨。一女執筆紀籍，而二姬相顧指言，蓋女史告庶姬也。皆曲極其妙，婉娩柔順之態，疾徐語默之狀，何其至哉！噫！女史之箴，非張茂先不能作。茂先之意，非伯時不能畫。伯時之畫，豈待好事者而遂寶歟？茲畫見寶於蕭公子世英，偶出以悅客座，有爭辯韓退之虞伯生畫記之優劣者，一以為韓之文，工緻神化者，一以為韓但紀數不若虞記論奇耦為畫之始而言道妙。餘從旁莞爾而笑曰：‘記以紀其實如以論道妙為優。姑去讀《中庸》，遂相與一笑罷。’去翼日，世英持卷請記，於是乎書。洪武壬中（1392年）元夕　浙東　趙謙書瓊台考占堂”。題首鈐“旋山水竹”（白文），尾鈐“趙古則印”、“辛卯趙謙”、“瓊台外史”（皆白文）。

圖 7　步輦圖卷

章伯益跋：

“太子洗馬武都公李道誌　中書侍郎平章事李德裕　大和七年（833年）十一月十四日重裝褙　貞觀十五年（641年）春正月甲戌，以吐蕃使者祿東贊為右衛大將軍，祿東贊是吐蕃之相也。太宗既許降文成公主於吐蕃。其贊普遣祿東贊來迎，召見顧問，進對皆合。旨詔以瑯琊長公主外孫女妻之，祿東贊辭曰：‘臣本國有婦，少小夫妻，雖至尊殊恩，奴不願棄舊婦，且贊普未謁公主，陪臣安敢輒取。’太宗嘉之，欲撫以厚恩，雖奇其答，而不遂其請。唐相閻立本筆　章伯益篆”。

諸家觀款：

“襄陽米芾　元豐三年（1080）八月二十八日長沙靜勝齋觀”。

“豫章黃公器　元豐七年正月十二日長沙學舍觀”。

“閻相國之本、章伯益之篆，皆當時精妙。元豐甲子孟春中瀚日　圃澤張向書於長沙之靜鑑軒”。

“元豐七年二月三日觀《步輦圖》、章伯益篆，誠佳筆也。長沙劉次莊”。

“延平曹將美以其月十日觀”。

“元豐甲子六月二十八日，長沙驛舍獲披閱久之。會稽蔚宗題”。

“關杞”。

“丙寅孟夏十有七日　尋陽　陶舜咨觀”。

劉忱跋：

“右相馳譽丹青，尤於此本，寔為加意。秦李丞相妙於篆法，乃刪改史籀大篆而為小篆，其銘題鼎鐘，施於符璽，誠楷隸之祖，為不易之範。今見伯益之筆，頗得其妙，而附之閻公人物之後，僅為雙絕矣。元豐乙丑（1085）上巳　河南　劉忱題”。

觀款：
"子山支守官於鄂日，康年獲見此畫，今十三年。觀者皆有跋尾。元祐丙寅（1086）六月二十六日　江夏　李康年謹題其後云"。
張舜民題詩：
"天地彌綸際，華戎指掌中，今朝畫圖裏，再見虯鬚翁。元祐丙寅歲閏月長沙觀。豳　張舜民"。
諸家觀款：
"丙寅三月同孔武仲觀於南楚門舟中。鄧忠臣題"。
"元祐丙寅孟夏望日觀於長沙縣。齋湏川　張偓佺題"。
"元豐乙丑七月十三日，琰赴桂林幕府，子山攜酒於湘西之真身禪剎話別，因閱畫、篆奇筆久之。少頃登舟。元祐元年（1086）四月記"。
張知權跋：
"靜力居士所蓄名畫、法書，悉皆佳絕，而唐相閻公所作太宗《步輦圖》，尤為善本，故後世傳之，以為寶玩。建安章伯益復以小篆載其事於後，伯益用筆圓鍵，名聞於時，亦二李之亞歟。元祐元年三月十五日　汝陰張知權題"。
諸家觀款：
"沛陽江澈丙寅二月壬日賞閱"。
"田儼、杜垍、上官彝同觀。時元祐丙寅五月十八日也。"
"絕藝信有之也，而好之者少。好者有之而藏之者少，藏者有之而識之少。公好而藏之而又且識其妙，不亦今之博古者乎。濟南　林定正仲書"。"至治三年（1323）夏六月三日　集賢僚佐同觀於登瀛堂西"。
姚雲跋：
"《步輦圖》後篆述所畫故事，考之《唐書》貞觀十五年，唐降文成公主於吐蕃，贊普大喜，別築城為主宮。自是褫罽氈襲紈綃變華風。其初，遣祿東贊獻金請昏（婚），則貞觀八年也。按本傳東贊三至唐，其上書獻金鵝，又在太宗親征遼之後，則十九年也。傳稱東贊占對合旨，擢右衛大將軍欲以瑯琊主外孫妻之，東贊以贊普未謁公主，固辭。則在初入朝請昏（婚）之時，篆並繫之。十五年微失考，且所書十五年春正月甲戌，以長曆考之正月無甲戌，豈史誤耶？閻公自苑池丹粉之悔，鐫戒子孫而戲墨猶為世寶，豈宿習未能忘耶？大德丁未（1307）夏高安　姚雲觀"。
許善勝題詩：
"李唐威信覃遠方，王姬萬里嬪戎羌。上方步輦羅媵嬙，東贊端簡朝清光。殷勤為主迎鸞裝，周旋不辱使指將。瑯琊外孫依椒房，詔以妻贊恩非常，贊拜稽首不敢當，有妻寧忍遺糟糠，主禮未儘先獲藏，何以復命歸報襄，茫茫禹服有要荒，人心天理無存亡。閻公粉本真輝煌，建安小篆墨色香，有此二妙齊芬芳，按圖猶得窺天章，何年入公寶繪堂，願與鐘鼎同珍藏。嘗讀坡翁題閻立本職貢圖，猶以未見墨妙為恨。今乃從宋侯拭目步輦之筆，於是效坡體作數語以繫卷末。大德丁未　永嘉　許善勝"。鈐印"許善勝記"（白方）、"澹齋"（朱方）。
觀款：
"天曆己巳（1329）孟秋丁丑登瀛委吏曾巽申審定謹識"。
"右《步輦圖》法度高古，真唐人筆，章伯益篆尤佳。米南宮蓋鑑之審矣。萬曆十有三年（1585）春仲之望　郭衢階亨甫再題"。

圖 9　六逸圖卷

大臨跋：
"張彥遠古今畫記云：陸曜，開元末時人，善鬼神、人物，有氣韻，而人莫得而傳見之。大臨家藏數世，乃李衛公舊物也。熙寧乙卯（1075）歲重粘背"。鈐印"大臨"（朱文）。
觀款：
"紹聖元年（1094）秋九月癸卯　雒陽王瑜忠玉觀"。鈐印"司彼大夫之章"（白文）印、"浮化山最高處"（朱文）。
諸家題詩：
"所翁觀六逸圖忻然賦詩
世路百八盤，此屐往必折。膏肓二堅子，見藥笑唇裂。
吐哉滿腹書，倫理亦少絀。所羞後世人，讀書不讀律。
顏色尚竊鈇，甕臥神所忽。尚想柴桑翁，此中晉時物。
可憐常籥人，高臥未為拙。所齋閩客陳容醉中觀肖翁所藏，信口高吟，博數千百年後一笑。淳祐四年（1244）九九"。鈐印"清淨瑜迦館"（白文）。
"子桑不衣冠，聖訶同牛馬。楊孫葺裸葬，矯激憐鄙野。
放浪固有道，豈必赤赭赭。威儀當棣棣，君子不可假。
漉酒雖偶然，似亦非大雅。英英秋菊華，不在羣草下。
曜也何則然，蓋為懲創寫。梅昌年"。鈐印"昌年書印"（朱文）。
"風致一時稱曠遠，畫圖千載見遺真。陸郎何事毫端實，不寫衣冠與縉紳。杜圻"。鈐印"德基"（白文）、"陶然"（白文）。
"絕愛風流六逸人，陶然曠達見天真。平泉花木今何在，圖畫猶傳翰墨新。劉覲"。鈐印"劉氏朝縉"（白文）、"有佳處"（白文）。

"六賢義祖不同時，畫史毫端只欲奇。若悟垂衣臻至治，當年宜合整威儀。戴時雨"。
"一生能著幾兩屐，且把金貂換酒喫。渠家醞熟忍我私，甕吸清香眠醉劇。此腹便便五經笥，夢皆周情與孔思。債藥終韜醫國能，捲霧籠霄自標寘。跛匽睢盱難一語，長笛聲中每獻欷。亂頭袒跣何足賢，放曠揔為青史穢。采采金英歸栗里，厭世糟醨聊復爾。九原可作將焉從，執幗吾其隨武子。永嘉梅貞仲"。鈐印"貞仲"（白文）。
"晉室禮法衰，士夫悉顛倒。蘭亭一會後，遺風日相紹。羣屬嗜麴口，裸裎脁中帽。不復顧名教，據此六逸號。中有靖節翁，稍稍素節操。誰能寫其真，畫師唐陸曜。筆力蘊蒼古，神彩蓄奇妙。然否吾安知，開圖發一笑。題詩聊適情，勿為君子道。東鄞　樂分生"。鈐印"東皋獨唱"（白文）。

圖 11　閬苑女仙圖卷

高士奇跋：
"交光雪月射層台，霧索冰綃費翦裁。認得玉真遊戲處，畫師可是碧城來。　剩水殘山五季頻，閬風不受海東塵。羊權漫乞金跳脱，爭似雙鬟卷里人。
五代阮郜畫世不多見，閬苑仙女圖曾入宣和御府，筆墨深厚，非陳居中、蘇漢臣輩所可比擬。余得之都下，尚是北宋原裝，恐漸就零落，重為裝潢。喜有商、鄧二公之跋，足相印證，真足寶也，因題二詩於後。康熙辛未（1691）長至後二日　江村　高士奇並書"。鈐"高士奇印"（白文）、"淡人"（朱文）。

圖 14　韓熙載夜宴圖卷

佚名跋：
"南唐韓熙載，齊人也，朱溫時以進士登第。與鄉人史虛白在嵩嶽聞先主輔政，順義六年，易姓名，為商賈，偕虛白渡淮歸建康，並補郡從事。而虛白不就，退隱廬山。熙載詞學博贍，然率性自任，頗耽聲色，不事名檢。先主不加進擢，殆禪位，遷秘書郎，嗣主於東宮。元宗即位，累遷兵部侍郎。及後主嗣位，頗疑北人，多以死之，且懼。遂放意杯酒間，竭其財、致妓樂，殆百數以自污。後主屢欲相之，聞其揉雜，即罷。常與太常博士陳致雍、門生舒雅、紫威朱銑、狀元郎粲、教坊副使李家明會飲。李之妹按胡琴，公為擊鼓，女妓王屋山舞六麼，屋山俊惠非常，二妓公最愛之幼。令出家，號凝酥、素質。後主每伺其家宴，命畫工顧宏（閎）中輩丹青以進，既而黜為左庶子分司南都，盡逐。羣妓乃上表乞留，後主復留之闕下。不數日，羣妓復集，飲逸如故。月俸至，則為眾妓分有，既而日不能給。嘗弊衣屨作瞽者，持獨弦琴，俾舒雅執板，挽之隨房，求丐以給日膳，陳致雍家屢空，蓄妓十數輩，與熙載善，亦累被尤遷。公以詩戲之云：'陳郎衫色如裝戲，韓子官資似美鈴。'其放肆如此。後遷中書侍郎，卒於私第。"
班惟志題詩：
"唐衰藩鎮窺神器，有識誰甘近狙輩。韓生微服客江東，不特避嫌兼避地。初依李昇作逆事，便覺相期不如意。郎君友狎若通家，聲色縱情潛自晦。胡琴嬌小六麼舞，蹀躞摻撾如鼓吏。一朝受禪恥預謀，論比中原皆僭偽。卻持不檢惜進用，渠本忌才非命世。往往北臣以計去，贏得宴耽長夜戲。齊丘雖爾位端揆，末路九華終見縊。圖畫枉隨痴説夢，後主終存故人義。身名易全德量難，此毀非因狂藥累。司空樂妓驚醉寢，袁盎侍兒追作配。不妨杜牧朗吟詩，與論莊王絕纓事。泰定三年（1326）十月十一日　大梁　班惟志彥功題"。鈐印"彥"、"功"（朱文聯珠）、"推己及人"（朱文）、"班"（朱文圓）。
觀款：
"韓熙載所為千古無兩，大是奇事。此殆不欲素解人者歟。積玉齋主人觀並題識"。
"畫法本唐人，略無後來筆蹊，譬之琬琰，當欽為寶。王鐸題"。又題："寄意玄邈，直作解脱，觀摹擬郭汾陽本乎，老莊之微樞文蓀王老親翁家藏，善護持之。"
近人葉恭綽、龐元濟、張大千等人的跋文略去。
收藏印有"冶溪漁隱"（朱文）、"蒼岩子"（朱文圓）、"蕉林居士"（白文）、"秋碧"（朱文葫蘆）、"綽繡草畫記"（朱文）、"張氏寶藏"（朱文）、"大風堂珍藏印"（朱文）等。
鑑藏印有五方畫幅騎縫章"河北棠村"（朱文）、"冶溪漁隱"（朱文）、"蒼岩"（朱文）、"秋碧"（朱文葫蘆）、"蒼岩子"（朱文圓）、"觀其大略"（白文）、"梁清標印"（白文）、"蕉林"（朱文）。鈐清內府收藏璽"石渠寶笈"（朱文）、"御書房鑑藏寶"（朱文橢圓）、"乾隆御覽之寶"（朱文）、"三希堂精鑑璽"（朱文）、"宜子孫"（白文）、"乾隆鑑賞"（白文圓）、"嘉慶御覽之寶"（朱文橢圓）；"宣統鑑賞"（朱文）、"宣統御覽之寶"（朱文橢圓）、"無逸齋精鑑璽"（朱文）。

圖 16　維摩演教圖卷

沈度跋：

“永樂丙戌（1406）歲，予客燕台真如寺，老僧元覺出示李龍眠演教圖真跡，隨索予書心經附後。自愧玉石難並，固辭再三，老僧索之甚篤，勉強淨手謹書一通，是夕上元日也。雲間　沈度”。後鈐“沈氏民則”（朱文）。

董其昌跋：

“宋李公麟演教圖精工之級，蓋學陸探微，平視閻右相者。後為吾鄉沈學士補書心經，其楷法端勁，亦與畫相抗衡。本為長安古寺常住舊藏，大都為有力者豪奪轉入飛凫手，遂成世諦流布非法門皈奉之故矣。公麟從秀鐵面遊，秀師何其畫馬，因故而畫菩薩變相，隨得畫家三昧，實以畫作佛事者也。元時惟吳興趙文敏庶幾不愧之。董其昌觀因題”。鈐印“太史氏”、“董其昌印”（皆白文）。又題：“舊觀於長安苑西村中，丙寅（1626）二月望重觀於吳門官舫，二紀餘矣。其昌”。

圖 17　崆峒問道圖卷

賈郁題詩：

“崆峒山峨峨，中有真人居。與天為之友，與道為之徒。萬物等觸蠻，乾坤真緒餘。昔在帝軒轅，治民心匪舒。三往拜下風，膝行意趑趄，鼹鼠涉江海，一飲盈其虛。外物入大妙，未始知有初。再視區中民，不啻調羣狙。無言復無為，化國如華胥。畫師千古人，寫此千古圖。作詩不知恥，笑殺南榮□。雲朔　賈郁再拜題”。

鍾啟晦跋：

“崆峒問道圖序

仙道與王道皆不可強致，苟可強致，則人可得而仙，可得而王矣。古今以來，得王道又得仙道，惟帝軒轅一人而已。王者何？所以主夫蒼生也。仙者何？所以白日而上昇也。當軒轅之為帝於天下也，聞仙人廣成子住崆峒山，往問以治身之術，而廣成子告以治身之要。若曰：‘無勞爾形，無搖爾精，乃可長生’。帝悟而歸，採銅鑄鼎煉丹砂。丹砂成，有龍垂鬍髯下迎，帝騎龍上天，羣臣從者七十餘人。小臣不得上，持龍髯，髯拔墜弓，抱其弓而號，後人名其地曰鼎湖，其弓曰烏號，此所謂得王道又得仙道者也。太常馮仲彝，好古博雅之士也，家藏是圖，仲彝曰：‘吾嘗觀之，是蓋昔人楊世昌之筆。’予按：世昌，字子京，宋人也，嘗與東坡遊，以善畫名，是則斯圖亦世之稀有者也，仲彝尚珍襲哉。永樂九年（1411）冬十月十又五日　趙府伴讀　吉安　鍾啟晦書”。鈐“鍾啟晦”（朱文）、“令公子孫”（白文）、“敬言庵道人”（朱方）。引首章“王賓”（長圓硃印），下鈐“越國世家”（白方）。

圖 18　豳風圖卷

董其昌跋：

“宋高宗書，余曾以刻戲鴻堂帖中。此檇李項氏家藏，趙集賢補圖於後。惜流傳歲久，只存一章，其餘不知又歸何處？二人如有所受，筆意高妙，真稀世之珍，恨不得仙人孟歧一問之耳。己未（1619）九月　其昌　戊辰二月重觀於眉公玩仙廬　玄宰”。

高士奇跋：

“宋高宗喜馬和之畫，每寫《毛詩》，命之補圖，此其一章也。昆山徐司寇家所藏《小雅》，與此相似。董文敏以有趙松雪印記，誤為趙畫。趙亦學和之者，鑑藏當別之。康熙三十二年癸酉（1693）正月廿五日記於柘湖之瓶廬　江村　高士奇”。

清乾隆跋：

“石渠寶笈舊藏《豳風圖》卷，止有六篇。而《破斧》篇則為一卷，亦續入內府。卷後董其昌跋，惜其餘不知又歸何處，並定為趙孟頫補圖。今以兩卷比觀，則人物無纖毫異。而《破斧》篇高宗書與畫相連，並無割裂痕。《破斧》既是馬畫，則不得疑孟頫補圖矣。蓋香光未觀全卷，因臆失實，致為高士奇所笑。然士奇亦只見此一斑，別據徐氏所藏《小雅》為證，猶不免旁引借鑑，未若今日相印於本末面目之快也。因命裝潢，聯為一卷。仍附《破斧》篇原跋於後，以識延津之合，不更增傳話乎？繼鑑印璽之力，亦如《邶風》。庚寅（1770）仲冬日　御識”。

圖 23　採薇圖卷

宋杞跋：

“宋高宗南渡創御前甲院，萃天下精藝良工畫師者亦預焉。院畫之名蓋始諸此。自時厥後，凡應奉待詔所作，總目為院畫。而李唐其首選也。唐，河陽人，在宣靖間已著名，入院後，遂乃盡變前人之學而學焉，世謂東都以上作者為高，良有以夫。余總角時，見鄉里七八十老人猶能道古語，謂唐初至杭無所知者，貨楮盡以自給，日甚困，有中使識其筆曰：‘待詔作也。’唐因投謁中使，奏聞，而唐之畫杭人即貴之。唐嘗有詩曰：‘雪裏煙村雨裏灘，看之如易作之難。早知不入時人眼，多買胭脂畫牡丹。’可概見矣。至正壬寅（1362），余獲此於沈桓氏，愛其雖變於古，而不遠乎古，似詳而不弱於繁，且意在箴規，表夷齊不臣於周者，為南渡降臣發也。嗚呼深哉！昔米南宮嗜畫，病世無真李成，乃擬無李論以袪其惑。余他日見唐畫亦多，率皆抱南宮之撼，而此畫者，所謂吾無間然者也。因書顛末於左，且以告夫來者云。是歲九月既望　鄉貢進士　錢塘　宋杞授之記"。鈐"玩易餘暇"（白文）、"宋授之印"（白文）、"壬寅鄉貢進士"（朱文）。

圖 24　蕭翼賺蘭亭圖卷

王厚之跋：

"禊帖雖閟於昭陵，然唐太宗嘗命趙模、韓政、諸葛正、馮承素拓以賜諸王近臣者不一。又虞、褚、歐陽各有臨摹墨跡，所以勒石傳世者不勝其眾。但遍觀諸刻，無能及定武本者，非因山谷諸公品題而重也。宋景文初得此石於民間，未甚刓缺，至薛師政帥定，其子道祖竊歸長安，劖損湍、流、帶、右、天數字以惑人。故今有定武全本、劖本之異。兼用墨有重輕，故肥瘦不同，鑑者紛紛異論。余兼將四本以相參較，只是一石後人摹刻雖多，皆不能彷彿此四本也。 今此帖字全而瘦，其缺損至微且少直是初本。但益見其用墨之濃，然不失其為無瑕玉耳。今劖本自不多見，況熙寧之前摹拓於中山，而全美如此者尤可貴也。慶元六年（1200）庚申六月朔旦　臨川　王厚之順伯跋"。

王濛跋：

"自永和九年至於今日凡千有餘歲，其間善書入神者當以王右軍為第一。所謂龍跳天門，虎臥鳳闕真不誣也。右軍平生書最得意者蘭亭為第一， 其真跡為隨(隋)僧辯才所藏。唐太宗以計獲之，命褚遂良、馮承素等摹拓以賜近臣。刻石惟定武一本最得其真，後世共寶之，故石刻當以定武為第一石。晉時為契丹輦其石，投北棄中山境中，後人取龕宣化堂壁，薛紹彭易歸，其弟獻於朝。高宗南渡至揚州而失之。其石已亡，而碑本散落人間者有數。然墨有濃淡，紙有精麤，摹手有高下，故雖出一石敻然不同。又有真贋相雜，非精鑑者不能識也。余平生所見定武本，惟此一本紙墨既嘉，摹手復善無毫髮遺恨，千古墨本中此本當為第一。自右軍之下，唐宋勿論千有餘年，後能繼右軍之筆法者，惟先外祖魏國趙文敏公當為第一。文敏平昔所題蘭亭墨本亦多矣，或一題數語，或至再題，則為罕見不可得矣。惟此一本凡十有六題，復對臨一本，可見愛惜之至，不忍去手。於文敏題跋中，此本當又為第一也。嗚呼！一千年之前，惟有一人，一人惟有此得意書，數千刻中惟此一刻。墨本在世者，何啻萬計，皆化劫灰，存至今日惟此一本最精。後千年惟有一人，一人惟有此一題為至精至賞。舉千年之世，書法之精妙者，無過此一本。以此論之，金玉易得，性命可輕，好事之家當為傳世之寶，不可以尋常書刻觀也。余於至正廿五年（1365）秋七月，購得於吳城。如獲重寶，玩弄不捨。後之子孫當世寶之，毋為富者財物所易，毋為強者勢力所奪，真吾之子孫也。苟能專心臨摹數千過，雖不能企及前人，要當不讓今世能書者，遂識而藏之。黃鶴山人　王濛書"。

張翥跋：

"定武石刻好古者，試其鍼眼蟹爪丁形以為別，而拓本亦用此幾似之。然其真贋，自能目辯。心得於神情韻度之表，何可亂也。正如九方歅之相馬，若不以天機觀，未有弗失於形色者。此帖精采殊煒煒，良可秘賞。晉　張翥題"。後鈐印"張伯鳳父"（白文）、"聽風雨齋"（朱文）。

圖 25　會昌九老圖卷

宋高宗御題詩：

"致君初不愧虞唐，白首歸來住洛陽。入社莫疑頻笑語，同朝各自飽行藏。長年詩酒開三逕，永日琴書共一牀。進退得時真有道，可憐誰復繼餘光。"

"履道清歡冠有痕，衣冠耆艾會嵩陽。功成勇退身俱健，心縱榮歸青流藏。樽酒相陪齊皓首，林泉偃息別故牀。當年盛事傳今古，遺像丹青德遂光。賜從乂"。鈐印"御書之寶"（朱文）。

馮資跋：

"白傳胡吉諸公，皆以高年不仕。燕遊嵩少，後代名筆愛慕，繪事成圖，詩云：維索與梓必恭敬止，況耆德碩望之儀刑乎。而又宸章奎畫，焜躍光明，此與夫肖欠伸狀齲齒者異矣。世之觀者應束帶而知肅敬焉。馮資再拜書"。

諸家觀款：

"大德三年（1299）夏五月六日，西秦張焴、錢唐吳存真、屠約、巴西鄧文原同觀於月泉方丈。時積魚初霽，風日可人，遐想當時九老笑談之樂，為之坐馳而已。文原謹識"。

"唐九老圖古今盛事，展卷便覺前賢，典刑去人不遠，為之敬仰不已。大德十年五月十九日　吳興　趙孟頫觀"。鈐印"趙氏子昂"（朱文）。

"賈浪仙有詩聲，尚且，後人畫像以事之，其睹白首太平衣冠文物之盛者，又當何如。王緣"。

錢鼎跋：

"右香山九老圖名筆也，思陵題誦於其前。巴西鄧善之先生，吳興水晶宮老仙，鑑定於其後。張仙得而寶之，示予信乎其神品也。於是喜而為之歌。歌曰：千載玉皇香案吏，天外飄飄有仙氣。棄官歸來臥煙霞，俯視塵寰渺無際。香山山盤五色雲，香山居士如神君。手招八客作九老，入座便覺仙凡分。畫工作畫走神筆，畫得香山山水窟。窟中九老雲中遊，絳雪玄霜醉仙骨。樹林杳藹環洞天，山亭水閣相勾連。仙人衣冠染空翠，童僕老幼皆清妍。焚香鼓琴天籟作，或船而碁落晴雹。檢書看畫兼題詩，幽趣天然歸淡泊。中有一人最高年，百三十六洪崖肩。南極一星雪滿顛，香山主人呼老仙。竹林之賢竹溪逸，何似會昌全盛日。太平肥遯世所希，畫裏相看感神物。後來九老亦有圖，相望百代真斯須。水晶宮中列仙儒，賦詩作畫天人俱。錦袍鞭鸞上清都，留題九老香山隅，千年光燭明月珠。東海賓艾納散客　錢鼎"。鈐印"艾納散人"（白文）、"錢鼎德鉉"（白文）。

成子跋：

"嘗聞諸師曰九老，尚齒會於東都。履道鄉一釋子與焉。今此圖不知何嵇而然邪，遐想諸老樂琴書，棄軒冕。雍容盛事，徜徉暮景，當時以為美談。後人思慕風儀，行於摩寫復睹。光堯贊詠於其後。可謂今古同一榮耀，曩使漢八俊晉七賢，與之偕行，彼自當退三舍矣。大德庚子（1300）處暑前五日　晚　成子偶書"。

楊大倫跋：

"維此九老乃唐之賢，名成身退高隱林泉。有棋（棋）可枰，有琴可鉉，有畫可對，有毫可蔞。但適其樂，奚假圖傳威儀，棣棣薄夫其悛。奎畫之光，垂千萬年。大德庚子中秋前五日　嚴陵　楊大倫謹書"。鈐印"楊氏彥禮"（白文）、"清白傳家"（白文）。

黃仲圭跋：

"洛陽有土之中，九老有唐之盛。白首一致，千載如生。思陵誰復繼餘光之句，豈有所深感耶？至道諸公亦足齊芳前哲矣。回視山間林下，老成典刑能幾人哉。落落星晨不常會合，為可嘆也！珍襲此圖者，其將志樂天之樂歟！茅峯　黃仲圭稽首謹題"。

張漢傑題詩：

"畫中圖九老，又復見清吟。日耀雲煙筆，風生松竹林。兩朝今古事，千載聖賢心。繼世能忘此，那知白髮侵。江西　張漢傑拜題"。鈐印"鳳鳴崗人"（朱文）、"漢傑"（朱文）、"留隱"（雙勾壺形）。

張光弼題詩：

"當時九老會香山，一代風流孰可攀。宸翰光輝雲漢上，典刑髣佛畫圖間。清朝有道從歸社，白首還鄉始是閒。盛事千年傳不朽，嵩陽猶得似商顏。廬陵　張昱"。鈐印"一笑"（朱文）、"冰□閤"（朱文）、"張光弼印"（白文）。

圖 27　八相圖卷

頌贊：

周公：

"文王之子，武王之弟。下視成王，叔父之貴。師表萬民，吐握待士。思兼三王，經制□備。羣叔洶洶，流言紛至。天威彰顯　，聞望無愧。盛德元勳，下蟠上際。式圖丹青，昭工□□。若揭日月，詔彼稚昧。"

張良：

"巨颷扇海洪波翻，指鹿為馬無腆顏。泗上亭長起應天，子房杖策來自韓。圯上老人書一編，佐漢興王無後艱。客有為我撓楚權，請借前箸輸忠談。南宮偶語事寖闌，即日勸駕西都關。羽翼已成儲嗣安，願與赤松求神仙。高名萬世長鏗鍧，再拜清風何所言。望之儼然即之溫，奇偉魁梧焉足論。"

魏徵：

"自期稷禼，致君堯舜。願為良臣，展盡底藴。正觀之治，幾於成康。外戶不閉，行不齎糧。想其堂堂鶚立，犯顏進諫。雖逢帝怒，神色不變。信乎百世之下，論世尚友，雄姿凜凜，傳於不朽。"

狄仁傑：

"宇宙雰霁兮，孰與清？日月薄蝕兮，孰與明？清而明之兮，命世之英。大廈將欹兮，其誰支？神器將墜兮，又誰舉之？支而舉之兮，命世之奇。英與奇兮，惟梁公。為子孝兮，為臣忠。北斗以南兮，人誰與同。取日虞淵兮，洗光咸池。授五龍兮，夾以飛。蒙恥濟謀兮，功蓋一時。貌圖丹繪兮，如玉如金。風度溫然兮，貽後人。十襲之藏兮，爰丕顯於斯辰。"

郭子儀：

"唐德中否，羣兇肆起。尚父鷹揚，於彼朔方。克復兩京，三河肅清。整我六師，大振威靈。單騎見虜，壓以至誠。忠貫日月，德通神明。二十四考，中書政成。式圖貌像，仰止儀形。英姿粹藴，凜凜如冰。維昔方虎，中興周室。詩人歌之，二雅紀德。再造唐祚，汾陽允武。用垂頌聲，以紹厥緒。"

韓琦：
“□□□□，□□□□。□□讜論，垂於千載。道貌溫然，如玉之清。神氣凜然，如水之澄。武庫森列，詞鋒崢嶸。默然不語，□□□□。”
司馬光：
“於皇上帝，降祚炎宋。爰錫真儒，鬱為時棟。真儒伊何，時維司馬。如柱如石，克建大廈。退居西洛，十有五年。著書立言，成名自天。既相君實，歡聲洋溢。農安於田，婦安於室。復我良法，式循祖宗。進良退姦，坐致融融。四方仰止，圖像克肖。飲食必祝，家至戶到。食采溫國，著名凌煙。元勳巨德，英圖莫傳。”
周必大：
“太師公相畫像贊
天之蒼蒼，其命灼然。將興太平，必生真賢。堂堂益公，起江之東。受天間氣，出建大功。節義凜然，歸秉國均。建萬世策，交歡寶鄰。長樂正位，清朝偃兵。四時協和，萬邦咸寧。道大不器，德全難名。高勳巍巍，日月並明。皇帝神聖，師臣贊襄。多歷年所，相得益彰。圖形凌煙，褒贊有光。其永相予，雍容廟堂。風采德威，外傳四方。真漢相矣，豈惟王商。南山之高，岩岩其石。民懷姬公，師保之德。千載具瞻，與山無極。”
題跋：
“□嘗觀周宣王，得申甫之徒，以致中興。董仲舒稱之曰：‘天祐周宣，為生賢佐。唐明皇得姚宋之賢，以成至治。’史臣贊之曰：‘天以姚宋佐唐中興。’夫人君得人，以濟大業。論者必歸之於天者，何哉？愚知之矣。天欲啟太平之運，則必興大有為之君；輔大有為之君，則必有不世出之臣。故商宗之得於夢，周王之應於卜。凡古之聖賢，得君行道，建功立名，卓冠今古。究其所以□□□也。□家藏周室漢唐以至我宋重臣畫像凡八人，是皆道德之尊，才略之遠，功業之高，使百世之下，望其風采，聳然畏而仰之，有不可企及。自非天降大任，命之以濟天下疇克爾哉。然則周宣唐宗之得賢佐，論者歸之於天，為可信矣！恭惟太師公相，心傳大道之微，身任天下之重，位為帝王之師。則全太公留侯之大略，上以堯舜其君則，體鄭公之直道。遠謀以安社稷，有狄梁公之忠。重望之得人心，有司馬溫公之德。至於立大勳業，坐致太平，享福壽之隆，延世數之遠，固將度越汾陽，而與周公、韓忠獻並驅者焉。仰惟盛德□□□□□□□□□如此。蓋天實生之，以光輔□□□慶□□□□□□□□□□□□慶原川增，固未有艾。皆上帝有以陰之。獻仰祝莊椿之壽。□□□□□□十二月　門人右□□大夫謹□□……”

圖 32　蕃王禮佛圖卷

釋妙聲題詩：
“維西列萬國，有土此有人，孰是無繼立，而能治其民。佛億大無外，萬有入珍綸，衣冠雜誕獝，莫不悉來賓。東方九州地，治教亦具陳，豈知五經表，復自敘彝倫。斥鷃譏南運，舜英疑大椿，擴充固有道，　視歸同仁。東皋　釋妙聲”。鈐印“九皋”（朱文）。
餘澤贊：
“玉峯善士唐漢卿攜《蕃王禮佛圖》請贊，為之贊曰：九夷八蠻，聲教罕至，惟見佛客，必恭敬止。維王在前，載拜稽首。羣眾咸集，嚴列左右。峨峨其冠，楚楚其服。虯髯螺髮，穹鼻深目。伊昔宋代，鮮有其人。方今聖朝，來往日新。曩迦辣藏，朵囉塞因，撒藍麻哩，名動搢紳。言不雅馴，訓義無別。粵有象胥，善為解說。式觀此卷，畫手非常。裝潢藏之，有耿餘光。時至正十年（1350）上章攝提格孟陬　巳立春六日　郡城天台老學沙門　餘澤七十四歲　書於寶馬寺東廡如山重公之暖閣”。鈐印“沙門余澤”（白文）、“天泉”（朱文）等五方。

圖 33　摹梁令瓚星宿圖卷

觀款：
“此宋人之筆也，相傳為顏秋月，恐非。然亦罕得，宜寶而藏之。弘治己酉（1489）夏　廣陽　陳啟先拜觀”。鈐印“寓居丞齋”（白文）。
樊增祥跋：
“自古史有人首蛇身諸說，於是道家者流益為荒怪不經之論。畫家務為奇譎，圖寫靈怪，多為愕笑。六朝人云畫鬼魅易，亦畫師取巧處也。此圖傳墨詭異，的是宋元人手筆。卷首五星圖尚完好，其後二十八宿真形則僅得十二。首尾有明司禮監馮保收藏印，似猶勝於多寶閣鈐山堂也。
韜夫同年得於吳中蘚岩都門屬題。其後自庚子之變，法書名畫淪沉，涸付煨燼，流傳於海國者不知凡幾。而此圖以千年舊物，綾篋九新，亦云幸矣。在天為日月星，在世為丹青，在人為功名，是亦三不朽也，願與韜夫共勉之。癸卯（1903）六月廿日　增祥跋”。鈐印“晚晴”（白文）。

圖59　卓歇圖卷

前隔水有清乾隆御題：

“卓歇歌

書畫譜載歷朝畫《卓歇圖》者，不一而足。‘卓歇’二字，不見於經傳，因檢《遼史》，知有‘卓帳’、‘卓槍’之語，乃悟‘卓’者，立也。‘卓帳’即氈廬，蓋氈廬，乃立成者也。而‘卓槍’即立槍，亦周廬宵防誰何者，彼時譯漢語取歇息於卓帳之景為圖，而變其文為‘卓歇’耳。即雲立而歇息，於義（意）亦通。然均為遼時漢人所譯語，非遼之本國語也。余嘗謂：‘陶淵明不求甚解之語，為未當。’若斯類者，不求其解可乎？”

“‘卓歇’之語，六經無，五季始述蕭遼書，爾時髦幕稱為‘卓帳’(見《遼史·禮樂志》：卓，立也，帳，氈廬也），亦名‘卓槍’如周廬(見《營衛志》)。‘歇’之言，取息廬義（意）。耶律制傳漢語呼？是以唐末後五季，多有人為《卓歇圖》，就中胡瓌為巨擘，曾有番馬奔石渠，茲之‘卓歇’實其類。宣和曾庋藏七卷俱，士奇好古，稱精鑑(是圖經高士奇收藏，跋稱宣和御府所藏番部《卓歇圖》凡七，此卷得自吳門，絹素碎裂，幾不可留，命名手裝之，洗滌綴補，兩月餘乃就。精彩爛然，朱粉畢見），於七得一珍瓊瑜，纔地磔裂重裝潢，精神復見名卷初(見卷後高士奇跋）。卷首五字題張照，顏筋柳骨不誣徒觀風景真愜吾，樂利豈分中外殊。舊藏番馬試印證，郭雍極力韓文摹(石渠寶笈舊藏胡瓌番馬圖一卷，有宋郭雍記，亟摹韓愈畫記體，分晰臚列人物，而文氣茶弱，不及韓文遠甚，茲故不復效其體)，一之為甚其可再，重儓不值捧腹夫。乙巳（1785）新正月中瀚御題”。

尾紙題跋

王時跋：

“余嘗讀昌黎公畫記，如見其畫，然不過想像之耳。今觀胡瓌此卷，人馬雜物，一一精列，而莫有同者，益知畫記之工也。定品入神，夫豈溢美。噫！兵戈離亂之際，前賢法書名畫，焚毀失散，不知其幾。幸而存者，彌為可珍用和其寶之。王時題”。後鈐印“王氏本中”(朱文)、“霞川”(朱文)。

高士奇跋：

“胡瓌，範陽人，工畫番馬，鋪敘巧密而用筆清勁，至於穹廬、什器、射獵部屬，纖悉備盡。凡畫囊駝及馬，必以狼毫製疏染，取其生意，亦善體物者也。梅堯臣嘗題瑰畫云：‘氈廬鼎列帳幕圍，鼓角未吹驚塞鴻。’又云：‘素紈六幅筆何巧，胡瓌妙畫誰能通。’則堯臣之所與瑰定非淺淺人也。按宣和所藏番部卓歇凡七，此卷得自吳門，絹素碎裂，幾不可辨。命名手裝之，洗滌綴補，兩月餘乃就。則精彩燦然、朱粉畢見。余屢扈蹕。巡行沙漠，所至番部情景，摹畫曲盡，筆法超軼，又非宋人所可望也。後有元人王時跋語，圖激為王氏本中，一曰霞川，《元史》多闕漏，未載其人。薩天錫《雁門集》中有和王本中《燈夕觀梅詩》，又寄中台王本中云：‘王郎楚楚金閨彥，五鳳樓前看鬥雞，花外漏傳銀箭午，日邊班退紫宮西，吟詩月白傾瑤露，歸馬春紅踏錦泥，應念棲遲江海客，破窗燈火雨淒淒。’觀詩中之意，本中在元，必官禁近，以文采風流。著者並識之筆。康熙戊寅（1698）年九月二十二日曉陰初霽，雖節逾霜降，尚未蕭颯，簡靜齋列菊數十本，秋英可餐，滌宋硯，用小華道人墨作書。江村竹窗　高士奇”。後鈐“士奇”(朱文)、“高澹人”(白文)、“竹窗”(朱文)。

高士奇跋：

“今歲仲冬久晴，氣候暄和，紙窗晝朗，往山茶爛開，雖兩旬不北墅，亦有靜坐之樂，偶從架上再取此卷，觀之用筆設色，遠非近代可及。跋此時，遊蜂來繞筆端，知陽和之將動矣。時戊寅嘉平七日　江村”。後鈐“閒裏工夫澹中滋味”(白長)、“江村”(朱長方)。

觀款：

“康熙癸已暮春從文恪長孫礪山借觀。張照”。後鈐“張照之印”(白文)、“得天”(朱文)。

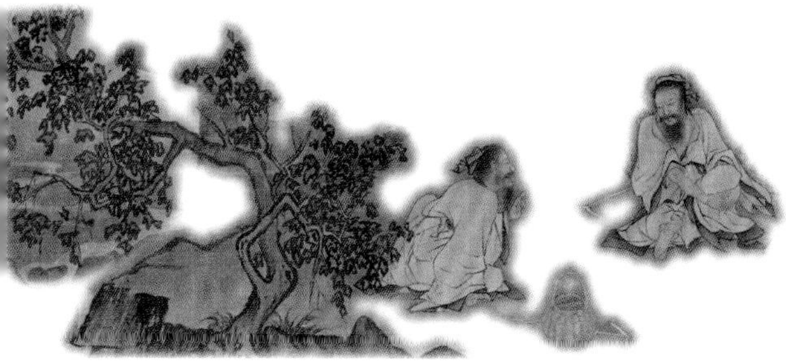

附錄二

人物衣紋描法

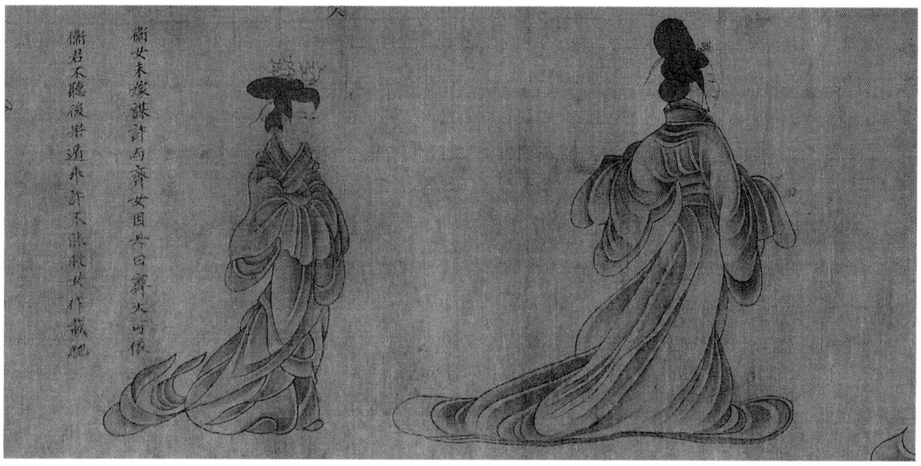

凹凸法

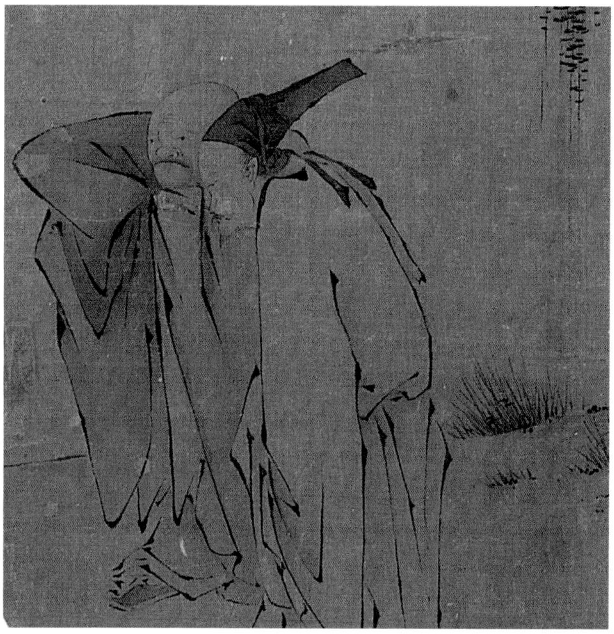

釘頭鼠尾描

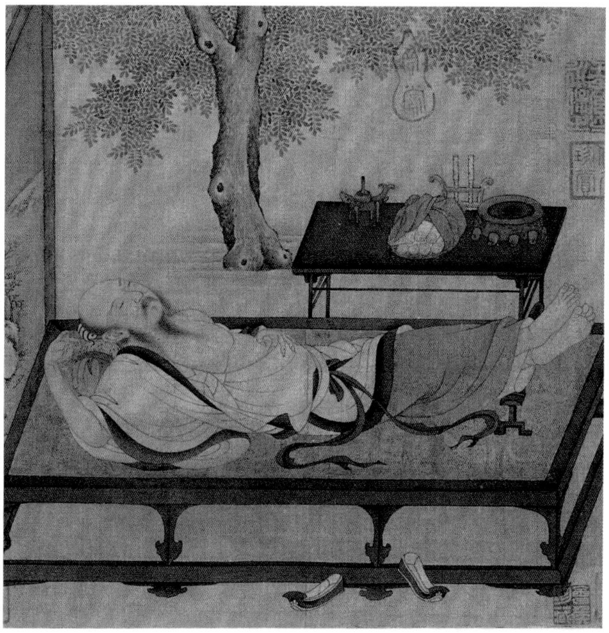

蘭葉描

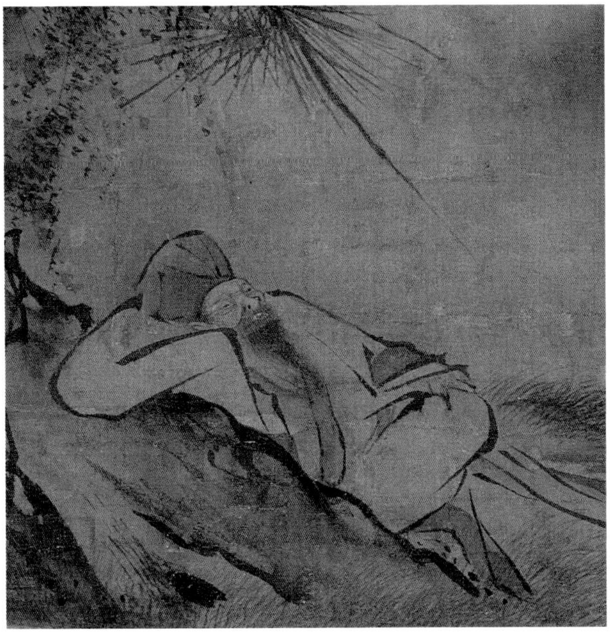

折蘆描

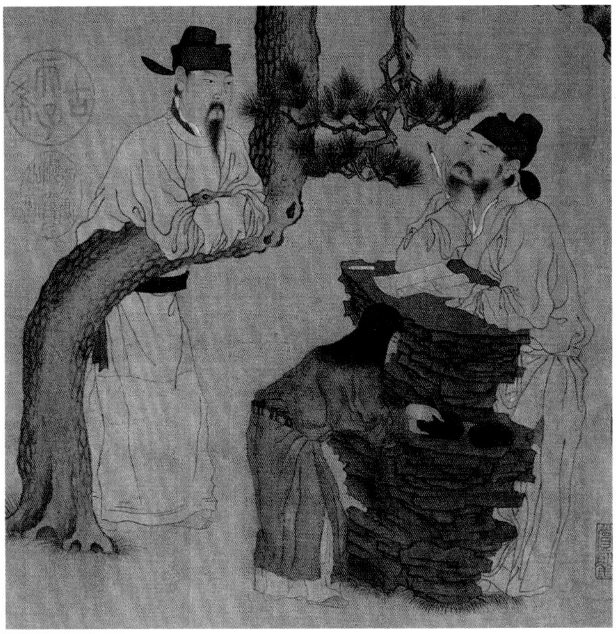

戰筆描

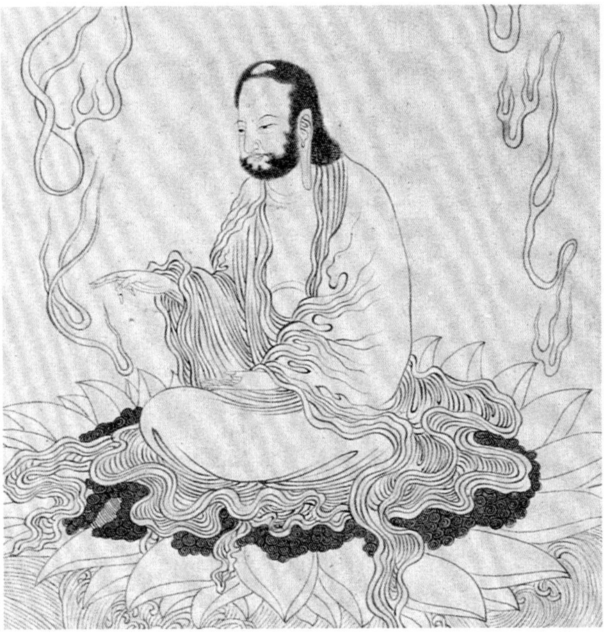

行雲流水描

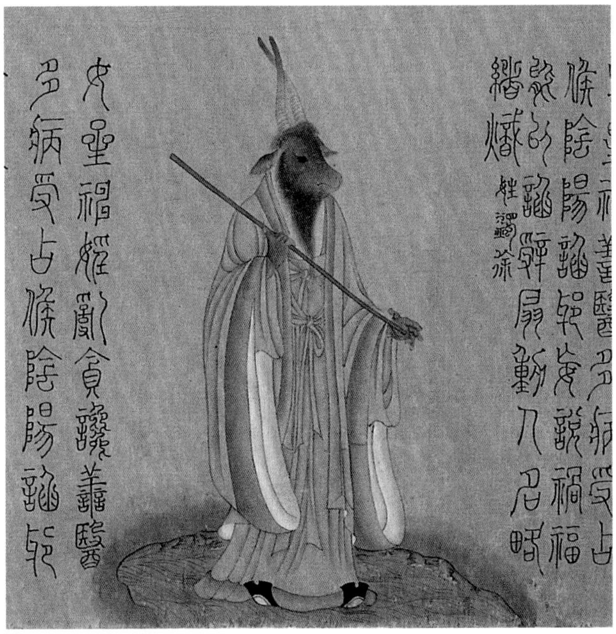

游絲描